정의에 대하여

국가와 사회를 어떻게 조직할 것인가

정의에 대하여

국가와 사회를 어떻게 조직할 것인가

이종은 지음

책 세 상

아버님께

| 차례 |

약어

ASU Robert Nozick, *Anarchy, State and Utopia*(New York : Basic/Oxford : Blackwell, 1974).

GMM Immanuel Kant, *Groundwork of the Metaphysics of Morals*, H. J. Paton (trans.)(New York : Harper & Torchbooks, 1964).

MM Immanuel Kant, *The Metaphysics of Morals*, Mary Gregor (trans.)(New York : Harper & Torchbooks, 1991).

NE Aristotle, *Nicomachean Ethics*.

OI Jean-Jacques Rousseau, "A Discourse on the Origin of Inequality", Rousseau, *The Social Contract and Discourses*, G. D. H. Cole (trans.) (London : J. M. Dent & Sons Ltd., 1973), 31～126쪽.

ST John Locke, *Second Treatise of Government*, C. B. Macpherson (ed.) (Cambridge : Cambridge University Press, 1980).

TJ John Rawls, *A Theory of Justice*(Cambridge, Mass. : The Belknap Press of Harvard University Press/Oxford : Oxford University Press, 1971).

UT John Stuart Mill, "Utilitarianism", Jeremy Bentham·John Stuart Mill, *The Utilitarians*(Garden City, New York : Dolphin Books, Doubleday & Co., 1961), 399～472쪽.

들어가는 말

이 책은 정의에 대한 개설서다. 필자는 앞서 《정치와 윤리》(2010)에서 정의의 윤리적 바탕을 다루고, 《평등, 자유, 권리》(2011)에서 정의의 원칙으로서 권리와 정의의 구성 요소인 평등과 자유를 논한 바 있다. 《정치와 윤리》에서는 공리주의와 의무론이라는 윤리 이론을 소개하면서 두 이론의 차이가 결국 일상생활에서 인간이 부닥치게 되는 윤리적인 갈등을 드러내는 것이며, 이 갈등을 극복하려는 노력 없이는 선한 정치가 있을 수 없다는 것을 살펴보았다. 갈등을 극복하려다 보면, 인간에게 선한 것 또는 좋은 것이 무엇인가라는 문제를 다루지 않을 수 없게 된다. 계약론은 인간에게 선한 삶을 보장하기 위한 노력의 하나다. 그래서 계약론의 주 내용은 의무론적인 자유주의의 근간이 된다. 계약론은 권리와 정의를 논하는 데 긴요하며 계약론적인 접근 방법으로 의무론과 공리주의의 갈등 문제를 해결할 수 있을 것으로 생각된다. 이런 이유로 《정치와 윤리》를 통해 계약론을 먼저 다루었다.

《평등, 자유, 권리》에서는 정치가 윤리에 기반을 두려면 인간이 무엇에 대해 어떠한 이유로 평등하고 자유로워야 하는지 다루었다. 또한 권리는 자연권에서 연유해 인권으로 이어진다고 볼 수도 있기 때문에 자연권, 권리, 인권의 연관을 다루었다. 권리는 결국 평등과 자유에 대한 인간의 권리를 말한다. 인간이 어떠한 이유로 어떠한 권리를 가지며, 그 권리의 형태는 어떠하며, 그 권리는 인간관계를 규율하는 데 어떠한 기능을 하고 어떠한 이유에서 정당화되는지 다루었다. 권리의 여러 측면에 대한 이론은 이데올로기만큼이나 다양할 수밖에 없기 때문에 자유주의만이 아니라 자유지상주의, 공화주의, 공동체주의의 권리 이론들도 살펴보았다. 그런데 권리에 대한 이론들은 의무론과 공리주의의 갈등을 압축한다고도 볼 수 있다. 인간이 타인과 관계를 맺으며 일정한 질서 속에서 행복을 추구하자면, 서로가 인정해야만 하는 권리의 내용을 정해야만 한다. 그래서 사회 정의를 확립하기 위한 하나의 원칙으로서 권리를 논했다.

그렇다면 인간에게 어떠한 권리를 부여하는 것이 정당한가? 이 문제를 논구하기 위해 사상가들은 자연 상태라는 은유를 이용했다. 자연 상태에서의 인간의 본성을 유추하고, 이를 기반으로 인간에게 선한 것과 선한 것들의 서열을 정할 수 있을 것이라고 보았기 때문이다(Fukuyama 2011, 26쪽). 사회 정의를 논하기 위해서는 이처럼 권리의 근거, 그리고 권리 사이의 갈등 문제를 해결할 윤리적 근거를 논해야 한다. 이 책도 그런 방법을 따랐다.

권리는 무엇인가? 권리를 소유의 대상으로만 봐서는 완벽하지 않다. 권리는 소유할 수 있는 사물이 아니라 관계라고 볼 수 있다. 즉 권리는 사람들이 서로의 관계에서 할 수 있는 바를 제도적으로 규정한다. 좀 더 구체적으로 말하면, 권리란 사람들 사이의 행동을 가능하게 하고 서로를 제약하는 사회적 관계라고 볼 수 있다. 권리는 공동체를 제약하지만 인간관계를 창조하고 만든다. 권리가 근본적으로 관계적인 것이라면, 권리는 경계를 설정하는 것만이 아니라 다양한 방식으로 권력과 능력을 배분하며 그래서 사람들 사이의 특정한 관계를 규정할 수 있다(Ivison 2008, 62·85쪽). 이렇게 보면, 권리는 제도에 의존하는 개념이다. 그러므로 권리의 가치를 실현하기 위해서는 제도를 만들어내야 한다.

권리가 어떻게 정의를 구현하기 위한 원칙의 초석이 될 수 있는가? 어떠한 권리들이 평등하게 부여된다면, 모든 사람이 이 권리들을 존중해야 한다. 이들 권리가 법적으로 보장받으면, 우리는 그것을 법적 권리라고 부른다. 법적 권리를 침해하는 것은 정의롭지 못하다고 여겨지기 때문에 침해하는 자에게는 처벌이 가해진다.

자유에 대한 권리도 있으며 평등에 대한 권리도 있다. 나의 권리는 나로 하여금 무엇을 할 수 있게 하는 기능이면서 동시에 타인으로 하여금 나에게 어떠한 일을 하지 못하게 하는 금지의 기능도 포함한다(Edmundson 2004, xiv쪽). 이런 권리는 타인도 똑같이 누린다. 권리는 무엇을 가능케 하면서 또 제약하는데 이 점은 법도 마찬가지다. 법이란 개개인이 권리로써 할 수 있는 바와 할 수 없는 바를 정한다. 예를 들면, 법은 남의 자식을 유괴해 자기 자식으로 삼는 것을 금지하지만 입양법을 통해서 양자를 들일 수 있게 한다. 그리고 내가 살인하는 것을 막지만 또한 내가 살해당하는 것을 막아 나의 자유를 증진해주는 것이 살인금지법이다(스위프트 2012, 104쪽). 모든 사람이 평등한 권리를 향유하고 그 권리를 정당하다고 생각한다면, 그러한 권리가 인정되는 사회는 정의로운 사회가 될 수 있다. 문제는 권리의 내용을 어떻게 정하며 그렇게 정하는 근거가 무엇이어야 하는가다. 나아가 권리만이 정의의 유일한 원칙인가도 문제가 된다.

서로가 평등한 권리를 가진다고 하더라도 서로가 권리를 가짐으로써 서로의 자유를 제한하기 마련이다. 자유에 대한 권리의 행사도 마찬가지다. 이것이 바로 존 스튜어트 밀의 위해의 원칙이다. 어떠한 선을 넘어서 타인에게 위해를 가하게 되면 자유는 제한되어야 한다. 말하자면, 자유에 대한 타인의 권리가 자유에 대한 나의 권리를 제한한다. 따라서 정의는 어떠한 제한이 정당한지, 타인의 자유를 제한하는 것이 도덕적으로 어떻게 허용되는지, 그리고 제한하는 바를 어떻게 '배열arrangement'해야 하는지 다룬다(Steiner 1994, 1~2쪽).

그런데 모든 사람들이 타당하다고 인정하는 권리를 통해 개개인은 무엇을 추구해야 하는가? 추구하는 대상은 개개인들이 정해야 한다. 정의를 보장하는 자유민주주의 사회에서는 자신의 목적을 추구하기 위해 타인의 권리를 침해하지 않아야 한다는 점만을 규정하고 있을 뿐이다. 정의가 어떠한 선을 추구해야 하는가라는 질문에 대한 답을 유보하고 있는 셈이다.

자신이 옳다고 생각하는 선에 대한 '관념conception'을 타인에게 강요하지 않는다는 자유주의의 입장에서 보면, 국가의 의무는 모든 사람이 자신의 선을 추구할 수 있는 객관적이고 중립적인 틀을 마련해주는 것이다. 자유주의는 그 틀 내에서는 자유롭게 경쟁할 수 있도록 타당한 이기심을 발휘하는 것을 정당하다고 본다. 하나의 예로 대학 입학제도 중에서 지역할당제나 기여입학제는 자유주의 입장에서는 부당하다고 여겨질 수도 있다. 반면에 공동체주의자들은 다르게 생각할 수 있다. 이는 가치 있다고 생각되는 선에 대한 관념과 그 선을 정하는 권리를 누가 가질 수 있는가에 대한 관념이 서로 다르기 때문이다. 그렇다면 선에 대한 관념이 다름으로써 정의에 대한 관념이 달라지는 문제를 어떻게 해결할 것인가?

지구상의 모든 사람이 받아들일 수 있는 유일무이한 정의가 있는가? 그렇지 않다는 것이 답이다. 정의는 시대와 장소에 따라 다를 수 있다. 아무리 정의롭다고 여겨지는 사회도 다른 관점에서 보면 정의롭지 않다고 비난받을 수 있다. 이 점은 제3장에서 다루게 될 정의라는 관념의 역사에서 더욱 뚜렷하게 드러날 것이다. 난처한 것은 어떠한 형태로든 비난받지 않는 정의의 이론은 없다는 점이다(Steiner 1994, 2쪽).

그러한 정의가 없다는 것은 어떻게 알 수 있는가? 《평등, 자유, 권리》에서 우리는 권리들 사이의 서열 문제를 다루었다. 가장 대표적인 논란거리는 시민적·정치적 권리와 경제적·사회적·문화적 권리 사이의 서열에 대한 것이었다. 이는 결국 어떠한 것이 인간에게 마땅하게 주어져야하는가의 문제, 즉 근본적으로 윤리적인 문제에 대한 견해가 다르기 때문이다. 그러므로 정의로운 사회를 만들기 위해 그 바탕에 두는 권리의 내용도 달라지게 된다. 그리고 권리의 기능에 대한 이론에서 선택 이론과 이익 이론 사이의 갈등도 본원적으로는 의무론과 공리주의라는 윤리 이론 사이의 갈등이라고 볼 수 있다. 의무론과 공리주의는 각자의 정의에 대한 관념을 제시하는 배경이 된다. 양자의 갈등은 쉽게 해결될 수 있는 것이 아니다. 그래서 학자들은 궁여지책으로 문지방 문제를 거론하기도 했고, 권리의 침해와 위반을 구별해보기도 했다. 상반되는 윤리 학설을 조화시키기가 그만큼 어렵다. 윤리에 대한 서로 다른 관념은 정의에 대한 서로 다른 관념을 낳기 마련이다. 달리 말해, 정의에 대한 관념에 따라 또는 정의롭다고 생각되는 윤리관에 따라 권리의 내용과 서열이 달라진다.

　그렇다면, 보편적으로 받아들여질 수 있는, 또는 그 정도는 아니지만 더 많은 사람이 받아들일 수 있는 정의에 대한 이론을 확립하기 위해서는 어떻게 시작하는 것이 좋겠는가? 정의관의 차이를 막론하고 어떠한 사회에서나 정의를 확립하는 데 커다란 몫을 하는 것이 권리다. 그러므로 권리는, 앞에서 정의의 원칙 중 하나라고 봤지만, 좀 더 근본적으로는 정의의 바탕 혹은 '소립자elementary particle'라고도 볼 수 있다(Steiner 1994, 2쪽). 따라서 정의 이론을 확립하는 데 있어서 현명한 방법은 소립자의 수준에서 시작하는 것이다. 즉 구성의 단위가 되는 것에서 시작하는 것도 하나의 방법일 수 있다. 어떤 확립된 정의로운 사회의 입장에서 보면, 권리는 정의의 원칙에 의해 만들어지고 분할될 수 있는 항목이다. 그러므로 권리가 가진 형식적이거나 특징적인 양상을 검토함으로써 정의에 대한 것을 알 수 있다. 권리가 가진 양상이 정의의 원칙에 있을 수 있는 내용을 제약할 것이기 때문이다. 이것은 마치 건축 자재의 속성에 따라 건축의 양식이 결정되는 것과 같다(Steiner 1994, 2쪽). 정의는 어떠한 사람들에게 어떠한 권리를 어떠한 근거에서 어떻게 할당하는가에 달려 있다고 말할 수 있다. 즉 권리에 대한 어떠한 원칙이——권리만이 정의의 원칙인 것은 아니지만——정의의 내용을 결정한다(Ivison 2008, 103~104쪽). 또한 권리만이 아니라 '응분desert'이나 필요도 정의의 원칙이 된다. 게다가 정당한 응분과 필요는 권리의 내용이 될 수 있다. 그러므로 어떠한 응분이나 필요가 권리로 인정받기 위해 경합을 벌여온 것이 정의에 대한 관념의 역사라고도 볼 수 있다.

　권리, 응분, 필요라는 정의의 세 원칙에는 정의를 구성하는 요소인 평등, 자유, 효율이 담겨 있다. 응분이나 필요라는 원칙을 감안해 권리의 내용이 결정될 수 있는 것처럼 자유나 평등에 대한 권리가 있을 수 있다. 말하자면 정의의 세 원칙 각각에는 그 나름대로 자유, 평등, 효율이라는 정의의 구성 요소가 담겨 있다. 예를 들어 권리, 응분, 필요라는 벽돌들로써 정의라는 집을 짓는다고 가정해보자. 어떻게 시작해야 하는가? 특정 벽돌을 먼저 구워두고 그 벽돌을 쌓아가면서 벽돌들 사이에 평등, 자유, 효율이라는 힘을 안배해 최종적으로 정의라는 집을 지을 것인가? 그렇지 않으면 집의 모양을 우선 구상한 다음에 이에 맞는 벽돌을 구워서 집을 지을 것인가? 어느 방법을 택하는 것이 옳은지 또는 좋은지를 알 수 있는가? 그리고 일단 집이 지어졌다면, 그 집이 좋은 집인지 잘못된 집인지를 어떻게 알 수 있는가? 그 집에 살아봐야만 알 수 있는가? 말하자면 정의 이론이 어떻게 구성되는가도 중요하지만, 정의 이론에 의해 만들어진 정의에 어떠한 쓰임새가 있는가도 중요하다.

개개인이 좋다고 생각하는 바, 즉 선에 대한 관념이나 자유, 평등, 권리에 대한 관념은 시대와 장소에 따라 다를 뿐만 아니라 개인에 따라서도 다를 것이다. 평등에 대한 다양한 관념이 있다는 것을 감안한다면, 정의에 대한 관념도 시대와 장소, 개개인에 따라 다를 수 있다. 특히 선에 대한 주관적 관념이 확립되고 주관적 권리가 인정된 근대 사회에서는 제반 관념이 다를 수 있다는 것을 인정하지 않을 수 없다.

그런데 개인은 어떠한 인생의 목적을 설정할 수 있으며 그 목적을 달성하기 위해 자유를 가져야 한다. 목적을 설정할 수 있다는 것은 개인이 자신의 이익이 무엇인지 스스로 결정할 수 있다는 것을 의미한다. 노예는 자신의 이익을 스스로 설정할 수 없다. 근대 이전에는 자유라는 것이 소수의 '특권(호펠드적 특권/허용의 의미)'으로 여겨졌지만, 근대에 들어와 개인이 인생의 목적을 달성하기 위해 자신의 이익이 무엇인지를 스스로 설정하고 추구할 수 있게 되었다. 이렇게 할 수 있는 것이 좋은 것이라고 자유주의는 가정한다(Flathman 1989, 177쪽). 그렇다면 자신의 이익을 추구해 자신이 상정하는 선을 추구할 수 있는 자유와 자유를 행사할 수 있는 권리가 주어져야만 한다. 이렇게 보면, 권리는 개인이 자신의 목적을 추구할 수 있게 하는 정당한 근거가 된다(Flathman 1989, 169쪽). 권리의 내용으로 봐도 권리 사이에는 갈등이 있을 수 있으며 그 내용과 관련해 권리 소지자들 사이에도 갈등이 있을 수 있다. 법적 권리의 내용만이 아니라 법적 권리들도 서열을 정해 보장하는 것이 정의로운가? 정의를 달성하는 데에는 권리만이 아니라 응분과 필요를 고려해야 한다. 권리, 응분, 필요라는 벽돌을 적절하게 쌓아감으로써 정의라는 집을 지어야 한다.

그렇다면 설사 벽돌로부터 시작한다고 하더라도 어떠한 흙으로 어떠한 모양의 벽돌을 어떻게 만들지 정하는 것도 어렵다. 어떠한 사회의 정치·문화적 토양에 의해 벽돌을 만들 흙이 정해진다. 게다가 그러한 흙으로 만들어진 벽돌로 더 나은 정의의 집을 지으려면 창의성이 필요하다. 하지만 그렇게 만든 집이 좋다는 것을 확실하게 알 방법도 없다. 더군다나 권리라는 벽돌로 정의라는 집을 지어나가는 방법을 택한다 하더라도 정의라는 관념과 무관하게 권리라는 벽돌이 만들어지는 것이 아니라는 점에 유의해야 한다. 또한 반드시 권리라는 벽돌들이 먼저 있고 그 벽돌들을 축조함에 따라 정의가 구현되는 그런 방법만이 있는 것도 아니다. 집을 구상하고 새로운 벽돌을 구워서 시작하는 방법도 있을 것이다. 그리고 여러 가지 내용과 모양의 벽돌들 사이의 힘의 안배를 새롭게 하여 정의라는 집을 지을 수도 있다.

여러 종류의 권리는 다른 역사적 맥락에서 생성되었다. 어떠한 인간의 삶이 좋다거나 옳다고 여겨지는 바에 따라 권리라는 개념이 생성되고 주장되어온 것이다. 우리는 역사적으로 드러난 권리를 벽돌로 삼아 정의라는 집을 짓게 되는데, 그 권리라는 벽돌 하나하나는 정의라는 관념을 에워싸고 역사적으로 투쟁한 결과로 생성되었다. 그러므로 이러한 권리들로 만든 집이 결과적으로 정의와 무관할 수도 없고, 벽돌을 쌓을 때 정의를 염두에 두지 않을 수도 없다. 그렇기 때문에 정의라는 집이 완성되었을 때 축조된 여러 종류의 벽돌들 사이의 힘의 안배를 고려하지 않을 수 없으며 또한 이 힘의 안배가 정당한지, 나아가 어떠한 정의를 구현하려하는지, 그리고 그 정의가 올바른 것인지 따지지 않을 수 없다. 게다가 앞으로 다루게 되겠지만 정의의 원칙에는 권리만이 아니라 응분과 필요도있다.

이 책에서는 무엇을 다루게 되는가? "정의에 대한 관념"이라는 제목의 제1부에서는 정의라는 문제에 접근하는 시각을 소개하고자 한다. 이를 위한 실마리로서 먼저 종합부동산세를 다루었다. 평등은 정의와 연관이 깊다고 일컬어진다. 종합부동산세는 빈부의 격차와 사회적 위화감을 줄이려고 시도된 정책 가운데 하나였다. 논란이 있었던 이 제도는 한동안 실시되다가 정권이 바뀌면서 완화되었다. 평등을 위한 것이라면 어떠한 조세 제도도 정당한가? 아니면 지나친 조세는 부당한가? 불평등한 것을 어떠한 근거에 따라 어느 정도로 평등하게 하는 것이 옳은가? 프랑스 대혁명 이후로 좌와 우를 가르는 가장 주된 논쟁의 하나가 재산 문제였다 (Fukuyama 2011, 64쪽). 그래서 자유주의와 자유지상주의, 그리고 공화주의와 공동체주의는 종합부동산세를 보는 시각과 근거에서 다를 수 있다. 이처럼 정의를 보는 시각은 다양하며, 시각이 다양한 만큼 근거도 다양할 수 있다.

제2부에서는 자유와 평등을 다룬다. 흔히 오늘날의 정의의 문제는 자유와 평등의 조화의 문제라고 일컬어진다. 자유와 평등은 효율과 더불어 정의를 이루는 세 가지 구성 요소에 속한다. 그런데 자유의 경험이 별로 없었던 한국에서는 평등이라는 문제가 더 크게 부각되었기 때문에 필자는 《평등, 자유, 권리》에서 자유보다 평등을 먼저 다루었다. 게다가 정의가 평등과 연관이 더 많기 때문에 이 책의 제2부에서도 마찬가지로 평등을 먼저 다루었다. 그러나 평등이라고 하면 수입이나 재산의 평등을 우선적으로 떠올리게 되는 현실을 감안해 재산의 평등이 가져올 수 있는 폐해를 먼저 다루었다. 물론 평등은 폐해만 있는 것이 아니라 장점도 많다. 게다가 재산만이 아니라 자유나 '자기 존엄self-dignity'도 평등의 대상이다. 그렇지만 한국 사회에서 큰 문제로 부각되는 것이 재산의 불평등인 만큼 여러 사상가들이 재산권의 정당화와 한계를 어떻게 논했는지 고찰하고자 한다. 사상가들의 사고는 현실을 반영하기도 하며 재산권의 정당화와 한계는 자유주의의 대두와 변모, 민주주의의 대두와 복지 국가적인 민주주의 국가로의 변모라는 역사와 연관이 있다. 이러한 역사적 발전 과정에서 문제가 되는 것을 다루면서 오늘날의 복지권의 근거와 한계를 다루었다. 이렇게 하여 제2부에서는 최종적으로 정의의 관건이라고 여겨지는 자유와 평등의 조화라는 문제를 다루게 된다.

　제3부에서는 먼저 제12장에서 정의에 대한 관념의 역사를 논하고자 한다. 정의라는 관념이 역사적으로 어떻게 전개되었는지에 대한 감각이 없으면 정의라는 개념이 무엇인지를 이해할 수 없기 때문이다. 긴 역사에 걸쳐 각기 다른 관념들이 대두하고 서로 연관되는 관념이 누적되었기 때문에 오늘날 재산과 과세에 대한 견해, 그리고 나아가 종합부동산세에 대한 견해가 다를 수 있게 된 것이다. 그래서 고대, 중세, 근대, 현대에 걸

쳐 주요 사상가들이 제시했던 정의에 대한 관념을 살펴보고자 한다.

왜 정의에 대한 관념의 역사를 살펴봐야 하는가? 정의라는 것이 인간의 사고와 완전히 무관하게 존재하는 것이라면, 정의에 대한 이론을 인간의 제도와, 또는 정의에 대한 인간의 감각과 결부시킬 필요가 없다. 선이 객관적으로 존재한다고 생각되었던 것처럼 정의도 한때 객관적으로 존재하는 것이라고 생각되었다. 그 후로 선에 대한 주관적인 관념이 생겨났다. 이와 마찬가지로 정의도 주관적으로 만들어질 수 있다고 여겨지게 되었다. 트라시마코스에서 니체에 이르기까지 회의론자들은 정의는 사람이 원하는 대로 만들 수 있는 관념이라고 여겼다. 이렇게 되면 서로 상반되는 정의에 대한 이론들 모두가 그 나름대로 그럴듯하겠지만 동시에 공허해진다.

그런데 실제로는 어느 견해도 정확하지 않을 것이다. 정의는 하나의 개념이다. 모든 개념이 그렇듯이 정의라는 개념 또한 많은 사람들이 오랜 시간을 두고 고안하고 다듬어온 하나의 도구다. 말하자면 정의라는 개념은 역사의 구속을 받기 마련이다(Johnston 2011, 225쪽). 정의라는 개념을 다듬고 수정하고 변모시킬 수는 있다. 그러나 정의라는 개념을 무한정으로 만들어낼 수는 없다. 그 개념이 인간의 삶에 쓰임새가 있으려면, 멋대로 만들어낼 수 있는 것이어서는 안 된다. 정의에 대한 이론은 인간의 제도와 정의에 대한 감각과 결부되어야만 받아들여질 수 있다(Johnston 2011, 226쪽).

이 책의 목적 중 하나가 현대의 정의 이론을 이해하기 위한 기초를 마련하는 것이다. 20세기의 대표적인 정의 이론서인 롤스John Rawls의 《정의론A Theory of Justice》은 20세기에 보스턴의 찰스 강에서 갑자기 분출한 것이 아니다. 롤스의 저서는 19세기에 나온 시지윅Henry Sidgwick의 《윤리학의 방법*Methods of Ethics*》에 답한 것이라고 볼 수 있다. 시지윅도 존 스튜어트 밀과 칸트의 윤리 이론이 경합하고 자유주의, 공리주의, 사회주의라는 정치사상들이 경합했던 19세기의 문제를 해결하기 위해 노력했다. 윤리 이론과 정치 이론을 천착하려는 이는 소크라테스와 직접 대화는 못하더라도 플라톤의 대화록을 통해 소크라테스와 대화를 나누지 않을 수 없다. 시지윅도 예외가 아니다. 역사적 구속성에서 벗어날 수 있는 이는 없다. 그렇기 때문에라도 정의에 대한 관념의 역사를 개관할 필요가 있다. 롤스는 사회 정의라는 문제에서 출발한다. 사회 정의라는 문제는 수많은 로빈슨 크루소들이 서로 관계를 맺지 않으면서 각자 자신의 섬에서 살아갈 수 있다는 가정을 할 수 없게 된 데에서 생겨난다. 그렇다면 사회 정의라는 문제가 부각된 역사와 이에 연관되는 개념을 살펴봐야만 왜 롤스가 정의 이론을 사회의 기본 구조를 중심으로 구축하지 않으면 안 되었는지를 이해할 수 있게 된다.

또한 필자는 정의에 대한 관념의 역사를 추적하는 과정에서 선과 정의, 그리고 정의와 덕성의 문제를 다루어본다. 끝으로, 정의에 대한 고대의 관념에서 근대의 관념으로의 변천은 목적론적 사고에서 존재론적 사고로의 변천과 연관이 있다는 점을 고찰한다. 필자는 이러한 변천이 선에 대한 객관적 관념에서 주관적 관념으로의 변천, 객관적 권리에서 주관적 권리로의 변천과 맥을 같이한다고 본다. 그리고 이 사고의 변천은 제4장에서 논한 '목적론과 선'이라는 주제에 견주어 고찰할 만하다.

제13장에서는 정의의 세 가지 구성 요소인 평등, 자유, 효율이라는 개념을 다룬다. 왜 이 세 개념이 정의의 구성 요소가 되었는가? 정의라는 개념이 발전하는 과정에서 이 세 가지가 주요 요소로 부각되었기 때문이다. 사실 이것들은 줄곧 다뤄져온 주제다. 이들의 관계는 정의라는 집을

지을 때 권리, 응분, 필요라는 벽돌들 사이에 자유, 평등, 효율이라는 힘들을 어떻게 안배해 집을 지을 것인가를 결정한다. 바꾸어 말하면, 힘의 관계를 고려할 때 원칙으로 삼아야 하는 것은 정의의 세 원칙, 즉 권리, 응분, 필요 사이의 힘의 관계라고 할 수 있겠다. 그래서 제14장에서는 권리, 응분, 필요라는 정의의 세 원칙을 다룬다. 어떠한 정치 이론가도 정의를 논하면서 이 세 가지 구성 요소와 세 가지 원칙을 고려하지 않을 수 없다. 이렇게 제12~14장으로 제3부를 구성해 정의를 다룬다. 이로써 정의에 대한 이론을 논하는 데 기초적인 바탕이 마련되는 셈이다. 이어질 《사회 정의란 무엇인가》라는 책에서는 제1부에서 존 롤스의 정의 이론을, 제2부에서 현대의 정의 이론을, 제3부에서 공동선을 각각 다루게 될 것이다.

아리스토텔레스는 아테네의 잘못된 민주주의, 즉 대중의 감정에 휩쓸리고 단기적 이익에만 집착하는 민주주의에 시달렸지만, 민주주의를 택하지 않을 수 없다고 생각했다. 그러한 현실적인 여건 속에서 아리스토텔레스는 온건한 민주주의를 통해 정치를 안정시키고자 했다. 그가 민주주의를 택하게 된 명분 중의 하나는 사람 한 명의 머리가 천 명의 머리보다 나은 경우도 있지만 일반적으로 천 명의 지혜가 한 명의 지혜보다 더 합리적일 것이라고 기대했기 때문이다. 대중민주주의 시대에 민주주의가 존속하려면, 개개인이 장기적인 안목에서 독립적 판단을 내릴 이성을 가지고 있어야 하며 비이성적인 경향에 맞서 이성을 견지할 수 있어야 한다(Carr 1962, preface). 정치 이론의 목적은 이러한 이성을 일깨워서 정치 사회를 조직하는 합리적 원칙을 모색하자는 데 있다. 그런데 단기적 이익에 집착하고 이성적 사고를 갖기보다 감성적 물결에 휩쓸리는 것이 오늘날의 세태인 것 같다. 스피노자는 《신학 정치론》의 서문에서 "이성이 아니라 충동에 의해 칭찬하거나 비난을 일삼는" 이들은 자신의 책을 읽지 말기를 권했다(최형익 2011, 20쪽). 필자도 같은 견해다.

1954년에 대한민국은 나이지리아보다 1인당 국민 소득이 낮았다. 그후 50년 사이에 나이지리아는 석유 수출로 막대한 수입이 있었음에도 불구하고 한국보다 소득이 떨어진 반면 한국은 세계 12위의 경제 대국으로 성장했다. 한국의 정치적 안정이 경제 성장을 가져다준 것으로 생각된다. 경제가 성장함으로써 좋은 정치가 나타나는 측면도 있지만, 경제 성장을 촉진하려는 의지와 결집력을 갖춘 좋은 정부가 있어서 경제가 성장했다고 볼 수도 있다(Fukuyama 2011, 470~471쪽). 다르게 생각할 수도 있다. 빈곤한 나라에서는 공무원조차 부패하지 않을 수 없다. 그러므로 좋은 정치를 하려면 일단 경제가 성장해야 한다. 이렇게 보면, 제프리 색스의 지적대로 좋은 정치는 경제 성장의 원인이 아니라 경제 성장의 산물일 수도 있다(Sachs 2005). 다른 말로 하면, 경제 성장의 결과로 우리는 이제 평등과 인권을 논할 수 있게 되었다.

시모어 마틴 립셋은 1950년대에 경제 발전과 민주주의의 상관관계를 밝혔다. 그러나 그 관계가 항상 직선적인 것은 아니다. 즉 경제 성장이 많이 이루어졌다고 해서 항상 더 많은 민주주의가 찾아오는 것은 아니다. 그 상관관계는 수입이 낮은 단계에서는 더 강하고 중간 수준에서는 약해진다는 것이 밝혀졌다. 그리고 전제 정치에서 민주주의로의 전환은 발전의 어떠한 수준에서도 일어날 수 있지만 민주주의에서 전제 정치로의 전환은 국민 소득이 높은 수준에서는 잘 일어나지 않는다는 것이 밝혀졌다(Przeworski et al. 2000 ; Fukuyama 2011, 471쪽 재인용).

한국이 오늘날 국제적으로 인정받을 정도로 성장한 과정은 다음과 같이 개략적으로 설명할 수 있을 것이다. 한국전쟁이 끝날 무렵에 한국은 상당히 강력한 정부를 가지고 있었다. 유교 국가의 전통은 중국으로부터 답습한 것이었고 일제 강점기에 근대적 제도가 들어섰다(Fukuyama 2011, 474쪽). 박정희 정권은 자유민주주의 이념을 구현하지는 않았지만 급속한 경제 성장을 추구하는 산업 정책을 실시했다. 그리고 경제 성장을 달성함으로써 정당성을 확보할 수 있었다. 그리하여 한 세대 동안에 한국은 전형적인 농촌 사회에서 벗어나 산업화할 수 있었다.

이렇게 경제가 성장하고 그로 인한 혜택을 누릴 수 있게 됨에 따라 새로운 세력들, 예를 들면 전통 사회에서는 없었던 노동조합, 교회 집단, 대학 학생들, 그리고 또 다른 시민 사회 행위자들이 사회적으로 발언권을 얻게 되었다. 즉 권위주의 정권은 경제 성장이라는 업적을 남겼지만 이것이 권위주의 정권의 붕괴를 야기했다. 바꾸어 말하면, 권위주의 국가는 경제 성장을 위해 시장 경제를 택하지 않을 수 없었으며 그 시장 경제가 민주주의를 가져오는 데 도움이 되었다(Dahl 1998, 170쪽). 그런데 경제 성장 덕분에 전체적으로는 성장의 혜택이 전보다 더 향상되었지만, 빈부 격차로 인해 모두가 평등하게 그 혜택을 향유하게 된 것은 아니었다. 이에 사회 집단들은 이러한 결과를 가져온 정치 체제에 반대하게 되었다(Fukuyama 2011, 473쪽). 이렇게 보면, "1960년대에는 박정희 대통령을 중심으로 하는 근대화 세력이 '조국 근대화'를 기치로 내걸고 개발과 고도성장을 주도한 시기일 뿐 아니라, 그에 저항하고 그를 비판하는 민주화 세력이 성립하고 성장한 시기이기도 했다"(이영훈 2013, 370쪽). 그리하여 1980년 5·18 이후 군사 정권이 정당성을 점차 상실함에 따라 새로운 집단들은 군부와 재계가 연동된 엘리트 권력을 와해시키고, 군부에 권력에서 물러날 것을 종용하기 시작했다(Fukuyama 2011, 474·476쪽). 그러다가 끝내 1987년에 6·29 민주화선언이 나오게 되었고 처음으로 민주적 선거가 이루어졌다.

그 후에도 경제가 성장하면서 시민 사회도 함께 성장해 새로운 사회적 행위자들이 더 많이 대두했다. 그들은 정치 체제에 더욱 공개적인 발언권을 요구했으며 민주주의를 촉구했다. 정치 체제의 제도화가 잘 이루어지고 새로운 행위자를 받아들일 수 있게 되면서 완전한 민주주의로의 전환이 성공적으로 이루어졌다(Fukuyama 2011, 472쪽). 급속한 경제 성장과 민주주의로의 전환은 정권의 정당성을 제고하는 데 도움이 되었으며, 정권이 정당성을 확보하게 됨으로써 그 후 한국은 1997년과 1998년 사이의 외환위기를 극복할 능력을 강화하게 되었다(Fukuyama 2011, 474쪽). 한국이 위기를 극복할 수 있었던 것은 경제 성장과 민주화를 통해 정부가 정당성을 확보한 덕분이었다. 또한 그 덕분에 한국은 법의 지배를 공고히 할 수 있게 되었다(Fukuyama 2011, 475쪽).

새뮤얼 헌팅턴Samuel P. Huntington은 《변화하는 사회에서의 정치 질서 *Political Order in Changing Society*》(1968)에서, 근대성의 좋은 것들이 모두 다 나타나는 것은 아니며, 특히 민주주의가 정치적 안정에 항상 도움이 되는 것은 아니라고 밝혔다. 그가 말하는 정치 질서는 국민 국가 건설에 해당하는데, 그는 정치 질서가 민주화보다 우선성을 인정받아야 한다고 주장했다. 이러한 발전 전략은 '권위주의적 전환authoritarian transition'이라고 알려진 것이다. 한국도 권위주의적 지배 체제 아래에서 경제 발전을 이루었으며 나중에 민주화를 경험하게 되었다(Fukuyama 2011, 459쪽). 건국 이후 오늘날에 이르기까지의 한국 역사를 개관하면, 한국은 경제 성장을 통해 민주화하는 길을 밟음으로써 국민 국가를 형성해왔다고 말할 수 있다. 국민 국가를 형성해왔다는 것은 건국 이후 국민 개개인이 점차 더 평등하고 자유로워지는 길을 걸어왔다는 의미가 된다.

요컨대 한국이 이만큼이라도 민주화한 것은 산업화를 통한 경제 발전이 있었기 때문이라고 볼 수 있겠다. 좋은 정치 질서에 이르는 길이 역사상 한 가지만 있었던 것은 아니다. 하지만 경제 성장과 민주화를 단기간에 이만큼이라도 이룬 국가는 찾아보기가 힘들다. 그럼에도 한국에서는 산업화 세력과 민주화 세력이 반목질시하고 있으며, 양측이 생각하는 정의도 다른 것 같다. 하지만 어느 세력이든 자신들의 제한된 경험에서 나온 정의에 대한 관념을 타인에게 강요할 수는 없다. 우리는 경험의 폭을 넓히기 위해 역사에 비추어 오늘의 문제를 가늠해야 한다. 장기적으로 볼 때 어떠한 정의 관념을 가지는 것이 옳은가? 두 세력이 역사에 대한 안목을 가지고 이성의 힘으로 이 문제를 헤아려볼 필요가 있을 것이다.

　이 책의 궁극적 목적은 한국인이 자유, 평등, 민주주의, 사회 정의에 대한 원칙을 확립하는 데 있어서 이성의 힘으로 인식의 지평을 같이하게 하려는 데 있다. 인식의 지평을 같이하기 위해서는, 정의라는 말을 들어봤거나 '정의'라는 구호를 외쳐봤다고 해서 용어의 의미를 다 알고 있다고 생각해서는 안 된다. 《논어(論語)》〈위정(爲政)〉에 나오는 "아는 것을 안다 하고 모르는 것을 모른다 하는 것이 바로 아는 것이다(知之爲知之, 不知爲不知, 是知也)"라는 공자의 말은 자신이 모른다는 사실을 스스로 체득하는 지점에서 철학이 시작된다는 소크라테스의 주장과 맥을 같이한다.

　정의, 나아가 사회 정의의 원칙은 결국 헌법의 근본이 되는 정치적 원칙이다. 정의의 원칙은 어떠한 사람이 정의롭다든가 정의롭지 않다든가 하는 것을 판단하는 데에만 쓰이는 원칙이 아니다. 정의의 원칙이 확립되어야만 사람들로 하여금 정치 질서에 순응하게 할 수 있다. 그러므로 정의의 원칙은 사람들에게 힘을 사용할 수 있게 하는 원칙이다(Larmore

1996, 13쪽). 정치권력은 생사여탈권도 행사할 수 있기 때문에 정치권력을 동원하는 것을 윤리적으로 정당화하는 정의의 원칙을 신중하게 숙고해 논하지 않을 수 없다. 정의라는 개념이 원래 응보(應報)라는 관념에서 시작됐기 때문이기도 하다. 여기서는 힘을 사용할 수 있는 근거, 궁극적으로 윤리적 근거가 무엇이어야 하는지를 다룬다. 권력이 행사되는 곳이라면 어디서나 정치를 논할 수 있다. 그러나 이 책에서는 정치철학이 도덕철학의 분과인 만큼 국가의 강제적 행동의 윤리적 근거에 초점을 두되, 결국은 국가를 중심으로 논하게 된다.

이 책을 시작할 수 있게끔 대학 시절부터 지금까지 필자에게 가르침을 주신 분들에게 감사의 말씀을 전하고자 한다. 먼저 서울대 정치학과 은사님들께 깊은 감사의 말씀을 올리고 싶다. 김영국 선생님은《니코마코스 윤리학》을 접할 기회를 주심으로써 필자로 하여금 목적론과 선을 논할 용기를 갖게 하셨다. 구영록 선생님은 필자의 시야를 국제 정치 분야로 넓혀주셨다. 삼가 고인이 되신 두 분의 명복을 빈다. 구범모 선생님은 비교 정치를 가르쳐주셨고 사회 현실을 예리하게 분석하는 눈을 갖추도록 지도해주셨다. 이홍구 선생님은 정치사상을 스스로 읽는 법을 가르쳐주셨다. 배성동 선생님은 독일의 정치 제도와 정치사상에 대한 관심을 일깨워주셨다. 최창규 선생님은 서양 사상을 동양 사상에 견주어볼 생각을 갖게 해주셨다. 김학준 선생님은 외국에 나가 서양 사상을 배울 기회를 갖도록 배려해주셨다. 최명 선생님은 비교 정치뿐만 아니라 중국 정치사상에도 관심을 갖도록 해주셨다. 그리고 국민대학교 명예교수 김영작 선생님과 고려대학교 명예교수 최상용 선생님, 시마네 현립대학교의 이다 다이조(飯田泰三) 선생님 덕분에 필자는 일본 정치사상을 접할 기회를 갖게 되었다. 이 자리를 빌려 모든 분들에게 감사를 드린다.

끝으로, 출간을 맡아준 책세상 출판사와 이 책이 나올 때까지 묵묵히 뒷받침해준 집사람, 그리고 늘 자식이 세상에서 쓰임새 있기를 기원하시는 어머님께 감사를 드린다. 선친께 이 책을 바친다.

2014년 3월

북악 연구실에서 이종은

제1부

정의에 대한 관념

2005년부터 한국에서 종합부동산세라는 제도가 새롭게 시행되었다. 한 세대(世帶)가 소유한 모든 부동산을 종합해 일정한 액수를 넘는 부동산에 대해 재산세와는 별도로 특별히 과세하는 제도다. 집값, 특히 아파트 값의 폭등으로 인해 생긴 금전적 이익은 투기적 불로 소득으로 여겨질 수 있기 때문에 적어도 부동산 투기로 인한 불로 소득만은 철저하게 환수해 부의 공정한 재분배를 달성하고 정상적인 경제 활동을 진작하며 집값을 안정시킨다는 의도가 이 세제의 신설에 깔려 있었다(이강국 2005, 21쪽 ; 윤도현 2005, 217쪽 ; 신기남 2005, 360쪽). 무엇보다 이 세제는 세수가 지방 정부로 들어가게끔 했기 때문에 수도권의 토지와 주택이 대한민국의 인적 그리고 물적 자원에 대하여 가지는 흡인력을 줄이고 비수도권의 발전을 도모한다는 취지를 담고 있었다(김병준 2012, 242쪽). 즉 종합부동산세는 중앙과 지방의 균형 발전을 도모하는 것이었다. 그럼에도 종합부동산세를 납부하게 된 이들의 불평이 자자했다.

사회생활에서는 갈등이 생기고 불평불만이 토로되기 마련이다. 종합부동산세를 낼 형편이 못 되는 사람도 불평을 하고 내게 된 사람도 불평을 한다. 모든 사람은 갈등과 불평불만이 없는 사회를 열망한다. 이를 이루어낼 원칙이 있다면, 그 자체만으로도 사람들에게 기림을 받을 것이다. 정의가 무엇인지에 대한 합의가 이루어지고 정의의 잣대로 공평무사하게 모든 사람에게 부담과 권리를 부여하게 되면 불평불만이 없어진다. 정의의 효력은 여기에 있는 셈이다. 그렇다면 종합부동산세는 정의로운 것인가?

왜 세제를 문제 삼는가? 틸리는 유럽의 초기 근대 국가를 범죄 조직에 비유했다. 국가가 존속하려면, 폭력을 조직해 사회로부터 자원을 추출해야 하기 때문이다(Tilly 1990). 국가는 사회로부터 징세나 징집 등 자원을 추출할 능력이 있으며, 이 자원을 가지고 국가로서의 기능을 해야 한다. 역사적으로 근대 국가는 이 기능을 갖추면서 발전해왔다(Hicks 1995, 1185쪽). 근대 국가는 군대에 봉급을 지불해야 했으며, 군사 기술이 변하고 군대 규모가 커짐에 따라 많은 전쟁 비용이 필요했다(Finer 1997, 1267쪽). 국내 질서를 유지하고 대외적으로 방어를 하자면 경찰과 군대가 있어야 하고, 이들을 존속시키기 위해서는 세수가 확보되어야 하며, 세수를 확보하자면 관료가 있어야 한다. 관료가 계획한 징세나 징집을 거부하는 이들을 강제하기 위해서는 궁극적으로 경찰이나 군대의 물리력이 필요하다. 반면에 군대가 존속하기 위해서는 관료가 존재해야 한다. 상비군과 관료가 있음으로 해서 강제로 추출하는 것이 가능해진다. 비단 근대만이 아니라 어느 시대라도 이것이 가능해야만 진정한 의미의 국가가 나타났다고 볼 수 있다(Fukuyama 2011, 0쪽). 이상과 같은 '강제 추출 순환coercion-extraction cycle'은 두 집단, 즉 관료와 군대가 있음으로써 유지된다고 볼 수 있다. 절대주의 국가의 대두는 이 순환에 힘입은 바크다(Finer 1997, 1266 · 1340쪽 ; 박상섭 1996, 71쪽).

국가가 강제 추출 능력을 가진다는 것은 물리적 강제력을 독점하며 강제할 수 있다는 것을 의미한다. 당연한 것을 새삼스럽게 지적하는 이유는 국가가 법을 만들고 집행할 때 신중을 기해야 한다는 점을 다시 일깨우려는 데 있다. 일단 만들어진 법은 국가가 강제할 수 있다. 그러나 정당하지 못한 법이라면 사람들은 그에 복종하면서도 불평할 것이다. 국가는 사람들이 법에 기꺼이 복종하도록 해야만 정당성을 확보하고 지속될 수 있다. 국가가 강제 추출 능력을 갖는 데 있어서 중요한 것은 그 능력을 왜 확보해야 하며 그 능력으로 무엇을 해야 하는가의 문제다. 즉 정당성의 문제다. 종합부동산세를 논하는 이유도 여기에 있다. 어느 국가든 약탈적 성격이 있다(Fukuyama 2011, 210쪽). 그러나 국가가 추출 기능을 수행하는 데서 정당성을 상실하게 되면, 국가의 추출 능력은 범죄집단의 추출 능력과 다를 바 없게 된다. 일찍이 6세기에 페르시아의 지배자 호스로우는 "정의와 더불어 인민은 더욱 생산하고 세수는 증대할 것이며 국가는 더욱 부유해지고 강력해진다. 정의는 강력한 국가의 근본이다"라고 지적했다. 여기서 그가 말하는 정의는 세율의 적당함이다(Fukuyama 2011, 220쪽). 징세를 하는 권위체가 정당성을 상실할수록 징세하는 데에 따르는 추출 비용을 더 지불해야 한다(Fukuyama 2011, 343쪽). 그래서 과세는 정의와 국가의 정당성이라는 문제와 결부된다. 종합부동산세가 어떤 근거에서 정의와 부합하는지 또는 부합하지 않는지를 다루려는 이유가 여기에 있다.

제1장

종합부동산세

2008년 11월 헌법재판소는 종합부동산세법 항목 중에서 세대별로 합산해 과세하는 것은 위헌이며, 1주택 장기보유자에 대한 과세 조항이 헌법 불합치라는 결정을 내렸다. 크게 보아 종합부동산세라는 제도 그 자체는 위헌이 아니라는 것을 밝힌 셈이다. 그러나 세대별 합산이 위헌이라는 판결로 인해 20만 명의 납세자들이 6,300억 원의 세금을 환급받게 되었다(《조선일보》, 2008년 11월 15일 A3면).

입법 과정을 보면, 종합부동산세법을 신설하게 된 취지는 잘못이라고 판단하기 어렵다. 재산권이 사회에 의해 인정되고 가치와 생산에 사회적 요소가 있으면, 재산의 근거는 사회적인 것이다. 따라서 투기의 정당성에 대한 논의가 일찍이 수정주의적 자유주의 시대에도 있었다(Hobhouse 1964, 101~102쪽). 지가가 오르는 것은 사회적 결과라고 보았기 때문이다(Hobhouse 1922, 190쪽). 이런 점에서 투기를 억제해 부동산 가격을 안정시키고, 이와 더불어 지방 재정의 균형적인 발전을 도모함으로써 소득 재분배의 효과를 얻고, 나아가 조세의 형평성을 제고하겠다는 입법 취지는 잘못된 것이라고 볼 수 없다.[1] 그런데 투기를 억제한다는 것에는 토지나 건물, 특히 아파트 투자에 따른 과대 수익은 정당하지 못하다는 관념이 깔려 있다. 그래서 '불로 소득unearned income'에 준하는 이익으로 인해 빈익빈 부익부 현상이 심화되는 것을 방지하고, 생산 활동에 투자를 유도하며, 경제적 평등을 달성하겠다는 것이다.[2] 불로 소득은 프루동의 '불로수득권(不勞收得權)droit d'aubaine'에 해당된다. 생산하는 능력만을 소유의 본질로 보는 프루동의 입장에서는 불로 소득은 당연히 도둑질에 해당한다(이용재 2003, 446쪽). 이러한 입법 취지는 지대를 '불로 잉여unearned surplus'이자 사회적으로 만들어진 잉여로 볼 수 있는가 또는 봐야 하는가의 문제와 연관된다고 하겠다. 일반적으로 보아, 불로 잉여이며 사회적으로 만들어진 잉여라면, 개인이 아니라 사회가 그것을 가져야 한다는 것이다(Dobb 1968, 448쪽).

2004년 조세연구원 대강당에서 재정경제부 주최로 열린 공청회에서 '부유세wealth tax'에 대한 논의가 있는데,[3] 이 논의의 이면에는 1997년의 외환 위기를 겪으면서 가중된 빈익빈 부익부 현상을 타개하기 위해 누진

---

1 국회, 〈제250회 재정경제위원회 회의록〉 제15호(2004년 12월 8일).
2 '이익interest'이라는 말이 16세기 서유럽에서 처음으로 광범하게 사용되었을 때는 물질적 복지의 측면에만 한정되지 않고 인간 열망의 총체성을 담보했다고 한다. 그 후 자본주의와 자유주의가 만연하게 됨으로써 이익은 경제적 이득을 의미하게 되었다고 한다(Hirschman 1977, 32쪽 ; 강정인 2007, 642쪽 각주 재인용).
3 부유세를 부과하기가 현실적으로 어려운 것은, 개인이 정확하게 어느 정도 부유한지를 알기 위해서는 부채까지 감안해야 하기 때문이다. 그리고 부유세를 통해 빈부 격차가 실제로 해소되는가라는 문제도 재고해야 한다(권혁철 2007, 50~51쪽).

세를 강화해야 한다는 의지가 깔려 있다고 여겨진다. 문제는 이미 지방세인 재산세와 종합토지세가 있는데도 국세인 종합부동산세를 신설하는 것이 정당한가 하는 것이다. 또한 재산세가 이미 누진세인데 그에 덧붙여 누진율이 더 큰 또 다른 누진세인 종합부동산세가 새로이 부과되는 것이었다. 게다가 소득세에도 이미 누진이 적용되고 있었다. 그렇기 때문에 종합부동산세제에는 부자에 대한 질시가 담겨 있다는 것을 간과할 수 없게 되었다.[4] 또한 하나의 과세 물건에 대해 두 가지 이상의 세목으로 과세하는 것은 위헌의 여지가 있다는 문제점이 지적되었다. 이중 과세라는 것이었다.[5]

누진세가 평등이라는 가치를 달성하려는 정책이기 때문에 종합부동

---

4 1912년 4월 14일 타이타닉호가 침몰했는데, 그 배에서 연주했던 악단과 악단장의 시신이 나중에 발견되어 1912년 5월 18일에 장례식을 치렀다. 이때 운집한 인파는 4만 명에 달했다. 한데 타이타닉호에서 살아남은 사람들은 대부분 탈출이 쉬웠던 일등실에 탄 부자들이었다는 것이 알려졌다. 이에 분노한 미국인들이 부자들에게 세금을 더 매기라고 요구했다. 그러자 1913년 윌슨 대통령은 제16차 수정헌법을 통해 새로운 세금 제도, 즉 소득세를, 그것도 누진세를 도입했다. 그 전에는 소득세라고는 영국이 나폴레옹 전쟁을 치르기 위해 부과한 전쟁세 정도밖에 없었다. 그러한 세금은 간헐적으로 부과되었을 뿐이었다. 이렇게 보면 현대의 소득세는 빈자의 질시와 원망 속에서 탄생한 셈이다.
   이미 소득에 대한 누진세를 납부하는 부자들의 입장에서는 부동산, 그것도 거래를 통해 소득이 발생하지 않은 부동산에 대해 단지 그것을 소유하고 있다는 이유로 누진세를, 그것도 이중으로(즉 종합적으로) 과세하는 것은 부당하다고 생각할 것이다. 그렇지만 이렇게 하지 않고 소득에만 누진세를 적용할 경우, 그 누진세가 과다하다고 여기는 부자는 소득을 모두 부동산으로 바꾸어서 세금을 내지 않아도 된다면, 소득을 모두 부동산으로 바꾸어서 소득세를 회피할 것이다. 그러므로 어떤 측면에서는 소득만이 아니라 자산에 대해서도 누진세를 적용하는 것이 타당하다고 볼 수도 있다. 설사 그렇다 하더라도 여기서 논하려는 것은 어느 정도의 과세가 타당한가의 문제다.
5 이중 과세라는 점에 대해서는 헌법재판소는 다음과 같이 위헌이 아니라고 판결했다. "지방자치단체에서 재산세로 과세되는 부분과 국가에서 종합부동산세로 과세되는 부분이 서로 나뉘어 재산세를 납부한 부분에 대해 다시 종합부동산세를 납부하는 것이 아니고, 양도소득세와의 사이에서는 각각 그 과세의 목적 또는 과세 물건을 달리하는 것이므로, 이중 과세의 문제는 발생하지 아니한다."

산세법과 관련해 평등이라는 가치를 생각해볼 필요가 있다. 평등은 정의와 밀접한 연관이 있다. 그런데 평등이라는 이념이 근대에 와서 커다란 힘을 발휘하게 된 이유는 무엇일까? 평등, 그리고 평등으로써 달성하고자 하는 정의(正義)의 이면에는 인간이라면 가질 수밖에 없는 질투가 도사리고 있었다는 것을 들 수 있다. 이 점은 아리스토텔레스가 《수사학》에서 지적한 바 있다. 즉 평등이라는 가치는 인간이 가지고 있는 질투라는 감정에 호소함으로써 근대에 커다란 힘을 얻게 되었다.[6]

아리스토텔레스는 다음과 같은 주장을 개진한다. 수많은 빈자가 소수에 속하는 부자의 재산을 나누어 가지는 것은 '부정의(不正義)injustice'에 속하지 않는가?[7] 그것이 부정의가 아니라면 무엇이 부정의인가? 빈자가

---

6 'envy'(라틴어 livor : 질투, 부러움, 선망의 대상)는 타인의 안녕이 자신의 안녕에 손상을 주지 않더라도 타인의 안녕을 자신의 마음을 상하게 하는 것으로 보는 성향이다. 이 성향이 행동으로 나타나면, 즉 타인의 안녕을 줄이는 행동을 취하면 'envy proper'라고 하지만, 그렇지 않으면 그저 'jealousy/라틴어, invidentia(질투)'라고 한다. 'envy'는 간접적으로 악의가 있는 기질이다. 즉 자신이 얼마나 안녕한지 보는 인간의 기준이 자신의 안녕에 본질적 값어치를 가지는 것이 아니라 타인의 안녕과의 비교이기 때문에 인간은 타인의 안녕에 의해 자신의 안녕이 볼품없어지게 되는 것으로 보기를 거부한다. 'envy'가 행동으로 나타나면, 자신을 괴롭히며 타인의 행운을 파괴하려 하게 된다. 이것은 음울한 정념에서 비롯된 혐오스러운 악이다. 이 악은 자신뿐만 아니라 타인에 대한 인간의 의무에도 반한다(MM, 251~252쪽). 그런데 근대의 사회 운동에서 나타난 평등의 경향을 질투의 표현이라고 보기도 한다(Schoeck 1969, chs. xiv~xv ; TJ, 538쪽 재인용). 프로이트는 유아기에 경험하는 시샘과 질투의 감정으로 인해 정의감이 발전한다고 말한다(스위프트 2012, 163쪽). 더 많은 재능을 가진 자에 대한 갖지 못한 자의 질투와 가진 자가 자기 것을 지키려는 'jealousy(경계심)' 사이의 타협으로 나타난 것이 정의감이라고 볼 수도 있겠다(Freeman 2003a, 287쪽).

7 여기서 부정의라는 말은 영어의 'injustice'의 번역어이다. 부정/부정의는 정의가 아니라는 의미다. 'injustice'에는 'unjustness', 'inequity', 'cruelty', 'tyranny', 'repression', 'exploitation', 'corruption', 'bias', 'prejudice', 'discrimination', 'intolerance'라는 의미가 있다. 일반적으로 정의에 반대되는 말로 한국인은 '불의(不義)'를 떠올리게 된다. 그런데 한국인이 말하는 의(義)라는 것이 'justice'에 부합한다면, 'injustice'를 불의로 번역할 수 있다. 이 책 각주 64에서 나타나는 것처럼 '의'를 정의로 볼 수도 있다. 그렇다면 injustice를 불의로 번역할 수도 있을 것이다. 그러나 그렇게 번역할 수 없는 측면이 있다. 'injustice'에 다양한 의미가 있다는 것

부자의 재산을 모두 빼앗아 나누어 가지면, 이것은 도시 국가를 망치는 일이다. 도시 국가를 망치는 것은 정의가 아니다. 그러므로 몰수하는 법은 정의로울 수 없다. 만약 몰수하는 것이 정의라면, 폭군이 하는 어떠한 행위도 정의롭다. 빈자인 다수가 부자인 소수를 강제하듯이 폭군은 우월한 힘으로 강제하기 때문이다. 거꾸로 소수인 부자가 지배자가 되어 같은 방식으로 다수에 속하는 빈자의 재산을 약탈한다면 정의롭다고 할 것인가? 빈자가 부자의 재산을 몰수하는 것이 정의라면, 부자가 빈자의 재산을 몰수하는 것도 정의라고 할 수 있다. 그러나 분명한 것은 어느 쪽도 올바르고 정의롭지 않다는 것이다(*Politics*, 1281a11~28). 만약 재산을 많이 가진 소수의 부자를 다수의 빈자가 질투해 부자의 재산을 빼앗으려 한 데서 종합부동산세가 시작되었으며 이것이 부자에게 노블레스 오블리주noblesse oblige를 강제하는 꼴이 되었다면(김종봉 2007, 42쪽), 우리는 질투심 때문에 몰수할 의도로 타인의 재산을 빼앗는 것은 정의롭지 않다는 아리스토텔레스의 주장을 경청해야 한다.

이 주장을 경청하지 않을 수 없는 이유는——그렇다고 해서 종합부동산세가 몰수를 의도했다는 것은 아니다——마키아벨리의 주장에서도 찾을 수 있다. 그는《군주론》에서 자기 아버지를 살해한 이는 용서할 수 있지만, 자기 재산과 여자를 앗아간 지배자는 증오하고 경멸하는 것이 인간이라고 갈파했다(Machiavelli 1950, ch. 19). 이에 대한 현실적인 증

은 정의라는 관념의 변화를 반영한다고 볼 수 있다. 이처럼 한국인이 일상적으로 말하는 '의'는 정의라는 관념의 한 가지라고 볼 수 있을 것이다. 따라서 'injustice'를 불의로 번역하기는 어렵다. 일반적으로 'injustice'는 '부정', '불법', '부당', '불공평', '권리의 침해' 등으로 번역된다. 그런데 정의롭지 않다는 의미에서 부정(不正)이라고 번역할 수도 있지만, 부정이라고 하면 부정부패를 연상하게 된다. 그래서 앞으로 'justice'에 반대되는 의미로서의 'injustice'를 부정의라고 번역하겠다.

거는 제18대 총선 때 종합부동산세를 많이 납부했던 서울 강남 지역에서 종합부동산세 신설에 앞장섰던 정당이 참패한 데서 찾을 수 있다. 종합부동산세는 부동산을 많이 가진 사람의 불평을 유발하게끔 되어 있기 때문이다(김병준 2012, 259쪽). 이처럼 부당하게 재산을 빼앗겼다고 여기게 하는 정책을 실시하면 국가는 두 조각으로 갈라질 수 있다는 점에 유의해야 한다. 바로 이 점을 아리스토텔레스가 우려한 것이다.[8] 여기서 생각해보려는 문제는 종합부동산세제의 정당함과 부당함을 가릴 기준을 제시할 수 있느냐는 것이다.

다수가 소수의 재산을 앗아간다는 문제는 다수의 전제라는, 민주주의의 가장 근본적인 문제와 연관된다. 아리스토텔레스가 아테네의 잘못된 민주주의에서 빈자가 부자의 재산을 앗아가는 것을 우려했는데, 이와 똑같은 문제가 자유주의 시대에 대두했다. 초기 자유주의 시대에는 투표권이 특정 계급에게 한정되어 있었다. 자유주의자들은 국가가 재산을 빼앗는 일이 없도록 하기 위해 투표를 실시하는 것이라고 생각했다. 그러므로 재산도 없으면서 투표권을 요구하는 것은 부당하다고 여겼다. 이해관계가 걸려 있지 않은 이들이 국가의 정책을 좌지우지하겠다는 것은 당시로는 이해하기 힘들었다. 그 후 민주주의 사상이 대두해 현실적으로 빈자들의 힘이 커지면서 빈자들이 투표권 확대를 요구했다. 이에 가진 자들이 우려한 것은 투표권을 행사하게 된 다수의 빈자들이 부자에게 진 빚을 탕감하는 법을 만들고 나아가 부자의 재산을 자신들의 것으로 만드

---

8 종합부동산세를 신설한 정권은 고의적으로 국가를 두 조각 내려는 정책을 실시했다고 볼 수도 있다. 지지 세력이 미약한 정권이 자신의 지지 세력을 결집시키기 위해서 반대 세력을 '그들'로, 지지 세력을 '우리'로 양분하고 감성을 자극하는 정치를 펼쳤다고도 볼 수 있기 때문이다(서병훈 2008, 88·133~136·248~258쪽).

는 법을 만들지 않을까 하는 것이었다. 즉 아리스토텔레스와 같은 우려를 한 것이다. 이러한 우려 때문에 가진 자와 자유주의자는 투표권의 확대를 꺼렸다. 모두가 투표권을 가지는 민주주의 사회에서 다수에 속하는 사람들이 다수라는 점을 이용해 자신들에게 유리한 법을 제정해 강제한다면, 이것이 바로 다수의 전제다. 1인 독재나 소수의 전제 못지않게 다수의 전제도 문제가 된다. 만약 종합부동산세라는 제도에 부자에 대한 빈자의 질투와 보복의 심산이 깔려 있다면── 이러한 가정의 근거는 세금폭탄, 징벌적 중과세, 2퍼센트를 겨냥한 초정밀 유도탄이라는 용어가 쓰였다는 점이다── 민주주의에서 가장 우려되는 다수의 전제가 일어난 것이다(이연선 2007, 24쪽 ; 윤건영 2007, 56쪽).[9] 부자와 빈자의 차이를 줄이겠다는 이유에서, 빈자에게 돌아가는 실제적 이익 없이 단지 부자의 상황을 나쁘게 하는 것을 목적으로 삼을 수도 있다. 부자들의 재산을 부당한 부(富)로 여겨 응징하는 것이 목적이라면 그렇게 할 수도 있을 것이다. 여기서 종합부동산세를 예로 든 또 다른 이유는── 여기서는 입법 당시 참여정부가 제시한, 빈부 격차를 줄이고 중앙과 지방의 균형 발전을 도모하겠다는 정책 목표 그 자체를 문제 삼으려는 것이 아니다── 이를 달성하기 위한 방법과 그 방법에 깔린 동기에 대한 의혹에 있다.

소수의 부르주아가 다수의 프롤레타리아를 착취하는 것도 부당하지만, 다수의 빈자가 소수의 재산을 다수결이라는 미명 아래 앗아가는 것도 부당하다. 다수와 소수를 불문하고 전제는 막아야 한다. 자유주의 국가에서 전제를 막는 방법은 무엇인가? 오늘날 이 문제는 기본권을 보장함으로써 해결된 셈이다. 자유권적인 기본권은 주로 로크가 주장한 생

---

9 《동아일보》, 2005년 1월 16일, 2006년 1월 17일.

명, 자유, 재산에 대한 권리에 해당하는데, 이 권리는 아무도 침해할 수 없다. 물론 재산권 보장의 한계에 대한 논의는 있을 수 있겠지만 말이다. 강력한 힘을 가진 소수만이 아니라 수적 힘을 가진 다수도 의회에서 법을 만들어 침해할 수 없을 정도로 기본적인 권리가 바로 기본권이다. 그래서 자유권적인 기본권은 전(前)국가적 또는 초(超)헌법적 권리라고 불린다. 전국가적이라는 것은 국가가 생기기 이전, 즉 자연 상태에서조차 있었던 자연권에 해당된다는 뜻이며, 초헌법적이라는 것은 헌법으로 보장되어 있지만 헌법 개정으로도 폐지될 수 없는 것이라는 뜻이다. 그렇기 때문에 빈자가 부자를 질투해 부자의 재산을 빼앗는 것으로 보복하려 했다면, 이는 기본권을 침해해서라도 평등을 이루겠다는 의도를 드러낸 것이라고 볼 수 있다. 이것이 종합부동산세에 걸려 있는 가장 큰 문제——그렇게 볼 수 있는가가 관건이겠지만——라고 하겠다.

헌법재판소는 세대별 합산 과세는 위헌이라고 판결했다. 이 판결이 의미하는 바가 무엇인지를 음미할 필요가 있다. 이러한 판결의 근거는 가족이 있는 자를 혼인하지 않은 자 등과 차별 취급하는 것은 위헌이라는 것이다. 종합부동산세 신설에 기여한 정책 입안자들은 금융 소득은 개인 소득이지만 부동산은 세대별 소유 개념이기 때문에 합산 과세에 위헌성이 없다고 생각했다고 주장한다. 금융 소득이 개인 소득으로 간주된 것은 헌법재판소가 "2002년에 부부의 금융 소득을 합산해 과세하는 것은 혼인한 세대에 대한 차별이라는 이유로 위헌 결정한 사례"가 있었기 때문이었다(《조선일보》, 2008).

그렇다면 과세의 대상은 개인이어야지 세대가 되어서는 안 된다는 주장은 어디에 근거를 두는가? 이 주장은 자유와 평등, 그리고 권리와 의무의 주체와 대상은 어디까지나 개인이어야 한다는 근대법 정신에 따른 것이라고 볼 수 있다.

여기서 근대 국가가 가지는 법률주의의 기초에 대해 생각해보자. 16세기부터 새롭게 나타난 국가에서는 구성원들은 비록 소수에 국한된 이야기이기는 하지만 적극적인 시민권을 향유했다. 이러한 의미에서 그들은 단순히 행정적으로 다스려져야 하는 객체, 즉 신민이 아니라 '수동적 시민passive citizen'이었다. 그리고 범죄에 대한 '유죄/처벌culpability' 여부는 근대에 와서 개인에게 국한되었다. 예전에는 처벌이 집단에게 내려지기도 했다. 가족과 같은 집단만이 아니라, 영국에 있었던 '10호작통제(十戶作統制)tithing group'가 보여주는 것처럼 마을이라는 집단에도 내려졌다. 그러나 근대 국가에서는 집단이 아니라 범법자만을 처벌하게 되었다 (Finer 1997, 1298쪽). 개인은 스스로 행동할 수 있는 주체로서 자신의 행동에 책임을 져야 한다. 그렇기 때문에 자신이 하지 않은 행동에 대한 책임까지 떠안는 것은 옳지 않다. 이것이 바로 자유주의가 근거를 둔 개인주의의 핵심적 요소다. 그러한 이유에서 우리나라에서도 연좌제는 불법인 것으로 판명 났다. 따라서 자유 의지를 가지고 행동하는 개인에게만 책임을 추궁하는 근대법을 적용하는 것은 옳다고 볼 수 있다.

그리고 법은 사회 제도나 관계를 통제하는 일반 규칙이라는 점을 염두에 두어야 한다. 여기서 유념할 것은 국가는 법을 통해 사회를 통제하지 도덕이나 관습에 직접적으로 관여하지는 않는다는 점이다. 이것이 근대 국가의 특성의 하나라고 하겠다. 중세 때만 해도 법이란 본질적으로 관습이라고 보았다. 그래서 법은 만들어지는 것이 아니라 찾아지는 것이라고 생각했다. 이러한 사고는 근대에 와서 바뀌었다.

종합부동산세를 옹호하는 이는 옷 한 벌을 살 때는 개인이 결정하더라도 주택을 살 때는 가족들과 의논해 결정하는 관습이 있다는 점을 이야기한다. 그러한 관습이 있다고 하더라도 주택 매매의 권리를 행사하는 주체는 어디까지나 개인이다. 이러한 견지에서, 만약 세대별 합산 과세가 옳다면 연좌제도 옳은 것이 된다. 그러므로 세대별 합산 과세가 위헌이라는 결정이 옳다고 볼 수 있다. 만약 가족들이 의논해서 집을 사는 것이 관습이기 때문에 부동산을 합산해 과세하는 것이 옳다면, 옷 한 벌을 의논해서 샀을 경우 일단 납부한 물품세 외에 또 다른 물품세를 신설해 합산하여 징수해야 한다. 이러한 점에서, 헌법재판소는 근대법의 주체는 어디까지나 개인이라는 것을 다시 확인했다고 할 수 있겠다.

종합부동산세와 관련해 다루어야 하는 중요한 주제의 하나는 무엇이 정당한 재산인가 하는 것이다. 자유주의에서 재산을 인정하는 것은 자신의 노력에 의한 결과를 인정한다는 원칙에 의거한다(Schott 1972, 69쪽). 그런데 씨도 뿌리지 않고 결실을 얻는 것은 다른 말로 하면 불로 소득이 된다. 예전에 사둔 부동산의 가격이 세월이 흐르면서 폭등했다면, 예전 가격과 현재 가격의 차액을—— 부동산의 유지와 개선에 들어간 소유자 본인의 노력 등은 고려되어야 하겠지만—— 불로 소득으로 볼 수 있는가? 만약 그렇다면 상당히 많은 세금을 부과해야 한다. 그런데 이때 불로 소득으로 볼 근거는 무엇인가? 부동산을 구입한 예전의 행위 자체를 씨를 뿌린 행위로 볼 수 있지 않은가? 농부가 씨를 뿌리고 김을 매는 등 약간의 노력만 더해 그 후 자연의 도움으로 결실을 맺게 되었다면, 그 결실은 어느 정도는 자연의 혜택에 의한 불로 소득이라고 볼 수 있지 않는가? 물론 여기서 이야기하려는 것은 부동산 가격의 상승으로 수익을 얻게 된 것과 농부가 자연의 혜택으로 결실을 얻게 된 것은 같지 않다는 점이다. 농부가 가진 토지의 지가가 인구 증가로 인해 자연적으로—— 그것도 사회적 요인이기는 하지만—— 상승한 것과 개발 이익을 기대하고 적극적으로 부동산에 투기한 것을 같은 선상에 놓을 수는 없기 때문이다.

여기서 다루려는 것은 무엇을 불로 소득이라고 볼 것인가이다. 첫째, 구입한 부동산의 가격이 상승한 것은 매매하려는 의사를 가진 불특정 다수의 사람이 있기 때문이다. 요컨대, 불로 소득이라고 보더라도 사회가 형성되었기 때문에, 즉 자연에 의한 것이 아니라 사회가 생성되었기 때문에 발생한 불로 소득이다. 그래서 순전히 자연의 힘에 의한 불로 소득과는 다르다. 그래서 둘째, 농부가 자연으로부터 받는 혜택은 시대의 변천과는 별로 관계없이 거의 일정하다. 그러나 부동산 가격이 상승하는 것은 산업화로 인해 도시화가 급격하게 진척되었기 때문이다. 특정한 지역에 인구가 집중하게 되면 부동산 가치가 급속히 상승한다. 토지에 씨를 뿌려 거둔 수확물로 소득을 얻는 것과 토지를 소유해 지대를 얻거나 토지의 가격 상승으로 수익을 얻는 것은 개인적 재화를 수입원으로 삼았다는 점에서는 똑같다. 그런데 후자의 경우에 발생한 수익을 얻게 된 결과를 자연적인 '용익권(用益權 : 소유가 아니라 결과물을 사용할 권리)fructus'이라고만 볼 수 있는가 하는 문제가 생긴다(Piettre 1972, 76쪽).

이 문제는 어디까지가 개인의 노력의 결과인가를 묻는 것이다. 부동산을 통해 얻은 수익을 불로 소득에 가까운 것으로 여기는 경향이 있음은 이미 살펴보았다. 그런Thomas H. Green은 수정주의적 자유주의 시대에 '불로 소득unearned increment'은 국가가 전용해야 한다고 주장했다(Green 1999, §232, 1770쪽). 애덤 스미스도 토지세를 권장했다(Smith 1976, bk. v, ch. ii). 그리고 마르크스는 〈유대인 문제〉에서 사유재산에 대한 권리는 사회와는 무관하게 타인에 대한 배려 없이 소유물을 독단적으로 향유하고 처분할 수 있는 권리라고 비판했다(Tucker 1978, 46쪽). 나아가 그는 〈공산당 선언〉에서 토지의 재산권을 폐지하고 토지의 모든 지대를 공적 목적에 적용해야 한다고 과격하게 주장했다(Tucker 1978, 490쪽). 또한 두 사람과 동시대인이었던 미국의 헨리 조지는 좀 더 온건하게, 토지 사유로 인한 불로증가(不勞增價)의 환수를 주장했다. 그리고 그 방법으로서, 다른 세목(稅目)은 철폐하고 토지 증가(增價)에 대한 세목만 두어 '단일세single tax'를 부과하여 국가 재정에 충당하자고 했다.[10] 그렇지만 불로 소득과 '노동 소득earned income'의 관계는 복잡하다. 그렇기 때문에 그린도 국가가 토지를 전용하는 제도는 토지를 잘 활용하겠다는 개인의 의욕을 위축시키지 않고 그래서 궁극적으로 개인이 토지 활용을 통해 사회에 기여하는 바를 축소시키지 않는 방향으로 나아가지 않는 한은 확립될 수 없다고 보았다(Green 1999, §232, 177쪽). 이러한 맥락에서 그린은 불로증가, 특히 토지에 대한 불로증가에 국가가 간섭하는 것을 반대했다. 노동 소득과 불로증가를 구별하기 어렵기 때문이다(Vincent 1986a, 15쪽). 당시에는 그렇게 생각되었지만, 나중에는 토지의 소유권과 개발권을 분리시키자는 주장이 나올 정도로 결과적으로 적어도 토지에 관해서는 재산권 행사를 제한하게 되었다(이규황 1995, 256쪽).

여기서 종합부동산세를 신설할 정도로 문제가 된 부동산 가격 상승에 따른 이익은 명백하게 불로 소득이었음을 일단 인정하고 논의를 진행해 보자. 경우에 따라서는 개발 이익을 사회에 환원하는 것이 형평에 맞는

---

10 헨리 조지는 토지공유제를 주장한 것이 아니라, 인구 증가가 아니라 토지의 사유 때문에 풍요 속에서도 노동자의 임금은 겨우 생존 유지 수준에 머무는 것을 보고 토지로 인한 불로 소득을 방지하기 위해 토지사유제 아래에서 단일세를 도입하면 국가 재정을 충분히 지탱할 수 있다고 주장했다. 지대를 공유재산으로 만들자고 주장한 셈이다. 또한 그는 자유방임이 사회주의의 꿈을 실현한다고 주장했다(김윤상 1997 ; 이규황 1999, 283~285쪽 ; Blau 1992, ix · 47 · 50 · 63 · 263쪽). 그런데 노동으로 인한 소득에는 과세를 하지 않는 단일세를 주장한 것은 오늘날에는 적실성이 없다(이규황 1999, 285쪽).

다고 생각할 수 있다. 개발 이익이 국고에 환수되면 이를 '개발 부담금 development charge'이라고 부를 수 있다(Barry 1990, 162쪽). 그것이 옳다고 하더라도 개발 부담금을 어느 정도 부과하는 것이 옳은가라는 문제가 남는다. 그리고, 반대로 기준 연도에 비해 지가가 하락해 손해를 본 사람에게는 국가가 보전해줄 의무가 있는가라는 문제가 생긴다.

게다가 재고가 필요한 부분이 있다. 농부는 계절의 변화를 예측하고 그때그때 해야 할 일을 숙지해 적절한 시기에 파종을 하고 김을 매고 비료를 주고 수확을 한다. 그 과정에서 자신의 노력도 투입하지만, 자연의 힘도 빌리게 된다. 그런데 어떤 사람이 산업 혁명 후의 선진국 발전 추세를 면밀히 검토해 도시에서 부동산 가격이 오르게 될 것을 예측하고 어느 시점에 후진국 부동산을 의도적으로 구입한 뒤 예측대로 부동산 가격 상승에 따른 수익을 얻었다면, 미래를 예측하고 대처하는 재능을 가졌다는 점에서는 농부나 부동산 구입자가 똑같다고 하겠다. 말하자면 두 사람 다 자신의 재능에 따른 보답을 받은 것이다. 이렇게 해서 얻은 수익에 대해 이것은 개인의 노력의 결과이므로 당사자가 갖는 것이 당연하지 않느냐고 주장할 수도 있다. 재능과 노력의 결과라는 점에서는 양자가 똑같다. 차이는 그 결과를 얻는 데 영향을 미친 힘이 한쪽은 자연의 힘이고 다른 한쪽은 사회의 힘이라는 점이다. 그렇다면 결국 부동산 소유로 인해 발생한 이득에 대해 어느 정도를 소유자의 노력으로 보고 어느 정도를 사회의 존재 덕분으로 볼 것인가 하는 문제가 생긴다. 이것은 어떤 사람이 다른 사람보다 탁월한 재능을 타고난 덕분에 얻은 결과를 그 사람이 가지는 것이 당연한가 하는 문제와 —— 무엇을 응분(應分)으로 봐야 하는가에 대해서는 뒤에서 논할 것이다 —— 연관된다. 아무리 탁월한 재능을 가졌어도 다른 사람들이 이를 인정하지 않고 탁월한 재능의 발휘로 생산된 것을 구입하지 않는다면 그 재능은 인정받지 못하게 될 것이기 때문이다.

농사에 의한 수익과 단순히 토지를 소유함으로써 생긴 수익, 그리고 건물에 의한 수익을 비교했을 때, 수익을 얻는 과정과 성격이 각기 다르다고 하겠다.[11] 농사에 의한 수익은 토지라는 자산에 노동을 가해 수익을 얻는 것이며, 토지에 의한 수익은 소유한 토지의 가격이 그저 사회적 요인에 의해 상승한 데서 수익을 얻는 것이다. 그리고 건물(예컨대 아파트)에 의한 수익의 경우, 거기에는 건물을 지었다는 노력이 투입되었다. 토지라는 자산에 노력이 더해졌다는 점에서는 농사를 지은 것과 같다고 하겠다. 즉 농사와 마찬가지로 토지에 개인의 '노동labour'을 가해 '수익/과실fructus'을 얻는 것이다. 그렇기 때문에 건물에 의한 수익과 토지에 의한 수익을 비교하면, 후자가 자연적 요인보다 사회적 요인이 상대적으로 강하다는 측면에서 불로 소득의 성격이 강하다. 그렇다면 건물에 대한 세금과 토지에 대한 세금의 세율이 달라야 한다. 누진세를 적용하더라도 세율이 달라야 한다. 물론 공한지세(空閑地稅)라는 것이 있어서 정부는 개인으로 하여금 토지를 그냥 내버려두지 못하게 하고 있다. 어쨌든 이 세 경우를 비교한 이유는 각 경우에 개인의 노력이 어느 정도 투입되었는지를 짚어보고, 노력이 투입되는 한에는 불로 소득이라고 보기 어렵다는 것을 이야기하려는 데 있다.

토지 소유로 인한 수익은 농사를 지어 소득을 얻는 것에 비하면 사회

---

11 프랑스 대혁명 이전에는 토지 소유가 사회적 특권에 속했다. 영국만 해도 〈직인 규약Statute of Artificers〉(1563)과 〈구빈법Poor Law〉(1601)을 통해 노동력의 매매를 억제했다(김영진 2005, 84쪽). 이는 토지와 노동의 상업화가 시작된 것이 인류 역사로 봐서는 최근의 일이라는 것을 의미한다.

로부터 받은 혜택에 훨씬 많이 의존한다. 그렇기 때문에 토지 재산에 대해서는 정기적으로 가치를 평가하거나 지대의 상한선을 정하기도 하고, 특별세를 부과해 횡재와 같은 것을 환수하기도 하고, 특별한 토지 거래에 대해 과세를 하기도 하고, 토지를 국가 소유로 하기도 했다(Piettre 1972, 77·83쪽). 사회로 인해 얻은 수익은 사회에 환원해야 한다는 논리가 적용된 것이라고 볼 수 있다. 자본주의 국가에 비해 사회주의 국가는 이상과 같은 수익을 일부만 인정한다. 노동의 결과가 아니라고 보기 때문이다. 즉 그러한 수익은 불로 소득으로 볼 여지가 많기 때문이다(Piettre 1972, 84쪽). 이러한 맥락에서는 토지 재산에 대해 특별히 과세하는 것을 시대 추세에 크게 어긋나는 것으로 볼 수 없다.

그런데 토지 보유 자체에 대해 세금을 부과하는 것이 부당하다고 주장할 여지가 없는 것은 아니다. 예를 들어, 10억이라는 자산을 은행에 예금하면 이자가 나온다. 이 이자에 대해 세금을 내게 된다. 말하자면 금융 자산으로 생긴 수익에 대해 세금을 내야 하는 것이다. 그런데 토지가 포함된 아파트를 10억에 구입했는데 현재 가격이 15억으로 상승했다면, 그 아파트를 파는 시점에 5억의 수익이 발생할 것이라고 기대할 수 있다. 그런데 아직 매매 거래를 한 것은 아니기 때문에 그 5억의 수익은 예상 수익, 즉 미실현 소득에 불과하다. 아직 발생하지 않은 이러한 예상 수익까지 고려해 종합부동산세를 산정한다는 것은 불합리한 면이 없지 않다. 종합부동산세라는 것은 거래가 발생하지는 않았지만, 단지 부동산을 소유하고 있다는 이유에서 세금을 부과하는 것이다. 수익 또는 소득이 발생하지 않았는데도 과세한다는 것은 공정하지 못하다는 견해가 지배적이다.[12] 부동산 거래는 임대와 매매다. 임대로 인해 발생한 이익에 대해 세금을 내게 되어 있으며, 매매로 인한 이득의 발생에 대해서는 양도 소득세를 내게 되어 있다. 이처럼 '자본 이득capital gain'은 거래가 실현되었을 때 소득에 포함되어 계산되어야 한다는 것이 일반적인 주장이다. 그리고 개인세의 대상으로 취급되는 것이 일반적이다. 즉 이미 밝혀졌지만, 부부 합산은 옳지 않다.[13] 그리고 자본 이득에 대해서는 세금을 완화하는 것이 일반적인 경향인데, 그렇게 하지 않으면 투자 동기가 위축되고 자산의 이동과 자본의 유동이 저하되기 때문이다.[14] 그런데 거래가 실현되었을 때 과세해야 한다는 원칙을 고수할 경우에는 자본 이득이 과세 없이 양도되거나 증여될 수 있다. 이러한 문제점을 보완하는 것이 양도소득세, 증여세, 상속세 등이다. 또 다른 문제는 자본 이득에 대해 과세한다면 '자본 손실capital loss'을 감안하는 세제도 마련돼야 한다는 점이다

---

12 이에 대해 헌재는 "종합부동산세는 본질적으로 부동산의 보유 사실 그 자체에 담세력을 인정하고 그 가액을 과세 표준으로 삼아 과세하는 것으로서, 일부 수익세적 성격이 있다 하더라도 미실현 이득에 대한 과세의 문제가 전면적으로 드러난다고 보기 어렵고, 그 부과로 인해 원본인 부동산가액의 일부가 잠식되는 경우가 있다 하더라도 그러한 사유만으로 곧바로 위헌이라 할 수는 없을 것이다"라고 판결을 내렸다.

13 역사적으로 소득세를 부과하는 데 있어서 개인의 '세금 공제tax exemption'를 통해 가족에 대해 각기 다른 책임을 안고 있는 납세자들 사이에 '차별differentiation'을 두었다. 그런데 최근에는 차별을 더 두기 위해 특히 중위급과 상위급의 '납세자 계층tax bracket'에 각기 다른 세율을 적용하는 경향이 나타났다. 이것은 부부간이나 가족 구성원 간 '소득 분할income splitting'이라는 원칙을 채택함으로써 달성되었다. 예를 들면, 가족의 소득은 프랑스의 경우에는 부부를 한 단위로 하고, 어린이는 0.5 단위로 하여 나눈 소득을 기초로 세금이 부과된다. 그렇게 하면 부부에게 적용되는 누진율이 경감된다. 예를 들어, 부부 중 한쪽만 돈을 벌어 연수가 6,000만 원인 가족과 부부 각각의 연수가 3,000만 원인 가족이 있을 때 두 가족의 실제 소득은 똑같다. 그러나 소득 분할을 하지 않을 경우에는 전자에게 적용되는 누진율이 더 높아서 전자가 후자보다 소득세를 더 많이 내게 된다. 부부는 그들의 합친 소득을 평등하게 나누어 쓴다는 근거에서 소득 분할이 정당화된다(Pechman 1968, 532쪽). 소득 분할은 개인이 아니라 가족이 경제의 기본 단위라는 것을 반영한다는 이점이 있다. 또한 이것은 여성 배우자가 직업을 갖고 있지 않거나 갖기 어려운 경우에 여성에게 이점이 되었다. 그러나 오늘날에는 여성주의자들조차 소득 분할을 강력하게 반대하며, OECD 국가들 중에는 소득 분할을 실시하지 않는 국가가 많다.

14 근로 소득과 투자 소득에 대한 세율이 다른 점에 대해 오늘날 논란이 있는 것이 사실이다.

(Pechman 1968, 535쪽).

세금에는 소득에 대한 세금과 소유에 대한 세금이 있다. 소득이 발생하지 않은 재산에 대해 내는 세금의 한 가지가 재산세다. 재산세는 소유 상태에 있는 것, 다르게 말하면 부유(富裕)한 상태에 있는 것에 대한 세금이라고 볼 수 있다. 가진 자는 이 재산세를 통해 세금을 더 많이 냄으로써 국가에 기여하는 셈이다. 이처럼 보유한 부동산에 대해 이미 재산세를 징수하고 있는데도 과다한 부동산 보유에 대해 특별히 종합부동산세를 징수하는 것은 일종의 이중 과세라고 할 수 있다.[15] 따라서 이것이 과연 정당한가라는 문제를 제기할 수 있다. 재산세를 일률적으로 적용해 세금을 납부케 하면 될 텐데, 재산세를 낸 사람들에게 보유 부동산을 합산해 매긴 종합부동산세라는 또 다른 세금을 부과하는 것은 평등의 원칙에 부합하지 않는다고 볼 수 있다.

세금을 낸다는 것은 부의 사적 소유를 전제로 한다. 국가는 과세를 통해 세수를 확보하고, 자원을 재분배하고, 소득을 재분배하게 된다(Rolph 1968, 521~524쪽). 결국 현대에는 과세에 의해 평등이 달성된다. 그렇다면 세제 자체도 평등해야 한다. 세제의 원칙은 두 가지다. '수직적 형평 vertical equity'과 '수평적 형평horizontal equity'이다. 전자는 경제적 상황이 다른 사람들 사이에 세 부담을 어떻게 안배하는가의 문제이고, 후자는 경제적 상황이 같은 사람들 사이에 세 부담을 어떻게 안배하는가의 문제다(Pechman 1968, 529쪽). 예를 들어, 수입이 5,000만 원인 사람과 수입이 5억 원인 사람이 있다고 하자. 양자에게서 똑같이 500만 원씩 징세한

---

15 그런데 1989년에는 토지 과다 보유세가 과세 대상 지역과 세목이 제한되어 있어서 실효성이 없었다는 주장이 있다(이규황 1999, 219쪽).

다면 공정한가? 전자가 10퍼센트의 세금을 납부한 데 비해 후자는 1퍼센트를 납부한 셈이어서 전자가 불만을 품을 것이다. 똑같이 10퍼센트를 납부하게 하는 것은 어떤가? 전자는 500만 원, 후자는 5,000만 원을 납부하는 것이다. 아니면 수입에 따라 세율을 다르게 적용하는 것이 옳은가? 이러한 것들이 수직적 형평과 연관되는 문제다. 반면에 수평적 형평은 수입이 똑같이 5,000만 원인 사람들에게서 똑같이 500만 원씩 징세하는 것이 옳은가 하는 문제와 연관된다(Barcalow 2004, 158쪽). 이 두 가지 형평이 이루어져야 세 부담에서 평등을 달성할 수 있다고 하겠다.

　여기서 세제 자체에 대한 더욱 근본적인 문제를 제기할 수 있다. 오늘날에는 세제를 통한 재분배가 당연하다고 여겨지게 되었다. 그렇기는 하지만, 이미 소득세, 재산세가 누진세로 적용되는 상황에서 이중 과세라는 지적을 무릅쓰고[16] 종합부동산세를 부과하는 근거가 무엇인가를 묻지 않을 수 없다. 종합부동산세 납세자는 부당한 세금을 다수결에 의한 법에 따라 어쩔 수 없이 내게 되었다고 생각할 것이다. 납세자는 원하지 않는 세금을 내게 되거나 납부한 세금이 원하지 않는 용도로 사용될 때 불만을 품게 된다(소병희 2006, 330쪽). 세금은 '공공재public good'를 생산하고 소비하게 하는 데 쓰인다. 그런데 그 공공재는 정의의 관념에 근거를 두어야 한다(*TJ*, 259쪽). 그렇다면 조세 정책이나 제도는 정의의 문제와 직접적으로 연관된다. 이것은 영국의 '대헌장Magna Carta/Great Charter'에서 납세자의 권리가 주장된 것으로도 알 수 있다. 그렇다면 우리는 재

16　정부는 "국세인 종합부동산세에서 지방자치단체가 징수한 납부 세액 전액을 공제하기 때문에 종합부동산세는 이중 과세가 아니다"라고 주장한다. 그러나 뒤집어보면, 공제하는 것 자체가 이중 과세의 문제를 염두에 두고 불합리한 것을 제거하려는 것이라고 볼 수 있다(이전오 2007, 46쪽).

분배의 재원이 되는 누진세라는 제도가 어떤 근거에서 타당한가라는 더욱 근본적인 문제에 직면하게 된다.

제2장

자유주의와 자유지상주의

가진 자는 다음과 같이 항변할 수 있을 것이다. 부유한 것이 잘못인가? 시장 경제에서 부를 축적할 수 있는 것은 타인에게 그만큼 이익을 제공했기 때문이다. 빌 게이츠가 어떻게 세계적인 부자가 되었는가? 타인에게 유익한 일을 했기 때문에 그 대가로 받은 이익이 모여서 재산이 된 것이다. 그러므로 부유한 자는 그만큼 사회에 기여한 셈이다. 기여한 자에게는 보상을 해야지, 징벌을 해서는 안 된다. 국가가 빈자를 대신해 부자의 것을 빼앗아서 빈자에게 주어야 할 이유가 없다. 이러한 주장이 정당하다면, 누진세는 물론이고 종합부동산세는 타당하지 않다. 사실 자유지상주의자는 누진세, 국민 건강 관리, 교육, 최소한의 생활 보장 등은 정당하지 못하다고 생각한다. 그리고 자신의 행동에 대한 자유가 보장되어야 하며, 그 자유에 대한 책임을 스스로 져야 한다고 생각한다. 그렇게 해야만 인간의 존엄성이 실현되는 것이다.

누진세제를 실시해 복지 예산을 늘리는 것이 옳은가, 그른가? 이 문제에 대해 행동공리주의자는 복지비를 늘려 더 많은 사람들이 행복해진다면 누진세제를 실시하는 것이 옳다고 답할 것이다. 반면에 누진세제를 실시하지 않는 것이 더 많은 사람을 행복하게 한다면 누진세제를 실시하지 않는 것이 옳다고 주장할 것이다(Barcalow 2004, 14쪽). 그리고 종합부동산세제의 옳고 그름에 대해서도 이와 같이 답할 것이다.

종합부동산세를 예로 들어서 살펴본 결과 우리는 다음과 같은 곤경에 빠지게 된다. 가난한 다수가 소수의 가진 자의 재산을 빼앗겠다는 마음에서 국회에서 다수결로 종합부동산세제를 가결했고 이 세제가 옳지 않은 것이라면, 종합부동산세제를 가결한 이들은 정의롭지 않은 행위를 한 셈이다. 반면에 종합부동산세를 내야 할 정도로 부동산을 가진 것 자체가 올바르지 않다면, 종합부동산세제를 폐지하거나 완화하는 정부 정책이 오히려 잘못된 것이며 정의롭지 않다. 요컨대 종합부동산세제가 정의롭다고 생각하는 이들도 있을 것이며, 정의롭지 않다고 생각하는 이들도 있을 것이다. 그렇다면 어느 입장이 정당하며 정의로운가? 어느 한쪽만 정의로운가? 양쪽이 모두 정의로운가? 로널드 드워킨이 말한 대로 "정의에 대해 서로 다른 개념을 갖고 있기 때문에 자유지상주의적 철학자는 소득세에 반대하고 평등주의적 철학자는 재분배를 주장한다. 이들 개념에 중립적인 것은 없다"(Dworkin 1986, 76쪽). 그렇다면 합의점은 없는가?

이제까지의 논의의 핵심은 경제적 불평등을 해소하기 위해 '복지권 welfare right'을 인정하는 것이 부당하다는 것이 아니라, 복지권을 인정하더라도 가진 자의 재산을 지나치게 앗아가게 되면 이것은 장기적으로 오히려 사회 전체에 더 해를 끼칠 수도 있으며, 다수의 힘을 빌려 소수의 가진 자의 기본권을 침해하는 것이 될 수도 있다는 것이다. 이러한 관점은 오늘날 자유주의적인 관점이라고 부를 수 있다. 반면에 부동산을 많이 가지게 된 것 자체가 부당하다고 생각하고 이를 시정해 경제적 불평등을 줄이겠다는 입장을 취하는 이들을 평등주의자라고 부를 수 있다. 자유주의자와 평등주의자를 가르는 것은 결국 경제적 불평등이 정당화되는 근거와 불평등의 정도에 대한 견해 차이라고 볼 수 있다.

그런데 이와 같은 평등주의나 자유주의와 견해를 달리하는 이들도 있을 수 있다. 복지 정책은 일반적으로 누진세에 의존하지 않을 수 없다. 그런데 누진세는 말할 것도 없고 복지를 위해 따로 징세하는 것 자체가 부당하다고 생각하는 이들도 있을 수 있다. 정당하게 취득한 것에 대해서는 취득한 자에게 정당한 자격이 있으며,[17] 국가를 포함해 아무도 이를 앗아갈 수 없다. 정의에 대해 이러한 견해를 취한 이들을 '자유지상주의자libertarian'라고 부른다. 자유지상주의자는, 정당한 절차와 과정을 거쳐 정당하게 부동산 또는 여타 재산을 취득했다면 이에 대해 종합부동산세는 물론이고 복지를 위한 그 어떤 세금도 부과하는 것이 부당하다고 생각할 것이다. 정당한 재산으로 인해 생긴 불평등을 감내하는 것이 정의라고 생각하기 때문이다. 자유지상주의자들은 재산권을 높이 평가한다(Barcalow 2004, x쪽). 반면에 오늘날 자유주의자를 포함한 평등주의자들은 정당한 재산에도 한계를 두는 것이 정의라고 생각한다. 이렇게 정

---

17 일반적으로 무엇에 대해 '자격entitlement'이 있다는 것은 그것에 대해 정당한 요구나 권리를 가지고 있음을 의미한다(McLeod 1999, 67쪽). "His conducts entitles him to praise", "His experience entitles him to be heard", "He is entitled to a pension"과 같은 용례에서 알 수 있듯이 'entitlement'는 권리(자격)를 부여(확립)하는 것을 뜻한다(Raz 1986, 217~218쪽). 그래서 'entitlement'를 가진 이는 강제할 수 있게끔 요구할 수도 있으며 그렇게 요구하는 힘을 가져서 자신의 것을 통제, 양도하고 가진 것으로써 혜택을 얻을 수 있다(Clayton et al. 2004a, 6쪽).

의에 대한 상반된 관념은 사회적으로나 정치적으로나 중립적이라고 말할 수 없다. 양자의 관점을 합리적으로 조정하기가 지극히 어렵다(MacIntyre 1981, 228~229쪽).

자유지상주의자들의 주장대로라면, 불평등이 심화되면 사회는 안정을 이루기 어려울 것이다. 그렇다고 해서 평등을 위해 가진 자의 것을 지나치게 앗아가면, 이 역시 아리스토텔레스가 우려한 바대로 사회 안정에 기여하지 못한다. 만약 어느 쪽에 속하든 자신이 부당한 대우를 받게 되었다고 여기는 개개인이 지구를 멸망시킬 힘을 각자 가지고 있으며, "나도 죽겠지만 네가 죽는 꼴을 반드시 봐야겠다" 하는 심사로 그러한 힘을 행사하는 상황이 닥칠 수 있다고 가정한다면, 이러한 상황을 피하기 위해서라도 무엇이 올바른지, 무엇이 정의인지를 미리 정해둘 필요가 있다. 이상에서 종합부동산세를 가지고 논의한 것은 경제적 불평등은 어느 정도 인정되어야 하는가, 불평등이 허용될 수 있는 범위와 근거는 무엇인가, 나아가 정당한 재산이란 과연 무엇인가 하는 문제와 결부된다고 하겠다.

그런데 오늘날 적어도 자유주의 국가에는 정의에 대한 관념이 이상에서 든 세 가지, 즉 자유지상주의적 관념, 자유주의적 관념, 평등주의적 관념만 있는 것이 아니다. 자유주의와 평등주의는 평등을 목표로 삼지 않는 자유지상주의에 호감을 갖지 않는다는 점에서 둘 다 평등을 인정하는 셈이며——어떤 측면, 어떤 이유에서 어느 정도 평등을 인정하는가는 다르겠지만—— 따라서 같은 범주에 속할 수도 있을 것이다. 이상의 관념들만 서로 경쟁하는 것이 아니다. 공동체주의적 관념도 있다. 세 가지 관념, 즉 자유지상주의, 자유주의, 공동체주의가 서로 경쟁하고 있다는 점을 염두에 두고서 공화주의와 공동체주의를 이해해야 할 것 같다.

| 제3장 |

공화주의와 공동체주의

종합부동산세제에는 많은 부동산을 가져서 지나친 이익을 보는 것은 부당하다는 견해가 깔려 있다. 즉 개발 이익 또는 부동산 가격의 폭등에 의한 폭리가 존재한다고 본다. 이에 대해 우리는 어떠한 생각을 할 수 있는가?

부동산도 다른 상품처럼 공정 가격을 정할 수 없는가? 일단 부동산은 염두에 두지 말고 일반 상품의 공정 가격에 대해 생각해보자. 중세에 신학자와 철학자들은 상품의 본래 가치로 결정되는 공정 가격에 따라 물물 교환이 되어야 한다고 생각했다. 그러나 시장 사회에 들어온 이후 가격은 수요와 공급으로 결정될 뿐 공정 가격이란 존재하지 않는다는 것을 경제학자들은 알게 되었다(샌델 2010, 14쪽). 일반적으로 상품 가격이 현저하게 높으면 가격 폭리라는 말을 쓰게 된다. 물건에 대한 수요가 많아지면 가격이 올라가고, 가격이 올라가면 소비가 억제되는 반면에 공급자는 더 많이 생산해 공급하려고 한다. 가격이 올라가면 공급자가 더 많이 생산하려고 한다는 점에서 가격 상승은 소비자를 포함한 사회 전체에 이점이 된다. 가격이란 수요자와 공급자가 합의한 교환 가치일 뿐이다(샌델 2010, 15쪽).

종합부동산세제를 두고 다음과 같이 생각해볼 수 있다. 부동산 가격이 올라가면 가격을 규제해야 하는가, 말아야 하는가? 이 문제를 공화주의자의 입장과 공동체주의자의 입장에서 생각해보자.

공화주의자는 토지가 균분되어야 한다고 주장했다. 불평등은 평등 그 자체만이 아니라 자유 또한 향유하는 것을 방해하기 때문이다. 평등한 시민들로 구성된 자유 국가가 되고 자신의 국가를 진정한 국가로 볼 수 있게 하는 것은 토지 균분을 통한 경제적 평등이다(조승래 2010, 29~32쪽). 장 자크 루소도 가장 부유한 이의 재산이 가장 가난한 이의 재산의 네 배 이상이 되어서는 안 된다고 주장했다.

공화주의자들은 왜 재산, 특히 토지의 균분을 주장하는가? 공화정에서 시민들은 부, 권력, 지위에서 개인적 이익을 추구하는 것을 자제한다. 이것은 의무를 수용하고 개인의 선보다 공동선을 앞세우는 전통적인 공화주의 사상과 부합한다. 시민들은 상호 의존해야 한다는 것을 인정하고, 정치적 평등이 이루어져 모든 시민이 평등하게 참여할 수 있도록, 그 바탕이 되는 재분배 조처를 수용한다. 공동선이 개인적 이익과 일치할 때에만 공동선을 옹호하는 것이 아니다. 개인적 손해도 받아들여야 한다고 본다. 예를 들면, 재활용을 위해서 시간을 들일 수 있고, 시간과 노력을 들여 정치에 관심을 기울이며, 경우에 따라서는 공화주의라는 정치적 원칙을 수호하기 위해 죽음을 무릅쓰기도 한다. 지속 가능한 발전을 위해 성장에 대한 기대를 낮추기도 하고 노동을 단지 개인에게 경제적 보상을 가져다주는 것으로 생각하기보다는 노동에 공동선이라는 가치를 다시 부여한다. 또한 가장 비근한 최소한의 사회 참여라고 할 수 있는 투표와 배심원 봉사부터 청문회 참석과 공직 담당에 이르기까지 적극적으로 공적인 영역에 참여한다. 공동의 세계에서 일어나는 것에 대해 시민으로서 책임을 다하는 것이다(Honohan 2002, 161쪽).

그리고 책임만이 아니라 시민의 덕성을 위해서도 어느 정도 재산을 균분할 필요가 있다. 시민들에게 덕성을 기대하려면 그들이 사회에서 만족한 생활을 영위할 수 있을 정도의 최소한의 물질적 조건이 갖춰져 그들이 타인의 지배에서 벗어나야 하기 때문이다(Honohan 2002, 179쪽).

공화주의자가 보기에는 공동선이 단일한 것도 아니고 이미 정해진 것도 아니다. 그러므로 시민들은 공동선이 무엇인지를 정하는 데서 발언권을 가져야 한다. 권력이 지나치게 불평등하면, 시민들이 동등한 발언권을 가지고 공동선을 형성하는 데 참여하는 것이 어렵다. 그러므로 시민들은 정치적으로만이 아니라 경제적으로도 어느 정도 평등해야 한다(Honohan 2002, 161쪽). 이상과 같은 공화주의자들의 입장에서 보면 종합부동산세를 국민의 합의에 의해 제도로 확립하는 것이 불가능한 것이 아니다. 바로 이 점에서 민주공화국에서, 특히 '민주'가 자유민주주의에 연원을 둔 민주주의를 가리키는 경우에, 평등의 이념은 자유민주주의의 시각과 공화국의 시각에 따라 차이가 날 수 있다. 그래서 공화주의를 도입해 민주주의를 보완하겠다는 것은 자유민주주의에서의 자유 개념을 공화주의적 자유 개념으로 바꾸고, 평등의 내용을 바꾸겠다는 것이라고도 볼 수 있다(김일영 2001).

다음으로 부동산 가격 규제의 존치 여부를 행복 증진, 자유 존중, 덕성 추구라는 문제와 결부시키는 공동체주의자의 입장에서 논해보자. 첫째,

행복 증진이라는 문제를 논해보자. 부동산에 대한 공정 가격이라는 것이 없음으로 인해 가격이 올라가면, 공급자가 부동산을 더 많이 공급하게 되어 결과적으로 모두에게 이익이 될 것이다(샌델 2010, 17쪽). 반면에 부동산 가격의 폭등으로 인해 피해를 입게 된 소비자의 불행도 규제의 정당성을 논하는 데 고려해야 한다. 이처럼 어떠한 정책의 정당성을 논할 때는 관계 당사자들의 행복이나 불행을 고려할 수 있다. 이러한 입장을 공리주의자들이 취하는 셈이다.

둘째, 자유의 존중이라는 측면에서 보면, 가격을 규제하지 않는 것은 개인들의 자유를 인정한다는 장점이 있으며 반면에 가격을 규제하는 것은 개인의 자유를 침해한다는 단점이 있다. 자유지상주의의 시각에서 보면, 규제가 없는 자유로운 시장에서 재화와 용역을 자유롭게 교환해야 소득과 부의 공정한 분배가 나타난다. 규제는 개인의 선택의 자유를 침해하는 것이다(샌델 2010, 150쪽). 물론 이에 대한 반론으로, 어쩔 수 없이 높은 가격의 부동산을 구입해야 하는 사람으로서는 선택의 여지가 없어 자유를 상실한 셈이라는 주장이 있을 수 있다(샌델 2010, 17~18쪽). 자유지상주의자들 또는 자유주의자들은 규제 정책의 정당성을 이처럼 자유의 신장이나 상실이라는 시각에서 찾을 것이다.

셋째, 타인의 어려움이나 미래를 예견하지 못하는 무지를 이용해 폭리를 취하는 것은 행복 추구나 자유의 문제를 떠나서 지나친 탐욕으로 여겨지며, 인간으로서의 '덕성(또는 미덕)virtue'을 상실한 것으로 여겨진다. 말하자면, 인간으로서 하지 말아야 할 일을 한 것이다. 이러한 악덕을 처벌함으로써 공동선을 달성해야 하며, 그리고 공동선을 위해 희생을 감수하는 덕성을 모두가 가져야 한다. 요컨대, 선한 사회를 만드는 데 필요한 마음가짐이나 기질이나 인격을 모두가 갖춰야 한다(샌델 2010, 18~

19쪽). 이렇게 보면 애초부터 부동산 매매를 통해 폭리를 취하겠다는 태도를 가진 이들에게 과연 인간으로서의 기본적 덕성이 존재하는지 의심해볼 수 있다. 즉 부동산 투기는 인간으로서의 덕성이라는 문제와 직결된다. 공동체주의자들이 이러한 입장을 취한다. 공동체가 존속하기 위해서는 공동선을 염두에 두어야 하며 개개 시민들은 공동선을 달성하는 데 필요한 덕성을 갖춰야 한다고 그들은 주장한다.

이상과 같이 보면, 공화주의자나 공동체주의자의 입장에서는 종합부동산세를 부과하는 것이 정당할 수 있다. 그리고 애초부터 합의를 통해 재산 소유의 한계를 정하는 것도 정당화될 수 있을 것이다. 왜 그러한가? 공화주의자나 공동체주의자는 자유주의자에 비해 평등을 더 강조하기 때문이다. 그런데 공화주의는 공동체주의의 특별한 종류라고 볼 수 있다. 공동체를 강조하는 것이 왜 구성원 사이의 평등을 강조하게 되는지를 알아보자.

공동의 목표를 가진 상호 의존적인 집단, 즉 공동체에서는 형제애, 자매애, 우의(友誼), 동료 의식 혹은 연대 등이 중요시된다. 공동체에 대한 강한 감각이 있어야 사회는 더 안정되고 생산적일 수 있으며 사회를 옹호하기가 쉬워진다. 구성원들 서로가 평등한 존재로서 서로를 존중하고 진정하게 배려하며 공동의 목표를 위해 협업하고 있다는 생각으로 사회에 대한 분개와 소외가 아닌 소속감을 느끼게 되면, 사회는 질서 잡히고 번영하게 된다. 질서와 번영을 위한 수단으로서의 공동체에 대한 감각도 중요하겠지만, 공동체에 대한 감각을 통해 '사회적 결집social cohesion'이 이루어진다고 보면, 공동체에 대한 감각 그 자체가 목적이 될 수 있다. 공동체에 부여되는 가치는 사회마다 다를 것이다. 그러나 정도의 차이는 있겠지만, 어떤 사회든 공동체 의식 없이는 존속하기 어렵다. 공동체 의식을 강화하는 데 필수적인 것이 개인의 안전과 기본적 안녕을 보장하는 평등이라고 하겠다. 적어도 경제적 평등, 나아가 더 많은 영역에서의 평등이 공동체에 대한 감각을 증진하는 데 기본적이다. 그리고 역으로 공동체에 대한 감각이 평등을 강화한다(Baker 1987, 33~34쪽).

이 책에서 논하는 정의의 문제는 크게 보아 이상의 세 가지 입장, 즉 자유지상주의자, 자유주의자, 공동체주의자의 입장에다가 나아가 지나친 평등주의자——여러 가지 변형이 있을 수 있지만——의 입장에서 고려해볼 수 있다. 이러한 입장들을 고려해 사회를 조직하는 데 기본이 되는 정의의 원칙, 정책, 법 등이 어떤 것인지 다루는 것이 우리의 과제라고 하겠다.

자유주의는 처음에는 공리주의와의 연관 속에서 발전했지만, 양자의 정의에 대한 견해는 상반될 수 있다. 이 점은 공리주의와 의무론이 차이가 있으며 의무론과 연관된 계약론이 암시하는 바가 무엇이라는 것을 밝힘으로써 이미 지적했다. 말하자면 자유주의와 공리주의의 입장이 정의의 원칙을 수립하는 데 의미하는 바가 드러난 셈이다. 여기서 새롭게 소개되는 것은 공동체주의자의 입장이다. 전술한 것처럼 공동체주의자는 '선the good' 도는 '공동선the common good'을 염두에 두고 이를 위해 개인이 어떠한 덕성을 가져야 하는가에 관심을 기울인다.

그래서 예를 들면 정의가 사람들에게 마땅히 주어져야 하는 바를 주는 것이라면, 어떠한 덕성에 영광과 포상이 주어져야 하는가라는 문제를 아리스토텔레스는 다루었다. 이러한 논의는 사람들이 선을 이러저러하게 인식하는 것과는 별개로 선이 객관적으로 존재한다는 것을 전제로 한다. 그러나 근대에 와서는 이러한 선의 객관성이라는 것이 인정되지 않고, 선은 선을 인식하는 이들에 의해 주관적으로 존재한다는 것이 주된 견해가 되었다. 선을 주관적으로 인식하고 그 선을 달성하려고 스스로 노력하는 개인이 근대인이다. 개인이 이 선을 달성하려면 개인에게 자유와 권리가 주어져야 한다. 그래서 개인주의를 바탕으로 하는 자유주의에는 선의 주관적 인식과 실천이라는 전제가 깔려 있다. 이 점은 《정치와 윤리》의 〈근대에서의 선의 객관성과 주관성〉이라는 항목에서 이미 다루었다. 선의 주관성이라는 것이 확립된 이후 칸트에서 20세기의 롤스에 이르기까지 권리를 중심으로 정의의 원칙을 수립하고자 했다. '풍랑 만난 배'라는 예는 개인의 권리와 전체의 행복 사이의 갈등을 부각함으로써 정의의 원칙에 대한 공리주의와 자유주의의 입장을 고찰하는 데 유용하다.[18]

---

18 "선장을 포함해 열 사람이 탄 배가 항해 중에 격심한 풍랑을 만났다. 선장은 배가 전복하지 않도록 모든 조치를 취했지만, 풍랑은 더욱 심해져 한 사람이 배에서 내려야만 나머지 아홉 명이 살아남을 수 있다는 판단에 이르게 되었다. 마침 스님이 배에 타고 있었는데, 이왕 한 사람의 희생이 필요하다면 처자식이 없는 스님이 배에서 내리는 것이 가장 합리적이라고 선장은 생각했다. 그래서 선장의 주도 하에서 아홉 사람이 강제로 스님을 배에서 내리게 했다"(이종은 2010, 126쪽). "도덕적 선의 본질, 공리주의와 의무론의 본질과 그 차이, 그리고 나아가 정치 사회를 조직하는 윤리적 원칙을 논하기 위해서 이 예를 들었다. 아홉 사람에 의해 수장당할 위기에 처한 스님은 완강히 저항하면서, 자신은 처자식이 있는 어떠한 사람에 못지않게 보람된 일을 많이 해야 하기 때문에 단지 처자식이 없다는 이유로 수장당할 수는 없다고 주장했다. 그래서 논의 끝에 제비뽑기로 수장당할 사람을 정하기로 했는데, 공교롭게도 스님이 뽑혔다. 그럼에도 스님은 스스로 바다로 몸을 던지지 않고 완강하게 버텼고, 아홉 사람이 강제로 스님을 바다에 빠트렸다. 그 후 배는 무사히 상륙했고 이 살인 행위가 발각되었다. 법정에서 아홉 명의 생존자는 제비뽑기로 바다에 빠질 사람을 정하기로 한 계약을 어긴 것은 스님이라고 강조하면서 스님이 오히려 계약을 위반했다고 주장할 것이다. 그렇다면 인간은 어떤 내용의 약속이나 계약도 할 수 있고, 계약을 했으면 어떤 내용이든 지켜야 하는가라는 문제가 법정에서 논의될 것이다. 요컨대 인간은 누구나 자신을 보전할 권리를 가지고 있는가, 인간은 자기 보전의 권리를 포기하는 약속조차 할 수 있는가, 약속을 했다면 어떤 약속이든 지켜야 하는가 등의 문제가 제기될 것이다"(이종은 2011, 34쪽). 이 문제는 자기 보전을 목적으로 하여 생성된 권리의 한계는 어디인가와 연관 있다. 그래서 권리의 한계를 논하면서 생명권이라는 스님의 절대적 권리가 인류의 생존을 위한 권리와 갈등을 일으키는 경우에 어떻게 해결해야 하는가라는 문제를 다루어보았다. 이는 법과 정치의 극명한 간극을 살펴볼 수

그런데 권리와 자유를 너무 강조하게 되면서 생겨난 자유주의의 폐단을 치유하고자 공동체주의 또는 공화주의가 부활하게 되었다. 이제는 정의에 대한 원칙을 수립할 때 공리(또는 행복), 권리 또는 자유만이 아니라 선, 공동선, 덕성, 그리고 책임이나 의무도 고려해야 한다. 그런 관점에서 보면, 정의는 우리가 가치 있다고 여기는 것들을 어떻게 배분하는가의 문제다(샌델 2010, 33쪽). 어떻게 배분하는 것이 올바른가라는 문제에 답하려면 앞에서 언급한 세 가지 입장을 고려하지 않을 수 없다.

《평등, 자유, 권리》에서 필자는 일본인들이 역사에 대해 책임이 있다는 점을 공동체주의자인 매킨타이어와 샌델의 논지를 빌려 정당화해보았다. 책임에 대한 자유주의적 입장과 공동체주의적 입장이 다르다. 그리고 피교육권에 대해서도 자유주의적 입장과 공동체주의적 입장이 대비된다. 재산에 대해서도 공동체주의는 자유주의 또는 자유지상주의와 견해를 달리한다. 우리가 앞으로 본격적으로 논하게 될 롤스의 정의 이론은 한마디로 말하면 '공정으로서의 정의justice as fairness'다. 그의 정의 이론은 자유주의에 연원을 둔다. 그런데 공동체주의의 정의 이론은 '덕성으로서의 정의justice as virtue'다. 양자의 차이를 염두에 두는 것이 롤스의 정의 이론을 이해하는 데 도움이 되리라는 생각에서 필자는 종합부동산세제에 대한 견해 차이를 앞서 기술했다. 여기서는 아리스토텔레스의 견해를 빌려 공동체주의에서 덕성으로서의 정의가 무엇을 의미하는지 밝히고자 한다.

아리스토텔레스의 목적론이 평등, 정의와 어떻게 연관되는지를 먼저

있는 예제라고 할 수 있겠다(이종은 2011, 698~700쪽). 풍랑 만난 배라는 예와 연관된 주제들은 정의를 논하는 데 두루 적용된다.

살펴보자. 목적론을 살펴보고자 하는 것은 목적론이 중세와 근대의 정치 및 윤리 사상을 가르는 잣대가 되었기 때문이다. 또한 공동체주의와 자유지상주의라든가 자유주의의 정의관에서 중요한 문제의 하나가 된 가치의 중립성은 목적론에 대한 인정 여부에 달려 있기 때문이다. 말하자면 목적론에 대한 인정 여부에 따라 정의관에 커다란 차이가 나타난다.

고대 그리스 시대에는 목적론적 사고가 지배했다. 예를 들면, 돌은 아래로 떨어지려는 목적이 있기 때문에 아래로 떨어진다고 생각했다. 근대 과학은 목적론적 사고에서 벗어나 인과적으로 설명하게 되었다. 그래서 돌이 아래로 떨어지는 것은 돌이라는 물체에 지구의 중력이 작용하기 때문이라고 설명한다. 이처럼 과학에서는 목적론이 배척받는다. 그러나 정치·사회의 문제에서는 아직까지 목적론적 사고를 떨쳐버리기가 어렵다 (샌델 2010, 266~267쪽).

제4장

목적론과 선

아리스토텔레스에 따르면, 만물은 '목적telos'을 가지고 있으며 그 목적을 달성하는 것이 그 사물의 본연의 모습, 즉 본성을 드러내는 것이다. 그 본성을 드러내는 것이 선한 것이며 선하게 되는 것이다. 선이란 인간이 지향하는(목적으로 하는) 바를 의미한다. 인간도 특정한 본성을 가지므로 목적을 가진다. 그래서 인간은 목적을 지향하게끔 되어 있다. 그렇다면 인간은 자신의 목적을 달성하기 위해 도시 국가에서 생활하지 않으면 안 된다. 즉 정치적(또는 사회적) 존재가 되지 않으면 안 된다. 인간을 포함하는 만물이 목적을 가질진대, 모든 활동, 탐구, 관행에도 목적이 있으며 이들은 어떠한 선을 목적으로 한다(MacIntyre 1981, 139쪽). 인간에게 선은 무엇인가? '선the good'은 어떤 특질을 가진 것으로 정의된다. 아리스토텔레스는 선을 금전이나 명예나 쾌락과 일치시키지 않고 '행복/안녕well-being/eudaimonia'과 일치시켰다. 안녕한 상태에 있거나 안녕에 있어서 인간이 잘하고 있는 것, 즉 인간이 그 자신이나 신적인 것과의 관계에서 호의를 잘 받고 있는 상태가 선이다(MacIntyre 1981, 139쪽).

어떠한 목적을 전제하는 목적론적 입장은 사물의 본성을 어떤 식으로 파악하고 문제를 해결하는가? 예를 들어 정치권력의 배분이라는 문제를 어떻게 풀어나가는가? 권력 배분 방식을 결정하려면 정치가 무엇인지, 즉 정치의 '목적telos'이 무엇인지에 대한 생각을 먼저 갖고 있어야 한다. 말하자면 '정치적 결사political association'가 어떤 목적을 위해 존재하는지를 파악해야 한다.

아리스토텔레스에 의하면, 정치는 선한(좋은) 시민을 양성하는 것을 목적으로 한다(Politics, 1280b11). 그러므로 정치적 결사도 이 목적을 달성하는 데 기여해야 한다. 그런데 오늘날 개인의 자유를 중시하는 자유주의 국가에서는 정치에 특별하고 본질적인 목적이 있다고 전제하지 않으며 가치 중립적인 태도를 견지하려고 한다(MacIntyre 1981, 83쪽). 개개인이 자신의 목적을 달성하는 데 방해되지 않도록 각 개인에게 평등한 권리를 보장하고 그 권리를 기반으로 각 개인이 스스로 자신의 목적을 선택하고 추구하게 할 뿐이다. 목적을 전제하면, 어떤 특별한 가치를 개개인에게 부과하는 것이 되기 때문이다. 아리스토텔레스가 주장한 것은 선에 대한 이러한 자유주의적 사고와는 다르다. 그의 주장은 단순히 권리의 틀만을 정하는 것과는 다른 것이다.

그는 왜 이러한 생각을 하게 되었는가? 당시 아테네에서 과두주의자들은 부를 가졌음을 근거로 자신들이 권력을 가져야 한다고 주장했다. 반면에 민주주의자들은 자유가 정치권력의 유일한 기준이 되어야 한다고 보았으며, 그래서 수적 우세를 근거로 권력을 장악하고자 했다. 그러나 아리스토텔레스는 다르게 생각했다. 정치적 결사는 경제적 풍요만을 목적으로 삼지 않는다는 점에서 과두제는 잘못이다. 그리고 정치의 목적이 당시의 민주주의에서처럼 다수의 취향을 만족시키는 것이 아닌 이상, 다수에게 권력이 주어져야 할 이유도 없다. 정치적 결사가 지향하는 최고의 목적은 시민의 '덕성virtue'을 배양하는 것이다. 덕성을 개발해 공동선을 증진시키고 시민을 자치에 참여시키는 것이 정치의 목적이다. 말하자면, 인격을 형성하는 삶의 방식을 공유하게 해야 한다. 그래서 선한 삶이 도시 국가의 목적이 되고, 사회의 여러 제도는 이 목적을 위해 존재하게 된다(Politics, 1280a~b).

그렇다면 도시 국가의 공직과 권력에서 비롯되는 영광은 누구에게 돌아가야 하는가? 예를 들면, 플루트는 플루트 연주자에게 주어져야 한다. 어떤 사람이 부자라거나 미모를 타고났다는 이유로 그 사람에게 플루트를 주어서는 안 된다. 플루트라는 악기가 있는 이유는 잘 연주되어 좋은 음악을 만들어내는 데 있다. 그러므로 플루트를 잘 연주하는 이에게, 즉 플루트의 목적을 가장 잘 달성할 사람에게 플루트가 주어져야 한다(Politics, 1282b32~34). 연주자는 플루트 본연의 목적, 즉 아름다운 플루트의 음색을 낸다는 목적을 달성하려 할 것이기 때문이다. 그러므로 사물은 그 목적을 가장 잘 수행할 수 있는 이에게 분배되어야 한다. 선한 생활을 영위하게 하는 것이 도시 국가의 목적인 만큼 덕성이 탁월하고, 공동선을 숙고하는 데 뛰어나고, 시민적 자질이 뛰어난 사람에게 권력이 주어져야 한다(Politics, 1281a40~42 · 1282b23~28). 민주주의자와 더불어 소수의 부유한 자에게도 발언권을 주어 자치에 참여하게 해야 하지만 최고의 공직과 영광은 예를 들면 페리클레스 같은 이에게 돌아가야 한다. 그렇게 하는 것이 시민적 덕성을 갖춘 이에게 영광과 포상을 주는 것이 되기 때문이다(샌델 2010, 272~273쪽).

아리스토텔레스에 따르면, 정의는 사람들에게 마땅히 주어져야 하는 것을 주는 것이다. 그런데 마땅히 주어져야 하는 것이 무엇인가? 즉 정의는 무엇을 누구에게 배분해야 하는가? 즉 배분될 대상과 배분받을 사람이라는 두 가지 요소가 정의에 걸려 있다. 일반적으로 평등한 대상을 평등한 사람에게 배분해야 한다. 여기서 의미하는 평등은 어떤 것인가? 무엇을 배분하는 데 관련된 덕성은 무엇인가?(*Politics*, 1282b20~23).

논의를 대학 입학 문제로 돌려보자. 앞 저술인《평등, 자유, 권리》에서 필자는 대학이 대학의 사명을 정하기에 따라 입학생의 자격을 결정하고 선정할 수도 있다는 것으로 잠정적 결론을 내렸다. 그러나 재고해보자. 이미 살펴본 것처럼 생각하기 나름이겠지만 대학은 학문을 연마하는 것을 목적으로 하는 기관이라고 규정하고 합의한다면, 학업 성취 가능성만이 대학 입학의 기준이 되어야 한다고 주장할 수도 있다. 반면에 대학은 사회의 공동선을 달성하는 곳이라고 간주할 수도 있다. 그렇다면 무엇이 대학의 목적인지를 가려야만 적절한 입학 기준을 설정할 수 있다. 대학이 학문적 탁월성만을 목적으로 삼는다면 지역할당제를 거부할 수도 있다. 반면에 사회의 기대에 부응하는 공적인 이상을 추구하기 위해 대학이 존재한다고 보면 지역할당제를 수용할 수도 있다. 그렇다면 누가 대학 입학생으로 허용되어야 하는가라는 문제, 입학생이 될 권리가 누구에게 있으며, 그 권리가 누구에게 부여되는 것이 정의인가라는 문제는 대학을 포함한 사회 조직의 목적에 관한 논의라고 볼 수 있다. 아리스토텔레스의 견해를 따른다면 어느 입장이 옳은가라는 판단 그 자체보다 대학의 목적이 무엇인가에 대한 논의에 모두가 참여하는 것 그 자체가 중요하며 그것이 바로 정치인 것이다. 어느 입장을 취하는 것이 대학 본연의 임무를 달성하는 것인가? 이 문제를 풀자면 대학의 목적을 찾아야 하며,

그 목적을 달성하는 데 어느 입장이 더 가치 있는지, 즉 어느 입장이 목적 달성을 위한 기능이라는 측면에서 선한지(좋은지)에 대해 논해야 한다.

그런데 이처럼 대학의 목적에 대해 상반된 견해가 있을 수 있는 것처럼 사회 조직의 목적에 대해 상반된 견해가 있다면 어떻게 할 것인가? 사회 조직의 목적은 누가 어떻게 정하는가? 아리스토텔레스는 사물의 목적이 그렇듯이 사회 조직의 목적도 이성으로 판단할 수 있다고 주장했다.

오늘날에는 주로 소득, 부, 기회에 대한 분배의 정의를 논한다. 그러나 아리스토텔레스는 공직과 영광에 대한 분배의 정의를 논했다. 정치권력은 어떻게 배분되어야 하는가? 오늘날에는 1인 1표로 결정하는 것이 방법이라고 답하기 마련이다. 그 외의 방법은 차별적이기 때문이다. 그러나 아리스토텔레스는 분배의 정의에 대한 이론은 차별적이라고 주장한다. 문제는 어떤 차별이 정당한가 하는 것이다. 이에 대한 답은 해당 활동의 목적이 무엇인가에 달려 있다(샌델 2010, 269쪽). 앞에서 언급한 것처럼 플루트가 플루트 연주자에게, 도시 국가의 공직이 페리클레스 같은 이에게 주어져야 한다는 것이 정당한 차별이다.

근현대의 정의 이론은 영광, 덕성, 도덕적 가치 문제에서 공정과 권리를 분리하고자 한다. 각자로 하여금 여러 목적들 중에서 중립적인 정의의 원칙을 찾아내 자신의 목적을 직접 선택하고 추구하게 하기 위해서다. 그러나 아리스토텔레스는 정의가 중립적이라고 생각하지 않았다. 정의는 덕성이나 선한 생활, 즉 도시 국가라는 집단에서의 공동생활 등과 연관되기 때문이다. 때문에 중립적일 수가 없는 것이다(샌델 2010, 262쪽). 그렇다면 중립 여부가 의미하는 바는 무엇인가?

오늘날 자유주의 체제에서는 정치의 목적이 선한 삶을 실현하는 것이라고 보지 않는다. 선한 삶이 무엇인지는 개인이 규정하며, 개인은 이를 달성하기 위하여 자유와 권리를 가질 뿐이다. 궁극적 가치를 설정하고 추구하는 것은 개인의 몫이며, 국가는 선한 생활을 위한 자유와 권리의 틀이라는 수단만을 제공할 뿐이다. 그런데 아리스토텔레스는 왜 정치에 참여하는 것이 선한 삶의 필수 요소라고 생각했는가? 바꿔 말하면, 인간은 정치에 참여하지 않고도 선한 생활을 영위하거나 덕성을 가질 수는 없는 것인가?

전술한 것처럼 인간은 정치적 동물이다. 그런 한에서 인간이 자신의 본성을 충분히 발전시키려면, 즉 덕성을 드러내려면, 도시 국가의 일에 참여해야 한다. 말하자면 개인은 자신의 목적을 도시 국가에서만 충분히 달성할 수 있다. 그렇기 때문에 역사적 발전 과정으로 보면 개인이 도시 국가에 앞서지만, 인간의 본성과 그 본성의 발전이라는 인간의 목적을 생각하면 도시 국가가 개인에 앞선다(*Politics*, 1253a19~20). 그리고 도시 국가에서만 인간은 언어라는 인간의 고유한 특성을 발휘한다. 언어는 올바르고 그른 것과 공정하고 불공정한 것을 구별함으로써 선을 식별하게 하고 고민하게 하는 매체다(*Politics*, 1253a7~18). 오직 도시 국가에서만 인간은 언어로써 타인과 더불어 정의와 부정의를 고민하고 선한 삶의 본질을 생각할 수 있다.

아리스토텔레스에 따르면 인간은 최고의 목적인 행복을 추구하는데, 행복은 덕성과 일치하는 영혼의 활동이다(*NE*, 1177a). 그러므로 행복은 덕성을 가짐으로써 나타나며, 행복은 마음의 상태가 아니라 존재 방식이다. 또한 아리스토텔레스가 이상(理想)으로 삼는 행복은 공리주의적 행복을 의미하지 않는다. 연습에 연습을 거듭해야 플루트를 잘 연주할 수 있는 것처럼 덕성도 '습관화habituation'되어야 하기 때문에, 덕성은 도시 국가에서 타인과의 관계를 통해 얻을 수 있으며 나타난다(*NE*, 1103a~

b). 그러므로 인간은 정치적 동물이어야 한다.

이상과 같은 이유에서 정치는 선한 삶의 필수 요소가 된다. 그러므로 인간은 도시 국가에서 통치하고 통치를 받는 정치에 참여해 시민이 되어야 한다. 그렇게 해야만 우리의 본성을 펼칠 수 있기 때문이다. 그렇다면 선한 삶이 무엇인지를 밝히지 않고 공정과 정의를 논하기는 어렵다. 바로 이 점에서 공동체주의자라고 일컬어질 수 있는 아리스토텔레스의 사상은 자유주의자의 사상과 차이가 난다. 자유주의자인 칸트가 보기에 고대의 철학자들은 윤리적 탐구를 최상의 선을 정의하는 데 전념하였다는 오류를 저질렀고, 그래서 그들은 그런 연후에 도덕적 법칙에서 의지를 결정하는 근거를 만들고자 하였다. 그리고 공리주의자들은 법의 기초로 삼기 위하여 의지의 대상을 추구하였다. 그런데 의지의 대상은 의지를 직접적으로 결정하는 근거가 아니다. 그 대상을 수단으로 하여서만 유쾌과 불쾌라는 감정을 지칭할 뿐이다. 오히려 그들은 선험적으로 의지를 직접적으로 결정하는 법칙을 찾고 그런 연후에 그 법칙에 적합한 대상을 찾았어야만 했다(Kant 1956, 66~67·112~113쪽). 그리고 롤스는 "평등한 시민의 자유는 목적론적 원칙에 근거를 둘 때 위태롭게 된다"라고 주장한다(TJ, 211쪽). 인간은 자신이 선택한 선을 스스로 실천하는 주체가 되어야만 자유로울 수 있다고 칸트와 롤스는 생각했다(TJ, 560·561쪽). 그래서 자유주의에서는 권리를 선에 앞세운다. 그러나 아리스토텔레스의 경우에는 정치는 선한 삶의 본질이 무엇인가를 따지는 데서 시작해야 한다.

아리스토텔레스에 의하면, 덕성을 갖추면 인간이 행복해질 수 있는 반면에 덕성의 부재나 결여는 인간이 자신의 목적을 달성하는 것을 좌절시킨다. 그러므로 덕성은 인간을 행복으로 이끄는 '특성quality'이라고 하겠다. 인간에게 선이 되는 것은 최상으로 영위된 완전한 인간의 삶이며, 그러한 삶에서 꼭 필요하고 중심이 되는 것이 덕성의 발휘다(MacIntyre 1981, 140쪽). 그러므로 덕성의 행사가 인간의 선의 달성이라는 목적의 수단이라고 말하는 것은 부정확하지는 않지만 아주 정확하다고 말할 수도 없다(MacIntyre 1981, 139쪽).

덕성을 갖추면 인간이 행복해질 수 있는 것은 덕성을 행사하면 올바른 행동을 선택할 수 있기 때문이다(NE, 1177a). 그러므로 올바른 행동이 무엇인가를 알아야 한다. 그런데 덕성이 없다고 해서 올바른 행동이 나타나지 않는 것은 아니다. 운 좋게도 어떤 사람은 어떤 덕성이 요구하는 바를 제때에 할 수 있는 자연적 기질을 타고났을 수 있기 때문이다. 그러나 대부분의 인간은 자신의 감정이나 욕구에 굴복하기 쉬워서 덕성을 갖춘 행동을 하기가 어렵다. 그래서 덕성을 계발해 인간의 성향을 형성해야 한다. 바로 이 점에서 인간은 교육을 받고 습관화를 통해 훈련을 받아야 덕성을 갖추게 된다(MacIntyre 1981, 140쪽). 예컨대, 훈련을 잘 받은 군인은 특별한 상황에서 용기가 요구하는 바를 할 것이다. 그가 타고날 때부터 용감하기 때문이 아니라 훈련을 잘 받았기 때문이다. 그렇게 올바른 용기를 갖는 데에는 습관화도 중요하지만, 용기가 무엇인지를 이해하는 것도 중요하다(MacIntyre 1981, 140쪽). 그래서 덕성이 무엇인지 이해하는 것만이 아니라 욕구와 감정을 자제해 덕성을 발휘시키는 것도 필요하다. 덕성을 발휘시키는 데는 이성의 힘이 필요하다. 종(種)으로서의 인간은 목적을 가지며, 이 목적이 어떤 인간의 특질이 덕성인지를 결정한다(MacIntyre 1981, 172쪽). 즉 인간의 이성이 덕성이 무엇인지를 파악하게 한다.

덕성에 대한 아리스토텔레스의 이론은 특정 시점에 특정 개인이 자신에게 선하다고 여기는 것과 인간으로서 자신에게 진실로 선한 것의 구별을 전제로 한다. 말하자면, 전자는 특정한 도시 국가에서의 특별한 선인 반면에 후자는 보편적 선이다. 양자 사이의 긴장이 《니코마코스 윤리학》에서 나타난다(MacIntyre 1981, 139~141쪽). 후자의 의미에서의 선을 얻기 위해 우리는 덕성을 실천하며, 목적 달성의 수단을 선택함으로써 실천하게 되는 것이다. 올바른 때 올바른 장소에서 올바른 것을 판단할 수 있는 능력이 있어야 한다. 그러한 판단을 하는 것은 규칙을 일상적으로 적용하는 것이 아니다. 상황에 따라 적절하게 판단해 적용해야 한다. 그래서 아리스토텔레스의 《윤리학》에는 규칙에 대한 언급이 상대적으로 적다. 더군다나 아리스토텔레스는 규칙에 복종한다는 도덕의 어떠한 부분은 도시 국가가 제정한 법에 복종하는 것이라고 본다. 그러한 법은 어떠한 유형의 행동을 상황이나 결과에 무관하게 절대적으로 명하거나 금한다. 그래서 아리스토텔레스의 견해는 목적론적이지만 결과론적인 것은 아니다. 게다가 그가 절대적으로 금지되어야 하는 것으로 드는 예는 얼핏 보면 전혀 다른 유의 도덕적 준칙과 비슷하다. 그는 정의에 대한 관습적이고 지역적인 규칙과 더불어 자연적이고 보편적인 규칙이 있다는 것을 주장하지만, 법에 대해서는 아주 간략하게 언급한다. 자연적이고 보편적인 정의는 어떠한 유형의 행동은 절대적으로 금한다는 것을 주장하는 것과 같다. 그러나 어떠한 '위법offense'에 어떠한 처벌을 부과하는지는 도시 국가마다 다르다. 그렇기는 하지만 이 주제에 대해 아리스토텔레스가 논하는 바는 간략하다 못해 숨기는 것이 많은 듯해서 이해하기가 어렵다. 그렇다면 덕성에 대한 아리스토텔레스의 견해는 어떻게 자연적 정의가 절대적으로 금하는 것을 요구할 수 있는가? 이 질문에 대한 답을 찾으려면, 아리스토텔레스가 덕성은 개인의 삶만이 아니라 도시의 삶에도 있으며 개인은 '정치적 동물politikon zóon'이라는 것만으로 이해될 수 있다고 주장했음을 참작해야 한다(MacIntyre 1981, 139~141쪽).

인간이 정치적 동물이라는 것만으로 이해될 수 있다면, 덕성과 법과 도덕 사이의 관계를 명료하게 할 한 가지 방법이 있다. 그것은 공동의 일을 달성하기 위해, 그리고 공동의 일에 종사하는 이들이 공유하는 선으로 인정되는 어떠한 선을 가지기 위해, 공동체를 만드는 데 관련된 바가 무엇인지를 고려하는 것이다. 공동의 일이란 종교적 예식을 치르거나 원정을 나가거나 도시를 만드는 것 등이다. 이에 참여하는 이들은 두 가지 다른 유형의 평가적 관행을 전개할 필요가 있을 것이다. 한편으로 그들은 공동선을 실현하는 데 기여하는 마음이나 품성의 특질을 가치 있는 것으로, 즉 탁월한 것으로 칭찬할 필요가 있을 것이다(MacIntyre 1981, 141쪽). 말하자면, 어떠한 일련의 특질을 덕성으로 인정하고 이에 상응하는 일련의 결함을 악덕이라고 인정할 필요가 있을 것이다. 어떠한 유형의 행동은 해를 끼치는 바가 너무 많아서 공동체의 유대를 무너뜨리고 공동선을 달성하는 것을 불가능하게 한다. 이러한 행동은 구별할 필요가 있다. 무구한 생명을 빼앗거나 절도하거나 위증하거나 배신하는 것 등이 그 예다. 어떠한 행동이 공동체에 공헌하는 것인지 아니면 개인에게 명예가 되는 것인지를 구성원들이 알게 해야 한다. 게다가 어떠한 위법은 그저 '나쁜bad' 것만이 아니라 용인될 수 없는 것이라는 것도 알게 해야 한다(MacIntyre 1981, 142쪽). 어떤 위법 행위를 저지른 이는 공동체에서 배제될 수도 있다. 배제가 일시적인지 영구적인지는 그 위법의 경중에 달렸다. 위법의 경중과 덕성의 본질과 중요성에 대한 구성원들의 합의가 공동체를 구성하는 일부가 된다(MacIntyre 1981, 142쪽).

이러한 공동체가 구성되는 데에는 '관행practice'이 있어야 하는데, 관행이란 사회적으로 확립된 인간의 협조적 활동이 일관성이 있으면서 복잡하게 나타나는 것이다.[19] 관행은 협조적 활동을 통해 그 활동에 내적인 선이 그러한 활동에 적절하며 그러한 활동을 부분적으로 규정하는 수월성의 기준을 달성하려는 과정에서 실현된다. 그 결과로 수월성을 달성하는 인간의 힘과 목적 그리고 선에 대한 인간의 관념은 체계적으로 확장된다(MacIntyre 1981, 175쪽). 이러한 관행이 있어야 하는 것은 공동체의 구성원이면서도 구성원으로서의 역할을 담당하지 못하는 경우가 있기 때문이다. 관행에는 두 가지 전혀 다른 양상이 있다. 한편으로는 구성원이 충분히 선하지good 못할 수 있다. 말하자면 구성원에게 덕성이 결여되어서 그가 공동체의 공동선을 달성하는 데 기여하는 바가 무시되는 경우가 있을 것이다. 그렇다고 해서 그가 반드시 어떤 공동체의 법을 위반한 것은 아닐 수 있다. 어떤 경우에는 그가 자신의 악덕 때문에 위법하지 않을 수도 있다. 예를 들면, 비겁하기 때문에 살인을 저지르지 못할 수도 있으며 허영과 허풍 떠는 성격 때문에 진실을 말하게 될 수도 있다(MacIntyre 1981, 142쪽).

역으로, 위법함으로써 공동체에 해를 끼치지만 그것이 꼭 선하지 못한 것 때문은 아닌 경우도 있다. 통상 덕성을 갖춘 이들은 덕성을 갖추지 못한 이들보다 중범죄를 저지를 가능성이 아주 적을 것이다. 그러나 용감하고 절도(節度) 있는 사람은 때로는 살인을 할 수 있는데, 그러한 위법은 비겁한 사람이나 허풍쟁이의 위법과 다를 바 없다. 이렇게 적극적으

---

19 공동체주의자들이 말하는 사회적 관행은 대체로 '일상적 대처 기술everyday coping skill' 의 의미라고 볼 수 있다. 우리는 어떠한 상황에서 어떻게 대처해야 하는지 기술을 갖추도록 사회화되어 있으며, 그래서 특정한 상황에서 무엇을 해야 하는지 알게 된다(Bell 1993, 32~ 35쪽).

로 잘못을 저지르는 것은 선한 것을 하거나 선한 상태에 놓여 있는 것에서 결정을 내리는 것과는 다르다. 그럼에도 두 종류의 잘못은 밀접하게 연관되어 있다. 양자는 공동체에 어느 정도 해를 끼치며 공동체 일의 성공을 어렵게 할 가능성이 많다. 위법은 선을 공동으로 추구하게 하는 서로의 관계를 무너뜨린다(MacIntyre 1981, 142쪽). 결점이 있는 품성은 그로 인하여 위법을 저지를 가능성을 높이고 공동체의 선을 달성하는 데 기여할 수 없게 한다. 어쨌든 양자는 나쁘다. 소극적인 의미에서든 적극적인 의미에서든 덕성의 상실이기 때문이다. 그래서 덕성에 대한 아리스토텔레스의 설명은 절대적으로 금지되는 어떤 유형의 행동에 대한 설명으로 보완되어야 한다(MacIntyre 1981, 143쪽).

덕성은 인간이 습득하는 특징인데, 인간은 덕성을 행사하면 내적인 선을 달성하게 되며, 반면에 덕성을 갖추지 못하면 그러한 선을 달성할 수 없게 된다(MacIntyre 1981, 178쪽). 덕성은 '기질disposition'이라고도 볼수 있는데, 관행을 유지시킬 뿐만 아니라 관행에 내적인 선들이 달성되게끔 한다. 따라서 인간은 선에 대한 지식을 가져야 하며 선의 달성을 어렵게 하는 것을 극복해야 한다. 선한 삶은 선의 추구를 위한 삶이며 선의 추구에 필요한 덕성은 선한 삶이 무엇인지를 이해하게 한다(MacIntyre 1981, 204쪽).

그런데 사람들이 사회에서 관행을 맺는다는 것은 관행에 동참하는 당대인만이 아니라 그 관행의 선행자, 특히 업적을 통해서 관행을 현재에 이르게 한 사람들과도 관계를 맺는다는 것을 의미한다(MacIntyre 1981, 181쪽). 그렇다면 지금의 나는 내가 이어받은 것, 즉 현재까지 이어져온 구체적인 과거다. 나 자신은 역사의 한 부분이며, 내가 좋아하든 싫어하든, 그리고 내가 인정하든 부인하든 간에 전통의 담지자다. 그렇게 봐야 하는 것은, 관행에는 역사가 있으며 덕성은 관행에 필요한 관계를 지속시키기 때문이다. 그런 한, 현재는 말할 것도 없고 과거와 미래에까지 그 관계를 지속시켜야 한다. 그런데 특정한 관행이 지속되며 재구성되는 전통은 더 큰 사회적 전통에서 분리되어 존재하지 않는다(MacIntyre 1981, 206쪽). 이처럼 개인은 개인이 담당하는 역할로 일체화되고 구성되는데, 이 역할이 공동체에 개인들을 묶어주었으며, 이를 통해서만 인간적 선이 달성된다. 공동체와 분리된 '나'란 없다(MacIntyre 1981, 160~161쪽).

그런데 전통을 구성하는 것은 무엇인가? 버크는 전통을 이성과, 그리고 전통의 안정을 갈등과 대비했다. 그러나 전통이 선의 추구에 대한 논쟁, 즉 비판과 창조를 통해 구성되어야만 좋은 전통이 질서를 잡게 된다(MacIntyre 1981, 206쪽). 전통 내에서 인간은 여러 세대에 걸쳐 오면서 선을 추구한다. 요컨대 개인은 전통이 부여하는 맥락 내에서 자신의 선을 추구한다. 그러므로 전통에 녹아 있는 덕성을 행사하면 전통이 지속되며, 그렇지 않으면 전통은 무너진다(MacIntyre 1981, 207쪽). 모두가 전통의 지속을 위해 덕성 있는 행동을 하게 되면 선이 추구된다. 선을 공유한다는 것이 바로 이러한 의미다(MacIntyre 1981, 206쪽). 그래서 정치적 공동체가 유지되려면 덕성이 행사되어야 하며 정부는 시민들의 덕성을 함양하려 하는 것이다(MacIntyre 1981, 182쪽).

덕성과 법 사이에는 또 다른 결정적 연관이 있다. 정의에 대한 덕성을 갖춘 자만이 법을 어떻게 적용하는지 알 수 있기 때문이다. 정의롭다는 것은 각자에게 각자가 '당연히 가져야 하는deserve' 것을 주는 것이다. 그리고 다음 두 가지가 전제되어야만 정의에 대한 덕성이 번성한다고 말할 수 있다. ① 응분에 대한 합리적 기준이 있으며, ② 그 기준에 대한 사회적 합의가 있다.

규칙은 응분에 따라 선과 처벌을 부과하는 것을 상당 부분 통제한다. 공직을 배분하고 범죄 행위를 처벌하는 것은 도시 국가의 법에 의해 규정된다. 그러나 법은 일반적이기 때문에 어떻게 법을 적용해야 하는지, 어떤 정의가 요구되는지가 명료하지 않은 특별한 경우가 항상 있을 수 있다. 그래서 어떤 공식이 쓰일지를 미리 알 수 없는 경우가 있다. 아리스토텔레스에 따르면, 그러한 경우에는 '올바른 이성right reason'에 따라 행동해야 한다(NE, 1138b19).[20] "올바른 이성에 따라 행동하는kata ton orthon logon"것(MacIntyre 1981, 50·140·143쪽)은 무엇을 의미하는가?

이것은 많고 적음에 대해 판단하는 것이다. 아리스토텔레스는 많은 것과 적은 것 사이에 '중간/중간의 길mesotes/mean'이라는 개념을 사용해 덕성의 일반적인 특성을 부여했다. 예를 들면, 용기는 경솔하고 무모한 것과 소심해서 적극성이 없는 것 사이의, 정의는 부정의를 저지르는 것과 부정의로 고통을 당하는 것 사이의, 그리고 관대한 것은 낭비하는 것과 인색한 것 사이의 중간의 길이다(NE, 1107a27~1107b21). 이처럼 각각의 덕성에는 이에 상응하는 두 가지 악덕이 있다. 그런데 악덕에 속하는 것이 무엇인지는 상황과 무관하게 규정될 수 없다. 예를 들면, 어떤 상황에서는 관대하다고 볼 수 있는 행동이 다른 상황에서는 낭비하는 것이 될 수 있고, 또 다른 상황에서는 인색한 것이 될 수 있다. 그렇다면 어떻게 행동해야 하는지에 대한 규칙이 미리 정해지지 않은 상황에서는 어떻게 행동할 것인가? 상황에 따라 적절하게 판단을 내려서 행동함으로써 인간은 덕성을 갖추게 된다. 그 지침이 되는 것이 중간의 길을 따르는 것이다. 그것이 올바른 이성에 따라 행동하는 것이다. 그러므로 덕성은 그

---

20 '올바른 규칙right rule'이라고 번역된 것은 잘못이라고 매킨타이어는 지적한다.

저 법을 준수한다거나 규칙을 지킨다고 해서 반드시 나타나는 것은 아니다(MacIntyre 1981, 144쪽). 경우에 따라서는 규칙이나 법이 정의롭지 않을 수 있기 때문이다.

'실천phronêsis'함으로써 덕성이 나타난다. 실천은 '지혜sôphrosunê'처럼, 원래 칭찬을 하는 데 쓰인 귀족적인 용어였다. 자신에게 응당한 것을 알고 그에게 응당한 것을 주장하는 사람에게 쓰는 말이었다. 나중에는 좀 더 일반적으로, 특정한 경우에 판단하는 방법을 아는 사람을 의미하게 되었다. 'phronêsis'는 지적인 덕성이지만, 이 덕성 없이는 품성의 특성 중에서 어느 것도 행사될 수 없다. 아리스토텔레스는 두 종류의 덕성이 습득되는 방식을 대비함으로써 두 덕성을 구별했다. 지적인 덕성은 가르침을 통해 습득되며, 품성의 덕성은 습관적 훈련을 통해 습득된다(MacIntyre 1981, 144쪽). 정의롭거나 용기 있는 행동을 함으로써 우리는 정의로워지거나 용기를 얻게 된다. 마찬가지로 체계적인 지도를 받음으로써 우리는 이론적으로나 실천적으로 현명해진다. 그러나 이 두 가지 도덕적 교육은 밀접하게 연관되어 있다. 인간은 자신에게 애초에 자연적으로 부여된 '기질disposition'을 품성의 덕성으로 변형시키게 된다. 인간이 올바른 이성에 따라 이들 기질을 점차 행사함으로써 그렇게 변형시키는 것이다. 어떤 종류의 자연적 기질을 이에 상응하는 덕성으로 바꾸게 하는 것이 바로 지성을 행사하는 것이다. 역으로, 실천적 지성을 행사하자면 품성의 덕성이 있어야 한다. 그렇지 않으면 실천적 지성은 어떤 목적에 수단을 연계시키는 교활한 능력으로 퇴화되어 남게 된다(MacIntyre 1981, 145쪽). 그렇게 되지 않게 하는 것, 즉 이론적 이성이 목적으로, 그리고 실천적 이성이 올바른 행동으로 식별한 것을 정념으로 하여금 특별한 시점과 장소에서 추구하는 것과 부합하도록 교육하는 것이 윤리의 문제다.

그래서 아리스토텔레스에게 이성은 정념의 노예가 될 수 없다(MacIn-tyre 1981, 150쪽).

아리스토텔레스에 따르면, 품성과 지성의 수월성은 분리될 수 없다. 그런데 이 견해는 근대 사회의 지배적인 견해와 다르다. 아리스토텔레스에 따르면 진정한 실천적 지성은 선에 대한 지식을 요구하며, 실천적 지성은 그 자체가 어떤 종류의 선을 요구한다. 인간이 선하지 않으면 실천적 지성을 가질 수 없는 것이 분명하다(*NE*, 1144a).

실천적 지성과 품성의 덕성은 이렇게 연관되어 있는데, 이 점은 모든 다른 덕성을 갖추지 않고는 품성의 덕성을 발전된 형태로 갖출 수 없다는 그의 주장에서 나타난다. 그리고 중심적 덕성은 서로 밀접하게 연관되어 있다. 정의로운 사람은 '탐욕pleonexia'(greed/covetousness/avarice)이라는 악덕에 빠지지 않는데, 탐욕은 정의라는 덕성에 상응하는 두 가지 악덕 중 하나다(MacIntyre 1981, 145쪽). 탐욕을 피하기 위해서는 '지혜sôphrosunê'가 있어야 한다. 용감한 사람은 경솔함이나 무모함과 비겁함이라는 악덕에 빠지지 않을 지혜를 가져야 한다(MacIntyre 1981, 146쪽).

덕성이 이렇게 상호 연관되어 있기 때문에 사람들은 어떤 특정한 개인의 선을 판단하는 데 있어서 몇 개의 뚜렷하게 구별되는 기준을 제공하지 않고 하나의 복잡한 하나의 척도를 부여한다. 인간의 선을 실현하는 것을 목표로 하는 공동체에서 그러한 척도를 적용하려면 선과 덕성에 대한 광범한 합의가 있어야 한다. 이러한 합의가 있어야 시민들 사이에 유대가 있게 되며, 유대가 있어야 도시 국가가 성립된다. 그 유대는 '우정friendship'이라는 유대이며 우정은 그 자체로 덕성이다. 아리스토텔레스가 마음속에 그리는 우정은 선을 같이 인정하고 추구하는 유형의 우정이다. 인간은 어떤 공동체를——가정이든 도시 국가든——구성하는 데 본질적이고 일의적인 것을 이렇게 공유한다. 도시 국가에서 "법을 부여하는 자는 정의보다 우정을 더욱 중요한 목표로 삼는 것 같다"(*NE*, 1155a). 그 이유는 명백하다. 정의는 이미 구성된 공동체 내에서 응분의 것을 보상하는 것이며, 보상하는 데 있어서 잘못된 것을 시정하는 것이다. 반면에 우정은 공동체를 처음으로 구성하는 데 요구된다(MacIntyre 1981, 146쪽).

그렇다면 아리스토텔레스의 이런 견해를 이런 우정에 의한 친구들을 많이 둘 수 없다는 그의 주장에 어떻게 부합시킬 수 있는가? 적어도 성인 남성 인구가 만 명은 되었을 아테네에서 선에 대한 같은 인식이 공유되었다고 말할 수 있겠는가? 개인들 사이의 우정이 어떻게 도시 국가의 구성원들 사이의 유대가 될 수 있는가? 그것은 도시 국가가 작은 집단의 친구들의 연결망으로 이루어졌기 때문이다. 개인들 사이에 직접적으로 우의가 얽혀 있기 때문에 모두가 도시 국가의 삶을 만들어내고 유지시키는 공동의 일을 공유할 수 있게 된다(MacIntyre 1981, 146쪽).

근대의 자유주의적 개인주의 세계에서는 공동의 일을 같이 한다는 공동체라는 개념은 이질적이다. 여러 가지 조직이 있지만 그 조직들은 이런저런 선이 아닌 전체로서의 삶 또는 인간의 선에 관심을 두지 않는다. 그래서 우정은 사적 생활 영역에 속하는 것으로서 지위가 떨어졌으며 중요성이 약화되었다(MacIntyre 1981, 146쪽).

물론 우정은 '애정affection'을 포함한다. 그러나 그 애정은 공동의 충성과 선의 공동 추구로 규정되는 관계 내에서 나타난다(MacIntyre 1981, 146쪽). 그 애정은, 중요하지 않다고는 말할 수 없지만, 부차적이다. 근대적 관점에서 보면 애정은 중심적 과제다. 우리는 좋아하는 사람, 아마 아주 좋아하는 사람을 친구라고 일컫는다. 친구라면 사회적·정치적 관계보다는 감정적 상태를 일컫는다. 도시 국가에서는 구성원들이 도덕적으로 통합될 수 있었다(MacIntyre 1981, 147쪽). 그 이유는 다음과 같다. 플라톤과 아리스토텔레스는 갈등을 '악evil'이라고 보았으며 내란은 그중 최악의 것이다. 아리스토텔레스는 갈등을 제거될 수 있는 악으로 보았다. 덕성들은 서로 조화되며, 개인이 가진 품성의 조화는 국가의 조화에서 다시 나타난다. 아리스토텔레스와 마찬가지로 플라톤도 인간에게 선한 생활은 그 자체로 하나의 통합적이며 선들의 위계제로 만들어진다고 보았다. 갈등은 개인의 품성상의 결점이나 이해할 수 없는 정치적 제도 때문에 나타난다(MacIntyre 1981, 146쪽).

정치적 관계는 공동체 구성원으로서의 자유인들이 서로 다스리고 다스림을 받는 관계다. 그래서 자유로운 자아는 정치적 객체이면서 주권자다. 자유로워야만 인간은 덕성을 발휘하고 선을 달성할 수 있다. 그리고 문화가 없는 인간이란 신화(神話)에 불과하다(MacIntyre 1981, 150쪽). 특정한 성격을 띤 공동체 내에서 공동선을 달성하려 하는 어떤 품성과 덕성을 갖춘 구성원들을 전제로 하는 공동생활이 인간 생활에서 실제로 가정될 수 있다. 인간이 사회로부터 분리될 수 있다거나, 특정한 문화와 사회를 전제하지 않고 동물로서의 인간이 공리나 쾌락을 추구할 수 있다는 가정은 무리다(MacIntyre 1981, 150쪽). 사회생활을 하는 인간은 실천적 지성이 있는 인간이다.

자유주의 사회의 조직 영역에서는 목적이 이미 주어져 있다고 보기 때문에 목적 그 자체를 이성적으로 탐구하지 않는다. '개인의personal' 영역에서는 가치에 대한 판단과 논쟁이 중요한 요소이지만 가치에 대한 판단에 관한 문제를 사회가 이성적으로 해결할 수 없게 되어 있기 때문에 개인에게 내면화되고 내적으로 표현될 뿐이다(MacIntyre 1981, 33쪽). 자유주의적 개인주의에서 공동체는, 개인들 각자가 스스로 선택한 선한 생활에 대한 관념을 추구하게끔 하고, 정치 제도는 개인들이 그렇게 스스로 결정한 활동을 가능케 하는 정도의 질서를 부여하게끔 하는 활동 무대에 불과하다. 정부는 법을 준수하게 하는 일은 하지만 어떤 도덕적 입장을 고취하는 일은 하지 않는다. 따라서 선한 생활에 대한 다양한 관념에 관하여 정부와 법은 중립적이며, 중립적이어야 한다(MacIntyre 1981, 182쪽). 예를 들면, 존 스튜어트 밀은 다수가 최선의 삶이라고 믿는 것을 개인에게 강요하지 말아야 한다고 주장했다. 이것은 자유주의 국가에서는 무엇이 선인지를 규정해서도 안 되고 규정한 것을 개인에게 강요해서도 안 된다는 것을 의미한다. 원칙적으로, 타인에게 해를 끼치지 않는 한 나의 "독립은 절대적이다. 개인은 자신에 대해, (즉) 자신의 몸과 마음에 대해 주권을 가진다"(*On Liberty*, 1장). 공리주의자라고도 볼 수 있는 밀이 개인의 권리를 중시한 이유는 무엇인가? 장기적으로, 개인의 권리를 존중하면 인간의 행복이 증진될 것이라고 생각하기 때문이다(샌델 2010, 75쪽). 인간의 개성을 존중해야 하는 것은 개성이 인격을 드러내기 때문이다(샌델 2010, 77쪽).

어쨌든 자유주의 사회에서는 가치에 대한 논쟁이 개인의 자유를 중시하는 개인주의와 계획과 통제를 중시하는 '집합주의collectivism' 사이의 논쟁으로 이루어진다. 더욱 중요한 점은, 사회생활에는 두 가지 대안, 즉 주권적 개인이 자유롭고 자의적으로 선택할 수 있다는 것과 관료가 주권적이므로 개인의 선택을 제한할 수 있다는 것만이 있다는 것이다. 그리하여 결국 자유란 개인의 행동을 통제할 수 없는 것에 지나지 않게 되고, 집합주의적 형태의 통제는 자기 이익으로 야기되는 무정부 상태를 제한하려는 것에 지나지 않게 된다. 근대의 정치는 양자 사이를 오가며 전개되어왔다. 그러나 어느 한쪽의 일방적 승리도 장기적 안목에서는 용인될 수 없다. 개인주의와 관료주의가 적대자이면서도 동반자인 사회가 자유주의 사회다(MacIntyre 1981, 33쪽).

이상에서 공동체주의자는 아리스토텔레스의 사상, 특히 덕성의 중요성을 부각함으로써 덕성으로서의 정의를 주장하는 근거를 제시했다. 이에 근거를 둔 정의관은 자유지상주의와 자유주의의 정의관과는 다르다. 어떻게 다른가는 롤스의 정의 이론을 논한 후에 밝히고자 한다. 정의관이 다르기 때문에 자유와 평등에 대한 관점도 다를 수 있다. 거꾸로 자유와 평등에 대한 관점이 다르기 때문에 정의관이 다르다. 프랑스 대혁명이 내건 '자유, 평등, 우의'라는 이상은 아직까지 실현을 향해 나아가는 과정에 있다고 하겠다.[21] '우의fraternité'란 아리스토텔레스가 중시한 '우정friendship'을 근대적으로 표현한 것이다. 도시 국가의 유대에 불가결하다고 여겨지는 우정이라는 것은 덕성의 한 종류다. 근대에 들어선 이후 특히 자유주의에서는 아리스토텔레스와 다르게 덕성, 특히 우정(우의/우애)이라는 덕성을 논하지 않는다. 우의를 달성하려고 노력하는 것이 어떤 의미가 있는지는 차후에 논하기로 한다.

대학 입시에서의 지역할당제는 자유주의 입장에서 보면 부당한 것으로 여겨질 수 있다. 그러나 공동체주의의 입장에서는, 사회 구성원들의 논의를 거쳐 지역을 할당하는 것이 공동선에 기여한다고 판단되면 지역

---

21 "'fraternity'는 '박애'라고 번역되기도 하고 '우애'나 '우의'라고 번역되기도 한다. 'fraternity'가 프랑스 혁명의 구호의 하나로서 다루어질 때는 이를 '박애', 즉 글자 그대로 넓은 사랑이라고 번역하기가 어려운데, 프랑스 혁명의 진행 과정에서 'fraternity'가 공화주의자에게 한정되는 경향을 띠었기 때문이다"(이종은 2011, 392쪽, 각주 50). 프랑스 혁명의 구호를 언급할 때 일반적으로 '자유, 평등, 박애'라고 하기 때문에 그대로 따르기도 하지만 사실 여기서의 박애는 우의(우정)라는 의미에 가깝다.

할당제를 실시할 수도 있다. 바로 이 점에서 자유주의와 공동체주의는 차이가 난다. 자유주의는 각자가 선을 자유롭게 추구할 수 있으며 이를 무시해서는 안 된다는 입장을 취한다. 반면에 공동체주의는 선, 또는 더 나아가 공동선 그 자체는 사회에 의해 어느 정도 정해져 있다거나 사회 구성원들의 논의와 합의에 의해 정해질 수 있다는 입장을 취한다. 이렇게 보면, 입장에 따라 지역할당제와 종합부동산세제에 대한 견해가 다를 수 있다. 요컨대 정의에 대한 관념이 다르면 특정 사안에 대한 견해가 달라질 수 있다.

주체할 수 없을 정도로 돈이 많은 부자 바로 옆에 끼니도 잇기 어려운 빈자가 살고 있는 상황은 정의로운가? 상당한 재능을 가지고 열심히 일하는데도 옳게 보상받지 못하는 이가 있는 반면에 무위도식하는 이가 있다면, 이는 정의로운가? 정규직과 동일한 일을 하면서도 차별 대우를 받는 비정규직이 있는 것은 정의로운가? 빈자를 돕기 위해 부자에게 과세해야 하는가? 불로 소득에 대해 소득과 같은 세율로 과세해야 하는가? 유산은 불로 소득이 아닌가? 독립 유공자인 선조가 자식을 잘 돌보지 못해서 그들의 후손이 사회적으로 불리한 위치에 있게 되었다면, 그 후손에게 보상하는 것이 옳지 않은가? 법을 어기는 사람에게 사회는 어떻게 해야 하는가?(Solomon et al. 2000, 4쪽).

가난으로 극심하게 고통 받는 사람들이 많은데도 재산권에 대한 불가양(不可讓)의 권리를 인정해야 하는가? 기득권자의 이익을 옹호하는 것이 정의인가? 그렇다고 해서 빈자가 부자나 강자의 것을 요구할 근거는 무엇인가? 즉 재산을 모으게 된 것도 그 개인의 '공적/업적merit'인데, 무슨 근거로 평등을 강요할 것인가? 정의를 재산권과 너무 결부시키는 것이 아닌가? 무제한으로 소유할 권리보다는 다른 권리와 자유가 더 중요하지 않은가? 특정한 개인의 자유와 권리보다는 구성원들 전체의 '공적 선public good'이 더 중요하지 않은가?(Solomon et al. 2000, 4~5쪽). 기존의 불평등이 정당하기 때문에 재분배를 주장하는 이들이 그 근거를 제시해야 하는가? 그렇지 않으면 기존의 평등이 정당하기 때문에 불평등을 주장하는 이들이 그 근거를 제시해야 하는가?

위의 문제를 아래와 같이 풀어볼 수도 있다. 종합부동산세제를 제안하는 쪽이 그것의 정당성의 근거를 제시해야 하는가? 그렇지 않으면 종합부동산세제에 반대하는 쪽이 그것의 부당성의 근거를 제시해야 하는가? 근거를 제시할 의무가 어느 쪽에 있든지 간에 양측은 결국 사회생활을 통해 서로의 자유를 제한하게 된다. 정의는 서로에게 가하는 이러한 제한을 어떻게 배열해야 하는지 다룬다. 그렇다고 해서 이렇게 배열함으로써 우리가 달성될 수 있는 목적을 다루는 것은 아니다(Steiner 1994, 1~2쪽). 바로 여기에서 정의의 문제가 제기된다(Steiner 1994, 2쪽).

정의란 사회적 관습의 결과물인가? 정의에 대한 올바른 관념을 가지는 데 유일한 기준이 있을 수 있는가? 보복하는 것은 정의롭지 않은가? "모든 사람은 평등하게 태어났다"라는 명제는 무엇을 의미하는가? 자유시장 체제는 정의로운가?《평등, 자유, 권리》에서 권리와 공리에 대해 논했던 것처럼 사회적 공리가 정의의 일의적 대상인가? 정의의 유일한 대상이 사회적 공리인가? 그렇지 않으면 사회적 공리는 정의와 양립할 수 없으며 정의에 적대적인가? 권리와 정의는 무슨 관계가 있는가? 이러한 문제들은 모두 정의와 연관된다고 하겠다(Solomon et al. 2000, 4~5쪽).

정의라는 문제는 결국 자유와 평등의 조화라는 문제와 결부된다. 정의를 논하는 데서 중요한 것은 우의보다는 자유와 평등의 관계이기 때문에 이 문제부터 다루고자 한다.

제2부

자유와 평등

사회적 불평등은 주로 부, 지위, 권력에서 드러난다(Baker 1987, 5쪽). 그래서 경제적 평등을 달성하기 위해 복지 국가는 능력 있는 자들이 축적한 부의 일부를 세제를 통해 빈자에게 돌아가게 한다. 그렇다면 부자는 세금으로 낸 몫만큼 생산하기 위해 많은 시간과 노력을 기울였던 셈이다. 부자는 평균보다 더 많은 세금을 내서 억울하다고 생각할 수 있다. 빈자를 돕느라 더 많은 세금을 내는 것이 부당하다고 생각할 수 있기 때문이다. 부자는 빈자가 무슨 권리로 국가를 통해 자기 재산을 앗아가는 것인가 반문할 수 있다. 그리고 자신의 재산만 앗아간 것이 아니라 자신의 자유도 앗아갔다고 주장할 수 있다. 세금을 더 내기 위해 부자가 들인 노력과 시간을 빈자가 앗아간 것이라고 볼 수 있기 때문이다. 달리 말해 빈자가 부자에게서 다른 일을 할 자유를 앗아간 것이라고 볼 수 있기 때문이다. 빈자는 결국 부자에게 '강제 노동forced labor'을 시킨 셈이다. 부자에게 강제 노동을 시켜 부자의 재산과 자유를 앗아갈 권리의 근거가 무엇인지 부자는 반문할 수 있다. 버나드 맨더빌Bernard Mandeville은《꿀벌의 우화 : 개인의 악덕, 사회의 이익The Fable of the Bees or Private Vices, Public Benefits》(1714)에서 이기적 동기가 일반적 효용, 즉 유익한 사회적 결과를 가져온다고 주장했다(Edwards et al. 2005, 1793쪽).[22] 이 주장에 의하면, 부자의 소비 덕분에 고용이 창출된다는 점에서 부자는 소비하는 것만으로도 약자의 생존을 돕는 쓸모 있는 존재다. 그렇다면 경제적 평등을 달성하기 위해 부자가 세금을 더 내야 할 이유가 없다.

---

22 맨더빌이 말하는 악덕은 살인, 강도 따위와는 다른 것으로, 도덕적 차원에서 당시에 '죄악 sin'으로 여겨졌던 이윤 추구 같은 것을 의미한다. 그는 인간이 항상 이기심에 따라 행동해왔으면서도 그렇지 않은 척하는 것에서 벗어나야 개인과 사회에 이익이 된다고 주장했다(최윤재 2010, 12 · 28 · 30쪽). 그리고 맨더빌 시대에는 '도덕적moral'이라는 말이 '윤리적ethical'이라는 말보다는 오늘날의 '사회적social'이라는 말에 더 가까웠기 때문에 맨더빌이 말한 도덕의 문제는 사회적 문제라고 봐야 한다(최윤재 2010, 35쪽). 그리고 맨더빌은 쓰지 않고 모으기만 하는 '탐욕avarice'과 모으지 않고 쓰기만 하는 '방탕profuseness, prodigality'을 구별했다(최윤재 2010, 156 · 181쪽). 요컨대 맨더빌이 주장한 바는 개인의 이윤 추구라는 악덕은 솜씨 좋은 정치인에 의해 잘 다루어지기만 한다면 사회에 득이 될 수도 있다는 것이다(최윤재 2010, 39쪽). 바꾸어 말하면, 맨더빌은 단지 이기심이 사회에 도움이 된다고 주장한 것이라기보다는 도움이 되기 위해서는 적절한 제도와 정책이 필요하다고 주장한 것이다(최윤재 2010, 81쪽).

제5장

평등의 폐해

나아가 극단적 평등을 실시하면 어떻게 될 것인가? 예를 들어, 사람들에게 돈을 100만 원씩 공평하게 나누어 주고 1년 후에 각자에게 돈이 얼마나 남아 있는지 살펴보면 사람마다 액수가 다를 것이다. 어떤 사람은 그 돈을 두세 배로 불렸을 것이고, 어떤 사람은 그 돈을 탕진한 뒤 빚까지 졌을 것이다. 이처럼 똑같은 기회를 주었지만 결과가 평등하지 않게 될 수 있다. 그런데 두세 배로 돈을 불린 사람에게서 돈을 빼앗아 빚진 사람의 빚을 갚아준 뒤 또다시 돈을 균등하게 나누어 가지게 하고는 1년 후에 다시 이 같은 방식으로 재분배하겠다고 하면 어떻게 될 것인가? 열심히 노력해 돈을 불렸던 사람도 앞으로는 노력하지 않게 될 것이다. 인간은 일해서 먹고사는 것보다는 일하지 않고 먹고사는 것을 더 좋아하기 마련이다.

오늘날에는 거의 모든 국가가 평등을 이루기 위해 복지 정책을 펴고 있다. 그런데 복지 혜택을 받는 자들은 근로 동기가 약화될 수 있기 때문에, 복지에 의존하는 인구 비율이 늘어나고 경제 성장 동력이 약해진다는 폐단이 있다. 서구 복지 사회는 1970년대에 들어와서 고용·생산성·재정 위기에 직면한 경험이 있다(이원덕 2008, 359쪽). 일반적으로 평등을 통해 소외를 극복함으로써 사회를 존속시킬 수 있지만 결과에서의 평등을 지나치게 강조하면 소외는 극복될 수 있을지 몰라도 사회가 효율성 저하로 존속하기 어려워질 수 있다. 더군다나 소유에서의 완전한 평등은 실제로는 있을 수 없으며, 사회에 해가 된다(Hume 1992a, 193~194쪽).

그래서 일반적으로 평등주의적 이론은 결과의 평등을 주장하기보다는 삶에 대한 전망이나 삶의 조건에서 평등해지도록 경제적 배분을 해야 한다고 주장한다. 그렇다면 정확히 어떤 점에서 사람들은 평등해진다고 가정되는가? 즉 무엇에 대한 평등인가? 배분에 대한 평등주의적 이론은 다양한 근거에서 비판받았다.

첫째, 평등이라는 가치를 추구하다 보면 더 큰 윤리적 값어치를 가진 다른 목표와 갈등을 일으킬 수 있다. 인간이 중시하는 목표 중의 하나가 파레토의 최적이라는 의미에서의 효율이다.[23] 평등 그 자체가 목적이라면, 더 나은 입장에 있는 사람들을 끌어내려 더 나쁜 입장에 처하게 함으로써 평등을 달성할 수는 있다. 그리고 결과의 평등을 강조하면, 동기가 자극받지 않게 됨으로써 사회 전체의 효율이 저하되는 것이 당연하다. 이러한 경우에는 그렇게 해서 무엇을 하려는 것인가라는 반문이 나올 수 있다(Arneson 1998, 118쪽). 이 점은 이미 살펴보았다. 그리고 이 문제는

---

23 상황을 변화시켰을 때, 더 나빠지는 사람은 없고 더 나아지는 사람이 있으면, 원래의 상황에 비해 진보한 것이다. 더 이상의 진보를 이룰 수 없으면 어떤 상황의 최적 상태에 도달했다고 하겠다.

아래의 내용과 연관된다.

둘째, 자기 소유라는 도덕적 원칙에 대해 비판할 수 있다. 자기 소유권은 각 개인이 자신에 대한 정당한 소유자이며, 원하는 대로 자신을 처분할 자격이 있다는 것을 주장한다. 어느 지역에 모든 사람을 먹여 살릴 수 있을 정도로 자원이 풍부하고, 자원에 접근할 기회가 평등하게 주어졌다고 가정해보자. 각자는 자신의 재능으로 노력해 생계를 꾸려갈 것이다. 결과적으로, 잘사는 사람도 있을 것이고 근근이 살아가는 사람도 있을 것이다. 결과에서의 평등이 정의라고 보는 이들은 수확물을 평등하게 나누자고 주장할 것이다. 이에 반대하는 이들은 자신의 재능을 발휘해 열심히 노력하면 더 잘살 수 있는 상황에서 강제로 모든 수확물을 평등하게 분배하게 하는 것은 자기 소유라는 원칙을 존중하지 않는 것이며, 재능과 노력을 공동 소유하게 하는 것이라고 주장할 것이다. 노예제는 명백히 자기 소유권을 침해하는 것이다. 이와 마찬가지로 빈자가 부자로 하여금 강제로 노동하게 하고 재능과 노력과 수확물까지 공유하게끔 강제하는 것은 노예제만큼 터무니없는 것은 아니지만 자기 소유권을 침해하기는 마찬가지다(Arneson 1998, 118쪽).

셋째, 때때로 불평등한 결과가 나타나는 것은 어떤 사람은 책임감 있고 신려 깊게, 그리고 덕성을 갖추고 행동하는 반면에 어떤 사람은 이와 반대되게 행동하기 때문이니, 정의를 결과의 평등으로 보는 것은 옳지 않다고 비판하는 것이다. 장점을 많이 가진 개인의 행동에서 나온 결과를 평등하게 함으로써 결과의 불평등을 억지로 시정하는 것은 무책임한 자를 챙겨주고 덕성 있는 자를 처벌하는 것이 되기 때문이다. 그런 식으로 지속하다 보면 결국 사회 전체의 효율이 저하될 것이다. 이 문제는 차치하더라도, 사람을 그 사람의 됨됨이대로 정당하게 대우하지 않는 것이 과연 옳은가라는 문제가 제기된다(Arneson 1998, 119쪽).

마르크스는 〈고타 강령 비판〉(1875)에서 가장만이 생계를 책임진다고 가정하면, 부양가족이 있는 자와 독신자에게 같은 일에 같은 임금을 지급하는 것은 부당하다고 주장한다(Tucker 1978, 531쪽). 필요가 다르기 때문이다. 그러나 마르크스에게 반대하는 이들은 다음과 같이 주장할 것이다. 결혼을 하고 자녀를 낳는 것은 개인이 자발적으로 결정한 일이다. 더군다나 결혼을 하면 자식이 생길 것이라는 정도는 누구나 예측할 수 있다. 그러한 결과에 대해서는 사회 전체가 아니라 개인이 책임을 져야 한다(Arneson 1998, 119쪽).

그렇다고 해서 평등에 폐해만 있는 것은 아니다. 장점 또한 많다. 평등해진다는 것은 억압, 지배, 착취가 없어진다는 것을 의미한다(Wolff 2011, 621쪽). 억압, 지배, 착취로 인해 인간 사회가 지나치게 불평등해지면 사회적 협업에 참여할 의욕이 상실된다. 평등해지거나 평등에 대한 기대가 높아지면 사회적 유대가 강화될 가능성이 높아진다. 종합부동산세를 예로 들어서 평등의 폐해를 논한 것은, 가진 자의 것을 질투심에서 빼앗겠다는 것은 오히려 사회적 유대를 해칠 가능성이 있기 때문이다.

평등해지면 유대가 강화되어 사회가 안정된다. 복지 국가를 달성하려는 이유도 여기에서 찾을 수 있으며, 아리스토텔레스가 정치적 평등을 위해 혼합 정체를 주장한 이유도 여기에 있다고 하겠다. 바로 그러한 이유에서 아리스토텔레스는 가진 자의 것을 지나치게 빼앗는 것도 가진 자로 하여금 사회적 협업에 참여하지 않게 함으로써 사회의 안정을 해치게 된다고 생각했다. 평등해지면, 우의 있는 훈훈한 사회가 될 가능성이 더 높아진다는 장점도 있다. 평등이 정당화되어야 하는 이유는 나중에 복지권의 정당화라는 문제와 연관해 다시 고찰할 것이다.

이상에서 본 바와 같이 평등이란 비판의 여지가 없는 지고하고 지선한 이상은 아니다. 재산권 옹호론자들은 대체로 경제적 평등에 대해 회의적이다. 이들이 재산권을 옹호하는 근거는 무엇인가?

| 제6장 |

재산권

사회는 정치 지도자와 종교 지도자가 없어도 존속할 수 있지만, 사회의 자원을 안정되게 통제하지 않고는 존속할 수 없다.[24] 그런데 모든 사물이 공동으로 소유된다면, '어느 누구에게도 속하지 않는 것res nullius'이된다. 이 경우에는 재산이라는 개념은 적용되지 않는다(Benn et al. 2006, 68쪽). 반면에 각각의 '사물things'이 어떠한 사람에게 속하게 되면, 재산이라는 개념, 특히 사유재산이라는 개념이 생겼다고 볼 수 있다(Fagelson 1995, 1007쪽). 이렇게 보면 소유자에게 사물이 주어져야만 사물은 재산이 된다(Benn et al. 2006, 71쪽). 우리 주위에 있는 사물들 중에 소유와

---

24 어떠한 형태로든 자원을 통제하는 방식이 있을 수밖에 없다는 것은 아무리 원시 사회라도 적지만 사유재산이 있을 수밖에 없었을 것이며, 사유이든 공유이든 재산을 관리하지 않으면 인간이 사회생활을 할 수 없었을 것이라는 의미다. '재산'이라는 뜻의 영어 'property'는 '자기 것의'라는 뜻의 라틴어 형용사 'proprius'에서 유래했다.

연관되지 않는 것은 없다. 심지어 인간 자신은 누가 소유하는가라는 문제까지 생각해야 할 정도가 되었다(Wenar 2005, 1923쪽). 소유자가 소유물에 대해 배타적으로 물리적 통제를 한다면, 우리는 그가 그 사물을 '소유possession'했다고 말할 수 있다(Fagelson 1995, 1008쪽). 그래서 재산은 소유와 연관되는 것임이 명백하며, 일반적으로 소유자는 사물에 대해 행사할 수 있는 상당한 법적 힘을 가지고 있다. 그리하여 '소유권ownership'은 사물에 대해 어떠한 종류의 힘을 행사한다(Walzer 1983, 291쪽).

그러나 재산에 대한 소유권이 확립되기까지는 많은 시간이 걸렸다. 자유주의는 경제적 측면에서는 자본주의를 택하며, 자본주의는 사유재산과 시장을 기초로 한다. 그러나 유럽의 고대사와 중세사는 사유재산과 시장에 대해 그렇게 호의적이지 않았다. 신약성서 〈마태오〉에는 "부자가 하느님 나라에 들어가는 것보다 낙타가 바늘구멍으로 빠져나가는 것이 더 쉽다"(19장 24절)라는 구절이 있다. 그리고 중세에는 금리를 받는 것을 정당하게 여기지 않았다. 교부 철학자들에 의하면, 재산은 인간이 에덴동산에서 지상으로 내려온 후에 갖게 된 탐욕이라는 죄의 결과다. 그러나 한때 모든 사람에게 속했던 것을 특정인이 독점적으로 소유하게 되었다면, 그 소유자는 모든 사람을 위해 이를 관리할 의무가 있다고 보았다. 요컨대 소유자는 '관리자steward'라는 것이 전통적인 그리스도교 관념이었다(Benn et al. 2006, 69쪽).

그리스 시대에도 플라톤은 적어도 지배 계급 내에서는 사유재산이 없어야 한다고 주장했다. 그는 각자가 자신에게 적합한 일을 함으로써, 즉 노동 분업을 통해서 효율을 높여야 한다는 점에서 교환 경제를 당연한 것으로 보았다. 하지만 그는 지배층은 공익을 증진시키기 위해 재산을 소유하지 말아야 한다고 주장했다. 아리스토텔레스는 노동 분업과 사유재산에 근거를 둔 교환 경제라는 플라톤의 사상을 이어받았다. 아리스토텔레스는 필요 없이는 교환이 일어나지 않기 때문에 가치의 근원은 필요라고 보았으며 '사용 가치value in use'와 '교환 가치value in exchange'를 구별했다(de Roover 1968, 431~432쪽). 그는 대금업을 개탄했다. 화폐는 교환을 위한 매개체로 사용되어야 하므로 화폐를 가지고 화폐를 버는 것은 자연적이지 않다고 보았기 때문이다(de Roover 1968, 430~431쪽). 그러나 지배 계급에게 사유재산을 금해야 한다는 플라톤의 주장에 아리스토텔레스는 반대했다(*Politics*, 1261b30~37). 인간은 공동으로 소유하는 것보다 사적으로 소유하는 것을 더 잘 보살피기 때문이다.

그리고 구약성서는 도둑질하는 것을 금했다. 중세 교회법은 고리대금업을 금했으며 교역(交易)을 죄받을 직업으로 규정했다. 그렇지만 아퀴나스는 수도원 등에서 재산을 공유하는 것은 가능하겠지만, 그 밖의 공유제는 유토피아적이라고 보았다. 그리고 오컴은 사유재산에 대한 권리는 올바른 이성의 가르침이라고 주장했다(Machan 2006, 73쪽). 사유재산이 자연법에 의한 제도라기보다는 인간의 이성에 의해 고안된 제도라고 본 것이다. 공유재산은 보살핌을 잘 받지 못하게 되며, 혼돈과 불화를 야기할 것이기 때문이다. 교부 철학자들은 농업이 인간으로 하여금 덕성을 갖게 하는 직업이라고 생각한 반면에 교역에 대한 편견은 그대로 견지했다. 그러나 아퀴나스는 제조업과 해외에서 필요한 물품을 들여오는 수입업을 인정했다(de Roover 1968, 432쪽). 중세에는 가치가 세 가지, 즉 희소, 효용, 바람직함에서 나온다고 보았다. 효용이란 '바라는 것/모자라는 것want'을 충족시키는 힘이며 객관적인 성격을 띠고 있다. 그리고 '바람직함desirability/complacibilitas'은 원하는 것을 충족시키려는 주관적 욕구다(de Roover 1968, 432쪽).

근대에 들어와 르네상스, 과학 혁명, 종교 개혁을 거치면서 재산에 대한 관념이 바뀌었다. 17세기에 이르러 재산권은 소유자 개인의 필요와 업적에 근거를 두게 되었다. 말하자면, 사회 구성원이 재산을 안정적으로 소유하도록 보장하지 않으면 안 된다는 사고가 나타났다. 그래서 벤담은 "만약 내가 나의 노동에 대한 결과를 얻을 가망이 없다고 본다면, 나는 하루하루 살아가는 것만을 생각할 것이다. 말하자면 나는 나의 적에게 혜택을 주기만 하는 노동을 하지 않을 것이다"라고 기술했다.

1. 재산권의 정당화

그렇다면 무엇을 재산으로 봐야 하는가? 재산이라는 개념이 오랜 인간의 역사를 통해서 형성되었으므로 다양한 의미가 있을 수 있다. 우선 재산은 '단순한 물리적 점유mere physical possession'와는 구별되어야 한다. 어떠한 사물에 접촉하고 있는 것은 소유를 주장하는 데 필요하지도 않으며 충분하지도 않다. 그래서 벤담은 '내가 입고 있는 옷은 나의 것이 아닐 수 있지만, 실제로는 인도(印度)에 있는 한 조각의 물건은 나의 것일 수 있다'고 주장했다(Bentham 1976, 133쪽). 여기서 엿볼 수 있는 것처럼 '소유 관계ownership relations'는 사람과 재산 사이의 물리적 관계가 아니라 재산에 대한 사람들 사이의 도덕적 · 법적 관계다(Wenar 2005, 1923∼1924쪽).

벤담이 주장하듯이 소유 관계는 물질적인 것이 아니라 형이상학적인 것이다. 그렇다면 그 관계는 무엇인가? 모든 소유에는 세 가지 변수가 있다. 소유에는 기본적으로 어떠한 '소유자'가 어떠한 소유 '재산'에 대해 어떠한 '권리'가 있다는 것이 개입되기 때문이다. 누가 또는 무엇이 소유자가 될 수 있는가? 무엇이 재산이 될 수 있는가? 근 500년에 걸쳐 이상과 같은 문제에 답하면서 사유재산 제도가 확립되었다. 그렇다면 특히 무엇이 사유재산이 될 수 있는가?(Wenar 2005, 1924쪽). 그리고 소유자는 재산에 대해 어떤 권리를 행사할 수 있는가?

소유 관계는 사람들 사이의 도덕적, 법적 관계로서 형이상학적인 것이다. 이것이 의미하는 바는 무엇인가? '이 책은 나의 책'이라고 말한다면, 이것은 일반적으로 책을 가진 나와 책 사이의 관계를 기술하는 것으로 이해된다. 하지만 '재산 관계property relations'는 "인간과 사물 사이에 있는 것이 아니라 인간과 다른 인간 사이에 있다"(Waldron 1988, 267). 말하자면, 이 책은 나의 책이라고 특정 책에 대한 재산 관계를 밝히는 것은 그 책의 소유인인 나와 소유자가 아닌 이들 사이의 관계에 대한 주장이다. 그 관계에는 권리, 의무, 자유, 권력이 포함된다.

권리는 소유자와 소유되는 것 사이의 관계를 규정한다. 그렇다면 재산권에는 구체적으로 어떠한 권리가 포함되는가? 집을 가진 사람이 그 집에 살 수 있는 것처럼 재산을 '이용할 권리(이용권 또는 사용권)usus'가 있다. 어떤 사람의 재산을 타인이 이용하려면 허락을 받아야 한다. 그래서 이를 '배타적 이용exclusive use'에 대한 권리라고 부르기도 한다. 그리고 자기 밭에서 경작해 얻은 수확물을 자기 것으로 취할 수 있는 것처럼, 재산이 '자산asset'이라면 소유자에게는 재산에서 '소득income'을 얻을 권리, 즉 '용익권fructus/usufruct/ius utendi fruendi'이 있다. 또한 만약 재산이 '양도transfer'될 수 있는 것이라면 소유자는 재산을 양도할 수 있다. 따라서 재산이 '상품commodity'이라면 소유자는 재산을 판매할 권리가 있다. 말하자면, 존 스튜어트 밀이 《정치경제학 원리》에서 주장한 것처럼 소유자에게는 원하는 사람에게 재산을 줄 권리와 타인으로 하여금 그것을 받아 향유하게 할 권리, 즉 처분권도 있다(박동천 2010, 제2권, 47~54쪽). 재산에 대한 이상의 권리는 재산에 대해 소유자가 통제할 수 있는 바와 재산이 가지는 가치와 연관된다(Piettre 1972, 75쪽 ; Wenar 2005, 1924쪽). 이상과 같은 세 가지 권리, 즉 사용권·용익권·처분권이 있는 재산을 개인들이 시장에서 거래하게 되면, 그들은 사유재산권을 가진 셈이다. 이렇게 보면, 사유재산권은 사물에 대한 권리이며 사적 소유라는 것은 개인이 가졌다는 것을 의미한다. 이러한 사유재산권은 국가의 강제에 의해 보장되고 유지된다(Macpherson 1973).

이상과 같이 보면, '소유ownership'한다는 것은 점유(소유)할 권리, 사용할 권리, 관리할 권리, 사물에 대한 수입을 얻을 권리(소유물에 의해 생성된 수입을 얻을 권리), 자본에 대한 권리, 안전에 대한 권리, 이전에 대한 권리 등을 포괄한다(Honore 1984, 79쪽). 소유할 권리는 어떠한 사물에 대해 배타적으로 물리적 통제를 하는 것이다(Honore 1984, 180쪽). 어떤 책이 나의 것인 한에서는 나만이 그 책을 다루고, 읽고, 거기에 글씨를 쓰고, 책을 없앨 권리를 갖는다. 다른 사람은 나의 책에 손을 대지 않을 의무가 있다. 그렇다고 해서 배타적 통제가 절대적인 것은 아니다. 예를 들면, 내 자동차지만 경찰관이 정지를 명할 수 있으며, 자동차 내부를 수색할 수도 있다.

소유에는 임의로 사용할 권리가 있다. 읽고 싶을 때 책을 집어 들고 읽을 권리가 있다. 다른 사람의 허가가 필요 없다. 또한 소유에는 관리할 권리, 즉 언제 어떻게 누가 사용하는지 결정할 권리가 있다. 내 책을 누가 읽을 수 있는지 없는지를 결정할 권리가 있다. 책을 빌려주더라도 책에 낙서하지 말고 제3자에게 빌려주지 말 것을 당부할 권리가 있다. 나는 내 책을 다른 사람이 이용하는 데 따른 수입을 가질 권리가 있다. 내 책을 팔거나 빌려줌으로 인해 생기는 수입을 챙길 권리가 있다. 소유하게 되면, 소유한 것으로부터 생겨난 수입에 대한 권리가 있다. 맥퍼슨C. B. Macpherson이 정리한 것처럼 사유재산은 소유물의 이용과 이로써 발생하는 이익으로부터 타인을 배제할 권리가 있다(Macpherson 1973, 122쪽). 재산권에는 안전에 대한 권리가 포함되며 사회는 타인이 내 재산에 간섭하는 것으로부터 나를 보호할 의무가 있다. 그리고 재산권에는 '이전 가능성transmissibility'에 대한 권리도 있다. 내가 원하면 내 책을 다른 사람에게 줄 수 있다. 더욱 중요한 것은 소유권은 소멸하지 않는다는 점이다. 나는 후손에게 나의 재산을 남길 수도 있고, 재단을 만들어 공익사업을 하게 할 수도 있다(Barcalow 2004, 141쪽).

소유 관계는 사람들 사이의 도덕적, 법적 관계로서 형이상학적인 것이라는 주장은 재산이 정치가 있기 이전에도 있었는가라는 문제와 연관된다. 즉 재산이라는 것이 정치권력의 존재를 전제로 하는 법적 제도인지 여부가 논란의 대상이 되었다. 이는 재산 제도의 정당화와 법적 관행을 구별하는 하나의 측면이라고 하겠다. 벤담과 같은 공리주의자는 재산은 법이 만들어낸 것이며 강제적 장치 없이는 성립할 수 없다고 본다. 반면에 다른 이들은 재산은 법 이전에, 즉 정치 이전에도 있을 수 있다고 주장한다. 그들에 의하면, 관습이나 자연의 법이 재산을 통제했으며 게다가 사람들은 때로는 재산권이라고 볼 수 있는 권리를 가졌는데, 그 권리는 개인의 법적 인정 여부와 무관하다. 그러한 권리는 사회적으로 강제할 수 있는 재산 제도를 평가하는 데 기초가 된다.

이렇게 보면 두 가지 문제가 생기게 된다. 첫째, 근거가 없는 것이라고 간주되기도 하지만, 보편적인 비(非)법적 권리, 즉 자연권의 지위에 대한 문제다. 둘째, 우리가 재산권이라고 생각하는 권리가 무엇인가라는 좀 더 광범한 문제다(Reeve 1987, 405쪽).[25] 그런데 이것보다 기본적으로 중요한 것은 사유재산, 즉 재산권의 인정 여부다. 아래에서 재산권의 인정 여부에 대한 논란을 정리해보자.

(1) 모어

사유재산을 인정하지 않은 예로 토머스 모어(1478~1535)를 들 수 있다. 그의 시대에 농민들은 양모 생산 때문에 토지에서 쫓겨나 거지와 도둑이 되었으며 식품을 훔친 자는 사형에 처해지기도 했다. 그래서 모어는 그들에게 생계 수단을 강구해주는 것이 급선무라고 생각했다(More 1965, 15 · 43~49쪽). 그가《유토피아》에서 전개한 논지는 다음과 같이 정리할 수 있다.

① 부자가 사회를 조직한다는 명분을 걸고 음모를 꾸미는 한, 즉 돈과 사유재산이 인정되는 곳에서는 코먼웰스가 정의롭게, 그리고 행복하게

---

25 사유재산 제도에 대한 이러한 문제에 답하는 방식으로는 두 가지가 있다. 첫째, 인간이 가진 권리의 기원을 설명하는 것으로서, 재산과 계약을 구별해 설명한다. '재산에 대한 이해관계 property interest'는 어느 누구에 대해서도 주장될 수 있지만 계약상의 권리는 다른 계약자를 상대로 해서만 주장된다. 전자의 경우, '재산에 대한 자격property title'은 당사자들이 주장하는 바에 근거를 둔다. 반면에 후자의 경우에는 합의의 내용에 근거를 둔다. 그러나 그 구별이 아주 명확한 것은 아니다. 예를 들면 홉스는 혼인상의 애정이 재산의 부분이라고 본다. 그리고 일반적이며 합의에 의해 성립되지 않는 권리도 로크가 그랬던 것처럼 재산권으로 다루어진다. 둘째는 재산권의 다른 특성인 '양도 가능성transferability'을 강조하는 것이다. 이는 경제학자들이 옹호하는 설명 방식인데, 그들은 개인들로 하여금 자신의 활동에 대해 비용을 지불하게 하고 혜택을 누리게 해 효율을 증진시킬 수 있게끔 재산권의 구조가 조정될 수 있다는 것을 강조한다. 그래서 재산권을 시장에서 양도할 수 있는 권리로 다루었다(Reeve 1987, 405쪽).

다스려질 수 없다(More 1965, 130쪽 ; Kenny 1990, 41쪽). 가장 악한 시민이 삶에 가장 좋은 것을 장악하고 있는 곳에 정의가 있을 수 없으며 재산이 소수에게 한정된 곳에 행복이 있을 수 없다(More 1965, 66쪽).

② 그 이유는 사유재산은 부정의와 불행을 배태하기 때문이다. 재산을 가진 이는 소수이고 다수는 가진 것이 거의 없거나 전혀 없어서 그렇다. 소유의 평등을 통해 모두가 안녕을 누릴 수 있다. 그렇지 않을 경우에는 적게 가진 이들을 희생시키고 가진 이들의 이익을 증진시키기 마련이다. 그런데 경제적 평등은 사유재산이 인정되는 한 불가능하다(More 1965, 66~67 · 73쪽).

③ 사유재산이 철폐되지 않는 한 재화가 공정하거나 정의롭게 배분될 수 없으며 인간의 행복이 보장될 수 없다(More 1965, 67쪽).

④ 모든 것이 공유되면 타인이 고생해서 생산한 것을 모두가 나누어 가지려고 들 것인데, 그럼에도 불구하고 인간이 잘사는 것이 가능한가라는 반문을 ③에 대해 제기할 수 있다. 요컨대 공유가 이루어지면 남들보다 더 얻게 되는 것을 기대할 수도 없고 남들보다 적게 얻게 되는 것을 염려할 필요도 없어서 게을러지고 노동을 하지 않게 될 것인데, 노동 없이 상품이 있을 수 있겠는가?(More 1965, 67쪽).

⑤ 이에 대해 모어는 사유재산을 인정하지 않는 유토피아가 사유재산을 허용하는 체제보다 더 작동하기 좋을 뿐만 아니라 우월하다는 것을 깨닫게 될 것이라고 답한다(More 1965, 67쪽).

그 이유는 다음과 같다. 첫째, 모든 사람은 식품을 필요로 하며, 유토피아에서는 농토를 집단적으로 소유한다. 유토피아에서는 모든 사람이 일생 동안 2년간 노동한다(More 1865, 71쪽). 그렇게 함으로써 농사가 아닌 일에도 종사할 수 있게 된다. 둘째, 법이 열심히 일할 동기를 부여한다.

행정관은 인민에 의해 민주적으로 선출되는데, 모든 사람이 열심히 노동하는지, 어느 누가 게으름을 피우는지 감시한다. 그 덕분에 모든 사람이 노동을 하기 때문에 하루에 여섯 시간만 노동하면 된다(More 1965, 13·76~77쪽). 이처럼 노동의 부담을 모두가 나누게 되면 노동은 덜 고된 것이 된다. 사유재산 제도에서는 노동하지 않는 이가 있을 수 있지만, 유토피아에서는 어디에 가든지 모두가 노동을 해야 한다. 유토피아에서는 사치품이 아니라 필요한 것을 생산하는 데 모두가 한몫하며 재화를 똑같이 나누기 때문에 거지도 부자도 없다(Kenny 1990, 27쪽). 어느 누구도 소유하는 것이 없지만, 모두가 풍요롭게 살 수 있다(More 1965, 84~85·128쪽).

⑥ 게다가 유토피아에서는 가격을 지불할 필요가 없다. 생산한 것을 공동의 창고에 가져다 놓고 가장이 와서 가족이 필요로 하는 것을 가져가면 되기 때문이다(More 1965, 71쪽). 집조차 공동체 전체가 소유하며, 임대료 없이 바꿔가며 살면 된다(More 1965, 73쪽).

유토피아가 작동하는 것은 생산량이 풍족하고 모든 사람이 어릴 때부터 욕심을 부리거나 자만심을 갖지 않고 근검, 절약하도록 사회화되어 있기 때문이다(More 1965, 76·81~82·86~93쪽). 그러므로 사유재산 제도가 불평등을 배태하기 마련인 데 비해 유토피아에서는 아무도 구걸하지 않게 된다. 사유재산 제도에서는 정의라는 것이 있을 수 없다. 사유재산제가 없으면 이처럼 모두가 더 나아지기 때문에, 모어는 사유재산제를 폐지해 '화폐가 사라진 공산주의communism minus money'인 '유토피아적 공화국Utopian Republic'을 상정했다(More 1965, 132쪽).

(2) 프루동

"소유는 도둑질property is theft"이라고 간주해 소유를 강력하게 비판한
이가 피에르 조제프 프루동(1809~1865)이다. 그에 의하면, 재산에 대한
권리는 지상에서의 악의 근원이며, 이 악의 근원은 인류가 탄생한 이후
감내해온 범죄와 불행이라는 기다란 연쇄의 첫 번째 연결 고리다(Prou-
dhon 1994, 75쪽).

프루동은 왜 그렇게 생각했는가? 1830년 프랑스의 부르주아는 루이
필리프를 권좌에 앉혀 7월 왕정(1830~1848)을 수립했다. 질서와 재산
이라는 슬로건을 내건 부르주아들은 권력을 독점하고 산업계를 지배해
국채의 시세를 조작하거나 공기업을 독점했다. 부르주아 자유주의의 대
변자인 총리 기조는 선거권 확대를 요구하는 노동자들에게 "일해서 부
자가 되라. 그러면 유권자가 될 것이다"라고 답했다. 부패와 투기로 얼룩
진 부르주아 지배에 저항해 1840년 9월에 파리의 노동자들은 총파업했
다. 이러한 시기에 프루동은《소유란 무엇인가?*Qu'est-ce que la propriété*》
(1840)라는 책을 써서 부르주아 소유 제도를 통렬하게 비판했다(이용재
2003, 421~423쪽).

그는 '점유possession'와 '소유propriété'를 구별하고, 평등을 가져다주지
않는 소유는 불로 수득의 권리라고 보았다(이용재 2003, 234쪽). 소유는
남용, 즉 그가 말하는 '몰수escheat/aubaine'의 권리를 의미한다. 예를 들면,
직접 경작하지 않으면서도 토지로부터 이윤을 취하는 사람이 있다면 그
는 도둑이다. 점유는 하지 않고 소유만 함으로써 이윤을 취하기 때문이
다(Copleston 1960, vol. 9, 67쪽). 그래서 그는 불평등과 특권을 부정의로
보고 혐오했다. 한쪽은 부, 권력, 특권을 갖고 있고 다른 쪽은 빈곤하고

힘이 없고 타인에게 의존해야 한다면 이것은 불평등이며, 불평등은 모든 고통의 원인이다(Barcalow 2004, 145쪽). 그에 의하면, 당대의 많은 사상가들이 정치적 평등이나 법 앞의 평등을 지지했지만, 실질적인 경제적 불평등이 지속하는 한은 법 앞의 평등이 있을 수 없다. 불평등과 부정의라는 모든 문제가 소유에서 연유한다. 빈자와 부자는 서로 불신하고 전쟁하는 상태에 놓였으며, 부자의 소유는 빈자의 소유 욕구에 맞서 항상 옹호되어야만 했다(Proudhon 1994, 40쪽). 그래서 그는 소유가 없는 점유만으로 사회 질서가 유지될 수 있다고 주장했다(이용재 2003, 453쪽).

프루동은 사유재산을 지지하는 가장 중요한 논지에 결함이 있음을 지적했다. 그의 주장은 키케로가 말한 '필요needs'에 근거를 둔다.

키케로에 따르면, 누구나 자기가 필요로 하는 것 이상을 가질 수 없다……각자에게 속하는 것은 각자가 점유할 능력이 있는 것이 아니라 각자가 점유할 권리가 있는 것이다. 그런데 우리는 무엇을 점유할 권리가 있는가? 우리의 노동과 소비에 필요한 만큼의 것이다. (Proudhon 1994, 44쪽 ; 이용재 2003, 92쪽)

이렇게 보면, 원하기는 하지만 필요가 없는 것에 대해서는 사람들은 소유권을 가질 수 없다. 프루동은 필요 없는 것을 소유해 타인이 이용하지 못하게 해서는 안 된다고 보았다. 그러므로 아무리 사유재산제를 강력하게 지지하더라도 필요한 것 이상으로 가질 권리가 있는 것은 아니다(Barcalow 2004, 145쪽). 즉 가질 능력이 있다고 해서 가질 권리가 있는 것이 아니다. 이 주장은 로크의 주장에 대한 반박인 셈이다(Dobb 1968, 446쪽). 로크는 노동해서 얻은 재산에 대한 권리가 있다고 주장했다.

자유를 위해서는 재산이 필요하다는 이유에서 사유재산을 옹호하는 이들도 있다. 자유는 보호받을 만한 근본적 가치이기 때문에 자유의 전제 조건이 되는 것은 무엇이든 보호받을 만하다. 그런데 재산이 있어야만 인간이 타인이나 국가의 강압에 복속하지 않고 독립할 수 있으며 독립해야만 자유가 보호되기 때문에 이들은 사유재산을 옹호한다.[26] 그러나 거의 모든 사유재산 제도 아래에서 다수의 사람들은 실질적으로 재산이 없다는 것을 프루동은 지적한다. 소수가 모든 재산을 소유하고 다수가 재산이 없으면, 그 다수는 자유가 없는 셈이다. 그렇다면 사유재산제에서는 재산이 자유에 참으로 필요한 것이 아니거나 다수의 자유가 소수의 자유에 희생된다. 프루동이 지적했듯이 "인간의 자유가 성스러운 것이라면, 모든 개인들에게 똑같이 성스러워야 한다. 그리고 외적인 행동을 하는 데 재산이 필요하다면, 물질을 '전용(專用)appropriation'하는 것도 모든 이에게 똑같이 필요해야 한다"(Proudhon 1994, 53~54쪽).

　인간은 살아가기 위해 음식, 옷, 집과 같은 사물을 전용, 즉 소유해야 한다. 그렇다고 해서 인간에게 사유재산과 연관된 일단의 완전한 권리가 필요하다거나 완전한 권리가 인간에게 부여되는 것은 아니다. 어떠한 사물에 대해 완전한 권리가 있다는 것은, 예를 들어 집에 대해 완전한 권리가 있다는 것은, 집을 파괴하고 팔고 유산으로 남길 권리가 있다는 것이다. 그러나 프루동은 인간이 존속하는 데 이 모든 권리가 필요한 것은 아니라고 주장한다. 필요한 것은 필요한 한도 내에서 사물을 '사용할 권리'(용익권the right to use)이다(Barcalow 2004, 145쪽).

26　후기에 프루동은 이 점을 받아들여 소유를 옹호하게 되었다(Copleston 1960, vol. 9, 67~68쪽 ; 이용재 2003, 453~454쪽).

그래서 프루동은 '점유possession'하는 것과 '재산/소유property' 또는 '소유하는 것ownership'을 구별한다. 무엇을 '소유own'하면 그것은 재산이 되며, 영구히 소유하는 재산이 된다(Barcalow 2004, 145쪽). 그러나 점유하는 것은 단지 일시적으로 사용할 권리를 가진다. 사용할 권리를 최대한으로 가져도 일생에 국한된다. 집을 팔거나 파괴하거나 유산으로 남길 권리는 없다. 그러므로 재산권의 옹호가 점유권을 인정할 수는 있지만, 점유권에는 소유해서 재산을 갖는 데 부수되는 다른 권리는 없다. 사유재산제는 소수에게 재산이 집중되게 하기 때문에, 소유하게 하는 것보다는 점유하게 하는 것이 올바른 제도다(Proudhon 1994, 제2장).

특히 지구와 같은 것은 한정된 재화이기 때문에 사유재산으로 전용되도록 해서는 안 된다(Proudhon 1994, 제2장 제2절). 그러므로 살기 위해 전용하게 해야 한다는 논리는 사람이 필요로 하는 것에 대해 소유를 허용하기보다는 소유를 허용하지 않게 하는 바가 더 많다. 같은 논지에서 프루동은 상속을 인정하지 않는다. 상속은 여러 세대에 걸친 빈익빈 부익부를 야기하기 때문이다. 또한 부를 상속받은 이와 그렇지 못한 이가 불균등한 기회라는 조건에서 인생을 시작하게 되기 때문이다. 요컨대 '세대 간 사회적 유동률rate of intergenerational social mobility'이 낮아지게 되는 것인데, 이는 사회 불안의 요인이 된다. 사회가 정의로워지려면, 인생을 출발하는 이들에게 균등한 재화에 대한 어느 정도 평등한 권리가 주어져야 한다. 토지에 대해서도 사회 구성원이 소유하도록 하기보다는 평등하게 점유할 권리와 용익권이 주어져야 한다. 오직 사회 전체만이 토지를 소유하고, 개인은 점유만을 허용받아 사회의 감독을 받아가며 용익권만을 행사해야 하는 것이다(Proudhon 1994, 66쪽).

프루동에 의하면, 원래 사회 전체에 속해야 하는 것을 개인이 영구적 소유로 전환시킨 것이 사유재산이다. 프루동이 소유를 도둑질이라고 부른 것은, 일시적으로 사용할 권리밖에 없는 것, 즉 점유에 그쳐야 하는 것을 영구적으로 전용, 즉 소유하기 때문이다(Barcalow 2004, 147쪽).

이처럼 토머스 모어와 프루동은 사유재산제를 옹호하지 않았다. 이들의 주장에 대한 동조 여부와 관계없이 사유재산권, 즉 재산권의 획득과 정당화 과정에 대한 검토는 필요하다.

(3) 홉스

토머스 홉스(1588~1679)에 의하면, 재산권은 관습적이다. 자연 상태에서는 개인이 자신의 생명을 보전하기 위해 만인과 만물을 자신이 원하는 대로 처분할 자연적 권리가 있다. 그러한 상황에서는 불법적인 것이 있을 수 없기 때문에 나의 것이나 너의 것도 있을 수 없다. 여기서 벗어나기 위해 인간들이 코먼웰스를 만들게 되자, 법을 만들 권위를 부여받은 주권자가 나타나 재산권의 본질과 한계를 정함으로써 재산권이 생겨났다. 요컨대, 정부처럼 재산권도 인간이 만든 것이기 때문에 재산권은 자연적인 것이 아니라 관습적인 것이다.

주권자는 재산권에 대한 결정을 내릴 때 어떤 기준과 원칙을 따라야 하는가? 이에 대한 홉스의 명확한 기술은 없지만, 그는 공동선의 증진이라는 공리주의적 고려에 초점을 둔 것으로 짐작된다(Barcalow 2004, 147쪽). 그는 자연 상태에 남아 있는 것보다 코먼웰스로 진입하는 것이 더 나은 이익을 가져다줄 것이라는 기대에서 사회 계약을 하게 된다고 보았는데, 여기서 그러한 짐작의 근거를 찾을 수 있다.

홉스에 따르면 자연 상태에서도 자연의 법이 작동하며, 사회가 존속하기 위해서는 모든 이가 이 법을 따라야 된다. 그 법을 따르는 것이 신려(합리적 타산의 원칙)와 합리적인 자기 이익이라는 원칙에 부합한다(*Leviathan*, 14장). 자연의 법은 자연 상태로 되돌아가지 않고 모든 사람이 평화롭게 살기 위해 지켜야 하는 행위 규칙이다. 감각이 있는 주권자라면, 자연의 법을 시민의 법으로 만들 것이다. 그렇지 않으면 사회가 붕괴할 것이기 때문이다(Barcalow 2004, 148쪽).

홉스는 우리에게 '사교적sociable'이 될 것을, 즉 자신을 타인에게 맞추어 살 것을 요구한다. 그는 이러한 종류의 사교성에 대해 한 가지 예만을 들었다. 우리에게는 사치품이지만 타인에게는 필수품인 것을 비축해서는 안 된다. 원래 재산에 대한 자연권이 있었던 것은 아니다. 말하자면 인간이 재산에 대해 '도덕적 권리moral right'를 가지는 것은 아니다. 무제한으로 획득할 자연권은 더더욱 가지고 있지 않다. 사회의 법은 자연의 법을 따라야 하기 때문에 결핍된 상황에서 무제한으로 축적하는 것을 허용해서는 안 된다. 타인이 필요한 것을 갖지 못하는 상황에서 내가 필요한 것 이상으로 소유할 '법적 권리legal right'를 가져서는 안 된다. 그것을 허용하게 되면 전쟁 상태로 회귀할 수 있기 때문이다(*Leviathan*, 15장). 인간은 사회에서도 자기 보전에 대한 권리가 있기 때문에 자기 보전에 필요한 물자를 얻지 못하면 싸워서라도 얻으려 하는 것이 당연하다. 그러므로 주권자는 나의 것과 너의 것, 선과 악, 그리고 법적인 것과 불법적인 것을 규정하는 시민법을 확립하고 재산권에 대한 본질과 한계를 규정해야 한다(*Leviathan*, 18장).

(4) 로크

홉스가 재산권을 관습적인 것으로 본 데 반해 존 로크(1632~1704)는 개인의 재산권은 '자연적natural'이라고 보았다. 자연적이라는 것은 인간의 결정, 풍습이나 관습과 무관하게 존재한다는 의미다.

로크에 따르면, 인간은 자연 상태에서도 재산권을 가지는데, 자연 상태에서 이를 보호하는 것이 어려워짐에 따라 이를 더욱 확실하게 보장받기 위해 시민 사회로 들어가는 사회 계약을 한다. 요컨대 국가는 생명, 자유, '재산estate'을 모두 포괄하는 '재산property'의 보전을 목적으로 한다는 것이 로크의 주장이다.

자연 상태에서 인간은 어떻게 무엇에 대한 재산권을 가지게 되었는가? 태초에 신은 모든 인간에게 공동의 재산으로 이 세상을 주었다. 예를 들면, 지상에 있는 땅을 모든 사람이 경작하도록 주었다. 그렇기 때문에 모든 인간이 땅에서 경작을 하거나 땅을 초지로 이용하거나 땅에서 나는 과실을 획득할 자연적 또는 '도덕적 권리moral rights'를 똑같이 가지며, 아무도 타인이 땅을 이용하는 것을 막을 수 없다.

자연 상태에서 과실을 아무나 따 먹을 수 있다면 과실은 공유재산인 셈이다. 그런데 내가 나무를 심고 물을 주어가며 키워서 과실이 열리게 되었다면, 아무나 그것을 따 먹어도 되는가? 자연 상태에서 모든 이들은 자기 보전이라는 자연권을 가진다. 개인이 사용하기 위해 어떠한 것을 '전용appropriation'하는 것이 자기 보전을 위해 필요할 수 있다. 이러한 경우가 사유재산권을 정당화하는 부분적 이유가 된다. 내가 키운 과실에 또는 내가 경작한 작물에 대해 모든 이가 권리를 가진다면, 나는 나의 보전에 필요한 것을 지킬 수 없게 된다.

그렇다면 필요만이 재산권을 정당화하는 것이 아니다. 작물이나 과실이 자라도록 내가 노동을 했다는 것이 재산권을 정당화하는 데 핵심이다. 로크는 세 가지 이유에서 사유재산을 정당화한다. ① 자연에 노동을 투여해 가치 있는 것이 만들어지면, 이것은 노동을 투여한 이의 것이 된다. ② 타인도 노동을 투여해 자기 것을 만들 수 있도록 자원을 충분히 남겨두어야 한다. ③ 자원을 낭비하지 않는다는 조건에서 사유재산은 유지된다.

로크는 개인이 자연에 노동을 가해 얻어진 것은 그의 재산이 된다고 밝혔다(*ST*, II, §27). 말하자면, 노동을 가하지 않았다면 나의 것이 될 수 없다. 홉스는 내가 만든 것이라도 내가 지킬 힘이 없으면, 나의 것이 되지 않는다고 주장했다. 반면에 로크는 노동이 개인적 재산에 대한 자연권을 만들어낸다고 주장한다. 주인 없는 과수의 과실을 먼저 보고 따는 수고를 내가 했다면 그 과실은 나의 것이다. 그리고 내가 키운 과수의 과실은 나의 것임에 틀림없다. 과실이 열릴 때까지 내가 노동을 투여했기 때문이다. 나의 노동력은 내 몸에서 나온 것이기 때문에 나의 소유이다. 개인이 자연에 노동을 가해 얻은 것은 그의 재산이 된다는 주장에 대해 부연 설명을 하자면, 인간은 '자신의 인격에서의 재산(자신에게 속한 재산) property in his own person'을 가지고 있으며, 그 자신의 노동에서도 재산을 가지고 있다.[27] 어떤 것에 이미 투여한 노동력은 제거해 내버릴 수 없기 때문에 나의 노동을 포함하고 있는 것에 대해 나는 개인적 재산권을 가진다. 그런데 수확해 저장해둔 곡물을 도둑이 훔쳐갔다고 가정해보자.

---

27 이 점은 "모든 사람은 자기 자신을 소유한 것처럼 '자기 재산self property'을 소유할 수 있다는 수평파 오버턴Richard Overton의 주장과 맥을 같이한다"(미셸린 2005, 169쪽).

도둑질하는 노동을 한 것도 노동으로 인정할 수 있는가? 그렇지 않다. 로크는 원래 누구의 소유물도 아니었던 것에 누가 먼저 노동을 가했는가를 따진 것이다.

요컨대, 개인이 자신을 보전하기 위해 자연에 노동을 가하게 되면 그로써 얻어진 것은 그의 재산이 된다.[28] 누군가 노동을 가했기 때문에 '어느 누구의 것도 아닌 것res nullius'이 특정인에게 귀속되어 재산이 되는 것이다(Reeve 1986, 124쪽 ; Benn et al. 2006, 69쪽).[29]

즉 부의 궁극적 기초가 노동이라는 '노동가치설labour theory of value'을 로크는 제시했다. 결국 재화의 가치는 노동으로부터 도출된다는 것이다(Williams 1968, 279쪽). 이리하여 소유권은 소유의 대상이 되는 것을 향유하고 처분하는 자연권을 의미하게 되었다.

로크의 바로 이 점이 홉스와 다른 부분이다. 홉스는 자연 상태에서 무언가를 지킬 힘이 없으면 그것은 자기 것이 아니라고 했다. 그리고 자연 상태에서의 재산에 대한 도덕적 권리를 인정하지 않았다. 그러나 로크는 노동을 가한 것에 대한 도덕적 권리를 인정했다. 홉스가 자연 상태에는 당연히 재산권이 없으며 코먼웰스에서 주권자가 동의했기 때문에 재산권 생겨난 것이라고 주장한 데 반해 로크는 소유의 도덕적 권리를 인정한 것이다. 주권자는 공통의 권력을 담보하는 사람이기 때문에 주권자의 동의란 타인의 동의를 의미한다(Barcalow 2004, 150쪽). 재산권은 타인

---

28 이에 대해 칸트는 누가 자연에 노동을 가할 권리를 부여했는지 반문한다(*MM*, 89쪽).

29 이처럼 로크는 자연 상태에서 인간은 노동을 가하게 되고, 노동을 가해 얻어진 것은 재산이 되며, 재산을 소유하게 되면 재산을 보호하는 시민 사회로 가게 된다고 설명했다. 이에 비해 헤겔은 '자아ego'가 노동을 시작하고 소유하지만, 자아는 의지를 시작하는 것이 아니라 의지를 행사함으로써 나타나는 결과라고 본다(Rauch 2003, 271쪽).

의 동의가 있어야만 인정된다는 홉스의 입장과 재산권은 타인의 동의와 무관한 도덕적 권리로서 자연 상태에서도 있었다고 보는 로크의 입장은 사뭇 다르다. 즉 홉스가 재산을 관습적인 것으로 본 데 반해 로크는 자연적인 것으로 보았다.

애덤 스미스도 모든 사람이 그 자신의 노동의 결과로 가진 재산은 모든 재산에 대한 근본적 기초라고 역설했다. 존 스튜어트 밀은 "인격과 재산이 보장되지 않는다는 것은 인간이 행하는 모든 노력이나 희생과 이것들을 행함으로써 얻고자 하는 목적의 달성 사이의 관계가 불확실하다고 말하는 것과 똑같다. 그것은 씨를 뿌리는 자가 수확할 것인지, 생산한 자가 소비할 것인지가 불확실한 것을 의미한다"고 말했다(Girvetz 1950, 28~29쪽).

사유재산을 인정해야 한다는 주장은 왜 생기게 되었는가? 중세에는 대다수의 영국인들이 자신이 흘린 땀의 결과물을 안전하게 소유할 수 없었다. 구체제 이전의 프랑스에서도 사정은 비슷했다. 그들은 낭비벽이 있는 군주와 귀족들을 부양해야 했다. 군주는 '몰수세confiscatory tax'를 자주 부과했으며, 이에 대해 항거할 발언권이 없었다. 이러한 상황에서 땀에 대한 보상이 확실하다는 것을 보여줘야만 사람들이 노동을 하게 될 것이라고 여겨졌다(Girvetz 1950, 29~30쪽). 그래서 로크와 같은 사회계약론자들이 재산권은 자연권이라고 주장했다. 자연에 노동을 가해 얻어진 것은 개인의 재산이 된다는 로크의 주장은 다른 말로 하면, 이렇게 해서 생성된 재산권은 인간의 자연권이기 때문에 재산권을 인정해야 한다는 주장이라고 하겠다.

로크의 주장에 따르면, 재산은 생명, 자유와 더불어 인간이 국가와 무관하게 가지는 개인의 자연권이다. 이것이 당시 유럽에서 가진 의미는 다음과 같다. 봉건제는 영주와 농노 사이의 복잡한 법적 관계를 기반으로 한 것으로, 농노는 본질적으로 영주의 재산이었다. 그런 맥락에서 보면 로크의 노동가치설은 결국 사람들을 국가에 대한 의존에서 벗어나게 했다(Fagelson 1995, 1009쪽). 로크에 의해, 창조주로서의 신에 대한 '모상image'은 인간에 대한 모상이 된 것이다. 이로써 무엇을 만드는 존재로서의 인간의 가치가 부각됨에 따라 인간은 신과 연관된 고정적인 사회적 지위보다는 세속적인 인간의 활동에서 가치를 찾게 되었다. 이것은 사고의 급진적 전환이라고 하겠다(Heyman 2005, 2499쪽).

자연에 노동을 가한 자가 소유권을 갖는다는 주장은 부의 원천이 토지가 아니라 노동임을 밝힌 것이다. 종전에는 토지는 왕의 것이며 왕의 자비와 시혜에 의해 신민의 접근이 허용된다고 여겨졌다. 그런데 토지는 신이 인간 모두에게 주신 것이며 토지에 노동을 투여한 자가 토지에 대한 소유권을 가진다는 주장은 왕권에 대한 중요한 도전이었다. 왕의 입장에서는 인민 주권만큼이나 위험한 사상이었다. 흄의 《영국의 역사History of England》(1754~61)에 따르면, 중세가 암흑시대로 여겨진 것은 인민들에게 자유가 없고 나아가 살아갈 방도를 선택할 자유가 없었기 때문이다. 더구나 노동의 생산물에 대한 안전한 권리가 보장되지 않았기 때문이다(Schmidtz 2011, 603쪽). 그런데 로크의 노동가치설은 재산에 대한 권리를 부여하는 데 근거가 되었다. 그래서 사람들은 부지런히 일할 동기를 부여받게 되었다.

토지는 한정되어 있기 때문에 토지를 둘러싼 경쟁은 제로섬 게임의 양상을 띠기 마련이다. 그러나 노동을 부의 원천으로 보게 되면, 부가 무한히 확대될 가능성이 생긴다. 그렇다 보니 재산의 사적 소유와 경쟁의 자유가 보장되어야 한다는 주장이 대두되었다. 이러한 변화가 근대 국가의 단초가 된 셈이다. 그래서 로크의 주장은 급진적 전환이었다고 볼 수 있겠다.

(5) 흄과 존 스튜어트 밀

어떤 과정에서 사물이 사유재산이 될 수 있는지, 즉 사유재산의 기원에 대한 논의로 되돌아가보자. 데이비드 흄(1711~1776)에 의하면, 인간이 만든 것은 그것을 만든 인간이 가질 수 있도록 해야 한다. 그래야만 유용한 습관을 장려하고 무엇을 달성하도록 고무할 수 있기 때문이다. 그뿐만 아니라, 상업과 산업이 원활하게 작동하려면 상속과 양도권도 필요하다(Hume 1992a, 195쪽). 공동의 이익을 보장하는 규칙이라는 의미에서 사유재산은 관습에 근거를 둔다. 말하자면 사유재산에 대한 규칙을 제정하고 준수하는 것이 안정을 가져오며, 안정은 공적 이익을 증진한다. 그렇기 때문에 사유재산이 인정된다. 즉 사유재산이 자연권이기 때문에 인정하는 것이 아니다. 흄의 이러한 논지는 자연법의 교의를 관습과 혼합한 것인데, 이는 결국 공리주의로 귀결된다.

사람은 일해서 먹고사는 것보다는 놀고먹는 것을 더 좋아한다. 맬서스가 주장한 대로 인간은 본래 '나태inactivity'하다. 나태하도록 내버려두고 결과에서의 평등을 강조하면 사회는 붕괴되고 만다. 그렇다면 어떻게 해야 나태한 인간을 생산 활동에 종사시키고, 이기적 인간의 개별적 이익을 전체의 이익과 조화시킬 수 있을 것인가? 이에 대한 하나의 답이 재산권 보장이다. 나태하면 아무것도 얻을 수 없게 하고, 노동으로 생산 활동에 종사해 얻은 결과물에 대해서는 소유하고 누리고 처분할 수 있게 하는 것이다. 노동해서 얻은 재산의 사유를 허용해 '자극incentive'을 가해야 한다는 이유에서 사유재산제를 지지한다(Reeve 1986, 116쪽). 이상과 같은 논지는 제임스 밀이 밝혔다(Mill 1978, 5~95쪽).

재산권이 인정되어 개인들이 자유 시장에서 더 많은 이윤을 남기기 위해 경쟁하면, 개인의 이익과 전체의 이익 사이에 갈등이 없겠는가? 애덤 스미스는 보이지 않는 손에 의해 이익의 조화가 이루어질 것이라고 생각했다. 어떻게 그런 생각을 하게 되었는가? 우주에서 천체들은 스스로 충돌 없이 조화를 이루며 운행한다. 애덤 스미스는 인간 사회에서도 자연적으로 조화와 질서가 이루어질 것이라고 믿었다. 즉 자유와 재산권의 보장은 개인의 이익과 전체의 이익 사이의 갈등을 막아주고, 개인의 이익뿐만 아니라 사회 전체의 공리 또한 증진시키는 좋은 기능을 할 것이라고 보았다. 이러한 순기능 때문에 시장을 인정하는 것은 사유재산권 때문에 시장을 인정해야 한다는 것과는 다르다. 예를 들어 애덤 스미스는 사유재산권이 시장의 존재를 정당화한다고 보지 않았다. 그는 시장만이 모든 시민들을 번영하게 해준다는 경험적 주장에 근거를 두었다(Smith 1976, bk. I, chs. i · ii). 어쨌든 재산권을 인정하면 사회 전체의 공리가 증진되는 좋은 결과가 나타나기 때문에 사유재산을 옹호하게 되는 것을 '사유재산의 기능적 정당화functional justification of private property'라고 한다. 이러한 논지로 재산을 기능적으로 정당화하는 것은 결국 인센티브를 부여해야 한다는 주장과 맥을 같이한다고 하겠다. 이러한 입장은 크게 보아 공리주의적이라고 하겠다.

중세적 억압으로부터 해방되고 자신의 노동을 재산의 근거로 삼게 되어 부르주아의 역할이 커지면서 신흥 부르주아들이 정치 과정에 대등한 존재로 참여할 수 있게 되었다. 여기서 대등하다는 것은 모두 똑같은 물질적 수단을 가진다는 것을 의미하지는 않는다. 각자는 재산에 접근할 수 있으며, 이렇게 접근함으로써 언론·출판·집회 등의 자유를 향유할 수 있다는 것을 의미한다(Fagelson 1995, 1010쪽).

이처럼 자유주의자들은 재산을 가짐으로써 개인이 활동 영역을 넓힐 수 있기 때문에 사유재산의 인정이 불가결하다고 생각했다. 프랑스 혁명은 봉건 제도를 폐지하고 개인의 재산권을 확립하려는 노력이었다고 볼 수 있다. 혁명 과정을 살펴보면, 자코뱅파·지롱드파·반동파 모두 재산권 옹호에서는 하나였다(de Ruggiero 1959, 27쪽). 〈인간과 시민의 권리 선언〉은 제2조에서 "모든 정치적 결사의 목적은 인간의 자연적이며 침해할 수 없는 권리를 보존하는 것이다. 이 권리란 자유, 재산, 안전 및 압제에 저항하는 것이다"라고 명백히 밝혔다.

이상은 소유에 대한 자유주의적 견해라고 할 수 있다. 이 견해가 항상 존재했던 것은 아니다. 자유주의 사상이 대두하기 전에는 소유에 대한 개념이 없었다고 볼 수도 있다. 다르게 보면, 자유주의 사상이 대두하기 전에도 재산과 연관된 권리는 있었다. 그러나 종전의 권리는 소유권과 무관하게 존재할 수 있었다. 달리 말해, 소유에 대한 다른 관념이 그 이전에는 존재하지 않았다(Reeve 1986, 27쪽).

(6) 칸트

칸트(1724~1804)는 시민 사회에 진입하면서 재산 소유의 본질과 차원은 국가가 정한 규정을 따르게 된다고 보았다. 자유로운 존재는 사물을 자신의 목적을 위해 사용할 수 있어야 한다. 즉 목적을 위한 수단으로 사물을 사용할 수 있어야 한다. 칸트에 의하면, 토지는 지구의 표면이 모든 장소를 결합시키고 있다는 점에서 모든 이들이 '공동으로in common'

소유하게 된다. 그런데 누가 소유하는 것은 모든 사람이 서로 쌍방적으로 소유를 인정한다는 의지에 의하여 소유할 수 있게 된다(MM, 82~84쪽). 따라서 일단 소유가 확립된 후에 배타적 소유를 부인하는 것은 인격의 자유를 부당하게 제약하는 것이다. 칸트는 '현상적 소유phenomenal/sensible possession'와 '지성적 소유/지성의 세계에서의 소유/가지계(可知界)의 소유intelligible possession'를 구별한다. 예를 들면, 내가 직접 물리적으로 접촉하는 나의 노트북을 나는 현상적으로 소유한다. 내가 물리적으로 소유하는 것을 누군가 나의 의사에 반해 앗아가거나 손상시키면, 나는 부당하게 강제된 것이다. 그러나 이 점은 내가 '지성적으로 소유하는 것possessio noumenal', 즉 합리적 의지 사이의 관계를 통해 얻게 되는 사물에 대해서도 마찬가지다(MM, 74~75쪽). 지성적 소유는 철학적으로 훨씬 중요한 개념이다. 이 경우에는 내가 무엇을 소유하고 있다는 것은 실제로 물리적으로 사용하거나 통제하지 못한다고 하더라도 소유하고 있는 것을 의미한다. 칸트에게 '소유한다는 것ownership'은 예를 들어 토지를 점유하고 토지를 나의 의지 아래 두려고 하는 나의 의지와 관계있다. 내가 현재 실제로 토지를 소유하거나 이제까지 내가 토지를 사용한 방식이나 토지에 나의 노동을 투여했다는 사실과는 관계가 없다(Ivison 2008, 103쪽). 이것이 의미하는 바는 소유한다는 것은 어떤 이의 '자아self'나 의지에 외부적인 것이 아니라 본질적인 것이라는 것이다(Solomon et al. 2000, 151쪽).

재산 침해는 그저 불편을 야기하기만 하는 것이 아니라 개인의 자유를 침해한다. 즉 자아에 대한 가장 기본적인 감각을 침해한다. 이 견해를 전개하면서 칸트는 '소유possession'가 어떻게 가능한지를 묻는다. 그는 분석적 명제와 종합적 명제를 구분하면서, 분석적 명제가 아니라 종합적 명제가 해당 주제에 대해 실질적인 정보를 제공한다는 것을 밝힌다. 이 경우에 사람은 자신이 물리적으로 소유하고 있지 않은 사물을 정당하게 소유하거나 점유할 수 있다. 그것은 칸트에 의하면 그저 경험적인 것이 아니라 '필연necessity'의 문제다. 그래서 재산법은 더욱 기본적인 종류의 법에 의해 이미 인정된 바를 보호하게 된다. 여기서 칸트는 로크와 비슷하다는 것을 알 수 있다. 그런데 로크가 주장한 것과 같은 재산에 대한 자연권은 칸트에게서는 엄밀하게 말해서 합리적이거나 법적인 권리이며, 로크에게서처럼 해당 사물에 대한 정의(定義)이면서도 자아에 대한 정의(定義)의 부분이 된다는 점이 다르다(Solomon et al. 2000, 151~152쪽).

그러나 소유하는 것이 본질적이기는 하지만, 지구 공간이 한정되어 있고 인간이 서로 이웃하며 살아가야 한다는 사실을 피할 수 없기 때문에, 인간들은 서로의 행동에 영향을 미치지 않을 수 없다(Reiss 1970, 106~108쪽). 그래서 순수 실천이성이 우리에게 합리적 의지를 가지고 어떻게 행동해야 하는지 알려준다. 그것은 모든 이의 자유와 공존할 수 있는 방식으로 자유를 행사해야 한다는 것이다. 그런데 이성은 또한 다음의 것도 알려준다. 지구가 한정되어 있다는 점을 감안하면, 내가 하는 어떤 행동은 설령 내가 하지 않더라도 타인이 할 수 있다는 점에서 불가피하게 그 행동을 제한할 수도 있다. 권리의 원칙이 그러한 갈등을 해결하는 형식적인 원칙이 되는데, 그 원칙은 어떤 경험적 사실에 의해 알려진다. 그래서 설사 비물리적으로 소유하기 위해 내가 타인과 합리적 관계를 수립할 수 있다고 하더라도 그 관계가 어떠해야 하는가에 대한 나 자신만의 판단을 근거로 수립할 수는 없다(*MM*, 77쪽). 내가 어떠한 것을 소유하는 것이 타인의 자유에 영향을 미치게 될 것이기 때문이다. 그래서 우리는 권리의 원칙, 나아가 정의의 원칙에 반드시 복속해야 한다(Ivison 2008,

104쪽). 자연 상태에 남아 있는 것이 잘못인 것은 나의 것과 남의 것 사이의 경계를 결정할 수 없기 때문이다. 각자의 자유와 재산을 존중해야 한다는 것을 사람들이 알고 있기는 하지만 존중하는 것이 실제로 수반하는 것이 무엇인지를 결정하는 메커니즘이 필요하다. 시민 사회의 질서가 결정을 내려줘야만, 사람들은 타인을 해치지 말라는 의무를 이행할 수 있다. 마찬가지로 일방적으로 지성적 소유를 설정할 수는 없다. 우리는 타인과 공유하는 한정된 세상에서 우리의 자유를 행사하는 것이기 때문이다. 일방적 판단은 인간의 타고난 권리와 양립할 수 없다. 이것은 재산에 대한 의견이 불일치하기 쉽다는 것만을 의미하지 않는다. 이것은 나의 행동이 상대방에게 의미를 가지려면 나와 타인이 올바른 관계에 들어서 있어야만 한다는 것을 의미한다. 내게는 내 목적을 달성할 수단이 필요하지만 이 과정에서 타인의 권리도 존중되어야 한다(*MM*, 72~73쪽).

그런데 칸트는 소유의 중간 단계를 인정한다. 그는 이것을 '잠정적/일시적 권리provisional right'라고 부른다. 자연 상태에서는 어떤 것이 나의 것이거나 상대방의 것으로 보일 수 있는데, 이것은 잠정적일 뿐이다. 반면에 시민 사회에서의 소유는 '최종적conclusive'이다(*MM*, 77~78쪽). 나의 것과 상대방의 것은 시민 사회에서 결정된다. 시민 사회에서는 일반의지가 상대방에 대해 권리를 주장할 수 있는 올바른 관계의 배경이 되기 때문이다. 말하자면, 시민 사회에서는 법을 통해 서로를 인정하는 과정을 거치고 모두의 의지에 의해 결정되어야 소유가 확정된다(Ivison 2008, 105쪽).

그러므로 자연적 자유 상태를 벗어나 시민 사회에 진입하는 것은 유리한 것이며 선택할 수 있는 것일 뿐 아니라 이성적으로 해야 하는 것이라고 칸트는 본다. 바로 이 점에서 칸트는 로크와는 견해를 달리하고 홉스와는 견해를 같이한다. 자연 상태에서 재산권이 있다고 본다는 점에서는 로크와 견해가 같다. 그러나 칸트는 일단 시민 사회에 진입하면 재산을 소유한다는 것의 본질과 차원은 국가가 규정하는 바를 따라야 한다고 본다. 이 점에서는 푸펜도르프와 견해가 같다(Edmundson 2004, 33쪽).

(7) 헤겔

다른 한편, 헤겔(1770~1831)에 의하면 재산은 자유를 실현하는 데 필요하다. 그는 개인이 세상에 자신의 개성을 불어넣는 과정에 관심을 기울였다. 말하자면, 인간은 무엇을 취하고 만들고 노동하는 데에서 자유가 실현된다. 이 견해에서 보면, 재산은 자유에 필요하기 때문에 옹호되어야 한다(Reeve 1986, 112·136쪽). 앞에서 로크는 자연에 노동을 가한 것은 재산이 된다고 주장하였다. 로크의 '노동자격 이론labour entitlement theory'은 인간은 필요로 하는 것을 충족하기 위한 수단으로서 노동을 하게 되고 충족하도록 하기 위해 노동을 근거해 재산을 보장해야 한다고 본다. 노동과 재산권 보장은 수단적이라고 본다. 반면에 헤겔에 따르면, 재산은 인간이 자신의 이상적 존재를 달성하기 위해 외적 영역에 자유를 표현해야 하기 때문에 필요하다(Hegel 1958, §41, 40쪽). 따라서 "재산은 자유를 처음으로 구체화하는 것이며, 그래서 그 자체로 실질적인 목적이다"(Hegel 1958, §45, 42쪽).

헤겔에게서는 재산의 본질이 개성의 표현에 있다. 그렇다면 재산을 가짐으로써 인간은 자신의 개성이 세상에 실제로 나타나게 할 수 있다. 그렇게 되자면 재산은 반드시 사유여야 한다. 공유재산은 개성의 권리를 침해하기 때문이다(Hegel 1958, §46, 42쪽). 그래서 헤겔도 사유재산의 보장을 시민 사회의 정당한 목적으로 보았다. 이 점은 로크와 마찬가지다(Fukuyama 1992, 195쪽). 그렇다고 해서 사유재산권의 행사가 무조건적인 것은 아니다. 사유재산은 이성적인 국가가 요구하는 바에 복속될수 있다는 것이 명확하다. 그렇지만 이성적인 국가는 개성을 더 높은 형태로 표현하며 그래서 개인의 권리를 침해하지 않는다. 헤겔에게 자유는개성의 실현에 관한 문제이지 개인적, 정치적, 경제적 자유에 관한 문제가 아니다(Reeve 1986, 139쪽). 물론 헤겔도 재산이 없는 사람은 개성을실현할 수 없다는 것을 알고 있었다. 그래서 재산에 대해 국가가 개입할수도 있다고 보았지만, 국가의 개입이 국가와 사회의 구분을 저해하게되는 것을 헤겔은 우려했다(Reeve 1986, 141쪽).

재산이 개성을 표현하며, 개인이 재산을 통해 만들어내는 외적 영역을통해 타인이 그 개인의 개성을 인정한다는 개념은 평범한 사람에게 호소력을 발휘한다. 예컨대 별다른 가치가 없더라도 어머니의 결혼반지를 간직하고 싶은 욕구가 인간에게는 있다. 이것은 사적 영역에서의 인간의심리적 애착이다. 이처럼 감정적 가치의 확보, 안정, 그리고 사적인 공간등도 인간은 중요하게 생각한다. 감정적 가치를 가지는 것을 간직하거나개인이 자신의 작품에 개성을 불어넣는 것은 재산과 개성에 관계되는 문제라고 하겠다(Reeve 1986, 5 · 142쪽).[30] 자신에게 개성을 불어넣기 위해

---

30 이상에서 주장한 자극(동기 부여) 이론과 로크의 주장은 헤겔의 주장과 차이가 난다. 이 차이는 앨런 라이언Alan Ryan이 구별한 '도구적 관점instrumental view'과 '자아 발전적 관점self-developmental view'의 차이와 유사하다고 하겠다. 그에 의하면 재산에 대한 관점은 도구적 관점과 자아 발전적 관점으로 구별된다. 도구적 관점을 가진 이들은 재화를 소비하려는사람들이 지불하는 비용이 작업과 노동이라고 본다(Ryan 1984,, 7쪽). 도구적 관점에서 보면작업 그 자체는 첫째, 본질적으로 만족을 가져다주는 것이거나, 둘째, 만족을 가져다 줄 수있는 것이거나, 셋째, 만족을 가져다주어야 하는 것이 틀림없으며, 인간과 인간이 소유하는

재산이 필요하다는 것은 무엇을 의미하는가? 재산을 통해 자신에게 개성을 불어넣음으로써 인간은 타인에게 인정받게 된다는 것이다. 바로 이점에서 헤겔은 재산이 인정받기 위한 역사적 투쟁의 한 양상이라고 보았다.

(8) 마르크스

이상은 사유재산을 옹호하는 논지라고 하겠다. 그러나 모어와 프루동이 사유재산을 옹호하지 않은 것처럼 마르크스(1818~1883)도 노동이 소외되는 자본주의 체제에서의 사유재산을 비판했다. 그는 《경제철학수고》에서 소외와 사유재산의 관계를 논하면서 노동 생산물로부터의 소외, 노동의 소외, '유(類)species'로부터의 소외, 인간으로부터의 소외 등을 논했다. 그중 노동의 소외는 생산 시장이 아니라 노동 시장에 놓일 수밖에 없는 노동자는 자신의 생산물을 통제할 방도가——특히 소외된 관계에 놓여 있는 면식도 없는 불특정 다수의 소비자를 위해 상품을 생산하는 경우에——없기 때문에 자본주의 체제에서는 노동이 필요를 충족시키는 것으로 축소됨으로써 노동이 소외당하게 된다는 것이다(Marx 1964. 106~119쪽).

소외된 노동의 결과로 생긴 것이 사유재산이다. 인간이 소외된다는 것은 인간에게 본질적인 것이 부정되는 것이므로 모든 인간이——노동자와 자본가를 불문하고——불행해진다는 것을 의미한다. 그렇다면 사유

것의 관계는 본질적으로 중요하다. 왜냐하면 인간과 그의 재산 사이에는 실체적 유대가 있기 때문이다(Ryan 1984, 7쪽).

재산은 불행을 바탕으로 해서 생긴 것이며, 이러한 불행은 자본주의 체제가 지속되는 한 끝날 수 없다. 결국 인간의 소외가 뜻하는 바는 인간이 만든 것이 거꾸로 인간의 의지로부터 독립해 인간을 지배하게 되었다는 것이다. 이렇게 부르주아와 프롤레타리아를 불문하고 모든 인간이 불행해지는 원인이 결국 사유재산 제도에 있기 때문에 사유재산 제도는 철폐되어야 한다는 것이 마르크스의 생각이었다(Reeve 1986, 143~147쪽).

그래서 마르크스는 인간이 참으로 인간적이고 창조적이고 생산적일 수 있게 하는 사회적 재산을 옹호하고, 노동의 사회적 성격을 강조했다(Reeve 1986, 112·116쪽). 노동의 사회적 성격은 다음의 것을 의미한다. 분업에 따른 결과는 공적으로 통제되어야 한다. 우리가 소유한다는 것은 우리가 소유하는 능력을 가지게 됨으로써 소유하는 것인데, 소유하는 능력을 가지게 되는 것은 이 타인의 행위에 의존하는 바가 결정적이다. 그렇다면 타인의 도움 없이 고립된 개인이 생산할 수 있는 것 이상의 재화는 공적인 재화라고 봐야 한다. 그러므로 타인의 도움으로 소유하게 된 재화에 대해 배타적으로 통제하려 하는 것은 잘못이라고 주장할 수 있다(Shapiro 1986, 270쪽). 재산 제도는 노동의 사회적 성격에 부합해야 하며(Reeve 1986, 122쪽),[31] 재산이 생산 그 자체의 사회적 성격을 가지기 위해서는 사회적 재산 체제가 갖춰져야 한다.

이상과 같은 마르크스의 주장이 노동가치설과 연관되면서 나타난 변화는 다음과 같았다. 1776년에 미국이 독립을 선언하고 애덤 스미스가 《국부론》을 출간했다. 이로써 자본주의 탄생의 출발선이 확고히 그어졌

---

31 이 주장은 인간이 이타적 태도를 취해 타인의 인권을 인정하는 것이 도덕적이라는 훔볼트의 주장과 일맥상통한다고 하겠다.

다. 애덤 스미스가 노동가치설을 수용했다면(Smith 1976, bk. I, ch. vi), 1810년경에 리카도는 노동가치설을 강력하게 주장했다. 또한 19세기 중반에 마르크스가 노동가치설을 수용했고, 그 후 정통 마르크스주의가 그것을 받아들였다. 전술한 것처럼 노동가치설은, 인간이 자연으로부터 원료를 만들고 변형시켜서 이를 인간이 사용할 수 있는 물건으로 변형시킴으로써 '사용 가치use value/value in use'가 창출되는 것이므로, 물건의 '시장 가치market value', 즉 '교환 가치exchange value'는 그 물건을 만드는 노동에 투하된 육체적, 정신적 노력에서 나온다는 것이다. 노동가치설은 부분적으로는 가격에 대한 이론이지만, 더 넓게 보면 각 개인이 사물에 부여하는 가치들에 공통성이 있다는 주장이다. 노동가치설은 노동을 인간 생활의 근본적 주제로서 명백하게 찬양하게 되었다. 리카도에 의해, 지대를 받는 지주 계층보다 생산 계층인 자본 계층과 노동 계층이 부각된 셈이다. 바꾸어 말하면, 리카도는 봉건주의로부터 자본주의가 탄생했음을 선언한 셈이다. 그러나 마르크스는 생산 수단을 소유하면서 잉여가치를 차지하는 자본가보다 생산에 직접 종사하는 노동자들의 가치를 부각했다.[32] 그렇게 해서 마르크스는 자본주의로부터 공산주의가 탄생할 것임을 예고했다(Heyman 2005, 2500쪽).

마르크스는 로크와 같이 노동가치설에서 출발했지만, 아주 다른 결론을 내렸다. 로크는 각자는 자신의 생명 활동의 소유자로서 생존에 필요한 것을 얻기 위해 지불한 노동의 대가로 노동 생산물을 자기 것으로 할

---

32 인류 역사에서 조금이라도 진보된 사회 조직이 나타나려면, 사회 전체에 생존 수준을 넘어서게 하는 잉여 생산물이 있어야 한다. 이렇게 보면, 잉여로 나타나는 경제나 정치 체제가 구태여 자본주의적일 필요는 없다. 그리고 자본의 축적은 상업 자본주의에서처럼 임금 노동자와 무관하게 생길 수 있다(Hoover 1968, 294쪽).

권리가 있다고 보았다. 근대적 사유재산권을 정당화한 것이다. 반면에 마르크스는 자본주의에서의 노동 생산물은 그 가치의 원천인 노동자의 것이 아니라 자본가의 것이 되었다고 보았다. 말하자면, '잉여 가치surplus value'를 자본가가 착취하게 된다고 보았다. 따라서 그에 따르면 잉여가치설과 연관된 노동가치설이 노동자와 자본가의 갈등을 부각하게 되었다(Volkova et al. 1987, 182~184쪽). 노동자의 잉여 노동을 자본가가 착취했다는 것은 노동자에게 사실상 강제 노동을 시켰다는 것이다. 노동가치설과 잉여가치설로써 마르크스는 자본주의를 소외와 착취의 구조로 보고, 결국 자본주의의 사적 소유를 비판했다.

애덤 스미스와 벤담은 시민 사회가 자연적으로 조화를 이룬다고 보았다. 반면에 마르크스는 사유재산이 유산자와 무산자라는 새로운 계급으로의 분화와 두 계급 사이의 불평등을 가져오기 때문에 사회는 차별과 대립의 구조를 띠지 않을 수 없다고 주장했다. 그래서 애덤 스미스가 경제의 세계에서 일정한 자연 조화의 메커니즘을 보았다면, 마르크스는 모순이 집적됨으로써 나타날 수 있는 변혁의 가능성을 찾았다. 마르크스는 소외된 힘이 혁명을 유발할 것으로 보았다. 그래서 결국 자유주의의 폐단을 지적하고 공산주의를 지향했다. 공산주의 사회에서는 필요에 따라 분배가 이루어지는데, 이는 노동이 인간에게 부담이 되는 것이 아니라 그 자체로 인생의 주요한 목적이 된다는 것을 전제로 한다. 즉 노동에 부수되는 소외가 극복된 상황을 전제로 한다. 마르크스는 인간의 소외는 사유재산을 철폐하고 생산 수단을 공유화하는 사회에서 불식될 수 있으며 인간의 소외가 극복되어야만 인간이 진정 자유로울 수 있다고 생각했다. 이렇게 보면 마르크스는 재산이 인간을 자유롭게 한다는 생각 자체가 잘못되었다고 지적한 셈이다(스위프트 2012, 133쪽).

마르크스는 이처럼 사유재산의 철폐를 주장했다는 점에서는 헤겔과 차이가 있지만, 인간이 사물을 얻고 사물을 만들어냄으로써 자신의 의지를 객관화할 수 있다고 본 점에서는 두 사람의 견해가 같다(Benn et al. 2006, 70쪽). 이와 연관해 1981년에 교황 요한 바오로 2세가 "인간의 노동에 대한 견해Laborem exercens(On Human Work)"를 표명한 '회칙(回勅) Encylica'에 유의해야 한다. 이 회칙은 노동을 인간의 두드러진 양상으로 본다. 인간은 노동을 통해 사회와 인류 전체 안에서의 자신의 역할과 의무를 이해하게 되며, 마찬가지로 노동을 함으로써 자신을 존중하게 되고 '동질성identity'을 찾게 된다. 이 회칙은 노동이 이루어낼 수 있는 이상을 설정했으며, 인간이 노동의 주체가 아니라 객체가 되어버린 자본주의와 사회주의에서의 노동을 비판적으로 평가할 근거를 마련했다. 이 회칙은 자본주의에서 노동이 자본에 대해 종속적 역할을 한다는 것을 인정했지만, 자본보다 노동에 가치를 더 두었다(Heyman 2005, 2501쪽).

(9) 강제된 노동

노동에 대한 논의에서 문제의 핵심은 자본가와 노동자 중 누가 누구에게 노동을 강제하는가라는 것이다. 오늘날 주류 경제학자들은 노동력만이 아니라 자본도 생산적이며 가치를 부가한다고 주장한다. 자본과 노동이 이윤을 창출했다면, 자본을 투자하기로 결정 내린 지혜, 기계와 장비에 대한 투자에도 보상이 있어야 한다(Barcalow 2004, 247쪽).

잉여 가치와 착취에 대한 마르크스의 사고에 정면으로 도전하는 주장도 있다. 제임스 매디슨은 정부의 가장 중요한 기능 가운데 하나는 재산을 획득하는 개인의 불평등한 능력을 보호하는 것이라고 보았으며, 근대의 신고전주의적 경제학자들은 강력한 사유재산권이 장기적 경제 성장의 원천이라고 보았다(Fukuyama 2011, 64쪽). 게다가 노직Robert Nozick은 복지 국가에서 정당하게 재산을 가지게 된 부자로부터 더 많은 세금을 거두어 빈자를 도와주는 것은 빈자가 부자에게 '강제 노동forced labour'을 시키는 것이나 마찬가지라고 주장했다(ASU, 169·171쪽). 강제적으로 세금을 부과하는 것은 노직이 노동자의 도덕적 권리라고 여기는 바를 침해한다. 노직과 같은 자유지상주의자들은 인간이 시초의 획득이나 자발적 합의에 의해 재화와 자원을 얻을 권리를 재산으로 본다. 그러므로 빈자가 부자의 재산을 앗아가는 것은 부자로 하여금 빈자를 위해 강제 노동을 하게 하는 것과 다름없다. 부자의 노동 시간에서 일정 부분을 빈자가 국가를 통해 앗아간다면, 부자는 일정 시간 동안 강제 노동을 한 셈이다(ASU, 172쪽). 부자로 하여금 누진세를 내든지 아니면 최소한의 생활 수준을 유지하든지 둘 중 하나를 선택하게 해 부자가 누진세를 내지 않으면 안 되었다면, 이것도 강제 노동을 하게 한 것이다(ASU, 169쪽). 강제되도록 강제했다고 볼 수 있기 때문이다.

자유지상주의자들의 재산 관념에 따르면, 권리는 자신의 복지에 필요한 재화와 자원을 타인으로부터 받을 권리를 의미하지 않는다. 권리는 있을 수 있는 타인의 행동에 제한을 부여한다. 제한을 부여한 결과로 타인의 행동을 비자발적으로 만들 수 있다면, 그 근거는 타인의 행동이 그렇게 할 권리가 있는지에 달려 있다(ASU, 262~264쪽). 이 견해로서는 모든 행동, 즉 기회에 제한을 두는 모든 행동을 강제할 수 없는 것이 아니다. 그러나 타인의 행동이 나로 하여금 어떠한 것을 하지 않을 수 없게 한다면 나의 행동은 비자발적인 것이다.

(10) 상속권

어떻게 얻은 재산을 정당한 재산으로 봐야 하는가라는 문제에 대해 논란이 있겠지만, 이와 연관해 재산을 얻게 되는 다른 방법, 즉 상속에 대한 논란도 있을 수 있겠다.

노동력을 투여하지 않았다는 것은 씨를 뿌리지 않았다는 것과 상통한다. 전술한 것처럼 자신이 뿌린 씨의 결과가 재산이 된다는 것이 자유주의가 주장하는 바라면, 유산을 물려받은 사람은 씨도 뿌리지 않고 거두어들인 셈이다. 이것은 재산에 대한 자유주의 원칙에 어긋난다(Girvetz 1950, 40~41쪽). 이 원칙을 엄밀하게 적용하면, 상속 제도는 인정되지 않아야 한다. 상속받는 사람, 즉 상속인(재산이나 권리를 물려받는 사람)은 불로 소득을 얻는 것이라고 볼 수 있기 때문이다. 그렇다면 상속을 받지 못하게 해 상속인이 스스로 노동하여 재산을 가지도록 하는 것이 옳다고도 볼 수 있다. 특히 토지 상속은 토지가 지구상에서 한정된 자원인 만큼 세대 간의 정의와 결부된다는 생각이 일찍부터 대두되었다. 그래서 사유재산 제도는 인정하면서 상속은 인정하지 않는 경우도 있을 수 있다(Reeve 1986, 4·84쪽). 재산을 가질 권리는 인정되지만 재산을 자손에게 물려줄 처분권은 인정되지 않는 것이다. 실제로 사회주의 국가였던 구소련에서는 상속을 인정하지 않던 때도 있었다(Piettre 1972, 82~83쪽). 그런데 자유주의 국가에서는 상속을 인정한다. 어떠한 근거에서인가?

앞에서 본 바와 같이 씨를 뿌린 자, 즉 자연에 노동을 가한 자만이 재산을 가질 자격이 있다면 상속은 인정되지 않아야 한다. 그러나 로크는 자원을 손상하거나 낭비하지 않아야 할 의무가 있다고 주장했다. 이 의무를 준수하자면 재산을 이전(양도)할 권리도 인정해야 한다. 말하자면 자원을 효율적으로 이용하기 위해서라도 후세대에 재산을 이전할 권리가 인정되어야 한다(Reeve 1986, 157쪽). 그리고 상속이 허용돼야만 인간은 상속을 예상해 더욱 근면해질 것이다(Hume 1992a, 309쪽, 각주 1). 또한 자유주의적 소유에서 핵심 사상은 소유자의 이익은 소유자의 결정에 의해서만 종식된다는 것이다. 그래서 자유주의에서는 상속권을 포함한 처분권이 인정되어야 한다고 주장되었다(Reeve 1986, 163쪽).

상속의 문제를 다음과 같이 볼 수도 있다. 16세기 이후 신의 은총으로 개개의 인간은 개인으로서 힘을 갖게 되었다고 보았다. 이로 인해 개인은 재산을 가지고 계약을 할 수 있게 되었다. 죽음에 임한 자가 유언을 남기는 것은 초기의 가톨릭 전통에서는 사자가 자선심(慈善心)에서 선물을 남김으로써 영혼을 구제하는 것으로 여겨졌지만, 이제는 사회경제 관계를 규율하는 방법이 되었다. 결국 재산에 대한 권리는 양심에 어긋나지 않는 한 신성하고 침해될 수 없는 것으로 여겨졌다(김철 1992, 98쪽). 따라서 상속권은 존중되어야 한다.

그리고 앞에서 살펴본 것처럼, 인간은 재산이 인정되어 노동할 동기를 부여받아야만 하기 싫은 노동을 하게 된다. 그런데 인간이 자신만이 아니라 자손을 위해서도 노동을 한다고 보면, 노동하려는 동기를 더 많이 부여하기 위해서라도 상속을 허용하는 것이 정당하다는 논지가 개진되었다(Reeve 1986, 162쪽).

게다가 재산을 통해 개인의 개성이 표현되었다고 보면, 부모는 자신의 소유물, 특히 애정이 담겨 있는 소유물을 어느 누구보다도 자식에게 물려주고 싶어 하기 마련이다. 재산은 가족의 역사에 특별한 것이며, 또한 자식의 경제적 안정을 증대시키기를 원하는 것이 부모로서의 상정(常情)이기 때문이다(Wenar 2005, 1925쪽). 그리고 복지 국가에서 부자는 납세를 통해 얼굴도 모르는 빈자까지 도와주게 되는데, 정작 자기 자식은 상속을 통해 도와주는 것이 금지된다면 이치에 맞지 않는다. 빈자와 마찬가지로 자식도 어느 정도의 재산을 가지고 자기 삶을 계획하고 영위할 수 있어야 하는 것이다. 상속이 가능하면 재산을 가진 자는 더욱 열심히 노력할 것이다. 그래서 미국 대통령 조지 w. 부시는 이미 60만 달러까지는 상속세가 면제되고 있었음에도 불구하고 상속세를 폐지하겠다는 약속을 했다(스위프트 2012, 139쪽). 생산성 저하를 우려해서였다. 게다가 보수주의자들은 토지와 같은 재산을 상속할 수 있게 함으로써 개인을 과거, 현재, 미래에 걸쳐 공동체로 결합할 수 있다고 보았다(Reeve 1986, 84쪽). 이러한 이유에서 보수주의자는 재산을 처분할 권리로 상속권을 인정했다. 말하자면 보수주의자는 재산을 인정하는 근거를 자연권, 기능성 또는 효율성에서 찾지 않고 재산권이 관습에 의해 역사적으로 인정되었다는 점에서 찾는다.

이제까지 살펴본 것처럼 재산권을 인정하게 된 직접적 근거는 이와 같이 다르다. 크게 보면, 재산권 인정은 개인만이 아니라 사회에도 이로운 것으로 여겨졌다. 그런데 사유재산의 인정에 가장 중요한 것은 생산 수단의 사적 소유라는 문제다. 2차 대전 후 인류 역사에 나타난 커다란 전환은 생산 수단의 사적 소유가 정당하다는 것이 거의 보편적으로 받아들여지게 되었다는 것이다. 이것은 거대한 지적 변동이라고 말할 수 있다. 2000년대 초반에 와서는 중국조차 사유재산을 인정하지 않을 수 없게 되었다. 이렇게 해 근 70년 이상 인류를 괴롭혔던 공산주의와 자본주의의 대립이 거의 종식된 셈이다(Wenar 2005, 1925쪽).

그 이유는 두 가지로 설명될 수 있다. 첫째, 사유재산은 개인의 정치적 자유와 연관된다. 개인이 정치에 더 많은 통제를 가해야 하고 사적 생활에 대한 정치적 개입은 줄어야 한다고 생각하는 이들에게는 공산주의 국가의 중앙 통제가 점점 받아들이기 어려운 것이 되었다. 둘째, 공산주의는 사람들이 바라는 재화와 용역을 생산하는 데서 자본주의보다 효율적이지 못하다. 오스트리아의 경제학자 하이에크는 공산주의 경제학의 비효율성을 지적했다. 그에 의하면, 경제가 무엇을 어떻게 생산해야 하는지에 대한 정보들은 수백만의 사람들 사이에 분산되어 있기 때문에 모든 정보를 중앙에 이전하여 통제하게 하는 것보다는 정보를 가진 개인들로 하여금 자유롭게 경제 생활을 영위하게 하는 것이 훨씬 효율적이다 (Hayek 1993, 143~144 · 148쪽). 이보다 앞서 애덤 퍼거슨은 사유재산이 진보의 추동력이라고 보았다(Schott 1972, 74쪽). 사유재산이 개인의 자유를 보장한다는 사고가 중세부터 있었기 때문이다(Piettre 1972, 76쪽). 이러한 사고는 현대에 와서 재산이 자유나 진보 또는 정의와 같은 다양한 가치를 실현시키기 때문에 보장되어야 한다는 주장으로 연결되었다고 하겠다.

사유재산이 진보의 추동력이라는 논지가 옳다면, 부자가 자신의 재산을 덜어서 빈자를 도와줄 의무를 질 이유가 없다. 그럼에도 오늘날 복지국가가 나타났으며, 복지 국가에서는 누진세를 통해 부자가 빈자를 도와주게 되어 있다. 그 근거는 무엇이며, 어떠한 과정에서 복지 국가가 나타났는가? 징세는 개인의 재산에 대한 안전과 국가의 활동과 연관되는 문제이기 때문이다(Reeve 1986, 22쪽).

정치 이론이 다루어야 하는 근본적으로 중요한 문제는 주권과 재산이다(Neumann 1973, 283쪽). 재산에 대해 개인이 어떠한 권리를 가지며, 개인이 주권에 어떠한 역할을 담당해야 하는가? 그리고 주권을 행사하는 국가는 어떤 물적 토대를 갖춰야 하며, 모든 구성원이 안락한 삶을 영위하도록 하기 위해 구성원에게 어떤 권리를 부여해야 하는가? 특히 어떠한 근거에서 재산권을 부여하고 그 한계를 어떻게 정해야 하는가? 주권과 재산의 문제는 국가에 의해서만 결정되는 것이 아니다. 국가의 구성원도 결정에 참여해야 한다. 그러므로 주권과 재산은 정치 이론에서 주요한 과제가 되지 않을 수 없다. 그렇다고 해서 여타 권리가 중요하지 않다는 것은 아니다. 재산이 여타 권리를 향유하게 한다는 점을 감안하면, 재산권은 중요한 권리라고 볼 수 있다.

아리스토텔레스가 지적한 것처럼 재산은 선한 생활을 하는 데 필요한 수단으로서 중요하다. 즉 재산은 도구적 특성을 가지고 있다. 재산과 자유의 관계는 로크가 극명하게 서술했다. 거기서 자유는 재산이라는 전반적 개념에서 본질적인 것으로 나타난다. 그러나 재산은 노동 재산으로 정의되며 재산의 '소유적 이론possessory theory'은 거부된다. 로크는 외부의 자연, 특히 토지를 인간의 창조적 활동을 통해 변경하는 데에서 재산을 정당화한다. 그러나 재산이 자유에 대하여 도구적인 기능이 있다는 것을 인정하게 되면, 각 역사 단계에서 재산의 사회적 기능을 다시 정의하는 것이 필요하다. 그래서 다양한 형태의 재산과 재산 소유자를 분명히 구별하는 것이 필요하게 되었다. 만약 재산이 자유에 도움이 되고 자유가 인간에게만 관련된다면(Neumann 1973, 285쪽), 기업의 재산이 종교의 자유나 의사소통의 자유와 같은 수준의 시민적 권리라고 주장할 수는 없다. 마찬가지로 재산권의 하위 범주에 속하는 것, 토지, 소비재, 생산재와 같은 것은 다르게 다룰 필요가 있을지 모른다(Neumann 1973, 286쪽).

그런데 오늘날에는 재산권을 보호하는 것보다 다른 시민적 권리를 보호하는 것을 더 중요시하게 되었다. 예컨대 국가는 적절한 보상을 하면 사유재산을 수용할 수도 있다. 또한 국가는 '명백하고 현존하는 위험'에 처해 자유를 유보할 수도 있지만 그렇게 하는 것을 가능하면 금한다. 즉 국가는 공적인 목적을 위해 자유를 무시하지는 않는다. 그렇게 해서 정치적 자유라는 가치는 절대적인 것이 되고 재산의 가치는 이에 비해 상대적인 것이 되었다. 이제는 자유의 효율적 도구로서의 재산의 기능이 주목받게 되었으며, 그 기능의 효율성을 극대화하는 데 필요한 제도적 변화의 모색이 중요해졌다(Neumann 1973, 286쪽).

2. 재산권의 한계

이상에서 재산권이 인정되는 과정, 그리고 재산권이 정당화되는 근거와 부당하다고 여겨지는 근거를 살펴보았다. 그런데 이러한 근거들에 의해서 재산권이 인정되거나 옹호되기도 하고 거부되기도 했다면, 재산권의 한계를 어떻게 설정해야 할 것인가? 자유주의 사상에서 이 문제를 어떻게 다루었는지를 중심으로 살펴보고자 한다.

(1) 홉스

전술한 것처럼 홉스에 따르면 인간에게는 재산에 대한 권리도, 재산을 무제한으로 축적할 자연권도 없었다. 그러므로 주권자가 개인이 취득할 수 있는 재산의 양을 결정해도 잘못이 없다. 오늘날로 치면 국가가 복지 정책을 실시하기 위해 조처를 취해도 잘못이라고 말할 수 없는 셈이다. 인민의 권리가 무엇인지를 주권자가 결정할 수 있기 때문에, 사람들이 필요한 것 이상으로 가질 권리를 주권자가 인정하지 않는 것도 정당화될 수 있다. 말하자면 복지권도 자연적이기보다는 관습적이다. 주권자가 복지권을 설정할지 말지를 결정할 수 있다. 복지권을 설정하면 자연 상태로 회귀하지 않을 것이라는 판단이 들 경우, 즉 복지권이 안전과 평화를 유지하는 데 긴요하다는 판단이 들 경우(*Leviathan*, 24장), 주권자는 복지권을 설정할 것이다. 홉스는, 신민들이 자신들에게 주권자의 개입조차 허락지 않는 절대적 재산권이 있으며 징세에 대해 저항할 권리가 있다고 생각하는 것을 한탄했다(*Leviathan*, 29장).[33] 주권자는 신민에게 과세할 권리가 있다. 나의 재산이란 주권자가 나에게 과세한 후 부여한 권리의 대상이 되는 것이다. 즉 과세를 한 뒤 법이 침묵하고 있는 바가 나의 재산이 된다.

(2) 로크

그렇다면 로크는 재산권의 한계를 자연 상태에서 설정하는가? 굶주리는 사람이 많은데 썩어날 정도로 많은 곡식을 창고에 쌓아둘 수 있는가? 자연 상태에서 무제한으로 축적할 권리가 있다는 것을 로크는 부인한다. 자연법에 의하면, 어떤 사람도 타인의 삶, 건강, 자유 또는 소유에 해를 끼쳐서는 안 된다. 공동의 재산으로부터 내가 너무 많은 것을 가져가면,

---

33 실제로 영국 왕 찰스 1세는 스페인과의 전쟁을 위한 전비 조달을 위해 선박에 과세하기로, 즉 이른바 '선박세Ship Money'를 부과하기로 결정했다. 부유한 선주이면서 의회의 반대파와 줄이 닿아 있던 존 햄프던John Hampden(1594~1643)이라는 사람은 납부를 거부했고, 즉각 구속되어 1637년에 탈세로 재판을 받았다. 그러나 1643년 왕당파와의 전투에서 햄프던은 '애국자'로 기려졌다.

타인은 생존을 위협받을 수 있다. 다른 사람에 대한 배려 없이 공동의 재산을 나의 것으로 만들 수는 없다. 그래서 자연 상태에서의 재산 축적에는 두 가지 한계가 있다. 첫째, 타인이 필요로 하는 것은 남겨두고 전용할 권리가 있다. 둘째, 쓸 수 있는 것 이상을 가져갈 권리는 없다. 첫 번째 조건이 두 번째 조건보다 더 중요하다. 남이 이용할 것을 남겨두었더라도 자신에게 필요한 것 이상을 가져갈 자연권은 없다. 무제한으로 축적하는 것은, 축적한 것으로부터 배제된 자들의 자기 보전권을 침해하는 것이다 (*ST*, §27 ; *ASU*, 15~182쪽).

그러나 시민 사회에 화폐가 도입되고 나서는——로크는 자연 상태에서도 화폐가 도입된 것으로 보았지만——재산에 대한 관습적 규칙과 권리가 자연법을 어느 정도 대체한다. 자연 상태에서 사람들은 수렵 채집을 하거나 농사를 지어서 근근이 살아간다. 자신의 소비만을 위해 생산한다. 그러나 화폐가 있고 분업이 일어나는 시민 사회의 훨씬 복잡한 경제에서는 팔기 위해 생산한다. 이렇게 변한 상황에서는 로크의 두 번째 조건, 즉 타인이 이용할 수 있는 것을 쓸모없게 만들지 않아야 한다는 조건을 침해하지 않고 화폐라는 형태로 많은 재산을 축적할 수 있다. 그러나 로크의 첫 번째 조건이 여기에도 적용될 수 있다. 어떤 시점에 화폐 공급은 한정된다. 부자가 너무 많이 가지면, 빈자의 기본적 필요를 충족시킬 화폐가 부족해질 수 있다. 모든 사람의 기본적 필요를 충족시킨 뒤라야만 기본적 존속에 필요한 것 이상을 갖는 것이 정당할 것이다(Barcalow 2004, 153쪽).

재산의 획득을 제한하고 과세를 정당화하는 또 다른 이유도 로크에게서 찾을 수 있다. 자연 상태에서 사람들은 오직 자신의 힘에만 의존해 재산을 보호한다. 그러나 일단 자연 상태를 떠나고 나면, 사회가 집단적 권력을 사용해 자연 상태에서 가져온 재산을 이용하고 누리도록 보호해줄 것이라고 기대한다. 재산을 보호할 책임이 사회에 주어진 이상, 사회는 설령 재산권을 만들지 않았더라도 재산을 정당하게 통제할 수 있다. 더군다나 시민 사회를 만들기로 동의한 사람들은 재산을 통제하는 법을 만들 권리가 사회에 있다는 것을 알고 있다. 게다가 빈자에게는 구제받을 권리가 있으며 재산 소유자에게는 자선이라는 자연적 의무가 있다. 이 의무는 자연 상태와 시민 사회에서 재산권을 제한한다. 타인이 존속에 필요한 것보다 적게 가질 때 누군가 필요 이상으로 재산권을 가질 수는 없다. 로크의 이 관점은 아주 급진적이다. 글자 그대로 보면, 부자의 잉여는 그 잉여를 필요로 하는 빈자의 재산인 셈이다. 이처럼 빈자는 잉여에 대해 권리를 가진다(Barcalow 2004, 154쪽). 토머스 팽글Thomas Pangle에 따르면, "재산권을 규제하는 것이 정부의 가장 중요한 기능 중 하나이기 때문에 노동에서 파생된 로크의 재산권의 경우, 어떠한 규제도 피할 수 없는 양도할 수 없는 자연권으로 이해되어서는 안 된다"(ST, §43 ; Pangle 1988, 143쪽 ; 김희강 2006, 129쪽 재인용).

그렇다면 끝으로 다음과 같은 질문을 할 수 있다. 로크는, 사람들은 재산을 더욱 확실하게 보전하기 위해 사회를 만드는 것이라고 주장한다. 다른 한편, 주권자는 재산을 통제할 권리가 있다고 주장한다. 이 두 주장을 어떻게 조화시킬 것인가? 주권자가 독단적으로 재산을 통제하지 않고 사람들의 재산을 독단적으로 탈취하지 않는 이상, 재산권은 적절하게 보호된다. 〈인권에 대한 보편적 선언〉은 제17조에서 "어느 누구도 재산을 독단적으로 박탈당하지 않는다"라고 규정하고 있다. 주권자는 재산법에 대해 독단적으로 결정을 내리지 않고 다수의 의지와 결정을 따르며 공동선이나 공공선을 보호하게 되어 있다. 그리고 주권자가 재산을 통제하는 자신의 법에 복종한다면, 그는 타인의 정당한 재산권을 존중할 것이다(Barcalow 2004, 154쪽).

다른 한편 주권자는 자의(恣意)대로 시민의 재산을 취할 절대적 권리가 있다고 홉스는 주장한다. 반면에 로크는 좀 더 온건한 입장을 취한다. 로크도 주권자가 때로는 신민의 재산을 정당하게 취할 수 있다고 보았다. 공동선을 위해 필요하거나 다수의 의지에 부합되는 경우다. 필요하다면 주권자가 재산을 취할 권리가 있다는 것에 대한 동의는 이루어졌다고 간주된다. 그러므로 주권자는 도둑이 재산을 앗아가는 것처럼 앗아가는 것은 아니다.

로크는 사물에 노동력을 투여하면 그 사물에 대한 재산권이 생긴다고 주장했다. 그런데 자연 상태와는 다르게 근대의 경제에서는 노동자 한 사람의 노동에 의해 생산되는 것은 거의 없다고 봐야 한다. 거의 모든 생산품이 협업에 의한 것이라고 보면, 공산품에는 다수인의 노동이 섞여 있는 셈이다. 각자가 얼마나 기여했는지 계산하기도 어렵다. 문제를 더욱 복잡하게 하는 것은 사물에 노동력을 투입하지 않은 이들이 대부분의 재화를 소유한다는 점이다(Barcalow 2004, 154쪽). 그렇다면 사람들이 왜 같이 소유하지 않는가라는 질문을 던질 수 있다. 오늘날에는 모든 것이 이미 소유되어 있기 때문에 소유되지 않고 남아 있는 것이 별로 없다. 그래서 어느 누구도 자신이 소유하지 않은 사물에 노동력을 섞지 않는다.

(3) 루소

루소는 재산에 대해 로크와는 다르게 생각했다. 루소에 따르면, 인간은 야금술과 농업 기술을 얻게 되면서 생산적인 노동에 힘쓰고 생활 기술을 익혀서 점차 가족과 일종의 사유재산 및 언어를 형성했다(*OI*, 64~68·87~90쪽). 거기서부터 사회생활이 시작되고 재산이 등장했으며 더불어 불평등도 나타나기 시작했다(*OI*, 92쪽). 또한 기술의 도입으로 사회적 분업이 출현하게 되면서 급기야 사유재산의 불평등은 결정적인 것이 되었다.

루소는 사회생활이 다음과 같이 어느 누가 제안함으로써 시작하다고 묘사한다.

> 약한 자를 억압으로부터 지키고, 야심가를 누르고, 자신에게 속하는 것들을 소유하는 것을 각자에게 보증하기 위해 단결합시다. '정의와 평화의 규칙rules of justice and peace'을 정합시다. 이는 모든 인간이 예외 없이 따르지 않으면 안 되는 것이며, 강한 자와 약한 자가 똑같이 상호 간에 의무를 준수하게 함으로써 운명의 변덕을 어느 정도 보상할 수 있는 규칙입니다. 요컨대, 우리의 힘을 우리 자신을 거스르게 하지 말고 하나의 '최고 권력supreme power'에 모읍시다. 그 권력은 현명한 법에 따라 우리를 통치하며, 결합체의 모든 구성원을 보호해 지키며, 공통의 적을 막고 우리로 하여금 영구적 화합을 유지하게 하는 것입니다. (*OI*, 98쪽)

조야하지만 속기 쉬운 사람들을 끌어들이기 위해서는 이런 연설만으로 충분했을 것이다. "한 조각의 토지를 둘러싸고 '이것은 나의 것이다'라고 선언하는 것을 생각해내고 사람들이 (그러한 생각을 해낸) 자신을 (그대로) 믿을 만큼 대단히 단순하다는 것을 알게 된 최초의 사람이 시민사회의 진정한 건설자였다"(*OI*, 84쪽). 위와 같은 제안으로 사회와 법이 시작되었다(*OI*, 99쪽).

　이렇게 해서 발생한 사유재산은 모든 악의 근원이 되었으며, 부의 불평등은 인간으로 하여금 순진무구와 행복에서 멀어지게 하고 허영과 경멸감과 자만심을, 그리고 다른 한편으로는 수치와 질투를 갖게 했다(*OI*, 86·90쪽). 이로부터 여러 가지 악, 즉 한편으로는 경쟁과 대항심, 다른 한편으로는 이해의 대립, 그리고 타인을 희생시키고 자신의 이익을 얻으려 하는 은밀한 욕망이 생겨났다. 독립적이었던 인간들 사이에 관계가 성립되고 인간들이 서로 의존하게 됨으로써 인간은 자신의 행동에서 도덕을 찾게 되었다. 그리고 이것은 마침내 상호 투쟁과 살상으로 끝나는 전쟁 상태에까지 이르게 된다(*OI*, 97쪽). 그래서 루소는《사회계약론》(1762)의 첫머리에서 "인간은 자유롭게 태어났으나 도처에서 사슬에 묶여 있다"라고 썼다.

　그렇다면 이 문제를 어떻게 해결해야 하는가? 루소에 의하면 두 가지 불평등이 있는데, '자연적 또는 육체적 불평등natural or physical inequality'과 '도덕적 또는 정치적 불평등moral or political inequality'이다. 전자는 자연에 의해 확립된 것으로, 나이, 건강, 육체적 힘, 마음과 영혼의 됨됨이로 이루어진다. 반면에 후자는 일종의 관습(계약)에 의존하는 것으로, 인간의 동의에 의해 확립되며 적어도 권위를 부여받는다(*OI*, 49쪽). 자연 상태에서는 불평등의 정도가 심하지 않은데, 사유재산 제도와 법이 확립된 사회 상태에서는 불평등이 심화된다. 말하자면 자연적 불평등은 심하지 않고 감내할 만한 것이지만, 사회적 불평등은 심화되어 인간이 순진무구하게 살아갈 수 없게 만든다.

　자연 상태에서는 재산과 관련된 자연적 불평등의 정도가 최대 네 배밖에 되지 않았을 것이라고 루소는 생각했다. 그러나 사회 상태에서 관습이나 제도에 의한 인위적 불평등이 심화됨으로써 자연적 불평등을 능가해 인간은 도처에 사슬에 묶여 있게 되었다. 따라서 루소는 직접민주주의를 할 수 있는 공동체에서는 빈자와 부자의 재산 차이가 네 배 이상 되지 않는 것이 이상적이라고 생각했다. 인간이 재산에 집착하는 것은 타인에게 의존하는 것이며, 타인을 억압하는 것이다. 그러므로 인간은 재산에의 집착에서 벗어나야만 상호 의존을 극복하고 재산에서 연유하는 자유의 질곡에서 벗어나 절대적 독립성을 얻게 된다(*Emile*, 제5권 ; 김용민 2004, 131쪽). 요컨대 인간은 재산에 대한 애착을 끊어야만 자유를 지키고 진정한 공동체를 달성할 수 있다(Rousseau 1970, 472~473쪽 ; 김용민 2004, 255~256쪽). 루소는 재산 제도 자체를 부인한 것은 아니지만, 이상과 같은 이유에서 재산 소유의 한계를 정하고자 했다.

(4) 재산권의 절대성

지금까지 재산권을 인정하는 근거와 부정하는 근거, 그리고 재산권의 한계를 살펴보았다. 그리하여 이제 우리는 재산권이 절대적인가라는 질문을 던질 수 있겠다. 재산을 존중하는 방식에는 세 가지가 있을 수 있다. 첫째, 재산 규칙이다. 어느 누구도 재산 소유자의 허락 없이는 그 재산을 사용할 수 없다. 이것을 '재산 규칙property rule'이라고 부를 수 있다. 둘째, 어느 누구도 재산 소유자에게 보상하지 않고는 그 재산을 사용할 수 없다. 이를 '부담 규칙liability rule'이라고 부른다. 그래서 정부가 불가피하게 국민의 토지를 수용하게 되더라도 정당하게 보상을 해야 한다. 셋째, 소유자의 허락을 받았더라도 양도받을 수 없는 재산이 있다. 이것은 '불가양 규칙inalienable rule'이라고 부를 수 있다. 그래서 내가 허락하더라도 어느 누구도 나의 신장을 떼어 갈 수 없다. 이렇게 해서 재산권은 존중받게 된다(Schmidtz 2011, 602쪽).

그렇다면 자신의 재산으로는 무엇이든 할 수 있는가? 극단적인 비유를 들자면, 총이 나의 것이라고 해서 아무 데나 총을 쏠 수는 없다. 경우에 따라서는 재산 소유자의 허락을 받지 않고 재산을 파괴할 수도 있다. 옆집 식구들이 휴가를 갔는데 그 집에 불이 나서 나의 집에 옮겨 붙을 것 같으면, 나는 옆집을 허물 수 있다. 곧 무너져서 안전을 위협할 것 같은 건축물은 정부가 헐도록 명령을 내릴 수 있다. 이처럼 재산권은 공동선을 증진하거나 공공의 이익을 보호하기 위해 제한될 수 있다. 이것은 공리주의적 입장에서의 제한인 셈이다(Barcalow 2004, 155쪽).

시장에서의 활동을 통해서 개인의 소득이 할당되는데, 그 소득이 재산에서 연유하는 생산성에 의해 결정된다면, "'능력에 따라 각자에게'로부터 '생산성에 따라 각자에게'로from each according to his ability, to each according to his productivity"라는 원칙은 결함 있는 것이 분명하다고 하겠다(Hoover 1968, 297쪽). 따라서 재산권은 필요의 원칙과 공익 또는 공동선이라는 입장에서 보면 절대적으로 보장되어야 한다고 말하기는 어렵다.

(5) 재산의 재분배

사회의 생산 수단을 소수가 소유하고 통제하는 것은 바람직하며 수용할 만한가? 다수는 그저 생존하기에 급급한데 소수는 부를 이용해 정부까지 통제한다면, 재산법을 개정해 이런 지나친 불평등을 축소할 필요는 없는가? 조세로 유지되는 정부에 의해 재산권이 만들어진다고 보면, 재산권은 자연적이기보다는 관습적이다. 말하자면 조세가 없으면 정부도 없을 것이며, 정부가 없으면 재산권도 없을 것이다. 조세 정책에서 가장 커다란 관심사는 정부의 정당한 목적을 달성하기 위해 징세를 하는 것이다. 두 번째는 공정성이다. 조세는 공정해야 한다. 비슷한 상황의 사람들은 평등하게 부담을 져야 하며, 서로 다른 상황의 사람들은 불평등하게 부담을 져야 한다.

공정성에는 전술한 것처럼 '수직적 형평'과 '수평적 형평'이 개입된다. 그리고 공정성을 결정하는 데 의지할 수 있는 원칙은 '수혜benefit'의 원칙과 '납부 능력ability to pay'의 원칙이다. 이 점은 이미 상술했다.

그런데 개인에게는 자기 수입에 대한 절대적 권리가 있기 때문에 징세하는 것이 부당하다고 주장하는 이도 있을 수 있다. 개인이 정부의 도움 없이 자신의 노동으로 수입을 얻었으면, 정부가 징세할 권리는 없다고 볼 수 있다. 자유지상주의의 주장과 유사한 이러한 주장에 대해 다음과 같이 지적할 수 있겠다. ① 정부가 제공한 재화와 용역 없이는 어느 누구도 수입을 얻을 수 없다. 정부가 질서를 유지하고 정상적인 경제 활동이 이루어지게 했기 때문에 노동을 통해 수입을 얻을 수 있는 것이다. ② 재산권이 관습적이라고 본다면, 정부 없이는 재산권이 만들어지지도 않고 보호를 받을 수도 없다. 이렇게 보면, 세후의 소득이 자기 것이 된다 (Barcalow 2004, 159~160쪽).

이상에서 재산과 재산권은 무엇이며, 재산권은 어떤 근거에서 정당화되고 제한되는지를 고찰해보았다. 결국 복지 국가는 어찌 보면, 재산권의 절대적 행사를 제한함으로써——복지 국가가 부의 평등만을 목적으로 삼지는 않지만——대두하게 된 셈이다. 어떤 과정과 근거에서 복지 국가가 대두하게 되었는지를 고찰해보자.

제7장

복지 국가의 대두

소득 수준이 다른 이들에게는 '누진 과세progressive taxation'를 적용하는 것이 형평에 부합한다는 사고가 오늘날에는 대부분의 사람들에게 직관적 호소력을 갖게 되었다. 이 사고를 정당화하는 노력이 면면히 이어져 왔는데 그 과정을 간략하게 살펴볼 필요가 있다.

19세기 중반 이전의 자유주의 시대에는 수혜에 따라 과세되어야 한다는 사고가 지배적이었다. 정부의 활동이 최소한으로 제한되기는 했지만, 정부의 활동으로 인해 받게 되는 봉사는 소득에 비례해야 한다고 가정되었다. 그래서 수혜 원칙에 따라 소득에 대해 같은 세율로 부담하게 하는 '고정세/정율세(固定稅/定率稅)proportional tax'가 부과되었다. 그 결과, 세를 부담할 수 있는 능력의 차이는 무시되고 부자와 빈자가 똑같은 세율로 부담하게 되었다(Pechman 1968, 529쪽). 그러나 부자는 소득액이 많기 때문에 세율이 같더라도 빈자보다 더 많은 액수의 세금을 내게 된다.

그런데 물품세, 즉 간접세의 경우에는 문제가 다르다. 빈자와 부자가 거의 같은 양의 생활필수품을 소비한다고 가정한다면, 빈자와 부자가 물품세를 똑같이 내더라도 적은 소득액에서 똑같은 물품세를 내는 빈자의 부담이 결과적으로 더 크다. 반면에 부자가 빈자보다 전체적으로 보아 생필품만이 아니라 사치품까지 포함해 물품을 더 많이 구입한다고 보면, 부자는 물품세를 더 많이 내게 된다. 부자는 세금을 더 많이 냄으로써 사회에 공헌한다고 주장할 수 있다. 그러나 빈자는 상대적으로 적은 소득으로 더욱 어렵게 살아가게 된다. 이 상황을 오늘날의 한계효용이라는 측면에서 보면, 모두에게 같은 세율을 적용했지만, 소득에 비추어보면 결과적으로 부자에게는 세금을 적게 내게 하고 빈자에게는 많이 내게 했다고 볼 수 있다. 이렇게 보면, 빈자의 입장에서는 고정세가 오히려 '역진세(逆進稅)regressive tax'로 여겨질 수 있다. 빈자에게 유리하려면, 소득세에 대해서는 부자가 더 많이 내게 하고 물품세에 대해서는 빈자가 적게 내게 해야 한다.

19세기 후반에 와서 정부의 역할이 확장됨에 따라 누진세가 '희생 이론sacrifice theory'에 근거를 두고 정당화되었다. 이 이론은 경제적 능력에 걸맞은 납세자의 '납부 능력'이라는 원칙이 논의되면서 대두했다. 이 원칙에 따르면, 소득이 증대하면 납부 능력이 증대하므로 과세를 통해 평등한 희생을 이끌어낼 수 있다. 그리하여 능력 원칙이 역사에서 강력한 힘을 발휘했으며 누진세가 광범하게 실시되었다(Pechman 1968, 529쪽). 그래서 오늘날 누진세는 당연한 것으로 받아들여지고 있다.[34]

---

34 2013년 현재 우리나라에서는 연간 근로 소득에 대한 누진세율이 다음과 같다. 1,200만 원 이하는 6퍼센트, 1,200만 원 초과 4,600만 원 이하는 15퍼센트, 4,600만 원 초과 8,800만 원 이하는 24퍼센트, 8,800만 원 초과 3억 이하는 35퍼센트, 그리고 3억 초과는 28퍼센트다. 예컨

그렇다면 누진세를 실시하게 된 이유는 무엇인가? 복지, 기회, 소득의 불평등한 배분으로 인한 불균형을 줄이자는 데 있다. 경제적 불평등을 완화하는 정책이 적절하며, 이 목적을 달성하는 데 효율적인 방법은 누진율로써 개인의 소득에 과세하는 것이라는 논리에서다. 누진세를 통해 평등을 달성하는 것이 효율적인 방법이라고 생각되는 이유 중의 하나는, 국가가 시장의 활동에 직접적으로 개입할 필요가 없다는 데 있다(Pechman 1968, 530쪽). 그렇다면 복지 국가는 왜 생기게 되었는가? 우선 국가의 입장에서 그 과정을 간단히 살펴볼 필요가 있다. 산업 혁명 이후 나타난 새로운 산업 질서에 의해 개인들의 건강, 소득, 일반 복지가 위험에 노출되었다. 그러자 개인이 처하게 된 위험을 국가가 돌보지 않을 수 없게 되었다. 예를 들면, 자본주의 초기의 공장에서 많은 사람들이 신체에 해를 입었고, 근대적 시장에서 봉건 시대에 영주가 노동자를 해고했던 것보다 더 자주 고용주가 노동자를 해고했으며, 대가족 제도가 점진적으로 해체되면서 전통적인 사회 '안전망safety net'이 무너졌다. 이에 국가는 대책을 마련하지 않을 수 없었다. 다행스럽게도 민주주의 운동과 이에 따른 민주적 제도들에 힘입어 기존의 안전망을 상실한 사람들이 새로운 대책을 강구할 수 있게 되었다(Hicks 1995, 1187쪽).

새로운 위험에 대한 정책 대안이 여러 가지 철학적·정치적 조류에서 나왔다. 온정주의적이고 진보적인 자유주의, 사회그리스도교주의, 공산주의, 사회민주주의, 그리스도교민주주의 등을 그러한 조류로 들 수 있다(Hicks 1995, 1187쪽). 이러한 추세 속에서 사회보험 제도가 나타나게

대 연간 소득이 9,000만 원이라면 첫 번째 구간에 해당하는 세금 72만 원, 두 번째 구간에 해당하는 세금 510만 원, 세 번째 구간에 해당하는 세금 1,008만 원에다가, 네 번째 구간의 초과한 200만 원에 대한 세금 70만 원, 이렇게 해서 도합 1,660만 원의 세금이 부과된다.

되었다. 여기에는 인식의 변화가 수반되었다. 그 전에는 자신을 돌볼 책임이 전적으로 개인에게 있다고 여겨졌다. 게다가 경제적 자유주의의 시각에서는, 사회는 자연의 법칙과 힘의 산물이기 때문에 사회 개혁을 위한 입법으로도 노동자의 생활 조건을 개선할 수 없다고 여겨졌다(Barnes 1970, 175쪽). 그러나 산업 혁명으로 임금 노동이 확산되고 노동자들이 불가피한 어려움에 많이 봉착하게 되면서, 전체 사회가 구성원 각자의 복지에 책임을 져야 하며 정부는 이를 지향해야 한다는 생각으로 바뀌었다(Altmeyer 1970, 163쪽).

1. 새로운 자유주의와 공리주의

이러한 변화는 국가에 대한 견해가 달라진 데 기인했다. 경제적 자유주의와 공리주의의 관점에서 보면, 국가는 생명·자유·계약을 보호하는 임무만 진다. 따라서 사회 개혁을 위해 국가가 앞장선다는 것은 생각할 수 없다. 그러나 독일의 관념주의적 정치철학자, 특히 헤겔은 국가에 대한 새로운 이론을 제시했다. 그에 따르면, 개인은 국가의 구성원으로서만 개인으로서의 완전을 달성할 수 있다.

이 이론은 나중에 토머스 H. 그린, 버나드 보즌켓, 레너드 트렐로니 홉하우스, 존 A. 홉슨 등의 지지를 받았다. 그들은 고전적 자유주의가 특히 개인주의, 소극적 자유를 강조한다는 점을 비판했고, 무엇보다 자유방임주의의 시장 경제를 비판했다. 그리고 기본적 자원과 기회에 접근할 수 있고 질병, 실직, 노년에 대해 보호받을 수 있어야만 산업 사회에서 자유와 개체성 같은 자유주의의 기본적 가치를 실현하는 것이 가능하다고 주장했다. 따라서 개인에게 맡기는 것보다는 공동체가 이에 대비해야 더 잘 보호할 수 있다(Moon 2011, 662쪽). 이로써 국가가 역할을 확장할 철학적 기초가 마련되었다(Barnes 1970, 177쪽).[35]

자유주의의 커다란 맥락에서 본다면, 이상의 수정주의적 자유주의, 즉 새로운 자유주의만이 복지 국가의 대두에 기여한 것이 아니다. 로크 역시, 자연에 노동을 가해 자기 재산으로 삼는 것이 인정된다 하더라도 타인이 전용할 여지는 남겨두어야 한다고 보았다. 그렇다면 사유재산의 정당성을 확보하기 위해서라도 복지를 준비할 필요가 있다. 게다가 공리주의가 기여한 바도 무시할 수 없다. 최대 다수의 최대 행복을 보장하기 위해서는 국가가 복지를 준비할 필요가 있기 때문이다. 공리주의자들은 산업과 노동 계급의 조건을 논의하고 연구하는 데 주도적 역할을 한 것이 사실이다. 그리하여 공장법이나 초기 사회적 입법이 나타나게 되었다 (Moon 2011, 662쪽).

2. 사회민주주의

영미의 경우, 새로운 자유주의가 복지 국가의 대두에 기여한 바 크다. 그러나 마르크스주의가 상대적으로 강했던 대륙의 경우는 다르다. 마르크스주의자들은 자본주의 체제를 폭력적으로라도 전복하고자 했다. 그

---

35 달리 표현하면, 19세기부터 진행된 헌법의 사회화가 20세기에 들어와 구체적인 형태로 현실화되었다. 소비에트 사회주의 공화국 연방 헌법(1918), 독일의 바이마르 헌법(1919)을 예로 들 수 있다. 또한 영국의 노동당 내각 수립(1924)과 프랭클린 루스벨트의 뉴딜 정책 실시가 사회화를 구체화하는 데 기여했다고 하겠다(최은봉 2000, 27쪽).

래서 그들은 노동자의 상황을 개량하는 조처에 반대하고 복지 국가라는 사상의 대두에 비판적 입장을 취했다. 노동자의 상황이 개선되면 노동자들이 이에 안주해 혁명적 과업을 수행하지 않을 것이라는 우려 때문이었다. 구체적인 계기는 비스마르크가 사회주의의 대두를 막기 위해 노년 연금과 질병 연금을 실시한 것이었다(Moon 2011, 665쪽).

그렇지만 마르크스주의자들이 혁명적 방법을 택하기 어려운 상황이 나타나기 시작했다. 산업 사회가 성숙하면서 노동 계급이 사회에서 압도적 다수를 차지하게 되었다. 생산 수단의 소유자인 부르주아들은 경제에서 생산적인 역할을 더 이상 담당하지 않게 되었다. 전문 경영인들이 대규모 기업을 운영하고 생산 수단의 소유자는 배당 생활자라는 지위로 전락했다. 게다가 선거권이 확대되면서 사회주의자들도 선거에 참여하는 방법을 택하지 않을 수 없게 되었다(Moon 2011, 665쪽). 더군다나 이제는 사회주의 정당도 노동자들에게 표를 구걸하지 않을 수 없었다. 노동자라고 해서 반드시 사회주의 정당에 표를 던질 이유는 없었기 때문이다. 사람들은 이제 종교, 언어, 인종 등에 따라 자신의 정체성을 확인하게 된 것이다. 따라서 노동 계급을 겨냥해 정강을 세우고 득표 활동을 한다고 해서 꼭 선거에서 이기리라는 보장이 없었다. 에두아르트 베른슈타인의 수정주의가 등장한 것은 이 때문이다. 요컨대 베른슈타인은 점진적 사회주의 노선을 채택했다. 베른슈타인의 수정주의는 결과적으로 복지 국가 수용의 근거를 마련한 셈이다(Moon 2011, 666쪽).

3. 노동 계급의 투쟁

복지 국가의 대두에 기여한 것은 지식인만의 노력이 아니다. 노동 계급의 실질적인 노력도 있었다. 사회 세력들 간의 힘의 균형 또한 무시할 수 없는 요소였다. 어떠한 힘의 관계에서 복지 국가가 생기게 되었는가? 노동자의 근무 조건이 향상되고 생활이 나아진 것은 노동자 스스로의 노력 때문이기도 했지만, 인간주의적 동정으로 국가의 정책이 바뀌었기 때문이기도 했다. 그러나 초기에는 지주와 부르주아 사이의 정치적 질투와 경제적 대결 의식 때문에 노동자들에게 어부지리의 혜택이 돌아갔다는 것 또한 부인할 수 없다. 영국을 예로 들면, 1832년의 선거법 개정으로 중산 계층이 정치적 권력을 얻게 되었다. 지주의 이익을 대변하는 토리당의 입장에서는, 노동자의 근무 조건과 생활 상태를 개선할 입법 조처를 취하면, 그만큼 부르주아에게 돌아갈 이익이 감소해 상대적으로 지주의 지위가 높아질 것이라고 생각되었다. 그리하여 노동자 계급을 위한 토리당, 즉 보수파의 사회 개혁이 19세기에 이루어졌다. 대표적인 것이 1867년의 '개혁령Reform Act'이라고 하겠다. 이것은 어떻게 보면, 페르디난트 라살레 같은 사회주의자가 대두하는 것을 견제하기 위해 비스마르크가 1883년에 질병보험법을 채택해 제일 먼저 국가적인 사회보험 제도를 확립한 것에 비견된다. 이처럼 지배층에 의해 개혁이 실시되기도 했다(Barnes 1970, 173쪽 ; Gough 1979, 59쪽).

국가가 입법을 통해 사회 개혁을 하게 된 데에는 노동자의 노력이 컸다. 한 가지 예를 들면, 1848년에 유럽의 중부, 남부, 서부에서 대중이 들고일어났다. 그들은 정치 활동에 참여함으로써 억압에서 벗어나고자 했다. 독일에서는 정치적 전제주의에서 벗어나고자 했고, 합스부르크의 영역과 이탈리아에서는 정치적 자유의 보장뿐만 아니라 봉건 제도가 가하는 사회적·경제적 멍에로부터의 해방 또한 주장했다. 프랑스에서는 정치적 참여를 주장했고, 부르주아의 억압을 무너뜨리고자 했다. 영국에서는 '헌장주의자들Chartists'이 경제적 개선과 자신들의 정치적 역할을 요구했다(Barnes 1970, 177쪽). 이렇게 보면, 노동자 자신의 투쟁에 의한 압력 때문에 지배층이 노동자의 요구를 들어준 것이라고 할 수 있다(Gough 1979, 58쪽). 〈공산당 선언〉이 1848년 1월 파리에서 나타난 것을 봐도 사회주의의 영향을 무시할 수 없다.

4. 국민 국가의 형성

국가가 단지 사회 안전망을 구축하기 위해서, 말하자면 빈자의 처지가 애처롭다고 여겨서 '사회 정책social policy'을 실시하며 복지 국가를 지향한 것은 아니다. 그 이면에는 국가 간의 경쟁이 있었다. 예를 들면, 1906년에 영국에서 '학교 급식령School Meal Act'이 나왔다. 자국 내에서는 어느 누구라도 적절히 입고 먹을 수 있어야만 국가 사이의 경쟁에서 자국이 살아남을 수 있다는 생각에서였다(Gough 1979, 62·70쪽). 총력전이 될 수밖에 없는 현대 전쟁에서는 국가의 구성원 누구나가 어느 정도 의식주를 해결하고 교육을 받아야만 전쟁을 잘 치를 수 있으며, 국가가 그들로부터 충성을 이끌어낼 수 있다. 근대 국가가 국민 국가로서의 기반을 닦아가는 과정에서 내셔널리즘을 통해 '네이션nation'이라는 개념이 확장되었고, 이에 따라 피지배층 사이에 차별을 둘 수 없게 되었다. 이러한 이유에서라도 현대의 국가는 복지 정책을 실시하지 않을 수 없었다.

그리고 전쟁 수행 과정에서나 전후의 경제 회복 과정에서나 국가는 노동 조합과 협력하지 않을 수 없었다(Gough 1979, 71쪽). 다시 말하면, 국가 내적인 이유에서든 국가 외적인 이유에서든, 오늘날의 국가는 실질적인 '국민nation'을 확대해나가면서 이를 기반으로 '국가state'를 운영하지 않을 수 없었다.

이것은 근대 국가가 '국민 국가nation-state'가 되고, 나아가 복지 국가로 변모하는 과정에서 초기 자유주의 국가에서처럼 시장 경제 논리만으로 국가를 이끌고 갈 수는 없었다는 것을 의미한다. 네이션 그 자체에 공동 체적 성향이 있으므로 아무리 국가가 결사의 성격을 띠고 있어도 국가의 구성원을 시장 원칙이라는 냉혹한 자본주의 질서에 맡길 수만은 없게 되었다. 더군다나 모든 국민이 더불어 타국과 전쟁을 치르게 된다면, 국민 개개인들이 운명 공동체를 이루고 있다고 볼 수밖에 없다. 요컨대, 내셔 널리즘이 복지 국가가 태동하고 발전하게 된 데 미친 역사적 영향을 무시할 수 없다. 이러한 점은 초기에 사회보험 제도를 지지한 이들의 입장 에서도 나타난다. 그들의 입장은 다양했지만, 이들이 공유한 것이 있었다. 자유주의적이고 자본주의적인 질서를 공동체주의적인 방향으로 다시 정하거나 수정하는 것이었다(Hicks 1995, 1187쪽). 당시의 복지 정책 은 유사한 프로그램에 초점을 두는 경향이 있었다. 반드시 건강보험이나 아동 수당은 아니더라도 아동노동법, 산업재해보험, 노년보험, 실업보험 에 관심을 둔 것이었다. 그러나 재정과 금융을 통해 거시적으로 경제를 안정시키는 것과 같은 문제에서는 의견 차이가 있었다. 완전 고용을 목 표로 설정하고 직업 훈련을 보조한 정부는 몇몇에 지나지 않았다(Hicks 1995, 1187쪽). 이것은 초기 자유주의 국가가 취했던 국가와 사회, 즉 정 치와 경제를 분리한다는 원칙을 복지 국가가 고수할 수 없게 되었음을 의미한다. 그리고 자본주의 경제의 발전과 민주주의의 대두가 정부의 기능, 특히 다양한 '사회 안전 조처social security measures'를 마련하는 기능에 중요한 전제 조건이 되었다. 그래서 복지 국가는 넓게 보면 민주주의와 연관된 것이 분명하다.

그렇게 볼 수 있는 이유를 살펴보자. 토머스 험프리 마셜에 의하면, 서구의 민주주의 발달을 세 단계로 구분할 수 있다. 18세기에 법 앞의 평등, 사유재산권, 거주이전권 등의 '시민적 권리civil rights'가 주어졌다. 이것이 첫 단계다. 두 번째 단계는 19세기 중반 무렵에 '정치적 권리political rights', 특히 투표권이 주어진 것이다. 그렇지만 민주 정체에서의 시민적·정치적 권리는 추상적이고 형식적인 성격을 띠었다. 이론적으로는 모든 시민이 평등한 구성원이었지만, 실제로는 경제적 조건의 불균형으로 인해 평등은 공허한 것이었다(Baldwin 1995, 1373쪽).

그래서 '사회적 권리social rights'가 도입되어 복지 국가를 실현하게 되었는데 이것이 세 번째 단계다. 정치적 권리에 의해 개인의 자율성이 인정되어 국가라 해도 쓸데없이 국민의 일에 간섭할 수 없게 되었고, 사회적 권리에 의해 개개인에게는 타인에게 쓸데없이 간섭받지 않을 자유뿐만 아니라 어떤 일을 적극적으로 할 수 있는 자유가 주어졌다. 즉 소극적 자유에 적극적 자유가 보태어져 개인이 자기가 원하는 방향으로 국가를 만들 수 있는 권리가 주어졌다. 사회적 권리는 어떤 기본적인 생활 수준을 요구했다. 이것은 가난하다는 이유로 공동체의 구성원으로부터 유리되지 않을 것을 요구하는 근본적 권리였다. 이리하여 적극적 자유로서의 사회적 권리는 시민 생활에 완벽하게 참여하는 능력을 의미했다(Baldwin 1995, 1374쪽). 차티스트 운동을 비롯한 사회 운동 세력에 의해 보통 선거권을 위한 역사적인 투쟁이 시작되어 결실을 맺게 되었다(미셸린

2005, 45쪽). 요컨대, 이와 같이 일단 보통 선거권과 정치적 권리가 주어지자 이를 통해 노동자들이 복지 개선을 주장하게 되었다(Gough 1979, 60쪽).

그렇다면 권리를 가진다는 것은 무엇을 의미하는가? 예전의 사회에도 사회적 '시혜benefits'가 있었다. 자선, '구호alms', 빈민 구제가 있어서 곤경에 처한 사람을 내버려두지 않았다. 그러나 도움을 받는 자는 무능력자라는 낙인이 찍혀 공동체의 완전한 구성원으로 여겨지지 않았다. 그런데 사회적 권리가 주어지면서 이제는 극빈자라도 이러한 대우를 받지 않고 공동체의 구성원이 될 수 있게 해달라는 요구를 권리로서 국가에 주장할 수 있게 되었다. 사회적 권리는 시민권, 자유, 권리, 나아가 민주주의라는 개념을 확대시켰다. 이리하여 민주주의에서 시민들은 더 이상 자신을 형식적인 의미에서 평등하다고 보지 않게 되었다. 어느 정도의 물질적 안녕을 주장할 권리를 가지게 되었다. 이렇게 보면, 복지 국가는 민주주의의 오랜 역사적 발전의 최종점인 셈이다.

바로 여기에서 국가가 어떠한 원칙에 따라 배분적 정의를 실시할 것인가라는 어려운 문제에 직면하게 된다. 오늘날의 국민 국가는 문화와 역사를 같이한다는 의미에서의 인종 집단 또는 (한국인이 말하는) 민족이라는 공동체를 근간으로 하여 그 구성원들이 정치적 원칙에 합의하고 '국민nation'이 되어 결사체인 '국가state'를 만듦으로써 형성된 것이다. 말하자면 국민 국가는 공동체와 결사체의 결합이라고 볼 수 있다. 그런데 국가 형성의 바탕이 된 원래의 공동체 구성원들 사이의 연대를 표현하기 위해 필요라는 원칙에 의거해 복지에 대한 권리가 도입되었다. 그리고 시간이 흐름에 따라 복지권은 시티즌십citizenship을 규정하게 되었다. 그래서 복지 혜택을 받아야 함에도 불구하고 못 받게 된 국민은 평등한 시티즌십을 근거로 국가에 따질 수 있게 되었다. 반면에 국가는 어떠한 목적을 달성해야 하는 결사체라고 볼 수 있다. 결사체에서는 어떠한 목적을 달성하는 데 '공적merit'이 많은 이들에게 '응분desert'을 보상하는 것이 당연하다. 공적의 원칙에는 평등이 적용될 수 있지만, 원래 공동체에 적용된 필요의 원칙은 가족 사이에 필요한 것을 배분하는 것처럼 반드시 평등을 전제로 하지는 않는다. 그래서 국민 국가에서 국민들은 국민적 공동체의 구성원으로서 서로 요구할 수 있는 것과 시티즌으로서 요구할 수 있는 바를 구별할 필요가 있다(Miller 1999, 31쪽). 복지권은 전자로 시작해 후자가 된 것이라고 볼 수 있다. 게다가 국민 국가는 필요의 원칙을 충족시키면서 공적/응분의 원칙도 견지해야 한다는 이중의 부담을 안게 되었다. 그리고 한정된 자원을 국민들 사이에 배분할 때 양자 사이에 균형을 잡지 않을 수 없게 되었다.

왈저Michael Walzer가 지적하듯이 아테네의 민주주의에서는 건강이나 빈곤의 문제에 도시 국가가 별로 관심이 없었다(Walzer 1983, 69~71쪽). 가정에서 이러한 것을 포함해 의식주를 해결하고 전쟁이 났을 때 국가에 기여할 능력을 갖춘 이들이 민회에서 평등한 시민으로서 역할을 담당한다고 여겨졌다. 말하자면 아테네 시대 이후로 정상적인 시민이 되는 데는, 어떤 종류의 자격, 즉 경제적으로 독립했다든가, 교육을 받았다든가, 재산을 소유했다든가 하는 등의 조건이 갖춰졌을 때 그에 대한 보답이 따르는 '응분'이라는 전제 조건이 있었다(Miller 1999, 32쪽). 그런데 1인 1표를 표방하고 복지 국가가 되었다는 것은 이러한 전제 조건이 없어졌다는 것이다. 즉 시티즌십이 응분만이 아니라는 것을 인정하게 되었다는 뜻이다.

어쨌든 국가가 복지 국가를 지향하게 된 것은 국가가 복지의 보장에서 정당성을 찾게 되었기 때문이다. 이전에 국가가 신의 영광이라든가 국가의 확대 또는 조국 수호 등을 내걸면서 국민의 충성과 지지를 확보하고자 했다면, 이제는 국민의 물질적 이익도 충족시킴으로써 정당성을 확보하고자 한 것이다(Baldwin 1995, 1372쪽). 즉 국가가 경제를 성장시키고 성장의 결과를 상당히 공정하게 배분함으로써 충성과 지지를 확보하려하게 되었다. 오늘날 이렇게 하지 않는 국가는 드물다. 이렇게 보면 거의모든 국가가 복지 국가라고 하겠다. 〈인권에 대한 보편적 선언〉은 22조에서 "모든 사람은 사회 구성원으로서 사회 보장을 받을 권리가 있다"라고 명시하고 있다.

민주주의는 평등주의적 사회의 중심적 개념이다(Baker 1987, 8쪽). 복지 국가는 사람들의 필요, 적어도 기본적 필요를 충족시킨다. 재정적 지원을 통해 적어도 경제적 측면에서는 사람들을 어느 정도 대등하게 만들어주려 하는 셈이다. 그러나 다른 각도에서 보면, 국가가 사람들에게 필요한 것을 잘 알고 있고 곤궁한 사람은 국가로부터의 혜택을 받기만 하면 된다는 입장을 취하게 되면, 복지 국가는 사람들을 지원하는 것만이 아니라 사람들을 통제하는 것이 된다(Baker 1987, 10쪽). 그리고 평등은 복합적인 개념이기 때문에 경제적 평등이 이루어졌다고 해서 모든 측면에서 평등이 이루어지는 것은 아니다. 그래서 복지 국가가 경제적 평등만을 도모하다 보면, 경우에 따라서는 오히려 불평등으로 나아가게 된다. 그러므로 복지 국가가 되었다고 해서 평등한 사회가 이루어지는 것은 아니다(Baker 1987, 5 · 10쪽).

인간은 경제적으로 품위 있는 생활을 하고 싶어 하고, 권리를 실질적으로 평등하게 행사하고 싶어 하고, 존중받고 싶어 하고, 공동체 내에서 서로 평등하게 유대감을 느끼고 싶어 한다. 요컨대 인간은 자신의 삶을 통제하고 싶어 한다(Baker 1987, 7~8·11쪽). 경제적으로 어느 정도 평등해야 기본적 필요를 충족시키는 것이 가능해지며 정치적 평등이 가능해진다. 이렇게 보면 경제적 평등은 다른 측면의 평등을 이루는 데 중요한 역할을 하지만 그것이 모든 평등을 보장하는 것은 아니다(Baker 1987, 13쪽). 그래서 국가는 모든 사람이 자신의 선에 대한 관념에 따라 자신의 삶을 통제할 수 있도록 물질적, 제도적 수단을 평등하게 보장하는 것을 주 과제로 삼아야 한다(Baker 1987, 19쪽).

| 제8장 |

자유주의의 변모

복지 국가가 형성돼온 과정은 자유주의 국가가 변모해온 과정이라고
도 볼 수 있다. 그렇다면 어떤 이유에서, 어떤 과정을 거치며 자유주의가
변모했고 이에 따라 자유주의자들이 신성시했던 재산권이 어떻게 변모
했는지를 살펴보자.

1. 고전적 자유주의

자유주의자들은 사유재산권을 인정하면 장밋빛 사회가 펼쳐질 것처
럼 낙관론을 갖고 있었다. 각 개인으로 하여금 자유 시장에서 자신의 이
익을 추구하게 하면 개인도 잘되고, 시장 전체도 잘된다고 생각했다. 그
렇게 되려면 무엇이 전제되어야 하는가? 시장 가까이로 거주를 이전하

고 상인을 직업으로 선택할 자유 또는 권리가 우선 부여되어야 한다. 이러한 것을 시민적 권리라고 부른다. 그리고 시장에서 이익을 추구하게 하자면, 이윤을 추구할 경제적 자유를 부여해야 한다. 또한 경제적 자유를 보장한 이상, 개인이 시장에서 획득한 이익을 재산으로 삼을 수 있도록 사유재산 제도를 인정해야 한다. 나아가, 이렇게 해서 형성된 개인의 재산을 국가가 부당하게 빼앗는 것을 방지할 수 있도록 개인에게 정치적 권리가 부여되어야 한다. 이렇게 자유 시장의 메커니즘이 작동하는 데 가장 적합한 정치 질서가 당시에는 자유주의 국가라고 여겨졌기 때문에 공리주의자들은 개인이 하는 일에 국가가 쓸데없이 간섭하지 않는 제한 정부를 옹호하지 않을 수 없었다. 게다가 자유주의자들은 보이지 않는 손에 의해 이익이 자동적으로 조절되어 개인의 이익과 타인의 이익이 갈등을 일으키지 않고, 나아가 개인의 이익이 집단 또는 국가의 이익과 부합할 것이라고 생각하기까지 했다. 즉 개인의 이익과 전체의 이익 사이에 갈등이 없으리라고 생각했다. 그렇다면 정치 사회에서의 중요한 문제는 모두 해결되는 셈이다. 이처럼 초기의 자유주의자들은 자유와 정의가 시장 질서 및 사유재산 제도와 밀접하게 연관된다고 보았다(Gaus 2000, 49쪽). 그래서 자유주의 시대에 인간의 삶은 밝을 것이라는 낙관론을 폈다.

그런데 앞에서 종합부동산세를 가지고 재산권과 복지권을 논한 것은 자유와 평등의 갈등 관계를 더 쉽게 부각하기 위해서였다. 정의의 대상이 재산이기 때문이다(Hume 1992a, 201쪽). 그래서 재산과 재분배에 관련된 문제에 관심을 집중시켜 자유에 대한 논쟁을 많이 다루었다(스위프트 2012, 133쪽). 이 때문에 자유주의의 본령이 마치 재산권의 옹호에 있는 것처럼 비쳤을 수도 있는데, 그렇지 않다. 여기서는 일단 이 점을 밝히고자 한다.

자유주의는 개인에게 더 많은 자유를 부여하는 방법과 정책을 믿는다. 그래서 '개성personality'을 자유롭게 표현하는 것에 가치를 부여하고, 인간에게는 개성을 자신에게나 사회에 귀중한 것으로 만들 능력이 있다고 믿으며, 자유로운 표현과 그러한 자유의 가치를 보호하고 촉진하는 제도와 정책을 지지한다(Smith 1968, 276쪽). 따라서 자유주의는 자유를 향유하기 위한 개인의 권리를 보장하려고 노력했으며, 이를 위해 헌정적 제도를 마련하고자 했다. 자유주의가 사유재산을 강조하는 것은 재산이 있으면 개인이 더 많은 자유를 누릴 수 있고 개성을 표현할 수 있다고 여겨지기 때문이다. 이렇게 보면 재산은 자유를 위한 수단적 가치가 있는 셈이다.

인간에게 자유를 보장하는 것이 자유주의의 목적인 만큼 자유주의 사상과 관행은 독단적 권위를 싫어하고 개성을 자유롭게 표현하는 것을 중시했다. 그래서 초기 자유주의에서 독단적 권위에 맞서 자유를 옹호하기 위한 하나의 방편이 동의에 의한 정부였다. 자유주의는 양심의 자유와 종교적 관용을 주장함으로써 독단적 권위에서 벗어나려고 했다. 그렇다 보니 전통적 권위보다는 이성의 권위를, 그리고 계시된 권위보다는 증명되는 권위를 옹호했다. 자유와 권위의 문제를 판단함에 있어 개인의 이성에 의존하게 됨으로써 자유주의는 자연히 개인주의적으로 되지 않을 수 없었다(Smith 1968, 276쪽). 그래서 시장 질서와 제한 정부를 옹호했다. 자유주의자는 민주주의를 조심스럽게 옹호했다. 민주주의가 자유를 보호하는 한에는 민주주의를 지지했지만, 존 스튜어트 밀이 그랬듯이 지나치게 자유를 제한하는 민주주의에는 반대했다. 이와 같은 자유주의를 보통 고전적 자유주의라고 부른다.

2. 수정주의적 자유주의

19세기 말에 자유주의는 고전적 자유주의와 수정주의적 자유주의로 분화되었다. 고전적 자유주의는 이미 살펴본 것처럼 최종적으로는 존 스튜어트 밀과 같은 이들에 의해 대변된다. 고전적 자유주의는 인간을 다양한 형태의 간섭으로부터 벗어나게 해 타인을 해치지 않는 한에서 인간의 삶을 만족스럽고 의미 있게 만들고자 했다. 그리고 개인이 자신의 신념에 따라 자신의 삶을 영위하는 것을 옹호했다. 고전적 자유주의자들은 국가의 권력을 불편해했고 제한하려 했다. 그래서 국가가 권력을 사용해 개인의 삶에 간섭하려면 이유가 정당해야 한다고 주장했다. 정당화의 근거가 존 스튜어트 밀에게서는 개인의 자유를 침해하지 않아야 한다는 위해의 원칙이 되는 셈이다. 고전적 자유주의자들은 또한 인민을 위한 '자결(自決)self-determination'이나 정치적 독립을 지지하는 경향이 있었다. 예컨대 그들은 오스만 제국으로부터 독립하려는 그리스인들을 지지하기도 했다(Barcalow 2004, 131쪽).

반면에 수정주의적 또는 새로운 자유주의는 자유주의를 사회주의에 근접시키려 했다. 홉하우스는 '자유주의적 사회주의liberal socialism'를 옹호하게 되었고(Hobhouse 1964, 87쪽), 자유주의적 사회주의가 존 스튜어트 밀의 교의를 발전시킨다고 보았다(Hobhouse 1964, 58~62쪽). 존 스튜어트 밀은《자유론On Liberty》에서 자유는 개인의 발전과 성장을 위해 필요하다고 주장했다. 말하자면, 자신의 의지로 선택할 수 있는 범위가 커지면, 인간은 자신의 재능과 능력 또는 능력에 적합한 삶을 선택할 수 있다. 그래서 홉하우스는 자유의 기초는 성장이라는 개념—— 이 개념이 고전적 자유주의에서 없었던 것은 아니지만—— 이라고 역설했다

(Hobhouse 1964, 66쪽). 그렇다면 자유주의는 개인이 스스로 성장하고 발전할 여건을 마련해주어야 한다. 그런데 자기만 발전한다고 해서 자기 발전이 이루어지는 것은 아니다. 다른 사람들과 더불어 발전해야만 자신이 발전할 수 있다.

그러려면 인간은 서로를 이성적 존재로 대해야 하며, 인간에게 자유가 있어야만 인간을 이성적 존재로 대하는 것이 가능하다(Hobhouse 1964, 66쪽). 따라서 집합적 행동과 상호 부조가 개인적 자유와 상호 억제만큼이나 사회생활에 기본적이다(Hobhouse 1964, 67쪽). 결국 자유와 강제는 상호 보완적이다(Hobhouse 1964, 81쪽). 그렇다면 자유의 중요성은 선 그 자체의 본질에 달려 있다(Hobhouse 1964, 70쪽). 서로가 발전할 수 있는 여건을 갖추려면 법 앞의 평등과 기회의 평등이 보장되어야 한다(Hobhouse 1964, 70쪽). 게다가 완전한 자유는 필히 완전한 평등을 가져오게 해야 한다(Hobhouse 1964, 7·17쪽).

자유가 평등하게 보장되려면 민주주의가 이루어져야 하고, 민주주의를 통해 공동체 구성원은 공동체의 일에 참여해 자신의 기능을 담당할 수 있게 된다(Hobhouse 1964, 116~117쪽). 그렇기 때문에 홉하우스는 국가와 사회에 대해 '총합주의적holistic' 견해를 취했지만, 반자유주의적이고 초개인적인 조직을 지지하는 헤겔의 형이상학적 국가론에 반대해 자유를 자기 존중의 기초로 보았으며 민주주의를 옹호했다(Hobhouse 1951, 137쪽).

그러나 평등과 상호 발전을 위해 수정주의적 자유주의자들은 사유재산과 거리를 두고 재산의 자유를 다시 해석함으로써 민주주의적 복지 국가를 포용했다. 개인의 자유가 수정주의적 자유주의의 핵심에 남아 있기는 하지만, 수정주의자들은 사회 정의를 추구하고 시장 관계를 수정하는 광범한 민주주의적 복지 국가와 자유를 조화시키고자 했다. 그래서 적극적 자유도 강조하게 되었다. 이렇게 보면, 고전적 자유주의와 수정주의적 자유주의는 자유, 평등, 정의에 대한 관념을 달리한다. 그러나 자유를 강조한다는 점에서는 일치한다(Gaus 2000, 49쪽).

그런데 자유주의가 두 가지 중요한 목표를 갖게 된 데에서 문제가 발생했다. 하나는, 국가가 되도록 개인의 생활에 간섭하지 않는 것이다. 즉 '비간섭noninterference'이 하나의 목표다. 다른 하나의 목표는 '선거권 확대enfranchisement'다. 개성의 자유로운 표현을 위해서는 기회 균등이 뒷받침되어야 하는데, 이는 선거권 확대를 통해 달성되기 때문이다. 양자는 서로 보완적이지만 갈등을 일으키기도 한다. 국가가 비간섭이라는 목표를 극단적으로 밀어붙이다 보면, 개인은 사회 · 집단 · 경제력에 좌우되도록 방치되고 만다. 또한 국가가 두 번째 목표만을 지향할 경우, '국가주의statism'와 '기술주의 사회technocracy'가 도래할 수 있다. 양자 사이에 있을 수 있는 갈등에 직면해 자유주의는 어느 극단으로 치우쳐서는 안 된다. 양자를 어떻게 조화시키는가가 자유주의의 당면 과제라고 하겠다. 어느 한쪽을 극단적으로 옹호하는 것은 다분히 비자유주의적이기 때문이다(Smith 1968, 277쪽).

이처럼 자유주의는 본원적으로 갈등의 소지를 안고 있다. 그런데 자유와 공리의 결합을 통한 낙관적 기대가 무너지기 시작했다. 앞에서 언급한 바와 같이 개인에게 자유를 보장하면 자유만이 아니라 전체의 공리도 증진된다고 여겨졌었는데, 그것이 여의치 않게 되었다. 자유주의와 공리주의의 결합 위에 '사회적 다원주의social Darwinism'가 덧붙여지면 비인간적인 논리가 배태될 수 있다. 다윈의 적자생존 논리로 보면, 최대 다수에게 최대 행복을 가져다줄 수 있는 부르주아는 생존할 가치가 있는 존재가 된다. 여기에다가 어느 정도의 인구 감소가 필요하다는 맬서스의 주장이 덧붙여지면, 현실적으로 사회의 부적자인 프롤레타리아는 사회에서 도태될 수 있고, 부르주아만이 생존해야 한다는 주장이 가능해진다.[36] 그렇게 되면 자유와 공리를 평등하게 향유할 모든 사람의 권리를 자유주의가 부인하게 되는 셈이다. 게다가 다윈주의가 개인이 아니라 내셔널리즘과 결합한 국가에 적용되면, 적자인 네이션이나 국가만이 생존하는 것이 당연하다는 주장이 제기될 수 있다(Russell 1972, 727·780쪽). 그렇다면 자유주의는 제국주의의 면모를 띠지 않을 수 없다.

자유주의와 결합한 자본주의의 폐단이 현실에서도 나타나게 되었다. 이 폐단으로 인해, 자유와 공리는 과연 누구를 위한 것이고 어떻게 결합해야 하는가라는 질문이 제기되었다. 자유주의와 자본주의의 폐단이 나타나면서 무제한의 자유 경쟁을 옹호할 수도 없게 되었다. 이러한 폐단을 제거하기 위해 수정주의적 자유주의가 대두했다. 자유주의의 폐단은 일찍이 해럴드 J. 래스키가 《유럽 자유주의의 대두The Rise of European Liberalism》(1936)에서 지적했다. 그에 의하면, 자유주의는 모든 계급과 인종을 초월한다는 보편성을 표방하지만 실제로는 중산 계급이 정치적 지배권을 장악하기 위한 이데올로기에 지나지 않으며, 그렇기 때문에 자유주의는 스스로 몰락을 재촉하지 않을 수 없다(김학준 2007 ; 김세균 2008).

이에 대해 보충 설명이 필요하다. 자유주의 국가의 근간인 부르주아는

---

36 다윈은 맬서스의 《인구론》(1798)을 모든 동식물에 적용한 것이 자신의 이론이라고 밝혔다. 《인구론》은 당시 지식인들에게 호응을 얻었는데, 《인구론》이 주장한 바가 사실이라면 자선을 베풀 필요가 없으며 경제학은 칼라일이 지적한 것처럼 암울한 학문일 수밖에 없다. 그리하여 1834년의 〈신구빈법〉에 의해 구빈원에 수용되는 사람들만이 공공 구제를 받게 되었다. 찰스 디킨스의 《올리버 트위스트》(1838)는 구빈원 생활을 다루었는데, 〈신구빈법〉의 부도덕함을 지적하고 《인구론》을 반박한 셈이다.

어떤 종류의 사회적 관계를 나타내기 때문에 중요하다(Williams 1982, 311쪽). 그 사회적 관계를 우리는 보통 개인주의라고 부른다. 각 개인은 자연권을 가진 것으로 간주되며, 개인들이 자유롭게 자신의 능력과 이익을 추구하는 중립적인 영역이 사회라고 간주된다. 그렇기 때문에 국가는 이 자연권을 옹호하기 위해 노력한다. 이 점에서는 국가가 '보호적protective'이라고 말할 수 있다. 사회에 대한 이처럼 순수한 부르주아적 관점은 그 후 점차 흐려지게 되었다(Williams 1982, 311~312쪽).

사회주의자나 공산주의자는 사회를 중립적이라거나 보호적이라고 보지 않고 개인의 발전을 포함한 모든 종류의 발전을 위한 적극적인 수단으로 보았다. 발전과 이익은 개인적인 것이 아니라 공통적인 것으로 해석된다. 생산과 마찬가지로 분배에서도 삶의 수단을 지급하는 것은 집합적이고 상호적이다. 그렇기 때문에 자신이 속한 계급으로부터 탈피하려고 하거나 출세를 하기 위한 기회가 아니라 모두가 일반적으로 통제를 받으면서도 진보해나감으로써 각자의 삶을 개선하려고 한다. 인간이 축적한 것은 모든 점에서 공통의 것으로 여겨지며, 이에 접근할 자유는 인간이 인간이기 때문에 가지는 권리로 간주된다(Williams 1982, 312쪽).

이상과 같이 사회와 국가에 대한 부르주아적 관념과 사회주의적 관념은 구분된다. 그러나 이 구분은 영국을 예로 들면 '봉사라는 관념idea of service'으로 인해 흐려지게 되었다. 이 관념은 빅토리아 시대의 중산 계층에서 생겨나서 그 후에도 계승되었다. 그리고 영국이 제국주의 국가가 되어 공동체에 대한 감각이 국가적이거나 맥락에 따라서는 제국적인 것으로 바뀐 것도 부르주아적 관념과 사회주의적 관념의 구분을 흐려지게 하는 또 다른 이유가 되었다. 게다가 계급의 본질에 대한 오해라는 이유도 있었다(Williams 1982, 312쪽). 계급 감정은 그 계급에 속하는 모든 개인들이 단일하게 지니는 감정이라기보다는 하나의 '양식mode'이다. 예를 들어 '노동 계급 관념working class idea'이라는 말이 있지만, 이것은 모든 노동 계급이 이 관념을 가지고 있다거나 이를 인정한다는 의미는 아니다. 노동 계급 관념이란 노동 계급이 만드는 조직과 제도에 구체화된 본질적 관념을 의미한다. 그래서 마찬가지로 노동 계급 운동도 모든 노동 계급 인민 개개인의 운동이 아니라 하나의 '경향(성향)tendency'을 말한다. 계급은 집합적 양식이지 사람이 아니기 때문에 개인들을 엄격한 계급이라는 용어로 해석하는 것은 잘못이다. 동시에 관념과 제도를 해석하는 데에는 계급이라는 말을 쓸 수 있다. 그러나 이것도 우리가 고려하고 있는 사실이 무엇인가에 따라 다르다. 계급 때문에 개인을 염두에 두지 않는 것도, 그리고 계급이라는 말로 개인들 간의 관계를 판단하는 것도 인간을 추상으로 환원하는 것이다. 그러나 집합적 양식이 없는 것처럼 가장하는 것은 평범한 사실을 부정하는 것이다. 개인의 가치는 사회에 근거하며, 이렇게 근거한다는 방식으로 생각하고 느낄 필요가 있다(William 1982, 313~314쪽).

어쨌든 자본주의에서는 경제력이 일정한 곳에 집중되고 빈부 격차가 계급 대립을 가져오기 때문에 자유주의의 몰락이 재촉될 것이라는 견해가 나타났다. 이에 재산이 광범하게 분배되어야 한다는 주장이 제기되었다. 그리고 사유재산이 자유를 보장한다는 관념과, 재산을 가진 이는 공공의 이익을 항상 유념해야 하고 부자는 잉여의 부를 나누어 가져야 한다는 관념이 중세부터 있었다(Piettre 1972, 76쪽).

이러한 관념이 있었다는 것은 19세기 후반과 20세기 초에 고전적 자유주의 및 이와 연관된 사상과 정책이 수정되지 않을 수 없었음을 시사한다. 자유주의는 민주주의 또는 공화주의, 내셔널리즘, 사회주의의 압력을 견뎌내야 했기 때문이다. 그리하여 소극적 자유보다 적극적 자유가 더 강조되었다. 자유로운 개인이 중심적 가치를 갖는다는 것은 변하지 않았지만, 이를 달성하기 위한 가치가 무엇이고 수단이 무엇인지에 대한 생각은 달라졌다(Smith 1968, 280쪽).

그리하여 물질적 자산을 통제하는 절대적 권리는 공공의 이익을 위해 제한되거나 폐지되었다. 그러나 몰수를 하는 경우에는 보상을 해야 한다. 재산에 대한 법이 사회적 성격을 띠는 것은 집이나 공장에 대한 건축 규제에서 두드러지게 나타났다(Piettre 1972, 75쪽). 이처럼 구체적 사물에 대한 소유권은 19세기 후반부터 약화되어 재산은 권리로서의 재산에서 기능으로서의 재산으로 변모하게 되었다. 재산의 사회적 기능이 중시되어, 바이마르 헌법에는 "재산은 의무를 부과한다Das Eigentum verpflichtet/property imposes obligations"라고 명시되었다.[37] 특히 부동산에 대해서는 더욱 제약이 가해졌다. 건축할 권리가 제한되거나, 공공 단체만이 아니라 개인도 사회적 필요(예를 들면 주택 공급, 도시 재개발)에 의해 토지를 강제 매입할 수 있게 되었다(Piettre 1972, 77쪽).

이와 같은 일련의 경향에 따라, 앨버트 V. 다이시에 의하면, 1870년대에 '사회적 또는 정치적 신념의 혁명'이 일어났다. 1847년에 여성과 어린이는 하루에 열 시간, 한 주에 58시간 이상 노동할 수 없게 하는 '열 시간

---

37 'duty'와 'obligation'은 내용상 다르다. 대체로 전자는 의무를 지는 쪽의 자발적 행동과 관계 없이 생기는 의무이고 후자는 자발적 행동과 관련해 생기는 의무라고 볼 수 있다. 일반적으로 부모에게 효도할 의무는 'duty'에 해당하고 납세할 의무는 'obligation'에 해당한다고 하겠다. 자식이 되는 것은 자발적 의지와 관계없이 일어나는 일이지만, 국가의 구성원이 되는 것은 자발적 의지에 의해 일어나는 일이기 때문이다. 'duty'를 의무로, 'obligation'을 책무로 구별해 번역하는 것이 명확한 경우가 있다. 그래서 필자는 경우에 따라 이들을 구별해 번역 했다.

안(案)Ten Hours Bill'이 자유주의자들의 맹렬한 반대를 넘어 통과되었다. 이 안에 반대한 이들 대부분이 벤담주의자이거나 벤담 추종자들이었다. 이들은 끝내 하루에 최대 열 시간 반 동안 노동할 수 있게끔 법을 개정했다. 그렇다면 자유주의자는 어떤 이유에서 이 안에 반대했는가? 약자를 강자의 폭력으로부터 보호하거나 무능한 개인을 보살피는 것처럼 국가가 개인을 보호할 수 있다. 그런데 그렇게 하는 것은 개인을 아무런 도움이 되지 않는 의존 상태에 빠뜨리는 것이 되며, 개인으로부터 자유를 앗아가는 것이 된다. 고전적 자유주의자의 시각에서는 '열 시간 노동안'은 그러한 개입이며 강제였다. 열 시간 이상 노동하고 싶어도 할 수 없도록 국가가 제한하는 것은 제한을 당하는 이들에게 이익이 되는 것이 아니라 그들의 자유를 제한하는 것이라고 여겨졌던 것이다(Girvetz 1950, 60~61쪽).

어쨌든 이 안의 통과는 혁명의 전조라고 부를 수 있었다. 이것의 의의는 정부의 행동에 대한 새로운 원칙이 제시되었다는 데 있다. 이는 사회주의를 지향하는 것이어서 향후의 무제한적인 혁명을 배태하고 있었다(Dicey 1926, 237~238쪽). 1870년 이후의 입법 활동은 자유주의자의 시각에서는 국가가 나설 일이 아닌데도 국가가 더 훌륭한 판단자를 자임하고 나선 것이었다(Girvetz 1950, 61~62쪽). 고전적 자유주의자는 정부의 이러한 시도를 거부했다. '온정주의paternalism'는 개인의 창의성과 자조(自助)를 서서히 약화시키며, 합리적 성인은 어느 정부보다 자신의 이익에 대해 더 잘 알고 있다고 여겼기 때문이다(Girvetz 1950, 68쪽).[38]

---

38 아버지가 자식을 염려/배려하듯이 국가가 국민을 배려해 간섭하고 개입하는 것을 '온정주의 paternalism'라고 한다. 이러한 태도는 국민 개개인을 자율적 존재로 보지 않는다는 점에서 자유주의 국가에서는 수용되기 어렵다.

1870년 이후 나타난 '개입주의적interventionist' 입법은 고전적 자유주의의 시각에서는 '집산주의적'이며 '사회주의적'이었다. 당시 경제를 지배하고 있던 계급은 대부분 이에 반대했다. 어쨌든 1870년 이후 영국이라는 국가의 행동 범위가 확대된 것은 사실이다.[39] 그래서 다이시는 '사회적 또는 정치적 신념의 혁명'이 일어났다고 기술했다.

말하자면, 19세기에 자유주의와 마르크스주의의 경쟁으로 페이비언 사회주의(또는 점진적 사회주의)가 대두되었을 때, 시대의 사조는 많이 달라졌다. 18세기의 합리주의와 자연법이라는 형이상학은 밀려나고 자연 상태로부터 이상 사회에 대한 모형을 얻으려는 생각도 사라졌다(Dobb 1968, 448쪽). 다이시가 말하는 혁명이 일어나게 된 것은 이처럼 자유의 수단이 재평가되었기 때문이다. 후기 자유주의자들은 자유가 실현되는 사회적 환경을 더욱 중시했다. 앞에서 살펴본 것처럼 존 스튜어트 밀이 고심한 문제는 정부로부터의 자유가 아니라 사회가 개인의 자유에 가하는 강제와 방해였다. 그의 시대에는 '사회 속의 인간man in society'이라는 측면이 강조되었던 것이다(Smith 1968, 281쪽). 이러한 인식 변화로 참여를 통해 자유가 옹호될 수 있다는 생각이 퍼지게 되었으며, 아울러 참여를 촉진하기 위해 교육과 기회의 평등을 보장하는 사회 제도가 마련되었다.

1905년에 비어트리스 웹을 중심으로 한 영국 왕립 빈민법위원회는 빈민 구제·관리 실태를 조사했다. 그리하여 이전의 모든 빈민법은 단순히 빈곤을 덜어주는 데 목적이 있었으며 빈곤을 예방하는 조처도 같이 취

---

39 이에 반해 미국에서는 1933년에 이르러 자유방임이 병들게 되었지만 1937년의 헌정 위기 전까지는 살아 있었다. 미국에서는 이 시기까지를 '기업의 자유' 시대라고 부르며, 그 반대를 '복지 국가'라고 경멸적으로 부른다(Girvetz 1950, 68쪽).

해져야 한다는 결론을 내놓았다. 이에 1906년에 처음으로 최저임금제가 도입되고 1911년에는 전 국민 건강보험이 도입되었으며, 1917년에는 세습귀족제 폐지 정책이 주장되기에 이르렀다(오병헌 2011, 67쪽). 이어서 데이비드 로이드 조지 정권은 '사회보험social insurance' 정책을 실시했다. 그 결과 노동자들은 '보상compensation', 노령 연금, 질병과 실직에 대한 보험, 공공 주택 등의 혜택을 누릴 수 있게 되었다. 이에 대해 오늘날의 영국 정당들은 당연한 것으로 간주한다(Girvetz 1950, 38쪽).

'사회 보장/안전social security' 정책이 실현된 것은 비교적 최근의 일이다. 그 과정에 반대가 많았다. 노동 계급이 점차 강력한 세력으로 대두하지 않았다면 이 정책은 전개되지 않았을 것이다. 이 점에서 프랑스는 영국에 뒤처져 있었으며, 미국의 경우 대공황 이전에는 사회 보장에 대한 관념이 희박했다.

사회 보장에 대한 반대가 제기된 배경에는 자유주의자의 논리가 있었다. 사회보험이라는 형태의 사회 안전과 최소한의 생활 수준 대비라는 형태의 사회 안전은 '아무것도 하지 않고 무엇을 가져가는 것'이므로 노력과 창의력을 저해한다고 여겨졌다. 이러한 시각에는 시장에서의 가격은 공정한 가격이라는 전제가 깔려 있었다. 만약 시장 가격 이상으로 지불받게 되면 더 얻기 위해 노력하려는 동기가 없어질 것이다. 마찬가지로, 국가가 최소한의 생활 수준을 보장하면 더 이상 노력하지 않으려는 사람이 많이 나타날 것이다. 최소한의 생활 수준을 보장받지 못할 위험이 있어야만 생산성이 높아진다(Girvetz 1950, 38~39쪽). 그래서 가난은 사회에서 가장 필요하고 불가결한 것으로 여겨졌다.

하지만 자유주의는 모든 사람을 자유롭고 평등하게 만드는 것을 지향하지 않을 수 없었다. 자유의 평등화라는 논리에서 봐도, 만약 정치적 권리의 평등이 모두가 자유를 향유하는 데 긴요한 것으로 간주된다면 투표권의 확대를 인정하지 않을 수 없었다. 투표권이 제한되어 있다는 것은 자유주의 국가가 이상으로 삼는 '법의 지배rule of law'조차 제한된 사람에게만 적용된다는 것을 의미하는데, 법의 지배는 예외가 없어야 하기 때문이었다. 이렇게 국가가 불리한 입장에 놓인 집단을 돕게 된 것은 외적 방해로부터의 자유보다는 자유에 대해 개인이 주관적으로 느끼는 바를 더 중시하게 되었기 때문이었다(Smith 1968, 281쪽). 그래서 자유주의 국가는 정치적 평등을 지향하는 투표권을 확대해 민주주의 국가로 변모하지 않을 수 없었다. 더욱이 자유주의는 최소한의 생활 수준 보장이라는 가장 기본적인 경제적 평등을 외면하고 있을 수만은 없었다. 최소한의 경제적 평등이 인간을 평등하게 하고 더욱 자유롭게 한다면, 이를 거부할 수 없게 된 것이었다. 이러한 추세에 맞추어 자유주의의 논리가 변모하면서 오늘날 자유민주주의적 복지 국가가 대두하게 되었다. 자유주의 이론의 변모에 기여한 이들로 그린, 보즌켓, 조사이어 로이스 등을 들수 있다. 이들은 국가가 역할을 확장할 수 있도록 철학적 기초를 마련했다. 이상과 같이 경제적으로는 자본주의를, 정치적으로는 의회민주주의를 기본으로 하는 자유주의는 자기 수정과 자기 극복을 하지 않을 수 없었다. 요컨대, 전술한 것처럼 소극적 자유에 적극적 자유를 덧붙이지 않을 수 없었다.

그리하여 20세기에 들어 자유주의는 '복지 자유주의welfare liberalism'라고 불리게 되었다. 복지 자유주의자들은 자유에 높은 가치를 부여한다. 그러나 자유에 대해 좀 더 광범한 관념을 갖거나, 앞으로 논하게 될 롤스처럼 다양한 자유의 가치나 값어치를 이론에서 고려한다. 고전적 자유주의자는 간섭을 자유에 대한 유일한 또는 적어도 일의적 제한이라고 보았고, 간섭을 제거하는 것이 선택의 폭을 넓혀주고 자유를 증진시킨다고 보았다. 그러나 복지 자유주의자는 자유를 적극적이며 소극적인 제약으로 보았다. 그러한 제약이 없는 것이 강압만큼 혹은 강압보다 더 효과적일 수 있다. 예를 들어, 신문조차 살 돈이 없는 사람에게 신문이 있는 도서관을 자유롭게 이용할 수 있게 해주는 것은 정부의 강제로부터 벗어나게 하는 것만큼이나 중요하다(Barcalow 2004, 131쪽). 그러므로 복지 자유주의자는 강압으로부터 사람들을 보호하고 자유를 확장하려 하며, 빈곤과 같은 막을 수 있고 교정할 수 있는 소극적인 외부 제약으로부터 사람들을 벗어나게 하려 한다(Barcalow 2004, 132쪽).

자유주의의 폐단을 지적한 래스키는 러시아 혁명이 역사적으로 이전의 종교 개혁이나 프랑스 혁명에 비견될 만한 것이라고 주장했다. 많은 지식인이 이에 공명했다. 예를 들면 역사가 에드워드 핼릿 카는《서양 세계에 대한 소비에트의 충격The Soviet Impact on the Western World》(1947)에서 소비에트연방의 성립은 16, 17세기에 시작된 역사 시대의 종언을 상징한다고 기술했다. 그러나 많은 이들의 예측과 기대에 어긋나게 소련은 74년간의 거대한 실험 끝에 해체되고 동구권도 몰락했다. 이로써 이념으로서의 사회주의만이 아니라 체제로서의 사회주의도 지구상에 존속할 수 있는지가 의문시되고 있다.

그렇다고 해서 이것이 자유주의의 승리로 해석될 수 있는가? 승리로, 또는 승리와 비슷하게 해석한 이가 프랜시스 후쿠야마다. 그는《역사의 종언과 최후의 인간The End of History and the Last Man》(1992)에서 자유주의——물론 여기서 자유주의는 고전적 자유주의가 아니라 자유민주주의적 복지 국가를 의미하지만——의 승리를 논하면서, 근본적 모순도 체제의 선택도 없는 시대가 도래했다고 주장했다. 그러나 과연 그렇게만 해석될 수 있는 것인지, 의문의 여지가 있다 하겠다. 고전적 자유주의는 인간이 이성적이고, 합리적인 행동을 하며, 자유롭게 결정한다는 낙관론에 기반을 두고 있었지만, 대규모 전쟁, 집단적 비극과 참상 등을 겪은 후 과연 인간에게 자유롭고 합리적인 결정을 내릴 능력이 있는가 하는 회의가 생겨났기 때문이다. 또한 21세기가 직면한 과제 중 하나가 자유라는 이름으로 행해지는 부정의이기 때문이다(김철 2009a, 174쪽).

제9장

민주주의의 대두와 발전

자유주의가 변모했다는 것은 자유주의가 민주주의를 받아들여 자유민주주의가 되고, 끝내는 자유민주주의적인 복지 국가로 나아갔다는 것을 의미한다. 다르게 말하면 자유주의와 권리의 개념, 그리고 물질적 번영과 더불어 민주주의가 성장했다는 것을 의미한다. 여기서는 민주주의의 대두와 발전에 대해 살펴보자.

익히 알다시피 '민주주의democracy'는 그리스어 'dēmokratia'에서 온 말이다. 'dēmokratia'는 지배를 의미하는 'kratos'와 민중/인민을 의미하는 'dēmos'의 합성어로, 민중/인민에 의한 지배 또는 민중/인민의 수중에 있는 힘에 의한 지배를 의미했다(Dunn 2004b, 34쪽). 그래서 원래 'dēmokratia'라는 여성형 명사는 정당성의 근거라든가 좋은 의도나 고상한 임무로써 규정되는 '정체regime'를 의미한 것이 아니라 페리클레스가 기원전 430년의 '전몰자 칭송 연설'에서 지적한 것처럼 그저 특정 형태의 '정부government'를 의미했다. 이 정부는 소수가 아니라 다수의 이익을 증진하려 했으며, 사적인 일에서 시민의 평등을 보장했고 공적인 영예를 위해 경쟁할 자유를 평등하게 보장했다(Dunn 2004a, 26쪽). 게다가 민주주의는 권력을 조직하는 방식, 즉 정부의 형태만이 아니라 생활의 방식을 의미하기도 했다. 아테네인은 정치적 자유를 누리며 공적인 일에 참여하고 공적인 판단을 내려서 같이 살아가는 생활 방식을 공유한다고 페리클레스는 칭송했다.

그러나 이러한 정부의 형태로서의 민주주의는 당대만 해도 이론적으로 정당하지 않을 수도 있었으며 실제 해악을 불러일으킬 수도 있었다(Dunn 2004b, 15쪽). 게다가 공유하는 생활 방식이 민주주의의 한 측면이라는 것도 민주주의가 빈자와 부자 사이의 갈등에서 나타났기 때문에 칭송을 받을 수도 있었지만 증오와 질투를 불러일으키기도 했다(Dunn 2004b, 32쪽). 정부 형태로서의 민주주의와 생활 방식으로서의 민주주의를 서두에 소개하는 것은 두 가지가 서로 다른 것이기 때문이다. 또한 이 두 가지가 역사적으로 영고성쇠를 겪는 과정이 다르며 서로 영향을 미치는 시기도 다르다.

정치 이념과 정치 제도로서 오늘날의 민주주의는 고대 그리스인의 사상과 실천에 그 기원을 둔다. 그리스인은 민주주의를 민중의 지배라는 뜻으로 이해했다. 즉 인민은 의회에서 같이 숙의하고 행동하는 주권자이면서 입법가다. 인민은 정당한 권위의 근원이면서 정치권력의 행사자다. 그러나 근대에는 인민의 역할이 정치적 권위를 정당화하는 데 한정되어 있는데, 권력은 선출된 대의적인 의회가 행사한다. 이 점이 정부 형태로서의 민주주의에 커다란 획을 그었다.

그렇다면 언제부터 민주주의가 시작되었는가? 민주주의를 어떻게 보느냐에 따라 그 답은 달라질 수 있다. 민주주의 이론의 기원은 투키디데스와 아리스토텔레스 시대에까지 거슬러 올라갈 수 있다. 하지만 민주주의적 제도와 관행은 지극히 예외적이었다. 민주주의적인 체제의 요소를 담고 있는 정치 체제는 아테네와 로마에서 나타나며 바이킹과 북유럽의 다른 지역에서(Dahl 1998, 18쪽), 북아메리카의 이로쿼이족 사이에서, 그리고 중세와 르네상스의 북부 이탈리아의 어떠한 지역에서 지역적인 의회 관행은 있었다. 즉 어떠한 형태의 원시적인 민주주의가 있을 수 있다. 이것이 의미하는 바는 민주주의가 유럽에서 발생해 다른 지역으로 전파되는 것으로만 볼 것이 아니라 적어도 자연발생적일 수 있다고 볼 수 있다는 것이다(Dahl 1998, 10쪽).[40]

지역적으로 광범하고 복잡한 사회에서 지금의 민주주의 체제와 연관되는 제도는 영국의 명예혁명 이후 나타나기 시작했다고 봐야 한다. 이때 선거로 구성된 의회가 주권을 쥐게 되었기 때문이다. 경쟁적 선거와 성인의 보편적 투표권을 가진 것으로 민주주의를 정의하게 된 것은 아주 근자의 일이다. 1900년에만 해도 그러한 선거에 의한 민주주의는 없었으며, 1950년에는 154개국 중에서 22개국, 오늘날에는 193개국 중에서 119개국이 선거에 의한 민주주의 국가들이다. 그런데 119개국 중에서도 89개국만이 기본적 권리와 법의 지배를 실시한다고 높이 평가할 수 있기 때문에 자유민주주의 체제는 89개국에 국한하는 것이 옳을 것이다(Puddington 2009, 2쪽 ; Warren 2011, 517쪽 재인용).

누가 다스리는 것이 옳은가라는 문제에 답하려는 인류의 노력이 정부 형태로서의 민주주의였다고 하겠다. 평범한 사람들은 지배자에게 복종

---

40 유교가 민주주의에 근접한다는 연구가 있다(이상익 2004, 제7장).

하는 것으로 오랜 기간 정치적 역할이 한정되어 있었다. 역할이 한정되었다는 것은 평등하지 않았다는 것을 의미한다. 반면에 민주주의는 '평등화equalization'를 의미한다. 불평등한 인간의 역사에 대해서는《평등, 자유, 권리》에서 이미 논했다. 불평등의 역사를 역으로 보면 평등의 역사, 즉 민주주의의 역사라고 할 수 있겠다. 평등화는 생활 방식으로서의 민주주의와 연관이 있다. 생활 방식으로서의 민주주의는 평등이라는 가치를 담고 있기 때문이다. 그리고 역사적으로 보아 민주주의는 그리스에서 대두했다가 미국 혁명과 프랑스 대혁명으로 부활했다고 볼 수 있겠다. 그 후 민주주의는 호의적인 사상으로 받아들여져서 확산되기 시작했다. 1945년 이후부터 민주주의는 점차 정치적 권위의 정당한 근거로, 그리고 정치적 가치로 부상했다(Dunn 2004b, 15쪽). 이상과 같은 윤곽을 유념해 민주주의에 대한 아래의 논의를 살펴보자.

1. 그리스의 기원

서구 사상의 역사에서 그리스인이야말로 정치와 사회 조직에 대해 처음으로 사고하고 회고해본 사람들이다. '도시 공동체(폴리스)'는 다양한 형태와 제도를 갖추고 있었으며, 그리스인의 생활과 문화의 중심이었다(Fontana 2005, 551쪽). 정치적 결사가 다양했기 때문에 철학적 사고를 격렬하게 했으며 다른 형태의 정부가 가진 장점에 대해 지적인 논의를 전개했다. 이 과정에서 그리스인들은 정치적 세계를 분석하는 데 적합한 언어와 용어를 세련되게 만들었다(Fontana 2005, 552쪽). 전술한 것처럼 그리스인에게 민주주의는 무엇보다도 정부의 형태를 의미했다. 그래서 공동선을 추구할 수 있도록 하기 위해 민주주의는 아주 복잡한 제도가 필요했다(Dunn 2004b, 18쪽).

전설에 따르면, 아테네는 기원전 700년경까지 군주정이었다. 그 무렵 왕이 퇴위당하고 민주주의로 발전했다고 한다. 한 사람의 종신직 왕 대신에 9명의 집정관(아르콘)이 1년 동안 통치했다. 그러나 참다운 주권은 '민회assembly'에 있었다. 출신이나 부와는 상관없이 모든 시민은 민회에 참석하고, 발언하고, 투표했다. 말하자면 아테네의 민주주의는 기본적으로 직접 민주주의였다. 그러나 집회에서의 의제는 '500인 위원회council of 500'가 준비했다. 위원회는 139개의 '딤(市區)deme'이라고 불리는 지역적 단위에 의해 선출되었는데 매년 바뀌었다. 위원회가 제기한 동의에 대해 민회는 투표만 했다. 게다가 특정한 군사적 직위를 제외한 거의 모든 정치적 관직은 선거나 임명이 아니라 추첨에 의해 뽑혔다. 추첨에 의해 뽑혀야만 출신, 부, 권력과 무관하게 공직을 맡을 수 있기 때문에 공정하다고 생각했다. 항상 그런 것은 아니지만, 시민들은 민회에 참석하는 것을 포함해 정부의 일에 봉사하는 데에서 보상을 받았다. 그렇게 해야만 빈자도 참석할 수 있기 때문이다. 기원전 400년경에 보통 사람들이 민회에서 다수를 차지하고 다수결로 민회의 결정이 내려졌기 때문에 그들이 진정한 지배 권력이 되었다(Barcalow 2004, 165쪽).

아테네 민주주의에서 가장 근본적인 양상은 '공적 발언의 평등isegoria'과 '법을 통한/법 앞의 평등isonomia'이었다.[41] 전자를 통해 아테네인들은 집단적인 결정을 내리게 되는 공적인 영역에서 평등하게 참여하게 된

---

41 'isonomia'는 인간이 태어나면서 평등하다는 근대의 평등을 의미하지 않고, 자연적으로 불평등하지만 도시 국가의 구성원이 되었기 때문에 인위적으로 평등하게 되는 하나의 방법이다(Arendt 1965, 23쪽).

다. 후자를 통해 모든 아테네인들은 법에 의해 평등하게 대우를 받으며, 그리고 재판관들이나 국가가 지급하는 배심원들에 의해서도 평등하게 대우를 받는다.[42] 모든 시민은 500인 위원회에 자리하고, 민회에 참석하고, 발언하고, 투표하고, 배심원으로 참석하고, 대체로 350개 정도의 정치적 관직을 담당할 평등한 권리를 가졌기 때문에 평등했다. 또한 민회에서 내리는 정치적 결정에서 평등한 발언권이 있었다. 아테네의 민주주의는 직접적 민주주의였기 때문에 시민들이 지도자와 추종자를 교대로 하는 것을 이상으로 삼았다. 즉 사적인 시민이 되기도 하고 공적인 관리가 되기도 했다. 정치는 스포츠 관전과 같은 것이 아니라 직접 참여하는 것이었다(Barcalow 2004, 165쪽). 그래서 아테네 민주주의의 특색으로 시민에 의해 선출되는 '협의회council'가 민회에 책임을 지는 것과 독립적이며 시민에 의해 선출되는 배심원 제도라는 사법 제도를 들 수 있겠다(Sabine 1961, 13 · 24쪽).

직접 참여를 전제로 하기 때문에 시티즌십은 참으로 중요한 지위가 되었다. 시민들은 정치적으로 평등한 자들이었다. 부나 지식에서는 평등하지 않다 하더라도 정치권력을 평등하게 가진 것으로 여겨지며 그들은 시티즌십을 가졌다. 그러나 아테네는 시티즌십을 극도로 제한해서 성인 중에서 소수만 시민이었다. 여자, 노예, '거류 외국인metics'은 시민에서 제외되었다. 그러므로 아테네의 민주주의는 성인들에 의한 지배가 아닌 것

---

42 헤로도토스가 처음으로 기록한 민주 정치의 본래 명칭은 '평등 정치isonomia'였다. 'demokratia'라는 용어는 5세기 중엽쯤부터 본격적으로 사용되었다고 한다(History, IV: 양승태 2006, 389쪽, 각주 21 재인용). 'isonomia'는 부, 권력, 사회적 지위 등과 관계없이 평등하게 대우를 받는 것이기 때문에 아리스토텔레스의 시정적 정의에 해당될 수 있다(NE, 1132a2~7 ; Coleman 2000, 29쪽, 각주 41 재인용).

은 말할 것도 없고 엄밀히 말하면 '많은 이들many'에 의한 지배였지 '다수majority'에 의한 지배였다고 말할 수 없다(Barcalow 2004, 165쪽).[43] 어쨌든 평범한 사람들은 민주주의를 지지했지만 출생과 부로 귀족이 된 사람들은 민주주의를 반대했다. 귀족들은 열등하다고 여겨지는 자와 통치를 분담하는 것을 꺼렸다(Barcalow 2004, 165쪽).

배제된 계층이 있다는 것은 민주주의가 어떤 사람들로 인민을 구성해야 하는가라는 문제를 제기했다. 역사적으로 보면, '자치self-rule'라는 문제가 대두하기 전에 부족, 인종 공동체 또는 민족이라는 형태로 인민이 먼저 존재했다. 그래서 가족, 말하자면 지역적 구성원으로 인민을 구성한다는 개념이 기본적이었으며 자연적인 것으로 여겨졌다. 그리고 군사적 업적, 재정적 공헌 등 집단에 공헌한 바에 근거해 자격을 얻게 되었다. 또한 재산 제한, 자유인인가 노예인가라는 지위, 성별, 나이 등으로 추론되는 능력도 고려되었다(Warren 2011, 518쪽).

그리스의 민주주의는 대체로 기원전 507년경부터 시작해 마케도니아가 성장하게 되는 기간, 즉 2세기 동안 지속되었다(Dahl 1998, 11쪽). 그리고 알렉산드로스 대왕에 의해 종식되었다. 그러나 민주주의가 존속하는 동안에도, 그리고 종식된 후에도 그리스 민주주의는 논쟁거리가 되었다(Barcalow 2004, 165쪽).

민주주의를 둘러싼 논쟁이 그리스 도시 국가에서만 있었던 것은 아니

---

43 아테네인들이 '혈족 관계kinship'가 아니라 정치적 기준에 근거를 둔 시티즌십이라는 개념을 발전시켰다는 데 역사적 의미가 있다. 시민이라고 부르는 것은 이러한 의미가 있다. 그런데 5세기의 아테네 정치 질서는 규모가 작았고, 정치적 참여에 제한을 두었으며, 개인의 프라이버시와 자율을 존중하지 않았기 때문에 민주주의라기보다는 작은 규모에서 공동체적 가치를 추구한 '고전적 공화주의classical republicanism'라고 하는 편이 적절하다(Fukuyama 2011, 20쪽).

다. 페르시아 제국을 건설한 키루스의 아들 캄비세스 2세(기원전 529～522 재위)가 페르시아 왕위를 찬탈한 파티제이테스와 사제 스메르디스를 정벌하는 와중에 사망했다. 다리우스가 이끄는 7명의 페르시아 귀족들은 페르시아인이 아니면서 왕위를 찬탈한 이들을 살해했고, 이후 오타네스, 메가비주스, 다리우스가 바람직한 정부 형태는 어떤 것인지에 대해 군주정, 귀족정, 민주정을 놓고 논했다. 이것을 그리스의 역사가 헤로도토스는 다음과 같이 전했다.

5일이 지나 흥분이 가라앉았을 때, 밀모자들은 전체 상황을 자세히 논의하기 위해 모였다. 그 모임에서 몇 가지 웅변이 행해졌다. 우리나라 사람 중에는 이것이 실제로 일어난 일이 아니라고 생각하는 사람들이 있지만, 그들이 어떻게 생각하든 이 모든 일은 사실이다. 첫 번째 연사로는 오타네스가 나섰다. 그의 주제는 페르시아에 민주적 정부가 들어서야 한다는 것이었다. 그는 이렇게 말했다. "내가 판단하기로 어느 한 사람이 나머지 모든 사람에게 절대 권력을 행사하는 시대는 이미 지나갔다. 군주정은 즐겁지도 않고 이득이 되지도 않는다. 권력으로 인한 오만이 캄비세스를 어디로 몰고 갔는지 여러분은 잘 알 것이다. 또 권력의 소유가 그것을 쥔 사람에게 어떤 영향을 미치는지는 마고스의 행동을 통해 여러분 자신이 직접 경험한 바와 같다. 한 사람으로 하여금 아무런 책임도 제약도 없이 하고 싶은 대로 하도록 허용하는 것이 군주정일진대, 그것을 어떤 식으로라도 건전한 하나의 윤리적 체계에 부합하게끔 할 수 있는 길이 있겠는가? 설령 가장 훌륭한 성품을 지닌 사람이라 할지라도 그러한 자리에 오르면 나쁜 방향으로 변하고 말 것이 불을 보듯 뻔하다. 군주정에 내포되어 있는 사악한 면은 그 무엇보다도 시기심과 오만이다. 시기심은 인간의 태생적 약점이기 때문에 왕이라고 해서 면제되는 것이 아니며 오만은 지나친 부와 권력이 왕으로 하여금 자기가 마치 인간 이상의 존재나 된 것처럼 환각을 불러일으키기 때문에 면제되지 않는다. 이 두 가지 사악함이 모든 잔인함의 원인이다. 이 둘 모두 야만스럽고 억지로 가득 찬 폭력을 낳고야 마는 것이다. 절대 권력을 가진 자일수록 모든 것을 제 마음대로 할 수 있기 때문에 시기할 까닭이 없어야 하는 것처럼 이론상으로는 생각할 수 있다. 하지만 수많은 왕들이 자기네 백성을 대하는 태도에서 드러나듯이 사실은 전혀 그렇지 않다. 그들은 백성 가운데 가장 뛰어난 사람을 시기해 단지 그가 계속 살아 있다는 사실조차 참아내지 못할 지경에 이른다. 그리하여 결국 최악의 사태를 저지르고 도리어 즐거워하는 것이다. 중상모략꾼의 말에 왕보다 잘 속아 넘어가는 사람은 없다. 그뿐만 아니라 왕이란 가장 일관성을 결여한 인종이다. 그에게 절도를 갖춘 경의를 표해보라. 그러면 여러분이 자기 위엄 아래 굽실거리지 않는다고 화를 낼 것이다. 그렇다고 해서 굽실대보라. 이번에는 아첨꾼이라고 경멸할 것이다. 그러나 이 정도에 그친다면 약과다. 진짜로 나쁜 점이 아직 남아 있다. 고래의 전통과 법률을 짓뭉개버리고, 여자라면 모두 자기 노리갯감으로 취급하며, 남자에 대해서는 재판도 없이 죽음을 내리는 것이 바로 왕이다. 이에 비하면 인민에 의한 지배가 어떠한지를 살펴보자. 우선 민주정은 가장 아름다운 이름을 그 별명으로 가지고 있다. 법 앞에 평등이 바로 그것이다. 그리고 둘째로 인민은 권력을 쥔다고 해도 왕이 하는 것과 같은 짓을 할 수 없다. 민주 정부 아래에서 행정관은 제비로 뽑히고 재임 중에 한 행동에 대해 책임을 진다. 아울러 모든 현안들이 공개 토론에 부쳐진다. 이러한 까닭으로 나는 이제 우리가 군주정을 폐기하고 인민 전체에게 권력을 주자고 제안하는 바이다. 애초에 인민이라는 말과 국가라는 말이 같은 말 아니겠는가!"

오타네스의 뒤를 이어 메가비주스가 나섰다. 그는 다음과 같이 과두정을 옹호했다. "군주정을 폐기하자는 점에서는 나도 오타네스와 생각이 같다. 하지만 정치권력을 인민에게 내주자는 것은 잘못된 주장이다. 대중이란 무책임하기 짝이 없는 떼거리에 불과한 것이다. 무지, 무책임, 폭력이 대중 말고 그 어디에서 더 많이 발생하는가? 왕의 살인적인 변덕을 피하자고 분별없기로는 마찬가지인 오합지졸의 잔혹함에 우리를 내맡긴다는 것은 말이 되지 않는다. 왕은 적어도 무언가 생각과 계획은 가지고 행동한다. 하지만 군중에게는 그런 것조차 없다. 생각해보라. 무엇이 옳은지 무엇이 알맞은지 배운 적도 없고 스스로 생각해 깨친 적도 없는 군중이 어떻게 생각하고 계획할 수 있겠는가? 군중의 머릿속에는 사려라고는 아예 싹도 존재하지 않는다. 그들이 할 수 있는 일이라고는 마치 홍수 때 강이 쏟아져 내려가듯이 눈감고 정치판에 뛰어드는 것뿐이다. 그러므로 인민에게 권력을 주려거든 페르시아의 적국을 다스리게 해야 한다. 그리고 우리나라에서는 이 나라에서 가장 훌륭한 사람 몇을 골라 그 사람들에게 권력을 주어야 한다. 물론 여기 있는 우리도 그 안에 포함될 것이다. 가장 훌륭한 사람들이 가장 훌륭한 정책을 산출하리라는 것은 너무나 당연한 이치 아닌가!"

세 번째는 다리우스의 차례였다. "군중에 관한 견해에서 나는 메가비주스를 지지한다. 그러나 과두정에 관한 그의 견해에는 동의할 수 없다. 우리는 지금 세 가지 정부 형태, 즉 민주정, 과두정, 군주정에 관해 논하고 있다. 이 각자에 대해 최선의 경우가 어떠한지를 살펴보자. 내가 보기에 그중 세 번째가 나머지 둘에 비해 상대도 되지 않을 정도로 나은 선택임이 분명하다. 지배자가 한 사람일 때 그가 최선의 인물이라는 전제를 감안한다면, 그보다 더 나은 상황은 상상하기조차 불가능하다. 그의 판단은 그의 성품과 일치할 것이며, 인민에 대한 그의 통솔은 흠잡을 데가 없을 것이다. 적국이나 반역자에 대한 그의 책략은 그 어떤 다른 형태의 정부에서보다 어렵지 않게 비밀이 유지될 것이다. 과두정은 어떤가? 여러 명의 사람들이 공공 봉사를 위해 서로 자기가 뛰어나다고 경쟁을 벌인다는 바로 그 사실로 인해 개인 간의 폭력적인 불화가 불가피할 것이다. 모두가 꼭대기에 오르려 하고 자기의 제안이 채택되기를 바랄 것이기 때문에 그 사이에 싸움이 그칠 리가 없다. 개인 간의 불화는 곧 공공연한 불만 세력을 낳을 것이고 결국은 유혈극으로 이어지고 말 것이다. 일단 사태가 그 지경에 이른다면, 그 혼란에서 빠져나갈 길은 오직 군주정으로 돌아가는 것뿐이다. 바로 이 점에서도 군주정이 최선임이 판명된다. 그렇다면 이제 민주정은 어떠한지 따져보자. 민주정에서도 비리가 발생할 수밖에 없다. 다만 과두정과의 차이는 타락한 행위가 개인 간의 불화를 초래하기보다는 오히려 가까운 사람들을 더욱 긴밀하게 엮어준다는 점뿐이다. 비행에 책임이 있는 사람들일수록 자기들끼리는 더욱 똘똘 뭉쳐서 서로서로 보호하게 되는 것이 당연한 이치이기 때문이다. 전체 인민의 마음을 사로잡은 누군가가 출현해 이 사리사욕에 젖은 파벌을 깨뜨리기 전에는 이와 같은 상황이 계속될 것이다. 그리고 그런 사람이 나타난다 하더라도 그는 곧 군중의 찬양을 한 몸에 받게 될 터이며, 결국 머지않아 절대 권력을 장악하고 말 것이다. 여기에서도 다시 한 번 군주정이 최선의 정부 형태라는 사실이 증명된다. 결론은 다음과 같다. 우리의 자유를 어디서 구할 것인가? 누가 우리에게 자유를 주었나? 민주정인가, 과두정인가, 군주정인가? 우리 페르시아는 한 사람의 영웅 덕택으로 자유를 얻었다. 그러므로 바로 그 형태의 정부를 유지하자고 나는 제안한다. 그뿐만 아니라

고래의 법률로써 여태까지 우리가 잘 지내왔는데 이제 와서 함부로 바꾸어서는 안 될 일이다. 그렇게 했다가는 오직 재앙을 면하기 어려울 것이다."(Herodotus 1986, bk. III, §§79~82, 238~240쪽)

오타네스는 민주정, 메가비주스는 과두정, 다리우스는 군주정을 옹호한 셈이다. 결국 군주제가 채택되었으며 다리우스가 기계(奇計)를 써서 왕이 되었다. 군주제를 택하게 된 것은 군주제에 비해 민주제와 과두제가 단점이 있기 때문이기도 했다. 민주주의는 법 앞의 평등을 증진하는데, 무지하고 무능하고 폭력적인 다수에게 권력을 가져다준다. 과두제는 마찬가지로 불안정하고 폭력적인데, 두 형태는 급기야 폭정으로 바뀌게 된다. 법을 준수하는 군주제만이 소수와 다수로 하여금 폭군에게 굴복하지 않게 할 수 있다. 군주제는 단지 가장 영리하고 최선의 사람인 소수만이 통치를 할 수 있다고 보았다(Fontana 2005, 552쪽). 이상에서 놀라운 점은 정부 형태의 장단점에 대해 이미 기원전 5세기 무렵에 그리스인만이 아니라 페르시아인도 벌써 논의했다는 것이다. 아울러 민주주의가 선한 체제라면 어떠한 근거에서 선한가, 말하자면 지배의 목적과 정당성은 무엇인가라는 논의가 있었다. 민주주의가 어떠한 이유에서 정당화되는가라는 문제는 민주주의에 대한 논의에서 가장 기본적인 문제 중 하나다(Warren 2011, 518쪽).

여기서 초점을 두어야 할 것은 오타네스가 민주주의의 장점을 열거하고 있다는 점이다. 인민이 다스리면 군주가 제멋대로 하는 일을 할 수 없게 된다. 민주주의에서는 지배당하는 사람을 억압하거나 착취할 수 없다. 그렇게 하는 것은 자신을 억압하거나 착취하는 것이기 때문이다. 민주주의에서 공직자는 인민에 의해 선출되고 통제되어서 인민에게 '문

'책당할 수 있게accountability' 된다. 그리고 공직자는 종신이 아니라 짧은 기간 동안 봉사한다. 직책에서 물러나도 재직 중에 정의롭지 않게 한 것이 있다면 피소된다. 그리고 민주주의에는 정치적 평등, 즉 법 앞의 평등이 있다. 이렇게 민주주의에 대한 긍정적 관점이 제시되었다(Barcalow 2004, 166쪽).

또 다른 그리스 역사가 투키디데스는 전쟁에서 사망한 이들을 추모하는 페리클레스의 연설을 전한다. 페리클레스가 아테네 민주주의를 설명하고 옹호한 연설이다.

> 헌법의 관장은 권력이 소수가 아니라 다수에 호의적이기 때문에 민주주의라고 불린다. 사적인 분쟁을 해결하는 문제라면, 법은 모든 이들에게 평등한 정의를 제공한다. 공적인 자리에 다른 사람 대신에 어떠한 사람을 내세우는 문제라면, 계급적인 고려가 업적(공적)에 개입하게 해서는 안 된다. 어떠한 사람이 국가에 대해 봉사하는 한에는 그의 조건이 빈곤하다는 것 때문에 그가 정치적으로 무명인사로 남게 되지 않는다. 그리고 우리의 정치적 생활이 자유롭고 개방되어 있는 것처럼 일상생활도 서로에 대한 관계에서 자유롭고 개방되어 있다. 나의 이웃 사람이 자신의 방식대로 자신의 인생을 즐긴다면 우리는 그 이웃과 국가에 (쟁송을 하러) 가지 않는다……우리의 사적인 생활에서 우리는 자유롭고 관용적이다. 그러나 공적인 일에서는 우리는 법을 따른다. 법은 우리의 깊은 존경을 불러 일으키기 때문에 그러하다. (Thucydides 1952, ch. vii, 93쪽).

아테네인들은 그들이 권위를 가진 자리에 앉힌 사람에게 복종하며, 법 그 자체, 특히 억압받는 이를 보호하기 위한 법을 위반하는 것이 수치라고 간주하는 불문법에 복종한다. 그리고 공적인 일에 관심을 두며 공적인 일의 내용을 알며 공적인 일에 참여한다(Thucydides 1952, ch. vii, 95쪽). 평범한 시민도 권력과 권위가 주어지면, 공공 정신을 가지고 있기 때문에 공적인 일에 관여한다. 이상과 같이 페리클레스는 아테네 민주주의를 칭찬한다(Barcalow 2004, 167쪽).

그런데 헤로도토스가 전하는 한 연설에서 메가비주스는 인민에 의한 지배를 비난한다. 인민이 '군중mob(폭도)'이 되면 집단적으로 더 나쁘기 때문이다. 사람들이 군중 심리에 휩싸이면 혼자서는 하지 못할 짓을 거리낌 없이 하게 된다. 메가비주스에 따르면, 아테네인들이 민회에서 한 일은 군중/폭도를 만드는 일 외에는 없다. 그러한 군중으로부터 현명하거나 좋은 정책이 나오리라고 기대할 수 없다(Barcalow 2004, 167쪽).

게다가 자신의 개인적 이익 때문에 민주주의에 부정적인 견해를 취하게 될 수도 있다. 민주주의는 출신이 좋고 부유한 이들로부터 권력을 빼앗아서 평범한 사람들에게 주는 것이다. 그렇기 때문에 귀족들이 좋아할 리가 없다. 출신이 좋고 부유한 이들은 고등 교육을 받은 사람들이다. 그들이 보기에 평범한 이들은 열등하다. 당시의 저술가들은 대부분 귀족들이었는데, 평범한 사람들이 모여봤자 권력을 행사하는 데 필요한 지식이나 덕성이 갖춰질 수 없다고 주장했다. 그래서 민주주의를 부정적으로 보았다(Barcalow 2004, 168쪽).

원래 민주주의는 위에서 언급한 것처럼 다수의 지배를 의미했다. 그런데 이 다수가 무지할 뿐만 아니라 가난했다. 그래서 아테네의 역사에서 민주주의는 다수의 지배라는 의미에서 빈자의 지배라는 의미로 변하게 되었다. 그리하여 그들에 의한 아테네의 민주정은 자유라는 이름의 방종이나 평등이라는 이름의 무례와 오만으로 점철되는 것으로 여겨졌다(양승태 2013, 282쪽). 이에 따라 민주주의를 분석하는 데 새로운 요소, 즉 계급 갈등과 파벌적 투쟁이 덧붙게 되었다. 여기서 '민중demos'이 자신의 특정한 선을 올바르게 이해하고 인정하는가라는 것이 문제가 되었다. 이 문제가 고전적 정치사상에 깔려 있었다(Fontana 2005, 552쪽).

전술한 것처럼《펠로폰네소스 전쟁사》에서 투키디데스는 페리클레스 치하에서 잘되었던 민주주의를 기술하면서 통치에서 그가 보여준 신려와 지혜를 칭찬했다. 투키디데스는 클레온과 페리클레스를 대비시켰는데, 이것은 페리클레스가 다수를 싫어하면서도 현자와 최선의 인물에 의해 이끌어지는 민주주의를 선호했기 때문이다. 투키디데스는 아테네가 멸망하게 된 것은 선동적인 지도자들이 등장했기 때문이라고 보았다. 그들은 대중에게 아첨하고 대중의 욕구에 영합했다. 아테네가 스파르타에 패배한 것은 아테네인들이 파벌을 형성하고, 탐욕스럽고 폭력적이고, 권력을 획득하려 했기 때문이었다. 투키디데스가 보기에 외적 팽창과 제국주의는 민주주의의 대두와 직접적으로 연관된다. 나중에 플라톤과 아리스토텔레스가 이 점을 강조했다. 민주주의는 다수의 권력에 대한 욕구를 자극하는데 이 욕구는 아테네의 팽창을 통해 만족시킬 수 있었다. 투키디데스에 의하면, 권력욕과 팽창 욕구가 그러한 민중의 본성에 본질적이기 때문에 그들이 지배하면 동요가 일어나고, 남의 재산을 몰수하는 일이 생기고, 이로써 도시 국가는 불안정해진다. 따라서 대중이 권력을 쥐게 되면, 정념과 욕구가 통제되지 않아서 민주주의가 제국주의적인 정복을 하게 되고 끝내 붕괴하게 된다(Fontana 2005, 552쪽).

아테네에서 공무원은 시민이 배심원이 되는 법정에서 책임을 져야 했다. 배심원에 의한 법정이라는 제도야말로 민중이 권력을 통제하는 방법이었으며, 아테네 민주주의의 특징이었다(Shogimen 2005, 458쪽). 그런데 플라톤과 아리스토텔레스는 이를 개념화하지 않았다. 플라톤은《고르기아스》,《정치가》,《국가론》과 같은 저작에서 투키디데스가 아테네의 흥망성쇠를 역사적으로 서술한 것을 바탕으로 도시 국가 내에서의 당대의 관행과 제도를 철저하게 비판했다. 플라톤에 의하면, 모든 정치는 무엇인가 부족했다. 지식을 가진 자는 권력이 없고, 권력이 있는 자는 무지하고 어떻게 다스려야 하는지 모르기 때문이다. 그렇다면 권력과 지식, 정치와 철학이 합쳐져서 정의롭고 안정된 정치 질서를 확립하는 것이 문제였다. '정치가stateman'가 되려면 개인 내에서는 이성이 욕구를 지배해야 하며, 도시 국가 내에서는 현명한 자가 무지한 사람을 지배해야 한다. 그래서 지배자와 피지배자 모두가 자신을 기율하고 억제해야 한다(Fontana 2005, 552쪽). 그래서 자신을 통제할 수 없는 다수에 의한 법정은 플라톤의 이상 사회에서는 들어설 자리가 없었다.

참주정이나 과두제는 자신의 이익을 도모하기 때문에 나쁘다. 과두제 아래에서 도시는 하나의 도시가 아니라 두 도시, 즉 빈자의 도시와 부자의 도시이며, 빈자와 부자는 같은 도시에 살면서 상대에 대해 음모를 꾸미기 마련이다(Republic, 551d). 이렇게 플라톤은 모든 국가가 부유한 소수와 가난한 다수로 나뉘며 따라서 계급 갈등이 모든 국가에 고유한 것이라고 보았다. 민주주의도 이와 다를 바 없다. 민주주의는 합리적 사고가 아니라 욕망과 권력욕에 의해 유발된다. 게다가 민주주의는 정당화되지 않는 평등으로 이끌려 법을 무시하게 된다(Republic, 558c · 563d). 그래서 대부분의 사람들은 스스로를 파괴하게 되며, 결국 이것이 무정부상태와 방종으로 흘러 도시 국가에 파멸을 가져온다. 어떠한 파벌이든 각 파벌은 권력을 잡게 되면 다른 파벌을 배제하고 자신의 이익을 추구하기 때문에 도시 국가가 불안정해지고 혁명과 대항 혁명이 이어지게 된다. 두 파벌의 갈등은 양자의 파멸을 가져오고 급기야 참주가 대두한다. 그래서 정념과 욕구가 이성의 통제를 받고 현명하고 정의로운 지도자가 갈등을 해소하고 조화를 달성하지 않으면 정의로운 사회는 있을 수 없다 (Fontana 2005, 552쪽). 플라톤이 다수의 지배, 즉 민주주의를 꺼린 이유 중에서 중요한 것은 민주주의에서는 권력이 어떻게 행사될지에 대해 가늠할 수 없으며 어떠한 형태의 권위도 확립될 수 없기 때문에 어느 누구에게도 안전을 제공할 수 없다는 점이다(Dunn 2004b, 45쪽). 반면에 플라톤은 철인·왕 통치는 통치에서의 영구적 기준이 제시되어 이를 제공할 수 있다고 보았다. 그는 정치에 관해서는 모든 이가 자신이 전문가인 것처럼 여기는 것을 개탄했다(*Protagoras*, 319b~d). 또한 지배자는 자신의 이익이 아니라 전체의 이익을 위해야 하며(*Republic*, 519e), 지배하는 데 필요한 지식과 지혜를 갖춘 철인이 통치해야 한다고 주장했다.

아리스토텔레스는 《정치학》에서 플라톤처럼 정부의 형태를 여섯 가지로 나누었다. 한 사람이 지배하는 것은 군주제이거나 '참주제tyranny'이고, 소수가 지배하는 것은 과두제이거나 귀족제이다.[44] 반면에 다수가 지배하는 것은 민주주의인데, 여기에는 법을 준수하는 것도 있으며, 법

---

44 'tyranny'라는 말은 일반적으로 '폭군정'이라고 번역될 수 있다. 일반적으로 폭군이라면 권력을 획득하고 행사하는 데 폭력적인 경우를 말한다. 그러나 그리스에서는 권력을 획득할 때는 폭력을 행사했지만, 실제 통치에서는 폭력적이지 않은 경우도 있었고 실제로 통치를 잘하는 경우도 있었다. 게다가 권력 획득이 폭력이 아니라 사기에 의할 수도 있었다. 이러한 사정을 감안하면, 'tyranny'를 '참주정(僭主政)'이라고 번역하는 것이 옳겠다. 참주정이라고 번역하면 권력 획득 과정이 부당했다는 것이 강조되는 셈이다. 그리스에서 '군주monarchos'가 호의적으로 정의되고 '참주tyrannos'가 경멸적 의미를 띠게 된 것은 기원전 4세기, 특히 아리스토텔레스의 저작에서부터였다. '참주제tyranny'는 권력의 비정상적인 획득이나 행사, 개인적인 지배, '전제적 지배autocratic rule', 무장된 위협, 허세와 의례, 그리고 대중적 정책을 내포하고 있었다. 참주제의 특징은 오늘날 우리가 독재라고 일컫는 것과 겹치는 바가 많다 (Finer 1997, 1554쪽).

이 없는 것도 있다. 세 가지, 즉 군주제, 귀족제, 그리고 법을 준수하는 민주주의는 정의롭고 정당한 반면에 다른 세 가지, 즉 참주제, 과두제, 그리고 법이 없는 민주주의는 정의롭지도 않고 정당하지도 않다. 전자는 법에 의해 인정되며 모든 사람의 선을 위하는 반면에 후자는 법을 무시하고 지배자들의 특정한 이익을 추구한다. 각각은 그 순수한 형태로는 본질적으로 불안정하다. 기초가 협소하고 배제적이기 때문이다. 민주주의는 단지 수(數)가 많은 것에 의존하며, 능력과 재산은 배제한다. 마찬가지로 과두제는 재산과 출신에 근거를 두기 때문에 재산이 없는 다수를 배제한다. 그래서 각각의 형태는 파벌, 투쟁, 불안정을 야기한다. 어떻게 하면 안정을 유지하고 정당성을 가지면서 효율적인 지배를 이룰 수 있는가? 이것이 '폴리티polity/politeia'인데, 여기에는 군주제·과두제·귀족제의 장점이 혼합되어 있다. 능력, 재산, 수가 합쳐져 있기 때문에 지나치게 부유한 자와 지나치게 가난한 자 사이의 적대적인 극단을 피할 수 있다. 특히 민주주의와 과두제의 최선의 요소가 합쳐져, 빈발하는 폭력과 불안정을 막을 수 있다(Fontana 2005, 552쪽). 아리스토텔레스가 이상형으로 생각하는 폴리티는 특히 귀족제의 소수와 민주제의 다수의 주장을 같이 받아들일 수 있다는 점에서 '혼합 정부mixed government'이며, 그래서 정치적 안정을 추구할 수 있는 민주정이기 때문에 '온건한 민주정moderate democracy'이라고도 부를 수 있다.

왜 철인·왕 통치가 아니라 온건한 민주정을 실시할 수밖에 없는가? 자연적으로 평등하고 평범한 사람들이 통치에 참여하는 것을 배제할 방도가 현실적으로 없다. 개인들 스스로가 배제당하려 하지 않으며 개개인들은 자신이 사물에 대해 추론하고 이성에 의해 인도될 능력이 있다고 보기 때문이다. 그러나 노동 계층은 귀족보다 열등한 것이 분명하다

(*Politics*, 1278a). 그러므로 그들을 통치에 참여시키면 위험이 따른다. 이렇게 보면, 우수한 소수에 의한 귀족정이 더 낫다. 그렇다고 해서 평범한 사람들을 배제할 수는 없다. 그들을 배제하면, 그들은 멸시받았다고 느껴서 정부의 적이 되고, 무질서, 나아가 혁명을 야기할 것이다. 그러므로 그들을 참여시키되, 그들에게 결정의 발언권을 평등하게 주어서는 안 된다. 말하자면 다수에게 숙의하고 재판하는 기능을 부여하지만 그들이 혼자서 공직을 담당하게 해서는 안 된다(*Politics*, 1281b). 그러므로 다수에게 맡겨야 되는 주된 일은 공직자를 선택하는 데 참여하게 하는 일이다. 그리고 그들을 배제할 수 없는 또 다른 이유는 다수의 중지(衆智)가 한 사람의 지혜보다 나을 수 있다는 데 있다(*Politics*, 1281a). 그래서 아리스토텔레스는 배제하는 것과 배제하지 않는 것의 중간의 길, 즉 폴리티, 즉 온건한 민주정을 택했다.

그렇다고 해서 아리스토텔레스가 민주주의를 그 자체로 좋은 통치 형태로 본 것은 아니다. 다수 지배라는 민주주의는 전체 공동체가 아니라 빈자의 이익을 위한 것이기 때문이다. 민주주의가 공동선을 증진시키게 되면 좋아질 수 있다. 좋아질 수 있는 민주주의가 바로 폴리티다. 전술한 것처럼 혼합 정부의 형태를 취해 공동선을 증진할 수 있기 때문이다. 그렇다고 해서 군주정이나 귀족제가 정의를 달성할 수 없는 체제인 것은 아니다. 이들 체제가 정의를 달성하려면 지배자가 덕성을 갖춰야 한다. 반면에 폴리티에서는 정교한 정치 제도를 통해 정의를 달성할 수 있다(Dunn 2004b, 47쪽). 어차피 민주주의를 택하지 않을 수 없다면 지배자의 덕성보다는 정치 제도에 의존해 공동선을 달성할 수 있는 폴리티가 현실적 대안이 될 수 있다. 그 후의 민주주의 역사에서 플라톤과 아리스토텔레스가 미친 영향은 그들이 민주주의는 공동선을 추구하는 체제가

아니라는 점을 후세에 물려줬다는 데서 찾을 수 있다.[45]

2. 도시 국가 이후

그리스 정치철학은 도시 국가가 쇠락하는 데 대한 반작용으로 나타났던 셈이다. 그 후 도시 국가는 처음에는 지역적인 헬레니스의 군주제로, 다음에는 로마 공화정으로 이어졌다. 로마의 '공화정republic'은 기원전 500년경부터 번성했는데 기원전 1세기에 내란으로 붕괴해 대체되었다. 로마의 공화정에 대해서는 《평등, 자유, 권리》에서 공화주의적 자유를 논하면서 언급했다. 여기서는 공화주의가 민주주의, 즉 평등에 기여한 바와 그 의미를 논하고자 한다.

공화정의 정부는 세 개의 권력 중심, 즉 '통령들consuls'로 불리는 행정관, 상원, 그리고 몇 개의 인민적 의회로 나뉘었는데, 의회에서는 모든 시민이 투표권을 가지고 있었으며 가장 중요한 것은 '백인회Centuriate Assembly'였다. 집행 기능은 2인의 통령이 맡았는데, 그들은 백인회에 의해 매년 선출되었다. 통령은 다른 통령의 결정을 거부할 수 있었다. 이론상으로는 통령직이 일시적이라는 것을 알기 때문에 통령은 권력을 남용할 가능성이 적었다. 그리고 임기 말에는 재임 중의 잘못에 대해 처벌받을 수도 있었다(Barcalow 2004, 172쪽). 600명의 상원이 있었는데, 모두가 전직 행정관이었다. 상원은 권고를 하는 데 법적 효력은 없지만, 최고의

---

45 그리스의 민주주의가 근대의 민주주의에 직접적인 영향을 미친 것은 아니다. 근 2,000년 이상이라는 시간 간극이 있기도 했지만, 실제로 근대의 정치 제도는 로마법, 봉건주의, 교회법의 영향을 더 받았다(Coleman 2000, 4~5쪽).

인물로 구성되어 있기 때문에 상당한 권력과 영향력을 행사한다. 그러나 출신이 좋고 부유한 이들이 상원을 지배했다(Barcalow 2004, 172쪽).

인민의 의회가 이론적으로는 모든 공적인 문제에 대해 궁극적인 권위를 가지고 있었다. 인민은 모든 행정관을 선출한다. 누가 상원에 들어갈 수 있는지를 결정하는 셈이다. 아무리 가난한 사람도 의회에서 한 표를 행사했다. 그러나 실제로는 공화정이 과두제라는 것을 가장하지 않았다. 부자들이 인민의 의회를 지배했다. 의회는 1인 1표라는 원칙으로 운영되지 않았다. 집단으로 투표했다. 즉 한 집단이 한 표를 행사했다. 가장 부유한 집단은 인구에서 소수를 차지했지만 많은 수의 투표 집단을 이루었으며, 최빈자들은 적은 집단을 이루었다. 예를 들어 5퍼센트의 부자가 80개의 투표 집단을 이루고 빈자가 70개의 투표 집단을 이루었는데, 부자들이 단결해서 76표만 받으면 승리를 하게 된다. 그래서 부자들이 항상 다수를 차지했다(Heichelheim et al. 1984, 48~65쪽 ; Barcalow 2004, 172쪽 재인용).

가난한 다수의 권력은 다른 방식으로도 약화되었다. 투표에 앞서서 논의와 토론이 있었는데, 통령이 회합을 주재하고 발언자를 선택했다. 빈자가 발언할 기회를 얻는 것을 기대하기는 어려웠다. 투표를 할 때도 통령이 발언 후보자의 목록을 작성하고 그 목록에서 선택하게 했다. 그러므로 아테네에서와는 다르게 평범한 사람들은 공직을 담당하거나 공적인 결정에서 상당한 영향력을 행사하기를 기대할 수 없었다(Barcalow 2004, 172쪽).

폴리비오스는 로마가 지중해 연안을 지배하게 된 과정을 기술했는데, 로마가 그렇게 할 수 있었던 이유를 공화적 제도에 돌렸다. 그는 그리스인들의 분석틀을 로마의 경험에 겹쳐놓고 정부에 대한 6분법을 이용해

로마가 혼합 정부를 가졌다고 보았다(Fontana 2005, 552쪽).[46] 그런데 보댕이나 홉스에 의하면, 그들의 주권론이 시사하는 것처럼 혼합 정부가 오히려 불안정을 가져올 뿐만 아니라 권력의 통합성과 불가분성을 고려하면 혼합 정부는 생각할 수조차 없다. 보댕에 따르면 주권은 한곳에 있어야 하며, 군주정·귀족정·민주정 외에 다른 것이 있을 수 없다. 이처럼 보댕과 홉스는 혼합 정부를 거부했다.

그러나 국가 존립의 목적 또는 권력 행사의 목적을 고려하게 되었고 국가가 행사하는 권력이 제한될수록 국민의 (소극적) 자유 및 권리는 증진된다는 초기 자유주의적인 '입헌(헌정)주의constitutionalism'가 나타나게 되었다. 이러한 배경에서 로크와 몽테스키외는 정부의 기능을 고려해 '권력의 배분 또는 분립distribution or division of power'을 생각했다. 즉 적어도 오늘날 말하는 소극적 자유 및 권리를 국민이 보장받으려면, 제한 정부라는 이상이 실현되어야 하고 이를 실현하는 방법으로 권력 분립이 이루어져야 한다고 생각했다. 그런데 로크나 몽테스키외는 권력분립론이 주권 개념과 모순될 수도 있다는 생각을 미처 하지 못했다(D'Entrèves 1965, 119쪽). 그저 영국의 헌법 제도에 역사적으로 있어왔던 것이라고

---

46 플라톤의 《법률편》 제3권, 아리스토텔레스의 《정치학》 제4권, 폴리비오스의 《로마의 역사》 제6권, 키케로의 《국가론De Republica》, 그리고 토마스 아퀴나스의 《군주정De Regimine Principum》과 《신학대전Summa Theologiae》 등에서 나타나는 '혼합정부론mixed government/mixed state/mixed constitution'이 바로 이것이다. 요약하건대, 혼합정부론은 '덕성virtue', '부wealth', '수numbers'를 각기 가지고 있는 왕, 귀족, 평민과 같은 여러 계층(지위, 신분, 계급)의 사람에게 권력, 권위, 자유를 적절히 배분함으로써 현실적으로 정치적 안정을 꾀하자는 데 목적이 있다(D'Entrèves 1965, 114쪽). 혼합 정부는 정치가 '인간의 지배rule of man'가 아니라 '법의 지배rule of law'가 되어야 한다는 것을 전제로 한다. 권력과 법은 어떤 형식으로든 연관되어야 한다는 생각에 덧붙여 중세에 이미 인민은 지배자를 뽑는 데 발언권이 있어야 하며, 법은 공동체 전체에 의해 제정되어야 한다는 생각이 나타났다. 이러한 생각들은 정치 공동체 전체가 왕이 행사하는 권력을 제한할 수 있어야 한다는 생각으로 이어졌다.

생각했다. 사실 1642년에 찰스 1세는 영국 정부는 왕, 상원, 하원이 함께 입법에 참여하는 혼합 정부라고 선언했다. 물론 혼합 정부론, 권력분립론, 균형 잡힌 헌법 이론과 견제와 균형 이론, 이 네 가지는 서로 연관되어 있지만 다르다. 특히 정치적 안정을 가져오는 데 혼합 정부가 기여한다는 종래의 사고를 권력분립론은 거부하는 셈이다(Shogimen 2005, 459쪽). 어쨌든 로크는 영국의 실제 정치 생활을 보면서 국가 내에 주권이 있다는 것을 당연하게 생각하고 권력이 조직되고 배분되는 새로운 방식을 생각하게 된 것뿐이다. 로크와 몽테스키외에게는 어떻게 하면 주권이 다양한 기관을 통해 가장 잘 작동되도록 할 것인가가 문제였다. 그래서 로크와 몽테스키외에게 직접적으로 문제가 된 것은 주권이 아니라 권력을 조직하는 원칙인 헌법이었다.

통령은 군주적인 요소를, 상원은 귀족적인 요소를, 그리고 의회는 민주적인 요소를 대변한다. 출생, 능력이나 부, 그리고 수(數)가 각각 헌법에서 역할이 분담되었다. 인민이 지나치게 폭력적이고 소란스러워지거나 상원이 지나치게 거만하고 이기적이게 되어도 공화정은 존속했다. 혼합 정부는 각 요소가 서로 견제하고 균형을 이루는 자기 규율적인 체제를 확립했다(Fontana 2005, 553쪽).

폴리비오스는 견제와 균형이라는 개념을 강조했다. 군주제는 절대적 권력을 행사하기 때문에 권력이 무제한이며 전제적 지배가 불가피하다는 약점이 있다. 마찬가지로 몇몇 사람이 지배하는 귀족제는 다수를 억압할 위험이 있다. 반면에 다수가 지배하는 민주정은 소수를 억압하려고 위협할 것이다. 권력의 오용을 막기 위해 사회의 다른 집단들 사이에 권력이 분산되어야 한다. 한 사람이 법을 관장해야 하지만 절대적인 권력을 가져서는 안 된다. 그는 다른 소수의 우월한 사람들과 권력을 나누어야 한다. 몇몇 우수한 사람들은 다수와 권력을 나누어서 다수의 이익을 고려해야 한다. 권력이 관직을 가진 몇 개의 집단에 나누어지면, 절대 권력이 없게 된다. 권력이 제한되면, 권력을 행사하는 데 책임을 지게 된다 (Barcalow 2004, 173쪽). 이것이 혼합정의 이상이다.

이렇게 혼합 정부, 즉 여기서는 공화정은 순수한 형태의 정부가 가진 약점을 피하면서 순수한 형태가 가진 강점을 결합한다고 생각되었다. 이론적으로는 어느 누구도 정치적 결정을 내리는 데서 전적으로 배제되지는 않기 때문에 정치적 안정이 증진된다. 그러나 실제 평범한 사람들의 정치적 영향력은 많은 제약을 받았기 때문에 순수한 민주정의 해악을 피할 수 있었다(Barcalow 2004, 172쪽). 순수한 민주정은 폴리비오스가 보기에는 '폭민정ochlocracy/mob rule'으로 퇴락할 위험을 안고 있었다. 반면에 혼합 정부에서는 상원과 주요 행정관직을 통해 최선의 사람들이 지배할 수 있었다. 그래서 '군중/폭도'는 길들여질 수 있었다(Barcalow 2004, 173쪽).

폴리비오스는 민주주의에 대해 회의적이었다. 평범한 사람이 지배하는 인민의 정부에서는 "인민은……타인을 희생시키고 자신을 부양하는 데 익숙해지게 되며, 이웃의 재산에 의존해 생계를 유지하려는 기대를 가진다. 그래서……그들은 폭력에 기반을 두는 정체를 도입한다. 그들은 자신들의 적을 학살하고 추방하고 약탈하며 끝내 짐승과 같은 상태로 퇴락하게 된다"(Polybius 1979, 309쪽 ; Barcalow 2004, 173쪽 재인용)라고 했다.

폴리비오스는 민주주의가 경제적, 정치적 혼돈으로 이어진다고 믿었다. 대부분이 가난한 평범한 사람들은 권력을 이용해 부자의 재산을 빼앗아갈 것이다. 그들은 정부가 자신들에게 보조금을 지급하거나 자신들을 먹여 살릴 것이라고 기대한다. 폴리비오스는 아마 아테네에서 배심원이나 민회에 참석하는 시민에게 일당을 지급했던 관행을 염두에 둔 것 같다. 그 돈은 결국 인민의 적인 부자에게서 나오는 것이다. 급기야 부자의 재산은 몰수될 것이며 부자는 살해되거나 추방될 것이다(Barcalow 2004, 173쪽).

폴리비오스는 로마의 경쟁자였던 카르타고의 헌법을 비판했다. 카르타고는 대중에게 너무나 많은 권위를 부여했는데, 대중이란 "항상 변덕스러우며, 제어할 수 없는 욕구, 근거 없는 분노와 격렬한 정념으로 들끓기 때문이다"(Polybius 1979, 349쪽). 이처럼 오랜 기간 반민주주의적인 정서가 관류하고 있는 셈이다. 모든 사람이 평등하게 창조되지 않았다. 어떤 이들은 다른 이들보다 우월하다. 그러므로 정부는 열등한 다수보다 우월한 소수의 수중에 있어야 한다(Barcalow 2004, 173쪽).

키케로는 정부에 대한 그리스인의 6분법과 이에 대한 비판을 계승했다. 그는 군주제를 선호했지만, 경험에서 우러난 신려를 따른다면 세 가지 장점을 겸비한 혼합 정부가 필요하다고 이해했다. 로마인들의 'res public/affairs of the public'이라는 개념은 자치의 단위가 'public'이라는 것을 의미한다. 즉 인민의 지배에서 인민을 구성하는 것은 'public'이라는 것을 의미한다. 그런데 'public'은 주어진 어떠한 것이 아니라 공동의 문제를 해결하기 위해 정치적이고 토론적인 활동에 의해 생성되는 것이다. 그렇다면 그저 '인민people'이 아니라 '공중public'으로부터 정부는 방향을 잡아나가야 된다. 그러므로 'public'이라는 관념에서 보면, 인민은 부분적으로는 공적인 토론을 통해 반성적으로 구성된다(Warren 2011, 519쪽). 어쨌든 국가는 '인민의 일res populi(people's affair)'이다. 이렇게 해 정당성과 권력은 인민에게서 나온다. 그러나 효율적으로 행정을 맡고 권위를 안정시키자면 상원의 지혜와 능력이 필요하다(Fontana 2005, 553쪽).

로마에서 공화정이 붕괴하고 군주제가 대두한 것은 공화주의적이며 민주주의적인 정치가 붕괴되는 전조가 되었다. 스토아주의와 같은 '정적주의(靜寂主義)quietism'⁴⁷가 성장하고 그리스도교가 출현하고 야만인이 침입한 것들이 합쳐져서 고전적 세계는 붕괴되었으며 봉건적이고 중세적인 문명이 들어서게 되었다. 이로 인해 민주주의와 공화정은 설 자리를 잃게 되었다(Fontana 2005, 553쪽). 대다수의 평범한 사람들은 권력을 가지지 않았다. 사실상 모든 지적인 엘리트들도 보통 사람들은 지도자가 되는 것은 말할 것도 없고 지도자를 선택할 자질이 없다는 데 동의했다(Barcalow 2004, 173쪽).

로마에서는 인민의 권력이 의회가 아니라 평민의 권리를 보호하기 위해 평민에 의해 선출된 '호민관(護民官)tribunes of the People'에게 있었다. 호민관은 주로 세습 귀족이었던 '명문 귀족patrician'과 보통 사람들인 '평민들plebeians' 사이에 권력 투쟁이 일어났을 때 만들어졌다. 단지 적은 수의 가문만이 명문 귀족이었으며 거개는 평민이었다. 이것은 부자와 빈자 사이의 갈등이 아니었다. 어떤 평민들은 많은 명문 귀족보다 훨씬 부유했다. 그러나 당시, 즉 기원전 5세기경에 명문 귀족들이 모든 종교적·세속적 권력의 자리를 독점했다. 명문 귀족 출신의 행정관들이 권력과 권위를 남용하는 경향이 있었다. 평민들은 자신들을 보호할 방법이 없다고 느꼈다. 그러므로 그들은 호민관이라는 직책을 만들고 자신들이 선

---

47 자기 성찰과 신의 완전성에 대해 사색함으로써 의지를 극복하는 것을 목적으로 하는 그리스도교 종파.

출한 호민관을 괴롭히는 자는 살해하겠다고 맹세까지 했다. 급기야 호민관은 통령을 포함해 모든 행정관의 행동을 거부하고 상원의 의사 진행을 중지시킬 법적 권리를 확보했다. 호민관은 평민의 의회를 주재했으며, 의회는 점차 더 많은 권력을 갖게 되었다. 이렇게 해서 호민관은 권리를 독단적으로 정의롭지 않게 행사하는 것으로부터 평민들을 보호했다(Barcalow 2004, 174쪽).

통령, 상원, 호민관은 각각 상대방의 권력을 중화시킬 수 있었기 때문에 정부가 안정될 수 있었다. 정부가 안정됨으로써 모든 사람의 이익과 자유가 보호된다. 마키아벨리의 견해에 따르면, 모든 정부는 인간이 나쁘다는 전제에서 시작해야 한다. 인간이 서로 괴롭히는 것을 막기 위해 정부가 만들어진 것이다. 지배자에 반대하는 어떠한 다른 권력에 의해 권력이 제어받지 않으면 지배자는 권력을 남용하기 마련이다. 피치자가 나쁜 것처럼 권력을 가진 자도 권력을 남용할 것이라고 예상해야 한다. 하나의 권력 중심이 다른 권력 중심을 대항하기 때문에 견제하도록 해 남용의 기회를 최소로 한다. 권력은 권력으로만 견제할 수 있다. 보통 사람의 수중에 있는 권력만이 독단적이며 압제적인 지배를 저항할 수 있는 권력이 될 수 있다(Barcalow 2004, 174쪽).

그러나 마키아벨리는 공화주의적 자유를 논하면서 전술한 것처럼 혼합정이라는 공화주의적 전통을 부활시켰다. 순수한 형태의 정부는 불안정하기 마련이다. 최선의 정부 형태는 혼합정, 즉 공화정이다. 그는 공화정이라고 생각한 스파르타의 헌법을 찬양했는데, 스파르타의 헌법은 800년 동안이나 조용하게 지속되었다. 반면에 그는 순수한 민주주의 형태인 아테네의 헌법은 비난했다. 아테네의 헌법은 220년을 넘기지 못했으며 귀족이 권력을 다시 독점하려 하면서 폭군정과 무질서로 이어졌다

(Barcalow 2004, 174쪽). 그래서 민주주의라는 용어는 그때까지만 해도 호의적인 평가를 받지 못했다.

민주적이며 공화적인 사상과 관행이 다시 활기를 찾고 중요성을 띠게 된 것은 이탈리아에서 코뮌이 대두하고 이에 따라 고전적 사상이 부활한 후이다. 종교적, 사회적, 정치적, 경제적 변모를 오랜 기간 겪음으로써 중세 사회는 끝나게 되었다. 그리하여 전통적 유대가 붕괴되고, 종교 개혁이 일어나고, 이로 인해 유럽의 그리스도교 세계가 분열하고, 상업과 교역이 확대되고, 지식과 부, 문자 해득 능력과 인쇄술이 전파되었다(Fontana 2005, 553쪽). 이탈리아의 도시 국가, 특히 피렌체와 베네치아의 역사적 경험에 덧붙어 마키아벨리에 의해 인민이 다시 발견되었으며 공화정과 민주정이라는 새로운 형태의 정치는 인민을 기초와 근거로 삼게 되었다(Fontana 2005, 553쪽).

그러나 민주주의의 발전에는 불행한 일이지만 14세기 중반 이후 이탈리아 주요 도시의 공화정 정부는 경제적 쇠퇴, 부패, 전쟁, 정복, 그리고 권위주의적 지배자에 의한 권력 쟁취 등을 겪게 되었다. 그러다가 결국 긴 역사의 흐름에서 보면 도시 국가는 훨씬 압도적으로 우월한 힘을 가진 국민 국가의 대두로 인해 그 근거를 잃게 되었다(Dahl 1998, 16쪽).

여기서 용어의 의미를 고찰할 필요가 있다. '인민/민중의 정치(또는 민주 정치)popular government'를 그리스인들은 '민중의 지배/민주주의democracy'라고 불렀다. 또한 로마인들은 초기에 라틴어로 '공화정republic'이라고 불렀으며 나중에는 어떠한 도시 국가의 '인민/민중의 정치popular government'를 공화정이라고 불렀다. 그렇다면 '민주주의democracy'와 '공화정republic'은 근본적으로 다른 유형의 헌정 체제인가? 그렇지 않으면 두 단어가 유래한 언어의 차이를 반영하는 것뿐인가? 두 단어는 '인민/

민중의 정치popular government'의 유형의 차이를 지칭하지 않는다. 그리스어와 라틴어의 차이를 지칭할 뿐이다(Dahl 1998, 16~17쪽).

그런데 민주주의라는 뜻의 그리스어 'demokratia'는 1260년대에 도미니크회 수도승 기욤이 아리스토텔레스의 《정치학》을 번역할 때 라틴어로 들어오게 되었다(Dunn 2004b, 58쪽). 17세기에 들어와서야 민주주의라는 용어는 나쁜 의미를 불식하게 되었고, 강력하고 상업에 활동적이며 공화정에 준하는 체제를 확립한 네덜란드에서부터 기존의 정치 제도를 정당화하는 데 서서히 쓰이기 시작했다(Dunn 2004b, 59쪽). 그 후 영국 내란(1642~1651), 스페인과 신성로마제국에 대항한 네덜란드의 반란(1621~1648), 영국의 명예혁명(1688~1689)은 새로운 사태의 진전과 그 중요성을 알렸다. 왕을 처단하고 퇴위시킴으로써 정부의 권위에 수동적으로 복종해야 한다는 전통적 믿음이 사라지게 되었으며, 권위는 인간의 의지와 행동에 있다는 생각이 싹텄다.

그러나 영국 내란 중에 권위를 확립하고자 했던 홉스만 해도 민주주의를――그가 민주주의라는 말을 사용하지는 않았지만――무질서하고 불안정하고 위험스러운 것으로 평가했다(*De Cive*, X. ix ; Hobbes 1998, 122). 그렇기는 하지만 홉스는 개인들의 동의에 의해 공동 권력이 우선 수립된다는 점을 밝혔다. 그는 '인민people'과 '다수의 인간들multitude of men'을 구별했으며 권력은 인민에게 속해야 한다고 주장했다. 문제의 핵심은 인민을 대변하는 이가 누구인가라는 점이다. 홉스는 왕도 인민이 될 수 있다고 보았다. 따라서 그를 민주주의자라고 보기는 어렵다.

그런데 홉스, 그로티우스, 푸펜도르프, 몽테스키외, 로크와 같은 정치 이론가는 자연법, 인간의 본성, 그리고 정부에 대한 전통적 사고를 다시 평가하고 새롭게 해석함으로써 이와 같은 거대한 변화를 반영했다. 스피노자, 드 라쿠르 형제(얀 드 라쿠르·피터르 드 라쿠르)는 고대의 로마 저술가, 피렌체와 베네치아의 공화주의자, 그리고 홉스의 저작을 순화하고 국가가 인민의 의지를 표현하는 민주적 정치를 상상했다. 홉스는 절대적 개인주의와 급진적 회의주의라는 시각에서 전통적인 형태의 공동체와 전통적으로 정당하다고 여겨진 정부의 붕괴를 시사하면서 인간의 이성과 의지로 공동체와 정부를 재건하는 것을 묘사했다. 로크는 자연법을 대두하고 있는 개인주의와 결합시키고 이렇게 함으로써 새롭게 중앙 집권화된 권력을 순치하고 제한했다. 정부는 신탁된 것이라는 이론은 인민의 대표에 의해 권위가 확립된다는 것을 의미했으며 인민의 대표는 정부에 대한 동의를 언제든지 철회할 수 있었다. 이것이 의미하는 바는 다음과 같다. 로크의 계약론에 의하면, 인민은 계약을 통해 사회를 구성한다. 이에 따르면, 인민은 공통의 의무를 지는 것을 약속한 것으로 간주된다. 그 자체가 정치적 행동이다(Warren 2011, 520쪽).

프랑스의 군주제가 점차 절대적으로 되어가는 것에 대항해 몽테스키외는 혼합 정부에 대한 고전적 이론을 권력 분립이라는 개념으로 바꾸었다. 전제주의와 균형 잡힌 헌법에 대한 그의 이론은 자유주의적 헌정주의와 제한 정부에 대한 이론에 주요한 근거가 되었다. 그는 급진적이며 혁명적인 변화를 설명하고 정당화하기 위해 자연권, 정치적 의무, 사회적 계약, 그리고 자연법이라는 사상을 이용했다. 그렇기는 하지만 사상의 범위와 적용은 제한되었으며 인민이라는 개념도 좁게 해석되었다(Fontana 2005, 553쪽).

3. 혁명의 시대와 그 후

계몽주의는 인간의 능력을 합리적이며 비판적인 사상으로 뒷받침했고, 과학적이고 지적인 탐구를 가능하게 했으며, 인간이 미래에 성장할 가능성과 인간이 완전할 수 있다는 가능성을 열어두었다. 그럼으로써 국가와 사회가 가지고 있는 문화적, 종교적, 전통적 기초를 서서히 전복했다. 프랑스의 볼테르와 디드로, 영국의 흄과 벤담 같은 사상가는 정치적 권력과 사회적 권력의 자연적이고 역사적인 근원을 탐구했다. 그리하여 그들은 정치적, 시민적 자유와 언론출판의 자유를 문화적, 도덕적, 지적, 과학적 진보에 결합시키는 저작을 간행했다. 루소는 계몽주의를 비판했는데 이것이 역설적으로 인간의 의지와 자유의 중심성에 대한 계몽 운동의 믿음을 확인해주었다. 루소에 의하면, 자유와 평등이 인간성을 규정한다. 그래서 주권자로서 인민들이 서로 모임으로써 일반 의지를 생성시켜 사적인 선에 반대되는 공적 선을 추구하게 된다. 일반 의지가 인민의 주권을 구체화한다고 본 것은 시민 사회 내에서의 불평등과 경쟁을 급진적으로 비판한 것이다(Fontana 2005, 553쪽).

권위에 대한 기존의 형태에 반대하는 정신, 합리적 동의에서 도출되지 않는 정부에 대한 불신은 미국 혁명과 헌정을 수립하겠다는 열망에서 정점에 달했다. 미국 혁명가들은 인민의 다수가 가진 권력을 제한하고 일정한 방향으로 이끄는 정치 기구를 만들면서 인민의 주권을 선언했다. 새로운 세속적 질서를 영국 내란과 명예혁명으로 소급하는 논지를 전개하면서 이를 설교했다. 혁명에 대한 정치적 문헌은 플라톤 이후의 민주주의에 대한 찬반의 논쟁을 기술하고 요약했다. 명백하게 민주주의를 옹호했던 토머스 페인부터 직접적인 인민의 지배를 우려했던 존 애덤스에 이르기까지 20여 년에 걸친 혁명과 헌정적 실험 기간에 미국인들은 소수와 다수, 부자와 빈자 사이의 균형을 찾으려고 시도했다(Fontana 2005, 553쪽). 연방주의자들은 인민에게 정당화하고 권위를 부여하는 역할을 주장하면서 주와 연방의 차원에서 견제와 균형으로 스스로 통제하는 체제를 확립하는 타협안을 제시했다. 인민의 다수로부터 정당한 권력은 나오게 되지만, 권력 분립, 연방주의, 양원, 그리고 간접 선거와 같은 제도적 메커니즘은 인민의 권력을 이끌고, 통제하고, 견제할 것이다. 이 권력을 어떤 방향으로 가게 하고 통제하고 견제한다(Fontana 2005, 554쪽).

　그리스 시대부터 루소에 이르기까지 이해되었던 민주주의의 의미에 서서히 변경을 가한 것은 미국 혁명이었다. 루소와 엘베시우스에 따르면 직접 민주주의는 작은 국가에서만 가능하다는 데 유념해, 매디슨은 직접 민주주의는 폭력과 계급 다툼에 휩싸이기 쉬우며 그러므로 필요한 것은 인민의 여론을 다듬고 거르는 공화정이라는 것을 지적했다. 대의라는 방법을 통해 인민의 정념을 통제하고 영토가 넓고 인구가 많은 데에서 인민의 정부를 가능하게 한다고 보았다(Fontana 2005, 554쪽).

　미국 혁명 후 '임시적 성격의 헌법Articles of Confederation'이 부적합하다고 일반적으로 인식되었을 때 미국의 정치 지도자들은 미합중국을 위한 헌법을 안출했다.[48] 이 헌법으로써 아테네의 민주주의와 로마의 공화주

---

48 'Articles of Confederation'은 1776년 식민지 13개 주가 '독립 선언Declaration of Inde-
　pendence'을 채택한 직후 1777년 '대륙 의회Continental Congress'가 그때까지 별개의 정
　치적 단위로 행동해왔던 식민지 13개 주의 외교, 전쟁, 국방을 우선적으로 통합해서 다룰 정
　치적 연합체를 결성하기 위해서 만든 것이다. 이것은 각 주에서 비준될 때까지는 사실상의
　헌법으로서, 비준된 이후에는 법적 헌법으로서 효력을 가졌다. 독립 혁명의 주체로서의 대
　륙 의회의 권한을 중심으로 되어 있었고, 대통령·행정부·사법부·세금에 대한 규정은 없었
　다. 이후 이것으로는 국가의 모습을 갖추는 데 부족하다고 간주되어, 1787년에 지금 헌법의

의와는 상당히 다른 정부가 수립되었다. 이 헌법은 아테네의 민회나 로마의 인민 의회와 같이 법에 대해 평범한 사람들이 논의하고 직접적으로 투표하는 제도를 만들지 않았다. 이것은 의회가 담당했는데, 필라델피아 제헌 의회에서는 모든 시민들이 의회에 참석하고 투표할 권리가 있다는 것을 어느 누구도 제안하지 않았다. 연방 정부의 수준에서는 평범한 사람들은 하원 선거에 투표하고 대통령 선출에 간접적으로 투표하는 데 국한되었다(Barcalow 2004, 175쪽).

헌법의 틀을 만든 사람들은 평범한 이들이 그들 자신을 다스릴 자를 선출하는 데에도 유능한지에 대해 회의를 품었다. 그래서 두 번째 의회, 즉 상원을 만들었다. 상원 의원은 1913년의 17번째 헌법 수정에 이르기까지 인민에 의해 직접적으로 선출되지 않고 각 주의 입법부에 의해 선출되었다. 행정부의 수장인 대통령 또한 직접 선출이 허용되지 않았다. 대통령은 실제로는 '선거인단electoral college'에 의해 선출된다. 각 주는 선거인단에 대표자를 보내는데 그 수는 상원 의원과 하원 의원을 합친 수다. 게다가 헌법은 선거인단 대표자를 시민들의 직접 투표로 선출하도록 요구하지 않았다. 주 의회가 어떤 방법이든 선택할 수 있었다. 주 의회는 인민의 투표를 전적으로 무시할 헌법적 권리가 있었다. 주 의회가 선거인을 선출할 수도 있고 주지사로 하여금 임명하게 할 수도 있었다. 그런데 현재는 선거인이 인민의 투표로 선출되어야 한다고 규정돼 있다. 또한 선거인단 선출은 승자 독식 체제를 취하고 있다. 즉 세 명의 후보자

원형으로서의 '미연방헌법U. S. Constitution'을 만들게 되었다. 'Article of Confederation' 을 한국어로 직역하기는 어렵다. 내용상으로 '독립 전쟁을 수행하기 위해서 식민지 여러 주 의회들의 모임인 대륙 의회가 만든 입법 및 시행 주체가 된, 임시적 성격의 헌법'이라고 보면 되겠다.

가 있는데 두 후보자가 30퍼센트의 표를 얻고 세 번째 후보자가 40퍼센트를 얻었다면, 세 번째 후보자가 승자가 되어 나머지 두 선거인의 표를 전부 가진다(Barcalow 2004, 175쪽).

군주는 거의 항상 종신직이었다. 로마의 통령은 1년간 재임했지만 로마의 상원은 종신직이었다. 미국 헌법은 하원 의원 2년, 대통령 4년, 상원 의원 6년으로 임기를 제한했다. 재직 기간이 짧을수록 인민은 공직자에 대해 자주 문책할 수 있게 된다(Barcalow 2004, 175쪽).

오늘날 민주주의 국가라고 불리는 나라들은 아테네의 민회나 로마의 인민 의회와 같은 제도를 두고 있지 않다. 모두가 간접적, 즉 대의적 민주주의를 취하고 있어, 평범한 사람은 공직에 나갈 자를 결정하는 선거에서 투표하는 것으로 대체로 참여가 한정되어 있다. 오늘날 민주주의를 옹호하는 사람들은 대부분 직접 민주주의보다 대의 민주주의를 지지한다. 평범한 사람이 자신을 다스릴 능력이 있는가에 대해 회의적이기 때문이다(Barcalow 2004, 175쪽). 원래 그리스 시대의 민주주의는 직접 민주주의였으며 교대로 다스리는 것을 의미했다. 그런데 근대에 대의 민주주의를 택하게 됨으로써 민주주의라는 관념에 커다란 변화가 생겼다(Dunn 2004a, 20쪽). 어떻게 이런 변화가 있게 되었는가?

'대의representation'라는 오늘날의 민주주의적 고안물에는 좋지 않은 과거가 있다. 대의 정부는 민주주의적 관행에서 유래한 것이 아니라 비민주주의적 정부, 예를 들면 군주국이 주로 전쟁을 치르는 데 필요한 세수와 다른 자원을 얻기 위해 고안한 제도에서 유래했다. 기원으로 보면 대의는 민주주의적인 제도가 아니라 비민주주의적인 제도인데, 나중에 민주주의 이론과 관행에 접목되었다. 그래서 제임스 밀은 대의제가 근대의 거대한 발견이라고 서술했다. 대의라는 중세의 관행을 민주주의라는 고대의 나무에 접목함으로써 새로운 종의 민주주의를 만들 수 있었다 (Dahl 1998, 103~105쪽).

어떻게 접목하게 되었는가? 마키아벨리에게서도 나타나는 것처럼 18세기 후반까지 서구인들은 혼합 헌법, 즉 헌법적으로 제한된 군주정이 곁들여진 공화정을 선호했다. 고대의 민주정보다 혼합 헌법이 당시에 계층으로 나누어진 사회 구조에 부합했기 때문이다. 19세기 전에는 서구인들은 아테네의 직접 민주주의를 두려워하지는 않더라도 경멸적인 것으로 여겼다. 18세기의 주석자들은 아테네 민주주의가 실패한 것을 자주 지적했다. 그리고 다양한 지위의 사람들의 이해관계를 조화시킬 메커니즘이 없었다는 것을 실패 이유로 보았다. 특히 다수의 빈자가 지배했기 때문에 그리스의 민주주의가 혼란스러웠다고 보았다. 19세기에 와서야 직접 민주주의가 역사적 개념에 지나지 않는 것으로 여겨졌다. 그런 연후에 민주주의라는 단어가 우호적으로 쓰이게 되었다. 그러면서 이제는 민주주의가 다수에 의한—— 다수 자체도 대의되면서—— 전체 인민의 정부라는 의미를 가지게 되었다(Coleman 2000, 22쪽).

대의 민주주의는 어떤 의미에서 커다란 변화를 주었는가? 권력 분립이라는 개념은 인민에게 다양하고 중첩적인 해석을 대의해야 한다는 것을 의미한다. 말하자면 대의에 대하여 서로 구별되고 경합하는 고안을 통해 다른 방식으로 구성되는 인민을 상정해야 하는 것이다. 이로써 대의에 대한 서로 다른 메커니즘이 다른 유권자들을 하나의 효과적인 정부로 결합시킬 수 있다는 개념이 대두한 것이다. 이 개념은 통합된 주권은 통합된 제도에서 표현되어야 한다는 홉스나 루소의 견해에 도전하는 것이었다. 양자의 개념에 반대되는 개념의 연원은 혼합 정부라는 개념에서 찾을 수 있다. 알다시피 이 개념은 아리스토텔레스와 몽테스키외가 이론화했고, 로마인들이 실천했으며, 1789년 미국 헌법에서 권력 분립의 체제로 발전했다(Warren 2011, 520쪽).

미국의 제헌 헌법은 노예와 여성에게 투표권을 주지 않았다. 평범한 사람들이 지도자를 선출하는 데 참여할 자격이 있는가라는 문제를 논의한다는 것은 모든 백인들이 투표할 자격이 있는지를 백인들이 논의한다는 것이었다. 재산을 가진 백인으로 투표권을 제한해야 한다고 주장되었는데, 재산이 없는 이들은 그 사회에 이해관계가 걸려 있지 않은 데 반해 재산을 가진 이들은 근면하고 책임을 진다는 이유에서였다. 그러나 이 제안은 거부되었다. 그렇다고 해서 미국 건국의 아버지들이 모든 백인이 지배하거나 지배자를 선출하는 데 평등한 자격이 있다고 봤다는 것을 의미하지는 않는다(Barcalow 2004, 176쪽).

상반된 태도와 회의는 토머스 제퍼슨에게서도 명확하게 드러난다. 그는 부유한 가정에서 태어난 버지니아의 귀족이었다. 독립 선언서에서 그는 모든 사람은 평등하게 태어났음이 자명하다고 천명했다. 그러나 통치할 자격에서 평등하다는 의미가 아님은 분명하다. 사람들은 지력, 지혜, 지식, 덕성에서 차이가 난다는 것을 그는 아주 잘 알고 있었으며 '자연적 귀족natural aristocrats'이 다스려야 한다고 생각했다. 그는 평범한 백인으로 이루어진 대중이 자연적으로 우수한 자를 알아낼 자격을 집단적으로 가지고 있다고 생각했다. 게다가 일반적으로 평범한 사람들은 자기가 보기에 자연적 귀족인 듯한 사람에게 표를 던질 것이다. 당시의 유럽인과 달리 미국인들은 독립적이고 교육을 잘 받았고 번성하고 있기 때문에 자신들이 권력을 분담할 자격이 있다고 보았다. 즉 평범한 미국인도 지도자를 선택할 자격이 있다고 보았다. 그러면서도 이에 대한 회의를 표명할 때가 있었다. 제임스 매디슨도 투표권을 재산 소유자에게 제한할 것을 주장했다. 인민이 선택하는 자가 통치자가 되어야 하는데 재산을 소유하는 백인 남성에 의해 의회가 선출되어야 한다고 주장했다. 그리고 매디슨은 파벌의 위험을 막기 위해 민주주의가 아니라 공화정을 제의했다. 첫째, 공화정에서는 인민 자신이 직접적으로 결정을 내리는 것이 아니라 인민의 대표자가 결정을 내려, 지혜로운 자가 애국심과 정의를 사랑하는 마음으로 나라의 참다운 이익을 증진시킬 수 있기 때문이다. 둘째, 대표자들이 각기 다른 이익을 가진 많은 지역에서 선출되어 서로의 이익을 견제할 수 있는 만큼 어떤 파벌의 이익도 우세하지 않을 것이기 때문이다. 말하자면 '영구적 다수permanent majority'가 형성되지 않을 것이라는 이점이 있다(Barcalow 2004, 176~179쪽).

앞의 기술이 의미하는 바는 무엇인가? 시티즌십, 즉 자치를 구성하는 인민을 누구로 규정할 것인가라는, 아테네 시대부터 제기되었던 문제다. 근대의 민주주의는 거대하고 지역이 정하여지고 행정적 능력을 가진 정치적 단위인 국민 국가라는 틀에서 작동하지 않으면 안 되게 되었다. 이제 인민이라는 범주에 포함시키느냐 또는 배제시키느냐라는 문제는 거주의 원칙을 선호하면서 빈부, 성별, 인종, 종교를 극복하는 문제로 간주되었다. 말하자면 협소한 정체성에서 벗어나 이제 '보편화하는 윤리uni-versalizing ethics'라는 근대적 힘에 의해 거주에 의해 구성한다는 원칙이 확립되게 되었다. 보편화하는 윤리는 기독교에 기원을 둔다. 이 윤리는 근대의 자연권 전통과 벤담의 공리주의에서 표현되었다. 그런데 이 보편화하는 원칙은 참정권을 부여하는 민주주의적인 권한 부여로까지 진전되지는 않았다. 그 이유는 로버트 앨런 달에 따르면 민주주의가 인간이 본질적인 도덕적 값어치를 가진다는 보편적 윤리만이 아니라 인간이 자치에 대하여 평등한 능력을 가진다는 믿음에도 의존하기 때문이다(Dahl

1998, chs. 6~7). 그러므로 로크는 유아, 정신병자, 피식민지인을 인민에서 배제했고 칸트는 여성, 하인, 재산 없는 사람들처럼 독립할 수 없는 이들을 배제했으며 매디슨은 재산이 없는 것을 도덕적으로 결함이 있는 것으로 보아 재산 없는 사람들을 배제했다(Warren 2011, 519쪽).

그렇기는 하지만 능력을 고려해 배제한 것은 부족적, 공동체적 관념에 근거하여 배제한 것에 비하면 배제에 대한 새로운 정당화를 제시한 것이다. 그 후에 배제하려는 자들이 배제하는 근거를 제시해야 한다는, 즉 불평등을 주장하는 이들이 불평등을 주장하는 근거를 제시해야 한다는 견해가 받아들여지게 되었다. 그래서 능력의 결여를 이유로 배제하는 것은 정당성을 잃고, 투표권이 확대되고, 이에 수반해 권리가 확대되었다. 그리하여 민주화가 이루어졌다. 즉 더 많은 사람들이 인민에 포함되고 시민으로서 권력을 부여받게 되었다(Warren 2011, 519쪽).

이 점은 훨씬 후에 건국의 아버지들보다 평범한 사람을 더욱 신뢰했던 링컨이 '인민의, 인민에 의한, 인민을 위한 정부'라는 주장에서 표현하게 되었다. 정부의 정당성이 전적으로 모든 인민의 의지에서 나온다는 점에서 '인민의 정부'이며, 모든 인민이 스스로를 다스린다는 점에서 '인민에 의한 정부'이며, 정부의 정책이 모든 인민을 위해야 한다는 점에서 '인민을 위한 정부'다(Barcalow 2004, 181쪽).

미국 혁명보다 13년 후에 일어난 프랑스 혁명은 미국 혁명보다 더 급진적이고 명료한 언어로 인간과 시민의 권리를 선언했다. 구질서의 특권과 귀족적인 불평등을 인민의 보편적인 권리와 대비시켰다. 자코뱅의 이데올로기에서 인민은 '국민nation'과 점차 일치되었다. 그러나 자코뱅의 테러와 로베스피에르의 전단(專斷)적인 정치가 있은 후, 역사에서 겪은 인민의 지배가 불편하고 혐오스러웠다는 것이 강조되었다. 공화적이고 민주적인 사상, 즉 인민 주권, 자연권의 보호자로서의 정부, 시민권에 대한 사상, 자유에 대한 권리와 법 앞의 평등이라는 사상이 유럽 전역에 퍼졌다. 버크는 프랑스 혁명을 공격했으며, 토머스 페인이나 메리 울스턴크래프트는 혁명을 옹호했다. 이로써 때로는 격렬한 논쟁이 벌어졌다. 새로운 것은 민주주의와 인민의 정부가 교육을 받은 부유한 계급에 의해 옹호되었다는 점이다(Fontana 2005, 554쪽). 미국 혁명 이후 반세기가 지난 토크빌에 와서야 민주주의를 근대 정치적 경험에서 두드러진 것으로 이해할 수 있다는 점이 인정되었다. 즉 민주주의가 근대에 와서도 비난과 의혹을 받다가 드디어 인정받게 되었다.

따지고 보면, 미국 혁명은 민주주의를 기치로 하여 일어난 것이 아니었다(Dunn 2004a, 72쪽). 미국 혁명과 프랑스 혁명은 원인과 진행 과정과 결과가 다르다. 그러나 프랑스 혁명 이후 민주주의라는 용어에 변화가 일어났다. 전술한 것처럼 그리스 시대 이후 근 2,000년간 민주주의라는 용어는 정부 형태, 즉 '통치 체제system of rule'를 지칭하는 명사였다. 이제 민주주의는 '민주주의자democrat'라는 행위자 지칭 명사로, '민주주의적 democratic'이라는 형용사로, 그리고 '민주주의화하다democratize'라는 동사로 발전하게 되었다. 그렇게 해서 민주화라는 말로써 인민의 자치라는 이상에 부합하도록 정치, 경제, 사회 전반을 다시 구성하는 것이 정당해졌다. 그리하여 민주주의는 정치적 힘을 얻게 되었다(Dunn 2004a, 16~17쪽).

그리고 두 혁명을 거친 후 정착된 공화정, 즉 근대의 민주주의는 직접 민주주의가 아니라 간접 민주주의로서 대의제 형태를 띠게 되었다. 토머스 페인도 미국의 새로운 정부를 민주주의에 접합된 대의제로 여겼다. 대의제가 민주주의 사상에 획기적 변화를 가져와 민주주의가 역사적으로 승리할 수 있는 계기가 되었다(Dunn 2004b, 20·113쪽). 대의의 원칙이 공화정의 중심점이 되지 않을 수 없었다. 소수의 시민들에게 정부를 맡기되 정부를 맡는 자들이 다수에 의해 선택되었다고——일반적으로 지도자를 선택하는 과정을 선거라고 보지만, 지도자가 될 수 없는 이들을 애초에 배제하고 지도자가 되려는 후보들 중에서 어떤 후보자를 배제하는 과정, 즉 선택이 아니라 배제하는 과정이 선거라고도 볼 수 있다——주장할 수 있는 것이 대의 민주주의다.

여기서 간과할 수 없는 것은 대의 민주주의에서는 평등과 불평등이 교묘하게 혼합되어 있다는 점이다(Dunn 2004a, 128쪽). 모든 시민들을 대의하게 되는 소수를 선택한다는 점에서는 모두가 평등하지만, 결국 지배와 피지배로 나뉘게 된다는 점에서는 불평등한 것이다. 대의 민주주의는 대의제를 통해 타인보다 우월하고 싶은 사람들이 우월할 수 있는 여지를 만들어주었다. 그러면서도 민주주의에서의 인민 주권이라는 원칙은 우월한 것이 가져다줄 수 있는 결과에 대해 한계를 정한다(Dunn 2004a, 179쪽). 사람은 타인보다 자신이 우월하다는 것을 인정받고 싶어 한다. 우월한 것을 드러내어 인정받지 못할 바에야 적어도 평등하게 대우받는 존재로 인정받고 싶어 한다. 그리고 사람들 중에는 권력 의지를 강하게 표출하고 싶어 하는 이들도 있고 그렇지 않은 이들도 있다(Fukuyama 1992). 이렇게 본다면, 대의 민주주의야말로 인간의 본성과 현실을 감안해 평등과 불평등을 교묘하게 조합하는 것이라고 볼 수 있다.

페리클레스가 민주주의는 생활 방식이라고 주장했을 때, 이는 민주주의가 정부 형태일 뿐만 아니라 정치적 가치이기도 하다는 것을 의미한다. 정부 형태로서의 민주주의는 역사의 우여곡절을 겪으면서 정착되었다. 1796년 이후에는 민주주의가 정부 형태만이 아니라 정치적 가치라는 것이 굳어졌다. 민주주의가 정치적 가치가 되었다는 것은 정부 구성만이 아니라 가정, 사회적·문화적·경제적 생활 전반, 즉 사회 조직의 전반에서 '민주주의화democratization'하려는 노력이 나타날 수 있게 되었다는 것을 의미한다. 그래서 민주주의는 스스로 다스리는 것만이 아니라 삶의 실제 상황을 개선하는 것과 존엄성을 가진 인간으로 대우받는 것까지 의미하게 되었다(Dunn 2004b, 19·131·162쪽). 정부 형태로서의 민주주의와 정치적·사회적·문화적 과정으로서의 민주화는 흐름이 서로 달랐다. 그리고 서로 다른 종류의 압력을 받았다. 민주화는 정치적 가치로서의 민주주의라는 관념에서 시작하고 대응해왔다. 그렇기 때문에 민주화는 끝을 알 수 없고, 결정적이지 않으며, 무엇인가를 탐색하려고 한다. 반면에 정부 형태로서의 민주주의는 끝을 알 수 없는 것이 아니고, 더욱 결정적이며, 대담하게 탐색하지 않는다. 가치로서의 민주주의와 정부 형태로서의 민주주의를 구별할 필요가 있다. 정치에서 어떤 사람들은 아주 많은 것을 항상 광범하게 통제하기 때문이다. 어느 정도 통제당할 수 있는지에 대해 명확하게 한계를 지을 필요가 있다. 오늘날 민주화는 민주적 정부보다 더 탐색적이고 더 용맹스러울 수 있다. 민주적 정부와는 다르게 가치로서의 민주주의는 이기주의라는 질서에 의해 허용되지 않거나 그 질서에 책임을 지지 않기 때문이다. 그래서 민주화는 우리의 삶의 방식에서 보다 가볍게 자리를 잡는다. 항상 방종의 한계를 찾으면서도 그러한 삶의 방식을 확보하는 문제를 타인에게 맡겨 버리기 때문이다. 따라서 사회 조직 전반에서의 민주화는 그 끝을 알 수 없는 것이다(Dunn 2004a, 179쪽).

어쨌든 1945년 이후 민주주의는 특권의 잔재를 제거하고 모든 것을 민주화하는 것을 약속하게 되었으며 부정의를 배제하고 인간이 어떻게 더불어 살 수 있는지를 제시하게 되었다. 민주주의는 피지배자의 의사에 반해 권력을 행사하지 못하게 했다. 그리하여 민주주의는 정치권력 그 자체의 근원이며 정치권력을 구체화하는 것이 되었으며, 또한 지배와 복종의 정당성의 근거를 제시하게 되었다(Dunn 2004b, 19·168~169쪽). 그 후로 민주주의 체제, 즉 근대의 대의적인 자본주의적 민주주의가 결국 승리했기 때문에 민주주의는 정치권력을 지속적으로 행사할 수 있게 되었다(Dunn 2004b, 17·20쪽).

4. 대중민주주의의 위협과 기대

민주주의에서는 국민 전체가 자신이 따라야 할 규칙을 스스로 결정할 수 있는 권력을 가져야 한다(스위프트 2012, 35쪽). 그런데 그것이 현실적으로 가능한가? 20세기의 '대중mass'(엘리트에 대해 일반 대중, 서민을 의미)이라는 말은 '군중mob'(disorderly or riotous crowd of people, 군중, 오합지졸, 폭도, 하층민)이라는 말 대신에 들어선 말이다. 산업화된 읍이나 도시에 사람들이 밀집해 살게 되고 노동자가 공장에서 대규모의 기계적·집합적 생산에 집중하게 되었으며, 그리하여 조직된 노동 계급이 발전하게 되었다. 이러한 추세에 따라 대중이라는 용어가 나타나게 되었다(Williams 1982, 288쪽). '폭민/군중의 지배mob rule'라는 용어에서 나타나듯이 원래 군중이라는 말은 속기 쉽고, 변덕스럽고, 편견을 가지기 쉽고, 취향이나 습관이 천박하다는 의미를 내포하고 있었다(Williams 1982, 288쪽).

민주주의는 다수 지배를 의미한다. 보통 선거권을 가지게 됨으로써 다수 지배는 대중의 지배가 되었다. 그런데 만약 대중이 본질적으로 군중 (폭도)이라면, 민주주의는 '폭도의 지배mob rule'가 될 것이다. 폭도의 지배란 좋은 지배일 수 없다. 미천한 자들이나 평범한 자들의 지배일 따름이다. 산업 사회에서 대중이란 노동 계급일 수밖에 없다. 그들은 속기 쉽고, 변덕스럽고, 편견을 가지기 쉽고, 취향이나 습관이 천박할 뿐만 아니라 자신에게 유리한 쪽으로 사회를 변화시키려 할 것이다.

자유주의자들이 민주주의에 대해 이상과 같은 의혹을 품는 것은 역사적 경험으로 보아 타당성이 있었다. 자유주의자들은 프랑스 혁명 과정에서 국민 주권 개념이 공포 정치를 가져왔다고 생각하게 되었다(홍태영 2007, 603쪽). 그래서 자코뱅의 독재에서 정치적 불안과 무정부 상태, 또는 혁명적 독재에서 민주주의의 위험을 찾게 되었다. 그러나 그 후 토크빌은 자발적 동의에 근거한 '민주적 전제democratic tyranny'에서 민주주의의 위험을 찾았다.

다수결로 결정할 수 없는 사안도 있고 결정할 수 있는 사안도 있다. 이를테면, 풍랑 만난 배의 예에서(주 18 참고) 다수인 9명이 스님을 바다에 빠뜨리기로 결정할 수는 없다. 헌법의 기본권 조항이 주장하는 바가 그러한 것이다. 기본권이란 인간에게 너무나 기본적인 것이기 때문에 법으로도 제한할 수 없다. '버지니아 권리 장전Virginia Bill of Rights'(1776)은 다수의 지배와 무관한 사안들을 열거하고 있다. 다수의 지배와 무관한 사안들에서는 개인의 권리와 소수의 권리가 우선한다. 이후로 헌법은 기본권에 해당하지 않는 다른 사안들에 대해서만 다수의 결의를 할 수 있다는 것을 밝히고 있다(Etzioni 1993, 50쪽). 만약 종합부동산세라는 세제를 통해 부자의 재산을 빼앗으려 한다면, 이는 다수의 전제에 속하지 않는가? 재산권은 무엇인가? 절대적인가? 절대적이 아니라면 국가는 '어떤 정도의 세제를 제정할 수 있는 것인가? 이상의 문제들을 이 책에서 논했다. 이러한 논의의 목표 중 하나는 종합부동산세제가 다수의 전제에 해당하는가를 짚어보는 데 있었다. 전제는 원칙적으로 행정부에서 연유하지만 제퍼슨이 간파한 것처럼 민주주의에서는 입법부에서 연유할 수 있다(Dunn 2004a, 80쪽).

평등이나 질서 등의 가치를 추구하기 위해 자유를 자발적으로 포기함으로써 나타나는 것이 민주적 전제다. 이미 토크빌은 민주적 전제가 일어나는 원인을 자유와 평등의 갈등, 자유와 질서의 갈등, 개인주의와 다수의 전제, 그리고 정치의 '사사화(私事化)privatization'에서 찾았다. 예를 들어 정치적 민주주의에서 참여가 과도해지면 정치적 혼란이 야기되거나 자유가 위협받을 수 있다. 그리고 평등을 위해 개인의 자유가 희생될수도 있다(강정인 2007, 633~653쪽). 이와 같이 보면, 자유주의의 자유와 민주주의의 평등은 조화를 이룬다고 말할 수 없으며, 민주주의는 자유에 부담이 될 수도 있다.

그러나 미국 혁명과 프랑스 혁명은 인민 대중이 역사의 힘으로 대두할 조짐을 보여주었다. 그러므로 권력의 방정식에서 인민이 하나의 요소가 되었다. 좋든 나쁘든, 민주적이든 반민주적이든, 지배자는 권력을 얻고 유지하기 위해 인민의 환심을 사지 않으면 안 되었다. 지배자와 피지배자의 관계가 이렇게 재조정되면서 19세기에 이에 대한 세 가지 반응이 나왔다. 자유주의, 보수주의, 혁명주의였다(Fontana 2005, 554쪽).

존 스튜어트 밀과 토크빌의 사상에서 자유주의적인 반응을 찾을 수 있다. 토크빌은 미국의 현실에서 유럽의 미래를 읽을 수 있다고 믿었다. 그가 능력, 덕성, 자유를 옹호하는 것에 관심을 보인 것이 밀의 사상에 크게 영향을 미쳤다. 토크빌은 미국 민주주의의 사회적, 문화적 조건을 분석하고 미래의 전제의 싹을 읽어냈다. 민주주의는 개인의 권리, 평등, 자치에 대한 믿음에 기초를 두지만 민주주의가 낳는 공공 여론은 어떤 군주보다 더 전제적이다. 평등에 대한 인간의 정념은 자기중심적 개인들의 획일화된 대중을 배태하며 그들의 여론은 소수의 여론을 압도하기 마련이다. 이 정념은 능력에 반대되며, 모든 형태의 탁월함과 능숙함을 평준화하려고 한다. 밀은 토크빌이 제기한 평등과 자유 사이의 상반되는 것을 정교하게 함으로써 평등에 대한 인민의 욕구와 능력과 재능의 필요성을 합치는 해결책을 찾으려고 노력했다. 민주주의가 다수의 지배를 의미한다 하더라도 정부와 행정은 소수가 다수에 대해 지배하는 것을 전제로한다. 교육받고 책임을 지는 대표자들에 근거를 두는 대의 정부가 다수의 평등주의적 열망과 소수의 능력을 결합시키는 데 최선이라고 존 스튜어트 밀은 간주했다(Fontana 2005, 554쪽).

미국의 내란(1861~1865)은 노예제 폐지를 불러왔으며, 어쨌든 19세기에는 노예제가 사실상 종결되고 무산 계급의 남자 시민들이 투표권을 획득하게 되었다(미셸린 2005, 267쪽). 미국의 14차와 15차 수정 헌법은 해방된 노예들에게 완전한 정치적 권리를 부여했다. 그러나 백인이 흑인에게 법적인 힘과 비법적인 힘을 사용하기도 하고, 인두세를 부과하고, 문자 해득률을 요구하고, 백인만을 우선함으로써 결과적으로 아프리카 미국인들에게는 권리가 주어지지 않았다. 흑인 민권 운동이 일어나고 1965년에 '투표권법Voting Rights Act'이 통과된 후에야 흑인들에게도 권리가 주어졌다(Fontana 2005, 554쪽).

투표권 획득 투쟁은 여성 해방을 위한 투쟁과 밀접하게 연관되어 있었다. 여성 해방 운동에 두드러진 인물은 엘리자베스 캐디 스탠턴, 수전 앤서니, 에멀라인 팽크허스트였는데, 이 운동은 특히 미국과 영국에서 강력했다. 미국에서는 1920년에, 영국에서는 1928년에 여성이 투표권을 얻게 되었다. 프랑스와 이탈리아에서는 1945년에, 스위스에서는 1971년에 여성에게 투표권이 주어졌다. 이에 비해 여성의 투표권 투쟁만이 아니라 남성의 투표권 투쟁도 별로 없었던 대한민국에서는 1948년의 제헌헌법을 통해 남성과 여성에게 투표권이 주어졌다. 그러나 여성에게 투표권이 부여된 오늘날에도 많은 나라에서 여성은 공적 생활과 정치적 생활에서 배제되어 있다. 오늘날 인종적 평등과 성의 평등이 민주주의를 실천하는 데 결정적인 것으로 간주된다. 민주주의에서 기본적인 것은 투표권이다. 보통 선거를 위한 투쟁은 시민의 자유와 권리를 광범하게 수용하는 문화를 확립하는 것이 중요하다는 점을 명시하는 것이다. 이러한 자유와 권리 없이는 선거권은 의미가 없기 때문이다(Fontana 2005, 554쪽). 모든 사람이 투표권을 갖는다는 것은 모든 사람이 기본적 참정권을 갖는다는 것을 의미하는데, 이는 다른 말로 하면 법의 지배가 모든 사람에게 적용될 수 있다는 것이다. 서구에서는 법의 지배가 확립된 후 민주주의 사상이 정당성을 가지기 시작했다. 그리하여 법은 민주주의적 공동체가 제정하는 것이라고 보게 되었다(Fukuyama 2011, 251 · 289쪽).

대중에게 괴로움을 안겨주었던 사회경제적 혼란과 더불어 산업화와 도시화가 정치에 대중이 참여하고 동원되게 하였다. 그다음에 사회 복지 조처가 확대되었다. 투표권자가 확대된 것은 정치 체제를 더욱 민주적으로 만들었고, 그래서 대중 정치에 더욱 '수응(隨應)responsiveness'하게 만들었다. 마르크스와 그의 추종자 같은 혁명주의자들은 자유주의와 민주주의가 보장하는 평등과 자유는 그저 정치적이고 형식적이라고 주장했다. 자유주의자와 민주주의자는 지배에서의 물질적 기초를 검토하지 않는다. 그런데 이 기초는 사회적이며 경제적이다. 부르주아 자본주의가 불평등한 이상, 시민의 권리는 거짓일 뿐이다. 부르주아 자본주의에서는 소수의 부자가 다수의 빈자를 지배한다. 마르크스주의가 바라는 것은 사회적이면서도 경제적인 민주주의였다. 거기에서는 권력의 불평등한 관계가 제거된다. 사회민주주의자든, 생디칼리스트든, 공산주의자든, 자유민주주의를 가장 격렬하게 비판하는 이들은 바로 이 점을 든다. 그러나 그들은 비판 방식과 지향하는 목표가 서로 다르다. 사회민주주의자는 게임의 규칙을 받아들여 체제 내에서 목표를 달성하려고 노력한다. 반면에 생디칼리스트와 공산주의자는 체제를 혁명적으로 전복하고자 한다. 레닌과 볼셰비키는 혁명이 일어날 곳을 부르주아 국가의 핵심에서 그 주변부로 이전시켰다(Fontana 2005, 555쪽).

다른 한편, 민주 정치에 대한 보수주의적 반작용이 있었다. 메스트르와 보날 같은 반동적 사상가가 있었는가 하면 파레토, 모스카, 미헬스 같은 엘리트주의자가 있었다. 전자가 혁명 이전의 귀족적인 유럽으로 되돌아가기를 원한 반면에 후자는 근대성과 미국과 프랑스 혁명의 결과를 수용했다. 파레토와 모스카는 모든 사회에서 지배자는 항상 소수이며, 부와 능력이 수보다 항상 우세하다고 주장했다. 미헬스는 '과두제의 철칙 iron law of oligarchy'을 제시했는데, 이 철칙에 따르면 관료와 조직이 항상 급증하는 근대 사회에서는 소수만이 지배할 수 있다. 대의제, 선거 제도, 국민 투표, 국민 발의, 국민 소환 등의 제도를 갖춘 민주주의는 환상에 불과하다. 과두적 권력을 숨기기 위한 정치적 공식에 불과한 것이다. 민주주의적 이상이 무엇을 요구하든, 정부와 행정은 기능을 원활하게 하기 위해서는 조직된 소수에 의존하지 않을 수 없다. 민주주의에 대한 반대가 있기는 했지만 19세기에 서구의 많은 나라는 민주주의로 발전했으며, 20세기 후반에 와서는 민주주의가 전 세계에서 승리한 것처럼 여겨지게 되었다(Barcalow 2004, 164쪽).

5. 최근의 개념

20세기 초반에 민주주의 이론은 모스카와 미헬스 같은 엘리트주의자들이 주장한 바를 다루지 않을 수 없었다. 조지프 슘페터와 그 후 로버트 앨런 달은 경험적인 민주주의에서는 엘리트가 필요하다는 것을 설명하면서 동시에 민주주의의 이상을 견지하는 이론을 고안하려고 노력했다. 슘페터는 법적이고 절차적인 메커니즘이 보장하는 경쟁을 통해 선거민의 표를 얻기 위한 제도적 장치가 민주주의라고 보았다. 20년 후에 로버트 앨런 달은 민주주의가 사회 집단들의 다원적 체제인데, 집단들은 절차적 제도에 의해 경쟁을 보장받는다고 보았다. 반면에 립셋과 배링턴 무어는 민주주의에 대한 경험적 기준과 규범적 기준을 구별했다. 그들은 또한 다수 지배라는 주장과 대중의 선거 정치라는 경험적 실제 사이의 모순을 인정했다. 고전적 민주주의 이론에 대한 이와 같은 비판으로 인해 민주주의 그 자체에 대한 근본적 재해석이 이루어지게 되었다. 그래서 민주주의는 인민에 의한 지배, 즉 다수에 의한 지배를 의미하지 않게 되었다. 다수는 권력을 정당화하고 권력에 동의하지만 결과적으로 엘리트 지배를 조직한다. 다수 지배의 여부는 중요하지 않게 되었으며, 시민의 자유와 권리에 의해 보장되는 자유롭고 공개적인 선거를 체제가 보장하는가가 더 중요한 문제가 되었다(Fontana 2005, 555쪽).

이상과 같이 보면, 정치적 형태와 이상으로서의 민주주의는 소수와 다수, 부자와 빈자 사이의 갈등에서부터 나타났다. 이러한 갈등에서 폭력과 불안정이 순환되자 다수의 평등적이고 정의로운 주장을 받아들이면서 법의 지배를 유지할 수 있는 정치 체제를 확립하려 하게 되었는데, 그 과정에서 민주주의가 나타났다. 두 적대자의 상반되는 이해와 가치를 해결하려는 노력에서부터 근대 민주주의와 연관되는 사회적, 정치적 이념이 대두하고 전개되었다(Fontana 2005, 555쪽).

법의 지배를 유지한다는 점에서 민주주의는 '헌정주의constitutionalism'와 연관된다. 헌정주의에는 인간에 의한 지배가 법의 지배, 정치적 권위의 제한, 시민적 권위와 자유의 보호, 피지배자의 자유로운 동의에 근거를 둔 지배 등과 같은 양상이 있다. 정치권력을 행사하는 데 제한을 둔다는 것이 헌정주의의 주요한 개념이다(Shogimen 2005, 458쪽). 이 개념은 자유주의의 대두와 더불어 배태되었다. 이처럼 헌정주의는 자유주의와 더불어 성장했다고 볼 수 있다. 자유주의가 민주주의로 발전함으로써 문제가 된 것은 다수의 전제를 방지하는 일이었다. 바로 이 문제를 헌정주의자가 해결해주었다고 볼 수 있다. 즉 부자든 빈자든 어느 누구의 자연권을, 특히 생명, 자유, 재산에 대한 자연권을 아무도 침해할 수 없도록 헌법에서 기본권으로 규정했다. 그래서 민주주의를 실시하더라도 기본권을 침해할 수 없도록 헌법에서 규정하게 된 것이다. 다수의 평등적이고 정의로운 주장을 받아들이면서 법의 지배를 유지한다는 것은 바로 이것을 의미한다.[49]

---

49 21세기에 들어 헌정주의가 민주주의로부터 성장하지 않게 되었지만, 오늘날 헌법을 가진 대부분의 국가는 헌정적 민주주의라는 데 관심을 둔다. 그리하여 헌정주의와 민주주의의 관계를 재정립할 필요가 생겼다. 이는 권리에 근거를 두는 자유주의적인 헌정주의와 공화주의적인 민주적 헌정주의 사이의 조화를 모색해야 한다는 것을 의미한다(Shogimen 2005, 460쪽). 그러나 이것은 초기 자유주의와 민주주의의 대립에서 연유하는 조화의 문제가 아니라 자유민주주의의 폐단을 해결하려는 다른 차원의 문제다.

오늘날 민주주의 이론은 자유민주주의에 대한 비판과 이에 대한 대안을 마련하는 데 고심하게 되었다. 아렌트, 하버마스, 롤스는 민주주의에 대한 자유주의 이론에서 엘리트적이고 비평등적이고 비참여적인 핵심을 확인했다. 그들은 이익 결집, 경제적 효용, 합리적 선택과 게임 이론, 방법론적 개인(개체)주의 등과 같은 자유민주주의의 주요한 원칙이 타당한지, 그리고 바람직한지를 숙고했다. 가장 중요한 것은 그들이 정치적 활동을 경제적 범주로 환원시키는 것에 반대했으며, 시장을 민주적 정치의 모델로 이용하는 것에 대해 개탄했다는 점이다. 비판자들은 자유주의 이론에 중요한 절차적이고 헌정적인 보장을 견지하면서 인민이 시민으로 모여서 공적인 심의와 논의에 참여하는 민주주의를 동경했다 (Fontana 2005, 555쪽).

자유주의적이며 엘리트주의적인 민주주의 이론을 비판함으로써 나타난 두 가지 중요한 학파가 있다. 시민적 공화주의자와 '심의/숙의 민주주의자deliberative democrat'이다. 두 학파는 정치에 평등하게 참여함으로써 공동선을 달성할 수 있다는 아리스토텔레스의 믿음을 받아들인다. 그들은 정치적 활동이 교육받고 온전한 품성을 갖춘 시민을 만드는 데 결정적이라고 믿는다. 시민적 가치, 시민적 관여, 공개적 토론이 공적 영역을 만들며 여기에서 모든 시민에게 공통되는 일이 수행된다. 공동선, 덕성, 공동의 행동, 정치적 교육 같은 개념을 강조함으로써 시민적 공화주의자는 공적인 정치적 공간이 대두하고 성장할 수 있는 방식을 깊이 탐구했다. 그들은 또한 고전적 사상가들이 표명하고 나중에 마키아벨리와 루소가 다시 주장했던 정치적 덕성과 정치적 참여라는 이상을 상기시켰다 (Fontana 2005, 555쪽).

어떤 체제가 더 민주주의적인가? 로버트 앨런 달은 민주적 과정에 대한 다섯 가지 일반적 기준으로 ① 효과적 참여, ② 투표에서의 평등, ③ 계명된 이해, ④ 의제에 대한 궁극적 통제, ⑤ 모든 성인의 참여를 제시했다(Dahl 1998, 37~38쪽). 그리고 이러한 기준들에 맞는 민주주의를 신장하기 위해 ① 선출된 공직자, ② 자유롭고 공정하고 빈번한 선거, ③ 표현의 자유, ④ 다른 정보원(情報源)에 대한 접근, ⑤ 결사적인 자율, ⑥ 포괄적 시티즌십을 보장하는 제도가 보완되어야 한다고 주장했다(Dahl 1998, 85~86쪽).

6. 민주주의의 문제점

이상과 같이, 민주주의가 발전하는 과정과 그 과정에 연관된 여러 가지 문제를 살펴보았다. 민주주의의 기본적 문제는 다음과 같이 요약 정리할 수 있다.

① 다스리게 되는 행위자로서 인민을 규정하고 구성하는 문제.
② 자아, 공동체, 사회, 국가를 포함해 지배의 목적과 관련된 문제. 즉 자치는 어떤 수준의 조직에 대한 것인가?
③ 투표, 견제와 균형, 숙의 등의 고안물을 포함해 지배의 수단과 메커니즘에 관한 문제.
④ 지배의 목적과 정당화와 관련된 문제. 즉 왜 민주주의는 선한가? (Warren 2011, 517~518쪽).

① 누가 인민이 되어야 하는가? 즉 시티즌십을 누가 가져야 하는가라

는 문제는 아테네에서 민회에 참석할 수 있는 사람들을 규정하고, 로마인들이 '공적인 것res public'이라는 개념에 시티즌십을 함축시킨 것, 근대에 와서 독립할 능력이 없는 이들을 배제한 것, 그리고 그 후 이를 완화하게 되는 것을 논의하면서 이미 살펴보았다. 여기서 간과할 수 없는 것은, 배제 여부와 배제를 정당화하는 것에 대한 논의 그 자체가 정치적 성격을 띤다는 점이다.

② 인민은 무엇을 지배하는가? 지배의 범위는 무엇인가? 역사적으로 볼 때 첫째는 자유와 자기 통제라는 개념에서 나타나는 것처럼 자아에 대한 지배이고, 둘째는 국가에 대한 지배——폭력이라는 수단을 지역적으로 독점하는 장치에 대해 인민이 통제하는 것——이며, 셋째는 결사, 공동체 또는 사회와 같은 사회적 단위들을 통해 타인과 더불어 지배하는 것이고, 넷째는 시장 조직의 조건과 한계에 대한 지배다(Warren 2011, 520쪽).

지배의 범위라는 문제는 참주/폭군을 권력을 독단적으로 무제한으로 행사하는 자로 본 것, 기독교가 세속적 권력을 제한하려고 한 것, 자유주의자들이 공적 영역과 사적 영역을 구분한 것, 그리고 공화주의자가 비지배를 강조한 것에서 나타났다(Warren 2011, 521쪽).

아테네인들이 민회를 고안한 것은 주로 참주로부터 자신들을 보호하고 자유를 실현하기 위해서였다. 이러한 유래로 인해 오늘날에도 민주주의는 자아에 대한 지배를 가능케 하는 정치 체제로 여겨지게 되었다. 동물 및 자치를 할 수 없다고 여겨지는 이들과 인간을 구별한 기준은 자치 능력이었다. 자치할 능력이 있는 이들은 집단적 지배에 관여할 수 있다고 간주되었다. 양자 사이의 이러한 개념적 연관은 파도바의 마르실리오 같은 초기 공화주의자의 사고에서 나타난다. 이것은 루소에게서는 사회 내에서의 개인의 자유라는 문제에 대한 해결책으로 이론화되었으며, 이어서 마르크스는 공산주의라는 급진적 민주주의를 해결책으로 제시했다(Warren 2011, 521쪽).

국가와 사회라는 개념의 구분이 없었던, 즉 국가와 사회가 상대적으로 미분화되었던 그리스에서는 범위에 대한 문제가 흐려졌다. 그래서 개인과 소수에 대한 다수의 폭정은 자아 지배에 본질적인 것으로 정당화되었다. 이렇게 될 위험이 있다는 것은 소크라테스의 재판에서 여실히 드러난다. 이렇게 해서 플라톤은 민주주의가 나쁜 정부 형태라고 믿게 되었다. 근대에 와서는 루소의 일반 의지를 로베스피에르가 오용한 것이 전형적인 예다. 프랑스 혁명가들은 공통의/일반적 자아라는 명분을 내걸고 공화정의 적들에 대해 혁명 이념을 옹호하는 정치적 전위대들이 인민을 대변한다고 주장할 수 있었다. 마르크스는 민주주의가 생산자들이 내리는 결정이라고 보았는데, 민주주의에 대한 미분화된 그의 관념은 근대의 행정 국가가 권력을 축적하는 것을 예상하지 못했으며, 전위 정당이 미분화된 인민을 대변한다는 주장을 정당화했지만 결국 압제로 끝나버렸다(Warren 2011, 521쪽).

이에 비해 초기의 자유주의자들은 절대주의적 국가에 반대했으며, 사적 생활 및 사회생활의 영역과 국가의 영역을 권리에 기반을 두고 명확하게 구분했다. 그래서 자유주의 정치체가 민주화되었을 때, 정당화 근거는 주로 보호한다는 것이었다(Macpherson 1977). 제임스 밀은 투표권을 인민에게 광범하게 배분해 국가의 권력 남용을 막고 인민에게 권력을 부여해야 한다고 주장했다(Mill 1978).

그런데 초기 자유민주주의에서는 자아, 사회, 자율적 시장 구조에 대한 지배가 정치적 의미와 위치를 점차 잃게 되었다. 그 결과 민주주의가 지배할 수 있는 잠재적 범위가 축소되었다. 그래서 마르크스는 〈유대인 문제〉에서 자유주의 국가에서의 평등한 정치적 권리가 사유재산, 교육, 직업 등을 부르주아들이 자신의 방식대로 행동하도록 해방시켜버렸다고 일깨움으로써 시티즌십이 소외된 것을 지적했다. 그리하여 사회와 시장에서 지배와 착취라는 새로운 관계가 성립되었다고 마르크스는 주장했다(Tucker 1978, 26~52쪽). 그런데 마르크스가 간과한 것이 있다. 권리에 기반을 둔 자유주의적 정치체가 시민 사회를 스스로 조직할 수 있었으며, 그래서 민주주의적 지배의 위치와 범위가 다양해졌다는 점이다 (Warren 2011, 522쪽). 공화주의자들도 지배의 적절한 범위와 위치에 큰 관심을 기울였다. 또한 전제주의는 개인의 자율을 침해한다는 신칸트주의자의 주장에서도 이에 대한 관심을 찾을 수 있다. 그리하여 20세기에 와서, 다양한 영역이 번성하기 위해서는 개인을 어떻게 보호해야 하고 개인으로 하여금 어떻게 참여하게 해야 하는가라는 문제가 대두되었다 (Warren 2011, 522쪽).

③ 투표, 견제와 균형, 숙의 등과 같은 지배 메커니즘에 관한 문제는 시티즌십과 지배의 범위와 같은 문제에 견주면 좀 더 친근하다. 민주주의는 투표권을 가지는 자들의 자격을 규정하고 투표권을 포함하는 정치적 권리의 내용을 정한다. 이처럼 민주주의적 제도는 권력의 영향을 받게 되는 사람들로 하여금 권력을 배분하는 방식을 결정하게 한다. 일단 각자에게 배분되어 행사된 권력은 결정을 내리는 과정에서 다시 합쳐져 집단적인 결정을 내리게 된다(Warren 2011, 522쪽).

직접 민주주의에는 한계가 있기 마련이다. 18세기에 대의 민주주의가 대두하면서 민주주의의 범위와 능력, 그리고 적실성이 확대되었다. 대의 민주주의를 통하여 결정을 위임받은 기관들은 복잡한 문제에 대해 숙의할 수 있게 되어 정치적 엘리트와 평범한 시민들 사이에 일종의 노동 분업이 일어나 시간과 전문성을 가지지 못한 평범한 시민들의 한계를 완화할 수 있게 되었다(Warren 2011, 523쪽). 그런데 사실 대의제는 전술한 것처럼 민주주의적인 기원을 둔 것이 아니라 귀족과 군주 사이의 협상에서 발전했으며 이것이 부르주아 계층으로 점차 확대된 것이다. 이러한 기원을 두었기 때문에 노동 분업이 일어난 상황에서 엘리트로 하여금 평범한 시민들에게 어떻게 하면 문책될 수 있도록 할 것인가라는 문제가 대두되었다.

민주주의 이론의 역사는 이 문제를 해결하려는 노력으로 점철되었다고 해도 과언이 아니다. 초기에 고안된 것이 바로 권력 분립을 통해 정부 기관들의 견제와 균형을 꾀하게 하는 제도였다. 이는 로크가 제의하고 매디슨이 이론화했다. 민주적인 '문책될 가능성accountability'이 강조됨으로써 시민들로 하여금 엘리트가 내리는 결정의 내용과 그 결정을 정당화하는 이유를 알 수 있게 했다. 그래서 권력분립을 통해 입법부 내에서의 심의와 토론에 근거를 두어 법을 제정함으로써 입법부의 정치적 판단을 옹호하게 되었으며, 사법부는 집행부가 강압으로나 경제적으로 유도하는 등의 권력으로부터 보호받을 수 있게 되었다. 권력 분립을 함으로써 국가가 강제하는 일에 사람들이 관심을 두게 하였으며 이것이 시민들이 대의자들이 하는 일을 알고 지시하고 판단하는 데 필요한 조건이 되었다.

인민에게 권력이 부여되었을 때만 국가가 하는 일에 목소리를 내고 숙의하는 것이 민주주의적으로 기능할 수 있다. 권력 부여의 가장 기본적 형태는 물론 투표권이었다(Warren 2011, 523쪽). 투표권이 민주적으로 행사되려면 다른 기본적 조건이 필요했다. 첫째가 구성원을 규정하는 것이었다. 이 점에 대해서는 이미 논했다. 그래서 투표권을 보편화하는 문제가 민주주의 발전의 역사에서 커다란 위치를 차지하게 되었다. 문제는, 집단적 결정에 잠재적으로 영향을 받게 되는 사람들이 투표권을 이용해 직접적으로든 간접적으로든 정치에 참여함으로써 그 결정에 영향을 미칠 수 있는가였다(Warren 2011, 524쪽).

둘째, 소선거구제, 중선거구제, 대선거구제, 비례대표제 등 어떤 방식의 선거구 제도를 취하든 그 선거구가 투표권의 영향을 동일하게 반영해야 한다는 것이었다.

끝으로, 투표권이 대의자를 문책하는 수단이 되려면 시민들이 정치적 권리, 특히 언론, 청원, 결사에 대한 권리를 가지고 있어야 한다는 것이었다. 권리를 행사해야만 자신의 이익이 무엇인지를 이해하고, 자신의 이익을 제도와 연관시킬 수 있으며, 투표권으로 정치적으로 효과적인 블록을 만들 수 있기 때문이다(Dahl 1998, 130~141쪽).

투표권 확대의 주요 결과 중 하나는 시민의 능력에 대한 관심을 다시 환기했다는 것이다. 칸트, 제퍼슨 등은 사회적, 경제적으로 독립적이지 못한 사람에게는 투표권을 부여하지 않을 것을 주장했다. 반대로 루소, 토크빌, 존 스튜어트 밀 등은 이 논리를 역전시켜서, 광범한 재산의 분배를 통해 경제적 조건을 향상시키는 것, 건전한 결사적 삶을 영위하게 함으로써 사회적 조건을 향상시키는 것, 그리고 공교육을 실시하는 것 등이 포함되어야 한다고 주장했다. 투표권이 시민의 독립과 능력을 향상시킬 수 있기 때문이다(Warren 2011, 524쪽).

한때 대의제가 민주주의를 정치의 공간에서 확대시켰지만 이제 와서는 직접적 형태의 민주주의의 적실성이 재고되었다. 오늘날 직접 민주주의에 대한 이론은 루소나 마르크스가 생각한 것처럼 사회가 공동체로서 통치되는 사회적 조건을 만들려고 하는 것이 아니라 개인들이 국가 내에서와 국가를 넘어서서 하게 되는 집단적 행동의 양상을 다양화하려고 한다(Warren 2011, 524쪽). 그래서 고대의 공화주의, 그리고 시민적 공화주의 사상이 다시 대두되고, 참여 민주주의 이론이 제기되고, 더욱 최근에는 숙의/심의 민주주의 이론이 대두되었다(Warren 2011, 525쪽).

④ 지배의 목적 및 정당화와 관련된 문제, 즉 민주주의는 왜 선한가라는 문제는 중요한 문제 중 하나다. 사람들은 민주주의에 많은 기대를 거는데, 민주주의가 우리에게 무엇을 가져다준다고 생각하기에 민주주의를 기대하고 찬양하는 것인가?

앞서 페르시아인들이 군주정, 귀족정, 민주정의 장단점을 논했다는 것과 페리클레스가 아테네 민주주의를 칭송했다는 것을 살펴보았다. 오타네스의 주장에 의하면, 시기심과 오만한 성격을 가질 수 있는 군주 한 사람에게 권력을 맡기는 것보다 인민 전체에 권력을 부여하는 체제가 더 낫다. 그리고 페리클레스는 민주주의에서 "정치적 생활이 자유롭고 개방되어 있는 것처럼 일상생활도 서로에 대한 관계에서 자유롭고 개방되어 있다"는 것을 민주주의를 선호하는 이유 중 하나로 들었다. 말하자면 오타네스는 정부 형태로서의 민주주의의 장점을 논한 것이며, 페리클레스는 생활 방식으로서의 민주주의의 장점을 찬양한 것이다. 민주주의를 선호하는 이유는 각기 다르다. 그렇다면 어떤 시각에서 민주주의의 정당성을 논하는 것이 옳은가?

이 문제는 결국, 인간은 사회 속에서 삶을 영위하게 되어 있으며 인간 각자의 삶에 본질적이고 평등한 값어치가 있다면, 어떻게 사는 것이 가장 좋은 삶인가라는 문제와 연관된다. 이것은 민주주의에 대한 평가와 연관된다. 규범적 시각에서 보면, 민주주의는 다른 어떤 대안보다 자기 결정과 자아 발전을 최대화하게 하는 제도, 사회적 구조, 관행의 체제다. 민주주의는 개인의 자치에 좋기 때문에 선호된다. 그런데 자치는 타인이 공헌하는 바에 의존하며 모든 사람이 각기 공헌한다. 바로 이 사실 때문에 자치는 침해당하기가 쉽다(Warren 2011, 525쪽).

그렇기 때문에 민주주의적 제도, 사회 구조, 문화는 두 가지 기능을 담당해야 한다. 상호 의존의 위험을 줄이면서도 의존해서 얻을 수 있는 것을 최대화하고 배분해야 한다. 상호 의존하고 있기 때문에 각자의 행동은 신체의 안전, 삶과 생계의 필수품, 존재의 정체성과 의미에 영향을 끼치는 권력을 행사하기 마련이다. 그래서 권력의 유해한 형태가 강압, 억압, 지배로 나타나 개인에게 영향을 주게 된다. 개인에 대한 이러한 위험을 완화하기 위해 민주주의는 자기 결정을 강조한다. 인민의 지배라는 말에서 지배는 자유, 보호와 연관된다. 추첨으로 공직자를 선출하고 관직을 순환시켜서 참주를 방지하려 한 것도 이러한 이유에서였다. 그리고 법의 지배를 제도화한 것은 각자가 상대방의 행동이 어떠할 것이라는 것을 기대할 수 있게 하여 안전한 행동의 영역을 제시하기 위해서였다. 이렇게 보면, 존 스튜어트 밀의 위해 원칙도 결국은 서로가 타인에게 위해를 가하지 않으면서 자기 발전을 도모하기 위한 것이었다. 사회 속의 인간들은 자신과 전체의 발전을 도모해야 하기 때문에, 개인의 자유와 보호를 한편으로 하고 집단적 결정을 내리게 되는 민주주의를 다른 한편으로 하여 양자를 양극화할 수는 없다(Warren 2011, 525쪽). 자유 없이는 민주주의는 자기 결정과 연관을 상실하게 되고 규범적으로 공허해지기 때문이다(Warren 2011, 526쪽).

자기 발전이라는 규범은 자기 결정이라는 개념 못지않게 민주주의라는 개념과 연관되어 있다. 자치는 자신에게 직접적으로 행사하든지 집단의 결정을 통해서든지 간에 발전하고자 하는 능력이다. 능력은 공동의 일에 관심을 쏟는 것과 인정과 상호 대등성에 대한 능력을 포함하는 어떠한 시민적 능력만큼이나 말하고 사고하고 숙의하고 선호를 정당화하는 능력을 포함하고 있다. 시민들이 그러한 능력을 가졌을 것으로 기대한다는 것은 페리클레스의 장송 연설에서 여실히 드러난다. 그리고 언어와 공동의 자치가 인간과 인간의 능력을 규정한다는 아리스토텔레스의 견해에서도 드러난다. 신칸트주의자들도 자율에 대한 인간의 능력은 정치적 지배에 대한 능력과 밀접하게 연관된다고 보았다. 자기 결정이나 자기 발전이라는 개념을 민주주의가 강조한다는 것은 민주주의가 자신의 선호를 표시하고 자신을 보호하는 데 도구적인 선만을 가지는 것이 아니라 인간으로 하여금 자신의 목적을 달성하게 하는 데 본질적인 선 또한 가지고 있다는 것을 의미한다(Warren 2011, 526쪽).

이상과 같이 보면, 민주주의는 우리의 삶을 풍요롭게 한다. 그 이유로는 다음과 같은 것들을 들 수 있다. 첫째, 정치적 자유는 인간의 자유 일반의 한 부분이며, 정치적 권리는 개인이 사회적 존재로서 좋은 삶을 영위하는 데 결정적인 부분이다. 정치적 참여는 인간의 삶과 안녕에 본질적 가치가 있다. 참여할 수 없게 하는 것은 본질적 가치를 박탈하는 것이다. 둘째, 민주주의는 사람들이 자신을 표현하고 자신의 주장에 대해 정치적 관심을 기울이게 하는 데 도구적 가치가 있다. 셋째, 민주주의를 실천하다 보면, 시민들은 상대방으로부터 배울 기회를 얻으며 사회가 가치를 형성하고 서열을 정하게 된다. 그렇게 하자면 정보, 견해, 분석한 바를 공적으로 논의하고 교환해야 한다.

더욱 중요한 이유는, 민주주의적이 되면 정부가 정당한 권위를 얻게 된다는 데 있다. 정부가 민주적일수록 정부의 정당성을 강력하게 주장할 수 있으며(Barcalow 2004, 45쪽), 정부가 더욱 권위를 가지게 되어 정치가 안정된다고 하겠다. 자유민주주의 국가가 점차 복지권을 확대해 복지국가를 지향하게 된 것도 결국 국가가 정당성을 확보해 정치적 안정을 이루려는 동기 때문이었다고 할 수 있다.

오늘날 민주주의는 받아들일 수밖에 없는 정치 질서가 되었다. 민주주의는 인민이 주체가 되어 의사를 결정하는 어떠한 절차를 거쳐서 어떠한 내용의 의사 결정을 하는 것이다. 그래서 민주주의는 권력을 인민 전체에게 준다는 것이 핵심이다. 민주주의와 연관된 네 가지 기본적 문제를 앞에서 고찰해보았다. '인민에 의한 정부', 즉 인민이 스스로 자신들을 지배한다는 것은 무엇을 의미하는가? 그렇게 하자면, 정치 질서가 좀 더 구체적으로 어떠한 모습을 취해야 하는가? 그리고 현실적으로 어떠한 문제가 드러나는가라는 점을 더 자세하게 논해보자.

① 인구가 많고 영토가 넓어서 대의 민주주의주의 형태를 취할 수밖에 없는데, 이것은 과연 인민에 의한 통치인가? 루소는 대면 사회에서의 인민들이 직접 참가하는 직접 민주주의가 진정한 민주주의라고 주장했다. 오늘날에는 그렇게 할 수 없기 때문에, 인민이 더 많은 영역에서 직접 참여하는 것을 보장해 민주주의의 정당성을 높이기 위해 '참여 민주주의 participatory democracy' 또는 '직장 민주주의work-place democracy'의 확대를 주장한다.

이제는 컴퓨터 단말기를 통해 전자 민주주의를 실시하면 직접 민주주의를 실현할 수 있다. 어떠한 정책이나 후보에 대해 가부를 결정하는 것이 단말기로써 가능할 것이다. 그러나 단말기로 인민들이 직접 투표했다는 데에는 의미가 있겠지만, 가부 의사를 밝히는 것이 중요한 것이 아니라 결정할 내용을 토론하고 심의해 올바른 정책을 세우는 것이 훨씬 중요할 수도 있다. 말하자면, 전자 민주주의로써는 심의 민주주의의 기능을 다할 수 없다. 즉 참여 민주주의의 효과를 누릴 수 없을 것이다(스위프트 2012, 266쪽).

② 민주주의가 인민을 위한 지배라면, 간접/대의제 민주주의에서 대표자로 하여금 인민에 대해 얼마나 책임을 지게 해야 하는가라는 문제가 생긴다. 인민이 대표자에게 민주적 통제권을 실질적으로 행사할 방법이 문제가 된다. 대표자는 어떤 기능을 해야 하는가? 거울이 사물을 그대로 반영하듯이 대표자가 정책 안건마다 인민의 의견을 반영해야 하는가? 아니면 대표자가 전문성이 있고 현명하다는 가정에서 임기 동안 대표자에게 결정을 위임해야 하는가?

인민의 의견을, 그것도 정확하게 반영한다는 것은 무엇을 의미하는가? 정확하게 반영하려면 어떻게 해야 하는가? 한 연구에 의하면, 한국에서 농업은 부가가치 기준과 취업자 기준 모두에서 유리하게 대의되지만 제조업은 부가가치 기준과 취업자 기준 모두에서 불리하게 대의된다(이상학 2011, 115쪽). 그렇다면 어떤 직업에 종사하는 국민의 수에 비례해 국회의원의 수도 비례하는 것이 국민의 이익을 정확하게 반영하는 것인가? 국회의원은 지역구 주민의 이익을 그대로 반영해야 하는가? 전체 직업군 중에서 어떠한 직업군의 비율에 따라 국회의원의 수도 비례하는 것이 옳다고 보는 것은 직업군별로 국민의 이익을 정확히 반영해야 한다는 것을 의미하는 것인가? 만약 그렇다면 농업 인구가 80퍼센트이며 공업 인구가 20퍼센트인 국가에서는 국회의원 수도 이에 비례해야 하며, 이에 비례해 국가가 예산을 지출해야 하는가? 만약 이렇게 하는 것이 국민 이익을 정확하게 반영하는 것이라면, 이 국가는 농업국을 벗어나 공업국이 되기가 어려울 것이다. 여기에서 인민을 위한 지배라는 것이 무엇이며, 대의자가 인민에 대해 책임을 진다는 것이 무엇을 의미하는지 반문할 수 있다. 요컨대, 대의자가 인민의 이익을 있는 그대로 반영하기만 하고 미래에 대한 비전을 제시하고 선도해나갈 수는 없는가?

③ 민주주의는 그 구성원들이 적어도 평등한 정치적 권리를 행사하는 것을 전제로 한다. 그래서 1인 1표가 원칙이다. 그런데 예를 들어 인구 30만 명에 국회의원 한 명을 선출하는 선거구와 15만 명에 한 명을 선출하는 지역구를 비교하면, 1인 1표라는 원칙이 지켜지지 않았다고 볼 수 있다. 표의 등가성이 없기 때문이다. 2013년 4월 일본에서는, 중의원 선거에서 1인 1표라는, 민주주의 국가에서의 표의 등가성이 심각하게 왜곡된 지역구의 선거가 무효라는 최고 재판소의 판결이 나오기도 했다. 그렇다면 전국적으로 표의 등가성이 어느 정도 왜곡되었는지를 재는 척도는 없을까? 전국 각 선거구에서 몇 명의 유권자가 몇 명의 국회의원을 뽑게 되는지를 계산해 비교해보면, 소득 불평등의 정도를 측정할 수 있는 것처럼 정치적 불평등의 정도를 측정할 수 있을 것이다. '정치적 지니 계수'라고 부를 만한 것을 만들어 로렌츠 곡선을 그려보면, 표의 등가성이 어느 정도 왜곡되었는지를 측정할 수 있을 것이다(이상학 2011).

또한 정치적 권력을 행사하는 데서의 평등만이 아니라 권력을 행사하는 기회의 평등도 중요하다. 예를 들어, 피선거권을 실질적으로 평등하게 행사하도록 하는 데는 선거 공영제가 하나의 방법이 된다고 볼 수 있다. 그리고 하루하루 먹고살기 바쁜 사람은 투표하기도 힘들 것이다. 이렇게 보면 어느 정도의 경제적 평등을 포함해 시민권을 행사하는 데 필요한 선을 보장하는 것이 기회를 실질적으로 평등하게 하는 것이라고 볼 수 있다. 그렇게 해야만 정치적 자유가 평등한 값어치를 지닐 수 있기 때문이다.

④ 인민에 의한 지배란 의사 결정의 절차를 의미한다. 절차를 거치면 어떠한 결과가 나온다는 의미에서 절차는 도구적 가치가 있다. 절차가 정당하다면, 그 절차에 따른 의사 결정의 결과도 올바를 것이라고 생각할 수 있다. 반면에 절차와 결과는 별개라고도 볼 수 있다. 별개라고 보면, 좋거나 올바른 결과가 꼭 민주주의적 절차에 의해 나타난다고는 볼 수 없을 것이다.

다른 한편, 절차상 모든 사람이 자유롭고 평등하게 대우받기 때문에 절차 그 자체도 본질적 가치가 있다고 볼 수도 있다(스위프트 2012, 261~262쪽). 존 스튜어트 밀이 주장한 것처럼 정치적 의사 결정에 참여하는 것 자체가 시민들의 지적이거나 도덕적인 능력을 계발하는 기능을 한다(스위프트 2012, 280쪽). 말하자면, 민주주의는 이러한 기능을 하는 수단적 가치도 있다(스위프트 2012, 310쪽). 또한 민주적 절차 그 자체가 자치를 허용한다면, 절차가 본질적 가치가 있는 셈이다. 자치는 민주주의의 본질적 가치의 하나라고 볼 수 있기 때문이다. 민주적 절차에 따라서 만든 법과 독재자가 제정한 법의 내용이 똑같다 하더라도, 민주적 절차에 따른 법은 시민들이 자신의 법을 스스로 만들어 스스로 그 법의 지배 아래 들었다는 점에서, 즉 비간섭과 자율성으로서의 자유를 보장한다는 점에서 본질적 가치가 있다(스위프트 2012, 290~291쪽).

⑤ 다수결로 결정하게 되는 이상, 투표에서 진 사람들은 자신의 의지에 스스로 복종하지 않게 되는 셈이다. 그렇다면 소수에 속하는 사람들의 입장에서는 민주주의가 어떻게 해서 정당화되는가? 소수에 속하는 사람들이 생긴다 하더라도 민주주의는 민주적 의사 결정을 하는 데서 개인의 자율성을 존중하기 때문에 정당하다고 생각할 수 있다. 투표에 진 사람조차 독재자가 지배하는 체제에서 누릴 수 없는 것을 더 많이 향유

하게 되기 때문이다(스위프트 2012, 293쪽). 그런데 매번 투표마다 소수, 즉 진 쪽에 속하는 집단이 있을 수 있다. 이른바 '영구적 소수permanent minority'가 있을 수 있다. 이것이 민주주의에서 큰 문제가 된다. 그렇기는 하지만 영구적 소수도 독재자가 지배하는 체제보다 민주 체제에서 사는 것이 더 나으리라는 점이 민주주의를 정당화해준다. 그래도 영구적 소수 는 자치를 누리기 때문이다(스위프트 2012, 294쪽).

⑥ 절차에서 중요한 것은 인민 개개인들이 평등한 권리를 가지고 참 여하게 하는 것이다. 아리스토텔레스는 한 명의 지혜보다 1,000명의 지 혜가 더 나을 것이라고―― 반대의 경우도 있겠지만―― 가정해 (온건한) 민주주의를 선호했다. 그런데 인민들을 과연 신뢰하고 권력을 발동할 수 있는 주권자로 볼 수 있는가라는 의문은 늘 제기되었다. 플라톤이 말한 철인·왕에 의한 통치와 존 스튜어트 밀의 복수투표제도 이러한 고민을 반영한다고 볼 수 있다.

⑦ 이러한 고민이라는 것은 설사 민주주의적 절차에 따라 의사 결정 을 했다 하더라도, 즉 결정 과정이 '정당하다legitimate' 하더라도 결정된 바가 '옳은correct' 것인가라는 문제가 제기된다. 절차의 정당성과 결과의 올바름은 별개의 문제일 수 있기 때문이다(스위프트 2012, 263쪽). 비유 하면, 아홉 명이라는 다수가 한 명의 스님을 물에 빠뜨리기로 한 결정이 과연 옳은가? 옳지 않다. 이것은 민주적 의사 결정의 범위가 어디까지인 가라는 문제, 즉 공적인 것 또는 정치적인 것의 범위가 어디까지인가라 는 문제와 결부된다(스위프트 2012, 273쪽). 그래서 자유민주주의에서는 다수의 결정으로도 침해할 수 없는 기본권을 헌법에서 규정하고 있다. 그런데 종합부동산세제를 예로 들어 부자로부터 재산권 행사를 어디까 지 양보받을 수 있는가라는 문제를 살펴본 것처럼, 이에 대해 자유주의

자와 공동체주의자의 생각이 다르다. 더구나 오늘날에는 득표하기 위해 내건 정책이 인민의 단기적 이익에 부합하려는, 즉 인기에 영합하려는 경향이 있다. 인기에 영합하는 정책을 다수가 결정했다고 하더라도 이 결정이 과연 옳은가라는 문제가 항상 제기된다.

다수결로 결정된 것은 모두 정당한 것이 되는가? 극단적인 예를 들자면, 민주주의를 실시하지 않기로 또는 민주주의의 어떠한 원칙을 파기하기로 다수결로 결정할 수 있는가? 아무리 민주적 절차를 거쳐도 민주주의를 구성하는 원칙을 폐기하는 결정을 내릴 수는 없을 것이다(스위프트 2012, 274쪽).

⑧ 다음과 같은 이유에서 민주주의적 절차가 본질적 가치를 가질 수 있다. 단순히 직접 투표하는 직접 민주주의보다 토의하고 심의하는 민주주의가 선호되는 것은 심의 민주주의가 개인들의 자아실현 기회를 더욱 보장하기 때문이다. 이처럼 민주주의는 개인들로 하여금 참여하게 해 자아실현의 기회를 부여한다. 자아실현은 민주주의의 본질적 가치의 하나다. 그리고 민주주의는 참여자들의 평등한 지위를 가장 잘 존중하는 법 제정 절차라고 볼 수 있다. 민주주의는 집단의 일에 평등하게 참여해 결정하는 과정이라고도 볼 수 있다. 민주주의적 절차에서 1인 1표가 상징하듯이 평등이 민주주의의 본질적 가치 중 하나라고 볼 수 있다.

심의 민주주의가 선호되는 이유가 또 있다. 민주주의는 인민을 위한 정부다. 문제는 인민마다 이익이 다른데 어떻게 하는 것이 인민을 위한 것인가 하는 것이다. 그래서 하는 수 없이 1인 1표를 통해 다수결로 결정하게 되는 것이다. 그런데 이익들 사이의 가치 서열에 대해 인민들의 투표로써 결정할 것이 아니라 가치 서열 자체를 집단적으로 심의해 결정할 수도 있다. 즉 가치 서열에 대한 선호를 변경시키는 데 심의 민주주의가 역할을 할 수 있다(스위프트 2012, 300~301쪽). 공화주의자들이 심의 민주주의를 중시하는 이유가 바로 여기에 있다.

⑨ 다수결에 의한 민주주의가 개인의 기본적 권리를 침해하지는 않는다 하더라도 그 외의 일에서 민주주의는 과연 올바른 답을 내놓는가? 콩도르세는 순환의 문제를 발견했다. 단순 다수결을 채택하면, 투표에서 대안 X는 대안 Y에 질 수 있고, 대안 Y는 다른 대안 Z에 질 수 있으며, 대안 Z는 또한 대안 X에 질 수 있다는 것을 발견했다. 그러한 가능성이 있다면, 공동체는 세 가지 대안 중에서 어떻게 결정할 수 있는가? 어떠한 선택을 했을 때 그 선택을 어떻게 규범적으로 정당화할 것인가? 이러한 문제가 제기된다. 물론 만약 Y라는 대안이 X, Z 대안을 모두 이긴다면 순환이 일어나지 않는다. Y와 같은 승자를 '콩도르세 승자Condorcet winner'라고 한다(Rowley et al. 2004, 32쪽).

공공 선택 이론에 콩도르세가 기여한 바가 또 있다. '콩도르세의 배심원 정리(定理)Condorcet jury theorem'다. 콩도르세는 다음과 같은 세 가지를 가정한다. 첫째, 공동체가 X와 Y 중에서 선택을 해야 하는데 그중 하나만이 올바른 선택이다. 둘째, 모든 구성원은 올바른 선택을 하고자 한다. 셋째, 한 시민이 올바른 선택을 할 가능성 P는 0.5 이상이 될 것이다. 배심원 정리가 주장하는 바는 단순 다수결을 선택할 때 투표자의 수가 어떠한 한계 내에서 하나에 접근하는 것이 증대하게 되면, 공동체가 올바른 선택을 할 가능성이 증대하리라는 것이다(Rowley et al. 2004, 32쪽). 이것이 의미하는 바는 평균적인 사람이 잘못된 선택보다 옳은 선택을 할 가능성이 높으면, 다수가 옳은 선택을 할 가능성이 더 높아진다는 것이다. 즉 한 사람의 지혜보다는 천 명의 지혜가 더 낫다는 결론에 이르게 되는 셈이다. 그렇다면 민주주의는 공동선을 찾는 좋은 방법이 된

다.[50]

이상의 세 가지 가정을 받아들이게 되면, 콩도르세의 배심원 정리는 단순 다수결에 대한 규범적 경우를 제시하는 것임이 분명하다. 콩도르세는 집단의 결정을 어떠한 사람이 특정한 범죄를 저질렀는지 아닌지를 심판하는 것에 비유했다. 그래서 배심원 정리라고 부른 것이다. 배심원이 많으면 많을수록 올바른 심판을 하게 되듯이 투표자가 많으면 많을수록 올바른 결정을 내릴 수 있기 때문이다. 그러나 정치에 대한 집단적 결정에서는 올바른 결정에 대한 정의가 논쟁거리가 된다. 배심원의 경우에는 어떤 사람이 사실상 죄가 없다는 것만 밝혀지면 그 사람의 무죄가 선언되지만 말이다. 배심원들이 심판을 하는 상황에서 모든 사람이 올바른 결정을 내리기를 원한다는 것 자체가 논쟁이 되지 않는다(Rowley et al. 2004, 32쪽).

배심원이 많으면 많을수록 올바른 결정을 내리게 된다는 콩도르세의 정리는 다수가 집단적 결정을 내리는 민주주의가 올바른 결정을 내리게 된다는 것을 의미한다. 즉 민주주의를 정당화한다. 그런데 이 문제는 훨씬 미묘하다. 앞의 첫 번째 가정에서 두 정당이 경합하는 경우에 각 시민이 올바른 정당을 선택할 확률은 0.5보다 클 것이다. 두 번째와 세 번째 가정은 민주주의를 옹호하는 데 쓰이면 더욱 중요해진다. 각 시민이 올바른 선택을 할 확률은 0.5 이상이다. 시민은 동전을 던져서 결정하지 않을 것이며, 정당을 연구하는 등 정보를 토대로 선택할 것이다(Rowley et al. 2004, 33쪽).

---

50 콩도르세에 대한 논의는 안순철 1998, 23 · 24 · 33 · 133쪽과 김재한 2012, 52~54쪽을 참조할 수 있으며, 군중의 지혜에 의존할 만하다는 점을 콩도르세를 언급하지 않고 평이하게 기술한 것으로는 서로위키 2004를 참조할 수 있다.

그런데 문제가 그렇게 간단하지는 않다. 첫째, 정치에서는 사람들이 독립적으로 판단을 내리는 것이 아니라 파벌의 이해관계를 염두에 두고 결정을 내린다. 둘째, 콩도르세의 가정은 양자택일에 한정하고 있다(스위프트 2012, 3015쪽). 셋째, 만약 정부가 어떠한 일을 해야 하는가에 대해 시민들 사이의 의견이 불일치한다면, 모든 시민에게 올바른 선택이라는 것이 있을 수 없다. 예를 들면, 복지 국가가 옳다고 생각하는 시민들도 있을 것이며 최소 국가가 옳다고 생각하는 사람들도 있을 것이다. 이 상황에서 올바른 선택을 하는 것은, 피의자가 죄를 저질렀다는 사실만 확인하면 올바른 심판을 내릴 수 있는 배심원들의 경우와는 다른 문제다. 설사 어느 정당이 어떠한 국가를 지향한다는 것을 투표자가 숙지하고 있다 해도 이 경우에는 각 시민이 내린 올바른 선택이 어떤 것이라고 규정하기가 어렵다. 시민들 각자의 이익과 선호가 다르며 정치는 이를 인정해야 하기 때문이다.

예를 들어 나는 복지 국가가 옳다고 생각해 복지 국가를 기약하는 정당 후보자에게 표를 던졌는데 선거에서 최소 국가를 지지하는 정당 후보자가 당선되었다면, 내가 옳다고 생각한 것이 잘못된 것인가? 즉 나 자신이 잘못된 선택을 했음이 선거 결과에서 드러난 것인가? 나 자신의 판단이 옳다면, 나와는 다르게 투표한 다수의 판단이 잘못인가? 나는 다음 선거에서도 내가 질 것을 알면서도 같은 정당에 투표할 것인가? 어쨌든 내가 선택한 바는 아니지만 최소 국가를 기약하는 정당의 후보자가 선출되었다면, 내 입장에서는 좋은 선택이 아니더라도 정당한 절차에서 선출된 사람인 만큼 정당한 국회의원으로 인정해야 하지 않겠는가?(스위프트 2012, 282~283쪽). 어쨌든 내가 선택하지 않은 후보자를 인정하지 않을 수 없게 되었거나 내가 찬표를 던지지 않은 법이 시행된다는 것은 나 스스로가 결정하지 않은 일에 동료 다수가 결정했기 때문에 나는 하는 수 없이 복종하게 되는 것이 아닌가? 그렇다면 나에게 자치라는 가치는 의미가 없는 것이 아닌가? 그리고 만약 신의 입장에서 보아 내 판단이 올바르다면, 다수에 의한 결정이 올바른 결정을 가져다주지 않는 것이 된다.

민주주의가 올바른 결정을 내리게 할 방법은 없는가? 올바른 결정이 객관적으로 있다면, 다수결이라는 절차에 의한 민주주의는 잘못된 것이 아닌가? 올바른 결정을 내리게 되든지 내리지 않게 되든지 간에 민주주의는 자치를 허용하기 때문에 정당한 것인가? 그렇다면 민주주의는 절차적 정당성만 가지는가? 도대체 정치에서 올바른 결정이라는 것이 있기는 한 것인가? 다음과 같이 생각하고 실천할 수는 없는가? 예를 들면, 국민의 80퍼센트가 농민인 국가에서 국민들이 심의를 통해 농민들이 희생되더라도 공업국가로 탈바꿈하자고 결정을 내릴 수 있게 되는 것이 더 올바른 결정이라고도 볼 수 있지 않은가? 그렇다면 사안에 대한 올바른 답을 구할 수 있는가라는 문제에 초점을 두기보다는 무엇이 공동선인지를 토론과 논쟁을 거쳐 심의하고 결정하는 것에 민주주의의 의의를 두어야 하지 않는가? 그렇게 함으로써 오히려 평균적인 사람들이 올바른 판단을 할 가능성이 더 높아지는 것이 아닌가? 콩도르세의 정리와 연관해 우리는 이상과 같은 질문을 던져볼 수 있다.

마지막으로, 민주주의와 연관된 개념들의 관계를 명료하게 하고, 민주주의에서 정의를 실현하려 한다면 민주주의적 헌법의 내용이 무엇을 고려해야 하는지 살펴보자.

민주주의는 인간의 존엄성이라는 개념에 기초를 둔다. 그렇기 때문에 공동체를 다스리는 데 있어서 구성원들에게 자율성을 보장해야 한다. 그리고 민주주의는 전체로서의 인민을 주권자로 가정하며 다수결은 결정 절차에 지나지 않는 것으로 본다. 그런데 인민들 모두가 직접 통치를 하는 것이 불가능하기 때문에 하는 수 없이 대의제 민주주의를 선택한다. 결국 민주주의 이론가는 인민이 선출한 공직자들로 정부가 구성되어야 한다는 대의 민주주의를 주장하는 것이다. 반면에 헌정주의도 인간의 값어치와 존엄성을 중심 원칙으로 삼는다. 직접이 아닌 대의 민주주의라는 제도를 통해서라도 이 가치를 올바르게 보호하기 위해서는 시민들이 정치 참여의 권리를 가져야 하며, 설령 정부가 인민의 의지를 거울처럼 대변한다 하더라도 정부가 하는 일은 실질적으로 제한을 받아야 한다(Murphy 2012, 323·326쪽). 이를 원천적으로 보장하기 위해 민주주의 이론가는 언론의 자유와 결사의 자유를 강조한다.

반면에 헌정주의는 제한 정부를 요구하는데, 이것을 대의제 민주주의와 혼동하지 말아야 한다(Murphy 2012, 323쪽). 헌정주의자는 인간이 이기적일 수 있다는 것을 염두에 두고 이에 대한 견제책으로 예를 들면 삼권 분립 제도, 양원제 또는 연방제 등을 제시했다. 그리고 절차가 정당하다 해도 실질적으로 권리를 침해하는—— 예컨대 다수결에 의해 기본권을 침해하는—— 일이 없도록, 자유민주주의 체제에서는 자연권에서 연유한다고 여겨지는 권리 위주로 기본권을 보장한다. 이렇게 보면, 민주주의 이론가와 헌정주의자는 모두 인간의 존엄성을 보호하고자 하지만, 방법에서 차이가 있다는 것을 알 수 있다. 민주주의 이론가가 정치 과정에 참여할 권리를 보장하는 데 중점을 두었다면, 헌정주의자는 그 결과로 나타나는 법의 내용, 즉 소수가 당연히 보장받아야 할 실체적 권리가 제한되어 형식적 정치 참여의 권리조차 제한되는 것을 방지하고자 했다(Murphy 2012, 325~327쪽). 그리하여 '헌정적/입헌적 민주주의constitutional democracy'는 민주주의 이론과 헌정주의를 혼합하여 합당하게 효과적이면서 제한된 정부를 구성하고자 한다(Murphy 2012, 327쪽).

'헌법constitution'은 그야말로 '구성constitute'되는 것이다. 인민 전체가 주권자라면 원칙상 그들이 헌법을 구성하는 최종 권위자이기 때문에 자신들의 정치적·경제적 삶을 규율하는 규칙을 정해야 한다. 인민들 사이의 계약으로서의 자유민주주의 헌법에서는 일반적으로 어떠한 실체적 가치를 천명하지는 않는다. 나치나 스탈린의 헌법은 천명한다(Murphy 2012, 329쪽). 다만 정치 참여의 권리, 인민이 자유롭게 선출한 대표의 권력을 제한함으로써 실체적 권리를 보호하는 것 등을 규정한다. 요컨대 헌정적 민주주의는 인민을 행복하게 만드는 것이 아니라 행복을 추구할 기회를 인민에게 부여하는 것에 목적을 둔다(Murphy 2012, 342쪽). 그래서 헌법은 가능한 한 선에 대해 중립적 입장을 취하고자 한다. 그렇다면 헌법에는 어떠한 내용이 포함되는 것이 옳은가? 역사적으로 헌정주의, 민주주의 이론, 나아가 헌정적 민주주의가 우려했던 바를 헌법이 고려해야 한다. 앞으로 우리가 다루고자 하는 정의 이론은 결국 이 문제에 대한 답이라고 할 수 있겠다.

| 제10장 |

복지권의 근거와 한계

  흔히 "복지가 표방하는 '어려운 사람을 도와주어야 한다'는 도덕적 명제는 너무도 당연해 누구로부터도 심정적인 동조를 얻을 수 있다"(윤종훈 2005, 105쪽)고 생각하기 쉽다. 그런데 심정적 동조를 얻을 수 있는 도덕적 명제라는 것과 현실에서 실천할 수 있도록 정당화되는 것은 별개의 문제다. 게다가 이것이 어떻게 해서 도덕적 명제가 되는지를 다루지 않을 수 없다. 이 점은 앞의 장에서 자연권과 사회경제권의 정당화라는 문제를 다루면서 살펴보았다.

  사회경제권으로 대변될 수도 있는 복지권은 현실적으로 실현하기 어려운 점이 있다는 이유에서 반대하기도 한다. 반대하는 논지는 다음과 같다. 전통적인 정치시민권은 제도적으로 보장하기가 어렵지 않다. 다른 사람의 권리를 침해하지 않는 한에서 자유롭게 말하고, 집회를 열고, 자신이 옳다고 생각하는 바대로 살아가도록 내버려두면 보장된다. 법으로

이 권리를 보장하고 모든 사람이 법만 지키면 실현 가능한 권리이기 때문이다. 그러나 사회경제권은 현실적으로 보편적 권리가 되기 어려운 경우가 많다는 것이 명백하다. 그렇기는 하지만 시민정치권도 그냥 내버려둔다고 해서 보장되는 것은 아니다. 개개인의 안전을 보장하고 사회 질서를 유지하기 위해 하다못해 경찰력과 행정력을 갖춰야 한다. 그것조차쉬운 일이 아닐 수 있다. 사회경제권으로도 표현되는 복지권에 대한 논란은 아직까지 지속되고 있다. 이에 대한 견해는 결국 이데올로기를 대변하기 때문이다. 논란을 주도하는 자유지상주의, 사회주의, 나아가 복지 자유주의의 견해를 간단히 살펴보자.

'자유지상주의자libertarian'들은 하이에크의 《자유의 구조Constitution of Liberty》를 지적 근원으로 삼는다. 하이에크에 의하면, 자유에 대한 자유지상주의적 이상은 실질적 평등이나 공적에 의한 보상이 아니라 법 앞의 평등과 시장 가치에 의한 보상을 요구한다. 나아가 양육, 상속, 교육으로 인한 불평등은 자유라는 이상에 의해 인정되는데, 이렇게 인정하는 것이 실제로 사회 전체에 혜택을 주는 경향이 있다고 하이에크는 주장한다 (Sterba 2006, 72쪽).

기본적으로 하이에크에게 동조하는 오늘날의 자유지상주의자들, 즉 호스퍼스John Hospers, 노직, 마찬Tibor Machan, 나버슨Jan Narveson 등은 자유를 자신이 원하는 것을 하는 데 타인의 도움을 받는 상태라고 적극적으로 정의하지 않고, 자신이 원하는 것을 하는 데 타인에 의해 제약을 받지 않는 상태라고 소극적으로 정의한다. 각자가 최대한의 자유를 가져야하며 이 자유는 타인과 똑같아야 한다. 이러한 입장에서 몇 가지 더욱 구체적인 요구, 특히 생명에 대한 권리, 언론·출판·집회의 자유에 대한 권리, 그리고 재산에 대한 권리가 도출될 수 있다고 자유지상주의자는 주장한다(Sterba 2006, 72쪽).

　그런데 자유지상주의가 주장하는 생명에 대한 권리는 자신의 생명을 유지하는 데 필요한 재화나 자원을 타인으로부터 받을 권리가 아니다. 단순히 살해되지 않을 권리다. 그렇게 이해한다면, 생명에 대한 권리는 복지 혜택을 받을 권리가 아니다. 자유지상주의자의 견해에 따르면 사실상 복지권은 없다(Sterba 2006, 72쪽). 따라서 자유지상주의자가 주장하는 재산에 대한 권리는 자신의 복지에 필요한 재화와 자원을 타인으로부터 받을 권리가 아니라 시초의 획득이나 자발적 합의에 의해 재화와 자원을 얻을 권리다.

　자유지상주의자들은 이러한 권리를 옹호하기 때문에 강제적 제도, 즉 국가의 제한된 역할만을 지지할 뿐이다. 그저 시초의 강제적 행위를 방지하고 처벌하는 것이 국가의 역할이다. 그래서 자유지상주의자들은 모든 형태의 검열과 온정주의는 그들의 자유라는 이상에 지지받을 수 없게 된다고 보며 반대한다. 예를 들어 그들은 기본적인 영양을 충족하기 위해 재화와 자원을 충분히 확보하는 것이 좋은 일이라는 것을 부정하지는 않는다. 다만 국가가 그러한 영양을 충족시켜야 한다는 필요를 제공해야 한다는 주장을 부정한다(Sterba 2006, 73쪽). 그들이 주장하는 바는 어떠한 좋은 것, 예컨대 곤궁한 자에게 복지를 준비해주는 것은 사회 정의보다는 자선으로 해결되어야 한다는 것이다. 따라서 그러한 복지를 준비하지 않았다는 것 때문에 국가가 비난받을 일도 처벌받을 일도 없다(Sterba 2006, 73쪽).

　그런데 다른 한편으로 달라이 라마는 다음과 같이 말한다. "우리는 우리가 귀하게 여기는 권리와 자유를 요구할 때 인간으로서의 책임도 자각해야 한다. 타인도 우리와 마찬가지로 평화와 행복을 누릴 동등한 권리가 있음을 우리가 인정한다면, 곤경에 빠진 사람을 도와줄 책임이 우리에게 있지 않은가"(미셸린 2005, 61쪽)? 타인을 도와주는 것이 좋다는 주장은 구태여 나라를 잃은 종교 지도자 달라이 라마에게서 찾을 필요가 없다. 대내외로 자유롭지도 않고 평등하지도 않았던 한국인들도 평등에 대한 열망을 토로했다. 사람들은 너나 나나 모두 똑같이 한울(하늘)인 공평하고 살기 좋은 새로운 인내천(人乃天) 세상을 바랐다(조정래 2006, 5권, 55쪽). 그러한 세상은 '사람이 사람처럼 공평하게 사는 세상'(조정래 2006, 3권, 149쪽)이다. 그리고 소작인도 지주처럼 인간답게 살 수 있는 평등한 사회다. 그런데 지주는 자신의 재산인 토지가 어떻게 자신의 소유물이 되었는지는 생각하지 않고 고수하려고만 하고, 게다가 이승만 정권은 지주 계급의 이익을 챙겨주려고 해 인민은 "이승만 정권에 정이 다 떨어지고 말았다"(조정래 2006, 7권 37쪽). 그리하여 결국 이승만 정권이 표방하는 자유민주주의라는 이념은 허울에 불과하게 되었다(조정래 2006, 5권, 286~315쪽). 이렇게 해서 민중이 처한 심각한 불평등은 이유 여하를 막론하고 "민족을 위한 이념이냐, 이념을 위한 민족이냐"(조정래 2006, 3권, 249쪽)라는 의문을 제기하고 정치 질서에 대한 회의를 품게 했다.

달라이 라마나 한국인들이 곤경에 빠진 타인을 돕는 것을 심정적으로 옳다고 여기더라도 그러한 타인을 돕는 것이 어떤 종류의 책임인지를 반문하지 않을 수 없다. 세상이 빈자와 부자로 나뉘어 있다는 사실 그 자체가 정의롭지 못하다는 것을 시사한다고 여기는 도덕 이론가들이 많이 있다(Gauthier 1986, 287쪽). 그렇다면 격차가 있는 것 자체가 부정의롭다고 생각하고 부자는 빈자를 도울 의무가 있는가? 역으로 빈자는 부자의 도움을 받을 권리가 있는가? 의무라면 어떠한 성격의 의무이며, 권리라면 어떠한 성격의 권리인가? 이 문제에 대해《평등, 자유, 권리》에서 논한 바를 여기서 다시 정리해보자.

1. 그로티우스와 푸펜도르프

그로티우스에 의하면, 인간은 사회생활을 영위하려는 강력한 성향을 지니고 있다. 그리고 인간이 사회생활에서 받아들일 만한 것과 해로운 것을 구별할 수 있는 능력이 있다. 이러한 인간의 본성이 자연의 법의 모태가 된다(Grotius 2012, 3·5쪽). 그리고 자연은 정의에 대한 법만이 아니라 '사랑에 대한 법law of love'도 규정한다. 그에 의하면, 사랑에 대한 법은 의무적이거나 강제할 수 있는 것은 아니지만 그것을 따르는 것은 칭찬받을 만하며, 따르지 않는 것은 비난받을 만하다.

또한 그로티우스는 '완전한 권리perfect rights'와 '불완전한 권리imperfect rights'를 구별했다. 전자는 법적 과정이나 '자조(自助)self-help'에 의해 강제될 수 있다. 반면에 후자는 자신의 권리에 의해 강제될 수 있는 '자격/권리를 부여하는 것title'이 아니라 조력을 받거나 평가받을 인간의 값어치다(Edmundson 2004, 20쪽). 따라서 부자가 거지에게 시혜를 베풀도록 강요받을 수는 없다. 자선을 받을 권리는 불완전한 권리에 속하며 강제될 수 없기 때문이다. 부자의 시혜는 사랑에 대한 법에 따라 행해지게 되며, 단지 칭찬받을 만한 일이다.

푸펜도르프는 자연법에 의하면 빈자를 돕고, 재앙을 맞은 이와 과부와 고아를 돕게 되어 있다고 보았다(Pufendorf 1991, 12쪽). 부자가 빈자를 돕는 것은 인간으로서의 의무다. 정상적인 상황이 아닌 극심한 어려움에 처한 빈자가 아무리 부자에게 간청해도 도움을 받지 못하는 경우가 있을 수 있다. 이런 경우, 나중에 갚겠다면서 탈취하거나 강도짓을 해 필요한 것을 취할 수도 있다. 그러나 이것은 정상적인 상황에서는 인정될 수 없다(Pufendorf 1991, 55쪽). 그리고 부자가 정상적인 상황에서 빈자를 반드시 도울 의무는 없다. 이것을 푸펜도르프는 불완전한 의무라고 부른다. 남에게 해를 끼치지 않는 것이 '절대적 의무absolute duty'인데 이것이 가장 본질적인 의무다. 반면에 '가설적 의무hypothetical duty'는 특정 조건이나 상황에서 기인한다(Pufendorf 1991, 56쪽).

부자가 빈자를 돕겠다는 합의가 없었기 때문에 부자가 빈자를 도울 의무는 가설적 의무에 속하는 셈이며(Pufendorf 1991, 68쪽), 부자는 빈자를 도움으로써 명예를 얻고, 도움을 받은 빈자는 감사하게 생각해야 하며 형편이 나아지면 되돌려주려고 해야 한다(Pufendorf 1991, 65~66쪽). 감사하지 않는다고 법적인 행동을 취할 수 없는 것처럼 부자가 빈자를 돕지 않는다고 해서 법적인 조처를 취할 수 없다. 그러므로 빈자가 부자에게 도움을 받을 권리가 있다고 해도 이것은 완전한 권리가 아니라 불완전한 권리라고 할 수 있다(Pufendorf 1991, 69쪽).

요컨대, 푸펜도르프는 그로티우스의 완전한 권리와 불완전한 권리를 더욱 정교히 했다. 그는 급박한 곤궁에서 자선이나 도움을 받을 권리는 불완전한 권리에 속하는데 이에는 구체적인 의무가 상응하지 않는다고 결론 내린다(Pufendorf 1991, 119쪽 ; Edmundson 2004, 26쪽 재인용).

그로티우스나 푸펜도르프와 마찬가지로 페일리William Paley는 빈곤한 자가 부유한 자의 관대함에 의존해 갖게 되는 권리는 불완전한 권리라고 보았다. 빈자는 더 잘사는 이웃에게 구제받을 권리가 있지만, 필요로 하는 것이 거부되었다고 해서 이를 훔치거나 억지로 빼앗아서는 안 된다.

빼앗아도 되는 것이라면 재산이라고 불릴 수 없게 된다(Paley 1786, 93 쪽 ; Edmundson 2004, 37쪽 재인용). 마찬가지로 타인에게 시혜를 베풀 의무는 사랑의 법에 의해 부과되는 것으로서 역시 불완전한 의무다. 그러나 경우에 따라서는 곤궁한 방랑자를 도와주지 않는 것은 방랑자의 손수건을 훔치는 것보다 더 나쁘다. 이렇게 보면, 적극적인 의무를 침해하는 것보다 불완전한 의무를 이행하지 않는 것이 훨씬 더 큰 죄일 수 있다 (Edmundson 2004, 38쪽).

그렇기는 하지만, 적극적인 의무, 즉 긍정적 행동을 할 의무는 그 정도에서 가끔 불확정적이며, 그러므로 불완전한 의무다. 타인에게 적극적 의무를 부여할 권리는 그래서 불완전한 권리다. 말하자면 그 권리는 권리 소지자가 타인의 의무 이행을 보장받기 위해 직접적으로 힘을 행사할 수 없는 권리다.

2. 아퀴나스와 로크

로크는 신이 인간에게 지구를 공통의 것으로 주었다고 반복해 강조하면서 자연 상태에서 재산권이 생길 수도 있다고 보았다. 반면에 칸트는 자연에서는 나의 것과 너의 것이 잠정적으로 구분될 뿐이라고 보았다. 그러므로 자연에서는 '점유possession'는 있지만 '재산property'은 없으며, 재산권이 권리로 성립되자면 법이 있는 사회에서 서로가 재산권을 인정해야 한다(de Ruggiero 1959, 29쪽). 자연 상태에서 재산이 있을 수 있다는 점에서는 로크와 칸트가 견해를 같이하는 셈이다. 그러나 칸트는 시민 사회에 진입함으로써 모든 재산 소유의 본질과 차원은 국가가 내린 규정을 따르게 된다고 보았다. 이 점에서는 푸펜도르프의 견해와 일치한다(Edmundson 2004, 33쪽). 로크는 자연법, 이성 또는 종교적 가르침을 근거로 재산 축적에 제한을 두어야 한다고 훈계하지 않았으며, 재산의 불평등이——특히 자연 상태에서 화폐의 도입을 허용하는 것을 감안하면——정치에 미치는 영향에 대해 경고하지 않았다(Kogl et al. 2005, 696쪽). 그런데 자연 상태에서도 화폐를 도입시킴으로써 그가 불평등을 정당화한 것으로 이해될 수도 있다(Clayton et al. 2004a, 2쪽). 그렇기는 하지만 그는 타인에게도 생존을 위한 적절한 기회가 부여되어야 하며 노동할 수 없는 자도 생존할 수 있도록 해야 한다고 주장했다는 점에서 자선의 의무를 인정한 셈이다(ST, §42).

정의가 각자에 '당연한 것(즉 응분의 것)을 주는 것rendering to each his right(due)'이라면, 역으로 각자에게 응분의 것을 주는 것이 아니라면 정의가 아니라고 볼 수 있다. 반면에 아우구스티누스는 궁핍한 자를 돕는 것이 정의라고 주장했다(Solomon et al. 2000, 55쪽). 응분이 정의라고 보는 견해를 따른다면, 부자의 것을 빈자에게 주는 것은 부자가 당연히 가져야 하는 것을 빈자에게 당연하지 않은 것을 주는 것이다. 그렇기 때문에 국가가 부자로 하여금 빈자를 돕게 하는 것은 정의가 아니다. 이상과 같은 문제가 재산권과 연관시켜 복지권을 논하는 데에는 걸려 있다.

이에 대해 아퀴나스는 다음과 같은 답을 내린다. 정의는 신려·절제·용기와 더불어 '주덕(主德)cardinal virtue'의 하나인 데 반해, 자비·관대함과 같은 '부차적 덕성secondary virtue'은 주덕과 연관되어 있다. 그러므로 궁핍한 자를 돕는 것은 자비나 동정심에 속하는 것이며 '후하게 자비로운 것liberally beneficient'은 '관대함liberality'과 관련 있는데, 이 두 가지는 부차적 덕성이 '주덕principal virtue'으로서의 정의에 환원됨으로써 귀속된다고 주장한다(Solomon et al. 2000, 55쪽).

아퀴나스는 재산은 사적으로 소유되지만 공동으로 사용되어야 하며, 여분의 것은 빈자에게 주어져야 한다고 주장했다. 그렇기는 하지만 사람들은 삶에서 자신의 '지위station'에 적합하게 살 자격이 있다. 예를 들면, 기사가 말[馬]을 남에게 줄 수는 없다. 그가 봉건적 의무를 다하는 데 말이 필요하기 때문이다. 극단적으로 궁핍한 경우에만 물건은 공동의 소유가 된다. 그래서 기아 상태에서 주인의 허락 없이 빈자가 빵을 취했다고 하더라도 이는 훔친 것이 아니다(de Roover 1968, 432쪽).

이상의 논의에서 밝히고자 한 것은 부자가 빈자를 돕는 것은 개인의 덕성에 관한 문제이며, 빈자가 부자로부터 도움을 받을 권리는 불완전한 권리로 여겨졌다는 점이다. 그렇다면 오늘날 복지 국가에서처럼 국가가 빈자를 도울 권리나 의무는 있는가? 역으로 말하면, 빈자가 국가를 통해 부자로부터 자신들을 돕도록 요구할 권리가 있는가? 지금부터는 이 문제를 다루어보자.

칸트는 시민 사회 내에서의 복지에 대한 권리를 어떻게 생각했는가? 요컨대 복지권이 도덕적인 명령으로 성립될 수 있는 근거가 무엇인가? 근거를 논하는 이유는, 오늘날에는 복지권을 당연한 권리로 간주하는 경향이 있지만 애초에는 그렇지 않았는데, 어떠한 과정을 거쳐 그러한 사고가 나타났는지를 추적할 필요가 있기 때문이다. 복지에 대한 국민의 권리를 칸트가 인정하는가? 이 문제의 실마리를 하필 칸트에게서 찾으려는 이유는 그가 진정한 의미에서 자유주의의 완성자이며 공화주의, 나아가 민주주의의 바탕을 마련했다고 볼 수 있기 때문이다. 그래서 개인이 타인에게 자선을 베풀 의무에 대해 칸트가 어떻게 생각했는지 비교적 자세히 살펴보고자 한다.

3. 칸트

칸트는 《도덕형이상학 기초》에서 권리의 내용을 의무의 내용과 연결시키면서 의무의 근거를 욕구, 정념, 기호 등이 아니라 이성에만 두었다. 이것은 칸트가 푸펜도르프의 영향을 받았지만 푸펜도르프와는 견해를 달리했다는 것을 의미한다. 푸펜도르프는 권리와 이와 동등한 의무의 근거는 이성, 직관, 역사적 권위 등이라는 다양한 통로로 얻을 수 있다고 보았는데, 이에 반해 칸트는 권리와 의무는 어떠한 경험적이거나 '정동적인emotional' 요소와 연관될 수 없다는 것을 밝혔다. 그러한 한에서는 인간은 신려에 의한 자기 이익이나 행복에 권리의 근거를 두지 않고 이성의 준칙만을 따라야 한다. 이 점에서 칸트는 자연법의 전통적인 목적론, 신학, 공리주의와는 권리와 의무의 근거를 달리하는 셈이다(Ivison 2008, 96쪽). 요컨대 권리와 의무는 인간이 스스로 목적을 설정할 수 있는 이성적 존재로서 자신에게 부과하는 준칙에 의해 정해진다(Edmundson 2004, 32쪽).

칸트는 의무를 자신과 타인에 대해 완전한 의무와 불완전한 의무라는 네 가지 범주로 나눈다(*MM*, 214~265쪽). 예를 들면, '자살을 하지 말라'는 것은 '자신에 대한 완전한 의무perfect duty to oneself'이고, '자신의 능력을 계발하라'는 것은 '자신에 대한 불완전한 의무imperfect duty to oneself'다.[51] 반면에 '타인에게 거짓 약속을 하지 말라'는 것은 '타인에 대한 완전한 의무perfect duty to others'이고, '타인에게 자선을 베풀라'는 것은 '타인

---

51 존 스튜어트 밀에 의하면, '불완전한 의무imperfect duty'는 의무적이기는 하지만 의무를 이행하는 것이 선택에 맡겨질 수 있는 의무이자 도덕적인 의무이기 때문에 권리를 생성시키지 않는 데 반해 '완전한 의무perfect duty'는 권리를 생성시키는 의무다(*UT*, 454~455쪽).

에 대한 불완전한 의무imperfect duty to others'다. 완전한 의무는 인간의 모든 행동이 준수해야 하는 의무다. 그렇기 때문에 어떠한 상황에서도 반드시 따라야 하는 의무는 완전한 의무에 속한다. 반면에 채택해야 하지만 모든 경우에 따를 필요는 없는 의무는 불완전한 의무에 속한다. 그러나 모든 불완전한 의무를 이행해야 하는 것은 아니다. 인간은 자신의 육체적 필요를 돌봐야 하기 때문에 모든 행동이 자선을 베푸는 행동이 될 수는 없다. 그래서 불완전한 의무는 원칙으로는 채택해야 하는 것이지만, 그 원칙에 따라 행동하기로 결정하는 것에 대해서는 개인의 자유재량이 허용된다(GMM, 88~91쪽). 말하자면 타인을 목적으로 적극적으로 대우한다는 원칙을 견지하고 적절한 상황에서 이 원칙에 따라 행동하는 것은 불완전한 의무다. 또한 자신이나 다른 이성적 존재를 수단만으로 대하지 말라는 완전한 의무가 있으며, 모든 이성적 존재를 그 자체의 목적으로서 적극적으로 다루어야 한다는 불완전한 의무가 있다(Becker 2003, 77쪽).

그렇기는 하지만 타인이 어려울 때 도와주지 않고는 자신이 어려울 때 타인에게 도움을 요청하기 어려울 것이라고 칸트는 밝혔다(TJ, 338쪽). 요컨대 자선을 베푸는 데, 즉 타인의 곤경을 더는 데 도움을 주어야 한다는 불완전한 의무가 있다. 그렇다고 해서 타인의 행복을 최대화해야 한다거나 타인이 필요로 한다는 이유에서 자기 재산을 빼앗길 수 있다는 의미는 아니다. 자애를 베풀게 되는 동기는 인간에게 단순한 성향이기 때문에 그래서 도덕적으로 중립적이다(GMM, 65~67쪽). 다른 한편으로 자선을 베푸는 것이 불완전한 의무라는 것을 다음과 같이 말할 수도 있다. 인간이 그 자체로서 목적을 가진 존재라는 것은 인간이 그 자체로서 '존엄dignity'를 가진 존재라는 말이다. 인간이 이처럼 '본질적 값어치innate worth'를 가진 이상, 이 값어치는 사회의 어떠한 다른 목적, 예를 들면 공리주의자가 추구하는 목적과 상쇄될 수 없다(Ivison 2008, 95쪽). '값어치worth'를 가지는 것은 '값price'을 가지는 것으로 치환될 수 없기 때문이다(*GMM*, 62~66쪽). 이처럼 인간이 그 자체의 목적을 가진 존엄한 존재로서 존경을 받아야 하고, 조그마한 노력으로도 곤경에 빠진 이를 구할 수 있다면, 그를 구하는 것이 인간을 '존경으로 대하는treat with respect' 것이다(Barcalow 2004, 18쪽).

그리고 자선을 베푸는 것이 불완전한 의무라는 것을 다음과 같이 볼 수도 있다. 국가의 목적은 행복을 추구하는 것이 아니라 인간의 자유를 보장하는 것이다. 국가는 도덕의 보편적 법칙을 따라야 하며, 이를 따르는 것은 국가가 결국 개인의 자유를 보장해야 하기 때문이다. 그러므로 국가는 빈자의 필요를 충족시키기 위해 부자의 재산을 빼앗을 수는 없다. 부자가 빈자의 수단이 되어야 할 이유도 없고, 빈자가 부자의 것을 자신의 수단으로 삼을 권리도 없다. 그리고 빈자가 부자에게 의존하는 것 자체가 자신이 자율적 존재라는 것을 부정하는 일이다. 이렇게 보면, 부자가 베풀 수 있고 빈자가 어려운 상황에 놓여 있다 하더라도 국가가 사회 정의나 실질적 평등을 증진하기 위한 수단으로 부자를 이용할 수는 없다. 그렇게 하는 것은 공적 권리가 아니다. 이상과 같이 해석할 수 있다면, 칸트는 배분에 관심을 기울인 것이 아니라 법에만 관심을 기울였다고 볼 수 있다. 칸트가 시민들이 평등하게 시티즌십을 향유하고 따라서 권리와 책임 측면에서 평등하다고 보면서도 소유 측면에서의 불평등을 인정했다는 점에서는(Kant 1970, 75쪽), 근대적 의미의 사회 정의와는 거리가 멀었다고 볼 수 있다(Scruton 2001, 116쪽).

그렇기는 하지만, 칸트는 인간은 자신의 생명을 보전할 의무가 있으며, 자신의 행복을 추구할 간접적인 의무가 있다고 본다(*GMM*, 65·67쪽). 요컨대 행복한 것과 선한 것은 별개의 것이지만, 자신의 행복을 추구하는 것이 도덕적 법칙과 양립될 수 있는 한, 인간은 행복을 추구할 권리가 있다(*GMM*, 109~110쪽). 그런데 빈자가 자신의 잘못이 아닌데도 자신의 목적을 달성할 자원을 충분하게 갖지 못할 수 있다. 그렇기 때문에 칸트는 국가가 빈자를 돕기 위해 부자에게 과세할 수 있다고 보았다. 그러나 그것은 빈자가 자신의 잘못이 아님에도 불구하고 타인에게 의존하는 것을 막기 위한 것이다. 그리고 다른 한편, 도울 수 있으면, 타인을 돕는 것은 인간의 의무다. 그러나 인간의 성향에서가 아니라 의무에서 타인의 행복을 증진시켜야 한다(*GMM*, 65~67쪽).

이상의 주장이 의미하는 바는 이미 《정치와 윤리》에서 살펴보았다. 굶주리는 북한 어린이를 돕는데, "철수는 세금 공제가 필요하기 때문에 기부했고, 영희는 불쌍한 어린이들에 대한 동정심에 못 이겨서 눈물을 흘리면서 기부했으며, 갑돌은 필요에 대해 냉담한 감정을 보이면서, 자신이 할 수 있다면 도와야 할 이성적인 의무가 있다는 것을 인정했지만 기부는 아직 하지 않았다"(이종은 2010, 179쪽). 칸트의 시각에서는 갑돌의 동기만이 도덕적 가치를 지닌다. 그의 동기는 도덕적 원칙에 충실하게 복종하는 데 이성적으로 헌신했기 때문이다. 반면에 영희는 타인의 어려움을 쉽게 동정하는 성격이기 때문에 기부를 했다고 볼 수 있다. 동정을 잘하는 성격이 사회적으로 유용하겠지만, 이는 이성에서 나온 의무감에서 연유한 것이 아니다. 그래서 갑돌의 동기만이 도덕적 가치를 가진다.

이 문제를 다음과 같이 볼 수도 있겠다. 칸트는 '해야 하는 것은 할 수 있다는 것을 암시한다ought implies can'고 주장했다. 말하자면, 내가 할 수 없는 것을 내가 할 의무가 없다는 것이다. 그렇다면 내가 내 이웃을 사랑할 의무를 질 수 있는가? 칸트의 대답은 부정적이다. 사랑을 강요할 수는 없다. 나의 이웃에 대해 어떠한 방식으로 행동하는 것이 나의 의무다. 그러나 이러한 나의 행동이 도덕적 가치를 가지는 것은 사랑에서가 아니라 의무에서 행동했을 때만이다. 이처럼 인간이 '선을 행하는 것to do good'은 어렵다. 특히 타인에 대한 애정에서가 아니라 자신의 욕망을 만족시키는 것을 포기해가면서 의무라는 동기에서 선을 행하기는 어렵다(MM, 196쪽).

그렇다면 자선을 행하는 것이 어떻게 우리의 의무가 되는가? '자기애self-love'는 타인으로부터 사랑받을 필요와 분리될 수 없다. 그러므로 우리는 자신을 타인에게 목적으로 삼게 한다. 우리 자신을 타인에게 목적으로 삼게 한다는 준칙이 구속적일 수 있게 하는 유일한 방법은 이 준칙을 보편적 법칙으로 제한하는 것이다. 그러므로 우리는 타인으로 하여금 우리 자신을 목적으로 삼게 한다. 자신이 타인에게 목적이 되게 한다는 준칙이 사회에 구속적일 수 있게 하는 유일한 방법은 이 준칙을 보편적 법칙으로 규정하는 것이다. 즉 타인을 우리의 목적으로도 만들겠다는 각자의 의지로써 가능하다. 그러므로 타인의 행복은 목적이며 또한 의무다(MM, 197쪽). 또한 전술한 것처럼 조그마한 노력으로 곤경에 빠진 이를 구할 수 있다면, 구하는 것이 의무라고 볼 수 있다.

이 점은 역으로 생각해봐도 마찬가지다. 인간은 어려움에 처하면 타인의 도움을 받고 싶어 한다. 그러나 타인이 어려울 때 타인을 돕지 않겠다는 것을 자신의 준칙으로 삼게 되면, 즉 보편적으로 허용되는 법칙으로 만들게 되면, 나 자신이 어려움에 처했을 때 모든 사람이 도와주지 않으려 하거나 적어도 도와주지 않는 것이 인정될 것이다. 그러므로 이와 같은 자기 이익이라는 준칙이 보편적인 법칙이 되면, 그 자체로서 갈등이 일어난다. 즉 의무에 반하게 된다. 그러므로 공통의 이익, 곤경에 처한 이에게 자선을 베푼다는 준칙은 인간의 보편적 의무다. 곤경에 처한 이가 동료 인간, 즉 이성적 인간이며 같은 지구에서 자연에 의해 통합되어 있어서 서로 도울 수 있기 때문이다(*MM*, 247쪽). 이 점에는 롤스도 같은 견해다. 자신에게 커다란 위험이나 손실이 없다면 곤경에 처한 이를 도와야 한다는, '상호 부조의 의무duty of mutual aid'라는 자연적인 '적극적 의무positive duty'가 인간에게 있다. 물론 인간에게는 타인을 해치거나 타인에게 위해를 가하지 않아야 하는 자연적인 '소극적 의무negative duty'도 있다(*TJ*, 114~115쪽).[52]

그런데 자선을 베푸는 경우에 어떠한 태도를 취해야 하는가? 자신의 필요를 충족하고도 타인의 행복을 위한 수단을 풍부하게 가지고 있는 사람이 부자다. 부자는 자선을 행하는 것을 자신의 입장에서 칭찬할 만한 의무라고 여겨서는 안 된다. 자선을 행하면서도 이에 따른 희생을 치르지 않게 된다면, 부자가 이러한 자선에서 만족을 느끼는 것은 '도덕적 감정moral feeling'을 즐기는 하나의 방식이기 때문이다. 그리고 부자는 자선 행위를 한 것으로 타인을 구속하려는 듯이 보여서는 안 된다. 자신이 어려우면서도 타인을 도와줌으로써 자신의 어려움을 조용히 감내하면, 자선을 베푸는 자는 타인에게 혜택을 줌으로써 자신의 덕성을 더욱 키우게 된다. 그리하여 그는 도덕적으로 부유한 인간으로 간주된다(*MM*, 247쪽). 말하자면, 착한 사마리아인처럼 자신이 어려움에도 불구하고 자선을 베풀되 되돌려 받을 것을 기대하지 않으면서 곤궁한 타인의 행복을 증진시

---

52 그렇다고 해서 롤스가 복지 정책에 반대한다는 것은 아니다. 그의 차등 원칙은 미국의 현실에 비추어 보면 결과적으로 지나친 복지를 인정하는 것이다.

키는 것은 모든 인간의 의무다(*MM*, 247쪽). 특히 정부가 정의롭지 않은 탓에 부의 불평등이 생기고 이로 인해 타인이 자선을 받을 필요가 있는 상황이 생길 수 있다. 이 상황에서 자선을 행하고 그 자선을 대단한 공적인 양 뽐낸다면 그것이 과연 자선이라고 불릴 만한 것인지 반문할 수 있다(*MM*, 248쪽).

　그렇다면 얼마나 많이 베풀어야 하는가? 되돌려 받을 기대를 하지 않고 나의 복지를 희생해서 타인에게 넘겨주어야 한다. 희생의 범위를 어디까지 확대해야 하는가? 넘겨주는 것의 한계, 즉 자선 행위의 한계를 구체적으로 정하는 것은 불가능하다. 지나치게 베풀어서 자신이 어려움에 처하게 될 정도가 되어서는 안 된다. 그 한계는 대체로 각자의 진정한 필요가 그 자신의 감각에 비추어 무엇인가에 달려 있다. 각자에게 이것을 스스로 결정하게 맡겨두어야 한다. 자신의 행복을 희생하고 타인의 행복을 증진시킨다는 준칙이 보편적 법칙이 되면, 그 준칙은 그 자체와 갈등을―― 말하자면, 자신의 행복과 타인의 행복은 갈등을―― 일으키게 되기 때문이다. 그러므로 이 의무는 '광범한 의무wide duty'일 뿐이다. 즉 이 의무는 그 자체 내에서 더하거나 덜할 수 있는 범위가 있으며, 무엇을 해야 하는지에 대해 구체적으로 한계를 정할 수 없다. 법칙은 준칙에만 유효한 것이지 구체적인 행동에는 유효하지 않다(*MM*, 197쪽).

　어떠한 태도로 자선에 임해야 하는가? 내가 베푼 자선이 그 자선을 받은 타인에게서 그 자신의 선택에 따라 행복을 추구할 자유를 앗아가서는 안 된다. 그렇지 않다면 그것은 자선을 받는 타인도 목적을 가진 독립적인 존재라는 것을 인정하지 않는 것이다. 그러므로 자선을 받는 이가 자신의 방식대로 행복을 추구할 권리가 있다는 것을 인정해야 한다(*MM*, 248쪽).

그렇다면 개인의 의무로서는 인간은 타인을 도울 의무가 있다는 것을 칸트는 인정한 셈이다. 그렇다면 국가는 어떻게 해야 하는가? 여기서 논하고자 하는 것은 바로 이 문제다. 칸트의 견해로는 정치에 대한 이론은 도덕에 대한 형이상학의 한 부분이 되지 않을 수 없다. 정치에 대한 이론은 공적인 이해의 갈등을 조정할 수 있는 기준을 제시하는 것에 관한 것이기 때문에 정치는 무엇을 해야만 하는가라는 문제를 다루게 된다(Reiss 1970, 20쪽). 그렇기 때문에 정치는 도덕, 즉 정언 명령과 관련되지 않을 수 없다.

물론 도덕적 의무와 정치적 의무는 다르다. 정치적 의무는 자신에 대한 완전한 의무가 아니다. 타인에 대한 완전한 의무다. 타인에 대한 완전한 의무는 법의 대상이며 그래서 정치의 대상이 된다(Reiss 1970, 21쪽). 타인에 대한 완전한 의무를 다하지 않는 것은 잘못이며 그 의무를 다하도록 강제할 수 있기 때문이다. 그러나 타인에 대해 불완전한 의무인 행동, 즉 어떠한 사람의 선택과 타인의 단순한 목적과 바람과 관련되는 행동을 그는 고려하지 않았다. 예를 들면, 칸트는 타인에게 자선을 베푸는 것을 법적인 의무라고 규정하지 않는다. 법은 보편화된 정치의 표현이기 때문이다. 다른 말로 하면, 칸트로서는 자신이 정한 준칙이 의무라는 개념과 일치하는 한에서 도덕적 행동이며, 그러므로 도덕은 주관적 행동에만 관계되는 데 반해 법은 행동 그 자체, 즉 객관적 사실과 관계된다. 그러므로 도덕적 행동은 권장될 수 있는 데 비해 법적 행동은 강제될 수 있다(Reiss 1970, 21쪽).

그리고 칸트는 정치적 문제를 소극적인 방식으로 서술한다. 소극적인 방식을 택한다는 것은 다음을 의미한다. 권력의 억압에 맞서 공적이고 개인적인 자유를 보호하기 위해, 달리 말하면 국가는 사회적 요구와 양립할 수 있는 최대한의 행동을 시민들에게 보장할 수 있어야 하는데, 그렇게 하기 위하여 국가는 국가 권력을 스스로 제한해야 한다. 이러한 의무를 국가에 부과하는 것이 칸트에게 일차적 목적이다. 그래서 시민의 자유를 국가가 금지하려는 것을 금지하도록 하는 것이 국가의 권력을 제한하는 것이다. 이와 같이 금지를 금지함으로써 정치적 민주주의를 지향하는 것이 되며, 법은 소극적인 역할을 한다. 그렇기 때문에 자유만 해도 칸트는 소극적인 것으로 보았다. 그래서 그는 시민에게 노예의 신분이나 열등한 정치적 지위를 부여하는 것을 원칙상 고려하지 않는다. 그가 관심을 둔 것은 타인과의 갈등을 피해 도덕적인 행동의 자유를 인간이 향유할 수 있도록 하기 위해 개인이 제약을 받아들여야 한다는 점이었다(Reiss 1970, 39쪽). 요컨대, 칸트의 일차적 관심은 자유를 평등하게 보장하는 것이었다. 그러나 그 평등은 법 앞의 평등이나 사회적·정치적 지위에 접근하는 데서의 평등을 의미했다. 칸트는 경제적 평등인 경제적 정의를 정치적 목적으로 삼지 않았다(Kersting 1992, 356쪽).[53] 칸트는 시민들에게 평등을 인정한 것이 소득과 부의 불평등과 완전히 양립한다고 본 것이다(Pogge 2007, 191쪽).

그렇기 때문에 칸트는 자유에 대한 권리와 정치적 온정주의는 양립할 수 없다고 본다. 정치가 행복이나 도덕적 교육에 관여하는 것을 거부함으로써 칸트는 정치적 온정주의를 반대했다. 이것은 도덕철학에서 칸트가 행복을 증진시키려는 공리주의에 반대한 것과 같은 맥락이다(Kerst-

---

53 법 앞의 평등은 구체적인 소송 사건에 법을 적용하는 데서 법 적용 기관이 법 자체의 의미에 따라 적용하되, 적용되어야 하는 법에 규정되어 있지 않은 차이를 두어서는 안 된다는 것을 의미한다. 이것은 모든 법질서에 내재하는 합법성이라는 원칙이다. 때로는 법 아래의 정의라고 제시되기도 한다. 그러나 엄밀히 말하면 정의와 관계가 없다(Kelsen 1960, 15쪽).

ing 1992, 356쪽). 칸트는 정치의 목적이 인간을 행복하게 하는 것이라고 보지 않는다. 행복은 주관적이다. 순수한 윤리로서의 공리주의에 반대한 것처럼 칸트는 정치에서 공리주의를 강력하게 비난한다. 그렇다고 해서 인간이 행복해지는 것을 칸트가 원하지 않는다는 것은 아니다. 그는 다만 행복을 증진하는 것을 목적으로 정치 제도가 조직되어서는 안 된다고 본 것이다(Reiss 1970, 25쪽). 말하자면 칸트는 복지 국가에서 법이 가지는 적극적인 기능을 상정하지 않았다.

그렇지만 칸트가 경제적인 문제를 전적으로 무시한 것도 아니고, 경제적인 문제가 복지 국가의 원칙과 연결될 수 있다는 것을 부인한 것도 아니다. 국가가 시장을 돌보지 않거나 극단적 자유지상주의들의 최소한의 국가라는 관념에 의한 경제적 불평등으로 인해 인간의 권리, 자유, 존엄성이 위협받게 되는 위험을 고려한다면, 자유에 대한 인간의 권리를 위해 권리에 대한 철학이 복지 국가를 지향할 필요가 있다고 간주되어야 할 것이다(Kersting 1992, 357쪽). 그렇게 볼 수 있는 이유는, 인간이 재산을 소유할 권리가 있다고 칸트가 주장한 것은 경제적 독립이 정치에 적극적으로 참여하는 기준이 된다는 것과 인간에게는 자유와 평등만이 아니라 자급자족(또는 독립)이 중요한 가치라는 것을 인정한 것으로 간주될 수 있기 때문이다(Reiss 1970, 26쪽 ; Kersting 1992, 356~357쪽). 그리고 전술한 것처럼 시민들이 개인의 차원에서 선행을 하는 것을 타인에 대한 윤리적 덕성이라는 의무로 규정했기 때문에 복지를 국가의 차원은 아니라 하더라도 사회적 차원에서 확장될 여지는 남겨두었다고 하겠다. 그렇다고 해서 칸트가 전술한 것처럼 국가가 온정주의적이어야 한다고 생각한 것은 아니다. 즉 칸트는 국가 차원의 복지를 적극적으로 옹호했다고 볼 수 없다. 그는 완전한 의무는 법으로 강제할 수 있지만 불완전한 의무는 강제할 수 없으며, 부자가 빈자를 돕는 것은 완전한 의무라고 보지 않았기 때문이다. 그러나 개인 간의 관계에서는 곤경에 빠진 이를 돕는 것이 의무라고 보았다. 불완전한 의무이기는 하지만, 칸트는 그러한 의무를 권장하는 것 같다.[54]

칸트에 의하면, 국가는 복지권을 인정함으로써 부자가 빈자를 돕지 않으면 안 된다는 법적 의무를 지지 않는다. 그러나 홉스의 견해는 다르다고 볼 수 있다. 홉스는 주권자는 인민의 권리의 내용을 결정할 수 있고, 안정과 평화에 긴요하다면 복지권을 인정할 수도 있다고 보았다고 해석할 수 있다. 그리고 로크는 모든 사람의 기본적 '필요need'를 충족시킨 후 사람들이 기본적 존속에 필요한 것 이상의 것을 가지는 것이 정당하다고 본 셈이다. 또한 시민 사회에서 재산을 보호할 책임이 사회에 주어진 이상, 사회는 비록 재산권을 만들지 않았더라도 재산을 정당하게 통제할 수 있다. 더군다나 시민 사회를 만들기로 동의한 사람들은 재산을 통제하는 법을 만들 권리가 사회에 있다는 것을 알고 있다. 더군다나 빈자에게는 구제받을 권리가 있으며 재산 소유자에게는 자선이라는 자연적 의무가 있다. 복지권에 대한 홉스와 로크의 견해는 앞으로 재산권의 한계를 논하면서 다시 다루게 된다.

그렇다면 칸트와 홉스는 왜 견해를 달리하는가? 칸트는 복지권에 대한 주장을 도덕적 근거에서 파악하려고 했으며, 홉스는 안정이나 평화의

---

54 이 문제에 대해 다음과 같이 결론을 내릴 수도 있다. 어쨌든 칸트는 오늘날의 복지권의 정당성에 대해 명쾌한 답을 주지 않는 것 같다. 그 이유는 무엇인가? 칸트는 인간이 이성적으로 평등하다고 주장했지만, 특정한 상황에서 개인의 자율성을 실현하는 데 필요한 것에 대해서는 구체적 방안을 준비하지 않았다고 볼 수 있다. 말하자면 이성적 능력에 기초를 둔 시민적·정치적 권리만을 인정했지 물질적 필요를 충족시키는 것과 연관된 조건을 권리의 기초로 인정하지 않은 것 같다(김비환 2005, 266쪽).

유지라는 이유에서 주권자가 복지권을 인정할 수도 있다고 보았다. 이 차이는 결국 의무론과 공리주의의 차이를 반영한다. 오늘날에는 홉스와 같은 이유에서 복지권을 인정하지 않을 수 없을 것이다. 그러나 칸트는 그러한 이유에서 인정하는 것은 도덕적 근거를 가진다고 말하지 않을 것이다.

그렇다면 국가가 복지 정책을 실시할 도덕적 근거를 포함하는 여러 가지 근거를 어디에서 찾을 수 있는가? 이 문제는 평등주의가 어떻게 해서 정당화되는가라는 문제와 연관된다고 하겠다. 아래에서 복지 정책을 펼쳐야 한다는 주장의 근거를 살펴보자.

4. 잉여가치설

맬서스는 인구는 증가하는데 생산의 증가는 그에 못 미치기 때문에 자유 경제에서는 임금이 생존 수준에 근접하는 경향이 있다고 주장했다. 다른 한편, 전술한 노동가치설에 의하면 상품의 가치는 상품을 생산하는 데 투하된 노동의 양에 따라 결정된다. 마르크스는 생존수준설과 노동가치설을 일반 경제 이론에 맞추었다.

그는 임금을 '가변 자본variable capital'과 대체로 일치시켰는데, 임금이 가치의 기초가 된다. 건물과 기계류는 '불변 자본constant capital'이며, 이 자본은 노동가치설에서 보면 그저 '저장'되거나 '동결'되거나 '응고'되어 있는 노동이다. 자본가는 '이윤율rate of profit'이 저하되는 것을 막기 위해 가변 자본에 대한 불변 자본의 비율을 증대시킨다.

자본가는 임금을 지불함으로써 노동자의 노동을 구입한다. 노동이라는 가변 자본이 자본가의 불변 자본과 함께 생산할 수 있는 상품은 자본가가 노동을 존속시키기 위해 공급하는 상품보다 훨씬 가치가 크다. 말하자면 노동자는 자본가가 요구하는 노동 시간보다 훨씬 짧은 시간에 자신이 필요로 하는 것을 생산한다. 노동자가 생존하는 데 필요한 상품을 생산하는 데 걸리는 시간을 마르크스는 '필요 노동 시간necessary labor time'이라고 부른다. 노동자가 자본가에게 투여해야 하는 시간과 필요 노동 시간 사이에는 차이가 나는데, 이 차이가 잉여 노동 시간이다. 잉여 노동 시간에 창출된 가치를 '잉여 가치surplus value'라고 한다. 예를 들어 임금 계약에는 열 시간의 노동을 하게 되어 있다고 가정하자. 마르크스에 의하면 열 시간의 노동에는 틀림없이 노동자 생존에 필요한 노동 시간과 자본가를 위한 노동 시간이 있다. 이를 필요 노동 시간과 잉여 노동 시간이라고 부른다. 여덟 시간만 노동하면 노동자가 생존할 수 있다면, 두 시간은 잉여 노동 시간이며, 두 시간 동안에 잉여 가치가 창출된다. 잉여 가치를 자본가가 가져간다. 이 잉여 가치를 자본가는 당연히 '이윤profit'이라고 부르지만 마르크스는 잉여 가치만큼 자본가가 노동자를 '착취exploitation'한다고 주장한다(Volkova et al. 1987, ch. 7). 그래서 자본가의 입장에서는 10분의 2인 이윤율 20퍼센트가 난다고 주장하겠지만, 잉여 노동 시간 대 필요 노동 시간, 즉 2 대 8로 잉여가치율이 착취되는 셈이다. 마르크스에 의하면, 필요 노동 시간은 과학 기술 수준이나 노동 강도 등과 같은 생산의 사회적 발전 단계에 따라 결정되며 여기에서 임금은 동서고금을 막론하고 최저 생계비를 초과하지 않는다.[55]

---

55 생산 과정에 투입된 자원만이 가치를 결정하는 것이 아니라 최종 생산물의 가치도 가치를 결정한다. 즉 생산 자원의 가치는 가치를 결정하는 하나의 요소일 뿐이다(*ASU*, 256~258쪽).

자본가는 이것이 정당한 임금 계약에 의해 얻은 이윤이므로 정당한 것이라고 생각할 것이며, 이를 허용하는 법도 정당한 법이라고 생각할 것이다. 그러나 마르크스주의자는 착취를 허용하는 법이 부당하다고 여기며, 자본주의의 법은 결국 인간을 불평등하게 만들고 형식적인 법이라고 주장할 것이다. 잉여가치설이 진실이라면, 자본가의 입장에서 프롤레타리아는 잉여 가치를 창출하는 수단이다(Nola 1993, 297쪽). 부르주아는 프롤레타리아를 이윤을 얻는 수단으로 삼는 셈이다. 이는 잉여 가치만큼을 자본가가 착취했으며, 자본가가 도덕적으로 부당하다는 주장으로까지 연결시킬 수 있다. 노동자의 입장에서는 잉여 가치를 자신들이 가지는 것이 도덕적으로 정당하다고 주장할 것이다.

원래 애덤 스미스는 이윤과 지대는 노동의 생산물로부터 도출된 것이며, 노동이 모든 사물의 '원래의 구매 화폐original purchase money'라고 칭했다. 게다가 노동이 삶에서 모든 필요와 편의를 원천적으로 제공하는 '기금/자금fund'이라고 일컬었다. 이로부터 잉여 가치라는 개념이 도출될 여지가 생겼다고 볼 수도 있다(Smith 1976, bk. I, chs. v~vi).

프루동은 다음과 같은 예를 들어 착취를 더욱 직관적으로 설명한다. 200명이 힘을 합쳐서, 룩소르에서 가져온 오벨리스크를 두 시간 만에 세웠다고 가정해보자. 한 사람이 400시간 노력한다고 해서 세울 수는 없을 것이다. 그런데 자본가는 200명 노동자 각각의 힘에 대한 값을 치르기 위해 노동자 개개인에게 임금을 지불했지만, 200명의 집합적인 힘에 대해서는 값을 치르지 않았다. 자본가는 400시간분의 임금을 지불했을 뿐이다(이용재 2003, 179~183쪽). 그러므로 자본가는 지불하지 않은 부분을 부당하게 소유하는 셈이다. 프루동은 이러한 측면에서도 소유는 도둑질이라고 보았다. 이처럼 분업과 협업으로 인한 생산량의 증대분을 자본가가 가져간다고도 볼 수 있다.

　그러나 마르크스의 노동가치설에 대해 반론이 없는 것은 아니다. 슘페터, 오스트리아학파, 베른슈타인 등이 반론을 제시했다. 한 예를 들면, 상품 가격은 객관적 요소인 노동 과정에서 결정되는 반면에 효용 가치는 구매자의 선호, 주관적 정서에 의해 결정된다. 즉 노동가치설이 효용가치설과 다르다는 점을 들어서 마르크스에게 반론을 펼 수 있다.

　코와코프스키Leszek Kolakowski는 이들처럼 복잡한 이론을 펴는 대신, 노동자가 받은 임금과 노동자의 생활비를 구체적으로 비교하는 실증적 자료를 제시해 노동가치설에 근거를 두는 잉여가치론을 다음과 같이 반박한다.

　① 상품 생산에 소용된 노동 시간을 기준으로 상품의 가치를 계산하는 것은 불가능하다.

　② 상품에 사용된 도구와 원료도 상품의 가치에 포함되어야 한다고 마르크스는 주장하지만, 이 가치를 계산할 방법이 없다.

　③ 노동은 훈련의 정도, 수요와 공급에 의한 영향 등으로 그 종류가 다르기 때문에 어떤 공통된 잣대로 측량할 수 없다.

　④ 원시 시대나 봉건 시대에는 설사 생산에 투입된 노동 시간만큼 상품이 가치를 가졌더라도 복잡한 사회에서는 노동 시간이 상품의 가격을 결정하는 여러 가지 요소 중 하나에 불과하다.

　⑤ 노동자만이 가치를 창출함에도 불구하고 노동자가 착취당한다는 점을 마르크스는 부각하지만, 자본가는 자본과 노동을 조직함으로써 사용 가치를 증대시킨다는 점을 마르크스는 무시하고자 한다.

　⑥ 마르크스는 육체적 노동만을 가치의 원천으로 삼아서, 생산적인 노

동은 비생산적인 노동과 차이가 있으며, 교육의 효과와 자동화 장치의 엄청난 효율 등도 가치의 원천이라는 점을 간과한다.

⑦ 사회주의 사회는 착취를 폐지한 것이 아니라 다만 사유재산제를 폐지했기 때문에 착취를 통제할 수 없는 사회다. 여기서는 극도의 착취 현상이 나타난다. 반대로 자본주의 사회는 누진세, 부분적 투자의 부분적 통제, 사회적 소비 기금의 증가 등의 수단으로 착취를 제한한다(Kolakowski 2005, 267~274쪽 ; 오병헌 2011, 103쪽 재인용).

이상과 같이 보면, 현실적으로 노동자 자신과 그 가족의 노동력의 재생산을 위한 비용만을 노동자가 임금으로 받아왔는가라는 것이 문제가 된다. 자본주의에 한때 그러한 시기가 있었는지는 몰라도 지금은 그렇지 않다는 것이 밝혀졌다. 우선 직관적으로 봐도 노동자들의 생활이 점차 윤택해져왔다는 점에서 알 수 있다. 실증적 연구에 따르면, 1688년에만 해도 최저 임금만을 받는 이들도 있었지만 상당히 많은 정규 노동자들이 최저 생활비의 2.8배의 임금을 받았다고 한다(Allen 2009, 38쪽 ; 오병헌 2011, 105쪽). 그러할진대《자본론》이 나온 19세기에는 잉여 가치를 자본가들이 착취하지 않았다고 봐야 한다. 상기의 ⑦이 암시하는 바처럼 노동자의 생활이 점점 나아진 것이다. 그러므로 노동자의 임금이 최저 임금으로 고정된다는 것은 사실과 부합되지 않는다. 전 세계적으로 자동차로 출퇴근하는 노동자가 많아졌다는 것만 봐도 알 수 있다.

그런데 노동자의 실질 임금이 마르크스의 시대보다 훨씬 올랐다든가 경계 수준을 넘어섰다고 해서 착취가 종식되었다고 볼 수 있는가? 뷰캐넌Allen E. Buchanan에 의하면, 이것은 착취라는 마르크스의 개념을 잘못 이해한 데 기인한다. 임금 노동 과정에서의 착취는 ⓐ 생산물이 노동자의 통제에 있지 않을 때 임금 노동이 ⓑ 강제되고, ⓒ 잉여를 생산한 노동에 ⓓ 임금이 지불되지 않는 것이다. 그러므로 단순히 임금이 올랐다고 해서 착취가 종식되었다고 말할 수 없다(Buchanan 1982, 43~44쪽).

그리고 마르크스는 자본가들이 토지·노동·자본을 조직함으로써 사용 가치를 증대시킨다는 점, 즉 ⑤의 사항을 무시하는데, 현실적으로 기업을 창업하는 것도 어렵고 창업된 기업도 도산하는 경우가 많다는 점을 감안하면 자본가의 위험 부담이라는 것도 고려해야 한다. 기업을 설립해 성공하는 것을 달리기 경주에서 성공하는 것에 비유할 수 있다면, 승자에게는 어떠한 혜택, 즉 인센티브라는 것이 있어야 한다.

다음으로, 자본가의 이윤이라는 것이 무엇인지를 다시 생각해볼 수 있다. 잉여 가치는 자본가의 이윤과 밀접하게 연관되기 때문이다. 이를 다루자면 이윤이라는 개념이 역사적으로 어떻게 변천했는가를 살펴볼 필요가 있다.

기업의 전체 수익에서 전체 비용을 제하고 남는 것을 '이윤profit'이라고 일상적으로 일컫는다. 초기 자본주의 시대에 소유자가 관리하던 '소규모 회사small firm'는 오늘날에는 '대기업corporate enterprise'으로 변모했다. 대기업은 임금을 받고 관리하는 '관리자/경영자manager'와 이자나 배당금을 받는 '자본 공급자capital supplier', 그리고 전략적 결정을 내리는 '기업가entrepreneur'로 이루어진다. 기업이 성공함으로써 기업에 돌아오는 수익을 이윤으로 보면, 자본가가 관리자, 자본 공급자, 기업가의 역할을 모두 담당했던 초기 자본주의 시대의 자본가의 이윤과는 다르게 봐야 한다(Keirstead 1968, 547쪽).

초기 자본주의 시대에는 경영에 대한 임금, 자본에 대한 수익, 기업가로서의 수익이 모두 보상으로 돌아온다. 노동자에 대한 임금과 원자재가 전체 비용이라면, 나머지가 모두 합쳐져 이윤이 된다. 애덤 스미스는《국부론》에서 "높은 이윤은 지대를 먹어 없애버린다"라고 기술하며 자본에 대한 보상은 참다운 비용인데, 이것은 자본의 공급을 이끌어내거나 유지하기 위해 지불되어야 한다고 지적한다. 그리고 이어서 스미스는 이윤과 '이자interest'를 구별한다. 이윤은 주식, 즉 자본에 대한 보상이며 이자는 빌린 돈에 대해 지불되는 가격이다(Smith 1976, bk. I, ch. ix).

반면에 마르크스는 두 가지, 즉 자본과 노동의 투입만을 상정하는 두 부문의 단순한 모형을 제시했다. 노동은 생존 임금을 받는데, 이는 마르크스의 정의에 의하면 상품의 가치에 해당한다. 시장 가치, 즉 가격은 참다운 가치를 능가하며 이 잉여 가치로부터 이윤이 발생한다. 노동 외에 유일하게 투입되는 것이 자본이기 때문에 자본에 대한 보상이 마르크스에게는 이윤이 된다. 이렇게 보면 이윤은 기업가에 대한 보상도 포함하는데, 그러한 보상은 자본 투입에 대한 통제자로서의 기업가에 대한 보상에 지나지 않는다. 잉여 가치로부터 이윤이 발생하고 자본가가 생산수단을 소유해 우위의 협상력으로 이윤을 얻게 되었기 때문에 이윤에 대한 마르크스의 이론은 착취 이론이라고 불린다. 그런데 마르크스는 자본 공급자와 기업가의 역할을 구별하지 않는다. 마르크스는 자본에 대한 보상을 '참다운 비용real cost'으로 보지 않고 전체의 보상을 노동자의 임금을 제외한 잔여의 것으로 보고 이것을 잉여 가치의 양으로 본다(Keirstead 1968, 548쪽).

이에 대한 논쟁을 다음과 같이 약술할 수 있다. 앨프리드 마셜은 경쟁 상태에서는 노동의 임금, 자본에 대한 보상, 자본의 대체가 모든 비용이고, 정상적 이윤은 투자 자본에 대한 이자와 경영에 대한 임금 지불로 이루어지며, 비정상적인 이윤, 즉 전체 비용에 대한 잉여는 경쟁적인 경제에서 일시적이라는 것을 밝혔다. 파레토, 발라, 빅셀 같은 대륙학파 학자들은 일반 균형 모델에서는 '잔여 이윤profit residual'이 있을 수 없다고 밝혔다. 슘페터도 생산에 색다른 기술을 도입한다든가 경영 기술이나 판매 기술을 달리하는 등 생산의 기능을 변경할 때에만 그의 '순환 균형circular flow equilibrium'에서 이윤이 발생한다고 주장했다(Keirstead 1968, 548쪽). 요컨대 이윤은 경쟁적인 모델에 불완전한 것이 나타날 때 발생한다고 보았다.

오늘날 기업가는 불확실한 상황에서 미래의 이익을 기대하고 주요한 정책을 결정하며 관리자는 기업가의 방침에 따라 운영을 한다. 그리고 자본을 투자하는 이는 따로 있으며 이들에게는 이자나 배당금이 지불된다(Keirstead 1968, 549쪽). 그렇다면 마르크스가 말하는 자본가는 누구에 해당하는가라는 문제가 생긴다. 게다가 소유와 경영의 분리로 인해 노동자도 주식 소유자로서 기업을 소유할 수 있다. 따라서 오늘날 착취 이론은 마르크스주의자들만이 주장한다고 보는 것이 타당하다(Williams 1968, 279쪽).

더욱이 최근에 와서 노직은 착취 이론에 심각하게 도전한다(*ASU*, 253쪽). 그의 논지는 다음과 같이 정리할 수 있겠다. ① 마르크스는 노동자가 자신의 전체 생산을 받지 않으면 착취가 있는 것으로 정의한다. ② 투자가 있는 사회에서는, 그리고 노동할 수 없는 사람이 보조를 받는 곳에서는 노동자는 자신의 전체 생산을 받지 않을 것이다. ③ 그러나 어떤 상황에서는 적어도 투자와 노동할 수 없는 이들에게 보조하는 것이 착취가 아니며 어떤 사회에도 투자와 보조는 있을 수밖에 없다. ④ 그렇다면 착취에 대한 마르크스의 정의는 부당하거나 적어도 심각한 오류가 있다(Buchanan 1982, 44쪽).

그러나 상기 ①의 논지를 다음과 같은 이유에서 거부할 수 있을 것이다. 첫째, 마르크스의 착취라는 개념을 임금 노동 과정에 협소하게 한정하고 노동이 강제된다는 마르크스의 주장을 무시한다. 그리고 노동 과정 그 자체에서 노동자가 다양한 방식으로 해롭게 이용당한다는 마르크스의 소외 이론을 무시한 것이다. 둘째, 〈고타 강령 비판〉에서 공적 목적을 위해 노동자의 생산물 중에서 어떠한 부분을 사회가 공제하는 것을 인정하고 있으므로 ①과 같이 정의를 내리는 것을 마르크스는 명백하게 거부했다. 셋째, ①과 같이 정의를 내리는 것은 자본주의의 병폐를 우선적으로 배분의 문제에서 찾는 것인데, 마르크스는 바로 이 점이 오류라는 것을 항상 밝혔다. 배분의 문제라고 보면, 배분이 공정하거나 정의로우면 자본주의의 문제는 해결된다고 볼 수 있다. 그러나 마르크스는 그렇게 보지 않았다(Tucker 1978, 530쪽). 말하자면 마르크스는 생산 양식의 변화가 더욱 근본적이며 이를 파기하는 것이 혁명의 목적이라고 보았다. 요컨대, 임금 노동자를 착취하는 것이 그저 노동자의 잉여 생산물을 전용하는 것으로만 보지 않았다는 것을 유념해야 한다(Buchanan 1982, 44~45쪽). 그러므로 마르크스의 착취가 의미하는 바를 명확하게 할 필요가 있음을 뷰캐넌은 일깨우고 있다.

　　이상과 같이 보면, 마르크스의 잉여가치설이 타당하다고만 볼 수는 없다. 그러나 잉여가치설을 믿고 이에 따라 노동자들이 더 나은 생활을 요구하게 되면 이를 거부할 수도 없는 것이 현실이다. 그리고 성공한 기업가가 노동자보다 나은 생활을 하는 것을 목도할 수 있다. 그래서 마르크스주의자의 주장을 모두 받아들이지는 않더라도 잉여 가치, 즉 이윤의 일정 부분을 노동자와 공유할 수 있으며, 복지비로 국가에 제공할 수도 있다. 노동자와 이윤을 공유한다는 것은 실제적으로는 노동자의 임금을 높여주는 것이다. 오늘날 임금 협상에서 중요한 요소의 하나는 노동 생산성의 증가 여부다. 노동 생산성이 증가했다는 것은 마르크스의 시각에서는 잉여 노동 시간이 증가한 것이며, 잉여 가치가 증가한 것이다. 그러므로 우리는 노동 생산성이 증가한 부분에 대해 임금을 상승시키거나 복지비로 사회에 환원해야 할 의무도 어느 정도 질 수 있는 셈이다.

이상과 같이 보면, 복지권을 인정하는 것이 타당하다고 하겠다. 그러나 자본가나 자유주의자는 이 의무가 도덕적 근거가 있는 의무라고 생각하지는 않는다. 게다가 전술한 것처럼 생산성의 증가가 새로운 생산 기술의 발전과 그 기술을 반영하는 시설 때문이라고 보면, 생산성의 증가가 반드시 노동 시간의 증가 때문이라고 부르주아는 보지 않는다. 생산 시설을 투자한 부르주아의 위험 부담에 대한 보상도 있어야 한다고 부르주아는 주장할 것이다. 이 상반된 주장은 요컨대 과연 누가 누구에게 노동을 강제하는가라는 문제와 관련된다.

5. 공리주의와 한계효용

공리주의자들이 복지 국가의 대두에 반대할 이유가 없다는 점은 이미 살펴보았다. 최대 다수의 최대 행복을 증진하기 위해서라도 복지 정책을 실시해야 한다는 주장의 근거가 무엇인가?

경제적 평등을 정당화하기 위해 많은 평등주의자들은 공리주의에 호소한다. 이미 살펴본 것처럼 행동 공리주의자는 개인이나 사회를 위해 해야 하는 올바른 일은 전체의 안녕을 최고로 증진하는 일이라고 본다. 말하자면, 공리주의자가 보기에 전체의 안녕을 최대화하는 것은 무엇이든 옳은 것이 된다. 최빈자가 연 수입 5,000만 원인 데 비해 최고 부자가 연 수입 2억 5,000만 원이라면, 이것은 정의로운가? 이에 대해 공리주의자는 이와는 다른 대안이 있어서 전체의 안녕을 더 높일 수 없다면, 이 배분은 정의롭다고 주장할 것이다. 그런데 최빈자의 연 수입이 2,000만 원이고 최고 부자의 연 수입이 5억 원인 불평등이 있더라도 전체의 안녕의 증진되었다면, 이 배분이 전자의 배분보다 더 정의롭다. 그리고 최빈자의 연 수입 1,000만 원, 최고 부자의 연 수입 2억 원으로써 불평등이 감소되면서 전체의 안녕이 증진되었다면, 처음의 예보다 더 정의롭다. 이처럼 경제적 불평등이 줄어드는 것이 더욱 정의롭다. 그러나 더 중요한 것은 전체의 안녕, 즉 공리의 증진이다(Barcalow 2004, 120쪽).

다른 한편, 존 스튜어트 밀은 자신의 선을 희생해 타인이나 전체의 선을 증진시키려는 힘이 인간에게 있다는 것을 인정한다. 희생하는 것 그 자체가 선이라는 주장을 그가 인정하지 않을 뿐이다. 그런데 인간은 자신의 행복을 자연적으로 추구하기 때문에 타인의 행복도 추구해야 한다. 그뿐만 아니라, 타인이 나에게 원하는 것을 하게 하려면 나도 마찬가지로 그들에게 하라는 기독교의 황금률(〈마태오〉 7장 12절 ; 〈루카〉 6장 31절)과 이웃을 사랑하라는 가르침이 공리주의 도덕을 이상적으로 완벽하게 하는 것이다. 그 동기가 의무에 있든 보상에 대한 기대에 있든 간에, 물에 빠진 사람을 건져주는 것은 도덕적으로 옳은 일이다. 행복을 증진하는 것이 덕성의 목적이다. 따라서 모든 구성원의 이익은 평등하고 타인의 이익을 무시할 수 없으며 타인의 복지가 고려되어야 한다. 그렇게 해야 구성원 사이의 통합 감정도 생긴다(UT, 418~420 · 435~436쪽).

보편적 공리주의자인 시지윅도 물에 빠진 사람을 손만 내밀면 건질 수 있다면 손을 내미는 것이 옳다고 주장한다. 마찬가지로 경제적으로 곤경에 처한 사람을 돕는 경우, 돕는 사람에게는 그다지 부담이 되지 않는 도움이지만 도움을 받는 사람에게는 아주 큰 도움이 되었다면, '상식의 도덕morality of common sense'에 비추어 보아도, 그리고 사회 전반의 행복을 증진한다는 점에 비추어 보아도, 돕는 것이 옳다. 그래서 시지윅은 손만 내밀면 되는데도 내밀지 않은 것에 대해, 조금만 도와주면 큰 도움이 될 텐데도 도와주지 않은 것에 대해 법적으로 책임을 물을 수도 있다는 견해를 피력한다(Sidgwick 1970, 53~54쪽 ; Sidgwick 1981, 21~22쪽). 시지윅은 근대의 모든 덕목에는 '합리적 자애(慈愛)rational benevolence'가 포함되는데, 사람들은 타인의 행복을 증진하려 하며 그래서 어떤 행동의 멀리 미치는 결과까지 고려한다고 주장한다(Sidgwick 1981, 96쪽). 바로 여기에서 복지권, 즉 법적 절차를 통해 복지 혜택을 받을 권리의 근거를 찾을 수 있을지 모르겠다. 그런데 이 주장도 따지고 보면 한계효용설에 근거를 두는 것이며, 물에 빠진 사람을 구하는 것은 자연적 의무에 속하고 곤경에 처한 사람을 돕는 것이 옳다는 일상적 도덕률, 즉 선한 사마리아인과 같은 좋은 덕성에 의존하는 것이라고 하겠다. 이것이 어째서 법적 의무가 되어야 하는지는 명확하지 않다.

대부분의 공리주의자는 더 평등한 배분이 덜 평등한 배분보다 거의 항상 전체의 안녕(공리)을 증진한다고 주장한다. 이는 한계효용 체감의 법칙에 의존한다. 예를 들어보자. 지갑이 텅 빈 상황에서 만 원이 생기면 행복해지는 정도가 아주 클 것이다. 그다음에 또 만 원이 생기면 많은 행복이 찾아오겠지만, 처음의 만 원만큼의 행복은 아닐 것이다. 그 후에 계속해서 생기는 만 원은 그전보다는 효용이 줄어든다. 이것을 경제학에서는 한계효용 체감의 법칙이라고 부른다. 철수는 부자인 데 반해 갑돌은 가난하다고 가정해보자. 국가가 철수에게서 만 원의 세금을 징수해 갑돌에게 주면, 사회 전체의 행복의 양은 증대할 것이다. 철수의 전체 효용을 고려할 때 철수에게는 만 원의 효용이 그렇게 크지 않을 테지만 가난한 갑돌에게는 만 원의 효용이 아주 크기 때문이다. 이렇게 이전하는 것을 만 원으로 끝내지 않고 소득이 서로 같아질 때까지 계속한다면, 그때 양자의 한계효용은 같아진다. 만원의 효용이 똑같아졌을 때를 넘어 그 이상 이전한다고 해서 행복의 총량이 증진될 수는 없기 때문이다(Isbister 2001, 22~23쪽). 공리주의자는 이러한 근거에서 복지 정책을 옹호한다.

6. 분업을 통한 사회적 협업

아무리 한계효용이 높아진다 해도 철수가 갑돌에게 소득을 이전할 이유가 없다고 주장한다면 어쩔 도리가 없다. 그런데 다음과 같이 생각할 수도 있다. 철수는 좋은 집안에서 태어났고 좋은 머리를 타고났으며 그 자신이 근면했기 때문에 그렇지 못한 갑돌보다 성공할 수 있었다. 그런데 그 성공으로 얻게 된 모든 결과물이 반드시 철수의 몫이 되어야 할 이유가 없다. 좋은 집안에 태어난 것은 '사회적 운social fortune'이며, 좋은 머리를 타고난 것은 '자연적 자산natural asset'이며, 근면한 성격은 자신의 노력으로 얻은 것이 아니라 부모의 덕분이라고 볼 수 있다. 철수 자신의 노력으로 얻지 않은 것 덕분에 성공해서 얻은 결과물이 모두 철수의 몫으로 돌아가는 것이 응분이라고 보기는 어렵다. 그리고 철수의 성공은 사회의 수많은 갑돌들이 협조한 덕분이라고 볼 수 있다. 즉 '사회적 협업 social cooperation'의 산출물이라고 볼 수 있다. 산출물의 상당 부분을 철수가 가져갈 수 있다 하더라도 철수가 산출물을 가져갈 수 있는 것은 사회적 협업 덕분이라고 볼 수 있다.

그러므로 사회적 협업의 산출물에서 어느 정도를 갑돌들에게 이전하는 것은 의무이기도 하며, 협업을 지속하게 한다는 점에서 서로에게 이익이 되는 일이라고도 생각할 수 있다. 요컨대, 철수가 갖게 된 능력과 운을 '사회적 자산social asset'으로 삼아 공동의 이익을 창출하는 데 써야 할 것이다(TJ, §17). 더군다나 완전하게 경쟁적인 경제는 결코 실현될 수 없으며, 현대에는 기업이 독과점 형태를 띠어서 갑돌들이 자신이 공헌한 만큼 받지 못한다고 생각할 수도 있다. 시장이 불완전하고 공헌한 만큼 가져야 한다는 준칙이 지켜지지 못한다면, 이 점에서는 사람들은 착취를 당하고 있는 셈이다(TJ, 309쪽).

어쨌든 이상과 같은 이유로 어느 정도의 선에서 이전하게 되면, 한계효용도 높아지게 된다. 그리고 철수들과 갑돌들의 협업에서 생긴 산출물을 철수들이 어느 정도 이전하는 것이 정의(正義)라고 합의한다면, 이전으로 인해 사회적 안정도 구가할 수 있다.

그래서 평등주의자는 한계효용 체감의 법칙이나 사회적 협업을 내세워 평등주의를 정당화한다. 분업을 통한 사회적 협업이 정의의 관념에 미친 영향에 대해서는 다음에 자세히 기술하겠지만 바로 이 점에서 복지권이 정당화될 수 있다고 볼 수 있다. 물론 철수의 수입을 끝없이 이전해 갑돌의 수입이 철수의 수입과 똑같게 할 수는 없다. 아흔아홉 칸의 집을 가진 사람이 다른 사람의 한 칸짜리 집마저 허물어 자기 집으로 만들고 싶어 하는 것이 사람 욕심이다. 그러므로 많이 이전될수록 철수는 화를 내고, 분개하고, 공평한 대우를 받지 못했다고 주장할 것이다. 이러한 감정은 결국 전체 공리의 감소를 가져오기 마련이다. 바로 이러한 이유에서 일찍이 아리스토텔레스는 가진 자의 것을 너무 빼앗아서는 안 된다고 경고했다. 그리고 많이 빼앗기게 될수록 철수는 앞으로는 열심히 노력하지 않게 되어, 즉 열심히 일할 동기를 상실하게 되어, 오히려 사회 전체의 효용이 감소할 것이다.

또한 세수를 증가시키는 데에도 비용이 들지만 증가한 세금을 재분배하는 데에도 비용이 든다. 이 비용도 고려해야 한다(Barcalow 2004, 122쪽). 이렇게 공리주의적인 고려를 하다 보면, 경제적 불평등에 대한 제한이 있게 된다. 지나친 경제적 불평등은 사회의 조화를 해치며, 극단적인 경우에는 자기 보전에 대한 권리에 호소해 폭동이나 혁명으로 이어질 수 있다. 이것은 재분배하지 않음으로써 지불하게 되는 비용이다(Barcalow 2004, 123쪽). 그러나 마찬가지로 경제적 불평등이 어느 정도 허용되어야 할지도 고려해야 한다. 그렇기 때문에 효용을 유지하면서 평등도 꾀할 수 있는 적정한 선을 그어야 한다(Okun 1975, 120쪽).

이상에서 재분배를 주장하는 근거를 살펴본 셈이다. 재분배가 정당하지 못하다고 주장하는 이들도 있고 재분배가 정당하다고 주장하는 이들도 있다. 그 차이가 권리라는 관념과 인간의 삶에 의미하는 바, 즉 자유와 평등에 의미하는 바는 무엇인가? 이 차이를 어떻게 메울 것인가? 즉 복지에 대한 적정한 수준을 어느 선에서 정할 것인가? 아래에서 이러한 문제를 다루면서 복지 정책의 도덕적 타당성과 현실적 타당성을 재론하고자 한다.

자유지상주의자에 반대되는 견해를 개진하는 이들이 사회주의자들이다. 자유지상주의에 비해 사회주의는 평등을 궁극적인 사회적·정치적 이상으로 삼는다. 〈공산당 선언〉(1848)에서 마르크스와 엥겔스는 평등이라는 정치적 이상과 부합하는 사회를 만드는 데 가장 필요한 것은 부르주아의 재산과 가족 구조를 타파하는 것이라고 주장한다(Tucker

1978, 484 · 487~488 · 490쪽). 〈고타 강령 비판〉(1875)에서는 평등이라는 정치적 이상에 기초를 두는 사회를 만드는 데 필요한 것을 더욱 구체적으로 기술했다. 그러한 사회에서는 적어도 처음에는 사회적 재화의 배분은 '능력에 따라 각자에게'로부터 '공헌에 따라 각자에게'로from each according to his ability, to each according to his contribution라는 원칙에 부합해야 한다고 주장했다.[56] 그러나 공산주의 사회라는 더 높은 단계에 이르렀을 때, 배분은 '능력에 따라 각자에게'로부터 '필요에 따라 각자에게'로 from each according to his ability, to each according to his needs라는 원칙에 부합해야 한다고 주장했다(Tucker 1978, 531쪽). 오늘날에도 카이 닐슨과 캐럴 굴드 같은 사회주의자는 이러한 마르크스주의적 신조에 찬성한다 (Sterba 2006, 73쪽).

자본주의 사회에서 성장한 이들에게는 이러한 신조가 엉뚱한 것으로 보일지 모른다. 소득이 공헌이 아니라 필요에 근거를 두고 배분된다면, 어떻게 사람들로 하여금 능력에 따라 공헌하게 할 수 있는가? 이와 같은 반론을 즉각 제기할 수 있다. 이러한 반론에 대해 사회주의자는 사회에서 해야 하는 노동을 최대한 즐길 수 있는 것으로 만들면 된다고 답한다. 결과적으로 어떤 일이 본질적으로 할 만한 보람이 있는 것이기 때문에 사람들이 그 일을 하는 것을 원하게 하면 된다는 것이다. 사회주의자들은 처음에는 사람들로 하여금 봉급은 적어도 일하는 보람을 안겨주는

---

56 그런데 'from each according to his ability, to each according to his contribution'이라는 문구는 〈고타 강령 비판〉에 명시되어 있지 않다. 다만 '노동의 수익proceed of labour'이라는 표현으로 묵시적으로 표현될 뿐이다(Tucker 1978, 530쪽). 그리고 독일어로 된 〈고타 강령Programm der Sozialistischen Arbeiterpartei Deutschland, Gotha 1875〉에서도 'ability'에 해당하는 정확한 단어를 찾을 수 없다.

직업을 받아들이게 할 것이다. 그러나 궁극적으로는 모든 직업을 가능한 한 본질적으로 할 가치가 있는 것으로 만들고자 할 것이다. 그렇게 함으로써 더 이상 외적 보상을 위해 노동하지 않게 된 후에는 사회에 가장 많이 공헌하면서도 공헌한 바와는 무관하게 필요한 만큼 배분받을 수 있는 것이다(Sterba 2006, 73쪽).

사회주의자들은 노동자들이 '작업장workplace'을 민주적으로 통제할 수 있게 함으로써 평등주의적 이상을 이행할 것을 제의했다. 노동자들에게 자신들의 일을 어떻게 할 것인지에 대한 발언권을 주게 되면 일이 본질적으로 더 보람 있는 것이 될 것이기 때문이다. 그러면 일 그 자체가 그들의 필요를 충족시킬 것이기 때문에 일할 동기가 더 많이 부여될 것이다. 전반적으로는 작업장으로 민주주의를 확대함으로써 반드시 생산수단을 사회화하고 사유재산을 종식할 것이라고 사회주의자는 믿는다. 그리고 부분적으로는 작업장을 민주적으로 통제하고 보람 없는 일을 공평하게 할당해 일을 보람 있게 함으로써 필요에 따라 배분을 받으며 자신의 능력에 따라 공헌할 것이라고 사회주의자는 믿는다. 해방신학도 이러한 사회주의적 이상에 동조하면서 그리스도교를 해석했다(Sterba 2006, 73쪽). 어쨌든 사회주의자들은 왜 이러한 주장을 하는가? 첫째, 잉여 가치라는 증거로 나타나는 부르주아의 부도덕성을 극복하기 위해서다. 둘째, 생산 과정과 생산물로부터 인간이 소외되지 않게 함으로써 인간이 행복을 구가할 수 있다고 보기 때문이다.

오늘날의 사회주의자들은 소련의 붕괴와 동구의 변모에 환멸을 느끼지 않을 수도 있다. 이러한 나라에서 일어났던 일로써 평등이라는 사회주의적 이상의 수용 가능성을 판단하는 것은 공정하지 않다고 생각하기 때문이다. 이것은 과테말라나 싱가포르 같은 나라에서 자유에 대한 자유지상주의자들의 이상을 수용할 가능성을 판단하는 것만큼이나 공정하지 못하기 때문이다. 이러한 나라들에는 자유 시장은 있지만, 정치적 자유는 별로 없기 때문이다. 스웨덴 같은 나라에서 일어나는 일로써 평등이라는 사회주의적 이상을 판단하는 것과 미국에서 일어나는 일로써 자유에 대한 자유지상주의자들의 이상을 판단하는 것을 비교하는 것이 훨씬 공정하게 비교하는 것일 것이다. 그러나 이러한 비교조차 전적으로 적절한 것은 아니다. 어느 나라도 그러한 이상에 완벽하게 부합하지는 않기 때문이다(Sterba 2006, 73쪽).

자유지상주의와 사회주의자의 견해를 조화시키려 하는 자들이 '복지 자유주의자들welfare liberals'이다. 복지 자유주의자들은 자유지상주의자들의 자유에 대한 이상과 사회주의자의 평등에 대한 이상에서 장점을 찾아 자유와 평등을 하나의 정치적 이상에 결합시키려고 했다. 그것의 특징은 계약적 공정성이라고 할 수 있다. 이러한 계약적 접근의 전통적인 예는 칸트의 저서에서 나타난다(Sterba 2006, 73쪽). 칸트에 따르면 시민 사회는 자유, 평등, 독립이라는 요구를 충족시키는 시원적 계약에 기초를 두고 만들어져야 한다. 자유, 평등, 독립이 보장되는 조건에서 사람들이 합의하게 되는 법이면 시민 사회의 법으로 충족된다.

강제적 제도에 대한 도덕적 기초로서의 가설적 계약이라는 칸트의 이상은 롤스가《정의론》에서 더욱 발전시켰다. 칸트처럼 롤스는 자신의 이익을 개진하게 되는 자유롭고 합리적인 사람들을 상정하며 그러한 모든 사람들이 시초의 평등한 입장에서 받아들이는 원칙들이 정의의 원칙들이라고 롤스는 간주한다. 롤스는 자신의 '원초적 입장original position'의 조건이 무지의 장막을 요구한다고 해석함으로써 칸트를 뛰어넘었다. 이러한 무지의 장막은 도덕적으로 독단적인 방식으로 자신의 이익을 개진하지 못하게 하는 효과가 있다(Sterba 2006, 74쪽).

7. 적극적 자유의 행사

복지권을 인정하는 주장은 굴드에게서도 찾을 수 있다. 그는 시민적·정치적 권리만을 인권에 넣어야 한다는 전통적 주장과는 다르게 경제적 권리도 포함시켜야 한다고 주장한다(Gould 1988, 190~214쪽). 그리고 정치적 권리에 속하는 민주주의에 대한 권리와 함께, 정치적 영역의 바깥에 있는 사회적·경제적·문화적 활동과 관련된 정책 결정의 과정에 참여할 권리도 인권에 포함시킨다(Gould 1988, 191쪽).

어떤 근거에서 이러한 주장을 할 수 있는가? 그는 인간의 본성에서 인권의 궁극적 근거를 찾는데, '자유로운 행위 능력free agency'과 '사회적 개체성social individuality'을 인간 본성의 가장 중요한 특성으로 든다. 그리고 인간의 이러한 능력에서 '평등한 적극적 자유equal positive freedom'라는 개념을 이끌어낸다. 그렇게 함으로써 사회적·경제적 권리를 인권의 범주에 포함시키지 않을 수 없게 되었다.

이미 살펴본 것처럼 적극적 자유를 누림으로써 인간은 활동의 목적을 자유롭게 결정할 수 있으며, 이것은 자기 발전의 조건을 확보할 수 있음으로써 가능하다. 그렇다면 모든 개인에게 이러한 활동과 관련된 결정 과정에 참여할 권리가 평등하게 주어져야 한다. 즉 인권이 주어져야 한다(Gould 1988, 209~210쪽). 그렇기 때문에 정치적 문제에 참여할 권리만이 아니라 사회적·경제적·문화적 활동과 관련된 정책 결정의 과정에 참여할 권리도 인권으로 보장되어야 한다. 그의 주장에 따르면 자유에 대한 권리는 소극적 자유와 적극적 자유를 모두 포함하며, 두 자유에 대한 권리는 상호 보완적이다(김비환 2005, 104~106쪽). 말하자면 "시민적·정치적 권리는 사회적 문제에 대한 여론을 조성하고 적합한 정치적 반응을 유도한다는 의미에서 경제적 안전과 성장을 보장하는 데 기여할 수도 있다"(유홍림 2003, 332쪽).

그렇다면 복지권을 보장하기 위해 재분배 정책을 쓰는 것이 사회·경제적 권리를 향상시키는 데 어떻게 기여하는가? 재분배 정책은 부자의 실질적 자유는 감소시키지만 빈자의 실질적 자유는 증대시킨다. 실질적 자유를 증진하는 일이 사회적·경제적 권리를 보장한다. 그렇다고 해서 어떻게 재분배가 정당화되는가? 전술한 것처럼 부자인 철수가 만 원을 가지는 것보다 갑돌이 만 원을 가지는 것이 효용이 더 크다. 그렇다면 철수의 20만 원을 20명의 갑돌에게 재분배하면 철수의 실질적 자유는 줄어들겠지만 20명의 갑돌의 실질적 자유가 증대되어 사회 전체의 자유는 증대된다. 철수의 실질적 자유가 줄어든 것에 반해 20명의 갑돌의 자유가 증대되어 사회 전체의 실질적 자유가 증대되는 것이다. 즉 사회 전체로 보아 자유가 증대된다. 이러한 이유에서 복지를 위한 재분배 정책을 정당화할 수 있다(스위프트 2012, 114쪽). 이렇게 재분배를 하게 되면 경제적 안전, 평등, 사회 안정, 인간으로서의 존엄성 고양 등과 같은 이점도 얻을 수 있다. 이러한 이점이 있기 때문에 재분배 정책이 정당하다는 것은 자유만이 유일한 가치가 아니라 공동체의 삶을 위해 다양한 가치를 고려해야 한다는 주장과 맥을 같이한다.

사회경제권이 인정받게 됐다는 것은 인간이 시민적 존재로서의 권리를 가질 뿐만 아니라 생산과 소비라는 과정에서 노동하는 사회적 존재로서의 권리도 가진다는 것이 인식됐다는 것을 뜻한다. 문명이 새로운 단계를 밟게 되면 새로운 권리가 나타나서 옛날의 권리와 갈등을 일으키게 된다. 사회경제권의 인정은 개인의 존엄성뿐만 아니라 인간의 존엄성도 인정하는 것이다. 환언하면, 노동의 존엄성이 인정되어야만 인간은 개체로서의 개인뿐만 아니라 사회 속의 인간으로서 삶을 영위할 수 있다.

이상과 같이 사회경제권을 인정한다는 것은 재산의 배분을 더욱 평등하게 한다는 것을 의미한다. 평등은 추상적 가치가 아니라 피부로 느낄 수 있는 실질적 가치다. 예를 들어, 평등의 수준과 인간의 건강은 관계가 있다. 일반적으로 부자가 빈자보다 더 건강하며, 재산의 분배가 불평등할수록 건강도 불평등하게 분배된다. 재산을 좀 더 평등하게 배분하면, 부자를 더욱 건강하게 만들지는 않더라도 빈자를 더 건강하게 만들 수는 있다(Wenar 2005, 1925쪽). 이처럼 평등은 우리 생활에 영향을 크게 미치는 가치다.

경제적 평등이 달성되면 정치적 평등이 훨씬 쉽게 달성되며, '사회적 유동성social mobility'이 높아진다. 이로 인해 인간이 더 자유로워질 수 있다. 사회경제권의 인정은 결국 평등의 내용과 범위를 넓히는 것이며, 자유와 평등 사이의 균형을 새롭게 설정하는 것이라고 볼 수 있다.

경제적 자유와 평등의 균형은 현실적으로 소득세, 재산세, 상속세 등의 세제를 어떻게 정하는가에 달려 있다. 말하자면 소득세와 재산세에 대한 누진율이 자유를 중시하는지 평등을 중시하는지를 가늠하게 한다. 〈공산당 선언〉에서 마르크스와 엥겔스는 누진세제로 소득에 중과세를 하고 상속권을 인정하지 않아야 한다고 주장했다(Tucker 1978, 490쪽). 또한 현 시점에서의 균형도 중요하지만 세대 간의 균형도 중요하다. 이는 상속세를 통해 실현된다고 하겠다. 상속을 인정하지 않으려 하는 것은 한 세대에 형성된 불평등이 가족을 통해 영속화되는 데 대한 두려움에 기인한다. 그리고 상속 제도에 따라 가족과 성별 간 불평등이 가장 두드러질 수 있다. 그렇기 때문에 상속권을 포함하는 재산권과 부의 배분이 균형을 이루어야 한다. 현 시점과 미래를 감안해 정한 세제에서 그 사회가 무엇을 우선시하는지가 나타난다고 하겠다.

복지권을 인정하고 실시하면 인간이 평등해지고 민주주의가 실현된다고 일반적으로 생각하기 쉽다. 그러나 반드시 그렇지는 않다. 복지권에 대한 논란과 연관해 고찰해야 하는 것은 자유주의 국가에서조차 복지 국가가 민주주의와 반드시 양립하는가라는 문제다.

일반적으로 사회경제적 권리가 주어지기 전에 시민적·정치적 권리가 주어졌다. 그 후에 복지 정책을 통해 물질적 혜택이 부여됨으로써 시민은 시민적·정치적 권리를 확장하고 실질적으로 행사할 수 있었다. 그러나 시민적·정치적 권리 대신 물질적 혜택이 베풀어진 경우가 있었다. 민주주의 체제에서 기본적이며 형식적인 요소에 대한 주장을 비켜 가기 위해 물질적 혜택을 먼저 베푼 경우가 있었다. 그 좋은 예는 1880년대에 비스마르크가 사회보험 입법을 통과시킴으로써 근대 복지 국가의 기초를 마련한 것이다. 그의 의도는 독일 노동자의 시민적·정치적 권리를 확장하는 데 있지 않았다. 오히려 그 반대였다. 그는 프로이센 대사로서 파리에 머물면서 나폴레옹 3세가 소량의 연금을 광범하게 배분함으로써 시민의 충성을 이끌어내는 것을 눈여겨보았다. 그리고 전제적인 정부도 그렇게 하면 된다는 것을 배웠다. 귀국한 그는 노동자에게 사회보험을 부여해 국가가 노동자의 안녕에 관심이 많다는 것을 보여줌으로써 국가에 대한 충성을 이끌어내려고 했다. 그는 노동자들을 사회민주주의와 멀어지게 함으로써 비민주주의적이거나 적어도 반의회주의적인 체제에 다가가고자 했다. 요컨대 비스마르크는 시민적·정치적 권리에 덧붙여 물질적 혜택을 부여한 것이 아니라 시민적·정치적 권리 대신 물질적 혜택을 부여했다(Baldwin 1995, 1373쪽). 바로 이 점에서 복지 정책의 실시가 반드시 시민적·정치적 권리를 신장하려는 것은 아니라고 말할 수 있다.

사회적 권리와 시민적·정치적 권리 사이에, 그리고 물질적 혜택에 대한 개인의 요구와 공동체에서 완전한 시민으로서의 지위 사이에 긴장이 지속되었다. 이러한 긴장이 없었다면 민주주의와 복지의 연관이 명확하게 긍정적인 것으로 여겨질 수 있었을 것이다. 그러나 이러한 긴장 때문에 양자는 이중적인 성향을 드러낸다(Baldwin 1995, 1375쪽). 말하자면, 복지를 도모하면 인간이 평등해진다는 측면이 있지만, 지나친 복지는 인간의 자율성을 해친다는 측면도 있다.

8. 지구의 주주

복지에서 가장 기본적인 것은 최소 생활 수준을 유지시키는 것이다. 여기서 관건은 '무조건적 기본 수입unconditional basic income'을 제도적으로 보장하는 것이다. 왜 모든 사람에게 이를 보장해야 하는가?

무조건적 기본 수입을 보장하면, '비정규 노동자part-time worker'에 대한 차별이라는 문제를 종식할 수 있으며 악조건에서 노동하는 이들에게 적절한 임금을 지급할 수 있다(van der Veen et al. 1986 ; Wolff 2011, 617쪽 재인용). 기본 수입의 보장에는 현실적 이점이 있을 수 있다.

이를 정당화할 또 다른 근거가 있다. 지구상의 모든 인간은 지구와 지구의 자원을 공동으로 소유한다고 가정해보자. 그렇다면 지구상의 각 개인은 자원에 대해 n분의 1의 몫을 갖는다. 그런데 재능 있는 사람이 성공했다면, 이것은 결과적으로 재능 없는 사람의 자원까지 활용해 성공한 셈이다. 성공한 이는 타인의 지분을 이용한 것이므로 이에 대해 일종의 지대를 지불해야 한다. 다른 한편, 지구상의 모든 사람이 지구에 대한 평등한 주주인 이상, 모든 성공한 사람은 주주들에게 배당금을 지불해야 한다. 이 경우에 자원을 많이 활용해 성공한 사람들은 성공하지 못한 사람들이 배당금으로 받는 것보다 많은 지대를 내야 한다. 성공한 사람들이 성공하지 못한 사람들의 지구 자원에 대한 몫을 이용했기 때문이다. 이상과 같이 보면, 지구의 자원을 적게 활용한 이들이 받게 되는 배당금이 곧 무조건적 기본 수입이라고 할 수 있다(Steiner 1994 ; Wolff 2011, 617~618쪽 재인용). 그런데 이 경우 모든 이들에게 기본 수입을 보장할 수 있다는 이점은 있겠지만, 그 수입만으로 충분하다고 생각하는 이들이 지구에서 놀고먹기만 하고 지구를 활용해 생산하는 책임은 지지 않으려 하는 문제가 생길 수 있다.

9. 복지의 수준과 한계

오늘날 복지 국가를 지향하지 않는 나라는 거의 없다. 그렇다면 각국은 복지의 수준을 현실적으로 어느 정도로 확정해야 하는가? 그것이 문제의 관건이라고 할 수밖에 없다.

인간의 본성을 고려함으로써 이 문제에 대한 답의 실마리를 구할 수 있을 것이다. 루소는 인간이 진정으로 필요로 하는 것은 참으로 적다는 것을 지적한다. 음식과 주거가 필요한 것은 당연하다. 인간의 공격성은 자연적인 것이 아니며 원초적 자연 상태의 성향이 아니다. 그리고 자연 상태에서 음식과 주거는 쉽게 충족될 수 있으며, 인간은 타인을 해칠 이유가 없다. 따라서 타인과 근접해 사는 인간에게는 안전조차 본질적으로 필요한 것이 아니다. 그러므로 사회에서 살게 된 인간이 원하는/욕구하는 다른 모든 것은 인간의 행복에 본질적인 것이 아니다. 자신을 타인과 비교해볼 수 있게 되고, 타인에게는 있는데 자신에게는 없는 것을 인식하게 되면서 원하게/욕구하게 된 것일 뿐이다. 문명사회에 들어서면서 인간이 원하게/욕구하게 되는 것은 인간의 '허영vanity', 즉 루소가 말하는 '자기애amour-propre'에서 연유하는 것이다. 바로 이 점에 아리스토텔레스가 말하는 질투를 연관시켜볼 수 있다. 문명사회에서는 이렇게 인간이 새롭게 원하는/욕구하는 것이 정해져 있지 않고 변하기 쉬우며 근본적으로 만족시키기 불가능하다는 것이 문제가 된다. 인간이 필요로 한다고 여겨지는 것은 고정돼 있지 않고 변하기 마련이다. 따라서 이를 만족시키는 방법이나 원칙도 변하기 마련이다.

그렇다면 복지의 수준을 어떻게 정할 수 있는가? 2013년 8월 "하늘이 두 쪽 나도 무상 보육은 계속되어야 합니다. 서울시"라는 홍보 방송을 서울 시내버스에서 들을 수 있었다. 마치 칸트가 하늘이 무너져도 정의는 이루어져야 한다고 주장한 것처럼 무슨 일이 있어도 무상 보육을 실시하는 것이 정의라는 사고가 그 홍보 방송에 깔려 있다. 보육만이 아니라 출산이나 장례에 대해서도 무상이라는 복지 혜택을 적용받을 수 있다면, 그 세상은 더할 나위 없이 좋은 세상이다. 그런데 하늘에서 비가 떨어지듯이 돈이 그저 떨어지는 것은 아니다. 따라서 설사 복지권이 권리로 인정받는다 하더라도 복지권의 구체적인 내용은 각국의 경제 사정에 맞게 결정되어야 한다.

여기서 감안해야 하는 경제 사정은 무엇인가?

우선, 극도로 빈곤하여 인간의 기본적 욕구조차 충족시킬 수 없는 사회를 생각해볼 수 있다. 이러한 사회에서는 정치나 배분적 정의는 생각할 수 없다. 강자가 우선 약탈을 해서라도 자신부터 살려고 할 것이다.

둘째, 그런대로 최소한의 생활 수준을 유지시켜줄 수 있는 '생존 상황subsistence situation'의 사회를 생각해볼 수 있다. 이러한 사회라면 생존에 필요한 자원이 있고 사람들이 생산이나 재생산 활동에 기여할 수 있을 만큼 건강을 유지할 수 있다고 가정할 수 있다. 마르크스도 '생존 수준subsistence level'은 시대와 장소에 따라 달라진다고 지적했다(Barcalow 2004, 232쪽).

셋째, 사람들이 최소한의 품위 있는 생활 수준을 유지할 수 있는 '안락한 사회comfortable society'를 생각해볼 수 있다. 인간의 최소한의 생물적 요구를 충족시키는 것과 인간의 심리적·정치적 욕구를 충족시키면서 인간의 존엄성을 유지시키는 것은 차이가 있다. 한 가정이 최소한의 생활 수준을 유지하면서 적극적 자유를 향유할 자원을 가지고 있을 때(즉 가정 간의 소득 격차가 너무 심하지 않을 때), 품위 있는 생활 수준을 유지한다고 말할 수 있다. 물론 사회마다 품위 있는 생활이 어떤 것인지에 대해 다른 기준을 설정할 수 있겠다.

넷째, '풍요로운 사회affluent society'다. 이러한 사회는 생산 수준이 최소 생활 수준과 기회의 자유를 보장하고도 남는 사회다.

끝으로, 전술한 것처럼 마르크스가 생각한 공산주의 사회를 생각해볼 수 있다.

이상과 같이 사회를 구분해보면, 자원이 희소한 사회에서는 생산을 효율적으로 하는 것이 급선무다. 생산된 재화는 우선 생산자가 최소한의 생활을 유지할 수 있도록 재분배하는 데 주안점을 두어야 한다. 여분의 재화는 공적이 있는 사람에게 지급되어야 한다. 최저 생활 수준이 가능한 사회에서는 최저 생활 수준을 생산자나 어떤 공적이 있는 사람에게 국한할 것이 아니라 모든 사람에게 확대해야 한다. 그러나 누구도 최저 생활 수준 이상의 것을 요구해서는 안 된다. 남보다 큰 몫을 차지하게 되면, 다른 사람의 생존이 위협받기 때문이다. 이 사회에서는 생산자가 생산한 것에 비해 분배받는 몫이 적을 수밖에 없다.

안락한 사회에서는 모든 사람이 품위 있는 생활 수준을 유지할 수 있다. 이러한 생산 능력을 가진 사회에서는 배분적 정의, 즉 복지의 수준이 전환점을 이룬다. 여기서는 소극적 자유와 적극적 자유가 중요한 가치로 대두한다. 생산성이 높아질수록 자유는 신장된다(Bowie 1971, 121~133쪽). 이러한 사회에서부터 복지의 수준을 결정하는 문제가 심각해진다고 하겠다.

복지 수준은 역사적으로도 변화를 겪었다. 프랑스에서 계급 구조에 변화가 일어났으며 중산층의 기대가 증대했기 때문에 18세기 후반에 예를 들면 프랑스인들에게는 인권이 좀 더 그럴듯하게 보였다. 그래서 자유주의 체제가 그런대로 존속할 수 있었다. 그 당시에는 복지라는 것을 국가가 염두에 둘 필요가 없었다. 그러나 20세기의 경제 공황으로 인해 자본주의적 제도에 대한 회의가 생겼으며 국가가 경제에 개입하는 것이 정당하다고 여겨지게 되었다. 그런데 그 후 영국과 미국이 대규모 복지 국가로 성장하고 경제적 침체와 인플레이션이 일어나자 영국의 대처와 미국의 레이건은 자유지상주의로 회귀하는 보수적인 정책을 실시했고, 이에 따라 복지 수준은 낮아지게 되었다. 이처럼 복지의 수준도 역사적 상황에 의해 결정되어왔다.

이상과 같이 경제 사정과 역사적 변화 등을 감안해 복지의 수준을 정하고 배분적 정의를 실현해야 한다. 이것은 결국 효율을 감안하는 평등, 환언하면 성장을 염두에 두는 균등한 분배, 즉 자유와 평등의 조화를 고려해 복지 수준을 결정해야 한다는 것을 의미한다. 그렇다면 어떤 사회가 어떤 경제 상황에 처해 있는지, 어떤 수준의 복지를 취해야 하는지를 결정할 수 있게 하는 정밀한 원칙이 있는가? 정밀한 원칙이 없다는 데 문제가 있다. 가진 자와 갖지 못한 자가 힘으로 서로 복지 수준을 결정하려 하면 사회는 갈등 속에 놓이게 된다. 그러므로 복지 국가에서는 복지 수준에 대한 합의를 이끌어내고 이를 실현하는 것이 정치적 과제의 하나라고 하겠다.

합의하고 실현하는 방법에 대해서는 견해들이 다르다. 참여정부 시대를 예로 들어보자. 복지 정책을 더욱 과감히 실현해야 한다고 주장하는 이는 "한국의 소득 분배 수준은 이미 멕시코와 미국에 필적할 정도로 OECD 내에서는 최악의 수준으로 악화되었으며, 다른 선진국과는 달리 한국의 경우 정부의 소득 재분배 역할이 극히 미약한 현실이다"(이강국 2005, 19쪽)라고 보았다. 그러므로 참여정부가 소득 재분배를 적극적으로 주도할 것을 권장하였다.

당시의 경제 상황에 대한 인식도 다르다. 진보 측은 한국 경제에서는 저성장보다 양극화의 심화가 더 큰 문제이며, 양극화가 민주주의에 심각한 위협이 된다고 보았다(박종현 2005, 27쪽). 그러므로 양극화를 극복하는 것이 우선되어야 한다고 주장했다. 저성장의 원인도 각기 다르게 보았다. 보수 측은 투자가 부진한 것에 원인을 돌리고 이는 반기업 정서에서 연유한다고 보았다. 이에 반해 진보 측은 신자유주의적 개혁에 따른 정부-금융-재벌 간 위험 분담, 시스템의 와해에서 원인을 찾았다(박종현 2005, 25~27쪽). 이처럼 저성장의 원인에 대한 진단도 다르다.

그렇다면 성장을 촉진할 방법은 무엇인가? 이에 대한 견해도 다르다. 진보 측은 분배를 더욱 균등하게 해야 한다고 주장하는데 그 근거는 다음과 같다. "문제는 이러한 소득 분배의 악화가 성장을 더욱 정체시킬 가능성이 크다는 점이다. 이미 최근의 많은 경제학 연구들은 소득 분배가 불평등하다면 경제 성장이 저해될 수 있음을 잘 보여준다. 즉 심각한 양극화는 사회를 불안하게 만들어 투자를 저해하고, 금융 시장이 완전하지 않은 현실에서 부의 분배가 불평등하다면 가난한 이들은 충분한 교육 투자를 할 수 없어서 성장의 기반을 해친다는 것이다. 게다가 정치적으로도 불평등한 분배는 소수의 부자들에게 정치적 권력을 집중시키고 정치적 불평등으로도 이어져 경제 전체에 도움이 되는 경제 정책과 제도의 발전에 걸림돌이 된다"(이강국 2005, 19쪽). 말하자면 복지가 경제 성장에 부정적인 것만은 아니라는 점에서 복지 정책을 정당화할 수 있다. 복지가 성장을 촉진하고 성장이 다시 복지를 확충하게 해 성장과 복지가 선순환하는 것을 가능하게 한다. 이처럼 선순환이 이루어지는 사회에서는 복지의 투자적 성격이 강해진다. 복지가 성장을 견인하고 촉진할 수 있기 때문이다(이원덕 2008, 339쪽).

그리고 진보 측은 다음과 같이 주장한다. "경제학 원론에 '한계효용 체감의 법칙'이 있다. 소비량이 증가할수록 한계효용이 점차 감소한다는 이 법칙은 부자들보다는 서민들의 소비 성향이 더 높음을 증명해주고 있다. 따라서 사회를 하나의 소비 단위로 볼 경우, 소비 성향이 높은 중저소득층에게 좀 더 많은 자원이 배분되어야 사회 전체적인 소비 성향이 상승함은 자명한 이치다"(윤종훈 2005, 99쪽).

이상은 구매력을 높여 내수를 진작하기 위해서라도 복지 정책을 펴면 부자에게도 득이 된다든가, 복지 정책으로 사회 전체의 효용을 극대화하는 것이 옳다는 근거에서 부자로부터 누진세를 거두어 복지 정책을 펴야한다는 주장이다. 그런데 복지가 아무리 부자에게 득이 되거나 사회 전체에 득이 되거나 옳은 일이라고 하더라도, 부자가 그렇게는 못하겠다고 강변한다면 어떻게 설득할 것인가? 이상의 논지로 아무리 설득해도 통하지 않으면 강제할 것인가?

다른 한편, 보수 측은 경제 상황을 감안하지 않고 복지 정책을 추진하는 것, 게다가 극소수로부터 종합부동산세를 징수해 빈자를 도우려는 것은 포퓰리즘에 지나지 않는다고 비판한다. 이에 대해 진보 측은 세금을 많이 내고 싶어 하지 않는 사람들의 심정을 이용해 감세해 작은 정부를 추구하겠다고 밝히는 보수 측이야말로 포퓰리즘에 영합하는 것이라고 비난한다. 이처럼 경제 상황에 대한 진단과 처방은 진보 측과 보수 측에서 차이가 난다.

게다가 처방을 통해 달성하려는 이상 사회에 대한 견해도 다르다. 진보 측이 그리는 이상 사회는 다음과 같다. "압축적인 복지 사회화를 통해 세계화 시대의 새로운 번영 국가로 거듭나야" 하는데, 그렇게 해야 하는 이유는 "복지 국가는 경제적 효율과 사회적 형평 간의 긴장을 유지하면서 인간의 얼굴을 가진 시장 경제를 발전"시키기 때문이다(신기남 2005, 358~359쪽).

이와 같은 이상 사회와 이에 이르게 하는 처방에 대해 다음과 같이 반론을 제시할 수 있다. 첫째, 이제까지 살펴본 것처럼 복지 정책은 경제적 효율과 사회적 형평 간의 긴장을 유지시키는 것이 아니라 잘못하면 경제적 효율을 저해할 수도 있다. 둘째, 복지 정책만으로 인간의 얼굴을 가진 사회를 만들 수 있다는 사고는 독단이라고도 볼 수 있다. 복지 정책은 어떠한 의미에서는 가진 자에게 강제 노동을 시키는 것으로 간주될 수 있기 때문이다. 그리고 지나친 복지 정책은 인간으로 하여금 자율성을 상실하게 할 수 있다. 그렇기 때문에 복지 정책만이 도덕적 정당성을 가진다고 주장할 수는 없다.

부자는 빈자가 부자에게 강제 노동을 시키는 셈이기 때문에 누진세에 승복할 수 없다고 주장하고, 빈자는 빈자대로 부자가 잉여 가치를 창출하기 위해 빈자에게 강제 노동을 시키는 것이므로 부자가 누진세를 통해 더 기여해야 한다고 주장한다면 어떻게 될 것인가? 더 나아가 부자는 힘으로, 빈자는 수(數)로 서로의 것을 앗아가려 한다면 어떻게 될 것인가?

그렇게 되면 정치적 불안정이 나타나기 마련이다. 아리스토텔레스가 우려한 바가 바로 이런 것이었다. 그는 남성과 여성 사이, 그리고 자연적인 노예와 자유인 사이에는 어떤 자연적 불평등이 있다고 믿었다. 그렇지만 부가 지나친 것도 빈곤이 지나친 것도 사회적 안정을 저해한다고 보았다. 부가 지나치지도 않고 빈곤이 지나치지도 않은 정체(政體)가 최선이라고 보았다. 불평등이 본질적으로 정당화될 수 없기 때문이 아니라 선한 정치를 달성할 수 없게 하기 때문이다. 부자는 자신이 동료 시민들과 불평등하기 때문에, 즉 그들보다 더 부유하기 때문에 정치권력도 더 가져야 한다고 생각한다. 그러나 이러한 사고는 잘못되었으며 위험하다. 부자에 의해서든 빈자에 의해서든 계급 정치가 나타날 잠재성에 대한 해결책으로 아리스토텔레스는 중산 계급을 육성할 것을 제시했다. 중산 계층이 주도하는 민주주의가 극단적인 것을 완화하고, 두 정치 세력이 힘을 행사하는 것을 막을 수 있기 때문이다(*Politics*, 1295a33~1296a21). 이렇게 해서 그는 혼합 정체에 의한 온건한 민주주의를 옹호했다.

아리스토텔레스의 통찰력을 빌려 경제적 평등이라는 문제를 고려하게 되면, 절대적 재산권이 옹호되어서는 안 되는 것처럼 지나친 복지 정책도 옹호되어서는 안 된다. 그렇다면 부자와 빈자가 이와 같이 대립하는 상황에서는 어떤 근거에서 그 중간을 택할 수 있는가?

인간들 사이에 자연적 불평등이 있다고 주장할 수는 없지만 평등한 기회와 조건으로 시작해도 인간들은 결과적으로 불평등하게끔 되어 있다. 인간 사회에서는 사람들이 승자와 패자, 지배자와 피지배자, 부자와 빈자, 또는 엘리트와 대중으로 나누어지기 마련이다. 후자에 속하는 이들이 인간으로 존속하는 것 자체가 어려워졌다면, 그대로 내버려두는 것이 옳은가? 자신과 자신의 후손이 후자에 속하지 않는다는 보장이 있다면, 그대로 내버려두자고 주장할지도 모른다. 그러나 어느 누구도 자기 후손이 후자에 속하지 않으리라고 장담할 수 없다. 그러므로 서로 모든 이들에게 인간다운 생활을 할 수 있게 하는 사회를 만들기로 서로 약속을 할 수 있다. 이 약속을 근거로 복지권을 확립할 수 있다. 이러한 약속을 한다는 것은 어떤 의미에서 양측이 서로 보험 계약을 드는 것과 같다고 하겠다.

이러한 계약을 하는 것은 도덕적 정당성을 얻는가? 합리적 인간이라면, 자신이 후자에 속하게 되었을 때 보살핌을 받지 않아도 된다고 주장하기는 어렵다. 곤경에 처하면 도움을 기대할 수 있기 때문이다. 그렇다면 도덕적 정당성은 어디에 근거를 두는가? 홉스, 로크, 루소, 그로티우스가 피력한 바와 같이 인간에게 가장 중요한 가치는 자기 보전이다. 자신을 보전하기 위해 미리 대비하는 것은 인간이 자신에 대해 의무를 다하는 것이다.

어느 누구라도 곤경에 빠지면 타인의 도움을 받고 싶어 할 것이다. 그렇다면 자신이 보살핌을 못 받는 것은 싫어하면서 상대방을 보살피지 않고 내버려두어도 좋다고 말할 수 없다. 그렇다면 곤경에 처했을 때 서로 돕는 것은 '자신이 하기 싫은 일을 다른 사람에게 시키지 말라'는 도덕의 황금률에도 부합한다고 하겠다.

상호 복지권을 확립한 사회를 만드는 것에 합의하는 것은 이상과 같은 이유에서 도덕적 정당성을 가질 수 있는 셈이다. 설사 복지권을 인정하더라도 특정 시점에서 어떤 종류의 복지 정책을 어떻게 펼칠 것인가에 대해 그때그때 합의할 수밖에 없다.

요약하면, 복지권을 도덕적으로——무엇을 도덕으로 보아야 하는가에 대하여 공리주의자와 의무론자의 견해가 다르겠지만——정당화하는 데에는 논란이 많을 수 있다. 한계효용 이론에서 보는 것처럼 전체의 행복을 증진한다는 공리주의적 입장에서 정당화할 수 있다. 그러나 바로 노직은 이것이 도덕적으로 정당하지 못하다고 주장한다(ASU, 160~164쪽). 노직에 따르면, 국가가 사기와 폭력을 막고 계약의 준수를 강제하는 이상의 일을 하여 재분배를 시도하면, 이는 도덕적으로 정당하지 않다. 국가는 개개인의 권리를 침해하지 않도록 함으로써 개인의 모든 행동에 제약을 가해야 하는데, 복지 국가를 만드는 것은 제약을 넘어서 남의 권리를 침해하는 것이며, 권리를 침해한다는 의미에서 사기와 폭력에 해당할 수도 있기 때문이다(ASU, 26~30·32쪽). 그렇기 때문에 한계효용 이론의 관점에서 전체 행복의 양을 증진시키는 것이 정당하기 때문에 복지권이 정당화된다는 주장은 도덕적 정당성이라는 점에서 논란의 여지가 없을 수 없다.

그렇다 하더라도 현실적으로는 복지권을 인정하지 않을 수 없다. 빈부의 지나친 격차는 사회의 불안정을 가져온다. 예를 들어 영국에서 빈민유랑자를 배려한 것은 빈민의 존재가 현실적으로 사회의 불안정을 가져오기 때문이다(김영진 2005, 94쪽). 그러므로 복지권을 실시함으로써 사회의 안정을 얻을 수 있다면 그 자체로 의미가 있다. 그리고 역사적으로 복지 정책을 실시함으로써 부국강병을 달성할 수 있었다. 근대 이후로 오늘날에 이르기까지 전쟁은 전면전의 양상을 띠었다. 이러한 상황에서 타국과의 전쟁 같은 경쟁에서 이기기 위해서라도 국가 구성원을 빈자와 부자로 구분하며 차별을 둘 수 없게 되었다. 모두 같은 '국민nation'으로 보고 최소한의 경제적 수준과 지적 수준을 갖추게 하지 않을 수 없었다. 그래서 최소한의 생활 수준을 보장하고 의무 교육을 실시해야만 했다.

　복지 정책을 실시하지 않을 수 없는 현실적 이유의 하나는 복지 정책을 통해 이루어지는 민주화, 즉 평등화로 인해 사회적 안정을 유지할 수 있다는 것이다. 후쿠야마는《역사의 종언과 최후의 인간》(1992)에서 민주주의로 인해 대외적 전쟁이나 갈등이 줄어들었다는 통계적 증거를 제시했다. 이는 계급 갈등이 증가할 것이라는 마르크스의 예견과는 일치하지 않는다. 그러므로 민주화로 인해 사회적 안정이 달성된다면, 그것은 그 자체로 하나의 사회적 가치로 인정받지 않을 수 없다. 이상과 같은 현실적인 이유에서 오늘날에는 거의 대부분의 국가가 복지 국가를 지향하지 않을 수 없게 되었다.

　오늘날 복지 사회를 구현해야 한다는 데에는 이의가 없는 것으로 여겨진다. 문제는 어떤 근거와 방식으로 어느 정도까지 구현해야 하는가다. 복지 사회를 구현하는 방법도 여러 가지가 있다. 종전에는 빈곤층에 '소득을 이전income transfer'함으로써 복지를 통한 평등을 달성했다. 그러나 이제는 '복지에서 취업welfare-to-work', 또는 '일을 통한 복지/노동 복지 workfare' 그리고 '근로를 통해 지불받게 하는make work pay' 정책을 택해 근로 동기가 약화되는 것을 개선하고 고용과 성장에 친화적인 복지 정책을 실시하고 있다(이원덕 2008, 361~371쪽). 이는 국가에 일정액의 복지비가 책정되어 있다는 가정 아래 복지비를 어떻게 할당하는 것이 효율성과 형평성을 달성하는 것인가라는 문제와 연관된다.

복지를 달성하는 방법만이 아니라 복지의 적정 수준을 각 시점에서 결정하는 것도 효율과 평등, 나아가 자유와 평등을 조화시키는 문제로 귀결된다고 하겠다. 그런데 우선적으로 문제로 삼아야 하는 것은 어떤 도덕적 근거에서 복지권이 정당화되며, 복지권이 정당화된다 하더라도 복지 수준을 어느 선에서 정하는 것이 올바른가 하는 점이다. 지나친 재분배 정책은 동기를 약화시키고 생산력을 저하시키기 때문이다(*TJ*, 164쪽).

| 제11장 |

자유와 평등

1. 사유재산제의 장단점[57]

　종합부동산세제의 타당성을 논하는 것으로 시작해 재산권을 옹호하는 쪽과 경제적 평등을 옹호하는 쪽의 주장을 살펴보았다. 그 과정에서 복지 국가의 대두와 그에 따라서 자유주의가 변모해 민주주의 국가가 된 과정을 고찰했으며, 나아가 경제적 평등을 달성하기 위한 사회·경제적 권리에 대한 주장이 어떠한 도덕적 정당성을 가지는지도 고려해보았다. 이러한 논의는 결국 인간을 자유롭고 평등한 존재로 만드는 데서 재산에 대한 권리를 어느 정도 인정하는 것이 타당한가의 문제로 귀결된다고 볼

57　본 장의 1절과 2절은 국민대학교 사회과학연구소의 허락을 받아 이종은, 〈재산, 권력 그리고 자유〉,《사회과학연구》제21집(국민대학교 사회과학연구소, 2008), 203~243쪽을 수정 보완한 것이다.

수 있다. 말하자면, 사유재산권을 인정해야 하는가, 또는 재산에 대한 절대적 권리를 어느 정도로 완화해야 하는가라는 문제라고 하겠다.

사유재산은 지금 우리에게는 당연하게 여겨지지만, 역사의 오랜 기간 동안 그렇지 않았다. 사유재산이라는 것은 혁명적인 개념이었다. 오토 폰 기르케Otto Friedrich von Gierke가 지적했다시피 "사상의 역사에서 획기적인 사건landmark"이었다(Solomon et al. 2000, 133쪽). 재산이라는 개념이 형성되는 데에는 장구한 역사가 필요했다. 이것은 인류의 역사가 사유재산 제도의 장점과 단점에 대한 논의로 점철되었음을 의미한다. 그러므로 사유재산 제도의 장점과 단점을 세 가지 차원, 즉 사유재산에 대한 개인의 관계와 연관된 가치, 타인에 대한 소유자의 관계에서 연유하는 가치, 그리고 사유재산이 지배하는 사회에서 생성된 가치의 차원에서 고려해봄직하다(Wenar 2005, 1926쪽).

첫 번째 차원으로 개인이 재산을 가진다는 것이 자신과 나아가서는 타인과 사회에 대해 어떠한 의미를 가지는지를 우선 고찰해보자. 그 의미에 대해서는 재산권의 옹호를 논하면서 이미 부분적으로는 살펴보았다.

벤담이 누누이 지적했듯이, 재산이 있으면 인생의 계획을 달성하는 데 본질적일 수 있는 자원에 좀 더 안전하게 접근할 수 있다. 또한 개인적 가치가 있는 것, 예를 들면 어머니의 결혼반지와 같은 '감정적 가치sentimental value'가 있는 물건을 보전할 수 있다. 감정적 가치가 있는 것은 자기가 가장 아끼는 이에게 넘기고 싶은 것이 인간의 보편적인 감정이다(Pufendorf 1991, 87 · 95쪽). 다른 한편, 월드런Jeremy Waldron이 지적하듯이 소유는 소유자를 개선하기도 한다. 소유자가 자신의 재산에 대하여 작업할 때, 예를 들면 예술 작품을 만드는 과정에서 자신의 개성이 세상에 반영되는 것을 봄으로써 자의식이 증대된다. 어느 날 자신의 재산에 가하였던 변화가 다음 날에 작업을 시작하려는 것을 결정한다는 것을 알게 되면, 그의 행동에는 '신려prudence'가 나타나기 마련이다(Wenar 2005, 1926쪽). 감정적 가치가 있는 것을 지키거나 개인이 자신의 작품에 개성을 불어넣는 것은 재산과 개성에 관련된 문제라고 하겠다(Reeve 1986, 5쪽).

인간은 자신이 소유하는 것에 대해 이상과 같은 장점을 가진다고 주장할 수 있다. 그러나 비판자는 이에 상응하는 불이익을 강조했다. 마르크스주의자의 지적에 의하면, 자신이 소유한 것을 물신화해 숭배하고 소비재를 소유하는 것은 개인적인 관계나 당연한 자애를 대신할 수 있다. 개인이 자신이 재산에 작업하여 자신의 개성을 구체화하는 것을 마르크스주의자는 찬양하지 않는다. 자본주의 체제에서는 개인들이 살아가기 위해서 그 물건을 타인에게 팔아야만 하기 때문이다. 끝으로 비판자들은 소유가 소유자의 안전을 보장한다는 벤담의 주장에 반대한다. 재산을 소유하지 못하는 이들은 자신이 원하는 것과 필요로 하는 것으로부터 배제된다는 것을 예상할 수 있다. 따라서 자신의 삶에 대한 전망이 비참해질 것이라고 예측하게 된다(Wenar 2005, 1926쪽).

두 번째 차원에서 보면, 소유자의 타인에 대한 관계에서 연유하는 재산의 가치, 즉 개인 간의 가치에 재산이 가져다주는 이익은 많다. 재산이 있음으로써 소유자는 자신이 원하는 대로 자유롭게 할 수 있는 영역을 확보할 수 있다. 타인이 접근하지 못하게 함으로써 자신의 프라이버시를 보호할 수 있으며, 자신의 사적 영역에 선택된 사람만 들어오게 함으로써 친밀성을 증대시킬 수 있다. 더군다나 헤겔이 간파한 것처럼 소유는 사회적 인정을 가져온다. 즉 소유자의 의지가 소유 대상을 처분하는 데 결정적이라는 것을 모든 사람이 인정하게 된다. 나아가 아리스토텔레스는 사적 소유가 타인에게 관대해질 기회를 증대시킨다는 것을 지적했다. 말하자면, 줄 수 있는 것이 없으면 선물하는 것이 어려워진다(Wenar 2005, 1926쪽).

그러나 이러한 장점에는 어두운 면이 있다. 자유와 프라이버시를 가져다주는 바로 그 권리가 다른 한편으로는 단절, 고독, 동료 의식의 결여, 반사회성을 가져온다. 더욱이 루소가 개탄한 것처럼 사유재산은 모든 사람으로 하여금 물질적 필요 때문만이 아니라 자아 관념 때문에 타인에게 의존하게 한다. 자본주의 사회에서 사람들은 타인의 복지에 대해서는 아무런 관심이 없다. 그러한 타인에게 자신의 필요 때문에 의존하게 되며, 그 사람의 값어치를 그가 축적한 재산을 참조해 평가하게 된다(Wenar 2005, 1926쪽).

마지막 세 번째 차원으로, 사유재산이 지배하는 사회에서 생성되는 가치, 즉 사회적 가치를 살펴보자. 이에 대해서는 격렬한 논쟁이 있었다. 우선 사적으로 소유하는 것은 공동으로 소유하는 것보다 자원을 돌보는 데 더 효율적이라는 주장이 있다. 이 점은 '모든 사람이 모든 것을 소유하면 어느 누구도 돌보지 않는다'는 말에서 잘 나타난다. 반면에 사적 소유를 허용하면, 모든 사람이 타인의 욕구와 필요를 충족시키기 위해 열심히 노력해 더욱 창의적이 되며 번성하게 된다. 이와 같이 보면, 재산 소유가 광범위하게 이루어지면 사회 안정에도 이롭다. 사회와 이해관계가 있는 이들은 혁명이나 전쟁을 선호하지 않을 것이기 때문이다. 그래서 사회와 이해관계가 없는 사람에게 투표권을 부여하면, 사회의 장기적 지속과 발전을 고려하기보다는 자신의 일시적 이익을 얻으려고 할 것이다. 바로 이 점을 우려해 초기 자유주의 국가에서는 투표권의 확대를 꺼렸다. 이러한 우려는 민주주의에서의 다수의 전제를 우려하고 다수인 빈자가 질투심에서 소수인 부자의 재산을 앗아가려 하는 것을 경계했던 아리스토텔레스의 우려와 맥을 같이한다고 하겠다.

밀턴 프리드먼Milton Friedman이 주장하는 바와 같이 사적 소유는 국가의 권력에 대항하는 가장 좋은 보루였다. 경제적 자유는 정치적 자유에——그 반대도 가능하지만——필요한 조건이 되기 때문이다. 이러한 생각이 나타나게 된 것은 20세기에 강력한 국가가 사람들에게 공포를 야기했기 때문이다(Friedman 1982, ch. I). 다른 한편, 사유재산이 사회적 가치에 가하는 폐해가 누누이 지적되었다. 사유재산은 사람들 사이에 경쟁적이고 착취적인 관계를 조성해 타인을 경쟁자나 주인, 하인이나 일간이로 보게 만든다. 그리고 사유재산은 친밀한 관계를 상업적인 관계로 바꿔버린다. 시장은 거짓된 필요와 상업주의를 증폭해 자원을 낭비하게 하고 환경을 무절제하게 파괴하게 한다. 더군다나 사유재산은 정치권력을 비롯해 의미 있는 노동과 여가에 대한 기회, 그리고 평균 수명에 이르기까지 인간 생활의 모든 주요한 측면에서 불평등을 가져온다(Wenar 2005, 1926쪽).

이상과 같이 사유재산을 둘러싼 여러 가지 이점과 폐해를 지적할 수 있다. 이렇게 많은 이점과 폐해가 지적될 수 있다는 것은 인간이 국가 없이는 살았어도 재산 없이는 살지 않았다고 말할 수 있을 정도로 재산 제도가 사회생활에 근본적이라는 것을 의미한다. 그래서 재산은 경제 체제, 법 체제, 정치 체제와 연관된다(Reeve 1986, 7쪽). 재산은 때로는 법적인 관계를 지칭하기도 하고, 사물에 대한 법적인 관계는 인간에 대한 법적인 관계와 연관되며, 여기에는 권리와 의무가 개재된다. 그리고 재산은 관계의 대상이 되는 사물을 지칭하기도 하며, 이 사물이 생산과 소비에 연관된다. 그래서 재산은 경제 체제와 연관되지 않을 수 없다

(Reeve 1986, 15~16·19쪽).

이러한 지적은 어떠한 의미가 있는가? 사유재산의 폐해와 부당성을 보편적으로 인정하게 되면, 마르크스가 주장하듯이 사유재산 제도를 폐지해야 한다. 재산권을 옹호하는 측은 재산권이 개인으로 하여금 자신의 노동에 대한 대가를 가져가게 한다고 주장하지만, 마르크스는 잉여 가치를 내걸며 그렇지 않다고 주장하면서 사유재산이야말로 사회적 조화를 이루는 데 적이라고 주장하기 때문이다(Reeve 1986, 2쪽). 노직은 빈자가 부자의 노동의 대가를 앗아가는 것은 빈자가 부자로 하여금 강제 노동을 하게 한 것이나 마찬가지라고 주장했지만, 마르크스의 잉여가치설은 이와 반대로 부자가 빈자로 하여금 강제 노동을 하게 했다고, 즉 잉여 노동을 통해 착취했다고 주장하는 셈이다. 그렇다면 과연 누가 누구로 하여금 강제 노동을 하게 하는 것인가? 즉 누가 누구의 재산을 앗아가는 것인가? 이 문제가 사유재산 제도의 핵심이라고 하겠다.

그런데 어쨌든 전술한 것처럼 현 시점에서 사유재산 제도를 인정하는 것은 전 지구적인 경향이며 이를 폐지할 수는 없다고 본다면, 어떻게 해야 그것의 폐해를 줄이고 장점을 부각할 수 있을지 고심하지 않을 수 없다. 그래서 각국은 이러한 틀 내에서 문제를 해결하기 위해 재산에 대한 복잡한 법, 특히 세제를 제시하고 있다. 자본주의의 폐해를 강조하게 되면, 시장의 실패를 부각하고 증세를 통해 더 많은 평등을 실현하려는 큰 정부를 옹호하게 된다. 반면에 자본주의의 장점을 부각하게 되면, 국가의 실패를 강조하면서 감세와 시장 기능 확대를 추구하는 작은 정부를 선호하게 된다. 전자는 좌파적 시각이고 후자는 우파적 시각이라고 하겠다. 이에 대해 정치철학은 어떠한 원칙과 그 원칙의 근거를 제시하지 않을 수 없게 되었다.

2. 재산, 권력, 자유

정치철학에서 재산이 주요한 관심사가 될 수 있는 것은 재산이 자유·권력과 연관되며, 그래서 재산 제도가 정의라는 문제도 야기하기 때문이다(Benn et al. 2006, 68쪽). 사회경제권이 시민적·정치적 권리만큼 자연권에 근거를 두어 도덕적 정당성을 갖는 권리인지를 우리가 논한 이유가 무엇인가? 권리를 주장하는 것은 하트가 지적한 것처럼 어떠한 것에 대한 자유를 주장하는 것이기 때문이다. 어떠한 것에 대한 소유권을 주장하는 것은 그것에 대한 자유를 주장하는 것이라고 볼 수 있기 때문에 그러한 맥락에서 우리는 재산권의 정당성과 종합부동산세를 중심으로 한 세제를 논한 것이다.

그리고 재산과 연관된 권리와 의무는 개인과 집단 사이에 다양한 권력과 책임을 배분하며, 이것들이 재산으로 인정되는 사물에 무엇이 일어나게 되는지를 결정하기 때문이다(Reeve 1987, 403쪽). 재산이 예전보다 정의의 문제와 더 밀접한 연관을 맺게 된 이유는, 이제 재산이 개인의 이익을 보장한다는 차원을 넘어, 재산 제도가 앞에서 본 것처럼 장점과 폐단을 드러내는 사회적 기능을 띠기 때문이다. 말하자면 재산 제도는 권력, 사회적 생산물에 대한 주장, 사회적 지위의 불평등을 수반하는 사회적 기능——역기능이기는 하지만——도 갖고 있기 때문에 재산은 정당화되어야 한다. 그렇기 때문에 이제는 단순히 재산이 소유자에게 어떠한 수익을 가져다주며 재산권이 자연권이라는 이유에서만 재산권은 정당화될 수는 없게 되었다(Benn et al. 2006, 70쪽). 사회가 추구하지 않을 수 없는 또 다른 목표를 염두에 두고 어떠한 관점에서 재산권을 볼 것인지를 정하지 않을 수 없다(Fagelson 1995, 1009쪽). 바로 이러한 이유 때문에 재산과 연관된 가치, 즉 권력과 자유를 논하지 않을 수 없다.

그러나 재산과 자유, 권력의 연관을 자세하게 논하는 것은 쉽지 않다. 재산·자유·권력이라는 개념들은 각기 그 자체 내에 다양한 관념들이 있으며, 이 관념들이 서로 연관되는 바는 역사적인 시점마다 서로 다르기 때문이다. 그래서 여기서는 어떠한 것들이 문제가 될 수 있으며 이러한 문제를 고찰해야 한다는 것만을 지적하고자 한다.

재산은 권력 또는 자유와 어떤 관계가 있는가? 왜 재산을 가진 이가 권력을 갖게 되는 것인가? 재산의 배분이 권력의 배분을 결정한다는 주장은 궁극적으로는 경험적이고 역사적인 주장이기 때문에, 검증되어야 한다는 문제가 있다. 그렇기는 하지만 다음과 같은 것을 고려할 수 있다. 토지라는 재산을 예로 들어보자. 우선 노예는 재산을 가질 수 없었으며, 또한 자유가 없었다. 그런데 토지는 고정되어 있기 때문에, 즉 부동산이기 때문에, 금전 같은 동산과는 다르다. 그래서 지주는 자신의 토지를 지키기 위해서라도 국가를 수호하겠다는 의지가 강했으며, 따라서 그 사회의 안정과 경제적 복지에 더 많이 애착을 품고 있었다. 요컨대 국가와 이해관계가 많았다고 간주된다. 그리고 상업 사회가 도래하기 전에는 토지가 중요한 경제적 자원이었다. 그러므로 지주는 국가와 이해관계가 많을 뿐만 아니라 자신의 이익을 지킬 경제적 능력이 있었다.

그 시대에 빈자에게 투표권을 주지 않은 것은 당연하다고 볼 수도 있다. 영국 내란 와중에 수평파와 독립파조차 정치적 자유를 개인의 재산 소유권, 개인의 자립과 동일시했으니 말이다(미셸린 2005, 171쪽). 그렇다면 빈자는 국가와 이해관계가 없기 때문에 정책 결정에 신중하지 않을 수도 있다. 그리고 당시에는 국가가 국민의 재산을 앗아가지 못하게 하기 위해 투표권을 행사한다고 보았다. 국가와 이해관계가 없는 자, 즉 공동체와 연계되어 있다는 충분한 근거가 없는 자들에게는 미국 건국 초기에는 가장 자유주의적인 주에서도 투표권을 부여하지 않았다(미셸린 2005, 178쪽). 매디슨은 모든 사람에게 투표권을 부여하면 재산이 없는 대다수의 사람들이 재산권이나 정의의 관념을 무시해버릴지도 모른다는 우려를 표명했다. 〈인간과 시민의 권리 선언〉 제6조에 의하면 프랑스는 미국과 달리 정치적 참여에 재산상의 제한을 두지 않았다. 그러나 실제에서는 남성 납세자만 능동적 시민으로 간주해 투표권을 부여했다. 이처럼 18세기에는 재산을 하나의 권리로 보았고, 남성만이 투표할 특권이 있다고 여겼다(미셸린 2005, 180~181쪽). 그렇다면 선거법 개정을 통해 투표권을 확대하지 않으려 한 것은 재산이 위태로워지고 가난하고 방탕한 자들이 부자를 통제할 것이라는 우려 때문이었다(미셸린 2005, 246쪽).

그래서 자유주의 국가의 초기에는 재산을 가진 자들에게만 —— 결국 지주가 대부분을 차지했지만 —— 투표권이 부여되고, 고정된 이해관계가 있는 이들에게만 대의권이 부여되었다. 말하자면 재산을 가진 자들은 정치에 참여할 자유를 향유했으며, 그렇지 않은 자들은 정치 참여에서 배제되었다. 그들을 배제하지 않으면 재산 확보가 위협받을 것이라는 생각 때문이었다(Reeve 1986, 83 · 105쪽). 투표권을 확대하면 가진 자의 재산을 빼앗길 위험이 생기거나 재산의 재분배가 가능해진다는 생각에서 투표권을 확대하지 않으려 한 것이라고 보면, 투표권 그 자체가 재산의 한 가지로 간주될 수도 있었다.

결국 재산의 배분이 정치적 자유의 향유도 결정했다. 사실 자유주의자들이 재산권을 인정한 데에는 정치적 이유가 있었다. 시민들은 재산이 정치적 권력, 특히 전제적이거나 절대적인 정치권력에 저항하는 물질적 기반이 되기 때문에 자유와 독립을 견지할 수 있었다(Rosenblum 1995,

759쪽). 그렇기 때문에 초기 자유주의자들은 투표권을 확대하지 않음으로써 자신의 재산을 지키고자 했다.

재산의 배분이 정치적 자유의 향유를 결정한다는 논지를 편 이로는 제임스 해링턴을 들 수 있다. 그는 국가에서의 재산과 군사적 힘의 역할이라는 문제를 다루었다. 그가 보기에 재산은 다른 모든 것을 결정하는 기본이었다. 재산은 세 가지 다른 방식으로 배분되는데, 한 사람, 소수, 다수가 재산을 가질 수 있다. 이에 따라 안정된 정부 형태로 세 가지가 나타난다. 군주가 재산을 독점하고 용병에 의해 규칙이 유지되면 절대적 군주제다. 귀족들이 토지를 소유하고 귀족과 그들의 가신들이 군사력을 유지하면 이는 혼합 군주제다. 재산이 분산되어 꽤 많은 사람들이 스스로 생활을 영위할 수 있게 되어서 귀족이 형성될 수 없고 민병(民兵)에 의해 군사력이 유지되면 코먼웰스가 나타난다. 이 코먼웰스야말로 고전적 공화주의를 구현할 수 있는 체제다(Harrington 1992). 해링턴은 경제력의 배분에 따른 정부 형태를 논한 셈인데, 이것의 전례는 아리스토텔레스가 경제의 기반에 따라 민주주의의 형태를 논한 것에서 찾을 수 있다.

토지가 경제의 주요 요소였던 시기에는 토지 소유가 정치권력의 배분과 밀접하게 연관된 것이 사실이었다. 중세 사회가 붕괴하고 근대 자유주의 국가가 수립되는 과정에서 간과될 수 없는 점은 이러한 사회 변화에는 토지와 연관된 재산의 붕괴가 관련돼 있었다는 것이다.

영국 민주주의의 발전은 토지 제도와 연관된 선거 제도의 붕괴에서 시작되었다는 사실을 유념할 필요가 있다. 영국의 봉건 귀족들은 대지주였기 때문에 자신의 이익을 옹호하기 위해 선거권과 피선거권을 농지와 연계시켰다. 그럼으로써 비농촌 인사들이 정치에 참여하는 것을 제한했다. 그런데 식민지 경영과 무역을 통한 이득이 증가함에 따라 시민 계층, 즉 부르주아가 국회에 진출할 조짐을 보이자, 농촌의 귀족들은 국회의원 입후보 자격을 일정한 연간 소득을 내는 농지를 보유한 사람으로 한정시켰다. 이것이 1710년의 '농지 소유 자격 규정법Landed Property Qualification Act'이다(오병헌 2011, 63쪽).

이로써 농지를 소유하지 않은 신흥 부르주아의 정계 진출이 차단되는 것처럼 보였다. 그런데 가짜 자격 증명서가 매매되었으며, 17세기 말에서 18세기 초에 이르는 시기에 영국의 경제가 토지 중심에서 무역과 금융 중심으로 점차 바뀌게 되었다. 급기야 18세기에는 산업 혁명이 일어났으며, 이에 힘입어 시민 계급이 농지를 구입하고 국회의원에 당선되어 지배 계급이 되었다. 부르주아는 봉건 귀족에게 정면으로 대항하는 대신 돈으로 소리 없이 권력을 쥐게 되었다(오병헌 2011, 65쪽). 19세기에 이르러 사회의 주도권을 잡은 부르주아는 1832년 보통 선거법의 제정을 이끌어, 토지 소유 여부와 무관하게 1년에 10파운드 이상 세금을 납부하는 이들이면 투표권을 얻게 되었다. 1838년에는 동산도 부동산과 동등하게 피선거권 자격 조건이 된다고 규정되었다. 이로써 토지 귀족이 독점하고 있던 특권은 무력해졌다(오병헌 2011, 65쪽). 그 후 1838년에 선거법이 개정되었고, 1928년에는 21세 이상의 모든 여성에게 투표권이 인정되었다. 프랑스에서는 1848년에 제2공화국이 자유, 평등, 박애(우의)를 구호로 하고 자격 요건을 두지 않는 보통 선거권을 정책으로 삼음으로써 900만 명의 새 유권자가 권리를 행사하게 되었다(오병헌 2011, 81쪽). 그리하여 대중민주주의 시대가 열렸다.

해링턴은 토지가 어느 정도 균등하게 배분되어야만 사람들 사이에 견제와 균형이 작용해 공화정이 달성될 수 있다고 주장했다면,[58] 자유주의적 다원주의자는 사유재산이 국가를 제약한다고 본다. 그 이유는 첫째,

재산은 전(前) 국가적이어서 재산권은 정당한 국가 활동에 대해 헌정(憲政)적 제한을 가하기 때문이다. 그래서 사유재산은 국가로부터의 쓸데없는 간섭을 배제하고 사적 영역을 확보하게 함으로써 자유를 보장해준다. 둘째, 사유재산은 시장의 전제 조건이 되기 때문이다. 시장은 국가의 권력을 견제하는 기능을 담당한다. 그런데 시장은 개인으로 하여금 선택을 하게 하기 때문에 개인의 자유를 인정하지 않을 수 없다. 말하자면 개인들은 재산을 가짐으로써 자유를 향유할 수 있는 것이다.

재산을 갖지 못한 자들이 권력과 자유를 향유할 수 없었던 것은 19세기의 유럽 여성에게서도 나타난다. 그들은 자신의 이름으로 재산을 소유할 수 없었으며, 이로 인해 투표할 자유도 없었다. 재산을 소유할 법적 권리가 없었기 때문에 자유를 향유할 수 없었다. 마르크스는 프랑스의 〈인간과 시민의 권리 선언〉이 재산을 지킬 권리가 빼앗길 수 없는 권리라고 선언한 사실에 주목하고, 재산권이 재산을 마음대로 향유하고 처분할 권리만을 의미한다면 이는 자신의 이익을 위한 권리에 지나지 않는다고 보았다(미셸린 2005, 241쪽). 그는 생산 수단을 사적으로 소유한 자들이 권력을 갖고 자유를 누리는 데 비해 그렇지 못한 자들은 자유조차 누리지 못한다고 보았다. 그래서 정치권력은 가장된 계급 권력이며, 강자가 정의를 규정한다고 주장했다. 재산이 권력과 밀착되어 있다는 점을 마르크스만큼 강력하게 주장한 이도 찾기 어렵다. 이상과 같이 보면, 결국 사유재산이 자유를 보장한다(Reeve 1986, 102쪽).

재산이 자유를 보장한다고 본 것은 헤겔도 마찬가지다. 그에 의하면, 정의(正義)는 개인의 '자격(권리)entitlement'을 보호하는 재산권 체계 이

---

58 이와 관련해서는 박은구(2011, 90~126쪽) 참고.

상의 것을 요구한다. 재산 소유는 모든 사람에게 필요하며, 재산은 사람들이 이 세상에서 자유롭게 행동하도록 하는 윤리적 발전에 기본적이다. 그렇기 때문에 그는 빈곤에 반대했다. 그 부분적인 이유는, 재산이 없으면, 모든 사람이 누리게 되어 있는 개인적 자유를 향유할 수 없다는 데 있었다. 헤겔을 전후해 많은 철학자들은 재산권을 개인적 자유와 어떠한 방식으로든 연관시켰다(Fagelson 1995, 1009쪽).

그러나 재산이 자유를 보장한다는 일반적인 생각이 반드시 옳은 것은 아니다. 똑같이 노예라 해도, 노예 소유주가 개인인지 국가인지에 따라 노예에게 부여되는 자유의 정도가 달라질 수 있다. 재산 문제와 함께 여성의 자유를 논했지만, 문제가 되는 것은 사유재산인가 공공재산인가의 구별이 아니라, 앞서 살펴본 것처럼 재산에 대한 법적 권리가 남녀 사이에 균등하게 배분되었는가다(Reeve 1986, 79쪽). 그리고 재산이라고 해도 어떤 형태의 재산인지에 따라 논의가 달라질 수 있다. 오늘날의 경제는 토지를 기반으로 하는 경제도 아니며 재산의 종류도 아주 달라졌다. 자본이 전 지구를 무대로 옮겨 다니는 시대다. 그렇기 때문에 토지 경제를 전제로 한 시대에 논의된 재산과 권력의 관계, 나아가 바람직한 정치 질서를 지금 답습할 수는 없다. 말하자면 토지 재산인지 금융 재산인지에 따라 논의의 내용이 달라질 수 있다. 어떤 종류의 재산이 어떤 형태로 배분되는 것이 어떤 자유를 증진하는 데 유용한지를 논해야 한다(Reeve 1986, 79~80쪽).

유의할 점은 재산권과 자유의 관계에는 역설(逆說)이 있다는 것이다. 재산으로써 사물에 대한 물리적 통제를 배타적으로 행사하고 양도할 자유가 있다면, 어떤 사람은 다른 사람보다 더 열심히 노력하거나 재능을 발휘해 재산을 더욱 잘 이용할 것이다. 반면에 그렇지 못한 사람도 있을 것이다. 요컨대 사적 소유가 수반하는 행동의 자유는 재산 소유에서의 불평등을 가져오기 마련이다(Fagelson 1995, 1010쪽). 이 점은 초기 자유주의 시대에 경험된 바다.

그런데 여기서 자유를 소극적 자유와 적극적 자유로 나누어 이제까지의 논의를 다음과 같이 요약할 수 있겠다. 초기 자유주의 국가에서는 사유재산을 옹호하고 시민적·정치적 권리와 이에 연관된 소극적 자유를 보장하는 데 비해 불평등이 만연할 수 있다. 소극적 자유조차 평등하게 보장되지 않을 수 있다. 반면에 사유재산권의 완화를 통해 사회적·경제적 권리와 평등을 강조하는 복지 국가에서는 소극적 자유와 더불어 적극적 자유도 보장된다. 대체로 소극적 자유는 자유주의, 시장 경제와 연관되며 적극적 자유는 시장에 대한 비판, 공유재산과 연관된다(Reeve 1986, 78·106쪽).

자유주의 국가가 복지 국가가 됨으로써 소극적 자유와 더불어 반드시 적극적 자유도 보장되는 것은 아니다. 예를 들어 루소는 적극적 자유를 옹호했지만《사회계약론》에서는 사유재산을 상당히 평등하게 배분할 것을 주장했으며, 이에 반해《코르시카의 헌법》에서는 국가 재산을 옹호했다. 홉스는 소극적 자유라는 개념을 가지고 있었지만, 제한된 사유재산을 선호했다. 다른 한편 마르크스는 적극적인 자유라는 개념에 기초하여 공유재산을 주장했다. 반면에 적극적 자유지상주의자인 그린은 사유재산을 옹호했다(Reeve 1986, 78쪽). 그렇기는 하지만, 전술한 것처럼 절대적인 사유재산보다는 사회 경제권을 인정하는 완화된 사유재산 제도가 적극적 자유를 신장하는 데 훨씬 이롭다고 추정할 수 있다. 더 많은 사람에게 자신의 삶을 계획하고 실천할 경제력이 주어질 수 있기 때문이다.

그리고 이론가들의 논의와는 별개로, 실제에서는 국가의 역할이 커지게 되어 사람들이 국가에 의존하게 되고, 그로 인해 자유가 상실될 수도 있다. 나아가 사회주의 국가처럼 국가가 평등을 보장하기 위해 재산을 관장하는 경우, 국가가 적극적인 권리를 보장하려다 보면 사람들에게 강제를 하거나 기본적인 소극적 권리를 침해할 우려가 있다. 그래서 공산주의에서는 사유재산 제도에서 찾을 수 있는 언론·출판·집회·결사의 자유가 번성하는 조건을 찾기 어렵거나, 그러한 자유가 인정되지 않을 수 있다. 마르크스가 인간의 본질은 인간의 참다운 '집산성collectivity'이라고 주장한 데서 알 수 있듯이 공산주의 체제에서는 프라이버시가 무시되기 쉽기 때문이다(Machan 2006, 72쪽). 요컨대, 사유재산은 소극적 자유와 연관되지만, 공유재산이 적극적 자유와 반드시 연관된다고는 말할 수 없다. 어떻게 보면 재산권에는 규칙이 포함되어 있고 규칙에는 의무가 있어서, 모든 재산 규칙은 자유를 제한한다고 볼 수도 있기 때문이다(Reeve 1986, 109쪽).

그런데 소극적 자유는 타인의 행동에 의해 나의 행동이 방해받는다는 의미와 타인의 간섭에 의해 나의 자유가 제약된다는 의미로 나누어볼 수 있다. 후자에서 말하는 제약에는 '방지prevention'되는 것만이 아니라 다양한 방식으로 '위협threaten'받거나 '방해hinder'받는 것까지 포함된다. 전자를 '순수한 소극적 자유지상주의자pure negative libertarian'로, 후자를 완화된 '온건한 소극적 자유지상주의자moderate negative libertarian'로 부를 수 있다. 반면에 적극적 자유는 단순히 '간섭interference'으로부터의 자유만이 아니라 어떠한 것을 할 수 있는 자유에 더욱 직접적으로 관련된다. 그래서 적극적 자유를 옹호하는 이들은 빈곤이 빈자의 자유를 축소한다고 결론 내릴 수 있다. 그러나 이 견해는 순수한 소극적 자유지상주의자들에 의해 부정된다. 바로 이러한 이유에서 소극적 자유는 자유주의와 시장과 연관되며, 적극적 자유는 시장에 대한 비판과 연관된다. 사회·경제적 권리를 신장하기 위해 국가가 나서게 되면 기본적인 시민적·정치적 권리가 침해될 수 있기 때문이다. 그렇다고 해서 소극적 자유를 옹호하는 이들이 모두 사유재산을 옹호한다고 볼 수는 없다(Reeve 1986, 116쪽).

그런데 재산에 대한 규칙은 자원을 정당하게 이용하는 것이 무엇인지를, 그리고 타인의 간섭 중 어느 것이 정당한지 부당한지를 규정한다. 이 점에서 재산이 자유와 연관된다고 볼 수 있다(Reeve 1986, 106쪽).

반면에 소극적 자유의 옹호자는 법이 자유를 축소하지 않는 것처럼 재산에 대한 규칙 또한 자유를 축소한다고 보지 않는다. 법은 금지된 행동을 하는 것에 대해 제재하겠다고 위협하기 때문이다. 전술한 것처럼 재산에 대한 규칙은 자원의 정당한 사용에 대한 것이며, 자원을 정당하게 사용하는 것은 금지된 행동과 우연히 연관되어 있기 때문에, 육체적으로 금지된 행동에만 관심을 기울이는 소극적 자유주의자는 재산에 대한 규칙이 자유에 미치는 영향에 대해 말할 수 있는 것이 없다(Reeve 1986, 107쪽).

반면 적극적 자유주의자는 재산에 대한 공통적인 바람직한 규칙을 제시하지 않는다. 예를 들면 루소, 그린, 마르크스는 적극적 자유를 옹호했지만 재산에 대한 그들의 처방은 각기 달랐다. 그렇기는 하지만, 자유를 자율이나 독립으로 여기는 이들은 재산을 타인으로부터의 독립을 확보하는 것인 동시에 자본이 한 계층에 축적되면 다른 계층의 독립은 축소되는 것으로 본다(Reeve 1986, 107쪽). 마르크스는 자본이 축적되면 프롤레타리아가 재산을 갖지 못하는 경향을 강조한다. 그린은 그러한 경향은 배분을 통해 완화될 수 있다고 본다.

문제는 다른 재산 체제에서 사람들이 향유하게 되는 자율과 독립을 어떻게 평가하는가라는 점이다. 모든 사람의 삶에 대하여 집단적으로 결정 내리는 것이 각자의 자율을 실현하는 데 적절한가? 그렇지 않으면, 배분에 제약을 가하는 사유재산 제도가 더 적절한가? 노동자 한 사람의 입장에서 본다면, 타인의 노동은 그 자신의 생산에 대한 수단이며, 각자가 자신의 생산 활동을 통제하기 위해서는 모두가 모두의 활동을 결정해야 한다. 이것이 생산 자원을 집단적으로 통제하기 위하여 적용된 법에 대해 루소가 내린 처방이다. 마르크스는 이 생각을 아주 낙관적인 분위기에서 받아들여서 노동의 사회적 분업에서 각자는 자기 위치를 항상 선택할 수 있을 것이라고 가정했다(Reeve 1986, 108쪽).

　순수한 소극적 자유지상주의자는 재산과 자유의 관계에서의 우연성에 직면하게 되었다. 반면 적극적 자유주의자는 자치, 자율 또는 독립과 재산에 대한 관계에 대해 자신이 이해하고 있는 바를 설명해야만 했다. 그리고 완화된 소극적 자유지상주의자는 행동에 방해받는 것을 포함해 행위자에 대한 간섭이나 제약이 자유에 대한 제약이라고 보았다. 순수한 소극적 자유지상주의자에게는 배제되지만 완화된 소극적 자유지상주의자에게는 포함되는 범주의 하나가 '처벌 가능성punishability'이다. 완화된 소극적 자유지상주의자는 금지된 행위에 대하여 처벌하겠다고 위협하면 그 법은 자유를 축소하는 것이라고 간주한다. 반면 순수한 소극적 자유지상주의자는 이를 부정한다. 그렇게 해서는 행동이 저지되지 않기 때문이다(Reeve 1986, 108쪽).

　그렇다면 재산과 자유의 관계는 자유에 대한 특별한 관념과 특정한 재산 체제가 단순히 상응한다는 것을 보여주지 않는다. 자유에 영향을 줄 수 있는 재산의 많은 양상이 자원을 개인적으로 통제하느냐 집단적으로 통제하느냐와 관련된 문제가 아니며, 어떠한 경우에도 사회가 배타적인 사유재산제나 공유재산제에 언질을 줄 필요가 없다. 설령 어떤 형태의 재산, 예를 들어 토지나 생산 수단 등을 택하더라도 자유에 대한 다른 관념 내에서 사유재산을 옹호하거나 옹호하지 않는 논지가 있을 수 있다. 그리고 자유와 관련해 똑같은 광범한 관념 내에서도 재산에 대한 의견의 불일치가 있을 수 있다. 시장에 대한 제도가 가지는 특성을 둘러싸고 논쟁이 있기 때문이다(Reeve 1986, 109쪽).

어떤 측면에서는 재산에 대한 규칙이 자유를 제한한다고 볼 수 있다. 재산에 대한 모든 규칙은 특정한 자유를 어느 정도 향유하는 사회와 연관되기 때문에 어떤 사회, 예를 들면 사회주의적 사회나 자본주의적 사회가 자유를 더 적게 제한한다고 판정할 수는 없다(Reeve 1986, 109쪽).

재산권은 물질적 자원과 그 자원에 대한 정당한 활동을 규제하는 규칙과 연관된다. 그리고 소극적 자유는 방해가 없다는 의미에서 물질적인 것으로, 정당한 간섭의 부재라는 의미에서 규칙이 지배하는 것으로, 또는 양자를 포함하는 것으로 이해될 수 있다. 그렇기 때문에 재산과 소극적 자유의 관계를 논하는 데서 그 근거가 무엇인지를 명확히 해야 한다. 살펴본 바에 의하면, 첫째, 순수한 소극적 자유지상주의자는 재산에 대한 규칙과 자유의 관계에 대해 아무런 주장도 할 수 없다. 이들 규칙은 행동을 막는 데 우연하게 연관되기 때문이다. 둘째, 완화된 소극적 자유지상주의자에게 이 문제는 복잡하다. 그들이 자유의 축소라고 보는 간섭의 범위는 더욱 광범하며, 그러나 재산에 대한 규칙은 법처럼 간섭을 면해주며, 간섭으로부터의 면제를 정당하게 배분하는 일련의 규칙을 규정하는 것은 아주 도전적이기 때문이다. 그리고 자원 배분에서의 불안정 때문에 문제가 더 발생하면, 더욱 어려워진다(Reeve 1986, 110쪽).

그러나 만약 자유에 대해 도덕화된 정의를 채택한다면, 재산에 대한 규칙에 따라 허용된 정당한 간섭은 자유를 제한하지 않는 것으로 여겨진다. 그렇게 되면 이제 그 규칙이 무엇이든지 간에 자유를 제한하지 않는 것이 되어버린다. 요컨대, 순수한 소극적 자유지상주의자의 관념으로는 재산에 대한 규칙과 금지된 행동 사이에 우연한 관계가 있기 때문에 더 이상의 분석할 수 없게 된다. 정당한 간섭을 자유의 축소로 보려고 하지 않는 관념으로는 재산에 대한 어떠한 규칙도 자유에 영향을 끼치지 않기 때문이다. 완화된 소극적 자유지상주의는 간섭이 정당한가 그렇지 않은가라는 간섭의 범위에 관심이 있는데, 그들에게는 아주 복잡한 문제가 제기된다. 이미 살펴본 것처럼 자유에 대한 적극적인 관념에 언질을 주는 것은 더 이상의 가정 없이는 국가 재산, 공동재산 또는 사유재산에 대해 어떠한 지지도 하지 않는다. 그렇기 때문에 소극적 자유에 대해 언질을 부여한다고 해서 사유재산을 지지하게 되는 것도 아니다(Reeve 1986, 111쪽).

재산에 대한 대부분의 논쟁은 결국 시장에서 재화를 배분하는 것과 그렇게 하지 않는 것 가운데 무엇이 어떠한 목적을 달성하는 데 더 나은가라는 문제로 귀결된다고 하겠다(Reeve 1987, 405쪽). 그렇다면 현 시점에서 시장을 포기할 수 있는가? 하이에크가 지적한 것처럼 시장 없이는 현대의 산업 조직이 운영될 수 없을지도 모르며, 또한 사회주의 체제가 운영된 것도 자본주의로부터 무의식적으로 배운 시장의 개념이 역으로 작동했기 때문이라고 볼 수 있을지 모른다(藤原 1999, 148쪽).

다음과 같은 측면도 고려해야 한다. 만약 재산의 평등한 배분이 자유의 평등한 배분을 가능케 하며 자유가 일의적인 가치라면, 지구상의 재산은 평등하게 배분되어야 한다고 주장할 수 있다. 요컨대, 사유재산 자체가 인간의 자유와 평등에 가장 커다란 장애라는 것을 모두가 인정한다면 사유재산의 철폐를 주장할 수도 있다. 이는 마르크스가 부르주아에 의한 시민 사회의 붕괴를 주장한 것과 같은 맥락이라고 볼 수 있다. 그러나 시민 사회의 병폐를 인식하고 있었던 헤겔은 시민 사회가 커다란 에너지와 효율성을 제고하기 때문에 그 붕괴까지는 주장하지 않았더라도 관료적 엘리트에 의한 국가가 공동선을 증진시킬 것이라고 보았다.

자유나 평등이 각기 유일한 가치가 아닐 수도 있다는 데 문제의 핵심이 있다. 이 점은 자유가 주어지면 효율이 신장되며 지나친 평등은 효율을 저해한다는 것에서 이미 살펴보았다. 그 반증으로, 20세기 초기의 영국 사회주의자는 생산의 효율과 자유의 신장을 이유로 국유화와 공공 소유를 옹호했다는 것을 들 수 있다. 그러나 현실은 원하는 대로 되지 않았다(Reeve 1986, 89쪽). 이 점은 구소련의 붕괴, 그리고 대처 총리와 레이건 대통령의 효율성 제고 정책으로도 증명되었다. 요컨대 사회 전체의 효율성의 제고라는 가치도 중요하다.

좌파의 시각이라 하더라도 사유재산의 철폐를 반드시 주장하는 것이 아니라는 것은 분명하다. 빈자로 하여금 독립적인 존재가 되게 하여 더욱 자유롭게 하는 방법은 두 가지가 있다고 하겠다. 하나는 생산 자원을 빈자에게도 재분배해 모두가 조금씩 가지게 하는 방법이며, 다른 하나는 빈자로 하여금 생산 수단에 접근하게 하는 방법이다. 전자는 독립적인 인간의 수를 늘리면서 생산 자원을 소유하는 것을 독립의 기초로 삼는다. 따라서 사유재산과 양립할 수 있다. 그런데 문제는 여기에도 재산과 자유 사이의 역설이 생긴다는 점이다. 후자는 접근을 어떻게 보장하느냐에 따라 사유재산을 옹호할 수도 있고 그것의 폐지를 주장할 수도 있다. 강하게 보장하면 생산 수단의 공유나 국유화를 허용하게 되며, 약하게 보장하면 직업에 대한 권리와 노동에 대한 권리를 보장하게 된다(Reeve

1986, 88~89쪽).

아리스토텔레스부터 립셋에 이르기까지 이론가들은 물질적 불평등이 심각해도 과연 정부가 안정을 누릴 수 있는지 의심했다. 나아가 불평등이 극심해도 민주적인 정치적 권리와 개인의 자유가 존속할 수 있는지 또한 의심했다. 만약 재산권이 독립적인 정치적 참여를 위한 기초를 제공한다면, 불평등이 극심한 상황에서 이 기초는 무너질 것이다. 빈자는 독립을 유지하지 못하고 많은 부를 통제하는 사람들에 의존하게 될 것이다. 이렇게 의존하게 되는 것이 재산을 자유롭게 행사하는 것으로 인해 생긴 자연적인 결과라면, 이렇게 의존하는 것은 정치에 참여하는 것을 어렵게 만든다. 이처럼 재산권을 부여함으로써 자유와 민주적 참여를 확보하려고 했는데, 재산권으로 인한 경제적 불평등은 그 기초를 무너뜨릴 수 있다(Fagelson 1995, 1010쪽). 그래서 천부 인권으로 여겨진 재산권의 자유가 이제 중세 사회와 같은 종속적인 인간관계를 낳는다면 이는 규제되어야 한다(김철 2009a, 189쪽).

3. 자유와 평등의 조화

루소는《사회계약론》에서 법은 모든 이들의 최대의 선을 목표로 삼아야 하며, 최대의 선은 자유와 평등으로 이루어지고, 평등은 자유 없이는 있을 수 없다고 주장한다(bk. ii, ch. ii). 그렇다면 평등은 자유를 옹호하며, 자유와 평등의 추구는 충돌하지 않는다. 반면에 페녹J. Roland Pennock은 자유와 평등은 아무리 잘되어도 긴장 상태에 있다고 본다(Pennock 1979, 16쪽). 더군다나 더 과격한 자들은 자유와 평등은 그 본질에서 모순적이라고 주장한다.

그렇게 다양한 견해가 있을 수 있는 이유는 무엇인가? 자유와 평등에 대해 다양한 관념이 있기 때문에 자유와 평등의 관계에 대한 견해도 다양할 수밖에 없다. 다음과 같이 자유주의가 발전하게 된 과정에 비추어 자유와 평등의 관계를 생각해보자. 예를 들면, 소극적 자유와 사회적 평등의 관계는 적극적 자유와 법 앞의 평등의 관계와 다를 수 있다. 한국에서 한때 재건복(再建服) 입기를 권장한 것이나 중국에서 모택동복(毛澤東服) 입기를 권장한 것처럼 사회적 평등이 극단적인 형태로 나타나면 평등이 자유를 침해한다. 다른 한편 법 앞의 평등만으로는 적극적 자유를 향유하기 힘들다고 보면, 한정된 범위의 평등이 자유를 보장하지 않게 된다.

(1) 고전적 자유주의적인 평등

일반적으로 우리는 고전적 자유주의자들이 자유와 평등은 다양하게 충돌한다고 생각했다고 간주한다. 그러나 고전적 자유주의자들이 평등에는 관심을 보이지 않고 자유에만 관심을 쏟았다고 볼 수는 없다(Kymlicka 1990, 5쪽). 각자가 자연적 자유를 갖는 이상, 각자는 근본적으로 평등하다고 로크는 주장했다(ST, §95). 평등한 권리를 보장하는 불편부당한 정치적 권위에 대해 자유로운 인간들이 대등하게 동의하게 된다. 각자가 대등하게 자유로운 지위를 가지기 때문에 모든 시민을 불편부당하게 대우하는 한에서 평등주의적 정치 질서는 정당화된다.

근본적인 평등을 위해서는 평등한 시티즌십이 보장되어야 한다. 여기에는 세 가지 핵심 요소가 있다. ① 모든 시민은 소극적 자유에 대한 평등한 권리, 재산을 얻고 재산을 보호받을 평등한 권리를 가져야 한다. 재산에 대한 모든 시민의 자유가 수반되어야 다른 자유가 안전하다고 믿는다. 그래서 ② 개인은 본질적으로 자신의 이익을 추구하며, 개인의 주된 관심사는 자신의 삶을 영위하는 것이다. 반면에 선이 무엇이고 삶을 살 만하게 만드는 것이 무엇인지에 대해서는 의견의 일치가 불가능하며 각자가 결정하는 것으로 모든 개인은 간주한다. 자신의 삶을 스스로 영위할 수 있도록 하기 위하여 자신의 생명, 자유, 재산을 보호하려고 한다. ③ 이 권리들을 강제하기 위해서는 법체계를 정해야 한다. 법체계는 권리의 범위와 공정하게 분쟁을 해결하고 판결을 강제할 수 있는 불편부당한 재판관을 규정한다. 그래서 평등한 시티즌십은 법 앞의 평등을 요구한다. 분쟁을 불편부당하게 해결하기 위해서라도 공무원들은 시민을 그의 법적 권리에 따라 엄밀히 평등하게 대우해야 한다(Gaus 2000, 160쪽).

(2) 존 스튜어트 밀, 공리주의, 그리고 고전적 자유주의

공리주의는 사회계약론과는 다른 형태의 고전적 자유주의라고 하겠다. 고전적 자유주의자는 평등한 시티즌십에 대한 고전적 자유주의의 견해를 인정하기 위해 공리주의적인 논지를 이용했다.

존 스튜어트 밀은 평등한 '자유 권리liberty rights'를 옹호하기 위해 공리주의를 제시했다. 각자는 자신의 능력을 발전시키려고 하는데, 자신에게 가장 적합한 삶이 무엇인지를 결정하기 위해서는 자유가 필요하다. 자신과 타인에게 무해 원칙을 적용해 각자에게 (호펠드의 의미로서) 자유 권리를 보장해야 한다. 그렇게 함으로써 각자는 자신의 능력을 발전시킬 기회를 얻게 되어 전체적으로 행복해질 수 있다. 자유가 주어져야만 타인보다 자신의 능력을 발전시킬 능력을 더 많이 가진 사람들이 자신의 능력을 발전시켜 사회가 진보할 수 있다. 사회 진보를 통해 평범한 사람들도 혜택을 볼 수 있다. 그렇게 되는 것은 결국 개체성을 발휘할 수 있게 하는 자유가 보장되기 때문이다. 그래서 밀은 모든 사람에게 평등한 자유를 주장했다(Gaus 2000, 162~163쪽).

밀이 평등한 자유를 주장한 데에는 사회적 평등이 개체성에 위험이 된다는 것이 함축되어 있다. 토크빌은 사회적 평등을 지향하는 미국을 보고 기대와 더불어 의구심을 드러냈다. 사회적 평등은 사회적 위계와 직업상의 위계가 없는 삶을 지향한다. 그래서 사회적 평등은 어느 누구가 예외적으로 드러나는 것을 싫어하며 같은 것을 선호한다. 그렇게 되면 집단의 선이 모든 것이 되고 개인의 선은 별것 아닌 것이 될 수 있다 (Pennock 1979, chs. 2~3). 같은 것을 평등으로 보는 사회적 평등을 따르게 되면, 존 스튜어트 밀이 주장한 개체성과 소극적 자유는 사회적 평등과 갈등을 일으킨다. 그렇다고 해서 토크빌과 밀이 사회가 평등화되어 가는 것에 반대한 것은 아니다. 평등이 개인으로 하여금 사회 전체에 순응하게 해 도덕적 집단주의를 추종하게 하면, 평등의 정신과 민주주의는 때로는 자유를 파괴할 수 있다는 점을 그들은 지적한 것이다. 평등, 특히 사회적 평등이 집단으로 하여금 개인과 개체성 위에 군림하게 하면, 자유와 평등은 본질적으로 갈등을 일으키기 마련이다.

(3) 자유와 경제적 평등

이처럼 평등이 사회적 평등이라는 형태를 띠게 되면, 자유와 개체성과 갈등을 일으킨다. 또한 고전적 자유주의자는 경제적 평등의 추구는 자유

와 갈등을 일으킨다고 주장한다. 경제적 평등을 추구하기 위해 정부가
개입해 개인들 사이의 자유로운 거래에서 생긴 소득과 부의 양태를 뒤엎
을 수 있기 때문이다. 게다가 경제적 평등을 이루기 위해 능력 있는 사람
이 다른 사람들보다 더 많은 세금을 내게 되면, 세금을 더 내기 위해 그
는 강제 노동을 한 셈이다. 고전적 자유주의자들은 재산권이 개인의 자
유를 보호하는 데 근본적인 역할을 한다는 견해를 드러내는데, 이 견해
로서는 경제적 평등이 소극적 자유와 갈등을 일으킨다. 게다가 평등한
결과를 추구하다 보면, 어떤 사람은 자유를 제약받게 되는 반면 어떤 사
람은 인정된 혜택을 더 받게 된다(Gaus 2000, 165쪽).

(4) 수정주의적 자유주의

앞에서 살펴본 것처럼 홉하우스의 새로운 자유주의 이론은 자유주의
전통 내에서 자유와 평등을 조화시키는 다른 길을 제시했다. 자유가 자
유주의의 핵심이라는 것을 인정하면서 홉하우스는 그린을 따라서 자유
에 대해 적극적으로 설명한다. 자유로운 인간은 분리되는 것과는 관계
가 없으며, 이익의 망(網)을 구성하는 다양한 외부적 관계에서 전체 자아
와 관계가 있다는 의미에서 '스스로 결정self-determination'된다(Hobhouse
1922, 55~57쪽).

그러나 그러한 내적인 도덕적 자유는 사회적 자유, 즉 사회에서의 인
간의 자유에 의해 보완될 필요가 있다. 그런데 사회적 자유는 제약을 요
구한다. 만약 사람들이 사회에서 스스로 결정되려면, 타인이 그들에게
할 수 있는 바와 그들이 타인에게 할 수 있는 바에 대해 제한이 있어야
한다. 자연 상태나 무정부 상태에서는 타인들이 강압하고 제약함으로써

나의 자아 결정에 항상 개입할 수 있다. 그래서 사회적 자유는 사회적 억제를 전제한다고 홉하우스는 주장한다. 고전적 자유주의자는 법을 억제의 체제로 보고 법이 다른 나머지 자유를 더 잘 보호하기 위해 우리의 어떠한 자유를 앗아간다고 주장한다. 반면에 홉하우스는 자유와 평등 사이의 충돌을 상정하지 않는다. 그의 견해에 따르면, 전적으로 자신에게만 관계되는 행동은 있을 수 없으며, 설사 있다고 하더라도 공동의 관심사가 되지 않을 수 없다. 그 자신에게만 미치는 영향 자체도 사회적 양상이 된다. 그러므로 각자의 자유는 '공동선이라는 원칙principle of the common good'에서 모든 이들의 자유에 의해 제한을 받아야 한다(Hobhouse 1922, 62~65쪽).

홉하우스가 이렇게 주장하는 데에는 개인의 선과 사회의 공동선은 반드시 조화를 이룬다는 생각이 깔려 있다. 그린을 따라 홉하우스는 개인을 위한 선은 자신의 개성을 발전시키는 것이며 그러한 발전은 발전된 개인들로 이루어진 사회에서만 가능하다고 믿는다. 그린이나 홉하우스의 시각에서 보면 개인의 발전과 타인들의 발전 사이에 궁극적인 갈등은 없다. 즉 모든 사람은 개성을 완성시키는 데에서 자신의 선을 찾게 되며 다른 발전된 개성을 지닌 타인들과 더불어 사회생활에 참여함으로써, 즉 공동선에 기여함으로써 그 자신에게 최선인 것을 실현할 수 있다. 그러므로 자유로운 인간은 합리적 의지를 따르고 합리적인 사람은 공동선을 의지로써 결정한다(Hobhouse 1922, 70~71쪽).

따라서 모든 사람이 평등한 권리를 가져야만 자신의 개성을 발전시킬 수 있으며 그로써 공동선을 달성할 수 있다. 그래서 평등한 권리는 개인의 선과 자신의 진정한(적극적) 자유에 의해 손상되지 않는다. 적극적 자유가 요구하는 것이 평등한 권리다. 홉하우스에 따르면, 평등한 권리는 전통적인 자유주의적 자유만이 아니라 평등한 필요까지 평등하게 만족시키는 것을 포함해 공동선에 기여한다. 개인의 선이 사회의 공동선과 밀접하게 연관돼 있다고 본다는 점에서 홉하우스의 이론은 집단적이다(Gaus 2000, 169쪽).

앞에서 자유와 평등의 관계를 자유주의의 발전 과정에 따라 간략하게 중요한 점만 짚어보았다. 자유주의는 초기의 자유방임주의적 국가에서부터 수정주의적 자유주의를 수용하게 됨으로써 현재의 복지 국가로 발전해왔다. 자유보다는 평등이 점차 강조되는 방향으로 발전해왔다. 이 발전 과정에서 자유와 평등 중 어느 것에 우선을 두어야 하는가라는 문제를 두고 자유주의자들은 고심해온 것이다. 오늘날 자유민주주의적인 복지 국가라는 틀에서의 자유와 평등의 관계라는 문제를 고찰해보자.

(5) 자유민주주의적인 복지 국가

자유민주주의는 자유와 평등을 동시에 해결할 수 있다는 가정에서 성립되었다고 볼 수 있다. 그러나 자유와 평등이라는 쌍둥이 원칙 사이에는 긴장이 있기 마련이다. 자유나 자유에 대한 권리가 보편적이지 못하고 특권이 인정되던 시대가 있었다. 특권을 가진 자와 갖지 못한 자가 나누어진다는 것은 자유나 권리가 불평등하게 주어진다는 것을 의미한다. 이것은 곧 모든 인간에게 평등한 존엄성을 보장하지 못하면 어떤 사람들의 자유나 권리가 축소된다는 뜻이다. 게다가 평등한 존엄성을 보장하지 못하는 것이 사회 구조 탓이라면 자유와 권리의 축소는 더욱 심각해진다. 복지 정책을 펴기 위해 국가 예산을 지출하는 만큼 사적 경제에서는 그만큼의 투자가 줄어든다. 노동자를 실직으로부터 보호하거나 기업이 도산하는 것을 막는 만큼 경제적 자유가 줄어든다.

민주주의 국가에서는 자유주의 국가에 비해 자유보다는 평등에 더 많은 애착을 갖기 마련이다. 민주주의 없이도 자유는 가질 수 있지만, 그러나 평등은 민주주의를 규정하는 특징이기 때문이다(Fukuyama 1992, 292~293쪽). 바로 이러한 이유에서 민주주의에서는 평등을 강조하게 되는데, 지나친 평등이 가져오는 해악보다 자유가 지나친 것이 사람들 눈에 더 쉽게 들어온다. 정치적 자유는 소수에게 커다란 즐거움을 가져다주어서 눈에 쉽게 띄지만, 평등은 많은 수의 대중에게 적은 즐거움을 가져다주기 때문이다(Fukuyama 1992, 295쪽).

현대의 자유민주주의적인 복지 국가에서는 자유와 평등 중 어느 하나도 무시하지 않고 양자를 조화시켜야 하는데, 여기에는 현실적인 어려움이 있다. 이것이 복지 국가의 난제다.[59]

불평등하다는 것은 불평등한 측에서 볼 때 불평등한 만큼 자유롭지 못한 것이다. 이처럼 자유의 평등화라는 맥락에서 보면, 불평등은 부자유를 의미한다. 더군다나 평등주의가 결과에서의 평등을 주장하게 되면, 자유와 평등 사이의 갈등은 명확하게 부각된다. 평등 때문에 희생당하는 쪽에서는 자유가 희생당했다고 여길 수도 있다. 그러나 기회의 평등을 주장하게 되면, 이것은 결과의 평등에 비하면 함축하는 바가 약하기 때문에 자유와 평등 사이의 갈등은 더 줄어든다(Fishkin 1997, 148쪽).

---

59 경제학자들은 일반적으로 성장과 균등한 배분을 동시에 달성하기는 어렵다고 믿는다. 그런데 스웨덴은 1950년대 이후로 고복지를 위해 고부담을 하면서도 성장, 물가 안정, 완전 고용을 달성했다고 한다. 그렇게 될 수 있었던 요인은 경제 외적인 것이었다. 즉 시민들 사이에 반목과 질시가 없고 국가와 제도에 대한 신뢰가 있어서, 시민들 각자가 삶에 대한 불안감 없이 자신의 미래를 낙관할 수 있기 때문이다(최연혁 1912, 28~29 · 39쪽).

자유주의를 자유방임주의적 자유주의, 업적(공적)주의적 자유주의, 그리고 평등을 강력하게 지향하는 자유주의로 구분해보면, 소극적 자유가 보장되는 정도가 각기 다르다. 소극적 자유가 당사자 간의 자유로운 계약에 의존하는 자유방임주의 체제에서는 공적 영역에서나 사적 영역에서 소극적 자유가 똑같이 대우받는다. 반면에 '공적merit'을 중시하는 업적주의적 자유주의에서는 소극적 자유가 사적 영역과 공적 영역에서 똑같은 정도로 제한받지 않는다. 즉 공적인 영역에서 제한을 더 받는다 (Fishkin 1997, 150쪽). 평등을 더욱 강력하게 옹호하는 자유주의에서는 소극적 자유가 사적 영역과 공적 영역에서 모두 제한을 받기 때문에 자유를 달성하는 데 더 많은 희생이 따른다(Fishkin 1997, 150쪽).

자유와 평등의 갈등은 자유주의와 민주주의 사이의 갈등인 셈이다. 자유주의자는 '정부의 한계가 무엇인가'라는 질문을 던지고 민주주의자는 '누가 다스리는가'라는 질문을 던진다. 이 두 가지 질문의 차이는 곧바로 소극적 자유와 적극적 자유의 차이와 연관된다. 초기의 자유주의에서는 직접적인 자치와 공공사에 참여할 의무 같은 것을 특징으로 삼지 않았다. 콩스탕이 지적한 바와 같이 개인의 자유는 전제 군주에 의해 짓밟힐 수도 있고, 프랑스 혁명의 와중에 자코뱅 테러가 보여준 것처럼 인민 주권이라는 명분으로 짓밟힐 수 있다. 제약 없는 다수결주의가 민주적인 전제(專制)의 한 형태가 될 수 있다. 루소의 일반 의지를 모형으로 한 민주주의도, 합의를 목표로 하는 심의 민주주의도, 그리고 공동선에 대한 하나의 이념도 소수의 권리를 보장해주지 않을 수 있다.

이러한 것들은 자치를 통해 더 높은 이념에 봉사하게 한다. 공공질서, 경제적 진보, 평등 또는 선한 삶에 대한 특정한 비전 등이 더 높은 이념의 예들이다. 기본적 자유보다 이것들에 우선권이 부여된다. 그래서 밀과 토크빌은 다수의 전제에 대해 우려를 표명했다. 전제는 권력의 한계를 인정하지 않기 때문이다. 게다가 양자는 민주주의적인 사회가 법과는 별개로 의견의 전제를 행사해 사람들로 하여금 순응케 하고 개체성과 독립성을 저해하는 경향이 있다는 것을 경고했다. 그러므로 다양성을 관용하는 것이 자유주의의 핵심이다(Rosenblum 1995, 758쪽).

정치적 절대주의로부터 시민들을 방어하기 위해 자유주의적 정부는 헌정주의, 사법부의 독립을 포함하는 권력 분립, 법의 지배, 정치적 대의제도, 개인과 소수 집단의 자유를 확보하기 위해 강제할 수 있는 시티즌십, '시민권civil rights' 등을 제도로 둔다(Rosenblum 1995, 756쪽). 권력 분립을 하는 이유는 입법부, 사법부, 행정부의 권력을 분립함으로써 국가기관들이 서로의 권력 남용이나 오용을 감시하고 견제해 국가 기관들이 시민들에게 권력을 오용하거나 남용하지 못하게 하고, 그리하여 시민들로 하여금 자유를 누리게 하는 데 있다. 그리고 권력 분립을 통해서 국가기관들은 제한 정부에서 원래 국가가 간섭하기로 한 일에만 간섭하고 그이상의 일에는 간섭하지 않게 된다. 따라서 국민의 자유와 권리가 보장될 수 있다.

한편, '다원적 시민 사회pluralist civil society'를 유지하는 것이 시민의 자유와 제한 정부를 보장하는 또 다른 방법이기도 하다. 재산을 축적하고 경제적 결사체를 구성할 자유를 주는 것은 권력을 분산시키고 지배자의 부정의를 막을 수 있는 물질적·사회적 자원을 제공하기 때문이다. 결사의 자유를 부여하는 것도 결사체가 절대주의와 전제를 막기 때문이다. 다양한 사회적 집단들이 대의제를 통해 대표가 되면 집단들은 서로 견제할 것이며, 전제적인 다수가 영구적으로 나타나는 것을 막을 수 있다. 그러므로 자유주의와 다원주의는 서로를 강화한다. 무엇보다 중요한 것은 정부가 권력을 전제적으로 행사할 수도 있다는 것을 감안해 정부를 감시하는 것이다(Rosenblum 1995, 756~757쪽).

평등을 지나치게 강조함으로써 나타날 수 있는 폐해에 대해서는 앞에서 지적한 바 있다. 커트 보니것Kurt Vonnegut, Jr.의 단편 소설 〈해리슨 버저론Harrison Bergeron〉은 평등을 지나치게 추구하면 유토피아가 아니라 디스토피아가 된다는 것을 묘사하고 있다. 거기에는 못난이는 가면을 쓰고 키가 큰 사람은 수술로 다리를 줄이고 힘이 센 사람은 모래주머니를 차고 다니는 식으로 평등이라는 이상을 실현한 사회가 등장한다(최연혁 2012, 283쪽 재인용).

이상과 같은 평등에 대한 비판과 관련해 20세기에 크게 보아 두 가지 유형의 반응이 나왔다. 공산주의와 사회민주주의다. 공산주의적 입장은 인간이 이기심을 가지면서 이타심이 제한되는 것이 평등주의적 사회를 만드는 데 방해가 된다는 것이다. 만약 인간이 그렇게 이기적이 아니라면, 효율을 내세우면서 평등에 반대하는 것은 설득력이 없어진다. 공산주의자들은 인간의 이기적 행동은 사회화와 교육을 통해 제거되거나 감내할 수 있을 정도로 축소될 수 있다고 본다. 이를 위해 그들은 정치적으로 계몽된 자들이 교육에서 독재를 하고, 시장 경제를 철폐하고 계획 경제를 실시했다(Arneson 1998, 119쪽).

그러나 이러한 시도를 한 국가는 20세기에 대체로 억압적인 일당 독재 국가였다. 이러한 국가는 중앙 집권화하고, 국가가 운영하는 근대적 산업 경제를 구축하고, 정치적·문화적 자유를 억누르고, 사적인 생활을 국가가 엄하게 통제하는 데 어느 정도 성공을 거두었다. 그러나 인간의 본성이 변할 조짐은 없었다(Arneson 1998, 119쪽). 이에 반해 사회민주주의자들은 사람을 있는 그대로 보고, 제도와 법을 인간이 달성하는 한 상태로 두고 평등한 사회를 만들려고 했다. 인간의 본성을 변화시키겠다는 목표는 설정하지 않았다. 그들은 정치적 민주주의는 정의라는 다른 가치를 위한 수단이 될 수 있을 뿐만 아니라 그 자체로 평등주의적 정의의 근본적 양상으로서 가치가 있다고 보았다. 또한 시장 경제도 평등주의적 정의라는 목표를 실현하는 수단으로 간주해 중립적인 것으로 보았다. 그들은 적어도 이상적인 상태에서는 시장 경제가 부를 창출하고 효율적인 결과를 산출하는 능력이 있다고 보았다. 그렇지만 이를 넘어 시장이 사회민주주의자들이 정의롭다고 생각하는 결과를 가져다준다고 여겨지지는 않았다. 그래서 국가가 시장을 민주주의적으로 통제해 평등주의적 목표를 달성해야 한다고 보았다(Arneson 1998, 119쪽).

(6) 평등에 대한 주장의 근거

　그렇다면 평등주의자들은 어떤 이유에서 평등을 옹호하는가? 평등주의자들의 반론을 들어볼 가치가 있다. 평등주의자들의 기본 입장은 크게 보아 두 가지다. 첫째, 국가의 권력만이 아니라 경제력이 자유를 침해할 수 있다는 점을 부각한다. 둘째, 개인의 자유는 외적인 장애만큼이나 개인이 활용할 수 있는 자원, 즉 소득·지위·지식 등의 결여로 제한을 받는다는 점을 지적한다(Baker 1987, 73~74쪽). 그래서 그들은 다음과 같은 이유에서 평등을 옹호한다.
　① 반(反)평등주의자는 평등한 사회에서는 개인이 재능을 발휘해 탁월한 사람이 되는 것이 불가능하다고 주장한다. 그러나 이것은 평등이라는 개념과 모든 사람이 똑같다는 개념을 혼동하는 것이다. 평등주의는 개인의 재능을 발휘할 수 있는 조건을 평등하게 보장함으로써 오히려 자기 발

전의 기회를 더 많이 부여한다. 물론 더 평등한 사회와 덜 평등한 사회를 비교했을 때, 전자의 사회에서 자기 발전을 통하여 얻게 되는 혜택을 후자의 사회보다 자신이 아니라 타인들에게 더 돌아가게 한다는 점이 평등주의에는 있다. 그렇기는 하지만 그러나 자기 발전의 기회는 평등한 사회가 더 보장한다고 볼 수 있다(Baker 1987, 75~76쪽).

② 재산권 옹호론자는 재산에 대한 자유의 침해는 재산을 이용할 자유를 침해하는 것이며, 재산이 보호하는 개인적 자유를 침해하는 것이라고 일반적으로 주장한다. 그런데 재산이 있으면 자유가 증진된다는 것이 사실이라면, 재산 소유가 불평등한 사회에서는 가진 자가 자유를 더 많이 행사하고 갖지 못한 자는 자유를 적게 행사할 것이다. 그렇다면 재산을 어느 정도 평등하게 소유하도록 하는 것이 모든 사람이 평등하게 자유를 향유할 수 있게 하는 것이다(Baker 1987, 77쪽).

③ 평등주의자들이 재산 제도의 시정이 필요하다고 주장한다고 해서 재산권 행사에 어떤 권리와 제약이 따른다는 것을 부정하는 것은 아니다. 재산을 과도하게 자신들에게 집중시키고 자본까지 통제하게 되는 계층은 타인의 노동력을 사고 통제하며, 나아가서는 타인을 통제해 타인의 자유를 제한하게 되는 것을 평등주의자는 방지하고자 한다(Baker 1987, 78쪽). 즉 평등주의의 목적은 다수의 자유를 보호하려는 데 있다. 자본주의는 재산권을 두고 자유와 평등 사이의 문제라고 보는데, 재산권의 실상은 소수의 자유와 다수의 자유 사이의 문제라고 보아야 한다(Baker 1987, 78~80쪽). 재산이 어느 정도 있어야만 인간이 자유로워지는 것이 사실이라면, 재산의 불평등이 지나치지 않고 재산의 평등이 광범하게 이루어질 때 자유가 평등하게 보장된다.

④ 공화주의자들이 주장하듯이 재산이 균등하게 배분되어야만 정치

적 자유를 누릴 수 있다면, 정치적 자유의 평등한 보장을 위해서라도 재산의 균등한 배분이 보장되어야 한다. 게다가 정치적 자유가 보장되어야만 자치에 평등하게 참여할 수 있다. 즉 민주주의적일 수 있다.

요컨대 평등주의자들은 다음과 같은 이유에서 평등을 옹호한다. 평등이 이루어져야만 개개인이 경제적으로 타인의 지배에서 벗어나 사회적으로 평등할 수 있고, 정치적 자유를 보장받을 수 있으며, 잠재력을 발휘해 자신을 해방시킬 수 있고, 서로를 존중할 수 있다. 그렇다면 평등을 거부하는 것은 자유를 거부하는 것인 셈이다(Baker 1987, 84~85쪽).

(7) 재산권, 자유와 평등

이처럼 경제적 평등과 재산권의 옹호 사이에 균형이 이루어져야 하는 것과 마찬가지로 자유라는 가치와 평등이라는 가치에도 균형이 이루어져야 한다. 그런데 균형을 찾는 것이 쉬운 일이 아니다. 종합부동산세에 얽힌 문제를 살펴봄으로써 재산권 옹호와 경제적 평등 사이에 균형을 달성하는 것이 쉽지 않다는 것을 알게 되었다.

재산권 옹호와 경제적 평등 사이의 균형이라는 문제는 다음과 같이 환언할 수 있다. 자유민주주의, 특히 자본주의적 자유민주주의 체제에서 자본주의라는 경제적 자유주의와 자유민주주의라는 정치 질서가 강조하는 정치적 자유는 불평등을 가져오며, 반면에 정치 질서로서의 민주주의는 평등을 증진시켜야 한다. 바로 여기에 자유민주주의 체제의 어려움이 있다. 요컨대 자유와 평등을 동시에 증진해야 한다는 어려움이 따르는 것이다.

자유는 경제적 불평등을 가져오기 마련인데, 이 불평등을 완화하는 일을 복지 정책이 담당한다. 경제적 불평등과 경제적 평등 사이의 조화를 달성해야 하는 것이다. 자유를 너무 강조하면 효율은 높아지지만 불평등해진다. 반면에 민주주의라는 평등을 강조하면 효율이 떨어진다(Okun 1975, ch. 4).

그런데 자유를 실질적으로 향유하자면, 어느 정도의 경제적 평등이 전제되어야 한다. 인간으로서의 최소한의 생활을 영위하지 못한다면, 그 사람은 사실상 자유를 박탈당한 것이나 다름없다. 그러므로 경제적 평등이 없으면 자유의 가치가 없어진다는 점에서 경제적 평등은 자유를 정의하는 하나의 원칙이 되어야 한다는 주장이 가능하다. 반면에 소극적 자유를 고수하는 이들은 경제적 평등이 그 자체로서 중요한 가치이며 자유를 효과적으로 향유하기 위해 필요하다고 인정하지만, 경제적 평등이나 복지를 자유와 동일시할 수 없다고 주장한다(Pennock 1979, 26쪽).

재산권을 향유할 자유를 중시하는 것과 경제적 평등을 중시하는 것은 서로 배타적일 수 있다. 경제적 평등을 이루기 위해 빈자 편에 서서 부자의 사유재산권을 급진적인 방법으로 변경시키려 하는 것은 곤란하다.[60] 이것은 아리스토텔레스가 우려한 바와 같이 체제를 위태롭게 할 수 있다. 다른 한편, 재산권의 옹호에만 집착하는 사람들도 자유는 평등을 바라는 욕구가 만족되지 않으면 성취될 수 없다는 아리스토텔레스의 주장에 귀 기울여야 한다.

요컨대 재산권, 즉 재산권을 향유할 자유를 지나치게 옹호하면 경제적 성장은 달성할 수 있겠지만 평등한 분배는 기약하기 어렵다. 반면에 경

---

60 1983년 스웨덴은 회사의 이익금 중 20퍼센트를 노동자 기금으로 내게 하는 법안을 가결했다. 그 결과 스웨덴의 유수 기업들이 외국으로 본사를 옮겼다. 1991년에 이 법안은 폐기되었는데, 스웨덴은 그사이 잃은 것이 많았다(최연혁 2012, 277~278쪽).

제적 평등을 지나치게 강조하면 평등은 달성할 수 있지만 사회의 효율성이 증진되지 않는다. 그렇기 때문에 사유재산 없이는 자유도 없다는 자유주의와 사유재산이 종식된 공산주의에서만 인간이 해방될 수 있다는 사회주의에 모두 귀 기울여야 한다(Piettre 1972, 84쪽). 이처럼 자유와 평등의 균형을 취하는 것은 자유주의와 민주주의의 균형의 문제이기도 하다. 나아가 엘리트와 대중 사이에 자유와 평등의 균형을 유지하면서 인류의 번영을 기약하는 문제이기도 하다.

이 문제가 그렇게 쉽지 않다는 것은 존 스튜어트 밀의 고심에서 읽을 수 있다. 그는 선거권 확대와 대의제 실시를 포함하는 평등을 주장해 당시 사회주의자로도 여겨질 정도였다. 그럼에도 그는 보통 선거보다는 보편 교육을 먼저 실시해야 한다고 주장했다. 또한 문자 해득 능력을 기준으로 투표권을 부여하자고 주장했다. 그래서 미숙련공에게는 한 표, 숙련공에게는 두 표, 그리고 학식 있는 이에게는 복수의 표를 행사하게 하는 복수투표제를 주장했다. 그는 대의제를 주장한 까닭에 민주주의를 선호한 것으로 비치지만, 그가 말한 민주주의는 인민 자신이 통치하는 것이 아니라 인민이 우수한 통치를 보장받는 것이었다. 그는 이렇게 하는 것이 합리적인 민주 정치라고 보았다. 말하자면 밀은 평등화를 통해 대중에게 권력을 부여하면서도 대중을 통제하는 방안을 생각했다. 이것은 결국 평등과 자유를 조화시키는 방법을 강구하는 것이 현실적으로 그만큼 어렵다는 것을 의미한다.

(8) 사회적 평등과 자유

토크빌은 평등의 확장이 자유의 축소를 가져올 것이라고 경고했다. 그러나 자유가 분화와 분열을 가져올 여지가 있다면, 평등은 수평화와 집중화를 가져올 수 있다(de Ruggiero 1959, 372쪽). 자유는 자유주의로, 평등은 민주주의로 구체화된다. 이렇게 본다면 자유주의가 자유민주주의로 발전하는 과정에서 자유와 평등은 상호 배타적이면서도 보완적이다. 자유와 평등이 대립적일 수 있는 것은 민주주의가 모든 사람들이 가지고 있는 조건을 동질화함으로써 자유의 핵심인 '개체성individuality'을 파괴하기 때문이다(de Ruggiero 1959, 373쪽). 평등이 무차별적 균등화의 수준까지 이르려면 부득이 과도한 중앙 집권화가 촉진되어야 한다는 점에서 그렇다. 그래서 서빈George H. Sabine은 '자유가 증대될수록 평등은 줄어들고, 평등이 증대될수록 자유는 줄어든다'고 주장했다(Sabine 1952, 452쪽). 이에 반해, 전술한 것처럼 평등이 자유를 제한하지 않는다는 주장도 있다(Baker 1987, ch. 7).

본 장에서는 재산권을 중심으로 논하다 보니, 자유와 평등의 갈등이라는 문제도 재산권을 중심으로 논하게 되었다. 그러나 시야를 더 넓혀 이 문제를 논할 수 있다. 자유와 평등의 갈등을 시티즌십이라는 사회적 계급 사이의 갈등으로도 볼 수 있는 것이다.

(9) 평등한 시티즌십

시티즌십의 원래 의미는 어떤 공동 사회의 완전한 성원인 사람들에게 부여되는 지위 신분status이었다.[61] 지위 신분은 권리와 의무가 합쳐진 것

---

61 'citizenship'은 보통 시민권(市民權)이라고 번역되지만, 원래 의미는 어떤 공동 사회의 완전한 성원인 사람들에게 부여되는 '지위 신분status'이었다. 이 지위 신분을 가진 모든 사람은 그에 따른 권리와 의무에서 평등하다. 'citizenship'을 시민권이라고 번역하면 '성원 자격

이며, 여기에는 법적·관습적인 공적 권위에 의해 정해지는 힘이 부여될 수 있다. 이러한 지위 신분에 또 하나의 의미를 부여하면, 사회적 지위 신분이 된다. 이것은 타자에 대해 '입장 위치standing'를 우위나 열위의 관념을 동반하지 않으면서 타자를 대우하는 경우에 생기게 된다. 그래서 사회적 지위 신분은 사람들의 자율성을 나타내는 척도가 된다. 그러므로 시티즌십은 자유, 평등, 우의를 원리로 삼기 때문에 시티즌십이라는 개념에는 평등이라는 개념이 포함된다.

반면에 '계급class'은 서로 다른 사람들을 차이를 넘어서 집단으로 결합시킴으로써 어떤 종류의 사회적 태도가 생성되게 하는 세력의 메커니즘이다. 계급은 하나의 계급 또는 여러 계급처럼 구체화되는 때에 더욱 집단적인 실체를 갖기 시작하지만, 노동조합이나 정당 같은 계급 조직이나 '결사association'적인 집단에는 이르지 않고, 형태를 갖추지 않은 집단성에 머물기도 한다. 그런데 경제적 계급과는 달리 사회적 계급은 이해의 동일성보다 오히려 태도의 유사성에 근거를 두며, 어떤 사회적 계급에 속하는 사람들은 자신들의 동료들에 의하여 대우를 받는 방법이 있다. 그렇기 때문에 사회의 여러 계급 사이의 대항은 경쟁, 교섭, 갈등이라는 모습을 드러낸다. 시티즌십과는 다르게 계급 사이에는 불평등이 있다 (Marshall et al. 1992).

원리적으로는 시티즌십에 포함된 평등이 계급 체제에서의 불평등을

---

membership'이나 '지위 신분'이라는 뉘앙스가 전달되지 않고 의무의 측면이 경시된다. 그리고 시민권이라고 번역하면 '시민적 권리civil rights'나 '공민권civic rights'과 혼동되기 쉽다. 그래서 그냥 '시티즌십'이라고 옮기는 것이 낫겠다. 그리고 봉건 시대에 계급이나 직업이나 가족과 연관된 여러 가지 'status'가 시티즌십이라는 하나의 'status'로 바뀐 거라고 보면 'status'를 지위 신분이라고 번역할 수 있겠다(미셸린 2005, 25·179쪽).

무너뜨리게 된다. 그러나 현실에서는 근대에 달성된 시티즌십의 평등이 자본주의에서 연유하는 불평등한 계급 체제를 극복하기가 쉽지 않다. 따지고 보면 이 문제는 결국 시민적·정치적 권리와 경제적·사회적·문화적 권리의 갈등이라고 하겠다. 자유가 효율을 강조해 불평등을 조장하는 반면, 민주주의와 복지 이념은 평등을 강조한다. 자본주의가 추구하는 효율과 민주주의가 추구하는 평등 사이의 갈등은 결국 자유와 평등 사이의 갈등과 연관된다.

양자의 갈등을 줄이고 양자를 서로 보완적으로 만들어야 한다. 자유와 평등이 서로 보완적이라는 것은 무슨 의미인가? 만약 평등이 없으면, 예를 들어 인간이 기회를 균등하게 가질 수 없으면, 자유는 배타적이 되며 따라서 억압적 특권으로 전락하기 쉽다. 선거권의 확대를 통해 권력이 평등하게 주어지는 것을 민주주의라고 부른다면, 민주주의가 아닌 체제에서 대중의 자유는 억압당한다. 그렇다면 평등해짐으로써 더 많은 사람이 자유를 향유하게 되었다고 볼 수 있다. 이러한 점에서는 자유와 평등이 서로 보완적이라고 토크빌은 생각하게 되었다. 그리고 인간을 해방시킨다는 점에서도 양자는 보완적이다. 인간이 필요로 하는 것을 평등하게 충족시키는 것이 곤경으로부터의 인간 해방을 뜻한다. 그리고 모든 사람을 평등하게 존경해야 한다는 것은 착취와 멸시로부터 인간을 해방시키는 것을 의미한다. 이렇게 보면, 평등은 인간 해방의 원칙이라고 이해될 수 있다. 그런데 인간 해방은 자유주의도 주창하는 것이다. 그래서 자유와 평등은 서로 보완적이어야 한다(Baker 1987, 84~85쪽).

아리스토텔레스가 평등을 추구하다 보면 부자의 재산을 몰수하게 되지 않을까 우려한 것은 지나친 평등을 강제적으로 달성하려다 보면 폐단이 생기게 됨을 시사하는 것이었다. 평등이 중요한 가치이기는 하다. 그렇지만 무엇을, 그리고 누구를 위한 평등인가 하는 문제도 생각하지 않을 수 없다. 자유니 평등이니 하는 것도 결국 사회에서 인간다운 삶을 영위할 수 있게 하는 데 목적이 있다. 그렇게 하려면 일차적으로 사회가 존속해야 한다. 사회가 존속하는 데 가장 긴요한 것은 소외감을 느끼는 구성원이 없도록 하는 것이다. 정의를 달성함으로써 소외를 극복할 수 있다.[62] 정의는 어떠한 형태의 평등을 토대로 가능하다. 그렇기 때문에 평등을 통한 정의가 달성되어야 사회가 일단 존속할 수 있다. 그런 연후에 사회는 효율성을 제고해야 한다. 인간이 사회를 이루고 사는 목적은 혼자서 사는 것보다 나은 삶을 영위하는 데 있기 때문이다. 효율성을 제고하는 데 필요한 가치가 바로 자유다. 인간에게 자유와 평등이라는 가치가 부여되었을 때, 개인만이 아니라 사회가 존속하고 번영할 수 있다. 바로 이러한 이유에서 자유와 평등의 조화라는 문제가 주요한 과제가 되지 않을 수 없다.

이 과제를 달성할 수 있을까? 인간이 틈만 나면 나태해지려 하는 이기적인 존재라는 점만 강조하면, 평등 달성은 요원한 일처럼 보인다. 그런데 아리스토텔레스에 의하면, 인간은 인간으로서 모두가 평등하다는 것을 직관적으로 이해할 수 있는 지성 능력이 있다. 감성적 지성이라고도 볼 수 있는 지성의 이러한 존재 방식을 아리스토텔레스는 '직지(直知) nous'라고 부른다. 이러한 능력이 있기 때문에 인간은 타인을 평등하게 대할 수 있게끔 되어 있다.

인간이 자유로우면서도 평등할 수 있는 인성을 지녔다고 본다면, 평등에 대한 욕구든 자유에 대한 욕구든 어느 정도 충족되지 않으면 국가는

---

62 정의라는 개념에는 'disalienation'이라는 개념이 포함되어 있다(Boulding 1962, 83쪽).

균형을 잃게 된다. 그렇다면 자신이 빈자나 부자 어느 측에 속한다는 것을 고려하지 않고 어느 누구나 같이 발전해야 하는 사회라는 그물에 서로 얽혀 있다는 것을 깨닫고 공동선을 이룰 수 있는 최선의 방법을 강구해야 한다(de Ruggiero 1919, 372~373쪽).

그렇다면 자유와 평등 사이에 적절한 관계를 설정함으로써 공동선을 달성해야 한다는 문제가 대두된다. 이것은 바로 소외를 극소화하고 효용을 극대화하는 문제이기도 하다. 이 문제는 현실적으로는 정치적으로 해결될 수밖에 없다(Olson 1969). 정치적으로 해결하는 데 지침이 되는 원칙을 제공하는 것이 정치철학이라고 하겠다. 정치적으로 해결한다는 것은 무엇을 의미하는가? 자유와 평등의 균형을 맞추는 점이 정해져 있는 것도 아니고, 게다가 양자 모두를 최대화하는 어떤 주어진 방식이 있는 것도 아니다(Fukuyama 1992, 292~293쪽). 그래서 모든 사회는 어떠한 시점에서 각자의 방식으로 그 균형점을 찾지 않으면 안 된다(Fukuyama 1992, 293~294쪽).

(10) 민주공화국의 부담

이상에서 논한 것을 염두에 두고 대한민국이 표방하는 민주공화국이 자유와 평등의 조화라는 문제와 어떻게 결부되어 있는지를 살펴보자. 민주공화국에서 민주는 자유주의에 연원을 둔 민주주의를 의미한다. 그런데 자유주의의 자유와 민주주의의 민주(평등화)를 조화시키는 것이 결국 자유와 평등을 조화시키는 것이다. 이 문제는 자유민주주의가 본원적으로 안고 있는 문제다. 그래서 이를 해결하기 위해 어떤 권리를 부여해야 하는가라는 문제가 대두된다.

일반적으로 권리 가운데 기본적인 권리, 즉 기본권을 보장하는 것이 자유와 평등을 조화시키는 방법이라고 주장된다. 그런데 기본권의 보장이 자유를 보장하는 제도라고 하지만, 여기에서 어떠한 기본권을 어떻게 보장하느냐에 따라 자유와 평등의 조화라는 문제는 다르게 부각된다. 이미 살펴본 것처럼 시민적·정치적 자유를 우선으로 하느냐, 아니면 사회적·경제적·문화적 자유를 우선으로 하느냐에 따라, 다른 말로 하면 소극적 자유와 적극적 자유 중에서 어느 것을 우선시하느냐에 따라 자유와 평등의 관계가 조율된다고 하겠다.

민주주의 자체에서 자유와 평등의 조화라는 문제가 대두되지만, 민주공화국이라는 용어 자체에서 민주주의가 지향하는 이상과 공화정의 이상이 좀 다를 수가 있다는 것을 감안하면, 자유와 평등의 조화 및 그 내용이 민주주의 자체만을 고려하였을 때와는 차이가 난다. 대한민국이 민주공화국이라고 하는 것은 자유민주주의와 공화국이라는 이념을 표방한다는 것을 의미한다. 그런데 자유주의는 자유를, 반면에 민주주의는 평등을 강조한다. 그리고 공화국의 자유는 비지배를 이상으로 삼기 때문에 자유주의보다 평등을 더 강조하고 재산 축적의 자유를 제한할 수 있다. 그렇기 때문에 민주공화국에서 자유와 평등의 갈등이 생겨나며 이에 대한 기준을 정하기가 쉽지가 않다.

물론 자유를 평등하게 보장하면 자유와 평등이 동시에 보장된다고도 볼 수 있다. 그러나 어떤 자유를 어떻게 보장하느냐에 따라 평등이 보장될 수도 있고 저해될 수도 있다. 그리고 자유민주주의적인 공화국에서 자유 시장 체제를 택하는 한, 시장은 자유를 강조한다. 반면 자유민주주의적인 공화국은 시장에 비해 평등을 강조한다. 민주주의에서 자유주의적인 측면이 자유를 강조해 병폐가 나타난다면, 공화주의는 한국 사회에서 민주주의의 부족한 부분을 채워 민주주의를 공고하게 할 수 있다(김경희 2009, 15쪽). 그리고 공화주의는 자유민주주의가 가져오는 일반적 폐해, 즉 정치적 무관심, 사익의 지나친 추구로 인한 타인에 대한 배려의 결여, 공동선의 경시로 인한 공동체와의 유대 결여 등을 시정할 수 있다. 그렇게 함으로써 공화주의는 자치에 참여하는 영역을 넓히고 공동선에 더 많은 관심을 쏟아 자유를 고양하고자 한다.

(11) 자유와 평등 보장을 위한 제도

그렇다면 자유민주주의에서는 자유와 평등을 보장하기 위해 어떠한 제도를 두고 있는가?

첫째, 삼권 분립이라는 제도를 들 수 있다. 국가 기관의 권력을 분립시켜 서로 견제하며 균형을 이루게 함으로써 국민의 자유를 보장하겠다는 취지다. 이는 국가 기관의 권력을 약화시킴으로써 국민의 자유를 보장할 수 있으리라는 초기 자유주의의 발상에서 연유했다고 하겠다. 그렇다면 어떠한 자유와 평등에 대한 권리를 보장해야 하는가? 이는 결국 어떠한 것을 기본권으로 삼고 보장하는가 하는 문제다. 내용과 실천 여부를 떠나서 오늘날의 국가는 기본권을 보장하는 제도를 둔다. 이것을 자유와 평등을 보장하기 위한 제도의 두 번째 예라고 볼 수 있다.

그런데 익히 아는 바와 같이 기본권에도 시민적 · 정치적 권리와 사회적 · 경제적 · 문화적 권리가 있다. 경제의 측면에서 본다면 전자는 결과적으로 불평등을, 후자는 평등을 지향한다. 물론 전자에서 시민적 · 정치적 권리를 평등하게 보장하면 전자에서도 평등이 보장된다.

아무리 후자의 권리가 중요하다 해도 전자의 권리를 다수의 결정으로 침해할 수 없도록 보장하는 것이 초기 헌정주의에서 나타나는 기본권의 보장이다. 이 기본권이란 전자의 권리를 의미했다. 말하자면 다수를 차지하는 약자에게 후자의 권리를 보장하기 위해 소수가 당연히 가져야 하는 전자의 권리, 그중에서도 특히 생명·자유·재산에 대한 권리를 다수가 빼앗을 수 없다. 어쨌든 이렇게 보면 기본권을 보장하거나 특히 후자의 권리를 보장하는 것이 자유와 평등을 보장하려는 제도라고 볼 수 있다.

다른 한편, 시장에서 경제적 자유와 효율을 증진시킬 수 있다. 그래서 일반적으로 시장은 자유와 효율을 증진시키는 제도라고 간주되었다. 그런데 모든 국민에게 후자의 권리를 보장해 가능한 한 평등한 사회를 만들기 위해 복지 국가는 경제 활동에 개입하지 않을 수 없게 되었다. 말하자면 국가가 시장에 개입하게 되었다.

여기서 국가가 시장에 개입하기 전에 시장은 인간에게 자유를 보장하는 제도였는지, 그리고 국가가 시장에 개입한다는 것이 자유와 평등의 보장에 어떤 의미가 있는지를 살펴보자. 계약 사회나 이익 사회에서는 시장에서 교환을 위한 계약이 이루어진다. 말하자면 경제적 영역이 그 제도와 동기로 인해 독자적으로 존재했던 것이다(김영진 2005, 37~38쪽).

앞에서 복지를 위한 정책인 종합부동산세를 통해 정당한 재산은 어떤 것이며 국가가 평등을 위해 징세할 수 있는 한계가 어디인가라는 문제부터 다루다 보니 평등의 폐해와 재산권의 정당화의 한계를 다루고, 이어서 복지 국가의 대두, 자유주의의 변모, 민주주의의 대두를 다루게 되었다. 그리고 마지막으로 자유와 평등의 조화라는 문제를 다루었다. 이제까지 다룬 것에 대한 검토와 보완이 여기에서 필요하겠다.

전술한 바와 같이 평등의 대상은 재산만이 아니라 자유, 자기 존중 등 여러 가지가 될 수 있다. 우리에게 비근한 예인 종합부동산세를 가지고 평등을 논하다 보니 마치 재산의 평등이 유일한 평등인 것처럼 보이게 되었을 뿐이다. 그런데 역사의 발전 순서로 보면 자유주의의 대두, 민주주의의 대두, 자유주의의 자유민주주의로의 변모, 복지 국가의 대두라는 순서로 자유주의의 발전 경과를 기술해야 한다. 우리가 자유와 평등의 조화를 이루기 위해——그것도 재산권의 정당화와 한계라는 문제를 중심으로——어떤 정치·경제 제도를 두어야 하는가라는 문제에 초점을 둔 감이 없지 않지만, 자유와 평등의 조화라는 문제는 역사적으로 더 큰 의의가 있다.

간단히 말하면, 자유민주주의 체제는 개인의 자유를 중시하는 자유주의와 인민 주권을 중시하는 민주주의가 결합된 것이다. 자유주의와 민주주의가 결합해야 하는 필연적인 이유는 없다. 역사적으로 밀접하게 결합되어 오늘날 나타나게 된 것뿐이다. 정치적 자유주의는 법의 지배라고 간단히 정의될 수 있는데, 정부의 통제를 벗어나는 어떤 자유와 권리가 개인에게 있다는 것을 인정한다(Fukuyama 1992, 42쪽). 어떤 자유와 권리를 우선적으로 인정해야 하는가라는 문제에 대해 사회주의와 자유민주주의 사이에 견해 차이가 있다는 것은 권리에 대한 논의에서 이미 살펴보았다.

민주주의는 정치권력의 행사에 참여할 권리가 모든 사람에게 있음을 표방한다. 똑같은 권리를 가져야 한다는 점에서 1인 1표라는 원칙이 준수되어야 한다. 그래서 민주주의는 곧바로 '평등화equalization'를 의미하게 된다. 그런데 정치에 참여할 권리는 자유주의의 또 다른 권리라고도 볼 수 있다. 그래서 자유주의가 역사적으로 민주주의와 밀접하게 결부되었다(Fukuyama 1992, 43쪽). 다당제 아래에서 인민이 보통 선거를 통해 자신의 정부를 선택할 권리를 가진다면, 그 나라는 민주적이라고 볼 수 있다.

문제는 이렇게 민주주의를 형식적으로 정의하면, 민주주의가 평등한 참여와 평등한 권리를 보장하지 않는다는 점을 간과하게 된다는 것이다. 엘리트가 민주주의적 절차를 조작할 수 있으며, 인민의 참다운 이익을 정확하게 반영하지 않을 수도 있다. 그런데 형식적인 정의를 벗어나게 되면, 민주주의적 원칙을 남용할 가능성이 있다. 20세기에 실질적 민주주의라는 이름으로 형식적 민주주의는 공격을 받았다(Fukuyama 1992, 43쪽). 정치적 자유를 실질적으로 향유할 수 있기 위해서라도 인민들은 사회적·경제적·문화적 권리를 어느 정도 평등하게 가져야 한다는 주장이 나타났다. 이 주장을 수용한 정치적 민주주의 체제는 서서히 자유민주주의적 복지 국가로 전환하게 되었다. 복지 국가로 전환한다는 것은 정치적 평등만이 아니라 경제적·사회적 평등도 도모하게 되었다는 것을 의미한다.

그런데 민주주의에 대한 형식적 정의를 벗어나 지나친 경제적 평등을 추구하다 보면, 민주주의적 원칙, 즉 1인 1표라는 원칙을 남용할 가능성이 있다. 즉 다수가 다수의 전제를 시도할 위험이 있다. 그래서 이 책의 첫머리에서 경제적 평등을 도모한다는 명분에서 종합부동산세를 부과하는 것이 과연 정당한가, 무엇이 정당한 재산인가를 다루었다. 그러나 형식적 민주주의라고 해서 실질적 민주주의와 결부되지 않을 이유가 없다. 형식적 민주주의는 독재에 대항할 방안을 제도적으로 보장하며, 결국에는 실질적 민주주의를 지향하게 되어 있기 때문이다(Fukuyama 1992, 43쪽).

이상과 같이 자유주의는 민주주의, 나아가 복지 국가와 연관되어 발전해왔다. 그러나 양자는 이론적으로 분리될 수 있다. 18세기의 영국이 그랬던 것처럼 특별히 민주주의적이지 않고도 자유주의적일 수 있다. 투표권을 포함한 광범한 권리가 사회적 엘리트를 위해 완전히 보장되었지만 여타 인민들에게는 부정되었다. 1776년 이전에는 지구상에 민주주의 국가는 없었다고——그리스의 민주주의는 개인의 권리를 보장하지 않았다——볼 수도 있다. 다른 한편, 자유주의적이지 않고도, 즉 개인과 소수의 권리를 보장하지 않고도 민주주의적일 수 있다. 이슬람 공화국 이란을 예로 들 수 있다. 이란에서는 오늘날 정기적인 선거는 실시되지만, 언론·집회·종교의 자유가 없다. 법의 지배 아래 가장 초보적인 권리가 보장되지 않기 때문에 그 사회에서 소수는 견디기 힘들게 된다(Fukuyama 1992, 43~44·48쪽). 결국 오늘날 자유민주주의 체제는 자유와 평등의 보장을 위한 체제라고 할 수 있다.

자유와 평등이 정의의 구성 요소로 부각된 데에는 혁명의 역할이 컸다. 프랑스 혁명을 통해서 지배와 속박이라는 이전의 인간관계의 모순이 극복되었다. 이 모순의 해결에 미국 혁명도 큰 몫을 했다. 민주적 혁명으로 인해 노예가 스스로의 주인이 되었고, 인민 주권과 법의 지배가 확립됨으로써 주인과 노예 사이의 구별이 없어졌다. 모든 인간이 존엄과 인간성을 가진 개체로서 보편적으로 인정받고 서로 인정하게 되었다. 국가가 권리를 인정함으로써 인간의 존엄성이 인정되었다(Fukuyama 1992, xvii~xviii쪽). 권리를 통해 개인을 존엄성을 가진 존재로 인정하는 것은 개인을 재산을 소유할 수 있는 존재로 인정하는 것만큼, 또는 그 이상으로 의미가 있다. 이후의 역사는 개인과 집단이, 심지어 국가가 인정받으려 한 투쟁의 역사라고 볼 수 있다. 인간이 자유를 누린다는 것은 자신의 본질을 스스로 창조할 자유를 누린다는 것이다. 이 자유에 대한 권리를 서로 인정함으로써 인간은 존엄성을 갖추게 된다.

자유와 평등의 조화를 통해, 그리고 앞으로 논하게 될 권리와 응분의 조화라는 정의의 원칙을 통해 정의로운 사회를 달성하겠다는 것도 결국 인간을 존엄한 존재로 만들겠다는 노력의 일환으로 해석할 수 있다. 정의가 중요한 것은 그 어떤 권력도 정의의 원칙에 따라 권력을 행사해야만 정당성을 얻을 수 있기 때문이다.

제3부

정의

이제까지 《정치와 윤리》와 《평등, 자유, 권리》에서 윤리 이론과 정치사상으로서의 공리주의와 의무론이 무엇이며, 양자가 대립하는 바가 무엇이며, 그리고 자연권이 대두하여 권리에서부터 인권이 확립되는 과정, 권리의 내용과 권리들 사이의 갈등을 고찰해보았다. 이와 연관해 평등과 자유의 본질, 나아가 양자의 갈등 관계, 그리고 평등과 자유에 대한 권리, 권리의 형태와 기능과 근거를 고찰했다. 이를 통해 선과 올바름을 근거로 해 어떤 원칙으로 사회를 구성할 것인가를 생각해볼 수 있게 되었다. 사회 내지 국가를 구성하는 원칙은 다름 아닌 정의에 대한 원칙이다. 정의에 대한 원칙이란 바로 헌법의 헌법이라고 부를 수 있다. 그래서 여기서부터는 사회 내지 국가를 조직하는 원칙으로서의 정의에 대해 논하고자 한다.

《평등, 자유, 권리》에서는 대학 입학에서의 지역할당제와 관련해, 그리

고 이 책 제1장에서는 종합부동산세제와 관련해 그것이 정의로운지 여부
가 문제를 보는 관점, 즉 이데올로기에 따라 다를 수 있다는 것을 살펴보
았다. 종합부동산세라는 세제를 두고도 견해가 다를 수가 있는 것이다.

　'정의에 대한 개념concept of justice'과 '정의에 대한 관념conception of just-
ice'은 다르다. 각자에게 각자의 몫을 주는 것이 정의라고 할 경우, 이것
은 정의에 대한 개념이라고 볼 수 있다. 그러나 각자의 몫이 무엇이며 무
엇이어야 하는가에 대한 생각은 시대마다 다를 수 있다. 이것을 정의에
대한 관념이라고 부를 수 있다. 정의에 대한 관념은 정의라는 개념에 내
용을 채워주어서 정의라는 개념을 특수하게 정의한 것이라고 하겠다(스
위프트 2012, 30쪽). 다음과 같이 말할 수 있다. 정의에 대한 개념은 정의
에 대한 분석적 정의다. 관념은 정의가 요구하는 바에 대해 실체적인 도
덕적 이론 혹은 견해를 구체화하는 작업이다. 따라서 개념은 다양할 수
밖에 없는 관념에 공통되는 것이어야 한다(TJ, 5쪽 ; Slote 1973). 그런데
사고의 체계에서 진리가 첫 번째 덕성인 것처럼 정의는 사회 제도에서
첫 번째 덕성이다(TJ, 3쪽). 정의는 서로에게 무엇을 하는 것이 올바른 것
인지를 알려주어서 사회적 관계에 어떻게 질서를 부여할지를 알려주는
도덕적 기초다. 따라서 정의는 '사회적 덕성social virtue'의 한 가지로 간주
된다.

제12장

정의라는 관념의 역사[63]

서양에서 정의라고 하면 떠올리게 되는 것이 저울을 들고 있는 여신상이다. 그 여신은 대체로 오른손에는 칼과 왕관을, 왼손에는 저울을 들고 있다. 그 저울로 여신은 선과 악, 죄와 벌을 가늠한다. 정의라고 하면 정의의 여신을 그리게 된 것 자체가 커다란 의미가 있다. 저울은 균형 잡힌 상호 대등성을 의미한다고 볼 수 있다(Johnston 2011, 101쪽). 선과 악, 죄와 벌 사이의 균형이 어긋나면 이를 회복시키며, 복수하는 힘이 칼과 왕관에서부터 나온다. 그렇다면 서양에서는 정의를 전통적으로 저울로써 비교되는 것의 균형, 요컨대 평등으로 보았다고 하겠다. 그리스 신화에서 정의의 여신은 디케다. 그녀는 제우스와 그의 두 번째 아내인 테미스 사이에서 태어났다. 디케의 여동생으로는 에우노미아(선한 질서나 합

---

63 정의라는 관념의 역사를 기술하는 데에는 Johnston 2011의 도움을 많이 받았다.

법성을 의미)와 에이레네(평화를 의미)가 있었다. 디케는 인간 사회의 부
정의를 제우스에게 보고하는 일을 담당했다. 디케는 황금시대에 지상에
서 살았는데, 인간이 저지른 죄 때문에 지상에서 추방되어 천상으로 갔
고 거기서 처녀궁에 자리를 잡았다. 디케는 부족의 가족들 사이에서의
올바름을 의미했고, 반면에 테미스는 가족 내의 올바름을 의미했다. 테
미스는 신적인 기원을 갖고 있는데, 지상이 아닌 천상에 그 기원을 가지
는 왕에 의한 가족에게 확립된 질서였다(Pattaro 2005, 270~271쪽). 그
리고 테미스는 합리적 사고 혹은 내재하는 올바름을 인격화한 것이며,
디케는 처벌이나 재판관의 결정을 의인화한 것으로 정의라는 이상에 비
유될 수 있다고 해석할 수도 있다(Forkosch 1978, 653쪽). 로마의 신화에
서 디케는 유스티티아로 불린다. 그래서 라틴어에서 유스티티아justitia는
정의를 의미하게 되었다.

정의의 여신이 눈을 가리고 있는 경우가 있다. 인간 사회의 정의와 부
정의를 지켜보려면 눈을 부릅뜨고 있어야 할 텐데 왜 눈을 가리고 있는
것일까? 눈을 꼭 감음으로써 개개인의 신분이나 인간 됨됨이 같은 것을
보지 않고 해당 사안에 대해 법적으로 구성되는 사실만을 보며, 객관적
원칙에 의해 공정하게 정의와 부정의를 판가름하겠다는 의지를 드러내
는 것이라고 할 수 있다. 이렇게 본다면, 서양에서 정의의 여신이 상징하
는 정의는 공평, 즉 평등이라고 하겠다(森末伸行 1999, 38쪽).[64]

---

64 정(正)이란 글자 그대로 '하나로써 멈추는(一以止)' 것이다. 여기에는 ① 올바르다(是)는 의
미가 있다. ② 결정한다는 의미가 있다. 그래서 부정(不正)을 바로잡아 사(邪)를 없앤다는 의
미가 있다. ③ 올바른 인간의 길(道)이라는 의미가 있다(諸橋轍次 1968, 6권, 658쪽). 하나로
써 멈춘다는 것은 어떤 의미인가? 권력(權力)이라는 말에서 권(權)은 원래 저울추를 의미한
다. 저울추를 조작해 인간과 사물의 무게를 잰다. 사물의 무게는 가치를 의미한다. 인간의 무
게는 체중이겠지만, 그 무게의 수치를 추상화해 분량(分量)이라고 부른다. 중국어에서 분량

그런데 정의가 평등을 의미하게 되는 데에도 긴 역사가 필요했다. 인류의 역사에는 '인간으로부터 독립된, 현세를 초월하는 영원한 이념'이라는 의미의 정의와 '인간이 만든 사회적 이상'이라는 의미의 정의가 있

은 사람의 능력과 영향력을 의미한다. 그렇다면 권(權), 즉 추(錘)에는 사물이나 인간의 경중을 결정하는 기능, 즉 힘[力]이 있다(安能 1999, 16쪽). 그 '권'의 '힘'이 말 그대로 권력이다. 그러므로 권력의 첫 번째 의미는 사물의 경중을 물어서 인간의 능력이나 영향력을 평가·결정하는 것이다. 저울의 추가 '권'인 것에 비해 저울대는 '형(衡)'이라고 부른다. 권과 형이 연결되어 권형(權衡)이라는 말이 생겼다. 무게 혹은 가치는 저울추를 가감함으로써 저울대가 평형을 이룰 때 결정된다. 그래서 권형에는 '균형balance'이라는 의미가 따라붙어 판단의 기준이나 표준이라는 의미가 내포되었다(安能 1999, 17쪽). 요컨대 저울로 균형을 취하는 것이다. 그래서 실제의 천칭(天秤)이 멈추게 되는 것처럼 저울대가 수평이 되어 하나에서 멈춘다. 말하자면 수평이 되어 멈춘다는 것은 '고르지 못한 것을 고르게 되도록 만들었다가, 마침내 고르게 되면 더 이상 바꾸지 말 것을 뜻한다'(김주성 1999, 491쪽). 두 개의 '추'인 '권'과 '저울대'인 '형'으로 이루어진, 사물을 재는 도구, 즉 권형은 균형을 취하는 것이다(諸橋轍次 1968, 6권, 606쪽). 그런데 균형을 취하자면, 정의는 개개인의 이해를 조정해야 한다.《주역(周易)》의 겸괘(謙卦)[겸형(謙亨), 군자유종(君子有終)]가 말하는 것처럼 많으면 줄이고 적으면 더해 저울질해 베푸는 것을 공평하게 해야 한다(秤物平施)(김병규 1987, 193쪽).
의(義)라는 글자는 나[我]라는 글자 위에 양(羊)이라는 글자가 합쳐진 것이다. 여기에는 다음과 같은 뜻이 있다. ① 예의(禮儀) 행위가 일의 적당함(事宜)에 합치하는 것. ② 올바름(正). ③ 평(平). ④ 인간이 행해야 하는 덕(德) 혹은 걸어야 하는 길(路, 道). 그래서 도리(道理), 조리(條理), 사리(事理)라는 말과 연관된다. ⑤ 양(羊)이라는 글자에서 비롯된 의미로서, 미(美)와 선(善). 그래서 '의'는 나를 아름답게 하고 착하게 한다는 의미가 되며, 그리하여 자기의 위의(威儀)를 갖추는 것이 된다(諸橋轍次 1968, 9권, 75쪽 ; 김병규 1986, 56쪽).
정의(正義)라는 말은 다음과 같은 것을 의미한다. ①《한시외전(韓詩外傳), 5》의 "귀로 들어서 배운 것이 없으면, 그런 자는 그 행실이 바르고 의로울 수가 없다(耳不聞學, 行無正義)"라는 구절에서 알 수 있는 것처럼 올바른 사리/조리, 즉 정직하고 선량한 도의를 의미한다. ② 의(義)는 의(議)와 통하며, 그래서 올바른 의론(議論)을 의미한다. ③ 경서(經書) 주해서의 제목을 가리킨다. 즉,《오경정의(五經正義)》라는 책의 제목을 가리킨다. ④ 윤리학에서의 공평한 것을 의미하며 영어의 'justice'에 해당한다(諸橋轍次 1968, 6권, 662쪽). 다른 한편, 불의(不義)는 다음과 같은 것을 의미한다. ① 좋지 않게 행하는 것, 즉 올바르지 않은 것(不誼)을 의미한다. 이러한 의미에서《주역》〈계사(繫辭) 하〉에 "(소인은) 의롭지 아니함을 두려워하지 않는다(不畏不義)"라는 구절이 있고,《좌씨(左氏)》〈은, 원(隱, 元)〉에는 "공이 말하기를 불의를 많이 행하면 스스로 패할 것이다(公曰, 多行不義, 必自斃)"라는 구절이 있다. ② 간통, 밀통을 의미한다(諸橋轍次 1968, 1권, 240쪽).

었다고 하겠다. 따라서 정의라는 관념을 이 두 가지 방향으로 생각할 수 있다(Forkosch 1978, 652쪽). 이 점을 유념하면서 정의에 대한 관념, 즉 정의라는 관념의 역사를 살펴봐야 한다. 물론 정의라는 용어가 강조하는 바가 시대마다 달랐다는 점에도 유의해야 하겠다.

1. 고대

우선 고대의 메소포타미아인, 유대인, 그리스인의 정의에 대한 관념을 살펴보자. 고대의 정의에 대한 관념은 두 가지 점에서 두드러진다. 첫째, '응보retribution', 나아가 경우에 따라서는 통제할 수 없는 '복수vengeance' 와 연관되어 있었다. 둘째, 권력, 지위, 부의 위계를 완고하게 인정하는 것이 정의로운 정치적·사회적 질서를 구체화하는 것이라고 보았다. 이 점에서 고대의 정의는 자유와 평등을 언급하지 않을 수 없는 오늘날의 정의와는 다르다(Johnston 2011, 15쪽).

바빌로니아의 함무라비 법전에 의하면, 강자가 약자를 억압하는 것을 막는 것이 정의의 주요한 목적이며, 이를 막는 주요 수단은 약자를 이용하려 하는 강자에게 폭력으로 응보하겠다고 위협하는 것이다(Johnston 2011, 16쪽). 이렇게 보면, 당시의 정의가 평등을 지향한 것처럼 보이지만 실상은 그렇지 않다. 당시의 사회 정의는——사회 정의라는 말이 오늘날의 의미로 쓰이게 된 것은 18세기 후반의 일이지만——평등이나 궁핍으로부터의 구제 등과는 관계가 없었다(Johnston 2011, 16쪽). 법적 지위, 재산권 그리고 기존의 위계적 질서 내에서 약자의 입장이 약자에게 허용하는 경제적 조건 등 약자에게 당연한 것을 공정하지 못하게 빼앗는 것으로부터 보호하는 것이 사회 정의라고 여겨졌다. 약자가 사회에서 보다 높은 지위에 있는 자들과 권리나 조건에 있어서 평등해야 한다든가 비교될 수 있어야 한다는 주장은 없었다(Johnston 2011, 17쪽).

이렇게 볼 수 있는 이유는 다음과 같다. 자유인이 자유인의 눈을 앗아가면, 피해자는 가해자의 눈을 앗아 갈 수 있었다. 그러나 노예의 눈을 자유인이 앗아가면, 그 자유인은 은화 한 '미나mina'를 지불하는 것으로 끝났다. 이처럼 바빌로니아에서는 타인의 권리를 침해한 데 대한 처벌의 강도가 가해자와 피해자의 지위에 따라 달랐다(Johnston 2011, 17쪽).

그런데 '눈에는 눈'이라는 말이 의미하는 것처럼 경우에 따라서 범죄에 대한 처벌은 비례적이었다. 반면에 피해자에게 보상하지 못한 범죄자에게는 사형을 내렸는데 이것은 비례적이지 않았다(Johnston 2011, 18쪽). 이상과 같이 보면, 정의를 가혹한 응보와 연관시키고 권력과 지위를 확고하게 인정한 점이 오늘날과는 다르다.

천 년 이상이 지난 후에 호메로스의 〈일리아드〉에서도 정의('dikē' 혹은 나중에 보다 추상적인 용어로 쓰이게 된 'dikaiosunē'라는 의미에서의 정의)는 주요 덕성이 아니었다. 호메로스가 말하는 'dikē'는 인간에게 속하는 어떠한 특질이 아니라 규칙성, 관습, 수용되는 질서, 인간에게 수용되거나 기대되는 절차나 행위 양태를 의미했다(Havelock 1978, 182쪽). 어떠한 개인의 특질이 아니라, 어떠한 상황에서 관습이나 습관에 의해 개인이 할 것으로 기대되거나 예상되는 것을 의미했다. 즉 기대되는 관습이나 습관으로부터 도출되는 행위 규범을 의미했다(Havelock 1978, 182~183·192·268쪽 ; Pattaro 2005, 286~287쪽). 당시의 'dikē'는 규범의 내용을 의미했기 때문에 그것을 따르는 것은 객관적으로 올바른 것, 즉 적절성이나 규칙성이라고 간주되었다(Havelock 1978, 271쪽). 호메로스 시대의 단수형 'dikē'는 어떠한 규범의 내용이다. 그것은 객관적으로 올바른 것인데, 같은 규범, 즉 사회적으로 공유되는 규범적 신념으로 적절하게 이해되는 규범에 구체화된 어떠한 유형의 상황과 조건적으로 연결되는 어떠한 유형의 행동을 의미한다(Pattaro 2005, 283·287쪽). 규칙성에 대한 규칙으로서의 'dikē'는 분쟁을 해결하는 데에서 상호적 과정을 포괄하는 것으로 보인다. 그러나 맥락에 따라서는 과거의 부정의를 시정하는 응보적 행위도 드러낼 수 있다(Havelock 1978, 267·289쪽). 반면에 복수형 'dikai'는 정의에 대한 원칙이 아니라 정의에 관한 사건인데, 정의를 관장하는 이의 지시를 따라야만 한다(Havelock 1978, 130쪽). 그래서 'dikai'는 침해된 적절성을 복원하는 행위다(Havelock 1978, 181~182쪽). 말하자면, 복원하는 과정이지 원칙이 아니며, 일반적인 법칙을 적용하는 것이 아니라 구체적인 것을 해결하는 과정이다. 호메로스는 'dikē'보다는 오히려 덕성이나 수월성으로 번역되는 'aretē'를 부각했다. 호메로스의 서사시에서 'aretē'는 전사의 특질, 즉 전쟁의 수단을 이용하는 데 있어서의 강인함, 교활함, 기술과 밀접하게 연관되었다. 정의는 전사와 같은 특질을 강조하는 맥락에서 논의되었다(Johnston 2011, 19쪽).

트로이 전쟁 중에 아킬레우스가 아가멤논을 죽이려 한 것은 지위가 아니라 용맹에 따른 정당한 보상이 개인 간에 이루어지지 않았다고 생각해 분노했기 때문이다. 아킬레우스는 개인 사이의 부정의에는 복수로 대응해야 한다고 생각해 그를 죽이려 한 것이다. 이처럼 정의는 복수와 연관되어 나타났다(Johnston 2011, 20쪽).

그리고 당시 그리스 사회는 약자와 강자 사이의 정교한 위계로 조직되어 있었다. 위계가 정의롭다는 것과 응보를 강조한 것은 구약성서에서도 나타난다. 신이 노아와 그의 가족만 살려둔 것과 소돔과 고모라를 파괴한 것은 신과의 약속을 어긴 것에 대한 정당한 응보였던 셈이다(《창세기》6장). 그리고 시나이 산 아래에서 우상 숭배를 했다는 이유로 신은 레위족으로 하여금 우상을 숭배한 이들을 3,000명가량 죽이게 했다(《탈출기》32장). 구약성서는 신과 인간 사이만이 아니라 인간과 인간 사이에도 응보를 정의의 근본적 규칙으로 삼았다. "눈에는 눈, 이에는 이"라는 경구가 있다(《탈출기》21장 ; 《레위기》24장 ; 《신명기》19장). 이는 상호 대등성을 강조하는 바빌로니아의 동해복수법(同害復讐法)인 '탈리오의 원칙talion principle/lex talionis/ius talionis'을 반영한다.[65]

그런데 약자와 빈자에 대해 정의를 구현하지 못한 사람들이나 지배자에 대해서는 신이 응보를 했다. 오늘날의 의미로 평등을 구현하는 것이 아니라——이 점은 노예제와 여성의 불평등을 인정한 것에서도 나타난다——약자의 법적 지위, 재산권, 그리고 주어진 위계 내에서 약자가 가질 수 있는 경제적 조건을 박탈하는 것을 막는 것이 주목적이었다(Johnston 2011, 24쪽). 유념해야 할 것은 약자와 빈자에 대한 의무는 정의에 대한 의무였지 자선에 대한 의무가 아니었다는 점이다. 요컨대 약자의 권리가 보호받아야 하는 것은 정의가 요구하는 바이지 자선이 요구하는 바가 아니었다. 여기서 사회 정의에 대한 일종의 관념을 엿볼 수 있다(Johnston 2011, 24~25쪽). 게다가 히브리인 사회에서는 바빌로니아인들보다는 처벌이 비례적이었으며 인간 사이의 위계가——신과 유대

---

65 영어 단어 'mutuality'와 'reciprocity'는 일반적으로 모두 '상호성'이라고 번역된다. 'mutuality'는 '상호성', 'reciprocity'는 '호혜'라고 서로 다르게 번역되기도 한다. 그러나 혜택이나 부담에 있어서 개인 사이에 대칭성이 있어야 한다는 정의에 대한 관념의 역사를 고려한다면, 전자는 '상호성', 후자는 '상호 대등성, 비등성, 대칭성, 평등성'이라는 의미를 가진다고 봐야 한다. 그래서 이 책에서는 때로는 양자를 구별해 번역한다.

인 사이의 위계는 예외였지만——덜 강조되었다. 그러나 응보가 정의에서 주요한 주제인 것은 마찬가지였다(Johnston 2011, 29쪽).

　그렇다면 복수로서의 정의는 어디서 종식되어야 하는가? 아가멤논은 딸 이피게네이아를 제물로 바침으로써 폭풍을 피할 수 있었다. 그러나 이 일로 인해 귀국 후 아내와 그녀의 정부에게 살해당한다. 이에 아이스킬로스의 비극 〈오레스테이아〉에서 나타나는 것처럼 아폴론의 부추김을 받아 아가멤논의 아들과 딸은 어머니를 살해한다. 아가멤논의 형제 사이에 생긴 불화가 복수로 이어지고 복수가 복수를 낳게 된 것이다. 어느 시점에 어떤 근거에서 복수를 끝내야 하는가라는 문제는 이후에 법철학에서 좋은 소재가 되었다(Rottleuthner 2005, 33~40쪽). 복수가 뒤따르고 종식되는 것은 평등을 지칭하는 'ison/eson/isotes'라는 개념, 즉 복수에 대해 동등한 자들 사이에 있어야 하는 상호 대등성, 즉 균형과 연관된다고 하겠다. 그런데 상호 대등성의 균형을 가늠하는 데에는 공통의 잣대가 있어야 하는데 이를 마련하는 것이 그렇게 쉽지 않을 수도 있다.

　다른 한편, 약자와 빈자를 위한 정의를 구현하겠다거나 그렇게 하지 못한 자는 처벌하겠다는 약속은 '귀족의 의무noblesse oblige'에 따른 약속을 확대하는 것이다. 빈자의 권리를 보호하는 것은 약자에 대한 강자의 선물이다. 그러나 이 선물을 통해 약자가 물질적 혜택을 더 받을지는 몰라도 위계적 관계가 강화되고 그로 인해 강자는 자신의 특권적 입장을 유지할 수 있었다(Johnston 2011, 36쪽). 어쨌든 정의에 대한 고대의 관념은 오늘날의 관념과는 많이 달랐다(Johnston 2011, ix쪽).

2. 고대 그리스

현세를 초월하는 이념으로서의 정의는 신화적 세계의 정의를 출발점으로 삼는다. 원시 사회에서 자연을 지배하는 인간의 힘은 참으로 약했으며 오히려 인간은 자연의 힘을 경외했다. 그래서 초월적인 것으로서의 정의가 하나의 힘이라고 보면, 이 힘은 인간이 어떻게 해볼 수 없는 힘이었다.

고대 그리스의 신화적 세계에서 정의는 '운명이나 숙명에의 인간의 복종'이었다. 거기에서는 규칙(운명, 숙명)을 의인화한 테미스와 그의 딸 디케가 정의를 표현하고 있었다. 디케라는 이름 자체가 정의라는 의미의 그리스어 '디카이온dikaion'과 정의를 나타내려 하는 인간의 기질이나 성질, 즉 정의의 성향을 보여주는 '디카이오수네dikaiosunē'라는 단어의 어원이 되었다고 하겠다. 정의를 의미하는 디카이온은 법을 의미하는 디케에게서 연유했다. 이것은 서양에서 법을 신성한 것으로 하고 법신수설(法神授說)이 지배적이었다는 것을 반영한다. 그래서 법과 정의는 불가분의 관계에 있는 것으로 여겨졌다(김철수 1983, 43쪽).

그런데 전술한 것처럼 'dikē'는 인간에게 속하는 것이 아니라 수용되거나 기대되는 절차나 행위의 양태를 의미했다. 나중에 플라톤에게 이르러 정의를 뜻하는 말은 점차 'dikē'에서 'dikaiosunē'로 바뀌었다(Havelock 1978, 262쪽). 플라톤은 정의를 자신의 것을 하는 것이라는 의미로 바꾸었다. 그는 이것을 하나의 원칙으로 삼아서 보편적일 수 있는 '정의/올바름dikaiosunē'을 규정했다(Havelock 1978, 182~183·232쪽).

정의를 뜻하는 말이 'dikē'에서 'dikaiosunē'로 바뀜으로써(Havelock 1978, 296~302쪽) 사회에서 인간에게 작동되는 정의만이 아니라 인간 사이에 정의가 있다는 의미를 가지게 되었다. 그렇게 해서 플라톤 이후, 개인의 영혼에서의 덕성이라는 의미로 정의를 말할 수 있게 되었다 (Havelock 1978, 306~307쪽). 정의는 내적 동기나 의도가 정의롭거나 정의롭지 않은 행동을 가리는 기준으로 쓰이게 되었다(Havelock 1978, 30쪽).

(1) 플라톤—영혼과 국가에서의 조화

플라톤이《국가론》에서 다룬 것은 앞에서 말한 'dikaiosunē'였다. 이것은 영어로 'justice(정의)'라고 번역되지만, 원래의 의미는 '정직(혹은 청렴)rectitude' 혹은 '올바른righteous' 행위에 더 가깝다. '더 가깝다'고 한 것은 엄밀하게 따지면 정의가 올바른 행위와 반드시 일치하는 것은 아니기 때문이다. 예를 들어, 어떤 상황에서는 입을 다물고 있는 것이 오히려 올바른 행위일 수 있다. 그렇다고 해서 입을 다물지 않고 말을 하는 것이 정의롭지 않다고 말할 수는 없다(Bedau 1971a, 3쪽). 그리스인들에게 'dikaiosunē'가 정직 혹은 올바른 행위와 가까웠다는 것은 그 용어가 나타내는 정의라는 개념이 사람, 행위, 그리고 어떠한 사안 등에 광범한 경우에 쓰였다는 것을 의미한다. 그래서 그리스인들에게는 정의가 오늘날에 비해 덕성 일반과 동등한 의미로 쓰였다(*NE*, 1129a~1131a).

앞서 살펴본 것처럼 고대 그리스에서 정의, 적어도 인간의 특질로서의 정의는 'aretē'보다 중요하지 않았다. 고대에 전사의 특질에 관심을 두게 된 것은 외부에 대한 방어가 보다 중요했기 때문이다. 그러나 후기에 와서는 헤시오도스의《노동과 나날》에서 나타나는 것처럼 부정의와 속임수를 피하고 농사를 잘 짓고 기근을 피하고 번영하는 것, 즉 정의의 구현과 노동이 주된 관심사가 되었다(김원익 2003, 177~178쪽). 이리하여 피비린내 나는 전쟁과 영웅의 시대가 지나가고 "어느 정도 평화롭고 안정된 상태에서 생산과 상업적 유통이 활발"해지는 시대에 접어들어 'aretē'에서 군사적 색채가 훨씬 줄어들었다(양승태 2006, 187 · 209쪽 ; 양승태 2013, 44쪽). 그렇다고 해서 'aretē'가 정의와 본질적으로 연관된 것은 아니었다. 그리고 정의가 인간의 특질로서 'aretē'만큼 높이 평가받은 것도 아니었다(Johnston 2011, 38~39쪽). 그러나 서로서로 협조해야만 번영할 수 있는 도시 생활에 익숙해지고 상업이 점차 발전하고 민주주의적 질서를 시험하게 됨에 따라 그리스인들은 정의를 덕성의 필요충분조건으로 부각하게 되었다. 즉 인간이 '정의dikaios'로우면, '선good'하다고 생각하게 되었다. 이것은 정의가 덕성을 갖는 데 필요한 조건이자 충분한 조건이 된다는 것을 의미한다. 이러한 변화의 조짐이 있을 때 플라톤은 정의를 논하게 되었다.

플라톤은 《국가론》의 주로 1권과 2권에서 소크라테스의 입을 빌려 '정의란 무엇인가'라는 질문을 제기했다. 상인으로 성공한 노년의 부유한 케팔로스의 저택에 모인 사람들이 각자 일상생활에서 겪은 바에 따라 상식적인 입장에서 정의가 무엇인지에 대한 의견을 제시한다. 케팔로스는 정의는 진실을 말하고 빚을 갚는 것이라고 정의한다. 이 견해가 상인인 그의 일생에서 지침이 되었을 것이다. 이에 소크라테스는 반문한다. 친구한테 무기를 빌렸는데 그 친구가 미쳐서 그 무기를 돌려달라고 한다면, 미쳐버린 그 친구가 돌려받은 무기로 어떤 짓을 할지 모르는 상황에서 무기를 돌려주는 것이 정의인가? 이에 케팔로스는 그렇게 하지 않는 것이 옳다는 것을 인정한다. 이야기는 케팔로스의 아들 폴레마르코스에게 이어져, 그는 그리스 시인인 시모니데스에게 의존해 "정의는 각자에게 그에게 당연한/마땅한 것을 복원해주는 데 있다"고 주장한다. 그렇다면 그 무기는 정신 나간 친구가 당연히 가져야 하는 것이기 때문에 당연히 그가 돌려받아야 한다면, 당연히 돌려받아야 하는 것이 무엇이든 돌려받아야 하는 것인가라고 소크라테스는 반문한다(*Republic*, 331e).

폴레마르코스는 이어서 "친구에게 당연한 친구의 의무는 친구에게 혜택을 부여하는 것"이며(332a), 반면에 "적에게도 어떤 적절한 당연한 것이 있는데 말하자면 악이다"라고 덧붙이게 된다. 요컨대 정의는 친구에게는 혜택을 주고 적에게는 해를 주는 것이다. 그렇게 하는 것이 친구에게 당연한 것이며 적에게 당연한 것이기 때문이다. 이는 당시 그리스인들에게 일반적으로 받아들여지는 견해였다. 이 견해를 따르게 되면, 정의는 협력을 가능케 하고 유지하는 데 유용하다. 이것은 고대의 영웅시대, 즉 호메로스 시대에—말하자면 전시에—나타났던 정의관을 반영하는 것이라고 하겠다. 그렇게 되면, 개인들이나 집단들 사이에 순환되는 응보가 언제 종식될지 기약할 수 없게 된다(Coleman 2000, 42~43·85쪽).[66]

폴레마르코스의 이 견해에 따르면, 무기를 돌려받은 친구가 나쁜 짓을 할 수도 있는 상황에서는 나쁜 짓을 하지 않게 하는 것이 친구에게 당연한 것이기 때문에 무기를 돌려주는 것이 정의로울 수 없게 된다. 친구로 하여금 악을 행하지 않게 해야 한다면, 소크라테스가 지적하는 것은 정의로운 사람은 적에게 해를 입힘으로써 적을 정의롭지 않은 사람으로 만들어서는 안 된다는 점이다. 그래서 정의로운 인간이 선하다면, 친구든

---

66 그리고 적에게든 친구에게든 남을 해롭게 하는 것은 잘못된 것이다. 남에게 잘못을 저지르는 것보다는 타인의 잘못으로 자신이 고통 받는 것이 더 낫다고 소크라테스는 가르친다.

적이든 사람을 해롭게 하는 것은 인간의 수월성이라는 기준에서 보면 타인을 더 나쁘게 하는 것이기 때문에 정의로운 인간이 타인을 해롭게 하는 것은 선과 정의에 어긋난다(*Republic*, 335d11~336a8). 여기서 소크라테스는 정의로운 것과 선을 행하는 것은 필연적으로 관계가 있다는 것을 지적함으로써 당시 정의에 대해 광범하게 받아들여지던 견해를 거부한다(Gaus 2000, 5쪽). 정의로운 사람이 선을 행하고 결코 타인을 덜 정의롭게 하지 않는 사람이라면, 당시의 견해는 잘못된 것이었음에 틀림없다.

이렇게 소크라테스가 여러 가지 견해를 반박하자, 수사학 선생이자 소피스트인 트라시마코스가 끼어든다. 그는 이상과 같은 철학적 논쟁이 참으로 의미가 있는지 의심하면서 "정의는 강자의 이익에 불과하다"고 주장한다(338c · 343). 철학자라기보다는 세속인으로서 그는 강자가 자신의 이익에 맞게 법을 만드는 것을 보아왔기 때문에 법이란 우리에게 요구되는 바에 붙여진 이름에 불과하다고 주장한다. 말하자면, 각 도시에서는 강자, 즉 지배자가 자신의 이익에 부합하게 법을 만들고 그 법이 정의롭다고 공포하며, 법에 복종하지 않는 이를 법을 지키지 않고 정의롭지 않은 사람으로 처벌한다. 이에 대하여 소크라테스는 만약 강자가 실수로 자신의 이익에 부합되지 않는 법을 통과시킨다면, 법에 복종하는 것이 정의라면 정의는 강자의 이익이 아닌 행동을 요구하게 되는 것이라는 점을 지적한다.

이에 트라시마코스는 만약 지배자가 실수를 해서 자신의 이익을 증진하지 않는 법을 선포한다면, 그는 실수를 하는 의사(醫師)는 의사가 아니듯이 진정한 지배가가 아닌 것이라고 반박한다. 트라시마코스는 지배자가 우월한 힘만이 아니라 우월한 지식도 가진 자라고 묘사하게 된 것이다. 그렇다면 지배자는 어떤 종류의 지식을 가져야 하는가? 소크라테스는 지배자가 가져야 하는 지식은 자신의 이익을 증진하는 데 필요한 지식이 아니라 타인의 이익을 증진하는 데 필요한 지식이라고 지적한다. 지배자가 가져야 하는 지식은 타인의 선을 증진하는 데 필요한 지식이다. 이렇게 되면 지배자는 자신의 선이 아니라 타인의 선을 위해 지배해야 한다. 그리고 이를 위한 지식을 가져야 한다.

그런데 플라톤의 형제인 글라우콘은 다음과 같은 주장을 한다. 강자는 처벌받지 않고 부정의를 행해 보다 많은 것을 가지려 하고, 반면에 약자는 부정의에 대해 보복할 힘도 없이 고통을 받게 되는데, 이렇게 되면 결국 협조가 이루어지지 않고 갈등이 지속된다. 그렇기 때문에 이러한 갈등을 겪은 후에 강자는 부정의를 행하지 않고 약자는 부정의로 인해 고통 받지 않기로 서로 약속하는 것이 서로에게 이롭다는 것을 알게 된다. 이렇게 해서 나타나는 것이 정의다(358e~359a). 말하자면 글라우콘은 정의를 법을 제정하고 계약적 합의를 하는 것과 연관시켰다. 이상에서 열거된 견해들은 다소 차이는 있지만, 정의의 주제를 세속적 이익의 추구와 그 추구의 틀을 제시하는 것으로 봤다는 점에서는 같다. 반면에 아데이만토스는 인간은 왜 정의로우려 하는가라는 질문을 던진다.

이상에서 피력된 견해들은 무엇을 의미하는가? 글라우콘의 견해는 인간은 세속적 욕구를 충족시키겠다는 동기를 가졌다는 것을 인정하고, 정의가 인간의 자연적 성향을 제어하려는 인간의 고안물이라고 보는 것이다. 정의가 강자의 이익이라는 트라시마코스의 견해도 결국 정의를 인공물이라고 본 것이다. 그런데 트라시마코스의 정의는 강자가 약자에게 부과한 것인 데 비해 글라우콘의 정의는 강자와 약자 사이의 계약의 산물이며 계약은 강자와 약자가 어느 정도 평등하다는 입장에서 도출된다. 물론 탁월하게 강력한 자, 즉 부정의를 행하고도 처벌받지 않을 것이라는 확신을 가진 자들은 계약에 응하려 하지 않을 것이다. 폴레마르코스가 혜택에는 혜택으로, 해에는 해로 되갚는 것을 강조하는 반면에 글라우콘은 서로에게 해를 끼치는 것을 막기 위해 서로 계약을 한다는 것을 강조한다. 폴레마르코스와 글라우콘의 관념은 '균형 잡힌 상호 대등성'에 근거를 둔다고 하겠다(Johnston 2011, 42~43쪽). 이것은 정의가 상업이 발전하고 민주주의를 적용하게 된 시대의 평등한 자들 사이의 관계를 지칭하게 되었기 때문이다. 그러나 트라시마코스의 정의관에서는 공정을 찾을 수 없다.

　소크라테스는 폴레마르코스의 견해에 대해 정의로운 사람은 해를 주는 일을 해서는 안 된다고 답하며(335e), 선에는 선으로 보답하고 악에는 악으로 보답하는 것이 정의라는 상호 대등성의 균형과 관련해서는 악에 악으로 보답하는 것에 대해 반박한다. 정의의 '실재reality'를 파악하기 위해 소크라테스는 개인의 확대가 도시 국가라는 가정 아래 도시 국가에서의 정의를 논한다(Republic, 434d2~441c8). 도시 국가가 정상적으로 기능하기 위해서는 농부, 건축가, 직조공, 구두장이, 상인, 노동자 등 생활에 필요한 것을 생산하는 계층이 있어야 한다. 이 계층은 각자 자신의 이익을 추구하게 된다. 그리고 사냥꾼, 예술가, 시인, 의사 같은 이들도 포함되어야 한다. 게다가 국가를 수호하기 위해 '보호자들guardians'로 구성되는 지배 계층이 필요하다. 이 계층은 질서를 부여한다. 그리고 도시 국가가 완벽하기 위해서는 질서에 대한 원칙을 제시하는 지배자로 봉사하는 계층이 있어야 한다. 지배 계층에서 철인·왕이 나오며, 이들은 통치에 필요한 지식과 지혜를 갖추고 도시 국가의 이익을 위해 통치에 전념해야 한다. 주로 군인으로 구성되는 보조자 계층은 지배 계층이 수립한 질서의 원칙에 따라 도시 국가에 질서를 부여해 지배 계층을 돕는다는 의미에서 소크라테스는 이 계층을 '보조자들auxiliaries'이라고 불렀다 (414b·434c). 그리고 생산 계층은 상업적 혹은 돈벌이하는 계층이라고 불렀다(434c).

'아름다운 도시 국가kallipolis'가 만들어지려면 이상과 같은 세 계층이 각자 맡은 바 임무를 수행해야 한다. 인간은 각기 다른 적성을 타고났기 때문에 각자가 자신에게 가장 적합한 일을 맡는 것이 타당하다(370a~c). 그렇다면 어떻게 해야 도시 국가가 정의를 달성하고 아름다워지는가?

덕성을 갖춰야 한다. 좋은 판단을 내리고 현명하게 통치해야 하는 보호자들 혹은 철인·왕들은 '지혜wisdom'를, 군인들로 주로 구성되는 보조자들은 '용기courage'를 가져야 하며, 생산 계층만이 아니라 모든 계층이 '절제moderation'라는 덕성을 각기 다른 형태로 가져야 한다. 정의는 이러한 전체를 조직하는 데 본래부터 있어야 하는 것이다. 즉 정의가 있음으로써 이상의 세 가지 덕성이 도시 국가에서 번성할 수 있다. 다른 말로 하면, 정의는 도시 국가의 모든 사람이 절제라는 덕성을 보여주고, 이에 덧붙어 보조자 계층이 용기라는 덕성을 갖추고 지배자 계층이 지혜라는 덕성을 갖추었을 때 나타나는 덕성이다. 이처럼 각 개인이나 각 계층이 다른 사람이나 다른 계층이 하는 일에 관여하지 않고 자신의 재능에 적합한 일에 매진해 질서와 조화를 이룰 때 정의가 나타난다. 이렇게 보면 정의는 자신에게 가장 적합한 일을 하는 것이다(433e). 정의가 나타나게 된 결과를 역으로 짚어보면, 정의라는 덕성은 다른 세 가지 덕성을 융성하게 한다. 개인으로 봐서도 개인의 이성이 욕구를 통제하고 진정한 용기를 가지게 되었을 때 정의가 나타난다(443c~e). 이와 같이 도시 국가가 지혜, 용기, 절제, 정의를 드러내게 되면 도시 국가는 완전히 선하게 되며, 이로써 아름다운 도시 국가가 된다.

소크라테스는 도시 국가의 정의를 논한 연후에 개인의 정의를 논한다. 개인의 영혼은 세 부분, 즉 지식과 지혜를 얻게 하는 '이성적rational' 부분, 고귀함과 영광과 명예의 근거일 뿐만 아니라 분노의 근원이자 용기의 근거인 '기개적spirited' 부분, 그리고 기아나 갈증을 해결하려는 필요한 욕구와 다양한 탐닉과 쾌락 같은 불필요한 욕구, 즉 육체적 욕구가 있는 부분으로 이루어져 있다. 욕구적인 부분은 도시 국가의 생산 계층에, 기개적인 부분은 보조자들에, 그리고 이성적인 부분은 지배자 계층에 상응한다. 도시 국가에서 각 계층이 자신의 일에 충실함으로써 정의가 달성되는 것처럼 개인에게서도 각 부분이 각 역할을 충실하게 수행해야만 정의가 달성될 수 있다. 이성적 부분은 다른 부분의 욕구와 충동을 절제하고 다른 부분을 지배해야 한다(443c~e). 도시 국가에서 이성적 부분, 즉 지배 계층이 통제를 해야 하는 것처럼 개인도 이성의 통제를 받아야 한다. 이처럼 영혼의 각 부분이 기능을 모두 발휘했을 때 정의가 달성된다. 이것은 정의는 행위가 정확하고 완벽한 적절성, 즉 덕성을 드러내야 한다는 것을 의미한다. 그렇다면 정의는 모든 종류의 덕성을 완벽하게 하는 것을 포함한다(Smith 2009, 321쪽).

이성의 통제를 받아야만 인간은 진정한 의미에서 자유로울 수 있다. 개인이 이성의 지배를 받거나 모든 계층이 지배 계층의 지배를 받아야 정의가 나타난다는 것은 플라톤이 정의를 불평등한 것 사이의 명령과 복종의 관계로 봤음을 의미한다(Johnston 2011, 52쪽). 이것은 개인의 불필요한 욕구가 분출된 참주정, 과두정, 혹은 기개적인 부분이 억제되지 않아——아킬레우스 같은 영웅에게서처럼——나타나는 '금권 정치/명예 지상 정치timocracy', 나아가 불필요한 욕구가 통제되지 않아 무지하고 방종한 다수가 잘못된 민주주의에 대한 우려를 드러낸 것이다(Republic, bk. viii~ix).

플라톤에게서 정의라는 이상은 이상적인 공동체와 연관되어 있다. 《국가론》에서 소크라테스와의 대화에 참여한 이들은 관습적 의미를 담은 정의(正義)에 대한 정의(定義)를 제시했다. 소크라테스가 이들을 당황하게 만들었지만, 그렇다고 해서 소크라테스 자신이 모든 맥락에서 유효한 정의에 대한 하나의 기준을 제시했는지는 불분명하다. 그는 '자신의 일에 신경 쓰는 것' 혹은 '자신의 것과 자신에게 속하는 것을 가지거나 하는 것the having and doing of ones's own and what belongs to oneself'이 정의라고 규정한다. 요컨대 자신에게 가장 적합한 일을 하는 것, 즉 공동체에서 각자가 자신의 적절한 역할을 담당하는 것이 정의라고 답했다. 이렇게 보면 공동체에 적절한 질서를 부여하는 것이 도시 국가의 정의라고 규정한다. 영혼의 각 부분들에게 질서를 부여하는 것이 개인의 정의다(Republic, iv, 433~444 ; ix, 572~587).

그런데 여기서 유의할 점이 있다. 전술했듯이 정의란 '각자에게 그에게 마땅한/당연한 것을 주는 것to render to each his due'이라는 폴레마르코스의 정의(定義)를 논하면서 플라톤이 반박했지만, 소크라테스도 나중에는 결국 이와 비슷한 결론을 내린다는 점이다(Pojman et al. 1999, 10쪽). 각자에게 마땅한 것을 주는 것이 정의라는 것이 로마 시대와 중세에 걸쳐 정의에 대한 공식적인 정의(定義)가 되었으며 근대에까지 지속되었다고 하겠다. 플라톤은 이를 바탕으로 하여 소크라테스의 입을 빌려서 정의에 대한 공적(업적)주의적 기준을 제시한 셈이다(Pojman et al. 1999, 10쪽). 적절한 역할을 하기 위해서는 자신의 본성에 가장 적합한 일을 하는 것이 정의라는 소크라테스의 명제는 오늘날의 의미에서 '정의justice'

보다는 '올바름righteousness'에 더 적합하다(Solomon et al. 2000, 22쪽).

그렇지만 각자가 적절한 역할을 맡는 것이 정의라는 답은 구체적인 사안에 어떻게 적용해야 하는지를 명확하게 알려주지는 않는다. 그리고 《국가론》의 전편에 걸쳐서 소크라테스는 '정의는 강자의 이익'이라는 트라시마코스의 주장을 반박하고자 했다. 만약 정의라는 것이 그의 주장처럼 강자의 이익에 불과하다면, 본질적 덕성으로서의 정의에 따라 살려고 하는 평범한 사람은 늘 손해만 보고 살게 된다. 이에 소크라테스는 올바름은 단순한 힘이 아니라는 것을 강력히 주장했다.

글라우콘은 사람들이 정의롭지 않고 잘 지낼 수 있다면 정의로워야 할 이유가 없는데, 강자가 정의롭지 못하면 다수인 약자가 가만히 있지 않으며 마찬가지로 다수인 약자가 정의롭지 못하면 강자가 가만히 있지 않게 된다. 이처럼 양측이 정의롭지 않기를 원해도 정의롭지 않게 됨으로써 고통을 받게 되므로 양측은 상대방이 부정의를 행하지 않는 한은 부정의를 행하지 않겠다고 동의하게 된다. 그래서 정의는 강자와 약자 사이의 계약의 결과이며 궁극적으로 자기 이익의 문제라고 글라우콘은 주장했다(358e~359a). 글라우콘은 사회 계약 이론을 제시한 셈이다. 요컨대 사람들은 상대의 보복이나 처벌을 피하기 위해 사회적 결과인 관습을 따른다는 주장이다. 그러나 소크라테스는 정의가 그저 관습의 문제, 나아가 단순한 자기 이익의 문제가 아니라고 주장한다. 정의는 그 자체로 바람직한 것이어야 하며, 정의가 도시 국가에서의 조화여야 하는 것처럼 개인의 영혼에서의 조화이기도 해야 하며, 정의는 이성의 지배여야 하고, 정의는 끝에 가서는 보상받는다는 것을 소크라테스는 보여주려고 했다(Solomon et al. 2000, 3쪽). 그러나 과연 소크라테스의 시도가 성공했는지에 대해서는 의심을 가질 만하다. 그리고 사회 제도를 평가하는 것에 대해, 부의 배분을 결정하는 것에 대해, 그리고 빈자에 대한 배려에 정의를 어떻게 구체적으로 적용할 것인지에 대해 소크라테스는 답해주지 않는다. 소크라테스는 정의에 대한 정교한 비유를 들었을 뿐이다.

플라톤이나 아리스토텔레스에게 정의는 일반적인 의미에서의 본질적 덕성, 즉 사회적 동물에게 가장 중요한 덕성이었다. 그러나 정의의 본질이 무엇인가라는 질문에 대한《국가론》의 답은 기껏해야 논쟁적이었으며, 일상생활에서 무엇이 정의이고 부정의인지 명확히 결정해주는 것이 아니었다. 그리스 고전 시대에는 정의가 호메로스의 서사시에서 나타나는 것처럼 'aretē'와 연관되어 논해졌다. 상업이 발전하는 등 시대가 변하면서 정의가 영웅의 'aretē'와 연관되는 것에서 벗어나게 되었다. 게다가 응보로서의 정의는 플라톤에게서 더 이상 중시되지 않았다. 이는 플라톤이 해를 입히는 행위는 덕성을 가진 인간의 행동이 아니라고 본 것에서 알 수 있다. 어쨌든 탁월한 개인의 'aretē'가 아니라 평등한 입장에서 거래를 하게 되는 사람들 사이의 정의라는 것이 보다 중요하게 되었다. 그러나 살펴본 것처럼 케팔로스 등이 상식적 차원에서 제시한 정의의 본질은 세속적 이해관계와 결부되어 있었다. 소크라테스는 이에 만족하지 않았다. 그 대신에 소크라테스에게는 보다 초월적인 목적이 있었다. 그에게 정의의 일의적(一義的) 목적은 궁극적 관심사를 추구하는 것이었다. 그의 궁극적 관심사이자 목표는 올바르게 질서가 갖춰진 영혼을 계발하는 것과 나아가 그러한 영혼을 계발하게끔 질서 잡힌 도시 국가를 만들고 유지하는 것이었다. 이렇게 보면, 정의란 국가와 재능을 가진 개인이 달성하려 해야 하는 신적이며 자연적인 질서를 지칭하기 위해 붙인 이름이다. 요컨대 그는 도시 국가의 질서를 계발하는 것을 정의의 목표로 삼았다(Johnston 2011, 58쪽). 그래서 이성적 능력이 탁월한 자가 파악한 궁극적 진리로 통치됨으로써 도시 국가의 정의를 달성하고자 했다. 그러한 도시 국가에서는 평등한 자들 사이의 계약적 관계에 근거를 두는 것이 아니라 능력과 덕성이 불평등한 사람들 사이의 위계적 관계에 근거를 두지 않을 수 없다(Johnston 2011, 60쪽). 그래서 플라톤은 철인·왕의 명령에 복종하는 것을 당연한 것으로 받아들이는 최소한의 이성적 능력을 갖춘 질서를 이상적 질서로 보았다.

요약하자면, 플라톤이 소크라테스를 통해 보여주고자 한 것은 다음과 같다. ① 정의와 관련된 이익은 세속적인 것이 아니라 궁극적인 것이며, 정의의 일의적 목표는 개개의 인간 내에서 질서를 계발하는 것인데, 그 질서에서는 이성과 지혜가 충동과 정감을 엄격하게 지배한다. ② 사람은 권력에서가 아니라 특성/재능에서 불평등하다. 이 특성이 자신과 타인을 다스리는 데 중요하다. ③ 그래서 정의라는 사상을 인간들 사이의 관계에 적용한다면, 이는 불평등한 인간들 사이의 관계와 본질적인 관계가 있다. 질서가 잘 잡힌 사람의 영혼의 각 부분과 마찬가지로 재능을 다르게 타고난 사람들 사이에 위계가 있어야 한다고 플라톤은 가정했다. ④ 그는 균형 잡힌 상호 대등성에 대해서는 별로 관심이 없었다. 그에게서는 정의의 관계는 불평등한 자들 사이의 명령과 복종의 관계다. 그런데 이 관계는 호메로스 시대의 불평등한 자들 사이의 불균형적인 상호 대등성을 지향하는 것이 아니라 모든 사람에게 이로움을 가져다준다고 플라톤은 생각했다. 모든 이들의 영혼을 정의가 구현하고자 하는 질서화에 부합되도록 하기 때문이다(Johnston 2011, 43쪽). 그렇다면 이러한 플라톤의 정의 이론에 나타나는 변화는 무엇인가? 호메로스의 시대에는 응보가 정의의 관념을 형성하는 데 주요한 역할을 했지만, 플라톤의 정의에 대한 이론에서는 응보가 역할을 담당하지 못하게 되었다는 것이다(Johnston 2011, 56쪽). 그러나 사회의 약자를 보호한다는 의미에서의 사회 정의라는 오늘날의 관념을 플라톤에게서는 찾을 수 없다(Johnston 2011, 57쪽). 그가 사회적 평등을 사회적 목적으로 삼은 것이 아니었기 때문이다. 더욱 중요한 것은 당대에는 정의의 주목적이 권리와 거래 그리고 세속적 이익을 통제하는 것이었지만 플라톤의 이론에서는 도시, 나아가 개인의 영혼에서의 질서를 계발하는 것이 주목적이 되었다는 점이다. 이것이 인간의 궁극적인 관심사가 되어야 한다고 플라톤이 주장함으로써 정의는 도시 국가나 재능 있는 개인이 얻으려고 노력해야 하는 신적이거나 자연적인 질서를 지칭하게 되었다(Johnston 2011, 58~59쪽). 그리고 그는 그가 상정한 정의의 관념을 구현하는 개인이나 도시 국가가 존속해야만 도시 국가가 질서와 조화를 이룰 수 있다고 주장했다. 그가 정의 이론에 부합하는 개인과 도시 국가를 만들려고 노력했다는 점에서, 그의 이론은 '목적론적teleological'이라고 하겠다. 그리고 바로 이러한 점에서는 정의에 대한 사상에 따라 사회를 형성할 수 있다는 관념을 후세에 남겼다(Johnston 2011, 61~62쪽).

케팔로스, 폴레마르코스, 트라시마코스, 글라우콘 등은 자신의 경험에 근거를 두고 정의의 예를 제시했다. 그들이 제시한 견해는 전통적으로 그리고 광범하게 받아들여졌다. 그런데 소크라테스가 보기에 이들이 제시한 '견해opinion'들은 정의 자체가 무엇인가, 즉 정의의 본질과는 다른 것이다. 소크라테스가 관심을 가진 것은 특정한 예가 아니다. 그에 따르면, 정의는 타인을 덜 완전하게 혹은 더 악하게 하는 것일 수 없다. 게다가 일상적인 견해는 일관성이 없다는 점에서도 결함이 있다. 그래서 소크라테스는 정의의 모든 예들에 공유되고, 공유됨으로써 정의의 예가 되는 공통적인 요소를 찾고자 했다. 말하자면 그는 정의에 대한 정확한 정의를 내려서 행동, 사람, 그리고 조건을 정의롭게 만드는 공통적인 양상이나 속성을 찾고자 했다(Gaus 2000, 6쪽).

이상의 논의에서 소크라테스가 정의의 개념에 대해 세 가지 기본적인 신념을 가지고 있다는 것을 알 수 있다.

① 정의의 예들이 아니라 모든 정의로운 것이 공유하는 공통적인 요소를 찾아야 한다. 어떤 것이 정의롭다고 올바르게 말해질 수 있는 요소를 공통적인 요소가 포함하고 있기 때문이다.

② 정확한 설명은 일관성이 있으며 모든 예를 설명한다. 일상적인 관념은 혼동되고 모순될 수 있다.

③ 정의는 의미심장하고 중요한 개념이다. 정의를 심각하게 생각하면, 정의가 이익처럼 냉정하거나 분명하게 실재적인 것으로 환원된다는 것을 보여줌으로써 정의의 가면을 폭로하는 것은 그럴듯하지 않다는 것을 알게 된다(Gaus 2000, 7쪽).

이상의 세 가지 신념으로 소크라테스나 플라톤은 특별히 그럴듯하지는 않더라도 뚜렷한 견해를 표명한다. 이 견해를 '개념적 실재주의con-ceptual realism'라고 부를 수 있겠다. 간단히 말하면, 플라톤은 정의와 같은 개념적 용어는 개념 자체가 존재하는 특별한 영역을 지칭한다고 믿는다. 플라톤이 말하듯이 개념적 용어는 '형상form'의 세계, 즉 개념의 순수한 예를 지칭한다(Gaus 2000, 7쪽). 플라톤에 의하면, 어떠한 것에 대한 정의(定義)는 본질을 확인하는 것이다. 본질은 다양할 수 있는 많은 예들의 공유된 양상이다. 본질은 어떠한 의미에서 존재해야 하는 것이다. 말하자면 정의(定義)가 의미가 있다면 그 정의는 실재로 존재하는 어떤 것을 지칭해야 한다. 정의의 모든 경우가 공유하는 본질은 어떠한 방식이든 어디엔가 존재해야 한다. 그에 따르면, 정의의 모든 예들이 공유하는 순수한 본질, 즉 정의는 그가 형상의 영역이라고 부르는 것에만 존재한다. 플라톤에 의하면, 우리가 태어나기 전의 어떠한 시점에서 우리는 개념의 세계에 직접적으로 접근했는데 태어난 후에 그 개념을 모호하게 회상하고 있을 뿐이다. 그래서 케팔로스 같은 이들은 개념에 대한 어떤 회상을 할 때 정의에 대한 예로 인식하게 된다. 요컨대 개념의 세계에 대해 우리가 불완전하고 모호하게 회상하기 때문에 본질에 대한 정의(定義)가 가끔 잘못될 수 있다(Gaus 2000, 8쪽).

(2) 피타고라스와 소피스트

그런데 플라톤 이전에 우주의 근본을 수(數)로 보았던 피타고라스는 정의도 수에 의해 이루어진다고 보았다. "정의란 자승수(自乘數), 엄밀히 말하면 자승수의 기본 형태로서의 4라고 했다. 4는 균분·평등·공평을 의미하고 기하학상의 도형으로서는 정방형이다. 그리하여 자승수가 가지는 이러한 속성들을 사람들이 생각하는 것과 마찬가지로 정의 또한 인간의 주관적 판단이나 호오를 초월해 엄존하는 것이 아니면 안 된다"(Copleston 1960, vol 1, 36 ; 김철수 1983, 86쪽). 피타고라스학파는 정의의 본질을 평등으로 하고, 정의의 본질이 응보적 정의, 즉 상호 대등성으로서의 평등이라고 생각했다. 플라톤이 정의를 일종의 조화에서 찾은 것은 피타고라스학파를 따랐다고 볼 수 있다(Smith 2009, 320쪽). 그리고 헬레니즘과 로마 시대에 보편적 정의라는 이념을 설파한 스토아학파도 이 범주에 넣을 수 있겠다(Forkosch 1978, 653쪽).

한편 전업 지식인이라고 부를 수 있는 소피스트(양승태 2013, 224쪽)들은 '인간에 의존하는 것으로서의 정의'를 설파했다. 특히 만물이 유전한다고 주장한 헤라클레이토스, 그리고 인간은 만물의 척도라고 주장한 프로타고라스는 인간 사회에 근거를 두고 정의라는 관념을 논했다. 그들은 정의에 대한 객관적인 가치 척도 대신에 주관적인 상대주의를 받아들였다. 이처럼 정의에서의 인위적 성격을 지적한 사람들이 그들이라는 점이 중요하다. 이어서 정의를 인간의 사회생활에서의 실천적 행위와 관련시켜 이해한 아리스토텔레스도 이러한 경향을 반영했다. 이렇게 되어 정의는 시대와 장소에 따라 달라지게 되었다(Forkosch 1978, 653쪽).

플라톤이 현세를 초월하는 영원한 이념으로 정의를 파악했다면, 정의를 인간 생활의 실천적 행위와 연결시킨 아리스토텔레스는 정의를 인간이 만든 이상적인 사회적 이상으로 파악한 셈이다. 그런데 이상의 두 가지 방향과는 다른 견해가 나타났다. 나중에 다루게 되겠지만 그리스도교 사상가 중에서 정의에 대한 아우구스티누스의 이념은 초월성을 주장하는 쪽으로 분류할 수 있다. 그가 플라톤의 영향을 강하게 받았기 때문이라고 하겠다. 반면에 아퀴나스는 양쪽 경향을 다 가졌다고 말할 수 있겠다. 그리고 근대에 들어와 등장한 계몽기의 자연법론자도 이 양자 사이에 있다고 볼 수 있다(Forkosch 1978, 656~657쪽). 이제까지의 두 가지 방향성과 중간적 경향에 유의해 시대별로 정의의 관념이 어떻게 전개됐는지를 개관해보자.

고대 그리스인들은 신화적 세계에서 정의를 인격신으로 만들었다고 볼 수 있겠다. 약간 후에 가서 '테스모스desmos'와 '노모스nomos(관습/인위적 관습)'에서 정의를 볼 수 있다. 테스모스는 아테네에서 전형적인데, 민주적인 개혁법의 중심으로 여겨져 정립된 규범이다. 이것이 폴리스 사회에서 대를 이어 준수되며 오랜 기간 지속되는 동안에 그 기원이 잊혀 버렸지만 대대로 내려오면서 누구라도 당연한 것으로 여겨 의심할 수 없는 규칙이 된 것이 노모스였다. 이렇게 데스모스에서 노모스로 단어가 변한 것은 폴리스에서 민주정이 정착되어간 과정을 표현한다고 이해할 수 있겠다. 그러나 준수되어야 하는 규칙, 관습화된 규범으로서의 노모스는 머지않아 폴리스 사회의 변화에 의해 근본을 의심받게 되었다(森末伸行 1999, 49쪽).

의문을 명확하게 제기한 이들이 소피스트들이었다. 그들은 노모스에 대해 의심을 품을 수 없다는 사실 자체에 의문을 품고, 노모스가 인간이 만든 것, 즉 원래 어느 누군가가 정립한 규범에 불과하다는 것을 간파했다. 그렇기 때문에 규범을 정립한 사람이 있다면, 그 규범은 그것을 정립한 개인 내지 인간 집단의 주관적 판단의 결과, 말하자면 주관적 이해관계의 소산에 불과하며, 노모스가 가지고 있다고 여겨지는 객관적 정당성이 절대적으로 타당하다는 것도 근거가 없다. 이제까지 의심 없이 당연한 것으로 여겨졌던 사회의 규칙의 근거에 대해 이렇게 의심이 제기되었다. 이로써 폴리스의 시민들은 위기에 직면하게 되었다.

여기서 철학자들 중에서 노모스에 기초를 둔 정의를 대신해 '피지스physis(자연/본성)'에 기초를 두는 새로운 다른 정의를 주장하게 되었다. 결국 규칙적인 또는 인위적인 노모스적 올바름에 자연의 피지스적 올바름이 대치되었다. 이후 그리스의 정의에 대한 사고는 노모스와 피지스에 각기 기초를 둔 두 가지 정의를 어떻게 통합하는가라는 문제를 중심으로 심화되었다. 소크라테스, 플라톤, 아리스토텔레스는 결국 이 과제를 다룬 셈이다.

소크라테스는 소피스트들의 개인주의적 주관주의를 배척하고 개인을 넘어 객관성을 갖는 주관주의를 도입하고자 했다. 주관을 떠난 객관주의를 설명하지 않고 주관 내에서 시대와 장소에 좌우될 수 없는 객관적 원리를 찾고자 했다(김철수 1983, 87쪽).

플라톤의 《국가론》에서 소크라테스는 개개인이 자신의 품성에 가장 적합한 일에 전념해 도시 국가에 가장 큰 이득이 돌아오게 하고 자신에게도 혜택이 돌아오게 해 공동선을 달성하는 것이 정의이며, 이를 부정하는 것이 부정의라고 보았다(433a · 433b · 434c). 이처럼 정의라는 이념은 초월적이며 영구적인 조화로운 통합이었다. 이것이 인간과 제도에 완전하게 구체화되지 않는다 하더라도 인간은 도덕적 행위에 이러한 영구적이고 온전하고 절대적인 이념을 적용하려고 노력한다. 플라톤은 위계적 질서에 따라 폴리스의 세 계급이 자신의 일에 전념하고 개인의 영혼에서 세 가지 부분/측면이 정상적 기능을 담당함으로써 조화를 이룬 상태를 정의라고 보았다(Forkosch 1978, 653쪽).

이렇게 보면 플라톤에게는 정의가 균형이라고 생각할 수 있지만 한마디로 말하면 조화다. 다만 그가 말한 조화 혹은 통일은 어디까지나 초월적이며 불변하는 것, 즉 이데아의 세계에 존재하는 것으로, 인간이 그것을 동경하고 그것을 목표로 해 자신이 살고 있는 현실을 향상시키려 노력할 수는 있지만 정의 그 자체를 만들어낼 수는 없다. 그렇기 때문에 사회를 전제로 하는 정의라는 것은 플라톤에게는 세 신분 사이에 균형이 실현된 상태를 유지하는 원리였으며, 그에게는 조화야말로 정의였다. 이렇게 보면, 정의는 어느 특정한 계급에 속하는 것이 아니라 사회 전체의 기능에 속한다(미셸린 2005, 66쪽).

서구 철학에서 정의라는 문제는 소크라테스의 입을 통해 플라톤에 의해 공식적으로 대두했다고 볼 수 있다. 서구의 역사에서 이것이 의미하는 바는 무엇인가? 고대 그리스에는 영어의 '정의justice'에 해당하는 말이 두 가지 있었다. 하나는 전술한 것처럼 'dikaiosunē'인데 이것은 영어로 보통 'justice'라고 번역된다. 플라톤과 아리스토텔레스가 '정의'라는 의미로 쓴 말인데, '정의justice'보다는 '올바름righteousness'이 더 정확한 번역이라고 하겠다(Solomon et al. 2000, 21쪽). 그리고 다른 하나는 'ison/eson/isotes'인데 여기에는 '정의justice'라는 의미도 있지만, '평등equality'이라는 번역어가 더 적합하다(Vlastos 1962, 32쪽). 'ison'이 뜻하는 정의는 호메로스의 〈일리아드〉에 잘 나타나 있다. 그런데 메넬라오스와 아가멤논에게 정의는 복수다. 말하자면, 정의는 정당한 살인이다. 〈일리아드〉에서는 복수로서의 정의라는 관념이 전편에 걸쳐 저변에 흐르고 있다. 플라톤의 《국가론》에서 소크라테스는 사회적·심리적 조화가 정의라는 새로운 개념을 제시하는데 이것은 복수가 정의로 여겨져온 역사적 배경을 염두에 두고 파악해야 한다.

(3) 응보

정의라는 말의 원래 의미는 전술한 것처럼 응보, 복수와 더 연관이 있었다(Solomon et al. 2000, 4쪽). 피타고라스학파도 같은 생각을 가지고 있었다(Zeller 1980, 34쪽). 구약성서에 나타난 것처럼 신은 아담과 이브에게 신의 법을 제시한다. 이 법을 어기게 되어 에덴동산에서 지상으로 떨어진 인간은 자신의 노동에 의존해 삶을 이어나가야 하는 유한한 존재가 된다. 신의 보복이 작동한 것이라고 볼 수 있다. 그렇기는 하지만 구약성서에는 신이 인간에게 보복하겠다는 격렬한 마음을 품었다가 정의를 고려해 누그러뜨리는 장면이 나타난다. 아브라함은 신에게 간청해 소돔과 고모라의 죄 없는 이들은 처벌하지 않을 것이며 열 사람의 죄 없는 사람을 위해 도시를 휩쓸어버리지 않겠다는 약속을 받았다. "눈에는 눈, 이에는 이"라는 경구가 구약성서에 있다. 이것은 잔인하게 보복하라고 부추기는 것이 아니다. 보복을 하지 않으면 더 좋겠지만 정녕코 보복을 해야 한다면 꼭 보복할 만큼만 보복하라는 것으로, 상대방에 의해 눈 하나를 잃었다면 상대방의 눈 하나를 빼앗는 것으로 끝내라는 권고다. 그것으로 끝내면 보복이 증폭되지 않을 가능성이 높기 때문이다. 〈일리아드〉에서처럼 전 가족이나 전 부족, 나아가 전 도시를 해치는 일은 하지 말라는 것이다.

예수가 '사랑mercy'을 가르친 것은 사람들로 하여금 복수하려는 마음을 버리게 하기 위해서였다. "오른 뺨을 치거든 다른 뺨도 내밀어라"(〈마태오〉, 5장 39절)라는 가르침이 있다. 이 가르침이 원래 의도한 바는 제한된 보복도, 즉 '눈에는 눈' 식의 보복도 가능한 한 하지 말라는 것이다. 그런데 코란도 신이 응보에 있어서 무자비하다는 것을 강조함으로써 정의와 보복의 관계를 보여준다. 정의의 궁극적 기준은 신념 그 자체이지만 일상생활의 세세한 부분에 대해 신이 요구하는 바를 따라야 한다. 코란의 중심 주제는 '부채debt'다. 부채라는 비유가 코란의 정의 관념에서 중심적이다. 예를 들면, 도둑질한 자의 손을 자른다. 이것은 얻은 것에 대한 배상이다. 그러나 코란은 보복하는 데 제한을 두고 있다. 보복하지 않는 자는 보상을 받을 것이라는 단서를 두고 있다. 이렇게 해서 코란도 자비로써 보복을 완화한다(Solomon et al. 2000, 44쪽). 오늘날 우리는 정의하면 배분적 정의만을 생각하기 때문에 보복으로서의 정의가 비문명적이라고 생각할 수도 있는데, 원래 정의는 보복의 정당성이라는 관념에서 시작되었다는 것을 유념해야 한다. 전술한 것처럼 정의의 여신이 칼을 들고 있는 것도 원래 정의라는 관념이 보복과 연관돼 있었음을 암시한다고 볼 수 있다.

그런데 신약성서는 외적인 행동을 통해 신의 명령에 복종할 것을 강조
했다. 그러나 이것을 인간이 신의 명령에 부합하려 하는 내적 태도와 욕
구를 가져야 한다는 것으로 보완시켰다. 그리스도를 따르는 자들에게는
'자비mercy'를 약속했다. 이와 같이 보복에서 자비로 바뀌었다. 정의가 보
복과 무관하게 된 점에서 소크라테스의 정의관과 신약성서가 두드러진
다(Solomon et al. 2000, 4·11~12쪽). 말하자면, 소크라테스 시대와 예
수의 가르침에서 복수는 정의와 명확하게 구분되고 복수는 덕성이라기
보다는 악덕으로 여겨지게 되었다. 처벌이라는 문제는 어느 사회에서든
중심적 관심사로 남아 있을 것이다. 그렇기는 하지만 정의는 플라톤의
시대에는 사회적 조화, 그리고 그리스도교 윤리에서는 화해의 문제가 되
었다(Solomon et al. 2000, 4쪽). 이 변환이 정의에 대한 관념의 변화에 한
획을 그었다.

그런데 이 응보라는 개념은 칸트에게 와서 응분이라는 개념과 연관된
다. 응분은 사람들이 이미 한 것을 되돌아보는 것이기 때문에 미래에 행
동하게 될 동기가 없어졌다고 하더라도 응분은 그 힘을 가져야 한다. 이
점을 칸트는 인상 깊게 갈파했다. "설사 시민 사회가 모든 구성원의 합의
에 의해 해산된다 하더라도(예를 들어 어떤 섬에 거주하는 사람들이 분리
해 지구에 흩어지기로 결정했다 하더라도), 감옥에 남아 있는 마지막 살인
자는 모든 사람이 자신의 행동의 값어치를 정당하게 받도록 하기 위해
먼저 처형되어야 한다"(Kant 1965b, 102쪽). 이처럼 칸트는 범죄에 마땅
한 처벌이 따르는 것이 정의라고 생각했다.

(4) 아리스토텔레스—공적에 따른 평등

다시 고대 그리스로 돌아가 보자. 소크라테스와 플라톤은 도덕적 급진주의자였다. 양자는 일상적인 도덕은 근본적으로 잘못되었으며 여론이 양식이나 이성에 어긋나면 무시되어야 한다고 생각했다. 아리스토텔레스에게 와서는 사정이 달라졌다. 아리스토텔레스는 플라톤이 영혼의 조화에 관심을 보인 것에 대해서는 동의했지만 플라톤의 윤리적 급진주의는 수용하지 않았다. 그는 플라톤의 '이데아(형상)라는 교의doctrine of ideas'를 《형이상학》에서 혹독하게 비판했다(1078b~1080a). 플라톤은 선의 이데아를 최고 목적으로 보았다. 플라톤의 이 견해에 대해서도 아리스토텔레스는 동의하지 않았다. 선이라는 말이 경우에 따라 여러 가지 좋은 의미로 쓰이고 있으며, 현실적인 좋은 것들을 떠나서 '좋음' 그 자체라든가 좋음의 원형이라는 것이 따로 있는 것이 아니며, 설령 선의 이데아가 있다 하더라도 그것이 이 지상에서의 실천 생활에는 아무 소용이 없다는 이유에서였다. 그래서 선한 행동을 할 수 있기 위해서는 선한 행동을 하는 '습관화habituation'가 선한 행동이 무엇인지를 아는 것보다 중요하다. 플라톤은 올바르고 그른 것을 명확하게 알면서 이에 따라 행동하지 않는 사람은 없다고 본다. 이렇게 보면 덕성은 일종의 학문으로 여겨질 수 있다. 이에 반해 아리스토텔레스는 덕성은 알고 있는 것, 즉 지식보다는 실천하는 습관에서 나타난다고 보았다(Smith 2009, 323쪽). 그래서 아리스토텔레스는 정의는 습관인데, 인간은 자신의 선택에 따라 정의로운 행동을 할 수 있다고 주장한다. 바로 이 점에서 아리스토텔레스의 도덕적 주의(主意)주의는 플라톤의 도덕적 주지(主知)주의와는 다르다.

어쨌든 아리스토텔레스의 경우에는 윤리적 탐구의 핵심이 선한 행동에 있으며 정의는 선과 얽혀 있다. 아리스토텔레스는 정의에 대한 플라톤의 입장을 다음과 같이 기술할 것이다. 나의 절박한 관심사는 지적인 활동이기 때문에 나는 너의 것, 즉 세속사에는 관심이 없으므로 나는 너의 것을 취하지 않겠다는 것이 플라톤의 입장이다. 이 입장에서는 인간으로서 상대방과 상대방의 권리를 심각하게 고려하지 않는다. 아리스토텔레스는 이러한 입장을 시정했다. 정의로운 것은 내가 상대방의 것에 대해 관심이 없는 것이 아니라 '공정한fair' 것이다. 말하자면, 상대방의 것은 상대방의 것이고 나의 것은 나의 것이다(Young 2005, 1789쪽). 이를 바탕으로 해 아리스토텔레스는 타인과의 관계에서 정의를 모색했다. 이 점이 양자의 정의에 대한 태도에서 나타나는 커다란 차이다.

이 입장 차이를 다음과 같이 표현할 수도 있다. 아리스토텔레스는《형이상학》에서 소크라테스가 철학을 어떻게 인간적인 문제로 바꾸었는지를 서술한다. 소크라테스 이전의 철학은 이론적이기만 했다. 그런데 아리스토텔레스에 의해 윤리는 별개의 논의 대상으로 분리되었으며 이론적이기보다는 실제적이게 되었다. 윤리는 이제 선한 생활이 무엇인지에 대해 숙고만 하는 것이 아니라 사람이 어떻게 해야 선하게 되는지를 알려주려고 하게 되었다.

그래서 아리스토텔레스에게 정의의 성향이란 폴리스 생활에서 여러 가지 행위를 통해 몸에 붙은, 올바름을 실현하려는 개개인의 성격적 경향이나 기질을 의미하게 되었다. 바로 이 점에서 정의는 덕성인 셈이다. 이렇게 해서 아리스토텔레스는 트라시마코스가 주장하는 권력과 고대의 복수와는 별개로 시민적 정의가 중심적이며 개인적 덕성으로서의 정의를《니코마코스 윤리학》에서 다룰 수 있게 되었다(Solomon et al. 2000, 12쪽).

그렇다면 아리스토텔레스는 정의를 어떻게 다루었는가? 인간은 타고 난 능력의 차이 때문에 지배하는 이와 지배당하는 이로 나누어진다고 본 점에서는 플라톤과 마찬가지다. 그러나 근본적으로 불평등한 이들 사이 의 관계가 아니라 자유롭고 평등한 인간들 사이의 일련의 관계가 정의의 일의적 주제라고 아리스토텔레스는 생각했다. 선한 생활의 본질과 선한 생활을 구성하는 데 빠질 수 없는 덕성을 특히 탐구하는《니코마코스 윤 리학》의 4권에서 정의 이론이 주로 나타나며, 논의는《정치학》으로 이어 진다. 선한 생활과 덕성이라는 보다 큰 틀에서 정의가 논의된다.

왜 그렇게 되어야 하는가? 아리스토텔레스의 4인설에 비추어 보면(이 종은 2010, 47~49쪽), 개개인의 내면에 정의가 있는 것은 그 사람이 정의 롭게 될 가능성, 혹은 잠재성이 있기 때문이다. 이 잠재적인 것이 현실 사 회에서, 즉 타인과의 관계에서 실현되지 않으면 안 된다. 그런데 정의는 타인과의 관계에서는 정의의 성향으로 간주되지만 자신 내의 반성에서 는 덕성 혹은 기량으로 간주된다(*NE*, 1129a~1130a). 그런데 인간은 선 한 생활을 영위하면 행복해진다. 좋은 것을 해야만, 즉 덕성을 발휘해야 만 행복해진다. 그래서 그는 인간에게 필요한 덕성을 적시한다.

일반적 정의와 특수한 정의

아리스토텔레스는 '일반적/완전한general/complete' 정의와 '특수한/부 분적particular/partial' 정의를 구분한다. 어떤 의미에서는 정치적 공동체에 행복이나 행복의 부분을 가져오고 확고하게 하는 것을 정의라고 부른다 (*NE*, 1129b). 이러한 의미에서의 정의는 이웃과의 관계에서의 일반적/완 전한 덕성이거나 수월성이다(*NE*, 1130a). 게다가 정의에서는 모든 덕성 이 종합된다. 그렇다면 일반적 정의는 품성의 속성, 즉 덕성이다. 이 덕성

은 타인과의 관계에서 나타나는 거래가 선한 생활을 증진하고 정치 공동
체 전체의 구성원들을 행복으로 이끄는 한, 타인과의 관계에서 인간에게
드러난다. 일반적 정의는 전체로서의 정의의 성향, 혹은 전체로서의 정
의다. 그래서 일반적 정의는 전체로서의 윤리적 덕성과 일치한다. 이 정
의를 한마디로 말한다면, 폴리스의 시민으로서 인간이 갖추어야만 하는
'덕성 혹은 기량(수월성)aretē'이다. 결국 폴리스의 시민이 법률에 따라 생
활하려 하고, 모든 인간과 사물 사이에 평등을 달성하려 하는 덕성을 갖
춘 상태에 있는 것을 가리키는 것이 일반적 정의다. 그러므로 이 정의는
타자의 이익과 관련되며, 공동 이익과 관련된다(*NE*, 1129b17~19).

그런데 아리스토텔레스의 정의를 논할 때 유의해야 할 것이 있다. 그
에게 있어서 정의는 타인과의 관계에서 발휘되는 덕성이며, 정의의 성향
은 여러 종류의 덕성 중에서 오로지 타인을 위한 하나의 선이라는 점이
다. 즉 타자와의 관련에서의 정의, 혹은 타인과의 관계로서의 정의라는
것을 강조하는 입장은 요컨대 인간의 내면에 있는 감각이나 사고를 판
정하는 규준으로서만이 아니라 인간과 인간의 관계에서 엮어지는 정의
라는 것을 중시한다는 점이다. 조화를 정의의 중심적 개념으로 본 플라
톤에 비해 아리스토텔레스는 정의를 인간들 사이의 다양한 관계에 연결
시킨 셈이다. 전술한 것처럼 바로 여기에 양자의 차이가 있다(Forkosch
1978, 655쪽).

여기서 시민이 갖추어야 하는 'aretē'는 덕성, 기량 혹은 수월성/탁월
성으로 번역되는데, 인간이 본래 가지고 있는 특별한 기능 등을 발휘하
는 것이다. 사물이 원래 가지고 있는 본질을 실현하는 역능(力能) 또한
사물이 가지고 있는 고유한 성질을 완성시키려는 자세까지 가져오는 경
향이라고 말할 수 있다. 그러므로 'aretē'인 정의의 성향은 정의의 성향을

가진 사람이 올바름을 실현하려는 성격상의 경향을 가지고 있는 것을 말한다. 그렇다면 여기에서 '올바르다' 혹은 '올바름'이라는 말은 무엇을 의미하며 정의와 어떤 연관이 있는지를 고찰할 필요가 있다. 아리스토텔레스에 의하면 올바르지 않은 사람은 법률을 위반하는 사람이며, 탐욕스러운 사람, 즉 불평등한 사람이다. 올바르지 않은 것은 법률에 반하는 것이며, 불평등한 것이다. 따라서 올바른 사람은 법률에 합당한 사람이며, 평등한 사람이다. 그리고 올바른 것은 법률에 맞는 것, 그리고 평등한 것이다(NE, 1129a~1131a). 요컨대 일반적 정의는 법에 복종하는 것이다. '중간의 길middle way'을 제시하는 도덕적인 법을 따르는 한은 인간의 상태는 정의롭거나 완전한 덕성을 가지게 된다. 즉 동료에 대해서는 정의롭게 되며, 자신의 품성에서는 덕성을 가지게 된다.

보편적/일반적 정의는 완전한 덕성이다. 그런데 아리스토텔레스는 정의가 덕성의 부분으로 고려될 수 있는 상황을 논한다. 이것이 특수한 정의다(NE, 1130a30). 특수한/부분적 정의는 개인이 받아야 하는 혜택과 개인이 감당해야 하는 부담이나 해악과 관계있다. 명예, 물질적 재화, 안전 등이 혜택이 된다. 특수한 의미에서의 부정의는 개인이 혜택이나 부담을 불공평하게 받았을 때 생긴다. 양자로 구분한 것은 덕성 전체로서의 정의와 구체적 덕성으로서의 정의를 구분했다는 것을 의미한다. 전자, 즉 일반적 정의는 플라톤의 정의, 즉 'dikaiosunē'와 대체로 일치한다(Bedau 1971a, 3쪽). 전술한 것처럼 'dikaiosunē'는 근대 영어에서 '올바름rightness'과 대체로 일치하는 말이며, 사람들을 올바른 것을 하도록 이끄는 품성의 속성을 의미한다(Johnston 2011, 64쪽). 그런데 특수한 정의는 특정한 덕성에 대한 것이며, 의미하는 바가 협소하며, 평등 혹은 공정성의 관념에 기반을 두고 있다. 타인에게 정당하게 주어진 가치를 탐욕적으로 침해하는 것을 방지하는 것과 관련 있다(*NE*, 1129a31 · 1129b1 · 1130a14~24). 어떠한 것에서 자신의 몫보다 많은 것을 가져가면 그것은 '공정fair'하지 못한 행동을 한 것이므로 '정의just'롭지 않다. 이렇게 보면, 특수한 정의는 영어의 '정의justice'나 '공정fairness'이라는 일상적 개념에 상응한다(Johnston 2011, 65쪽). 다른 한편 정의를 이렇게 구분하는 것은 정의에 접근하는 방법이 플라톤과 다르다는 것을 보여준다. 플라톤은 정의는 하나여야만 한다고 주장한다. 반면에 아리스토텔레스에 의하면, 정의는 다른 것일 수 있으며 특히 다양한 방법으로 나타날 수 있다. 게다가 각각은 상당한 진리를 담고 있다(Johnston 2011, 64쪽).

일반적 정의를 특수한 정의와 구별한 연후에 일반적 정의라는 개념이 덕성을 설명하는 데 중요하다는 것을 인정하지만, 아리스토텔레스의 《니코마코스 윤리학》의 5권은 주로 특수한 정의를 다룬다. 그는 특수한 정의가 존재한다는 것을 설명하는 데 있어서 '악덕vice'의 부분으로서의 부정의의 성향, 즉 부분적 부정의를 기술하고, 이에 대응하는 것으로서 '덕성virtue'의 부분으로서 정의의 성향, 즉 부분적 정의를 설명한다.

그는 전체적 부정의와 다른 종류인, 어떠한 부정의가 존재하는 논거로서 세 가지를 든다. 첫째, 다른 형태의 사악함을 행동에서 보여주는 사람은(예를 들면, 비겁하여 적 앞에서 무기를 버리는 사람은) 행동을 잘못한 것이지 다른 사람보다 많이 취하는 것은 아니다. 다른 사람보다 많이 취하는 행동을 하면, 그 사람은 인간으로서 악덕을 보여주지 않는 경우도 있겠지만 어떤 종류의 사악함과 부정의를 보여주는 것이 분명하다. 둘째, 욕구에 의해 간통을 하고 이로 인해 금전적 손해를 입은 사람은 품행이 방정하지 못한 사람이지만, 금전을 모으기 위해 간통을 하고 실제로 금전을 모은 사람은 부정한 사람(올바르지 못한 사람)이다. 올바르지 못한 이유는 돈을 모으려고 했기 때문이다. 셋째, 각각의 올바르지 못한 행위는 이에 각기 대응하는 사악함과 관계있지만, 그러한 부정한 행위로써 금전을 모으는 일을 한 사람이 있다면 이 행위는 어떠한 사악함과도 관계되지 않고 부정의의 성향과 관계된다(NE, 1130a~b).

이와 같은 아리스토텔레스의 논의에 따르면, 전체적 부정의와 구별되는 어떠한 별개의 부정의가 있다. 별개의 부정의가 바로 '부분으로서의 부정의의 성향'이다. 그에 의하면, 전체적 부정의는 덕성을 갖춘 우수한 사람이 관련되는 범위의 모든 것에 관한 것이지만 부분적 부정의는 전체의 일부분임에도 불구하고 명예나 재산이나 안전 등에 관해 이득에서 생기는 쾌락을 동기로 한다는 점에서 구별이 된다. 이러한 구별이 가능한 것은 그가 정의로운 것을 '법에 합당한 것the lawful'과 '평등하거나 공정한 것the fair/ison'이라는 두 가지로 나누었기 때문이다. 전체적 부정의는 법률 위반을 의미하는 데 비해 부분적 부정의는 불평등을 의미한다. 즉 아리스토텔레스에 의하면, 불평등은 법률 위반이지만 법률을 위반하는 것 모두가 불평등은 아니다. 부분적 부정의가 따로 존재하는 이유가 바로 여기에 있다. 요약건대, 특수한 부정의는 법률 위반을 내용으로 하는 일반적 부정의와는 구별되며, 그 일부분이 되는 부정의, 불평등을 내용으로 하는 특수한 부정의가 있다(NE, 1130b). 그래서 특수한 정의는 분배의 문제와 연관이 있다.

전체적 부정의와 부분적 부정의의 관계는 일반적 정의와 특수한 정의의 관계와 같기 때문에 부정의의 측에서부터 정의가 존재하는 방식으로 논할 수 있다. 그렇다면 일반적 정의는 인간이 법률에 합당하면서 평등한 것이며, 이에 덕성을 발휘하는 것이다. 반면에 이 부분으로서의 특수한 정의는 평등을 의미하며, 또한 그 구체적인 존재 방식, 즉 현실에서 드러나는 것을 문제로 삼는다(*NE*, 1130b). 이와 비슷하게 그는 정치적 정의를 시대와 장소를 불문하고 모든 이에게 적용되는 '자연적 정의natural justice'와 법과 공동체의 관습을 따르는 관습적 혹은 '법적 정의justice by law'로 나누었다(*NE*, 1134b17~1135a4).

아리스토텔레스는 덕성 일반으로서의 정의와 사물의 배분에 있어서의 부분으로서의 정의, 즉 특수한 정의를 구별한다. 특수한 정의에는 두 종류가 있다. 배분적 정의와 시정적 정의다. 이 두 가지 정의는 개인이 차지하는 몫에서의 공정함과 연관되는데, 서양의 정의 이론에 지대한 영향을 미쳤다.

그런데 아리스토텔레스는 일반적 정의를 논하면서 일단 부정의한 사람은 불평등한 사람이며, 부정의는 불평등이라는 것을 밝혔다. 그리고 이에 의거해, 불평등의 '중간의 길mesotes(means/intermediate/middle way)'에 있는 것은 평등이며, 이 평등이 정의다. 예를 들어 2는 적고 10은 많다면 그 중간은 6인데, 6은 2에 비해 4가 많고 10에 비해 4가 적기 때문이다. 지나치거나 모자라는 것은 사물의 선을 앗아가기 때문에 중간을 취해야 한다. 그래서 덕성은 두 가지 악덕, 즉 지나친 것과 모자라는 것 사이에 있는 일종의 중간이다(*NE*, 1104a · 1106a24~1107a26 · 1131a).[67] 이어서 그는 두 사람 사이에 성립되는 정의는 그 사람들이 평등이라는 것으로 하여 또한 그 사람들 사이에 분배되어야 하는 사물이 있는 경우에 그 사

---

67 칸트는 아리스토텔레스의 중간의 길이라는 것이 두 악덕 사이의 중간이라는 점을 다음과 같이 반박한다. 예를 들어 낭비하는 것과 탐욕스러운 것 사이에 중간이 있다면, 덕성으로서 중간의 길은 낭비하는 것이 점차 없어지거나 인색한 사람이 소비를 늘려 서로가 반대의 방향으로 움직임으로써 잘 관리된다고 여길 수가 없기 때문이다. 두 가지 악은 서로 구별되는 준칙이 있기 때문에 서로 상반된다(*MM*, 205쪽 ; *NE* 1107b9~21).

물의 똑같음과 인간 사이의 똑같음이 같은 관계로서 성립된다고 보았다. 이는 사물들과 사람들 사이의 평등에 관한 문제다(NE, 1131a). 인간의 특질, 예를 들면 용기, 절제, 정의라는 덕성도 중간의 길을 지켜야 하나의 덕성이 된다(NE, 1104a25~26).

요컨대 도덕적 덕성은 이성에 따라 희구하고 행동하는 현실 삶의 올바른 준거로서 일반적으로 과도와 결핍의 양극단을 피하는 '중간aurea mediocritas'의 성향을 가져야 한다(NE, 1106b14). 아리스토텔레스는 도덕적 덕성이 추구하는 중간의 위치가 고정 불변이라고 주장하지는 않는다. 그는 중간의 현실적 균형점이 특정한 개인과 그 개인이 처한 상황에 따라 바뀔 수 있다는 것을 인정한다. 적절한 대상에게, 적절한 동기에서, 적절한 시점에, 적절한 방식으로, 적정하게 일을 처리하자는 데 중용의 기본 취지가 있기 때문이다(장의관 2009, 30쪽).

말하자면, 사물을 분배하는 경우에 어떤 사람들이 평등하면 평등하게, 불평등하면 평등하지 않게 나누어 가지는 것이 올바르다. 그 기준은 '공적merit'이 된다. 그렇지 않고 평등한 사람들이 평등하지 않은 것을 가지거나 분배받게 되면, 혹은 거꾸로 평등하지 않은 사람들이 평등한 것을 가지거나 분배받게 되면 다툼이나 불평이 생긴다(NE, 1131a23). 그렇기 때문에 분배는 공적에 따라 행해지지 않으면 안 된다. 그런데 공적이란 대체 무엇인가? 민주주의를 지지하는 사람들은 자유로운 시티즌십을, 과두제를 지지하는 사람들 중 어떤 이들은 부를, 또 어떤 이들은 '좋은 신분good birth'을, 그리고 귀족제 지지자들은 덕성을 '값어치 있다worth'고 볼 것이며 이 값어치를 가지게 된 것이 어떤 사람의 공적이라고 볼 것이다. 이처럼 정치 질서에 따라 공적의 내용이 다르고 사람들에 따라 공적이 다르기 때문에 비례를 고려하지 않을 수 없다고 아리스토텔레스는 주장한다. 이리하여 정의는 비례에 관계되며, 부정의는 비례에 반한다.[68] 그렇기 때문에 부정의를 행하는 사람은 선한 것의 많은 부분을 취하고, 타인으로부터 정의롭지 못한 행위를 당한 사람은 선한 것 중에서 작은 부분만을 취한다. 전자는 '이득profit'을 본 것이며 후자는 '손실loss'을 입은 것이다. 시정적 정의는 손실과 이익 사이의 중간에 있는 것이다(*NE*, 1131a~b).

이러한 비례를 아리스토텔레스는 기하학적인 비례라고 불렀다. 이 비례적 평등을 기반으로 하는 분배적 정의는 폴리스에 사는 사람들 사이에 명예나 재산 혹은 기타의 많은 사물을 분배하는 것을 규율하는 원리다(*NE*, 1130b). 결국 하나의 공동체가 있다는 것을 전제로 하면서 여기에 속하는 '공동적인 것public stock of a community'을 구성원 간에 분할해 분배할 때의 규준이 되는 정의가 배분적 정의다(*NE*, 1131a).

그렇지만 구성원의 상호 관계는 공동체의 종류가 다양함에 따라 여러 종류의 다양한 것이 되지 않을 수 없다. 그렇기 때문에 구성원 사이에 분배할 때의 규제 원리는 비례적이 될 수밖에 없다. 그래서 비례적인 것이 정의이며 그렇지 않은 것은 부정의다(*NE*, 1131a~b).

배분적 정의

특별한 정의는 배분적 정의와 시정적 정의로 대별된다. '배분적 정의 distributive justice/justitia distributiva'는 공동의 것을 나누어 분배하는 것에 관한 정의이며, 공동체에서 재화, 명예 등을 배분하는 것에서 나타나며,

---

68 공적에 비례해 평등한 것은 평등하게, 불평등한 것은 불평등하게 배분한다는 것은 평등을 강조한 것 같지만 그렇지 않다고도 볼 수 있다. 오히려 불평등이 정의라는 것을 보여준 것이라고 볼 수 있다(Vlastos 1962, 32쪽).

어떤 사람의 몫은 다른 사람에 비해 평등하거나 불평등할 수 있다(NE, 1130b). 그래서 배분적 정의는 특수한 정의의 한 종류다. 아리스토텔레스는 사적인 단체에서 혜택을 배분하는 것도 염두에 둔 것 같다. 배분적 정의를 논하는 데에 두 가지 중요한 제한이 전제된다. 첫째, 아리스토텔레스의 주 관심사는 정치 공동체의 맥락에서 정의를 분석하는 것이다. 그러나 정치 공동체가 상대적으로 평등한 사람들로 구성되는, 상호 교환에 근거를 두는 한 가지 종류만의 결사가 아니다. 다양한 결사체의 존재를 전제로 해 배분적 정의를 논하는 것이다. 둘째, 앞의 '다른 사람에 비해 평등하거나 불평등하다'는 말에서 평등과 불평등은 각기 'isos'와 'anisos'를 지칭하는데 양자는 어떤 맥락에서 'fair' 혹은 'unfair'라고 번역될 수 있다. 그래서 공정한 몫이 반드시 평등할 필요는 없기 때문에 '다른 사람에 비해 평등하거나 불평등하다'라는 표현을 쓴다. 배분적 정의는 '비례적 평등'을 분배의 원칙으로(NE, 1130b) 삼기 때문에 그 몫이 불평등할 수 있다.

아리스토텔레스는 단순한 예를 들어 배분적 정의라는 개념을 설명한다. 정의에는 적어도 네 가지가 포함되는데, 두 사람과 두 몫이다. 어떠한 사람이 다른 사람에 대한 것이 한 가지가 다른 것에 대한 것일(NE, 1131a) 때, 다른 말로 하면 해당 사물 사이의 비율이 사람 사이의 비율과 똑같을 때, 배분적 정의는 달성된다. 두 사람이 동등하다면, 배분적 정의에서는 두 사람의 몫이 평등해야 한다. 두 사람이 평등하지 않다면, 정의로운 몫은 두 사람 사이의 불평등에 비례해 불평등해야 한다(Johnston 2011, 69쪽). 그런데 아리스토텔레스가 타인의 명령에 복종하지 않을 수 있을 정도로 사람들은 상대적으로 평등하다고 상정했기 때문에 공적이나 응분에서 불평등하면 이에 따른 몫은 불평등하게 된다.

아리스토텔레스는 인간의 평등이나 불평등이 결정되어야 하는 근거에 대해 가장 추상적인 설명만 한다. 배분에서의 정의는 응분(혹은 공적)을 근거로 결정되어야 한다는 것을 모두가 인정하지만, 예를 들어 정치적 직책을 두고 민주주의자와 과두주의자들은 평등하게 '공적/응분이 있는meritorious' 자가 공직에 평등하게 피선될 자격이 있다고 보는 점에서는 같다. 공적 재산의 배분에서의 정의는 비례에 의해 항상 통제되어야 한다. 공적 자금의 배분이 행해지면, 이는 구성원들이 기여한 공헌에 비례해 배분이 이루어질 것이며 비례를 침해하는 것은 부정의다(*NE*, 1131a). 공적 자금과 관련해서는 공헌에 비례해 혜택이 돌아가야 한다는 것이 아리스토텔레스의 생각이다.

그런데 무엇을 공적/응분으로 볼 것인가에 대한 견해들은 서로 달랐다. 과두주의자들은 한 가지 점에서, 즉 부를 가졌다는 점에서 우수한 것이 모든 것에서 우수하다는 것을 의미했다. 반면에 민주주의자들은 한 가지 점에서 평등한 것, 그들의 경우에는 자유롭게 태어났다는 점에서 평등한 것이 모든 것에서 평등하다는 것을 의미했다(*NE*, 1131a28). 이렇게 상반되는 주장을 함으로써 공직을 할당하게 될 때 적절한 응분이라는 관념에 대해 분쟁이 생기게 된다. 서로가 화해할 수 없는 주장을 하는 것은 서로의 이해(利害)가 다르기 때문이다. 각자가 자신의 경우만으로 판단하고 각자는 자신의 이익이 관련되는 데에는 대부분의 다른 사람들은 대체로 잘못된 판단자라고 생각한다(Miller 1999, 125쪽).

배분적 정의는 여러 형태의 공동 기획에 적용될 수 있지만, 가장 중요한 기획은 정치적 결사, 즉 도시 국가의 기획이다. 도시 국가는 자급자족을 하고 선한 생활을 하기 위해 구성되어 있는 만큼, 구성원이 다양한 형태로 기여함으로써 그 목적을 달성할 수 있다. 그런 만큼 공동체의 응분의 근거가 무엇이어야 하는지에 대해, 혹은 다양한 기여의 값어치에 대해 견해 차이가 있기 마련이다. 종류가 다른 사물의 가치에 대해 양적으로 의미 있는 비교를 하기는 어렵다(*NE*, 1133b10∼29). 그래서 화폐를 도입하게 된다. 그런데 도시 국가의 존속에 기여하는 다양한 활동을 화폐로써 평가하기가 어렵다. 이러한 상황에서 공통의 기준이 없는 한 평등한 사람들이 평등하지 않은 것을 가지거나 평등하지 않은 사람들이 평등한 것을 가지게 되면 불평과 다툼이 생긴다(*NE*, 1131a). 공동 기획에서 공헌한 바에 비례해 몫을 가지는 것이 배분적 정의인데, 이는 후세에 '공헌contribution 원칙'이라고 일컬어진다. 그러나 문제의 핵심은 공헌을 화폐로 정확히 비교할 수 있느냐는 것이다.

건축가와 제화공, 의사와 농부, 제화공과 농부 등의 관계에서 볼 수 있는 것처럼, 각자가 도시 국가에 기여하는 바가 다른 상황에서 각자가 생산한 것이 어떻게 교환되어야 상호 대등성을 이룰 수 있는가? 교환이 공정하기 위해서는 비례적이어야 한다. 제화공의 생산물과 농부의 생산물의 관계는 농부와 제화공의 관계와 같아야 한다(*NE*, 1133a3∼7).

공동체 전체에 기여하는 바에 있어서 건축가의 값어치가 제화공의 값어치보다 두 배 정도 크다고 가정하자. 구두가 본래 가진 가치가 집이 본래 가진 가치의 두 배만큼 된다면 집과 구두를 교환할 수 있다. 그렇다면 구두 두 켤레에 대해 집 한 채를 교환한 것은 제화공과 건축가의 값어치의 관계, 즉 2대 1에 상응하게 된다. 바로 이것이 아리스토텔레스가 말하는 '산술적 평등이 아니라 비례에 따른 상호 대등성'이 의미하는 바다. 이 맥락에서 비례적인 상호 대등성은 공헌 원칙——혹은 나중에는 응분의 원칙——의 한 형태인데, 여기에서는 공헌이라는 개념이 확대되어 해석된다.

배분적 정의는 개개인의 개성이 다르다는 것에 수응(隨應)해 다루어야 한다. 예를 들어, 다른 폴리스와의 전쟁에서 전공을 많이 세운 이는 군사에 관한 강력한 권한을 가지는 것이 올바르다. 혹은 어떤 사람이 열심히 노력함에도 불구하고 부양가족이 많고 살아가는 데 필요한 것이 많아 힘들다면, 그가 근면한 것에 상응해 그가 취하는 몫도 많아야 한다. 그리고 정치와 관련된 것을 생각해보면, 정치적 식견도 높고 지혜도 많고 게다가 인격도 고결한 사람이 공동체의 의사 결정을 맡고 정치에 그다지 관심도 없고 지혜도 모자라고 사람됨도 비열한 이들은 정치에 관여하지 않는 것이 정의다. 이렇게 보면, 배분적 정의는 개개인의 능력이나 성격, 또한 가족의 사정, 출신 성분까지 배분의 기준으로 채택할 때 이루어진다 (*NE*, 1131a27). 요컨대, 좋은 결과를 좋은 사람에게 할당하는 것이 정의다. 그 사람이 어떻게 해서 좋은 결과를 가져오게 되었는지는 따지지 않는다(Ryan 1993a, 9쪽).

시정적 정의

아리스토텔레스는 배분적 정의를 논한 바로 다음에 "또 다른 종류의 정의는 시정적(是正的)인 것"이라고 규정한다(*NE*, 1130b4~1131b). 그가 말하는 '시정적 혹은 규제적, 교정적(矯正的) 정의rectificatory or corrective justice/justitia directiva'는 인간과 인간의 관계를 올바르게 규제하는 것이다. 배분적 정의와는 달리 이것은 공동체가 있다는 것을 전제하지 않고, 인간과 인간의 관계가 있는 한 그 관계가 올바른 것이 되도록 시정하는, 말하자면 인간관계가 이상하게 되었다면 돌이키도록 규제하기 위한 기준으로서 행하는 정의다(*NE*, 1132b).

여기서 말하는 인간과 인간의 관계는 원래 좁게는 거래와 계약, 특히 상거래를 의미하지만, 넓게는 이해관계를 포함하는 인간관계를 의미한다. 이 관계는 두 가지 형태의 사적인 거래로 구분된다. 하나는 '자발적으로voluntary' 이루어진 인간관계, 즉 의사에 따라 일어난 인간관계로서 매매, 임차 같은 상거래다. 다른 하나는 '비자발적으로involuntary' 이루어진 인간관계, 즉 의사에 따르지 않고 나타난 인간관계로서 예컨대 도둑, 간통, 암살, 위증 같은 범죄나 불법 행위 등으로 피해를 입은 사람이 스스로 바라지 않았는데도 불구하고 가해자와 관계를 갖게 되는 것이다(*NE* 1131a ; *Rhetoric*, 1373b30~38).[69] 그러나 시정적 정의의 대상은 자발적이거나 비자발적일 수 있지만, 그 구별에 관계없이 인간 사이에 생기게 된다. 그래서 인간과 인간의 관계를 형성하는 두 사람 사이의 평등이 강조된다. 인간 사이의 관계란 가해자는 해를 가하고 피해자는 해를 당하는 것인데, 이것 자체가 불평등한 것이다. 이것을 시정하려는 것이 시정적 정의다(*NE*, 1132a). 특히 범죄에 대해서는 등가의 '보복형lex talio'을 과한다.

여기서의 시정적 정의도 평등이지만 배분적 정의에서의 비례적 평등과는 다른 평등이다. 시정적 정의가 원리로 삼는 평등은 기하학적 비례가 아니라 산술적 비례. 그 이유는 가해자와 피해자가 어떤 특성을 가졌는지, 예를 들면 선한 사람이 악한 사람에게 사기를 쳤는지, 악한 사람이 선한 사람에게 사기를 쳤는지, 혹은 간통한 사람이 선한 사람인지 악한 사람인지는 아무 관계가 없기 때문이다(*NE*, 1132a). 요컨대 잘못된 것을 바로잡으면 된다. 이에는 배분적 정의에서처럼 당사자가 공동체에

---

69 근대 영어에서는 자발적인 교환에 일반적으로 '거래transaction'라는 용어를 쓴다. 그러나 아리스토텔레스는 혜택이나 해악을 포함하는 둘이나 그 이상의 사람들 사이의 상호 작용은 모두 정의의 원칙이 적용되는 거래라고 본다(Johnston 2011, 72쪽).

기여한 바를 고려할 필요가 없기 때문이다.

바로잡는 방법은 무엇인가? 가해자가 더 많이 얻은 것을 피해자에게 돌려주게 하면 된다. 말하자면 이득과 손실을 시정해 평등을 회복하는 것이다. 그렇기 때문에 시정적 정의는 '(피해자의) 손실과 (가해자의) 이득의 중간에 있는 것'이 된다. 바로 이 점에서도 시정적 정의는 중간의 길을 취한다(NE, 1132a). 그래서 자발적인 거래에 관한 시정적 정의는 균형 잡힌 상호 대등성에 근거를 둔다고 하겠다(Johnston 2011, 75쪽). 이처럼 시정적 정의는 시민의 상호 교섭에서 나타나는 것으로, 교환된 사물이 가치에 있어서 서로 동등할 것을 요구한다.

비자발적인 거래와 관련된 시정적 정의를 논해보자. 아리스토텔레스는 자신이 한 일에 대해 고통 받으면 올바른 정의가 행해질 것이라는 말을 인용한다(NE, 1132b). 이렇게 그는 응보적 정의를 시사하면서 전술한 것처럼 가해자의 이득이 된 불평등한 몫을 피해자에게 돌려줌으로써 이익과 손실을 평등화하고자 한다(NE, 1132a). 말하자면 가해하기 전의 공정한 몫으로 되돌리는 것이다. 그렇기는 하지만 시정적 정의는 근대의 응보적 정의는 아니다(Ryan 1993a, 9쪽).

전술한 것처럼 '눈에는 눈'이라는 정의의 개념이 있다. 이는 고대 바빌로니아의 동해복수법인 탈리오의 원칙을 반영한다. 상대방이 나의 눈 하나를 빼앗았으니 나도 상대방의 눈 하나를 빼앗겠다는 것이다. 이것은 옳은 것의 한 가지라고 볼 수 있다. 1대 1이라는 비례적 배상 관계이기 때문이다. 1대 1이라는 것은 결국 처벌의 정도가 손실의 정도와 산술적으로 비례해야 한다는 것이다. 이 역시 결국 균형 잡힌 상호 대등성의 원칙을 적용하는 것인 셈이다(Johnston 2011, 77쪽).

그런데 '눈에는 눈'이라는 원칙을 매사에 적용하게 되면 질서 그 자체가 무너질 수도 있다. 그래서 다른 방식, 예를 들어 눈을 빼앗은 일에 대해 금전적으로 배상하는 일을 생각하게 되었다. 그래서 완전한 수준의 배상은 아니더라도 이에 가깝게 금전적으로 배상을 하게 되었다. 이러한 것이 시정적 정의다. 아리스토텔레스의 주 관심사는 특수하면서 시정적인 정의였는데, 재판관의 과제는 처벌 혹은 보복을 하는 것이 아니라 바로잡는 것이었다. 아리스토텔레스가 제시하는 이 관점은 응분이 박탈되었을 때, 복수가 아니라 '보상compensation'이라는 개념에도 초점을 두고 있다(Solomon et al. 2000, 4쪽). 그런데 이 경우는 오늘날의 시각에서 보면 '범죄crime'가 아니라 '피해자에게 가해자를 상대로 하는 배상청구권이 생길 수 있는 불법 행위tort'에, 그리고 자발적 행위가 아니라 비자발적 행위에 적용되어야 한다고 봐야 한다.

어쨌든 바로잡는 방법은 무엇인가? 선분 AB가 있는데 그 선분 사이에 C점이 있으며 AC 부분이 CB 부분보다 더 크다고 하자. 그런데 선분 AB의 중간이 D라고 보면 선분 AD와 DB는 같은 셈이다. 철수가 갑돌과의 거래에서 AC를 가졌는데 AC 중에서 DC만큼이 철수가 부당하게 가지게 된 '이득profit'이라면, 재판관이 철수의 DC만큼을 갑돌에게 돌려주게 할 때 시정적 정의가 달성된다(NE, 1132a~b). '정의/올바름dikaion'이라는 것은 '둘로 나누어서bisection/dicha' 조정하는 것인데 '재판관dikasters'은 '둘로 나누는 사람dichastes'이다(NE, 1132a30~34). 이로써 정의가 이루어진 것은 철수의 지나침, 즉 DC 부분이 시정되고 갑돌의 부족함, 즉 DC 부분이 시정되어 철수와 갑돌이 중간의 길을 걸었기 때문이다.[70]

---

70 'dikai'는 이처럼 분쟁이 일어날 때 주관적으로 올바른 것을 찾아가는 절차다(Pattaro 2005, 282쪽). 올바른 길은 중간에 있다. 그래서 필자는 그리스어의 'mesotes(mean/middle way)'를 '중간의 길'이라고 번역했다. 중간의 길은 주관적으로 옳다고 생각하는 바에 따라 서로가

아리스토텔레스에 의하면, 상호 교환에 근거를 둔 상대적으로 평등한 자들의 어떠한 결사체에도 정의가 적용될 수 있다. 그러나 정치 공동체에서는 정의가 가장 중요한 것으로 인정되어야 한다(*NE*, 1134a). 그는 정치적 의미에서 정의로운 것을 두 범주로 나누었다. '자연'에 의해 정의로운 것과 '관습'에 의해 정의로운 것이다. 그런데 양자는 변할 수 있다(*NE*, 1134b). 관습에 의해 정의로운 것의 예로서 아리스토텔레스는 희생물로 염소를 택하든 양을 택하든 상관없다는 것을 든다. 오늘날의 예로는 좌측통행을 하든 우측통행을 하든 상관없는 것과 같다. 그러나 일단 양을 택하기로 혹은 우측통행을 하기로 합의했다면 이것이 관습이 되고 이를 어기는 것은 부정의가 된다. 이 경우에 관습을 정하는 바에 따라 정의와 부정의가 생긴다.

그런데 폭행하거나 살인하는 행위라면, 그러한 행위를 금하거나 처벌하는 법이 없다 하더라도 우리는 그런 행위에 대해 무관할 수 없다. 보다 일반적으로 인간이 번성하는 데 기여하는 행동은 자연에 의해 정의로우며, 반대로 인간의 번성을 손상시키는 행동은 자연에 의해 정의롭지 않다. 그런데 기여하는 행동은 시대와 상황에 따라 변할 수 있다. 그러므로 자연에 의해 정의로운 것은 변할 수 있다. 마찬가지로 염소를 바

자신의 권리를 주장하면서 중간의 길을 찾는 과정이었다. 'dikē'가 객관적으로 올바른 것인 이유는 규범의 내용을 담고 있기 때문이다(Pattaro 2005, 284쪽). 그렇다면, 'mesotes'를 중용으로 번역할 수 있는가? "중(中)은 한쪽으로 기울거나 치우치지 않고, 지나친 것도 못 미치는 것도 없음을 이르며, 용(庸)은 평범하고 떳떳함(中者 不偏不倚, 無過不及之名. 庸, 平常也)"이라는 점에서 보면 'mesotes'를 '중용'이라고 번역할 수도 있다. 그러나 그렇게 번역하기 어려운 측면도 여러 가지 있기 때문에 필자는 '중간의 길'이라고 번역했다(중용의 의미에 대해서는 와타나베 2007 참고). 그리고 번역의 문제는 앞으로 논란의 여지가 있겠지만, 중간 혹은 중도(中道)로 번역한 예도 있다(大塚稔 1992, 5쪽). 물론 중용으로 번역된 예가 많다(荒木勝 2011, 36·132·253쪽).

치는가 양을 바치는가, 혹은 좌측통행을 하는가 우측통행을 하는가는 시대와 상황에 따라 바뀔 수 있다. 그러므로 그는 양자가 변할 수 있는 것으로 간주했다. 그러나 자연에 의해 정의롭지 않은 것과 관습에 의해 정의롭지 않은 것을 어떤 시점에서 구별하는 것은 그렇게 어렵지 않다(*NE*, 1134b).

합법과 정의

아리스토텔레스는 "정의로운 것은 합법적이며 공정한 것을 포함한다"고 규정한다(*NE*, 1129a~b · 1129a4~6). 이어서 법은 입법의 산물이며 입법의 산물은 각기 정의롭다는 것을 우리가 인정하기 때문에 모든 법은 어떤 의미에서 정의롭다고 밝힌다(*NE*, 1129b13~15). 그러므로 합법적이라는 것은 아리스토텔레스에 의하면 정의롭다는 의미가 된다.

그런가 하면 정의로운 것이 법적인 것과 일치되지 않는 점이 있기 때문에 실제의 실정법은 불완전할 수 있으며 경우에 따라서는 정의롭지 않을 수가 있다. 입법 취지가 올바르다 하더라도 실제 법은 결함이 있을 수 있으며, 잘된 법이라도 구체적인 상황에 적용할 때 불완전성이 나타날 수 있다. 자연에 의한 법은 보편적인 처방이거나 명령인데, 어떤 경우는 보편적인 처방에 적합하지 않을 수가 있다(*NE*, 1137b). 그래서 특정한 경우에 재판관이 법이 적절하지 않다는 것을 알면, 법에 엄격히 근거를 두어 결론을 내리지 않게 된다. 이 경우 '형평equity'에 의존하게 되는데 "형평적인 것이 정의롭지만, 이것은 법적 정의가 아니라 법적 정의의 시정이다"(*NE*, 1137b11~12).

게다가 법이 처방하는 행동이 정의에 의해 지시를 받는 행동과 일치하는 것은 단지 우연한 일이라고 아리스토텔레스는 덧붙인다. 말하자면 법은 기껏해야 정의를 불완전하게 표현한다. 정의와 부정의를 이해하기 위해서는 법에 대한 지식만이 아니라 지혜가 필요하다(NE, 1137a). 그래서 법은 본질적으로 정의로운 것이 아니며, 다만 조심스럽게 그리고 사리 있게 만들어짐으로써 정의롭게 될 뿐이다(Johnston 2011, 81쪽).

정의를 무조건적으로 지지하는 데 필요한 주요 속성을 정치체가 결하면 법과 정의 사이에 가장 심각한 불일치가 일어난다. 정의와 법에 대한 이러한 기초가 없으면, 정치적 정의는 존재하지 않고 정의 비슷한 것만이 있을 뿐이다. 상호 거래를 규율하는 법을 가진 사람들 사이에서만 정의가 존재하며 법은 부정의가 일어나는 곳에서만 존재하기 때문이다(NE, 1134a). 이러한 일은 법을 자유롭고 평등한 사람들의 산물로 보지 않는 참주정에서 일어나기 쉽다. 어쨌든 아리스토텔레스의 시각에서는, 좁은 의미에서는 법적인 것이 정의라고 할 수 있겠지만, 정의와 법은 엄밀하게 같은 용어는 아니다.

교환적 정의

이어서 아리스토텔레스는 '응보적 올바름' 혹은 '응보적 정의'와 '교환적 정의'도 논한다. 응보적 정의는 동해복수법에서 나타나는 것처럼 피타고라스와 그의 제자들이 '올바름은 응보다'라고 정의한 데서 시작되어 당시에 정의의 한 종류로 여겨지게 되었다(NE, 1132b21~27). 아리스토텔레스는 이를 비판했다. 응보의 원리는 상대방에게 준 것만을 받는 것, 즉 상호적 평등을 의미하는 것이지만, 이것은 그저 지나치고 마는 것이기 때문에 배분적 정의에도 시정적 정의에도 해당하지 않는다는 것이다(NE, 1132b25~27). 그래서 그는 잠정적으로 교환적 정의 또는 상업적 정의라는 세 번째 종류의 정의를 제시했다(NE, 1132b).

그리하여 '교환적communicative' 정의가 논의된다.[71] 아리스토텔레스에 의하면 이것은 응보적 정의의 한 종류이지만, 교환적 정의는 사람과 사람의 결합에 있어서는 비례에 의한 평등에 의거하지 않는 응보 원리가 교환에서 인간관계를 구축할 수 있기 때문에 인정된다. 다만 교환적 정의는 그의 논의에서 명확하고 주요한 위치를 차지하고 있다고 말하기 어려우며, 배분적 정의와 시정적 정의에 이어지는 제3의 정의로서 기술된 것에 지나지 않는다. 말하자면, 이 정의에서 전면에 드러나는 주요 문제로 여겨지는 것은 공동체에서의 재화의 배분도 아니고, 인간 사이의 관계에서의 관례의 규제도 아니며, 물품과 물품의 교환에서의 물품들 사이의 평등이다. 교환적 정의에 따르면 시장에서 물품은 빈부에 관계없이 같은 가격에 매매되어야 한다. 평등과 상호 대등성에 근거를 두어야 하기 때문이다(de Roover 1968, 434쪽).

교환은 어떻게 일어나야 하는가? 양복과 구두라는 질적으로 다른 상품의 교환은 어떻게 가능한가? 예를 들어 양복 한 벌이 구두 다섯 켤레에 해당한다면, 1대 5로 교환해야 한다. 여기에서 화폐가 매개가 된다. 1대 5라는 비율은 어떻게 결정된 것인가? 이에 대한 답을 마르크스가 제시했다. 양복을 만드는 데 투하된 노동력과 구두를 만드는 데 투하된 노동의 양을 비교하면 교환의 비율을 찾을 수 있다. 이러한 발상을 처음 한 것은 아리스토텔레스다. 문제는 노동 생산물이 아닌 것과 노동 생산물인 것

71 칸트에 의하면, 모든 인간의 이성에 의해 선험적으로 알려지는 것이 자연권이라면, 자연권은 인간들 서로의 교환에서 나타나는 정의만이 아니라 배분적 정의도 포함한다(MM, 113쪽). 아리스토텔레스는 배분적 정의와 시정적 정의 다음에 '상업적 정의commercial justice'를 논하는데, 시장에서 재화를 교환할 때 상호 대등성이 요구된다. 나중에 저술가들이 시정적 정의와 상업적 정의를 합쳐서 '교환적communicative' 정의라고 부르게 되었다(Miller 1999, 269쪽, 각주 2).

사이의 비교와 교환은 어떻게 가능한가 하는 것이다. 양자의 가치는 수요와 공급의 관계에 의해 결정된다.

그런데 교환적 정의에서 관심을 두어야 할 것이 있다. 아리스토텔레스는 이미 다른 종류의 인간들, 즉 불평등한 인간들이 교환에 의해 처음으로 평등해진다고 말했다. 그가 드는 예는 두 명의 의사(醫師)가 교환에 관련되는 것이 아니라 의사와 농부가 교환에 관련된다는 점이다(NE, 1133a17~19). 이처럼 불평등한 인간은 교환에 의해 평등한 인간이 될 수 있다. 그렇게 될 수 있는 것은 교환의 대상물을 비교할 수 있게 한 것에 있다. 비교 가능하게 하기 위해 필요한 매개체가 화폐라고 볼 수 있다. 그래서 교환의 편의를 위해 모든 물건에는 가격이 붙어 있다(NE, 1133b15~29).

교환적 정의를 논하는 선상에서 반보(返報/反報)적 정의도 논할 수 있다.《니코마코스 윤리학》제8권은 우정을 논하면서 증여와 반보의 관계를 논하는데 이것은 실질적으로 반보적 정의에 대한 것이라고 하겠다. 교환적 정의는 주고받는 것이다. 그런데 반보적 정의는 교환인 것은 틀림없지만, 받는 것보다 주는 것이 더 중요시된다(NE, 1159a15~37). 그렇기 때문에 상대방으로부터 받은 것을 돌려주지 않으면 안 된다는 것이 반보적 정의의 사고방식이다. 이 사고방식에도 주고받는 것의 중간이 있는 셈이다(NE, 1159b15~24).

이것은 부모와 자식의 관계에서 쉽게 알 수 있다. 부모는 자식에게 많은 것을 준다. 그렇다고 해서 준 만큼 자식으로부터 받을 것을 전제로 하지는 않는다. 그렇기는 하지만 자식이 어른이 되었을 때, 할 수 있는 한 부모에게 되돌려주지 않으면 안 된다(NE, 1155a17 · 1158b12~28 · 1161b12~1162a15 · 1163a). 이것이 반보적 정의다. 비단 부모 자식 사이에서만이 아니라 동네, 공동체, 국가와 관련해서도 반보가 하나의 정의가 될 수 있다. 조국애 혹은 애국심의 근저에는 올바른 국가에 대한 반보적 정의라는 관념이 생기게 된다.

이상과 같이 "한 종류 이상의 정의가 있으며"(NE, 1130b6~8) 모든 인간은 어떤 종류의 정의에 집착한다(Politics, 1280a8~28). 한 종류 이상의 정의를 이야기했다는 점에서 아리스토텔레스는 플라톤과 다르다. 아리스토텔레스는 어떤 정의는 완전한 덕성이지만 이웃과 관련하여 절대적이 아니라 상대적으로 완전한 덕성이다(NE, 1129b25~33). 그래서 인간은 정치적·사회적 동물이며, "정의로운 것과 정의롭지 않은 것에 대한 감각이 있다"고 믿었다(Politics, 1253a15). 그는 자신이 인간에게서 관찰한 갈등과 정의를 조화시키려 했다. 그에 의하면 "정의는 국가에서 인간을 결속시키는 것이고"(Politics, 1253a37), 나아가 "법에 부합해 각자에게 당연한 것을 부여하는 덕성이며", 부정의는 악덕인데 "법에 어긋나게 타인에게 속하는 것을 (자신의 것이라고) 주장"하는 것이다(Rhetoric, 1366b).

그에 의하면, 정의는 부정의하게 행동하는 것과 부정의하게 다루어지는 것 사이의 중간이다(NE, 1133b32).[72] 정의는 일종의 중간의 길인데, 다른 덕성과 같은 방식으로 나타나는 것은 아니다. 다른 한편 부정의는 '정의롭지 못한 것the unjust'과 비슷하게 연관되어 있는데, 정의롭지 못한 것은 유용한 것과 해로운 것이 비례에 어긋나게 지나치거나 모자라는 것이다. 이러한 이유에서 부정의는 지나친 것과 모자라는 것이다. 정의롭지 못한 행동에서 너무 적게 가지는 것도 정의롭지 못하게 다루어지

---

72 중용에 대해서는 최상용 1997, 37~48쪽 참고.

는 것이며 너무 많이 가지는 것은 정의롭지 못하게 행동하는 것이다(*NE*, 1134a10~13).

이상과 같이 아리스토텔레스는, 모든 인간이 자유롭고 비례적으로나 산술적으로 평등한 존재이며(*NE*, 1134a28) 각자는 자신의 이익과 권리를 가지고 있다는 전제에서 상호 관계의 정의를 논한다. 이상에서 제시한 정의를 모든 시민이 행하게 되면 시민들은 정의롭게 되며, 덕성을 가지게 된다. 즉 각각의 시민이 그 덕성에 적절한 인간의 실재의 영역을 올바르게 이해하고, 이해한 바를 행동과 정념에서 구체화해야 한다(Young 2005, 1789쪽).

그런데 평등으로서의 정의라는 아리스토텔레스의 관념은 오해되기 쉽다. 그가 근대의 자유주의 철학이나 좌파적 철학이 염두에 두는 평등주의적 배분을 생각하고 있지 않은 것은 분명하다. 아리스토텔레스는 소크라테스나 플라톤과 마찬가지로 오늘날의 배분적 정의(혹은 재배분적 정의)에 관심이 없었으며, '교환적commutative' 정의, 즉 공정한 교환에 관심이 있었다. 중심 개념은 비례. 아리스토텔레스가 평등이라고 했을 때 의미하는 바는 모든 사람이 평등하게 대우받아야 한다는 것이 아니다. 같은 경우는 같게 다루어져야 하고 다른 경우는 다르게 다루어져야 한다는 것을 의미한다. 아리스토텔레스 덕분에 정의는 응보나 보복에서 벗어나 보다 '순치된domesticated' 덕성으로 완전히 전환되었다(Solomon et al. 2000, 12쪽).

플라톤과 아리스토텔레스

정의에 대한 관념에서 아리스토텔레스는 어떤 차이점을 갖는가? 플라톤은 개인의 확대가 도시 국가라고 보아, 개인에게서의 정의는 도시 국가에서의 정의와 일치한다는 가정에서 정의는 하나뿐이라고 주장한다. 이렇게 함으로써 그는 도시 국가를 통합하고자 했다. 아리스토텔레스는 이를 반박하고, 도시 국가는 다른 능력을 가진 다양한 종류의 사람들로 이루어지며 따라서 정의로울 수 있는 것이 여러 가지 있기 때문에 플라톤의 방식으로는 도시 국가의 통합을 이룰 수 없다고 주장한다. 그렇기 때문에 정의는 다른 것들 사이의 상호 대등성에 근거를 두어야 한다고 본다. 아리스토텔레스가 상호 대등성에 근거를 두는 것은 이상적인 정치 질서에 대해서도 플라톤과의 견해 차이를 가져온다. 플라톤은 자신의 적성에 가장 적합한 일을 하는 것이 정의라는 관점에서, 가장 지혜로운 철인이 통치를 독점해야 한다고 주장한다. 그래서 플라톤에게 정의의 목적은 지혜를 얻는 것이다. 따라서 그는 명령을 하고 복종을 하는 관계, 위계적 관계에 정의라는 관념을 우선적으로 적용한다. 반면에 아리스토텔레스는 범주적으로 불평등한 자들 사이만큼이나 자유롭고 평등하며 다양한 능력을 가진 자들 사이에서도 정의를 찾아야 한다고 생각한다. 그리고 중요한 것은 플라톤은 세속적 이해관계에 관심이 없는 데 반해 아리스토텔레스는 현실에 근거를 두고 이상적인 정치 질서를 수립하려 했다는 것이다. 거래와 배분적 정의에서는 비례적인 상호 대등성이라는 개념이, 그리고 자발적이거나 비자발적인 거래에 대한 시정적 정의에서는 균형 잡힌 상호 대등성이라는 개념이 정의의 관념의 기초가 된다(Johnston 2011, 87쪽). 이렇게 다른 개념이 공존하는 것은 다양한 능력을 가진 사람들 사이에서 다양한 거래가 현실적으로 이루어지기 때문이다. 이상과 같은 차이로 보아, 아리스토텔레스가 현실적으로 온건한 민주주의가 최선의 정치 질서라고 보고 통치를 교대로 해야 한다고 주장한 이유를 알 수 있다(Politics, 1261a10~1261b15). 통치를 교대로 한다는 데에서도 상호 대등성의 원칙이 나타난다.

그리고 양자는 일상적인 사람들이 가지는 정의에 대한 신념과 관련해 견해가 다르다. 《국가론》에서 플라톤은 일상적인 사람들이 정의라고 믿는 바의 결점을 지적하고 그와 다른 자신의 관념을 제시했다. 플라톤은 지식으로 파악한 정의에 대한 개념을 정의에 대한 평범한 사람들의 의견과 구별했다. 반면에 아리스토텔레스는 평범한 사람이 정의로써 의미하는 바가 무엇인지를 확인하고 명료하게 하고자 했다. 그는 정의를 중간의 길로 제시했는데, 이는 일반인들이 쉽게 생각할 수 없는 것이다. 그렇기는 하지만 그는 일반인들이 정의에 대해 생각하는 바에서 출발했다. 더군다나 그는 정의에 대한 사람들의 의견이 일치하지 않으며, 정치적 정의에 대한 과두제와 민주제의 관념이 다르듯이 의견의 불일치 이면에는 이익이 개재돼 있음을 알고 있었다(*Politics*, 1280a~1281a).

그런데 플라톤의 입장을 따르기가 어렵다. 그는 정의에 대한 지식이 가능하다고 하면서 그 지식의 객관성을 가정한다. 철인에 의해 발견되는 진리와 평범한 사람들의 의견을 엄격하게 구분한다. 사람들의 의견이 잘못되었다는 것을 지적함으로써 정의에 대한 진리에 이르게 하지만, 플라톤은 아리스토텔레스처럼 진리에 이르는 데 의견을 합체시키지는 않는다. 철인이 거짓을 진리와 구별하는 기준과 평범한 사람의 기준이 같은 것인가? 같은 것이라면, 철학자가 내린 결론과 평범한 사람의 결론은 왜 그렇게 다른가? 그렇지 않고 철학자의 기준이 다르다면, 그 기준이 객관적 진리에 이른다고 어떻게 보장하는가? 말하자면, 철학자는 자신이 선호하는 탐구 방법으로 진리를 찾게 된다는 내적인 신념을 가질 수도 있겠지만, 이것을 어떻게 보장하는가? 철인이 일반인이 쓸 수 없는 방법으로 진리를 찾을 수 있다는 사고는 오늘날에 와서는 더욱 받아들이기 힘든 것이 되었다(Miller 1999, 52~53쪽).

아리스토텔레스가 접근하는 방식이 보다 그럴듯한 것은, 동굴의 우화에서 보는 것처럼 특이한 인식론적 주장에 의존하지 않고 평범한 사람도 받아들일 수 있는 논쟁의 방법을 이용해 정확한 공통의 의견을 찾으려 하기 때문이다. 정의에 대한 사람들의 신념이 어떤 점에서 자가당착적이거나 사실상의 오류에 근거를 두고 있다면, 규범적 이론이 이를 정당하게 시정할 수 있다. 사실과 부합하고 논리적 일관성이 있어야 한다는 점을 들어서 시정할 수 있을 것이다(Miller 1999, 53쪽).

결국 양자는 정의라는 덕성 혹은 선을 파악하는 능력에서 아래와 같은 차이가 있다고 볼 수 있다. 플라톤에 의하면, 도덕적 지식을 얻는 길은 험난하며, 재능 있고 고도로 훈련받은 철인만이 거기에 이를 수 있다. 그래서 선에 대한 지식은 특별한 사람들만이 얻을 수 있다. 반면에 아리스토텔레스는 평범한 사람도 선한 생활을 할 수 있다고 본다. 이 차이는 근본적으로 양자의 철학의 차이에서 기인한다. 플라톤은 동굴의 우화에서 나타나는 것처럼 이원론을 취하고, 아리스토텔레스는 4인설에 비추어 형상이 질료 안에 있다고 보는 것이다. 그렇기 때문에 아리스토텔레스는 플라톤보다 현실, 즉 현실의 평범한 사람들이 정의에 대해 어떠한 관념을 가졌는지에 관심을 가졌다. 플라톤과 아리스토텔레스 모두 선이 객관적으로 존재한다고 생각하지만, 아리스토텔레스는 플라톤과 조금 차이가 나는 셈이다. 그러나 근세 이후 선의 객관성 대신에 주관성을 인정하게 되었다. 그렇기 때문에 정의에 대한 평범한 사람들의 관념도 감안해 정의 이론을 수립해야 한다. 바로 이러한 이유에서 아리스토텔레스의 입장이 오늘날에 보다 적절하다. 선이나 정의에 대한 일반인의 관념을 고려해야 한다는 것은 다음에 논하게 될 롤스의 반성적 평형이라는 개념과 연관된다.

상호 대등성

정의와 상호 대등성의 관계에 대한 논의는 개인의 몫에서의 공정이라는 의미에서의 정의 이론의 초석이 된다. 고대의 정의는 상호 대등성이라는 개념과 결부되어 있었다. 아리스토텔레스의 이론이 상호 대등성이라는 개념과 연관되어 있는지를 살펴볼 필요가 있다. 아리스토텔레스에게서 상호 대등성은 무엇을 의미하는가? 그는 피타고라스학파가 정의를 무조건적으로 상호 대등성이라고 정의했음을 지적하면서 정의는 상호 대등성과 같지 않다는 것을 밝힌다(NE, 1132b22~26). 예를 들어 공무 집행 중의 공무원을 시민이 구타했다고 해서 공무원이 되받아 그를 쳤다면, 정의가 행해진 것이 아니다. 때리는 경관을 시민이 다시 때렸다면, 이것도 정의가 행해진 것이 아니다.

정의는 양쪽 모두 구타당하는 고통을 받는다는 의미의 상호 대등성에 있지 않다. 즉 '눈에는 눈'이라는 보복에 있지 않다. 설사 시민이 공무원을 구타했다 하더라도 공무원은 그 시민을 구타하는 것으로 대응해서는 안 되고 그 시민이 처벌받도록 해야 한다(NE, 1132b25~28). 공동체에 봉사하는 공무원은 공적 지위를 맡아야 한다. 게다가 정치적 영역은 사적 영역과는 다르다. 그러므로 도시 국가에 사는 것은 법에 따라 살 것을 요구한다. 법은 구성원의 선한 생활을 보장하기 위한 것이다. 그러므로 공적인 규칙이 지배하는 영역에서는 동해복수가 아니라 상호 혜택의 비례적 교환이 일어나야 한다(Coleman 2000, 177쪽).

시민과 공무원 사이의 구타라는 예에서 아리스토텔레스가 지적하려는 것은 당사자의 관계가 위계적이거나 불평등한 경우에는 정의는 상호 대등성이라는 형태, 보다 정확하게 말하면 균형 잡힌 상호 대등성이라는 형태를 띠지 않는다는 점이다. 그렇다고 해서 정의가 상호 대등성에 있지 않다는 것은 아니다. 상호 교환에 근거를 두는 결사체가 통합을 이루려면 이러한 종류의 정의, 말하자면 산술적 평등이 아니라 비례와 부합하는 상호 대등성을 견지해야 한다. 도시를 결집시키는 것은 사실 비례적인 보답이다. 사람들은 악을 악으로 갚거나——그러지 않으면 자신이 노예로 전락했다고 생각할 것이다——선을 선으로 갚아야 한다. 그렇지 않으면 상호 공헌하는 바가 없을 것이기 때문이며 상호 공헌이 인간을 결집시킨다(*NE*, 1132b~1133a).

아리스토텔레스의 정의 이론에서는 정치적 공동체라는 개념이 필수다. 그리고 서로 다른 부분들이 모여서 정치적 공동체라는 하나의 유기적 전체를 이룬다(*Politics*, 1261a). 다양한 결사로 이루어졌기 때문에 정치적 공동체는 서로 간의 교환을 통해 인간이 덕성을 유지하고 선한 생활을 한다는 소기의 목적을 달성할 수밖에 없다. 그렇게 하자면 산술적 평등보다는 비례에 따른 상호 대등성, 즉 '상호 대등적 평등reciprocal equality'이 정의의 기초가 되지 않을 수 없다(*NE*, 1132b~1133a ; *Politics*, 1261a). 상호 대등성이 공동체를 하나로 결집시키는 규범이 되기 때문이다. 따라서 상호 대등성이라는 개념이 법의 정의와 부정의를 판가름하는 기준이 된다(Johnston 2011, 83쪽).

여기서 알 수 있는 것이 무엇인가? 첫째, 피타고라스학파가 산술적으로 평등한 가치를 교환하는 것을 상호 대등성이라고 본 것에 비해 아리스토텔레스는 정의를 비례에 따른 상호 대등성이라고 보았다. 환언하면, 교환된 것이 교환 당사자의 공적, 응분, 공헌에 비례한다면 교환은 정의로운 것이다. 당사자들이 엄밀하게 평등한 자들이고 서로 교환 관계에 놓이면, 교환한 혜택이 평등한 가치를 가질 때 정의가 이루어진다. 이 경우에 두 당사자 사이의 정의로운 관계는 '균형 잡힌 상호 대등성balanced reciprocity'이라는 관계다. 다른 한편, 당사자가 거래와 관련되는 공적에서 불평등하다면, 관계 당사자의 다른 공적에 비례해 교환된 혜택이 가치에 있어서 달라질 때 정의가 이루어진 것이다. 이 경우에 당사자의 정의로운 관계는 균형 잡히지 않은 상호 대등성이다. 불균형의 정도는 각각의 공적을 비교함으로써 결정된다. 이렇게 보면, 상호 대등성이 반드시 산술적이거나 균형 잡힌 것이 아니라 하더라도 정의는 상호 대등성의 문제다(Johnston 2011, 67쪽).

둘째, 아리스토텔레스가 초점을 두는 것은 사람들이 교환을 목적으로 서로 연관을 맺는 것이 집합적이라는 점이다. 정치적 공동체는 상호 교환에 근거를 두는 결사체인데, 이 결사체는 구성원으로 하여금 번성하고 자급자족하게 한다. 그러한 결사체는 자유롭게 태어나고 서로 상대적으로 평등한 관계에 있는 사람들로 이루어져 있다. 여성, 어린이, 노예처럼 상대적으로 평등하지 않은 사람들은 비례적 상호 대등성에 근거를 두는 정의의 당사자가 되지 않는다(Johnston 2011, 67쪽). 개인이 차지하게 되는 몫의 공정을 다루는 정의는, 어느 누구도 타인에게 명령을 내릴 위치에 있지 않다는 의미에서 자유롭고 평등한 사람들에게 적용된다(Johnston 2011, 68쪽).

선과 정의

이상에서 본 것처럼 아리스토텔레스에게서 선과 정의는 얽혀 있다. 요컨대 개인의 목적과 최고선이 결국에는 일치하지 않을 수도 있다. 아리스토텔레스에 의하면 선과 올바름은 다르며, 극단적인 경우에는 양자가 대립하기도 한다. 말하자면, 사물의 수월성으로서의 선과 평등을 중심으로 하는 정의의 대립이 있을 수 있다. 그렇다면 어느 것이 우선되어야 하는가?(森末伸行 1999, 71쪽).

아리스토텔레스에게서 '올바름(正)' 내지 '정의'는 '디케dike'를 근원으로 삼는 'dikaiosunē'이다. 이것은 정의를 의미하는 단어로서 라틴어 'justitia'에 이어져 오늘날 영어의 'justice'가 되었다. 그런데 디케는 중국의 도(道)와 마찬가지로 길을 의미한다(Cornford 1912).

정의가 인간의 행위를 판정하는 기준을 의미하는 데 비해 선은 그러한 행동의 기준으로서의 정의와도 겹치면서 앞에서 밝힌 것처럼 모든 사물의 뛰어난 성질, 즉 수월성을 의미한다. 예를 들면, 폴리스 시민이라면 누구라도 바란다고 여겨지는 선한 것을 각각에게 상응하는 몫, 혹은 인정되는 몫을 넘어 가지는 것은 부정의다. 이렇게 보면, 선과 정의는 뒤얽혀 있다는 것을 알 수 있다. 그리고 아리스토텔레스는 양자의 관계를 밝히려 노력했다고 하겠다.

어쨌든 이상과 같이 평등이 정의라는 아리스토텔레스의 주장을 바탕으로 해 그 이후의 정의에 대한 논의가 전개되었다고도 할 수 있겠다. 그러나 우리는 아리스토텔레스를 오늘날에 말하는 평등주의자라고 부를 수는 없다. 배분적 정의에서 논한 바와 같이 그는 정의가 응분이나 공적에 따라 이루어져야 한다고 주장했다. 이것은 인간이 평등하게 다루어져야 하며, 그 결과로 평등해야 한다는 의미의 평등이 아니다. 인간은 자연적으로 불평등하며 따라서 사회적으로 불평등한 것은 당연하다고 보면서 정의를 비례적 평등에 근거를 두어 이에 따라 자신의 당연한 몫을 가지는 것이 정의라는 공적주의적 정의관을 그는 제시한다. 그는 이렇게 해서 결과적으로 나타나는 불평등은 정의로운 불평등이라고 여겼다. 이

점에서는 플라톤도 마찬가지다. 그렇다고 해서 정의는 평등이라는 아리스토텔레스의 주장이 잘못이라는 뜻은 아니다. 어쨌든 정의로운 불평등이라는 틀 내에서 어떤 불평등이 부정의이며, 어떤 기준으로 부정의라고 규정할 수 있는가라는 논박이 일어났다(Bedau 1971a, 5~6쪽). 그의 정의 이론은 이후 홉스, 흄, 존 스튜어트 밀 등에 의해 반박되었지만, 그의 정의 이론을 출발점으로 하는 정의에 대한 다양한 견해를 살펴볼 필요가 있다.

그리스의 도시 국가가 무너지기 시작하고 로마가 들어서기 전에 여러 학파가 있었다. 그들은 선한 시민이 되는 것과 선한 인간이 되는 것을 구별하고자 했다. 그중에서 에피쿠로스학파의 정의관을 간단히 살펴보자.

에피쿠로스

에피쿠로스는 정의를 설명하는 데 공동체가 중요하다는 것을 강조했다. 정의에 대한 그의 관점은 형이상학적인 것이 아니라 현세에서 개인이 마음의 평정을 얻고 행복하게 사는 것에 관심을 두었다. 그래서 그의 관점은 자연주의적이다. 자연에서 연유하는 정의는 인간으로 하여금 서로 해치는 것을 자제하게 하고, 서로에게 해침을 당하는 것으로부터 벗어나게 하겠다는, 상호 이익을 보장하는 서약이다. 계약적 합의에 근거를 두고 '신려prudence' 있는 생활을 하는 것이 즐거움을 가져다주기 때문이다(Epicurus 2003a, 356쪽). 그러므로 서로 해치지 않거나 해침을 당하지 않겠다는 계약을 하지 않은 자들에게는 정의와 부정의가 없다고 보았다(Epicurus 2003b, 362쪽 ; McGreal 1971, 48쪽).

왜 그렇게 생각하는가? 정의롭게 살지 않고는 즐겁게 살 수가 없다. 정의로워야만 평정을 유지하고 살 수 있다. 평정을 유지하고 살려면 타인에 대해 두려워할 것이 없어야 하기 때문이다(Copleston 1960, vol. 1, 409쪽). 타인으로부터 처벌받을 것이라는 공포가 마음의 평정을 잃게 해서는 안 되기 때문에 인간은 정의로워야 한다(Zeller 1980, 239쪽). 부정의가 본질적으로 악하다고 보는 철학자와는 다르게 에피쿠로스는 사물에 대해 실제적인 관점을 취한다. 부정의는 그 자체로 악인 것이 아니라, 부정의를 저지른 사람은 처벌받을 수밖에 없다는 데서 오는 두려움의 결과로서만 악이다(Epicurus 2003b, 362쪽 ; Copleston 1960, vol. 1, 409쪽).

에피쿠로스는 정의가 법이나 인간의 동의에 대해 상대적이라고 간주했지만, 정의로운 법을 통해 얻어지는 상호 이익을 참고함으로써 좋은 법과 나쁜 법을 구별했다. 그에 의하면, 이익이 없으면 법은 정의롭지 않다(McGreal 1971, 48쪽).

3. 스토아학파

아리스토텔레스의 정의관은 세 가지 가정, 즉 ① 도시 국가라는 특별한 형태의 정치 공동체에만── 도시 국가의 범위를 넘어설 수 있다는 것을 암시하지만── 정의가 있고, 정의는 지적으로 떨어지는 야만인들에게는 적용되지 않으며, ② 인간의 자연적 능력이 너무나 다양해 범주적이며, ③ 도시 국가와 도시 국가를 구성하는 부분은 자연에 의해 각기 다른 특성을 부여하는 목적을 자연에 의해 부여받았다는 의미에서 도시 국가는 자연적이라는 가정에 의존한다(Johnston 2011, 89쪽). 아리스토텔레스는 정의의 관념에 대한 역사에 크게 기여했다. 특히 아리스토텔레스의 자연적 정의는 스토아학파에게 이어졌다(Hobhouse 1922, 28쪽).

그러나 그의 가정들은 각기 도전받게 되고 서양 정치사상에서 차지했던 위치로부터 부분적으로는 밀려나게 된다.

고대에는 권력, 지위, 부의 위계를 당연한 것으로 받아들였다. 정의라는 개념을 히브리인들은 전능한 신과 그 신이 선택한 히브리인들 사이에, 바빌로니아인들은 바빌로니아인들에게만, 그리스인들은 그리스인들(보통 도시 국가의 구성원들 사이의 관계)에게만 국한시켰다. 말하자면, 타자와의 관계는 기만과 갈등으로 점철된다고 보았고, 정치적 혹은 문화적 정체성과 같은 공통의 유대를 공유하는 이들 사이에만 정의에 근거를 두는 규범이 적용된다고 보았다(Johnston 2011, 90~92쪽).

그 가정이 바뀌기 시작했다. 스토아학파를 창시한 제논은 도시 국가를 현자의 국가로 보고, 현자는 덕성에 대한 능력을 타고난 사람으로 하여금 덕성을 피울 수 있도록 돕는 '사랑love'을 베푼다고 보았다. 이렇게 하여 제논이 말하는 사랑의 도시는 우정과 시민의 덕성으로 결합된다. 제논 이후의 스토아학파는 그 사랑을 도시 국가를 벗어나 확대시켰다(Johnston 2011, 93~94쪽). 그들에 따르면, 개개의 이성적 존재로 하여금 해야 할 일을 하게 하고, 하지 말아야 할 일을 하지 않게 하는 것은 국가가 아니라 올바른 이성이다.

로마에 스토아학파의 사상을 전파한 키케로의 《의무론De officius》에 의하면, 지혜, 정의, 용기, 절제라는 네 가지 덕성이 있어야만 도덕적 '선성 goodness'이 나타나며 네 가지 주덕 중에서 정의는 두 번째에 해당한다. 정의는 사회를 결집시키고 인간으로 하여금 공동선을 추구하게 하는 덕성이다. 사회는 공동선을 위해 존재한다. 키케로의 가르침에서 특이한 점은 타인이 우리를 정의롭게 대하지 않더라도 우리는 그들을 정의롭게 대해야 한다고 주장했다는 것이다. 선에는 선으로, 악에는 악으로 갚는 것이 정의라고 가끔 여겨져왔다. 그런데 키케로는 도덕은 공동선을 증진한다고 주장한다. 침해된 사회적 관계를 공동선으로써 복구해야 한다. 응보로써 관계를 복원할 수는 없다. 그리하여 키케로는 그리스도교 철학자들 사이에서 기림을 받게 된 것이다.

키케로는 대화록《법률*De Legibus/On the Law*》에서 시민법, 특히 로마법을 초월해, 보편적 정의라는 주제에 대해 논한다. 정의는 최고의 법에 근거를 두는데, 그 법은 어떤 법이 쓰이거나 국가가 수립되기 오래전부터 있었다.[73] 로마인과 야만인을 불문하고 모든 인간은 자연이 부여한 이성의 능력을 공유해 이를 통해 추론하고 판단하고 논의한다. 이 점에서 인간은 동물과 다르다.

이성적 능력에서 평등하다는 키케로의 주장은 아리스토텔레스의 견해와 어떤 차이가 있는가? 노예제와 결부해 양자의 주장을 비교해보자. 전술한 것처럼 고대에는 인간이 능력을 각기 다르게 타고났으며 이에 따라 사회에서의 역할도 각기 달라야 한다는 생각에서 정의의 기준도 달랐다. 그래서 정의를 논하면서도 노예제의 존재에 대해 당혹해하지 않았다. 여성에 대한 입장도 비슷했다. 아리스토텔레스는 인간이 언어를 수단으로 소통하는 능력을 공유하며, 언어의 목적은 이익과 불이익을, 따라서 정의와 부정의를 지적하는 것이라고 했다. 이 점에서 인간이 동물과 다르다는 것을 인정했지만, 이성에 완전하게 참여하는 능력과 이 능력을 포함하는 다른 속성들은 인간들 사이에서 인간과 동물의 차이처럼 현격한 차이가 난다고 보았다. 그래서 노예가 복종하는 것은 당연하다고

---

73 여기서 '법'이라고 번역한 것은 라틴어의 'lex'인데, 'lex'를 '법law'보다는 '규범norm'으로 번역해야 한다는 주장이 있다(Pattaro 2005, 60~61쪽).

보았다(Johnston 2011, 99~101쪽).

반면에 키케로는 인간은 똑같이 언어 능력을 갖고 있기 때문에 이성적 능력을 평등하게 타고난 것이라고 보았다. 그래서 인간들의 이성적 능력에 아리스토텔레스가 가정한 것처럼 범주적 차이가 있다고 보지는 않았다. 학습하는 능력에서 이성은 같으며 지식의 특정한 것에서 차이가 날 뿐이다. 그렇기는 하지만 키케로는 노예제를 부인하지는 않았다. 인간은 명령을 내리는 데 적합성에 있어서 차이가 있기 때문이다. 아리스토텔레스 역시 노예제를 인정했다. 그러나 양자 사이에는 미묘한 차이가 있다. 아리스토텔레스가 인간들 사이에 범주적 차이가 있고 이 차이는 자연에 근거를 둔다고 보아 노예제를 인정한 반면에 키케로는 인간의 차이가 범주적이 아니라고 보았지만 노예제를 정당화했다(Johnston 2011, 101~102쪽).

그러므로 인류가 이성적 능력을 공유한다고 해서 모든 인류가 그 능력을 완전하게 혹은 같은 정도로 계발한다는 것은 아니다. 이성적 능력은 교육을 통해 계발되는데, 교육의 질과 정도에 따라 그 능력의 수준이 달라지며 발휘하는 덕성의 발전이 달라진다. 그러나 평등하게 덕성을 가질 잠재력이 있는 이상, 어느 누구라도 지도를 받으면 덕성에 이를 수 있다(Johnston 2011, 94~95쪽).

모든 인간은 이성을 사용해 정의의 준칙을 이해할 수 있다. 게다가 자연에 의해 이성적 능력이 주어진 이상, 정의는 자연적이다. 또한 정의는 인간들 사이에 보편적이다. 그러므로 한편으로는 정체성을 공유하는 인간들 사이의 관계만이 아니라 모든 인간들 사이의 관계까지도 정의의 기준을 따르기 마련이다. 아니, 따라야 한다. 다른 한편으로는 어떤 특정한 제도와 법에 몸을 담고 있든지 간에 모든 인간에게 평등하게 적용되는 일련의 정의의 준칙이나 규칙이 하나 있다(Johnston 2011, 95쪽). 키케로는 이러한 보편적 정의라는 관념을 특정한 도시 국가가 아니라 '우주적 도시cosmic city'에서 상정했고, 이 점에서 '코즈모폴리터니즘 cosmopolitanism(사해동포주의/세계시민주의)'을 배경으로 했다. 그리고 그의 관념은 아리스토텔레스는 물론이고 제논에게서도 벗어났다. 이와 동시에 정의에 주관적인 색채가 나타나게 되었다(森末伸行 1999, 51쪽).

평등에 기반을 둔 보편적 정의라는 스토아학파의 관념은 로마 시대에도 영향을 미쳤다. 시민법으로부터 발전해 형성된 '만민법law of nations'의 기초를 제공한 것이 보편성을 주장한 스토아학파였다. 만민법이 한때 자연법과 동일시된 것도 만민법에 부여된 보편성 때문이었다(Forkosch 1978, 658쪽). 서로마제국이 멸망한 후에 비잔틴의 황제 유스티니아누스의 《법전/학설휘찬Justinian Digest》(533)은 로마의 법 같은 국가의 특정한 법과 키케로가 생각한 것과 비슷한 자연법, 즉 이성으로부터 직접 도출될 수 있으며 보편적으로 적용될 수 있는 법을 구별했다. 유스티니아누스 황제의 《요강Institutes》에 의하면, 로마의 법학자인 울피아누스는 "정의는 각자에게 그에게 '마땅한 것'을 주려는 부단하고 영구적인 바람이다Justice is the constant and perpetual wish to render his due(or right)/suum ius cuique tribuendi"라고 정의했다(Digest I, 1. 10 ; Institutes I ; Imbach 2000, 794쪽 재인용). 이 정의가 정의라는 관념에 법학적인 내용을 처음으로 부여했다. 키케로는 정의를 '각자에게 그의 것을 분배하는 것suum cuique tribuendi'이라고 정의했다.[74] 울피아누스는 키케로가 내린 정의에 영향

---

74 'summ cuique'는 울피아누스에 의해 '정의는 각자에게 그의 것을 주는 항구불변의 의지다 justitia est constans et perpetua volunta ius suum cuique tribuendi'라는 공식으로 나타난다(Digesta liber I, 10 ; Bedau 1971a, 5쪽). 그런데 주는 주체의 입장에서는 받는 상대방

받았고 키케로는 아리스토텔레스의 정의에서 영향 받았다고 볼 수 있다 (森末伸行 1999, 52쪽). 요컨대 각자에게 마땅한 것이 정의라고 규정하게 된 것은 정의를 신에게서 찾지 않고 세속사에서 찾게 되었다(Forkosch 1978, 656쪽)는 점에서 영향을 받은 것이다.

4. 그리스도교 사상 및 중세

보편적 정의라는 관념을 지속시키고 전하는 데에는 그리스도교의 역할이 컸다. 전술한 바와 같이 아리스토텔레스와 키케로는 공히 노예제를 인정했지만, 그 근거에서는 미묘한 차이가 있었다. 그런데 6세기에 출간된 《학설휘찬》은 노예제의 존재와 정당성을 의문시하지 않았지만, 노예가 자연에 의해 존재한다는 것을 적어도 한 곳에서는 단호하게 거부했다. "노예는 시민법(즉 자연의 법과 구별되는, 인간이 만든 민족의 법)의 제도다. 어떻게 해서 어떤 사람이 자연에 반해 타인의 소유가 되어야 하는가"라고 《학설휘찬》은 기술한다. 노예제가 근대에 이르기까지 현실적으로는 지속되었지만, 이에 대한 의문은 제기되어왔다. 이에 기여한 것이 그리스도교의 교의다.

그리스도교는 모든 인간은 출신이나 신분에 구애받지 않고 '성령Holy Spirit'을 받을 능력을 평등하게 타고났으며 성령의 힘으로 무장한 예수의 훈계와 예시를 따르면 성령을 받은 결과로 나타나는 힘을 평등하게 가

의 특성이나 개성이 밝혀져야만 그에게 마땅한 것이 무엇인지 알 수 있고, 이에 따라 적절하게 대우할 수 있다(Miller 1999, 33쪽).

질 수 있다고 가르쳤다(Johnston 2011, 97~98쪽). 이전의 시각은, 인간은 능력과 기능이 각기 다르기 때문에 각기 다른 역할과 책임을 져야 한다는 것이었다. 그러나 그리스도교는 자연적 불평등을 말하지 않고, 신의 눈에는 모든 이들이 잠재적으로 평등하다는 것을 가르쳤다. 평등에 대한 이 교의는 평등과 불평등에 대한 근거에 변화를 가져왔다(Johnston 2011, 103~104쪽).

정의가 특별한 방식이 아니라 보편적인 방식을 띠어야 한다는 이 교의는 근대의 정치에 전해져서 자연법과 자연권 전통에 지대한 영향을 미쳤다. 그런데 이 영향은 비단 이 전통들에 국한되지 않았다. 정의가 자연이 부여한 내용을 갖는다는 것과 정의가 보편적이라는 것은 별개이기 때문이다. 예를 들면, 18세기의 공리주의자들은 자연권이나 자연법사상에 의존하지 않고도 정의의 보편성을 주장했다(Johnston 2011, 98쪽).

정의라는 관념의 역사에서 그리스도교가 미친 영향 중 빠뜨릴 수 없는 것이 또 한 가지 있다. 정의의 관념을 보복/응보라는 관념에서 벗어나게 했다는 것이다. 그리스도교인들은 최후의 심판의 날이 곧 다가온다고 믿었기 때문에 신약성서에는 구약성서에 비해 사회 정의에 대해 논하는 내용이 별로 없다. 그리고 현세에서의 인간의 행동에 지침이 되는 규범도 드물다. 그러나 십계명은 유효했다. 그리고 예수는 원수를 사랑하라면서 복수보다는 화해를 가르쳤다(Rottleuthner 2005, 46쪽). 그리스도교의 윤리는 정의를 실현하기 위해 이웃과 신을 사랑하라고 가르쳤다. 게다가 산상 설교에서는 "너희의 의로움이 율법학자들과 바리사이들의 의로움을 능가하지 않으면 너희는 결코 하늘나라에 들어가지 못할 것이다"라고 갈파했다(〈마태오〉 5장 20절). 이것은 보다 완전한 정의를 규정한 것으로, 이로써 법보다 더 깊고 법을 넘어서야 하는 그러한 정의(혹은 올바름)가 들어선다(Hornsby-Smith 2006, 53쪽). 불리한 위치에 있거나 소외된 이들에 대해 특별히 배려를 해야만—— 즉 응분만이 아니라 필요도 참작해야만—— 사회 정의가 달성된다. 그러자면 사회는 공정과 불편부당한 데 그치지 않고 상호 대등성을 넘어서는 관대(寬待)함을 보여야 한다. 관대는 예수가 보여준 것처럼 '자비/사랑mercy'과 용서에서 나타난다(Hornsby-Smith 2006, 53~54쪽). 필요를 참작하고 사랑을 베풀어야만 신이 창조한 인간은 지상에서 삶을 유지할 수 있기 때문이다. 이렇게 해서 들어서는 신의 왕국은 정의, 진리, 자유, 사랑, 평화, 기쁨이 충만할 것이다(Hornsby-Smith 2006, 11쪽). 이처럼 그리스도교에서 정의는 사랑과 밀접한 연관을 갖게 되었다.

다른 한편, 인간에 대한 신의 사랑도 있었다. 예를 들면 그리스도가 인간에게 부여한 것을 통한 사랑이었다. 복음서는 정의라는 이상을 응보적이기도 하지만 자비로운 신에 대한 믿음과 복종에도 연관시켰다(Solomon et al. 2000, 4쪽). 그리하여 인간에게 가장 적합한 것은 인간에게 가장 근본적인 부정의라고 볼 수 있는 죄, 즉 원죄로부터 인간이 세례로 구원받아 모든 정의를 성취하는 것이 되었다(Forkosch 1978, 657쪽).

아우구스티누스는 교회를 인간에 대한 정의의 유일한 원천으로 만들었다. 그리고 인간은 최고의 선, 즉 신을 사랑하는 것을 통해 정의를 얻는다. 국가는 교회와는 독립해 존재하게 되어 있으며, 실제로 그러했다. 결국 국가는 한편으로는 자기가 바라는 것을 타인에게 베풀어 속권으로서 교회와 연결되었지만, 다른 한편으로는 고유한 자격을 가지고 자기 나름의 정의를 행했다(Forkosch 1978, 657쪽). 세속 국가는 악을 행하는 인간을 법으로 제재해 질서 있는 생활을 영위토록 하기 위해 존재한다. 말하자면 국가는 필요악으로 인정되었다.

이에 비해 중세 전성기에 이르러 아퀴나스는 좀 다른 견해를 표명했다. 그가 정의를 국가와 교회가 분담하는 것으로 본 아우구스티누스와 견해를 달리한 것은 아니었다. 인간의 이성에는 자신을 향상시키려는 힘, 자기완성 능력을 간파하는 힘이 있고, 인간은 자유로운 의사에 의해 선한 것을 지향할 수 있으며, 신은 인간을 최종적 선, 즉 최고선으로서의 신을 목적으로 삼게끔 창조했다. 그러나 정의는 신의 결정에 맡겨야 하는 것이지 인간이 관여할 것이 아니다. 다만 정의는 세속적 세상에 들어올 수 있으며, 그러는 한 인간이 정의에 관여할 수 있다. 그렇다면 국가는 설사 궁극적으로는 신의 이념을 가지고 있다고 하더라도 국가의 권능의 한 가지로 국가는 독립적으로 정의를 정할 수 있다. 따라서 교환적 정의는 실제로는 고유한 기반 위에 존립하는 것이 되었다. 아퀴나스는 정의가 각자에게 그의 몫을 부여하는 것에 지나지 않는다는 견해와는 다른 사고를 가지고 있었다. 신이 부채를 지고 있다고는 말할 수 없기 때문이다. 이렇게 해서 아퀴나스는 신과 인간을 분리시킬 수 있었으며, 아우구스티누스와는 다르게 정의를 신에게만 귀속시키지 않았고 정의를 신의 본질과 동일시하지 않았다(Forkosch 1978, 656~657쪽).

그런데 인간이 신적인 이성에 어느 정도 참여한다는 것은 자연법에 근거한 것이다. 그리하여 아퀴나스는 플라톤과 아리스토텔레스 두 사람의 사상에 기반을 두었는데 초자연적 세계에 관해서는 플라톤에게, 그리고 자연적 혹은 세속적 세계에 관해서는 아리스토텔레스에게 배운 셈이다.

인간의 법을 스토아학파와 아리스토텔레스에게서 찾은 아퀴나스는 《신학대전Summa Theologiae》에서 아리스토텔레스가 배분적 정의에서 특히 공적(응분)을 옹호한 것을 고려하는데, 각자가 자신의 당연한 몫을 가져야 하는지, 아리스토텔레스의 주장처럼 정의가 다른 사람과 관련되는 덕성인지, 일반적 정의와 특수한 정의가 있는지, 정의가 '정념passion'에 대한 것인지, 그리고 정의가 극단의 중간인지를 검토한다. 끝으로, 배분적 정의라는 문제에서 정의가 아리스토텔레스의 견해대로 전적으로 공적(응분)과 관련되는 것인지, 아우구스티누스가 주장한 것처럼 정의가 필요와 '자애(慈愛)benevolence'로 여겨지는 것이 더 적절한지, 그렇지 않으면 키케로의 견해대로 '관대generosity'와 관계있는지를 다루었다(Solomon et al. 2000, 49쪽).

전술한 것처럼 정의에 대한 관념이 보복에 대한 것에서 시민적 정의로 전환된 것은 아리스토텔레스에게서 완결되었다고도 볼 수 있다. 그런데 아퀴나스는 그리스도교의 관점에서 아리스토텔레스를 검토하고 옹호하고 수정하면서 이를 수용했다. 이로써 그는 아리스토텔레스적 자연법의 전통, 즉 인간의 본성에서 정의가 나온다는 관념을 확립했으며 이 관념이 그 후에 지속적으로 영향을 미쳤다(Solomon et al. 2000, 12쪽).

이상에서 보는 것처럼 중세에는 정의가 인간의 손이 미치지 않는 초월적 세계에 있다는 견해가 주류를 형성했다. 중세 사회에서 근대 사회로 넘어오면서 정의는 인간이 만든 하나의 이상 내지 이념이라는 견해가 힘을 얻게 되었다. 이러한 전환을 담당한 이들이 바로 계몽기의 자연법론자 등이었다. 그들에 의해 정의는 인간에게 의존하는 것이며, 초월적 존재인 신으로부터 독립되어 규정되는 것이라는 견해가 피력되었다(森末伸行 1999, 54쪽).

5. 근대

근대 초의 자연법론자들의 특징은 다음과 같은 두 가지였다고 하겠다. 첫째는 인간이 자신의 본성대로 살아간다고 여겨지는 자연 상태를 상정한 것, 둘째는 자연 상태를 벗어나기 위해 인간은 자연 상태에서 가지고 있던 권력의 일부나 전부를 넘긴다는 상호 약속에 의해 정치적 공동체를 만들어 사는 것이 옳다고 본 것이다. 이 점과 이에 대한 비판은 이미 살펴보았다.

(1) 그로티우스—사교성과 자기 보전

이러한 잠정적인 이념적 분리에 합리성을 부여하고 신으로부터 독립해 자연, 즉 인간에게만 의존하게 된 것은 그로티우스에게 와서 가능했다. 그는 다음과 같이 논했다. 첫째, 아리스토텔레스가 주장한 것처럼 인간은 본성상 사회적 동물이며, 설령 신이 존재하지 않더라도──신이 존재하면 확실하지만──인간에게는 최소한의 형태의 법과 정의가 필요하다. 왜 그런가? 자연 상태에서는 모두가 자유롭기 때문에 어느 누구도 권리, 나아가 재산에 대한 권리를 갖지 못한다. 그렇기는 하지만 각자에게는 자신에게 속하는 적절한 몫이 있다. 그래서 생명, 신체, 자유는 모두가 '마땅히 가져야 하는 것suum'이다. 이것을 빼앗는 것은 '부정의iniustum'다. 그렇다면, 모든 사람이 자연 상태에서 시원적 자유를 가지고 있다면 어떻게 개인의 권리가 확립될 수 있는가? 다른 말로 하면, 어떻게 개인이 타인의 도덕적 힘에 종속될 수 있는가? 한 가지 방법밖에 없다. 개인이 자신의 의지로 종속되겠다고 약속하는 것이다(Pattaro 2005,

49쪽). 약속을 함으로써, 사회 계약을 통해 약속을 하는 이는 약속을 받는 이에게 규범적 힘을 부여한다. 둘째, 규범적 힘에 있어서 최소한이라는 것은 인간의 이성의 귀결로서 얻어지며, 그렇기 때문에 이 보편적 혹은 자연의 법은 불변의 것이다. 신에 의해서도 변경될 수 없다는 의미에서 불변의 것이다. 신도 본래 악인 것을 악이 아닌 것으로 만들 수는 없으며, 역으로 정의에 내재한 개념에 대해 참견할 수 없다(Grotius 2012). 이렇게 해서 그로티우스는 인간에 대한 신의 힘을 약화시켰다.

그로티우스는 왜 그렇게 해야 했는가? 그는 스페인과 네덜란드 사이의 80년 전쟁, 그리고 유럽의 30년 전쟁의 소용돌이 속에서 살았다. 그에 의하면, 인간은 사회생활에 대한 강력한 성향을 가지고 있으며 합리적인 존재다. 인간에게는 무엇이 받아들일 만하고 해로운 것인지를 구별할 능력이 있다. 이러한 인간의 본성이 '자연의 법의 모태mother of the law of nature'가 된다(Grotius 2012, 3·5쪽). 인간의 본성은 자연법(자연법, 그리고 특히 약속은 지켜져야 한다는 자연적인 법적 규범)을 낳고, 자연법은 사회 계약에 의해 주권자의 명령에 복종해야 한다는 실정적 규범을 낳고, 이에 따라 주권자의 명령을 통해 파생되는 실정법이 생성된다. 주권자의 명령을 따라야 한다는 것은 약속을 따라야 한다는 자연적인 법적 규범에서 도출된다. 끝으로, '국내법municipal law'이라는 실정법은 상호 동의에 의한 의무에서 연유한다. 그렇다면 사회 계약에 의해 만들어진 국내법의 입장에서 인간의 본성은 ① 인간의 본성, ② 자연법, ③ 실정적 규범, ④ 국내법이라는 계보상 증조모에 해당한다(Pattaro 2005, 69~70쪽).

인간의 본성 중에서 가장 중요한 것은 무엇인가? 자신을 보전하는 것을 자연의 제1법칙으로 삼아야 한다. 그렇기 때문에 자신의 보전, 권리 침해에 대한 배상, 처벌을 목적으로 전쟁은——국가 간의 전쟁만이 아니라 개인 간의 전쟁도 반드시 포함된다——정당화될 수 있다(Grotius 2012, 34~42·68·77·81~82쪽). 그러나 어떤 이유에서 발발했든 간에 전쟁이 일단 일어나면, 당사자들은 규칙을 지키면서 전쟁을 수행해야 한다. 인간은 '약속(계약)은 지켜져야 한다pacta sunt servanda'는, 행위에 대한 자연적 규범을 준수해야 하기 때문이다.

희망봉을 돌아 인도로 가는 길을 발견한 포르투갈 사람들은 자신들에게 그 항로의 소유권이 있다고 주장했다. 그런데 네덜란드 배가 포르투갈 배를 나포했을 때의 문제를 해결하려는 노력에서 그로티우스는, 바다는 사적으로 소유, 즉 전유(專有)할 수 없는 것이며(Grotius 2012, 94~95쪽) 공해(公海)라는 국제 영역이므로 모든 국가가 해양 교역을 위해 바다를 자유롭게 이용할 수 있다고 주장했다. 요컨대 자유 항해와 자유 교역의 권리를 주장했다(Grotius 2012, 3, xv~xvi). 나포한 것을 정의에 대한 자연적 원칙으로 옹호했다. 즉 자연법에 근거를 두고 국제법의 기초를 마련했다. 그래서 그는 자연법의 아버지라고 불린다. 그는 법의 근원, 법의 본질 혹은 내용, 법의 힘 혹은 의무적 주제, 그리고 법의 범위라는 네 가지 주제를 다루었다. 자연법은 사물의 본성 혹은 다른 어떤 이유에서 존재한다.

이렇게 해서 17세기에 와 정의라는 관념이 사회 계약과 연관되게 되었다. 이 점은 《정치와 윤리》에서 계약론을 논하면서, 그리고 《평등, 자유, 권리》에서 자연법과 자연권을 논하면서 이미 상당 부분 다루었다. 여기서는 계약론이 정의라는 관념과 어떤 이유에서 연관되며, 계약론의 역사적 의미가 무엇인지를 간단하게 살펴보고자 한다.

고대 그리스인들은 역사 이전이라는 개념에 이미 매료되어 있었다. 그리고 당시에 개체성과 법적 자율성이라는 개념은 없었지만, 시민을 도시 국가에 결속시키는 묵시적 계약이라는 개념에 대해 관심을 갖고 있었다. 전술한 바와 같이 플라톤의 《국가론》에 나오는 글라우콘의 정의에 대한 주장에서 계약론이 비치며, 《프로타고라스》와 《크리톤》에서도 계약론이라는 관념을 읽을 수 있다. 나중에 키케로의 저작에 나타나는 루크레티우스도 사회가 형성되기 전의 인간의 삶에 대해 재미있는 사색을 제시한다(Solomon et al. 2000, 59쪽).

재미있는 사색을 했지만 고대 그리스인들은 사회 혹은 정의에 대한 관념을 정당화하는 데 그러한 사색이 본질적이라고는 생각하지 않았다. 그러한 사색이 필요하다고 생각하지 않았을 것이다. 사회는 자연적으로 형성된다고 보았기 때문이다. 그러나 17세기와 18세기에 계약론이 대두한 후 사정이 달라졌다. '정당화justification'가 핵심이 되었다. 정의는 무엇이며, 국가가 정의롭다고 주장할 수 있게 되는 것은 무슨 이유에서인가?(Solomon et al. 2000, 59쪽). 이 문제가 계약론의 핵심적 문제로 부상하게 되었다.

(2) 홉스—계약의 준수

17세기에 와서 사회계약론을 처음으로 잘 표현한 이로 홉스를 들지 않을 수 없다. 그는 정의와 평등에 대한 이론을 '자연의 법laws of nature'이라는 포괄적인 교의 내에서 전개했다. 자연의 법의 기원은 '자연적 정의'라는 아리스토텔레스의 개념으로 거슬러 올라갈 수 있다. 자연의 법은 불변하고 영구적이고 모든 사람과 모든 장소에 적용된다. 낙하하는 물체의 법칙이 모든 물체에 적용되듯이, 인간의 행위에도 준수해야 하는 법칙이 있다. 홉스에 의하면, 정의도 부정의도 없는 자연 상태를 겪어본 인간은 안전과 평화를 갈구하지 않을 수 없다. 그러므로 자연의 법칙은 인간이 갈구하는 바에 부합해야 한다.

홉스는 인간 개개인은 자연 상태에서 자연권을 갖기 때문에 자신의 보전을 위해 자신의 힘을 사용할 자유가 있으며 자신의 판단과 이성에 의거해 가장 적합하다고 여겨지는, 그 어떤 수단도 사용할 자유가 있다고 가정했다. 자유가 있다는 것은 권리가 있다는 말이라고도 할 수 있는데, 여기서 권리는 호펠드Wesley Newcomb Hohfeld의 분류에서 특권(허용, 자유)에 해당한다. 말하자면 권리를 가진 이는 어떤 것을 하지 않을 의무가 없다(Gaus 2000, 189쪽). 그래서 자연 상태는 절대적 자유의 조건이며 또한 평등한 조건이다. 어느 누구도 타인의 권위에 속하지 않으며 더군다나 어느 누구도 타인에게 공격받을 수 있다는 점에서 각자는 평등하다. 자연 상태에서 이와 같은 자유나 권리를 가졌다는 가정은 지극히 개인주의적이다. 그래서 각자는 각자에 대한 투쟁 상태에 놓이게 된다. 이러한 상황에서는 정의와 부정의에 대한 개념이 있을 수 없다.

자연 상태를 벗어나기 위한 조처로 설정된 자연의 법 제3조는 인간에게 계약을 이행할 것을 요구한다. 그리고 제9조는 평등이 인간에 관한 자연적 평등일 뿐이라고 밝힌다. 인간이 자연적으로 평등하다면, 모든 인간을 평등하게 대해야 한다. 평등하고 이성적이고 자유로운 인간이 합의한 계약을 이행하는 것이 정의다. 인간이 이행하기로 자유롭게 합의한 것을 이행하는 것은 도덕적 의무이기 때문이다. 사회 계약으로 인해 공통의 권력을 확립한 이후 주권자는 신민의 권리를 정하는 데 무제한의 권력을 행사한다. 홉스의 사회 계약에서 핵심적인 것은 신민은 정부에 대해 '면책immunity'이 없다는 것이다(Gaus 2000, 190쪽). 정부가 법을 만들 능력이 없다고 신민이 주장하는 것은 자연 상태로 회귀하자는 주장과 다름없다. 홉스의 주권자는 부정의를 저지를 수 없다. 주권자는 법을 확립하고 재산에 대한 규칙을 정하고 그렇게 함으로써 신민의 특권 권리를 제한하는 권위를 유일하게 가지고 있다(Leviathan, ch. 18).

이 점에서 주권자는 무능한 바——호펠드가 말하는 권능 권리에 상반되는 것으로서의 무능——가 없다. 바로 여기서 홉스에 대한 오해가 생긴다. 주권자가 신민들로 하여금 '청구 권리claim rights'를 행사하지 못하게 한 것은 아니다. 주권자가 있음으로 인해 오히려 나의 것과 남의 것의 구분이 생기게 되고 호펠드가 말하는 청구 권리가 생기게 된다. 그리고 법이 침묵하는 데에는 개인에게 자유가 있다는 것을 홉스는 인정한다. 즉 특권 권리가 허용된다. 어쨌든 신민이 청구 권리를 가진 것에 대해서는 타인이 '특권 권리privilege rights'를 행사할 수 없다. 요약하면, 자연 상태에서 가졌던 무제한의 특권 권리를 포기하고 주권자를 확립하면 신민들이 청구 권리를 가지게 되어서 주권자는 무제한의 권능 권리를 가지게 된다. 이렇게 보면, 광의의 정의는 재산의 창조에 대한 것이라고 볼 수 있다(Gaus 2000, 189~190쪽).

이상과 같이 보면 정의에 대한 홉스의 관념은 기존의 법질서가 요구하는 바와 정의를 일치시키는 것이다. 주권자는 무엇이 정의인지를 결정한다. 그러나 홉스조차 정의를 법 체제와 단순히 일치시키지 않았다. 어느 누구도 삶을 포기하게 되지 않는다는 것을 홉스는 인정한다. 그렇기 때문에 죽을 것이 뻔한 전쟁에 참가하라는 주권자의 명령에 신민은 불복종할 자유가 있다.[75]

---

75 이 점은 다음에 논하게 되는, 정의에 대한 존 스튜어트 밀의 관념 중 법적 정의와 이상적 정의의 차이와도 부합한다.

정의에 대한 홉스의 관념은 아리스토텔레스의 관념과는 차이가 난다. 아리스토텔레스는 인간이 자연적으로 평등하다고 주장하지 않았다. 오히려 불평등하다고 주장했다. 그리고 비례적 평등이라는 이론을 전개해 그 결과로 불평등이 있더라도 그 불평등은 정의롭다고 주장했다. 이에 반해 홉스는 인간이 자연적으로 평등하다고 주장했다. 그렇지만 평등한 인간들이 합의한 사회 계약을 이행한 결과로 나타나는 코먼웰스에서는 불평등한 것이 정의로운 것으로 끝날 수도 있다. 이렇게 보면, 아리스토텔레스와 홉스는 정의로운 불평등을 옹호한다는 점에서 같다고 하겠다. 그렇지만 이에 이르는 과정이 전혀 다르다. 홉스의 경우에는 자연적으로 평등한 인간들이 사회 계약을 하는 시점까지만 평등하다. 계약한 인간들이 계약을 이행하면서 한 활동으로 나타나게 되는 불평등은 정당하다고 하지 않을 수 없다. 이에 비해 아리스토텔레스는 애초에 인간이 불평등하다고 상정한다(Bedau 1971a, 9쪽). 홉스가 자연적 불평등이 아니라 자연적 평등을 가정한 것은 정의의 관념의 변화에 커다란 기여를 한 셈이다.

이러한 기여는 정의에 대한 관념의 역사에서 어떤 의미가 있는가? 일찍이 그리스의 소피스트들은 정치·사회 제도는 자연에 근거를 두었거나 자연을 통해 정당화되는 것이라기보다는 인간의 고안물이라고 보았다. 그렇다면 사회를 근본적으로 다시 상상하는 것이 가능해졌다(Johnston 2011, 109쪽). 플라톤은《국가론》에서 유토피아를 상정하려 했는데, 그는 다시 상상하는 작업을 한 셈이다. 그러나 그는 인간이 적절하다고 생각하는 바대로 자유롭게 사회를 다시 상상하고 구축하는 것을 암시하지는 않았다. 그는 철인·왕이 지시하는 바에 따라 도시 국가가 재건될 수 있다고 보았지만, 그러한 도시를 고안하는 것은 자연과 연관을 가져야 한다고 주장했다. 철인·왕이 문화, 사고 습관, 관행을 구성하더라도 불평등한 자들 사이의 명령과 복종이라는 관계로서의 정의라는 개념을 전개시키고자 했다. 그런데 그는 정의라는 개념 그 자체가 사물의 본질에서 주어지는 것이라고 보았다. 두 가지 견해, 즉 사회의 기본 윤곽은 자연에 의해 주어진다는 견해와 사회는 인간이 자유롭게 고안할 수 있는 대상이라는 견해가 플라톤 사후에 서로 경합했다(Johnston 2011, 109~110쪽). 전자의 견해는 아리스토텔레스와 키케로에게 이어졌으며 서로마제국의 멸망 이후 인간의 무능이 부각된 중세 초기까지 이어졌다. 그런데 10세기에 그리스와 로마의 사상이 서서히 재발견되면서 인간의 능력에 대한 신뢰가 회복되기 시작했다. 인간이 고안해 제안함에 따라 인간 스스로가 사회에 질서를 부여할 수 있다고 생각하게 되었다(Johnston 2011, 112쪽). 마침내 16세기에 와서 홉스는 정치적 결사가 목적인(目的因)을 가진 자연에 의해 부여되었다는 가정에 조소를 보냈고, 정치적 결사는 계약을 통한 인공적 산물이라는 것을 보여주었다. 이렇게 해서 아리스토텔레스 사상의 한 가닥이 오랜 기간을 거치며 무너지게 되었다. 홉스는 인간 자신이 하기 나름으로 코먼웰스라는 집을 완전하게 만들 수도 있다는 것을 보여주었다. 그의 사상이 정의에 대한 관념에서 한 기둥을 이루게 된 것이다.

　홉스에게 정의는 무엇인가? 전술한 것처럼 정의는 계약을 이행하는 것이다. 홉스에 의하면 계약을 이행함으로써 사회가 성립한다. 그렇다면 사회가 성립하기 전에는 정의가 있을 수 없다. 그러므로 도덕과 정치는 사회 계약에서 연유한다(Pojman 1999, 20쪽). 그렇다면 부정의는 계약을 이행하지 않는 것이며, 부정의가 아닌 것은 무엇이든 간에 정의다. 바로 여기에 정의의 원천과 기원이 있다. 계약의 준수가 정의라고 한다면, 다음과 같은 점에서 아리스토텔레스와 차이가 있다.

첫째, 사회 내지 국가는 자연적 산물이 아니라는 점이다. 홉스에 의하면, 사회 혹은 국가는 계약이라는 인공적 행위로 만들어진다. 둘째, 정의에 대한 구체적인 내용에 들어가면, 예컨대 계약을 준수함으로써 일어나는 모든 거래에서 사물의 가치는 계약자들의 욕구에 의해 측정되며 그러므로 정당한 가치가 부여되었기 때문에 쌍방이 만족하는 거래가 발생한다. 바로 이 점에서 홉스는 아리스토텔레스와 차이가 있다. 아리스토텔레스는 교환적 정의와 배분적 정의를 구분했다. 그러나 홉스는 계약을 이행하는 것이 정의라고 규정했고, 이로써 배분적 정의와 연관된 '공적merit'이라는 개념은 시장 거래에서의 정의와 무관한 것이 되어버렸다. 그리하여 배분적 정의와 교환적 정의라는 구분은 홉스에게 와서 없어져버렸다.

이상과 같은 차이가 있는 계약론의 대두로 인해, 국가는 합리적이고 자율적인 구성원들의 자발적 상호 동의에 의해 형성되고 지지받는 한에서 '정당성을 가지게/정당하게legitimate' 된다. 말하자면, 구성원들이 자발적으로 의무를 수용했을 때에만 국가는 정당성을 가진다. 정의는 바로 동의의 내용이다. 따라서 그러한 동의를 하기 전에는 정의는 없었던 셈이다(Solomon et al. 2000, 60쪽). 이러한 변화는 선(善)이라는 것이 주어지는 것이 아니라 개인이 결정하는 것이라는, 선에 대한 주관적 관념이 생성된 것과 궤를 같이한다고 보겠다. 물론 자연법에서 의무보다 권리를 더 중시하게 된 것과도 연관이 있다고 하겠다. 그렇다면 동의의 내용은 무엇인가? 홉스에게는 자기 보전에 대한 권리를 보장하는 것이며, 로크에게는 생명, 자유, 재산에 대한 권리를 보장하는 것이다. 그들은 이 권리를 침해하는 것은 정의가 아니라고 보게 되었다. 루소는 사회 계약을 통해 국가의 구성원들이 자신들에게 스스로 법을 부과해 공적인 도덕 생활을 영위할 수 있게 되었을 때 정의롭게 되는 것이라고 보았다.

아리스토텔레스 이후 홉스에 이르기까지 정의의 관념에 관한 역사에서 중요한 것은 정치 질서를 자연적인 것으로 보다가 인공적인 것으로 보게 되었다는 사실이다. 홉스 이후 인간의 자연적 불평등에 대한 고대의 사고는 두 가지 방향으로 진행되었다. 첫째, 애덤 스미스 같은 이들은 인간의 특성과 능력의 차이는 홉스가 제시한 바대로 자연적으로 타고나는 것이 아니라 사회, 교육 기회, 그리고 인간의 독특한 노동 분업의 산물이라고 주장하면서 능력에 초점을 두는 고대인들의 견해를 견지했다. 그렇다면 이러한 인공적 구분과 연관되는 행운의 차이는 정당화될 수 있는가? 자연적 평등에 대한 견해가 그 후 정의에 대한 개념의 진보에서 중심적 역할을 하게 되었다. 둘째, 능력이 어떻든 간에 모든 인간은 평등한 값어치를 가지기 때문에 정의의 문제에서 평등하게 고려되어야 한다는 주장이 나타났다. 그리스도교처럼 이 주장은 비경험적 개념에 의존했다. 정의에 대한 이러한 접근을 가장 잘 대변한 이가 칸트다(Johnston 2011, 106~107쪽).

(3) 로크—자연권의 보장

홉스는 본질적으로 평등하고 자유롭고 자기 이익을 추구하는 행위자들이 합리적으로 협상하는 데에서 정의를 도출하고자 한다. 반면에 로크는 개인들이 우선 도덕적 권리, 즉 생명, 자유, 재산에 대한 자연권을 가지며 이것이 상호 이익과 정의로운 정부라는 체제를 규정하는 정당한 계약을 제약한다고 주장한다. 그렇기 때문에 도덕적 권리를 정당화하는 데 법 체제의 확립이 필요한 것이 아니다. 오히려 정의롭기 위해 법 체제와 정치 체제는 생명, 자유, 재산에 대한 기본적인 도덕적 권리를 존중해야 한다. 로크에 의하면, 자연 상태는 자유의 상태이지 방종의 상태——즉 홉스가 생각한 것처럼 모두가 호펠드의 의미에서 특권 권리를 가진 상태——가 아니며, 인간은 자연 상태에서 타인의 생명, 자유, 재산에 대한 권리를 대체로 인정하며, 이 권리에 대해 각자가 호펠드의 의미에서의 청구 권리를 가지고 있다. 그러므로 시민 정부가 이 권리를 인정하기 때문에 이 권리가 인정되는 것이 아니다. 이들 자연권은 '이상적ideal' 정의에서 기본적인 요소이므로 시민 정부는 이를 존중해야 한다(Gaus 2000, 193쪽).

각자는 간섭받지 않고 자신의 신체와 재산을 보호할 수 있는 청구 권리를 갖는데, 이 평등한 청구 권리는 로크의 자유주의적 정의에서 핵심이다. 고전적 자유주의는 정의에서 계약론 그 자체가 암시하듯이 약속하는 것과 계약의 역할을 아주 강조한다. 고전적인 시장 사회에 내재하는 정의의 관념은 자유에 대한 기본적인 소극적 청구 권리와 사유재산과 관련된 권리의 범위 내에서 합의한 것을 지킨다는 정의다. 그렇다면 정의는 진실을 말하고 빚을 갚는 것이라는 케팔로스의 주장은 자유와 재산에 대한 평등한 기본적 권리를 배경으로 하는 한은 고전적 자유주의자가 근본적으로 올바르다고 시사하는 셈이다. 이처럼 고전적 자유주의에서는 교환적 정의가 중심적 위치를 차지한다. 또한 소극적 자유와 개인주의가 고전적 자유주의의 정의에서는 중추적 역할을 담당한다. 말하자면, 정의는 대체로 평등하게 자유로운 개인들 사이의 관계를 드러내는 것이다. 사회 전체가 정의롭거나 적절한 방식으로 사회의 일을 수행하는가라는 문제에 대한 것이 아니다(Gaus 2000, 193쪽).

(4) 응분 주장에 대한 고전적 자유주의의 양면성

그런데 고전적 자유주의는 응분이라는 개념에—— 이에 대해서는 아래의 정의의 세 원칙에서 자세히 논할 것이다——대해 양면성을 가지고 있기 때문에 애매모호한 점이 있다. 어떤 면에서는 응분은 고전적 자유주의의 정의 이론에서 중심적이다. 사유재산과 시장 체제는 근면한 자에게 보답하는 경향이 있다(Gaus 2000, 193쪽). 고전적 자유주의자는 이것을 사유재산과 시장 체제의 장점의 하나로 여겼다. 밀이 말하듯이 사유재산은 개인에게 개인의 노동과 절제의 성과를 보장한다는 것을 의미한다. 노동의 성과는 마땅히 주어져야 하며, 생산적 노력에 대해 보상이 따르는 것은 사유재산 체제가 갖는 장점이다. 그러나 이러한 장점이 소유에서의 정의에 대한 엄밀한 기준이 되는 것을 고전적 자유주의자도 우려했다. 대부분의 고전적 자유주의자는 재산의 소유가 응분이라는 이유만으로 재산 소유가 정의롭다고 주장하지는 않았다. 정의에 대한 그러한 기준은 소극적 자유를 강력하게 옹호하는 것과 양립할 수 없다고 주장했다. 재산을 자유롭게 처분할 수 있다면 자기 자식에게 자유롭게 넘겨줄 수 있다. 만약 그 자식이 그 재산을 받을 만하지 않다면, 그렇더라도 넘겨주는 것이 옳은가? 그렇다고 해서 자식이 재산을 받는 것이 당연하지 않으며, 당연하지 않은 재산은 어느 누구에게도 넘겨줄 수 없다고 보면, 재산을 처분할 자유는 제약을 받는다. 더군다나 사람들이 전반적으로 받을 만한 것에 보답하려 해야 한다는 이론은 지나치게 관념적이라고 고전적 자유주의자는 거의 항상 주장할 것이다. 예를 들어 수학 경시대회에서 누가 상을 받아야 하는지는 쉽게 결정할 수 있다. 그러나 의사와 컴퓨터 프로그래머 중에서 누가 더 보답을 받아야 하는가? 어떠한 직업이 전반적으로 어떠한 보답을 받을 만한지를 결정하는 것은 쉽지가 않다. 그렇다고 해서 시장에 맡기게 되면, 시장에서의 성공도 능력만이 아니라 운에 좌우된다는 것을 감안하지 않을 수 없다(Gaus 2000, 194쪽).

6. 공리주의

흄이 《인간 본성론Treatise of Human Nature》(1739)을 출간한 이후 반세기에 걸쳐 공리주의 학파가 대두했다. 공리주의는 자명하다고 여겨지는 두 가지 신념에 근거를 둔다. 첫째, 인간의 제도는 관계 당사자들의 안녕을 증진해야 한다. 둘째, 제도가 얼마나 잘 안녕을 증진하는가를 평가함에 있어서 모든 사람들의 안녕이 고려되어야 한다. 공리주의자들은 정치적 결사와 인간의 불평등이 가지는 '자연성naturalness'과 정의에 대한 상호 대등성에서 벗어나는 사고를 제시했다(Johnston 2011, 116쪽).

흄은 벤담이나 나중의 공리주의와 구별되는 다른 방식으로 '효용utility'이라는 용어를 전개하며, 애덤 스미스의 '동정/공감sympathy'이라는 개념은 흄의 개념과는 실질적으로 다르고, 스미스의 윤리 체계는 그의 도덕 철학에서 독특한 '불편부당한/공평한 관찰자impartial spectator'라는 가설적인 인물로 매개된다(Smith 2009, pt. I, sec. I, ch. I·IV, 28쪽). 스미스와 흄을 공리주의자라고 칭할 수 있는지에 대한 논쟁이 있을 수 있다. 그렇기는 하지만 세 학자가 다른 학파와는 구별되는 가정과 목표를 공유하는 측면이 있기 때문에 이들을 같은 공리주의자로 다루고자 한다. 세 학자의 공통점은 자연에서 찾을 수 있는 일련의 목적에 의해 사회가 결정된다는 아리스토텔레스의 가정을 수용하지 않는다는 데 있다. 요컨대 홉스처럼, 사회는 인간이 고안해 만들어낼 수 있다고 생각한다.

(1) 흄—권리라는 원칙

흄은 사유재산 제도가 시민 사회의 기초이며 정의라는 덕성의 근거라고 본다. 왜 그렇게 보는가? 인간의 가장 자연적인 인간관계, 의무, 덕성을 가족에서 찾을 수 있다. 인간이 자신의 배우자, 자식, 부모, 가까운 친척에게 편파적인 태도를 취하는 것은 자연스러운 일이다. 가족의 구성원은 구성원 각자에 대해 자연적인 역할을 맡게 된다. 자연적인 역할은 자연적인 도덕적 의무 중에서 가장 중요한 것을 규정하며, 자연적인 도덕적 덕성을 완전하게 하면 이들 의무와 부합하는 완전한 행위가 나타나게 된다. 다음으로 우정이라는 개인적인 굴레를 가족적 유대와—— 가족적 유대가 우정보다 더 강하지만—— 같은 범주로 둘 수 있다. 인간은 동료의 행복과 불행에 대해 어느 정도 민감하게끔 되어 있기 때문이다(Johnston 2011, 118쪽).

가족적 유대나 우정이라는 감정을 시민 사회에서도 적용할 수 없다. 자연적 도덕에 따르면, 인간은 타인의 소유권이나 재산권을 고려하지 않고 자신이 사랑하는 사람에게 재화를 가져다주려고 한다(Johnston 2011, 118쪽). 그런데 재화를 얻겠다는 인간의 이러한 탐욕이 만족되지 않고 영속적이고 보편적인 것이 되면, 사회를 파괴하게 된다(Hume 1963, 266쪽). 그러므로 개인적인 굴레를 가진 이들에 대해 편파적이려고 하는 인간의 본능적 성향을 일단 인정하고, 한편으로는 이 성향을 제한된 '개인적 영역personal sphere'으로 한정하고 다른 한편으로는 인공적 의무와 덕성이 우위를 차지하는 '사회적 영역social sphere'을 만들어내야 한다.

그렇게 하지 않을 수밖에 없는 여건이 사회에 존재하기 때문이다. 일상적인 경험에서 봐도 실제의 사회에서 인간은 그런대로 견딜 만한 자원의 희소성에 직면하게 되며 그래서 타인에 대한 관대가 제한될 수밖에 없다. 이것이 인간이 피할 수 없이 직면하게 되는 물질적 조건이며, 인간의 동기에 제한을 가하는 정의의 여건이다(Hume 1981, 494~495쪽). 이러한 정의의 여건에서 정의가 생겨난다.[76] 그러므로 각자의 재산권을 존중하도록 인위적으로 강조해야 한다. 사유재산에 대한 존중과 연관된 인공적 의무와 덕성은 인간의 행동을 효과적으로 통제할 수 있어 시민 사회를 번성하게 할 수 있다. 경제적 행위와 정치 제도가 같이 시민 사회를 구성하는데 이것들은 사회적 영역 내에서 나타난다(Johnston 2011, 119쪽). 그렇기 때문에 흄은 재산의 대한 존중을 인위적 덕성이라고 본다. 따라서 시민 사회도 의무와 덕성에 기초를 두는데, 가족, 친구, 동료에 대해 가지는 자연적 속성과는 크게 대비된다. 시민 사회의 주요하고 특징적인 덕성은 사유재산에 대한 존중이다. 그런데 이 덕성은 '인공적'이다.

정의의 여건과 정의라는 덕성이 인공적이라는 것은 무엇을 의미하는가? 흄은 정의를 독립적인 도덕적 가치로 보지 않는다. 정의는 사회 제도의 제1 덕성이 될 수 없다. 어떤 경우에는 덕성이 전혀 아니다. 가족을 예로 들면, 가정은 애정이 지배하는 곳이어서 정의는 가족과 관계가 없으며 더군다나 제1 덕성이라고 부를 수 없다. 보다 확대된 사회에서는 관

---

76 원래 인간은 정의로울 필요가 없다. 정의의 여건이 인간에게 조건을 가하기 때문에 정의가 필요하다. 그렇다면 자원이 극도로 희소한 상황에서는 재산의 존중이라는 의미에서의 정의는 있을 수 없다. 그리고 상호 이익이 되는 한에는 정의가 있을 필요가 있다고 보게 되면, 우리가 타인에 대해 정의롭게 혹은 불편부당하게 대우해야 한다는 의미에서의 정의는 인정하지 않는 것이 된다(Clayton et al. 2004a, 2~3쪽).

대가 더욱 제한되고 정의가 보다 광범하게 관련된다. 자비와 애정이 계발될 수 있는 한, 정의라는 조심스럽고 시샘하는 덕성은 자비와 애정이 커질수록 줄어들 것이다. 게다가 희소성과 이기심이 완전하게 극복된 곳에서는 정의가 덕성의 목록에 들어설 자리가 없을 것이다(Hume 1992a).

이처럼 인간의 본성에는 정의로운 행동을 해야 할 자연적 동기가 없으며, 인간에게 본래의 '기질'이 있어서 그 기질이 우리가 정의의 예에 직면했을 때 우리를 정의롭게 하거나 기쁨을 느끼게 하지 않기 때문이다. 그리고 인간이 자연적인 상태에 있을 때 정의라는 것은 없다(Hume 1992a, 307쪽, 각주 2). 인간이 교제를 하고 사회적 상황에 정의를 사용하는 것이 필요하기 때문에 정의가 존재하게 된다. 그래서 정의는 관습의 산물이다(Sandel 1982, 36쪽). 말하자면 형평이나 정의에 대한 규칙은 인간이 처하는 특정한 상황과 조건에 전적으로 의존하며, 형평이나 정의를 엄격하게 규칙적으로 준수할 경우 공중에게 나타나는 유효성 때문에 형평이나 정의가 생기고 존재하게 된다(Hume 1992a). 그러므로 정의는 인공적 덕성이다.

그래서 흄은 사유재산, 재화의 교환, 계약적 합의를 정의의 주요 대상으로 삼는다. 이러한 관행에 의해 정의에 대한 의무가 규정되며, 정의라는 덕성은 이들 관행에 충실하고 성실하게 행하는 것을 습득함으로써 나타난다. 재산, 교환, 계약은 모두 관습의 산물이다. 그런데 인간의 자연적 성향에 어긋나는 이러한 관습이 왜 채택되었으며 준수되어야 하는가? 이 질문에 답하는 데 있어 고려해야 하는 것은 정의를 정당화하는 것은 오로지 공적 유용성이라는 점이다(Solomon et al. 2000, 167쪽). 인간이 사회를 구성하고 살면서 자연 상태에 있는 어떠한 '불편'을 시정하려다 보니 정의가 생기게 되었다. 이 불편은 자원이 모자라는 것 때문에, 그리고 인간이 이기적이며 타인에게 관대한 것이 제한되기 때문에 생긴다.

어떻게 하면 정의를 인공적인 것으로 만들 수 있는가? 인간의 정념은 자유로운 것보다 절제함으로써 보다 더 만족스러워지며, 사회를 보전하는 데에 있어서는 폭력과 보편적인 방종이 뒤따르는 외롭고 쓸쓸한 상태에서보다는 소유하는 데에서 우리가 더 진보하게 된다는 것이 분명하다(Hume 1963, 267쪽). 그래서 각자의 사적 이익을 제약하는 규칙의 체제를 제도로 만들게 된다. 정의는 이러한 규칙을 준수하는 데에서 생긴다. 규칙은 사회를 보전하는 데 절대적으로 필요하지만 규칙은 인공물, 즉 관습일 뿐이며, 사회 그 자체는 인간 생활에서 거의 불가피한 공존물이다. 인간에게 자연적 정념이 있어 인간으로 하여금 이성과 결합하게 하고 가족을 형성하게 하며, 인간에게 자연적 총명함이 있어 인간으로 하여금 홀로 사는 것보다 사회에서 사는 것이 이점이 있음을 알게 하기 때문이다. 그래서 흄은 자연 상태가 실제로 존재했다고 보지 않으며 정의에 대한 규칙이라는 제도를 어떤 종류의 사회 계약으로 보지 않는다. 정의에 대한 규칙을 확립하게 되는 시원적 동기는 이 규칙으로 통제하겠다는 정념, 즉 자기 이익이다. '감정/애착affection' 자체가 아니고는 이익이 개재된 감정을 감정의 방향을 바꿈으로써 통제할 정념이 없기 때문이다(Hume 1963, 267쪽).

흄은 정의와 더불어 다른 사회적 덕성, 즉 자비도 논한다. '인간적', '인정 많은', '관대한', '유익한', '사교적' 같은 말로 표현되는 품성의 특질은 보편적으로 칭찬받는데, 이러한 특질이 인간의 본성이 가질 수 있는 최고의 '장점merit'을 드러내기 때문이다. 사회적 덕성을 인간이 처음 접하게 되면, 그것이 모든 인간의 이성이 아니라 가슴에 다가온다(McGreal 1971, 60쪽). 정의도 마찬가지 방식으로 존재하게 된 것이다. 흄은 사유재산이라는 제도를 시민 사회의 기초와 정의라는 덕성의 근거로 삼는다. 그래서 정의는 사유재산을 적절하게 배분하는 것을 의미하는데, 사람들이 정의를 인정하는 것은 정의가 공적 효용이 있기 때문이다. 어떤 사회에서 모든 필요와 만족이 충족되면, 그 사회는 정의가 필요 없다. 그런데 흄의 관점에서 보면, 행동을 하는 어떤 방식이 승인이라는 유쾌한 감정을 가져다주지 않는다면 이는 덕성이 될 수 없다. 도덕적 판단은 사실에 대한 기술도 아니고 논리적 연관에 대한 기술도 아니다. 도덕적 판단은 어떤 종류의 감정을 표현해야 한다. 그렇다면 똑같은 상태를 두고도 다른 감정이 일어날 수 있다. 그래서 흄은 이성은 정념의 노예이고 노예여야 하며, 내 손의 상처보다 전 세계가 망하는 것을 더 원하는 것이 이성에 반하는 것이 아니라고 보았다(Hume 1981, bk. ii). 이처럼 도덕적 판단은 감정에 많이 좌우되며, 어떤 행동에 대해 유쾌한 감정을 가져서 승인하게 될 때 그 행동은 덕성이 될 수 있다. 그래서 정의가 공적 선에 도움이 되지 않는 어떤 조건에서는 정의가 덕성이라고 여겨지지 않을 수 있다(Solomon et al. 2000, 137쪽). 그러므로 사회를 유지하는 데 정의가 필요/유용하다는 것이 정의라는 덕성의 유일한 기초가 된다. 요컨대 사회를 유지하는 데 정의라는 덕성이 유용하기 때문에 정의라는 덕성은 필요하다(Johnston 2011, 119쪽).

자비가 공리를 가진다는 점에서 자비의 장점의 일부를 찾을 수 있다. 관행은 사회의 이익에 봉사한다는 공리가 있다고 가정되기 때문에 원래 인정되지만, 그 관행의 이로움보다 해로움이 더 크다는 것이 알려지면 인정을 못 받게 된다. 마찬가지로 자비로운 사람이 인정받는 것은 그의 행동이 인간의 행복에 기여하기 때문이다(McGreal 1971, 60~61쪽).

그러나 사람들이 자비로운 것은 이상의 이유 때문만이 아니라 자비가 감정으로서 온화하고 부드럽기 때문이기도 하다. 관대하고 자비로운 사람에게 활기를 부여하는 사랑과 우의라는 느낌을 공감함으로써 그것을 아는 것은 사람들에게 즐거움을 주는 것이다. 인간의 품성 중에는 즉각적으로 유쾌한 어떤 특질이 있다. 그러한 특질을 가진 이들은 그 자신이 즐겁고, 공감에 의해 그의 즐거움이 타인에게 영향을 미치며, 타인으로 하여금 자비로운 사람을 승인하게 한다(McGreal 1971, 61쪽).

자비와 정의는 유효성을 가진다는 이유에서 기림을 받기 때문에, 행동의 양식이나 품성의 특질이 유효하다는 것이 도덕적 감정에 영향을 미치는 가장 중요한 요인일 것이다(McGreal 1971, 61쪽). 자비라는 사회적 덕성은 인간이 자신의 이익을 추구하는 것만큼이나 자연적이다. 정의조차 이성과 감정에 연관되었다는 의미에서 자연적 덕성이다. 자애, 자비가 인간에게 자연적이라면, 그리고 이성과 장래에 대해 심려하는 것도 자연적이라면, 정의, 질서, '충실fidelity', 재산, 사회도 자연적이다(McGreal 1971, 66쪽).

그렇다면 정의는 어떻게 해서 덕성으로 여겨질 수 있는가? 사회적이고 문명화된 상태에서 우리는 정의에 대한 규칙을 준수하는데, 그렇게 하는 것이 이롭기 때문만이 아니라 그렇게 하는 것이 도덕적으로 선하기 때문이기도 하다. 우리에게 이익이 되는 것을 하는 자연적 성향이 있는 만큼 인간에게는 정의로워야 하는 도덕적 의무도 있다. 그리고 인간은 도덕적으로 칭찬받을 만한 정의로운 행동을 생각하고 행하는 데 특별한 즐거움을 가진다. 그렇다면 이 사실을 어떻게 설명할 것인가?(Chappell 1963, lvi~lvii쪽).

그런데 정의는 인공적 덕성이다. 자연적 덕성은 인공적 덕성과 다르다. 인간은 덕성을 생각하는 데 즐거움을 가지게끔 자연적으로 되어 있으며, 자연적 덕성은 인공적 고안물에 의존하지 않기 때문이다. 흄은 덕성이 가져다주는 즐거움의 근거에 따라 네 가지 자연적 덕성을 구별한다. 첫째, 마음의 어떠한 '특성quality'은 그 특성을 가진 사람에게 즉시 '마음에 들게agreeable' 된다. 둘째, 어떠한 특성은 다른 사람의 마음에 즉시 들게 된다. 셋째, 그 특성은 그 특성을 가진 사람에게 '이롭다beneficial'. 넷째, 그 특성은 타인이나 사회 전반에 이롭다. 어떠한 특성이 어떠한 사람 자신에게 즉시 마음에 들거나 이로울 때에는 그것이 덕성이라는 것을 설명하는 것이 필요하지도 가능하지도 않다. 자신의 특성 중 어떠한 것이 타인의 마음에 들거나 이롭거나 그 반대인 경우에는 설명이 필요하다. 그러한 경우에 사람은 그 특성을 덕성으로 보며, 그것을 생각하는 데 즐거움을 가지기 때문이다. 여기서 흄은 자신의 '동감/공감sympathy'에 대한 교의를 끌어들인다. 우리는 타인의 정념과 감정에 동감하는데, 그저 그들이 느끼는 것에 대한 '관념idea'을 가지기 때문이 아니라 그들이 느끼는 것을 실제로 느끼기 때문이다. 바로 여기서 관념이 '인상impression'으로 전화된다. 이것은 인간 본성에서의 근본적인 사실이다(Hume 1963, bk. II, pt. I, sec. xi, 215쪽). 우리에게 직접적으로 이롭지 않거나 마음에 들지 않는 어떠한 특성을 흄은 인정하는데, 이것은 우리가 그 특성이 마음에 들거나 이로운 사람의 감정에 동정적이 되기 때문이다. 이방인의 행복에 대하여 모든 사람과 모든 감각 있는 피조물의 행복 이상으로 내가 관심을 가지지 않는다. 말하자면, 동감으로써만 나에게 영향을 미칠 뿐이다. 그 원칙으로부터 내가 이방인의 행복과 선을 볼 때 나는 행복과 선의 원인이든 결과이든 이에 깊이 들어가서 이것이 감각할 수 있는 '정동emotion'을 나에게 준다. 이를 증진하는 경향이 있는 특성이 나타나면, 그것은 나의 상상에 호감을 주는 결과를 가져오며 나의 사랑과 좋은 평가를 이끌어내게 된다(Hume 1963, bk. III, pt. III, sec. I, 294쪽).

자연적 덕성의 많은 것이 이러한 방식으로 동감에 의존할 뿐만 아니라, 인공적 덕성에 부여하는 도덕적 승인도 같은 근거를 가진다. 정의는 그저 인류의 선을 증진하는 경향이 있으므로 도덕적 덕성이다. 그러나 어떠한 목적에 대한 수단은 목적이 마음에 들어야만 마음에 들 수 있으며, 사회적 선으로서 자신이나 친구의 이익이 관계되지 않는 데에서 단지 공감에 의해 만족하면, 공감은 모든 인공적 덕성에 내리는 평가의 근원이다(Hume 1963, bk. III, pt. III, sec. I, 284쪽). 요컨대 정의는 유용성, 혹은 사회적 혜택이 있기 때문에 승인된다. 그런데 유용성은 공감에 의해서 사회의 선에 대해 가지는 이익 때문에 승인의 대상이 될 뿐이다. 인간이 그러한 이익을 가지는 것은 인간이 그렇게 되어 있기 때문이다. 이렇게 해서 동정은 인간의 본성에 아주 강력한 원칙이며, 인간을 도덕적으로 두드러지게 하는 주요한 근거다(Chappell 1963, lviii~liv쪽). 그러나 정의에서 연유하는 혜택은 개별적인 행동의 결과가 아니라 사회 전체나 더 큰 부분에 의해 시인된 전체 틀이나 체제에서 나타난다. 일반적인 평화와 질서는 정의나 타인의 소유로부터 금하는 것에서부터 부수되는 것이다(Hume 1992a, 304쪽).

사회에 정의와 형평이 있음으로써 질서가 유지되고 안전과 행복이 확보되며, 그래서 '정의는 인류의 안녕에 아주 유용하고, 절대적으로 필요하다'(Hume 1992a, 184 · 304쪽). 이렇게 보면, 정의의 법은 인간이 서로 돕고 서로를 보호하는 이점을 보전하기 위한 것이다(Hume 1992a, 261쪽). '인민의 안전이 최고의 법The safety of the people is the supreme law'인데,[77] 행복과 안녕에 가치를 부여하듯이 정의와 휴머니티를 실행하는 것은 행복과 안녕에 가치를 부여하기 때문이다(Hume 1992a, 215쪽 ;

Hume, 1987a, 489쪽). 그런데 정의에서 연유하는 혜택은 개별적인 행동의 결과가 아니라 사회 전체나 더 큰 부분에 의해 시인된 전체 틀이나 체제에서 나타난다(Hume 1992a, 304쪽).

마찬가지로 법도 유용한 한에서만 값어치를 가지며, 정치 사회 혹은 정부는 그 유효성이 있다는 이유에서만 승인된다. 인간이 본성상 현명하고 관대하다면 정부와 법이 있을 필요가 없다. 사회를 통제함으로써 얻게 되는 이익이 분명히 있기 때문에 인간은 정치 질서를 승인하는 것이며, 이에 따라 의무, 즉 올바름과 그름이 확립된다(McGreal 1971, 61쪽).

다음과 같이 요약할 수 있다. 정의라는 개념은 재산이라는 개념과 밀접하게 연관되어 있다. 그런데 정의에 대한 규칙은 물질적 재화가 특정한 개인에게 귀속되는 관습이다. 그렇다면 정의라는 덕성은 이렇게 귀속되

---

77 홉스도 인간의 자기 보전을 보장하기 위해 국가가 '인민의 안전을 최고의 법salus populi, supreme lex'으로 삼아야 하며 인간이 대체로 평등하다고 보았다. 인간이 고안한 대로 사회를 만들고 개선할 수 있다면, 무엇을 위해 고안해야 하며 고안하는 바가 정의와 어떻게 연관되어야 하는가? 정의는 사회에 유용하다는 명제가 광범위하게 동의를 받을 것이라고 홉은 가정했다. 나아가 그는 "공적 효용은 정의의 유일한 기원이며 이 덕성이 가져다주는 유익한 결과에 대한 숙고가 정의의 장점의 유일한 기초"라고 주장한다. 이로써 시민 사회의 제도가 지향해야 하는 목표가 무엇인지 알 수 있다. 자신에게 개인적으로 보다 가까운 이들에게 편파적일 정도로 호의적이고 싶어 하는 것이 인간의 자연적 성향이다. 그렇게 하기 위해서라도 인간은 근면해야 하고 노동을 해야 한다. 서로 연관을 맺게 되는 시민 사회에서 인간은 평화와 재화의 획득을 보장받아 삶을 즐길 수 있어야 한다. 요컨대 삶을 즐기는 데 이로운 조건이 시민 사회의 목적이다. 이 목적을 달성하자면, 근면해야 하고 노동의 산물이 자신의 것이 되어야 한다. 이를 보장하는 것이 사유재산 제도다. 따라서 교환과 계약이라는 관행을 통제하는 관습과 더불어 사유재산 제도를 정부가 보장하고 사람들이 존중해야 한다. 정의라는 덕성은 사유재산, 교환, 계약에 대한 권리의 존중에 의해 규정되며, 정의로우려는 성향은 자연적 성향에 어긋나는 것인데 사회가 주는 이점을 얻기 위해 가르쳐져야 한다. 정부가 만들어진 일의적 목적은 사유재산에 대한 권리를 강제하려는 데 있다. 그렇게 해야만 사회가 부를 축적할 수 있다. 요컨대, 정의라는 덕성은 안전과 평화를 얻는 데 유용하다(Johnston 2011, 126쪽).

는 것을 존중하는 데 있다. 이러한 규칙이 일반적으로 인정되었을 때 개인이 재화에 대해 권리를 가졌다고 말할 수 있기 때문에 정의는 개인이 가진 재화에 대한 권리를 존중해주는 것이라고 규정할 수 있다. 즉 권리가 재산을 구성하므로 정의는 타인의 재산을 존중하는 것으로 규정된다(Miller 1976, 158쪽). 말하자면, 정의에 대한 규칙이 없으면 재산이 없고 소유만 있을 뿐이며, 개인은 사물에 대한 권리가 없이 사물을 자기 수중에 넣고 있을 뿐이다.[78] 이것은 자연 상태에서 자연에 노동을 가한 것은 재산이 된다는 로크의 견해를 부정한다(Hume 1981). 흄은 인간의 관습이 정의, 권리, 재산의 유일한 기원이라고 주장한다(Miller 1976, 158쪽).

사람들은 재산을 존중하는 것이 정의라는 규칙을 지키게 되면 '상호 이익mutual advantage'이라는 것을 알게 된다(Hume 1981 ; Miller 1976, 160쪽). 사람들 사이의 안정적 협조가 촉진되기 때문이다(Clayton et al. 2004a, 2쪽). 즉 흄은 공리라는 관점에서 정의에 대한 규칙의 존재를 정당화한다(Miller 1976, 170쪽). 그렇다고 해서 모든 사람들이 정의로운 행동을 할 때 매번 정의와 공공 이익의 관계를 이해하고 하는 것은 아니다. 도덕적 규칙에 따라 행동하는 습관이 쌓이다 보면 이것이 사회에 안정을 가져오고 유용해진다. 그래서 관습을 보전하고 강제해야 한다(Miller 1976, 174쪽). 그러나 정의에 대한 믿음은 자원이 다소 희소한 사회에서 연유하는 것이지, 재산에 대한 규칙이 있으면 이것이 공공의 이익이 된다고 보고 사람들이 그 규칙에 따라 행동하기 때문에 연유하는 것은 아니다(Miller 1976, 164쪽). 흄은 정의를 관습적 규칙에 의해 확립된 타인

---

78 재산이 없으면 정의도 없다는 주장은 지나치다고 볼 수 있겠다. 재산과 무관한 것에 대해 약속을 지키지 않을 때 공정하지 못하다거나 정의롭지 못하다고 주장할 수 있기 때문이다(Ryan 1993a, 11쪽).

의 권리를 존중하는 것과 일치시키지만 규칙 그 자체의 결과로 나타나는 권리의 배분이 정의로운지에 대해서는 의문을 제기하지 않는다(Miller 1976, 166쪽). 사회 정의라는 기준으로 사회를 변모시켜야 한다는 주장은 이후 본격적으로 제기되었지만, 아리스토텔레스가 정의를 덕성으로 논하면서 '공적merit'과 평등을 참조했음을 감안한다면, 흄이 덕성으로서의 정의를 분석하는 데 정의에 대한 보다 넓은 문제를 배제한 것은 납득이 가지 않는다(Miller 1976, 166쪽). 그러나 유념해야 할 것은 흄이 권리를 정의의 기준으로 봤다는 점이다.

(2) 애덤 스미스

애덤 스미스는 인간이 자신부터 먼저 돌보게 되어 있다는 것, 즉 '자신을 사랑self-love'한다는 것을 인정한다(Smith 2009, pt. II, sec. ii, ch. 2, 100~101쪽). 그러나 모든 사람이 이기적으로만 행동한다면 사회는 유지되지 않을 것이다(Smith 2009, 99쪽). 자기 사랑은 일반적인 선을 방해하는 경우에는 악이 되기 때문이다(Smith 2009, pt. VII, sec. II, ch. III, 356쪽). 공권력이 질서를 유지시킨다고 하더라도 힘이 정의라고 볼 수는 없다. 그래서 스미스는 도덕 감정으로 인해 사회에서 정의가 달성된다고 생각한다. 도덕 감정은 '공감/동감sympathy'에서 나온다. 그렇다면 아무리 인간이 자기 사랑에서 연유하는 행동을 하더라도 그 행동이 '적절/적정propriety'하다고 여겨질 때는 공감을 받게 된다.

스미스는 사회가 인간의 행동과 합의의 산물인 관습으로 이루어지며, 인간이 자신의 목적을 달성하기 위해 사회를 세밀하게 고안하고 개선할 수 있다고 본다. 그런데 정의를 유지시키는 데 필요한 감정의 근원에 대해 스미스는 흄과 다르게 생각한다. 전술한 것처럼 흄은 이 감정이 인공적이라고 보았다. 그러나 스미스는 《도덕 감정론/정조론 *Theory of Moral Sentiments*》(1759)에서 정의에 대한 감정이 인간의 가슴에 자연적으로 심어져 있다고 본다. 반면에 제도를 통해 이 감정이 증진되고 강화되며 인간의 행동이 조정되는데 이러한 제도는 자연적인 것이 아니다. 이러한 예로 스미스는 《국부론/제 국민의 부에 대한 탐구》(1776)에서 분업을 든다. 분업은 원래 인간이 심사숙고해 만들어낸 고안물은 아니다. 오랜 세월을 두고 있었던 수많은 인간의 합의의 결과이며, 그중 어떤 것은 관습과 관행으로 굳어지고 어떤 것은 제도로 발전했다. 모든 제도와 관행이 원래는 고안물이 아닐지라도, 인간이 목적을 달성하기 위해 개입해 제도와 관행을 개선하고 개량할 수 있다.

스미스는 부의 창출이 입법의 중심적 목적이라는 것을 흄보다 더 강조한다. 시민 사회와 정의의 궁극적 기초에 대해 스미스는 흄과 견해를 달리한다. 흄은 시민 사회를 형성하는 제도와 감정의 기원에 대해 아주 자연적인 설명을 한다. 반면에 스미스는 신을 궁극적 근원으로 삼는다 (Smith 2009, pt. III, ch. VI, 191~192쪽). 이 차이는 어떻게 해서 생기는가? 흄은 홉스처럼 목적인을 상정하지 않은 반면에 스미스는 아리스토텔레스의 틀을 따라 사물을 '기성인/작동인efficient cause'과 더불어 목적인으로 설명하기 때문이다. 스미스는 어떠한 정해진 목적을 향해 작동하게 하는 궁극적인 존재를 신으로 가정했다(Smith 2009, pt. II, sec. II, ch. III, 105~106쪽). 그리고 인간의 가슴에는 반신(半神)이 있다고 보았다 (Smith 2009, pt. VI, sec. II, ch. III, 291쪽). 스미스가 목적인을 상정하는 이유 중의 하나는 인간의 성향의 기원에 대한 흄의 설명을 반박하는 데 있다.

인간은 자신의 행복을 위해서는 신려라는 덕성을 가져야 하며, 타인의 행복을 위해서는 정의와 '자혜beneficence/wanting to do good'라는 덕성을 가져야 한다. 정의는 타인을 해치지 않게 하고 자혜는 타인의 행복을 증진시키게 한다(Smith 2009, pt. VI, sec. II, ch. III, 308쪽). 스미스는 정의와 자혜를 구별한다. 둘 다 바람직하지만, 사회의 존속 그 자체에는 자혜보다 정의가 본질적이다(Smith 2009, pt. II, sec. II, ch. III, 104쪽). 타인에게 도움이 되고 서로에게 관대한 시민이 없어도 사회는 존속할 수 있지만, 서로가 해치려고 하는 정의롭지 않은 시민들은 사회를 이룰 수 없기 때문이다(Smith 2009, pt. II, sec. II, chs. I〜II). 그래서 스미스는 정의가 정확한 규칙이 적용될 수 있는 유일한 덕성이라고 본다(Smith 2009, pt. VII, sec. IV, 386·389쪽). 인간은 가족, 친구, 약자에 대해 자혜를 베풀려는 강력한 감정을 일반적으로 가지고 있지만, 사회를 존속시키는 데 보다 중요한 것은 자혜가 아니라 타인의 행동에 대해 정의로 보답하겠다는 강력한 성향이라고 본다. 이 점이 흄과 다르다.

흄은 인간이 정의에 대한 감정(정의감)이 유용하다는 것을 알게 되면서 점차 이를 배우게 된다고 주장한다. 이에 반해 스미스는 정의에 대한 감정은 인간의 가슴에 심어져 있다고 본다(Smith 2009, pt. II, sec. II, ch. III, 104〜105쪽 ; sec. III, ch. III, 126〜127쪽). 이를 어떻게 증명할 수 있는가? 사회는 공적 효용만으로도 존속할 수 있지만(Smith 2009, 103쪽), 인간의 타고난 정의에 대한 감정은 공적 효용이 요구하는 바와 가끔 어긋난다. 예를 들어 전시(戰時)에 졸지 못하게 되어 있는데도 보초병이 졸았는데 그럼에도 불구하고 아무런 해가 없었다고 가정해보자. 이 경우에 그 보초병에게 어떤 처벌을 내릴 것인가? 공적 효용이라는 입장에서 보면, 앞으로 다른 보초병이 졸지 않게 하기 위해 그 보초병을 사형에 처해야 한다. 그러나 보초병의 입장에서 바라본 불편부당한 관찰자는 보초병이 악한 범법자라기보다는 상황의 희생자라고 여길 것이며, 살인자를 처벌하지 않게 하는 것보다 보초병을 처벌하지 않게 하는 것에 대해 마음 편하게 여길 것이다. 이 예를 통해 정의에 대한 감각과 공적 효용이 요구하는 바는 다르다는 것을 알 수 있으며, 이렇게 다른 것이 정의의 감각은 타고났다는 자신의 입장을 흄의 입장에 반대해 스미스가 증명하는 것이라고 본다(Smith 2009, 109~110쪽).

그러나 인간에게 다른 성향과 더불어 정의에 대한 감각을 심어두었을 때 신이 의도한 목적인은 우리 자신과 타인이 향유하도록 재화를 생산하게 하는 동기를 우리에게 부여함으로써 안녕을 증진한다. 그래서 인간은 자신의 행동이 지향하는 바가 무엇인지 모르면서도 부정의를 벌하고 부를 창출하도록 동기를 부여받았다. 부를 창출하는 경우에 이러한 결과를 가져오는 인간의 성향은 어떤 것을 다른 것과 교역하고 물물교환하고 교환하는 경향이다. 이 경향은 모든 사람에게 공통적이며 다른 동물에게서는 찾아볼 수 없다. 인간은 가족과 친구의 범위를 벗어나면 자혜를 적극적으로 행하지 않는다. 그렇다면 사회에서 인간은 어떤 동기에서 타인의 필요와 욕구를 충족시키게 되는가? 자기 이익(사랑)에서다. 푸줏간 주인은 타인에게 봉사하겠다는 이타심에서 장사를 하지 않는다. 자신이 원하는 것을 얻어 자신과 처자식을 먹여 살리겠다는 자기 이익에서 장사를 한다(Smith 1976, bk. I, ch. ii, 18쪽). 이처럼 스미스는 배분이나 생산이 아니라 교환에는 적어도 자기 이익이 존재하며, 자기 이익이 힘을 가진다는 것을 의심하지 않았다(Sen 2009, xi쪽). 그러나 각자가 자신의 이익을 위해 분업을 하게 되어 모두가 보다 많은 혜택을 받게 된다면 더욱 좋다. 그래서 분업이 상업 사회에서의 부의 주요한 근원이라고 스미스는 규정한다.

인간은 자기 이익만이 아니라 휴머니티, 정의, 관대 그리고 공적 정신을 가지고 있으며 이것들은 타인에게 가장 유용한 특질이다(Smith 2009, pt. IV, ch. II, 220~221쪽). 타인의 행복에 기여하려는 애정을 가짐으로써 인간은 덕성을 드러낸다(Smith 2009, pt. VII, sec. II, 317쪽). 게다가 시장 경제에서 통제 없이 자기 이익만을 추구하게 된다면 사회는 곤경에 빠질 것이다. 그래서 인간의 자기 이익은 인간의 몇 가지 도덕적 정조/감정, 특히 동료 인간에 대한 공감/동감에 의해 균형이 맞추어진다. 공감을 통해서 우리는 타인이 고통 받는 것을 공유하거나 적어도 타인의 고통에 대해 느낀다(Smith 2009, pt. I, sec. I, ch. I). 그리고 그러한 감정이 있기 때문에 우리는 타인을 해치려는 유혹에서 멈칫하게 된다. 더군다나 타인을 해치지 않게 하는 금지적 감정 중에서 가장 큰 것이 정의에 대한 감정이다. 전술한 것처럼 스미스는 정의에 대한 감정을 그저 인공적 감정/정조가 아니라, 기성인과 목적인에 의해 자연적으로 발로되는 것이라고 본다. 이 점이 흄과 다르다. 그런데 흄처럼 스미스는 우리 행동의 일의적 동기 중 하나가 타인의 '승인/시인approbation'이라고 본다(Smith 2009, pt. IV, ch. II, 221쪽 ; pt. VII, sec. III, ch. II, 376쪽). 적절성 없이는 덕성이 있을 수 없으며, 적절성이 있으면 어느 정도의 시인이 있기 마련이다(Smith 2009, pt. VII, sec. II, ch. I, 345쪽).

어떤 경우에 시인을 하고 '부인disapprobation'을 하는지에 대한 일반적인 규칙은 경험에 의해 습득된다(Smith 2009, pt. III, ch. V, 183~186쪽). 따라서 이상과 같이 보면, 자기 이익과 이타주의는 뒤섞이고 혼동되는 동기가 된다. 그래서 정의는 세 가지 이유에서 정당화된다. 첫째는 감정/정조 그 자체의 힘이고, 둘째는 타인의 고통에 무관할 수 없게 만드는 공감/동감이라는 감정이고, 셋째는 동료 시민들의 거의 만장일치적인 승인/시인이다. 그러나 무엇보다도 정의는 궁극적으로 '유용'하다. 유용하기 때문에 정의는 정당화된다. 이 점에서 스미스는 흄과 견해가 같다.

인간은 자신의 성향이 왜 그리고 어떻게 안녕이라는 목적을 달성하게 되어 있는지를 모르지만, 신이 인간에게 그러한 성향, 즉 "보이지 않는 손에 의해 자신이 의도한 부분이 아닌 목적을 증진하도록" 인도하는 성향을 심어주었다고(Smith 2009, pt. IV, ch. II, 215쪽) 하더라도, 일단 그 의도를 알게 되면 입법가와 정책 입안자는 그 의도를 증진해야 한다. 어떻게 할 것인가? 《국부론》에서 스미스는 입법가가 '자연적 자유의 체제system of natural liberty'를 유지할 것을 시종일관 요구한다. 이 체제는 상대적으로 자유 시장 체제의 초기 모습에 해당하는데, 자유 시장 체제는 노동 계층에 미치는 해로운 효과를 시정하고 인간이 부를 창출하고 인간의 안녕을 증진하는 데 고안할 수 있는 최선의 수단이라고 스미스는 보았다. 스미스는 흄과 마찬가지로 정의를 사유재산 제도의 존중에 기초를 두는 일련의 규칙으로 간주하는데, 정의는 이 목적에 기여한다(Johnston 2011, 130쪽).

스미스는 정부의 의무를 세 가지로 보았다. 첫째는 다른 독립국의 폭력과 침범으로부터 국가를 보호할 의무이고, 둘째는 사회 내의 모든 사람을 사회 내의 다른 사람의 불의와 압제로부터 가능한 한 보호할 의무, 즉 정의를 엄중히 집행할 의무이며, 셋째는 혼자 또는 몇 사람으로는 이익이 되지 않는 공공사업과 공공 제도를 만들고 유지할 의무다(Smith 1976, bk. iv, ch. ix, 208~209쪽).

국가의 의무는 도둑을 잡는 것만이 아니라는 것이다. 스미스는 모직 제조업자가 양 치는 농부와 양털업자까지도 독점하게 되었음을 개탄한다

(Smith 1976, bk. IV, ch. viii, 165쪽). 그리고 이와 같은 독점 이윤으로부터 국민을 지켜줘야 하며, 독점 이윤에 세금을 부과하고(Smith 1976, bk. V, ch. ii), 비례세 그리고 나아가 누진세를 부과해야 한다고 주장했다(Smith 1976, bk. V, ch. ii, pt. II, 350쪽). 게다가 《국부론》의 '국부(國富)'를 정확하게 풀이하면, 제 국민의 부, 즉 귀족만이 아니라 국가의 큰 부분을 차지하는 노동자, 짐꾼 등을 포함하는 소비자들의 부를 의미한다. 스미스는 모든 국민의 행복을 증진하려 했으며 이 목적을 달성하기 위한 효율적 방안, 예를 들면 자유방임주의에 의한 작은 정부를 논했다고 볼 수 있다. 그렇다면 스미스를 최대의 행복을 추구한 공리주의자로 볼 수 있다.

그런데 아마르티아 센Amartya Sen은 스미스의 정의에 대한 관념을 파악하는 데 다음과 같은 시각에서 접근하기를 권한다. 정의에 대해 논하는 데에는 두 가지 기본적이며 서로 다른 유파가 있다. 첫째가 계약론적 접근이다. 로크, 루소, 칸트는 계약론자라고 볼 수 있다. 사회에 정의로운 제도가 무엇인지를 찾으려 하고 정의로운 제도가 이에 상응하는 계약을 가져다준다고 본 셈이다. 그렇다면 정의는 사람들이 적절하게 행동해 제도를 전적으로 효과적으로 만들 것을 요구한다. 그래서 사람들은 정의와 부정의를 상대적으로 비교하는 것이 아니라 완전한 정의와 일치하는 것에 관심을 가진다. 그리고 제도를 올바르게 하는 것이 무엇인지에 일차적으로 관심을 가진다. 이에 따라 나타나게 되는 사회에 대해서는 부차적인 관심을 가진다. 사람들이 다른 사람과 상호 작용하는 바에 따라 어떠한 제도를 가진 사회가 나타나게 된다. 이것이 주류를 이루어서, 사회의 기본 구조에 초점을 두는 롤스의 정의론으로 이어진다(Sen 2009, xv~xvi쪽).

둘째, 계약론적 접근과는 다르게 '비교론적comparative' 접근을 하는 이들이 있다. 노예제, 잔인한 형법, 노동 착취, 여성의 예속 같은 사회의 부정의를 제거하는 데 관심을 가진 이들이다. 그들은 인간의 삶에 실제로 일어나는 것이 무엇인지에 관심을 두며, 그에 대한 판단은 비교적이다. 예를 들어 그들은 노예제가 없어지면 세상이 얼마나 나아질 것인가에 대해 판단을 내리게 된다. 스미스, 콩도르세, 벤담, 울스턴크래프트, 마르크스, 존 스튜어트 밀이 이러한 접근법에 속한다. 롤스가 완전하게 정의로운 제도는 무엇인가라는 문제에 관심을 가졌다면, 스미스는 정의는 어떻게 증진될 수 있는가라는 질문에 더 관심을 두었다. 스미스는 그저 제도가 아니라, 실제로 정의가 실현되는 것에 초점을 두었다. 두 파는 이러한 차이가 있다(Sen 2009, xvi~xvii쪽).

사회계약론적 접근과 스미스적 접근 사이의 커다란 차이는 불편부당성을 이끌어내는 형태에 있다. 스미스는 불편부당에 대한 사고 실험을 하는데, 불편부당한 관찰자라는 고안물에 호소한다. 이 관찰자를 공동체의 내부만큼이나 외부로부터 구할 수 있다. 반면에 사회계약론적 입장에서는 계약이 만들어지는 공동체 내부의 사람들의 견해에 초점을 둔다. 그래서 예를 들어 롤스가 말하는 반성적 평형이란 공정으로서의 정의라는 이론 내에서의, 그리고 원초적 입장이 고려되는 사회 내에서의 사람들에게 국한된다. 그러므로 사회계약론적 접근법에서의 불편부당성이란 폐쇄적이다. 반면에 스미스의 불편부당한 관찰자는 공개적 관찰자의 입장을 취한다(Sen 2009, xvii쪽).

스미스의 관점에서는 원초적 입장에서의 당사자들 사이의 내적 논의는 적절치 않게 검토된 것처럼 보일 것이다. 사회 계약을 하는 데 있어서 같은 사회 내의 다른 사람의 관점을 넘어서야 하기 때문이다. 우리 자신의 자연적 처지/입장에서 벗어나지 않는다면, 그리고 우리와 어떤 거리를 두고서 우리 자신의 감정과 동기를 보려 하지 않는다면, 자신의 감정과 동기를 관찰할 수 없고 그에 대해 판단을 내릴 수 없기 때문이다 (Smith 2009, pt. III, ch. I, 133쪽).

그렇다면 폐쇄적 입장과 공개적 입장의 차이가 무슨 문제가 되는가? 특정한 경계를 넘어서 공개적이어야 하는 이유는 첫째, 사회 계약의 당사자가 아닌 사람들에게도 공정하지 못한 것을 막기 위해 그들의 이익도 적실성을 가져야 하기 때문이다. 둘째, 적실성이 있는 원칙을 찾는 우리 자신의 조사를 넓혀주는 데 다른 사람의 시각이 적절하기 때문이다(Sen 2009, xviii쪽). 말하자면, 국민 국가에 한정한다는 것을 전제로 하는 계약론적 접근법은 정의를 지구적 차원에서 논하는 것을 어렵게 한다(Sen 2009, ix쪽). 오늘날 스미스의 불편부당한 관찰자라는 고안물은 이러한 관점에서 의미를 가진다.

(3) 벤담

벤담도 정치적 · 법적 개선을 옹호했는데,《무정부적 오류*Anarchical Fal-lacies*》(1796)에서 자연권을 '허튼소리'로 치부했다. 그렇다고 해서 벤담이 권리라는 개념에 대한 모든 호소에 반대했다고 보기는 어렵다. 그가 부정한 것은 어떤 권리가 자연에 본질적으로 내재한다는 주장이다. 그에 따르면, 권리는 인간의 관습이 만든 것이다(Johnston 2011, 121쪽).

제도나 관행을 관장하고 개선하는 데 관여하는 이들은 모든 사람을 평등하게 고려해야 하며 인간은 대체로 평등하다는 것을 흄, 스미스, 벤담은 인정했다.《시원적 계약에 대하여*Of the Original Contract*》(1748)에서 흄은 인간은 육체적 힘만이 아니라 교육을 받기 전까지는 정신적 능력에서도 거의 평등하며 그렇기 때문에 동의에 의해 권위에 복종하게 해야 한다고 밝힌다(Hume 1965).《도덕 원칙에 관한 탐구 Enquiry Concerning the Principles of Morals》(1751)에서 흄은 정의의 관계는 반드시 적어도 상대적으로 평등한 사람들 사이의 관계이며, 이성적이기는 하지만 육체나 마음의 힘에 있어서 인간에 비해 현저하게 열등한 피조물과의 관계는 정의의 대상이 아니라 명령과 지배의 관계라고 밝힌다. 얼핏 보면 이 전제는 아리스토텔레스가 취한 전통적 견해라고 볼 수 있다. 그러나 흄이 강조하고자 한 것은 인간은 대체로 평등하기 때문에 정의로운 방식으로 다루어져야 한다는 것이다. 그러므로 그는 유럽인들이 스스로를 미주의 인디언보다 범주적으로 우월하다고 생각해 그들을 인간으로 정의롭게 대하지 않는 것은 잘못이라고 주장한다. 여성에 대한 남성의 우월에 대해서도 마찬가지로 생각한다(Johnston 2011, 122쪽). 마찬가지로 스미스도《국부론》에서, 자연적 재능의 차이가 생각만큼 크지 않고 사소한 것이며, 철학자와 거리의 짐꾼이 차이가 나는 것은 습관, 관습, 교육에 기인한다고 본다. 짐꾼이 단순한 노동을 반복함으로써 나타나는 차이를 정부가 개입해 완화할 수 있다(Smith 1976, bk. I, ch. ii, 19~20쪽). 벤담도 재능이 대체로 평등하게 사람들에게 배분되어 있으며 모든 사람이 평등한 고려를 받아야 한다고 주장했다. 장작단이 막대기들로 만들어진 것처럼 사회도 개인들로 이루어졌다. 그래서 나중에 존 스튜어트 밀은 벤담의 언명이라면서 "각자는 하나로 계산되어야 하며, 어느 누구도 하나 이상으로 계산되어서는 안 된다"고 주장했다.

　벤담은 구성원의 행복을 최대화한다는 원칙으로 법과 제도를 개혁하고자 했다. 그는 비교적 초기 저작인《정부론 A Fragment on Government》에서 올바름과 그름의 척도는 '최대 다수의 최대 행복the greatest happiness of the greatest number'이라고 규정했다. 후기 작품에서는 수정해 '최대 행복 원칙the greatest happiness principle'만 논한다. 최대 다수라는 원칙은 최대 행복이라는 원칙과 어긋날 수 있기 때문에 수정한 것 같다. 이 점과 연관해 벤담의 공리주의를 《정치와 윤리》에서만이 아니라 곳곳에서 논했기 때문에 여기서는 간략하게 설명하고자 한다.

① 벤담은 모든 인간이 직접적으로나 의식적으로나 쾌락을 목적으로 한다고 주장하지 않는다. 나중의 존 스튜어트 밀처럼 인간이 하는 행동의 목적은 다를 수 있다고 보았다. 행동의 원인은 행동이 인간에게 가져다주는 쾌락이라고 믿었다. ② 벤담은 개개인에게 각자의 행복은 말할 것도 없고 사회의 안녕 혹은 전체로서의 사회의 행복을 최대화할 의무가 있다고 주장하지는 않는다.[79] ③ 벤담은 입법가가 최대 행복의 원칙을, 입법과 정책의 결과를 그 목적에 맞게 조정하는 등, 직접적으로 수행해야 한다고 주장하지는 않았다. 적어도 두 가지 이유에서 그는 직접적인 방식을 거부했다. 첫째, 입법가가 일반적으로 '집합적/총체적 공리aggregate utility'를 정확하게 계산하지 못할 것이기 때문이다. 많은 이들이 그가 말하는 '특유한 가치idiosyncratical value'를 개인이 사실상 가지고 있다는 것을 인정했는데, 이것은 나중의 저술가들이 말하는 '효용에 대한 개인 간 비교interpersonal comparisons of utility'라는 문제에 해당한다. 요컨대 그는 단순한 '정치적 산술political arithmetic'을 지지하지 않았다. 더군다나 벤담은 인간이 안전하게 기대할 수 있는 법적 기초를 입법가가 마련해야만 공적 효용이 증진된다고 보았다(Johnston 2011, 134쪽).

---

79 그러한 주장을 했다는 인상은 롤스나 싱어Peter Singer 등이 심어준 것으로, 잘못된 것이다(Johnston 2011, 134쪽). 이 점은 논의의 대상이 된다.

재화의 창출을 통해 많은 양의 추가적 쾌락을 생산해줄 수 있는 사회적 협업의——복잡한 노동 분업을 포함해——커다란 틀이 갖추어져야 하며, 더불어 많은 양의 쾌락의 직접적 근원이 되는 기대가 나타날 수 있어야 한다. 이러한 것들이 갖추어지려면, 안정되고 법적으로 질서를 갖춘 틀이 전제되어야 한다. 이 점에서 벤담은 흄과 스미스와 견해를 같이 한다. 벤담은 그러한 틀은 그가 '안전 제공 원칙security-providing principle' 이라고 부르는 것에 의해 알려져야 하는데, 이 원칙에 따라 입법가는 모든 사회의 모든 구성원이 자유를 향유할 수 있도록 생존의 수단, 즉 자유의 물질적 조건을 보장해야 한다. 흄과 스미스와 마찬가지로 벤담에게는 궁극적으로 공적 효용을 증진하기 위한 어떤 전략에서 중심적인 기둥은 재산에 대한 일련의 규칙을 고안하는 것이다. 벤담은 부의 분배를 상당히 강조하지만, 규칙이 마련되어야 부를 창출할 수 있다고 본다(Johnston 2011, 135쪽).

벤담은 처벌의 규칙도 제시했다. 처벌의 제1규칙에 의하면, "처벌의 가치는 범죄의 이익이라는 가치를 능가하는 데 충분한 것보다 어떠한 경우에서도 적어서는 안 된다". 형법상의 입법에서 제1목적은 죄를 범하지 않게 하는 것이어야 한다. 잘못을 저지른 자에게 부과하는 고통은 그가 범죄로 얻게 된다고 기대할 수 있는 선을 능가해야 한다. 그런데 능가하는 것이 범죄를 저지하는 데 필요한 최소한의 이유가 되어야 한다. 요컨대, 형법의 목적은 범죄의 발생률이 최소의 수준이 되도록 동기를 유발해야 하며 범죄자에게 가해지는 고통은 최소화되어야 한다.

이제까지 살펴본 바와 같이 공리주의자들에 따르면, 기근과 빈곤의 시대에 행복이나 삶의 향유로 인식되는 인간의 안녕이라는 목적을 달성하기 위해 사회가 개선되어야 했다(Johnston 2011, 136쪽). 그러기 위해서는 생산성을 향상시킬 필요가 있었다. 그래서 흄, 스미스, 벤담은 사유재산권의 존중을 정의의 핵심으로 삼았다. 더군다나 스미스는 아주 발전된 분업이 생산성과 부를 증진하는 데 첫째 근원이라고 간주했고 증진하기 위해 재산권과 계약을 강제하는 것을 정의로 삼아야 한다고 주장했다 (Johnston 2011, 136~137쪽).

그러나 행복을 증진한다는 목적에 초점을 두다 보니 상호 대등성을 정의에 대한 사고의 중심에서 밀어내어 버리게 되었다. 정의라는 개념이 재산권 보호와 연관된 것은 아리스토텔레스 이전부터였다. 그러나 그때에는 상호 대등성이라는 개념이 정의라는 개념을 규정하는 방식에서 중심적 위치를 차지했다. 예를 들면, 시정적 정의는 행복을 증진하겠다는 방향으로의 개선적인 것이 아니라 그야말로 침해된 질서를 복원하는 방향에서의 시정적인 것이었다. 흄과 그의 추종자들이 정의를 효용에 봉사하는 하나의 수단으로 재정의함으로써 상호 대등성은 정의라는 개념에서 변두리로 밀려났다. 이 점은 스미스에게서도 마찬가지다. 그는 응보적 감정이 자연에 의해 인간에게 심어져 있지만, 이 감정은 공적 효용을 증진한다고 보았다. 그래서 그는 '억제deterrence'의 원칙에 호소했다. 이제까지 처벌에 대한 이론에서 살펴본 것처럼 여기에서도 응보라는 개념은 포기되었다. 요컨대, 똑같은 수준의 보복이라는 고대의 상호 대등성의 원칙이 효용의 원칙에 의해 뒷전으로 밀려나게 되었다(Johnston 2011, 138쪽). 그런 정도를 넘어, 공리주의는 효용의 증진을 위해 무구한 사람을 처벌할 수도 있다(Johnston 2011, 139쪽). 이 점은 두말할 것도 없이 풍랑 만난 배의 예에서 무구한 스님을 희생시켜 효용을 높이려 한 점에서 짐작할 수 있겠다. 비슷한 이유에서 사회의 안전을 위해 죄 없는 사람을 처벌할 수도 있게 된다.

어떻게 그러한가? 벤담도 인간을 자유롭고 책임을 지는 행위자로 보았다. 그러나 벤담과 같은 공리주의자들은 인간에 대한 이러한 관점으로부터, 자유롭고 책임을 지는 인간들 사이의 관계는 상호 대등성의 관계라는 아리스토텔레스 식의 추론을 이끌어내지 않았다(Johnston 2011, 139쪽). 그들은 정의를 목적론적 틀에서 고려했다. 목적론적이라는 점에서는 플라톤도 마찬가지다. 그러나 플라톤에게 정의는 첫째로는 올바르게 질서 잡힌 영혼을 계발하는 것이며, 둘째로는 이러한 영혼을 계발하게 되어 있는 도시 국가를 유지시키는 것이다. 그런데 초기의 공리주의자들은 정의의 특성을 결정하는 데 있어서 자연의 역할과 범주적 인간의 불평등에 대한 플라톤의 가정을 받아들이지 않았다. 그 대신에 다른 목적, 즉 집합적 행복이라는 목적을 끌어들였다. 그런데 이것은 상호 대등성에 대해 호의적이지 않다(Johnston 2011, 140쪽).

이 맥락에서 지적할 것이 한 가지 더 있다. 분업이 생산성을 가져다준다는 스미스의 주장이 정의에 대한 개념에 중요한 유산을 남겨주었다. 스미스의 주장이 의미하는 바는 부를 창출한 것은 개개 노동자들의 노력이 아니라 분업 그 자체라는 것이다. 그렇다면 이것은 정의에 대한 관념 중에서 '공헌 원칙contribution principle'에 커다란 위협이 된다. 공헌 원칙은 아리스토텔레스가 정의에 대한 사고의 핵심으로 삼은 이후 지속되었다. 위협이 된다고 볼 수 있는 이유는 무엇인가? 노동의 산물인 모든 재화는 궁극적으로는 개개의 노동자가 생산한 것임에 틀림없다. 그러나 생산 과정에서 개인들이 기여하는 기술과 효율은 하나의 커다란 기업 내에서든, 보다 중요하게는 전체로서의 사회의 분업 내에서든 수많은 다른 사람들이 자신의 기술을 가지고 노동하고 효율을 달성했기 때문에 생산될 수 있다. 그렇다면 재화는 단순히 개인이 창출한 것이 아니라 대체로

'사회적 산물social products'이다. 이처럼 분업 자체에 의해 복잡한 분업에서의 가장 커다란 공헌이 실제로 이루어졌다면, 공헌 원칙에 의존해 정의를 논할 수 있겠는가? 부를 창출하는 데 분업이 이렇게 커다란 역할을 한다면, 그로 인한 사회적 산물을 어떻게 배분해야 하는가? 이렇게 해서 스미스가 강조한 분업은 근대에 '사회 정의social justice'라는 문제를 대두시켰다(Johnston 2011, 141쪽).

흄이 정의에 대한 공리주의적 이론을 —— 어떤 의미의 공리주의인지에 대해 논의가 있을 수 있지만 —— 제시했지만, 그의 이론을 통해 존 스튜어트 밀의 이론에 대한 제한이나 밀의 입장에 대한 대안을 생각할 수 있다. 흄은 정의가 전적으로 무용지물이 될 수 있는 환경적 조건을 검토하고, 하나의 행동이 가지는 공리와 그 행동이 단지 하나의 예가 되는 전체 틀이나 체계가 가져다주는 공리를 구별했다. 그렇게 함으로써 정의에 대한 공리주의 이론을 상당히 세련되게 만들었다. 그리고 공리주의가 평등의 원칙을 어떻게 하면 수용하는가라는 문제를 흄은 밀보다 더 잘 다루었다. 밀은 '각자가 생각하기에 편리함이 불평등을 요구하는 경우를 제외하고는 각자는 정의가 평등이 명령하는 바라고 주장한다'라고 밝혔다(UT, 451쪽). 밀은 평등을 제1원칙의 하나로 삼지는 않지만, 이것으로도 그가 평등주의적 전통을 밟는다고 볼 수 있다. 그러나 이어서 밀은 '불편부당하고 평등한 것이 가지는 일반적인 공리는 불편부당과 평등이라는 관념이 공리라는 바로 그 의미, 즉 최대 다수의 최대 행복을 포함하고 있다는 사실에 의해 입증된다'고 주장한다(UT, V). 그런데 밀이 이렇게 주장하는 것은 정의로운 불평등에 대한 그의 이론에 비추어 보면 맞지 않는 것 같다. 이에 대해 흄이 보다 나은 논지를 전개하는데, 이는 오늘날의 '불평등의 효용 체감diminishing utility of inequality'이라고 부를 수 있다.

흄에 의하면, "한 사람에게서의 하찮은 허영은 많은 가족에게 돌아가는 빵보다 더 많은 것을 지불한다"(Hume 1992a). 요컨대, 타인은 필수품조차 없는데 내가 사치를 할 수는 없다. 타인의 행복과 비참에 대해 인간은 냉담할 수 없다(Hume 1992a, 226쪽). 냉담하지 않게 되는 감정을 인간은 서로 주고받는다(Hume 1992a, 229쪽). 인간이 행복과 안녕에 가치를 두는 만큼, 인간은 정의와 인간애를 실천하는 것을 칭송하게 된다(Hume 1992a, 215쪽). 그래서 인간은 사치하지 않는 사람을 '인정approbation'하게 되고, 그리고 사치하지 않음으로써 사회 전체의 유효성이 증대된다. 이렇게 공동의 이익은 유효성을 가짐과 더불어 관계 당사자들 사이에서 올바름과 그름의 기준이 된다(Hume 1992a, 211 · 231쪽). 타인은 필수품조차 없는데 내가 사치를 해서는 안 된다고 한 점에서 흄은 밀의 이론이 개선될 여지를 남겼으며, 롤스는 홉스를 발전시켰다고 하겠다(Bedau 1971a, 11쪽).

(4) 존 스튜어트 밀

홉스가 주장하는 것처럼 약속(계약)을 지켜야 한다는 규칙을 지킬 의무는 약속을 했기 때문에 생긴다. 약속(계약)을 하게 되는 것은 자연 상태에서 벗어나는 것이 개개인에게 유용하기 때문이다. 그래서 약속을 지켜야 한다는 유의 규칙에 사회적 공리성이 내재해 있다고 볼 수 있다. 공리주의는 최대 다수에게 최대 행복을 가져다주는 것이 정의라고 생각한다. 여러 종류의 공리주의를 이미 살펴보았지만, 밀이 《공리주의》에서 제시한 정의와 평등에 대한 이론을 살펴보자.

공리성/유효성은 사람마다 다르기 때문에 불확실한 기준이며 정의가 내리는 변하지 않고 지울 수 없고 오류를 범하지 않는 명령이——칸트의 정언 명령을 염두에 둔 것 같다——가장 믿을 만하다는 주장이 있다(*UT*, 460쪽). 말하자면, 공리주의는 정의라는 사상에서 연유하는 올바름과 그름이라는 기준에 어긋난다는 주장이 있다. 이러한 주장을 존 스튜어트 밀은 잘 인식하고 있으며 이에 대해 반론을 편다.

벤담의 공리주의에 대한 반박은 도덕적 감정에 근거를 두는 이론과 칸트의 의무론에서 기인한다. 공리가 정의에 어긋난다는 칸트와 같은 이들의 주장에 의하면, 정의는 어떤 절대적인 것으로 자연/본성에 존재해야 하며 여러 가지 편의와는 다르다(*UT*, 446쪽). 그런데 밀이 보기에는 어떠한 초월적 사실, 즉 사물 그 자체의 영역에 속하는 객관적 실체에서 도덕적 의무를 찾는 것은 객관적 실체가 인간에게 주관적 의무감을 가져다주는 것이다(*UT*, 432쪽). 그런데 이처럼 정언 명령에서부터 도덕에 대한 실제적 의무를 칸트가 이끌어내려고 하면, 인간이 행위에 대한 부도덕적인 규칙을 채택하는 데에서 논리적으로 불가능하며 모순이 될 것이라는 것을 밀이 보기에는 칸트가 인식하지 못하고 있는 것이다(*UT*, 404쪽).

다른 한편, 흄과 같은 이들의 주장에 대해서는 밀이 어떻게 반박하는가? 정의에 대한 감정은 특수한 본능일 수 있으며 그 감정이 본성에 의해 생긴 것이라고 하더라도 그 감정이 격려하는 바를 정의에 대한 감정이 반드시 정당화하는 것은 아니다. 정의의 연원을 감정에 두는 것은 인간의 본성이 허약하다는 것을 드러내는 것이다(*UT*, 427쪽). 요컨대 그렇기 때문에 감정이 행위의 기준이 될 수 없다. 어떠한 주관적 감정도 객관적 실체를 드러내야 한다. 그러므로 그 감정은 보다 높은 이성에 의해 통제되고 계몽되어야 한다(*UT*, 446쪽). 그래서 밀은 이상과 같이 정의에 대한 칸트와 흄의 관념을 모두 거부한다.

밀에 의하면, 공리주의적 교의는 행복이 바람직한 것이며 목적으로서
의 도덕에서 하나의 기준이 되며 유일하게 바람직한 것이다. 다른 모든
것은 그 목적에 대한 수단으로서 바람직할 뿐이다(UT, 438~439쪽). 각
자가 자신의 행복을 욕구하는 것으로 보아 행복은 하나의 선이며, 일반
적인 행복은 모든 사람의 '합aggregate'에 대해 하나의 선이다(UT, 439쪽).
그렇게 해서 결국 밀은 응분이 정의의 핵심이며 정의는 공리의 하녀라고
간주한다. 그렇다면 어떠한 논지로 이러한 주장을 하는가?

밀은 정의 혹은 부정의라고 불리는 행동과 제도가 사람들에게 무엇을
의미하는지를 다른 '행동 양식들modes of action'을 들면서 파악하고자 한
다. ① 사람의 법적 권리를 존중하는 것이 정의롭다(UT, 448쪽). 이렇게
보면 정의는 법, 특히 한 나라의 법과 밀접하게 연관되어 있다. 홉스가 정
의를 법에 연관시키는 것이 이에 해당한다고 하겠다. ② 어떠한 사람이
도덕적 권리로서 가진 어떠한 것을 존중하는 것이 정의다. 예를 들면, 노
예를 부릴 수 있는 권리를 부여하는 법은 나쁜 법일 수 있다. 부도덕적인
주장을 하는 법은 참다운 권리가 아닐 수 있다. 그러나 권리를 침해했다
고 해서 정의가 아니라고 볼 수 없는 경우가 있다. ①과 ②의 차이는 법적
정의와 '이상적ideal' 정의의 차이라고도 볼 수 있겠다. 도덕적 권리를 보
장하는 것이 이상적 정의라는 주장은 생명, 자유, 재산에 대한 자연권, 즉
기본적인 도덕적 권리를 보장하는 것이 정의라는 주장에 근접한다. ③ 어
떤 사람이 당연히 가질 만한 것을 가지게 하는 것이 정의다(UT, 449쪽).
그렇다면 무엇이 응분이 되는가? 올바른 일을 하면 그 사람은 선하며, 악
한 일을 하면 그 사람은 나쁜 것이다. 그런데 악에 대해 선을 행하라는
준칙은 정의가 아니라 다른 것을 고려하는 것이다(UT, 449쪽). ④ 약속이
나 계약을 지켜야 하는 것처럼 신뢰를 유지하는 것이 정의다. 정의에 대

한 로크의 관념을 논하면서 고전적 자유주의자는 약속하는 것과 계약을 중시한다는 점을 살펴보았다. 이것이 이 관념에 속한다고 하겠다. ⑤ 예를 들면, 권리가 걸린 문제에서는 곤란하지만 가족이나 친지에게 호의를 베풀어도 다른 의무를 침해하지 않는 경우에는 불편부당한 것이 문제가 되지 않겠지만, 선호나 호의가 적절하게 적용되지 않아야 하는 곳에서는 '불편부당한impartial' 것이 정의다. 그래서 사법적 불편부당은 정의에 대한 의무이며 정의에 대한 다른 의무를 충족시키는 데 필요한 조건이 된다(UT, 450쪽). 불편부당과 연관된 개념이 평등인데, 평등은 불편부당과 더불어 정의라는 관념과 정의의 실천의 구성 요소가 된다. 그래서 많은 사람들에게 불편부당과 평등이라는 준칙은 정의의 준칙에 속한다. 그렇기는 하지만 불편부당이나 평등은 인간의 의무 중에서 중요한 위치를 차지하는 유일한 것이 아니다(UT, 468쪽). 게다가 평등에 대한 관념도 다르기 마련이다. 그런데 정의라는 개념은 이상에서 보는 바와 같이 사람마다 다르며, 그 개념은 공리에 대한 개념에 각기 다르기는 하지만 공리라는 개념에 부합한다. 이상과 같이 정의라는 용어가 다양하게 쓰인다는 것을 밀은 지적한다(UT, 451쪽).

정의라는 용어의 어원을 고려해보면, 법——법이 되어야 하지만 아직 법이 되지 않은 것을 포함해——에 부합하는 것이 정의다(UT, 452쪽). 법적 제약이 정의라는 개념을 생성시키는 사고가 된다(UT, 453쪽). 그런데 법적 의무만이 아니라 인간이 다른 이유에서 가지는 의무가 많다. 법적 권리에서처럼 권리를 생성시키는 완전한 의무와 권리를 생성시키지 않는 도덕적 의무인 불완전한 의무가 구분되는데, 정의는 하는 것이 옳고 하지 않는 것이 그른 것만이 아니라 타인이 자신의 도덕적 권리로 우리에게 요구할 수 있는 것이다(UT, 455쪽).

이상과 같이 밀은 다른 행동 양식들을 들면서, 정의와 부정의에 대한 다섯 가지의 명백한 경우를 보여주었다. 그는 자신이 드는 예가 자신의 이론에서만 적절하게 이해될 수 있다고 주장한다. 그에 의하면, "정의는 어떤 도덕적 요구에 대해 붙인 이름인데, 이는 집단적으로 여겨지면 사회적 공리라는 척도에서 보다 높게 있으며, 그러므로 다른 어떤 것보다 더 중요한 의무다"(*UT*, 469쪽). 요컨대 그는 응분이 정의의 핵심이며 정의는 공리의 하녀라는 주장을 하게 된다. 이 주장의 논지는 무엇인가?

① 정의는 도덕적 원칙인데, 도덕적 원칙은 우리로 하여금 각자에게 각자가 가질 만한 것을 주게 한다. 악에는 악, 선에는 선을 준다는, 즉 각자에게 각자가 받을 만한 것을 준다는 원칙은 정의라는 개념에 포함될 뿐만 아니라 인간이 가지고 있는 감정의 강도에서 적절한 대상이다. 그런데 이것은 그저 편리한 것보다 정의를 위에 둔다(*UT*, 467쪽). "각자에게 그의 응분에 따라 하는 것, 즉 악을 악으로 억압하는 것만큼이나 선에 선으로 보답하는 것이 의무라면, 우리에게 평등하게 잘 대우받을 만한 사람들은 모두 평등하게 잘 대우해야 하며(보다 높은 의무가 금하지 않을 때), 사회에서 평등하게 잘 대우받을 만한 사람들을 사회는 모두 평등하게 대우해야 한다. 이것은 사회적 그리고 배분적 정의에서 가장 추상적인 기준이다"(*UT*, 468쪽). 그러나 이 원칙 자체는 보다 더 깊은 원칙, 즉 최대의 행복이라는 공리의 원칙에 의존한다. 이 원칙에는 각자가 다른 사람과 똑같이 가치가 있다는 것이 보충되어야 하기 때문이다. 모든 사람이 대우의 평등에 대한 권리를 가진다는 것이 인정되어야 한다. 공리의 원칙으로부터 응분으로서의 정의가 도출된다.

이상의 논의에서 밀이 주장하는 바는 일상적 정의라는 개념은 두 가지를 상정한다는 것이다. 행위의 규칙과 그 규칙을 인정하는 감정이다. 전자는 모든 인간에게 공통적인 것이며 인류의 선을 위하는 것으로 가정되어야 한다. 후자는 그 규칙을 위반한 자는 벌을 받아야 한다는 인간의 욕구다.

② 정의에 대한 감정 그 자체는 편의라는 사고에서 연유하지 않지만 감정에서 도덕적인 것은 편의라는 사고에서 연유한다(*UT*, 456쪽). 인간은 자기 방어에 대한 충동과 타인에 대한 동정이라는 감정에서 처벌하고자 하는 욕구를 갖게 된다. 인간은 모든 인간, 그리고 지각이 있는 존재에 대해 동정하게 된다. 게다가 인간은 사회 전체의 이익을 생각하기 때문에 사회의 안전을 위협하는 타인의 행위는 방어 본능을 일깨우게 된다(*UT*, 457쪽). 이 감정은 그 자체로서는 무(無)도덕한 것이다. 말하자면, '정의에 대한 감정sentiment of justice'은 우리에게 부정의를 저지른 사람에게 보복과 복수를 하려는 적나라한 욕구이기 때문에 정의에 대한 감정에는 도덕적인 것이 없다(Bedau 1971a, 11쪽). 그 감정을 사회적 동정에 복속시켜서 일반적 선에 부합하게 함으로써 도덕적이게 된다. 이 점에서 보편성을 강조하는 칸트의 정언 명령에도 부합한다. 밀은 이 점을 인정한다(*UT*, 457~458쪽).

③ 그렇다면 정의에 대한 한 가지 개념으로서 권리를 인정하는 이유는 무엇인가? 일반적 공리 때문이다. 예를 들면, 모든 인간에게 중요한 이익은 안전인데 권리를 인정함으로써 모든 사람이 노력해 얻을 수 있는 안전이라는 이익을 가지게 되기 때문이다(*UT*, 460쪽). 이처럼 정의는 공리/유효성과 관련이 있다(*UT*, 460쪽). 다른 한편으로 사회적 공리가 정의라는 '격률maxim'을 능가할 수도 있다. 그래서 예를 들면, 특별한 경우에는, 생명을 구하기 위해서라면 음식이나 약을 훔칠 수도 있다(*UT*, 469쪽). 훔치는 것은 정의에 어긋난다. 그렇기는 하지만 부득이한 경우에 소

유주를 해치지 않고 생명을 구했다는 이익을 얻게 되면, 권리의 인정으로서의 정의는 일시적으로 무시하고 일반적인 행복을 우선시할 수 있는 것이다.

④ 이상과 같이 정의에 관한 모든 경우들은 또한 편의에 대한 경우들이다(*UT*, 469쪽). 정의에 대해서는 특별한 감정이 부착되어 있는 데 반해 편의에 대해서는 그렇지 않다는 것이 차이다(*UT*, 469~470쪽). 만약 이 특징적인 감정이 충분히 설명되고, 이 감정에 대해 특별한 기원을 가정할 필요가 없고, 이 감정이라는 것이 사회적 선이 요구하는 바와 일치됨으로써 도덕화된, 그저 분개라는 자연적인 감정이며, 그리고 이 감정이 정의라는 개념에 상응하는 모든 부류의 경우에 존재하며 존재해야 한다면, 정의라는 사상이 공리주의적 윤리에 방해물이 될 수 없다(*UT*, 470쪽). 그러므로 정의는 어떠한 사회적 공리에 적절한 이름으로 남으며, 사회적 공리는 보다 더 중요하며 그러므로 더욱 절대적이며 따라야 한다(*UT*, 470쪽).

여기에서 밀이 주장하는 바는 '편리하다expedient'는 것이나 유용하다는 것은 도덕적인 것과 같지 않으며, 도덕적인 것은 정의로운 것보다 더 많은 것을 포함한다는 것이다. 그러면서도 그는 "정의라는 개념이 사람에 따라 다르지만, 공리라는 개념에 부합한다고 밝히고 있다"(*UT*, 451쪽).

⑤ 그러나 정의에 대한 개념도 다양하고 사회에 유용한 것이 무엇인가에 대한 견해도 다양하다(*UT*, 460~461쪽). 정의는 평상의 사람들이 생각하는 것처럼 어떤 하나의 규칙, 원칙, 혹은 준칙이 아니라 여러 가지이며 때때로 규칙은 어긋난다(*UT*, V). 그 결과로 우리는 혼동을 겪게 되므로 "이 혼동에서 빠져나가게 하는 데에는 공리주의자보다 더 나은 것이 없다"(*UT*, 459쪽). 그러므로 공리의 원칙과 똑같이 그럴듯하면서도 경쟁

적인 정의의 원칙들이 있어서 서로 갈등을 일으킬 때, 공리의 원칙은 중재할 수 있다. 그렇기 때문에 가장 근본적인 도덕적 규칙이다. 있을 수 있는 해결책의 유용성을 참조하지 않고 분쟁을 해결하는 것은 비합리적이며, 그러한 경우에 갈등하는 정의의 많은 원칙 중에서 다른 것에 의존하지 않고 하나에 의존하는 것은 독단적이다. 갈등이 있을 때 사회적 공리만이 기준이 된다(*UT*, 464쪽). 따라서 공리에 근거를 두는 정의가 가장 중요한 부분이며, 도덕에서 가장 성스럽고 구속력이 있는 부분이다(*UT*, 465쪽). 정의란 어떤 부류의 도덕적 규칙에 대한 이름에 불과하며, 그 규칙은 인간의 안녕에 본질적으로 관여하고, 그래서 보다 절대적인 의무가 된다(*UT*, 495쪽).

이상과 같은 밀의 주장은 무엇을 의미하는가? 그는 정의라는 이상(理想)이 편리하지 않다면 과연 그것이 의미가 있고 호소력이 있을 수 있는가라는 질문을 던진다. 밀은 정의가 분명하고 직접적으로 이해될 수 있는 이상(理想)으로 비친다는 주장을 반박하려고 했다. 그는 특히 권리라는 개념을 다루면서 법적 권리, 도덕적 권리, 그리고 응분이라는 개념을 구분했다. 처벌을 간단하게 다루고 정의는 불편부당을 요구한다는 것을 밝혔다. 정의라는 용어가 다양하게 쓰이는 것은 곤란한 것이 틀림없다는 것을 지적하면서 평등도 그러한 것으로 밀은 논한다. 밀은 이러한 곤란을 완화하고자 했다. 그는 다양한 언어에서 법을 의미하는 단어의 어원을 지적하면서 그 단어가 모든 언어에서 표현하는 것은 어떤 것은 해야 하며 어떤 것은 하지 않아야 한다는 것을 인정한다. 이 점을 들어서 밀은 곤란한 것을 완화하고자 했다. 그리하여 그가 주장하고 싶어 한 것은 정의는 공리와 대비될 수 있는 특별한 이상이 아니며 사회적 공리와 쉽게 조화될 수 있는 아주 일반적인 도덕적 관심의 하나라는 것이다(Solomon et al. 2000, 167쪽).

그래서 밀은 권리를 '인격person'에 구체화된 독립적인 이상으로 본다. 그리고 권리를 사람이 사회에 정당하게 제기하는 '청구claim'로 여겨야만 한다고 주장한다. 사회는 왜 나의 권리를 인정하고 옹호해야 하는가? 밀은 일반적인 공리 때문이라고 아마 답할 것이다. 이러한 답에 반대하는 것은 보복이나 복수하고 싶어 하는 자연적 욕구에서 연유하는데 이 욕구는 모든 이의 안전과 안녕에 부합할 수 없다고 밀은 주장한다. 그러므로 처벌을 하더라도 응보나 복수 차원에서보다는 범죄를 효과적으로 억제하려는 차원에서 처벌해야 한다(Solomon et al. 2000, 167쪽).

7. 칸트

공리주의에 강력한 비판으로 대응한 이가 칸트다. 공리주의자들처럼 칸트도 인간에게는 평등한 값어치가 있다는 가정을 받아들인다. 그러나 즐거움이나 행복의 증진이 정의에 대한 건전한 개념의 기초가 된다는 가정을 거부하고, 정의를 고려하는 데 있어 본질적인 진리는 인간이 자유롭고 이성적이며 책임을 지는 행위자라는 것이라고 주장한다. 초기의 공리주의자도 인간이 적어도 잠재적으로는 자유롭고 이성적인 피조물이라는 것을 부정하지는 않았다. 그러나 인간이 그러한 속성을 가졌다는 것이 정의에 대한 사고를 하는 데 기초가 되지는 않았다. 이에 비해 칸트는 인간이 잠재적으로 자유롭고 이성적이며 책임을 지는 행위자라는 가정을 정의와 도덕에 대한 모든 건전한 사상의 기초로 삼았다(Johnston 2011, 142쪽).

칸트는 공리주의를 반박하는 논지를 두 가지로 전개한다. 첫째, 효용을 근거로 추리해 얻을 수 있는 결론은 불확실할 것이다. 이것은 풍랑 만난 배에서 스님을 물에 빠트리는 경우처럼 전체의 행복 증진이라는 선을 위해 올바른 것을 희생시킬 수는 없을 것이기 때문이다. 지금은 스님이 아닌 사람이 다른 상황에서 스님과 비슷한 입장에 놓이게 되면, 물에 빠트려지는 것을 거부하게 될 것이다. 그러므로 효용에 근거를 두는 도덕과 정의는 불확실하다. 요컨대 스님을 물에 빠트려도 된다는 개인의 준칙은 보편성 있는 법칙이 될 수 없다(Kant 1956, 27·36~39쪽). 인간으로서 당연히 해야 할 의무를 다하게 되면 불확실한 것이 없게 된다. 도덕에 대한 준칙은 시대와 장소에 구애받지 않고 보편적으로 적용되어야 한다. 둘째, 도덕에 대한 건전한 이론은 행복에 기초를 둘 수 없다. 행복의 원인은 사람마다 다를 것이며, 그렇기 때문에 관계되는 개인만이 행복을 추구하는 가장 좋은 방법을 택할 수 있을 것이기 때문이다(MM, 43쪽). 따라서 행복을 근거로 해서는 도덕에 대한 결론을 내릴 수 없다. 칸트는 라틴어의 '선bonum'을 독일어의 '선das Gute/the good'과 결부되는 것과 '안녕das Wohl/well-being', 즉 '쾌락pleasure' 혹은 '행복happiness'과 결부되는 것으로 구별한다. 그리고 선을 '도덕적으로 선한morally good' 것과 일치시킨다. 그에 의하면 쾌락이라고 해서 모두 선한 것은 아니다. 그뿐만 아니라 고통이라고 해서 모두 악을 가져오는 것은 아니다(Kant 1956, 61~64쪽). 예를 들자면, 스님을 물에 빠트리고 아홉 사람이 목숨을 건지는 쾌락을 향유했지만, 그 쾌락은 악한 것이다. 마찬가지로 역으로 타이타닉호의 악단들이 자신을 희생시키는 고통을 겪었지만, 그 고통은 선한 것이다(Ross 1930, 144쪽). 즉 쾌락이 선이 되려면, 쾌락을 가져오는 행동이 '도덕적으로 올바르다morally right'는 조건을 갖춰야 한다. 즉 이 조건이 충족되어야만 행복은 선이 된다(Ross 1930, 136~138쪽). 게다가 칸트에 의하면, 사람들이 행복을 자기 방식대로 추구하도록 맡겨야지, 어느 특정한 관념의 행복을 추구하도록 강요해서는 안 된다. 그런데 공리주의는 특정한 관념의 행복을 강요한다고 볼 수 있다(Johnston 2011, 144쪽).

이제까지 공리주의와 의무론을 대비시켜 살펴본 바에서 알 수 있는 것처럼 칸트의 관점에서는 '올바른 것the right'이 '선한 것the good'에 우선해야 한다. 그러므로 선한 것에 해당하는, 효용 혹은 행복을 증진한다는 이유에서 인간이 당연히 해야 할 의무를 무시할 수는 없다. 그렇다면 무엇이 올바른 것이며, 당연히 해야 할 의무인가?

도덕과 정의에 적절한 기초가 되는 것은 행복이 아니라 자유다.《순수 이성 비판》에 의하면, 인간이 알 수 있게 되거나 알 수 없게 되는 방식의 결과로 인해 인간의 지식의 범위가 한계를 가지는 것은 어찌할 수 없다. 어떻게 해서 칸트가 그렇게 추론하는지를 여기서 세세하게 논하지 않겠다. 그는 인간이 아는 것에 대한 근본적으로 다른 두 가지 방식을 구별한다. 첫째, 사물이나 있을 수 있는 사물에 대해 우리가 알 수 있는 방식이다. 이 방식으로 가지는 지식을 우리는 '현상적 지식phenomenal knowledge'이라고 부른다. 현상적 지식이란 경험적 지식과 대체로 비슷한데, 세상을 관찰하고 경험함으로써 얻게 되는 지식이다. 모든 현상적 지식은 그가 범주라고 부르는 어떠한 보편적 속성에 의해 선험적으로 구성된다. 예를 들면, 우리가 사물을 인식할 때 시간과 공간 혹은 인과성이라는 범주로써 인식하게 된다(Kant 1965a).

두 번째 방식은 사물의 현상적 속성이 없어질 수 있다면, 알려질 수 있는 대로, 즉 사물 그 자체로 아는 것이다. 이렇게 얻는 지식을 그는 '본체적 지식noumenal knowledge'이라고 부른다. 칸트에 의하면, 인간은 이 지식에 접근할 수 없다(Kant 1965a). 인간은 시간, 공간, 인과성과 같은 범주가 인간에게 부과하는 한계를 넘어설 수 없기 때문이다. 그런데 인간은 현상적 지식을 얻을 수 없는 세 가지 사물에 대해 추론하고자 하는 실천적 이익을 가지고 있다. 세 가지 것은 의지의 자유, 영혼의 불멸성, 그리고 신의 존재다. 이 중에서 의지의 자유가 그의 정의의 이론에서 중심이 된다(Johnston 2011, 148쪽).

칸트에 의하면, 인간이 '자유 의지free will'를 가진다는 것을 증명할 수도 없으며 인간은 어떠한 지식을 가질 수도 없다. 그러나 인간이 자유로워야만 도덕이 의미를 가진다는 것을 보여줄 수는 있다. 이를 근거로 해 우리는 인간이 자유롭다는 것을 타당하게 가정할 수 있다. 그리고 이 가정을 근거로 해 도덕과 정의의 내용에 대해 광범하게 추론할 수 있다. 이러한 경로를 거쳐 이성을 이용해 '자유의 법칙laws of freedom'을 발견할 수 있다. 자유의 법칙은 우리에게 무엇을 해야 하며 의무가 무엇인지를 알려주는 법칙이다. 반면에 '자연의 법칙laws of nature'은 실제로 일어난 것을 설명하는 데 도움을 줄 뿐이다(Johnston 2011, 148쪽). 이렇게 추론하게 되면, 우리는 '의무라는 교의doctrine of duties'에 이르게 된다. 이 교의에서는 인간은 자유에 대한 능력이라는 속성으로써 대변될 수 있으며 대변되어야 하는데, 이것은 전적으로 감각을 초월하며, 따라서 너무나 단순히 그의 인간성으로서 물리적 속성과 무관한 인간의 개성(본체적 인간)은 물리적 속성에 의해 영향을 받는 것으로 나타나는 같은 주체(현상적 인간)와는 구별된다(MM, 65쪽).

환언하면, 본질로서의 인간이 우리의 경험적 지식의 범위를 넘어서는 자유로운 행위자인 것처럼 추론해야 한다. 게다가 인간은 이성적 행위자라는 가정에서 추론해야 한다. 자유와 합리성을 배제하면 도덕적 추론은 의미가 없기 때문에 양자는 도덕적 추론의 근거를 형성하는 속성이다 (Johnston 2011, 149쪽).

정의에 대한 칸트의 이론은 그의 형이상학의 기저에 흐르는 이원론과 같은 것에 근거를 두고 있다. '현상적 인간homo phenomenon'과 '본체적 인간homo noumenon' 사이의 이원론은 육체와 영혼 사이의 이원론이라는 그리스도교의 교의와 흡사하다는 것을 유념해야 한다. 육체는 보이는 자아인 데 반해 영혼은 보이지 않는 자아이며, 진정한 인간성은 후자에서 찾을 수 있다. 마찬가지로 본체적 인간의 비물질적/초감각적 속성이 정의 이론의 근거다(Johnston 2011, 149쪽).

본체적 인간으로서 인간은 자유롭다는 것을 근거로 해 칸트는 도덕 이론, 그리고 도덕 이론의 부분이 되는 정의 이론을 구축한다(Johnston 2011, 150쪽). 본체적 인간으로서 인간이 주제인 만큼, 이에 대한 서술은 경험적 인간에 대한 서술이 아니라 인간의 본질, 나아가 규범적 인간에 대한 서술이다. 본체적 인간으로 인간이 자유롭다는 것은 인간은 자유로워야 하며, 자유로울 자격이나 권리가 있다는 것을 의미한다. 자유는 자유로운 행동을 하는 데 제약이 없는 것으로 일반적으로 정의된다. 칸트는 이를 받아들이지 않고, 그 대신에 자신에게 부여한 법칙 외에는 복속하지 않는 것으로 자유를 정의한다(MM, 50쪽).

이것이 의미하는 바는 무엇인가? 이성적 존재로서의 인간의 성향이 가져다주는 힘에 저항하고 '자유의 법칙law of freedom'에 따라 자신의 의지로 결정할 때 인간은 자유로워진다. 정언 명령은 자연의 법칙과는 다른 도덕적 법칙, 즉 자유의 법칙을 표현한 것이라고 볼 수 있다. 정언 명령이 의무 그 자체를 위한 의무에 헌신하게 하기 때문이다(Hallgarth 1998, 616쪽). 그렇게 해야만 인간은 스스로의 동기에서 '자율적으로 의

지하는autonomous willing' 존재가 될 수 있다(Chappell 1998, 329쪽). 이
것은 '현상적 자아phenomenal self'를 '본체적 자아noumenal self'가 통제했
을 때 인간이 자유롭다는 것을 의미한다. 나 자신이 나에게 부여한 법칙
에 따라 행동하는 것이 자율적으로 행동하는 것이다. 루소가 밝힌 것처
럼 칸트에게 자유로운 행동은 주어진 목적에 합당한 최선의 방법을 선택
하는 것이 아니라 목적 그 자체를 선택하는 것이다. 법칙대로 행동하는
것은 그 자체가 목적이 된다. 이러한 견해는 자유가 보다 낮은 요소를 보
다 높은 요소가 통제하는 데 있다는 플라톤의 견해로 소급되며, 바오로,
아우구스티누스 등에게 동조를 받았다. 이 견해는 적극적 자유와 연관
된다. 그러나 이러한 견해는 반자유적이며 위험한 견해라고 비판받았다.
보다 개명되었다고 주장하는 이가 보다 높은 자아를 내세우면서 덜 개명
된 이들을 지배하는 것을 허용할 수 있기 때문이다. 그렇게 되면 개명이
덜 된 이는 스스로를 노예처럼 느낄 것이다. 그렇지만 그 자체가 목적인
법칙대로 행동하는 것이 참다운 자유다. 이렇게 해서 우리는 칸트를 비
난의 여지가 없는 자유주의자라고 부를 수 있게 되었다. 그는 내적 자유
와 정치적 자유를 구별했다. 전자는 각 개인이 자신을 달성하는 문제이
며, 후자는 방해물의 방해를 제한하는 문제이다. 이에 비해 플라톤은 법
이 개인의 도덕적 신념에 대해 지시를 내리는 것을 아무 거리낌 없이 허
용했다. 자유는 문제가 되지 않았다. 플라톤은 강제되지 않은 덕성이 유
일하게 중요한 덕성이라는 것을 생각하지 않았기 때문이다(Ryan 1987,
165쪽). 이렇게 보면, 칸트에게 자유롭다는 것은 자신의 행동에 제약이
없다는 것이 아니라 타인의 독단적인 의지에 의해 부과된 제약으로부터
독립적이라는 것이다(MM, 63~64쪽).

　게다가 자유에 대한 이 개념은 본체적 인간으로 간주되는 인간에 기

초를 두고 있다. 즉 가정은 되지만 엄격하게는 알 수 없는 인간의 본질적 본성에 기초를 둔다. 그래서 사람들 사이의 경험적 차이는 정의나 권리에 대한 개념과 아무런 관계가 없다. 아리스토텔레스가 인간의 불평등을 가정한 것은 경험적으로 그러하다고 생각되었기 때문이다. 반면에 홉스, 흄, 스미스가 인간이 평등하다고 가정한 것은 사실상 대체로 그러하다고 여겨졌기 때문이다. 그러나 칸트에 따르면 권리와 정의에 관한 문제는 경험적인 것과는 관계가 없다. 칸트의 관점에서 보면, 각자는 절대적 값어치를 가지며 타인과의 관계에서도 마찬가지다(Johnston 2011, 150쪽).

인간을 이상과 같은 존재로 보고 도덕과 정의 이론을 수립해야 한다면, 인간이 스스로 자유롭기 위해 자신에게 부과해야 하는 올바른 것, 즉 인간으로서 당연히 해야 할 것은 무엇이며 인간은 그것을 어떻게 알고 찾게 되는가? 칸트는 인간에 대해 이상과 같은 가정을 함으로써 도덕에 대한 하나의 최고 원칙에 이를 수 있다고 주장한다. 그는 이것을 정언적/보편적 명령이라고 불렀다. 정언 명령의 의미, 그리고 이 명령이 조건적/가설적 명령과 차이가 나는 것에 대해서는 《정치와 윤리》에서 이미 설명했다. 세 가지 정언 명령을 기준으로 해 무엇이 인간으로서 당연히 해야 하는 것인지를 구별해낼 수 있다.

정언 명령을 여러 가지 다른 방식으로 표현할 수 있지만, 실제에서는 단 하나의 명령이라고 주장할 수 있다. 그 명령은 '보편적 법칙이 될 수 있는 준칙에 의거해서만 행동하라'(너는 행위의 준칙이 보편화가 가능하도록 행동하라/너의 의지의 준칙이 항상 동시에 보편적 입법의 원리로서 타당하도록 행동하라/너의 주관적 준칙이 동시에 보편적인 도덕 법칙이 되기를 바랄 수 있게 행동하라Act only according to that maxim by which you can at the same time will so that it should become a universal law)는 명령이다. 칸트에 의하면, 정의에 대한 전체 이론은 이 하나의 명령에서 도출된다.

그런데 칸트의 정언 명령은 황금률에 비근하며, 황금률은 공리주의의 맹점을 상식적인 수준에서 지적한다는 점을 이미《정치와 윤리》에서 언급했다. 그런데 〈마태오〉에 나타나는 황금률을 칸트의 정언 명령과 비교하면 서로 다르다는 것을 알 수 있다. 황금률은 하나하나의 구체적인 분리된 행동에 적용하려는 데 있다. 황금률은 우리로 하여금 타인이 자신에 대해 어떻게 하기를 원하는지를 고려하게 한다. 반면에 정언 명령은 분리된 개개의 행동에 적용될 수 있지만, 준칙들을 매개로 해 적용되며, 그리고 우리에게 일어나기 원하는 바를 근거로 하지 않고, 그 준칙이 보편적 법칙이 되기를 의지하는지를 고려함으로써 판단하도록 요구한다. 칸트가 요구하는 숙고의 과정은 황금률에서 요구하는 과정과 비슷하지만 칸트가 요구하는 과정은 보다 복잡하고 추상적이며 일반적이다 (Johnston 2011, 152쪽).

칸트가 정언 명령을 형성하는 것과 〈복음서〉에서 황금률이 기술하는 바의 차이는 정의에 대한 칸트의 이론의 맥락에서 현저하게 드러난다. 잘 알려진 산상 설교의 구절, 즉 황금률에 대해 예수가 설파하는 바를 고려하면 그 차이를 암시받을 수 있다. "오히려 누가 네 오른뺨을 치거든 다른 뺨도 내밀어라", "또 너를 재판에 걸어 네 속옷을 가지려는 자에게는 겉옷까지 내주어라"라고 예수는 설파했다(〈마태오〉 5장 39~40절). 황금률을 포함해 산상 설교의 중심적 교훈은 타인에게 해를 입히는 것은 정의롭지 않다는 것이다. 이 교훈은 소크라테스가《국가론》에서 정의에 대해 주장하는 바와 비슷하다.[80] 산상 설교, 복음서의 황금률, 그리고 소크라테스의 주장은 정의에서 근본적인 것은 상호 대등성이라는 개념과 다르다는 점에서는 똑같다. 그러나 칸트의 정의 이론에서는 상호 대등성이라는 개념이 필수적이며 결정적인 역할을 한다(Johnston 2011, 153쪽).

정언 명령은 적용되어야 하는 대상이 명료하지 않다. 적용 대상 중에서 가장 명백한 유형은 행동이다. 그러나 어떠한 행동을 하기 전에 그 행동의 이면에 있는 준칙을 숙고해 그 행동이 허용되는지를 결정해야 한다. 그래서 정언 명령이 적어도 간접적으로나마 준칙에도 적용될 수 있다. 칸트의 도덕 이론에서 정언 명령은 사실상 두 가지 유형의 대상에 모두 적용되는 명령에 기초가 된다. 두 가지 유형, 즉 행동과 준칙을 칸트는 구분하는데 이것은 칸트의 도덕 이론에서 두 가지 주요한 분파를 구분하는 데 근본적이다. 도덕 법칙은 준칙, 그리고 준칙이 목표로 하는 목적이나 대상에 적용되면 '윤리적 법칙ethical law'이 된다. 윤리적 법칙은 우리가 올바르게 적용할 수 있는 의도와 대상의 범위에 대한 처방이 된다. 다른 한편 행동에 적용되면 '사법상의 법칙juridical laws'이 된다(*MM*, 42쪽). 그러므로 칸트의 도덕 법칙은 전체로서 두 가지 형태의 법칙을 포함한다. 그러나 정의에 대한 그의 이론은 사법적 법칙과 사법적 법칙을 통해 통제될 수 있는 외적인 행동에만 전적으로 관계된다.

왜 그러한가? 사람으로 하여금 어떠한 의도를 가지도록 강요하는 것은 불가능하다고 칸트는 믿기 때문이다. 이러한 이유에서 보면, 자애에 대한 의무는 사람으로 하여금 자애라는 의도를 가지도록 강요할 수 없다. 그렇기 때문에 자애는 윤리적 법칙을 따르는 것이지 사법적 법칙을 따르는 것은 아니다. 그렇다고 해서 의도가 윤리적 이론과 구별되는 정

---

80 황금률이나 정언 명령이 구체적인 내용이 없는 공식이라고 보면, 켈젠에 의하면 어떠한 사회 질서도 정당화한다고 볼 수 있다(Kelsen 1960, 18쪽).

의의 이론과 무관하다는 것은 아니다. 정의의 이론에 따르면, 공적 법칙은 어떤 의도를 가지고 행동하기를 요구할 수는 없다고 하더라도 어떤 의도를 가지고 행동하는 것을 금할 수는 있다. 예를 들어 미리 의도를 가지고 살인한 것과 부주의로 살인한 것은 다르다. 그러므로 의도적으로 살인하는 것을 금하는 것은 칸트의 이론과 일치한다. 칸트의 정의 이론은 행동에만 적용되게 되어 있지만, 의도성은 미리 계획한 살인 같은 어떤 행동을 서술하는 데에 필수적이며 정의의 법칙은 의도성이 필수적인 행동만큼이나 의도가 필수적이지 않은 행동을 기술할 수 있다(Johnston 2011, 153~154쪽).

이상과 같이 보면, 칸트의 정의 이론은 사람들의 외적 행동에 제한을 두는 도덕적 법칙에 대한 이론 혹은 자유에 대한 이론이다. 인간의 근본적 특성이 도덕적으로 행동하는 능력인 바에야 자유는 정의와 결코 갈등을 일으키지 않는다. 말하자면, 자유롭게 행동한다는 것은 정의의 규칙과 부합해 행동하는 것이다. 그런데 충동과 욕구를 억제하는 인간의 능력이 다 같지 않기 때문에 외적 행동에 대한 제한을 강압적으로 할 수 있다. 그렇게 할 수 있는 이유는 올바름에 대한 보편적 원칙에 기인하는데, 이는 정언 명령으로부터 도출된다(MM, 56쪽). 정언 명령에서 도출되는 보편적 원칙을 준수할 수 있다고 보는 것은 인간이 평등한 도덕적 능력을 갖지 않지만 적어도 보편적 원칙을 따를 수 있을 정도의 도덕적 이성은 가지고 있다고 보기 때문이다(Gaus 2000, 142쪽). 그리고 강제하는 것은 타인의 자유를 침해하는 것을 막기 위한 것이다.

칸트는 자유를 확보하기 위해서만 법적 강제를 할 수 있다고 생각한 것으로 일반적으로 알려져 있다. 그러나 이것은 올바름에 대한 그의 보편적 원칙이 말하는 바가 아니라는 것을 유념할 필요가 있다. 그 원칙에 따르면, 강압적인 법을 강제하는 행동과 같은 강압적인 행동은 보편적 법칙에 따른 모든 이들의 자유와 양립할 수 있어야 한다는 것은 분명한 사실이다. 그러나 그러한 강압적인 행동으로 허용되는 목적이나 목표는 자유를 확보하는 것만이 아니다. 전술한 바와 같이 칸트는 자유를 사람들의 행동에 대한 제약의 결여만으로 보지 않았다. 그의 견해에 의하면, 사람은 자신만이 아니라 타인에게도 부여한 법칙만 따르면 자유롭다. 더군다나 이에 상응하는 입법가는 현상적 인간이 아니라 본체적 인간이다. 자신에게 법칙을 부여하는 인간은 개별적인 욕구나 성향을 포함해 육체적 속성이 없는 인간이다. 현상적 자아, 즉 경험적 자아로서의 인간이 초감각적 자아가 부여한 법칙을 따르게 되면 그 인간의 자유는 침해된 것이 아니다. 그리고 그 법칙이 타인이 참여해 결정해서 부과한 것이라면 자유가 침해된 것이 아니다(Johnston 2011, 155쪽).

칸트는 두 가지 유형의 주제에 대한 결론을 내리는 데 있어서 그의 정의 이론에 대한 기본적 원칙, 즉 올바름에 대한 기본적 원칙에 의존한다. 첫째는 사람들 사이의 개별적인 관계에 대한 것이다. 칸트는 이것을 '사적 권리private right'라고 칭했는데 여기에는 재산, 거래, 계약, 그리고 인간에 대한 권리 등이 포함된다. 인간에 대한 권리에는 아내에 대한 남편의 권리, 자식에 대한 부모의 권리, 하인에 대한 가장의 권리가 포함된다. 칸트는 인간이 타인과 평등하게 절대적 가치를 가진다고 보았지만, 가족 내에서 어떤 사람이 타인에 대해 우월적인 지위를 가지는 것이 자연스럽다고 보았다. 두 번째는 '공적 권리public right'에 대한 것인데, 이는 시민적 조건, 즉 국가와 연관이 있다(Johnston 2011, 155쪽). 그런데 이 두 가지 주제가 연관되는 것은 어쩔 수 없다. 예를 들면 칸트는 '점유possession'와 '재산property'을 구분하며, 재산은 사적 권리의 주요한 구성 요소인데, 시민적 조건에서만 인정되고 강제되는 것이 가능하다(Johnston 2011, 156쪽). 칸트는 공리주의자와 흄, 스미스 등처럼 감정에 근거를 두는 윤리를 거부했기 때문에 그에게서는 정의나 사유재산에 대한 권리나 점유를 포함하는 권리라는 개념은 이성적인 근거를 필요로 한다(Solomon et al. 2000, 151쪽). 이 근거는 재산권의 기능적 정당화라는 근거와는 다르다.

칸트에게 정의로운 사회는 구성원이 권리를 침해하지 않고 상대방의 권리를 서로 존중하는 사회다. 흄과 그의 후계자들처럼 칸트는 사적 재산에 대한 권리를 강하게 옹호했다. 그는 재산이 유용하다고 기대하기 때문에 사람들이 재산을 얻는다는 것을 인정했다. 그러나 사유재산 제도가 유용하다고 보아 인정한 것은 아니다. 그 이유는 사적 재산에 대한 권리가 본체적인 인간으로서의 본질적인 인간에게 내재하는 자유에 근거를 두기 때문이다. 인간은 자유 의지를 가진다는 가정이 도덕 이론에 근본적이며 이 가정 없이는 도덕은 칸트에게 의미가 없다. 인간이 자유 의지를 가진다는 것은 경험적 성향과 욕구에 의해서는 자유 의지가 인간의 결정과 행동을 야기하지 않는다는 것이다. 말하자면, 자유의 법칙에 따라 인간은 본성에 의해 자신의 행동을 자신의 의지에 복속시킬 수 있다. 자신의 의지에 행동을 복속시킬 수 있는 것처럼 사물에 대해서도 자신의 행동을 주장할 수 있다. 바로 이러한 이유에서 사유재산에 대한 권리가 정당화된다(Johnston 2011, 156쪽).

인간의 권리는 자유에 대한 시원적 권리에 근거를 두는데, 이 권리는 모든 인간이 인간이기 때문에 가지는 권리다. 타인을 구속할 수 없는 것만큼이나 타인에게 구속되지 않을 자격이 있다는 의미에서 인간은 본질적으로 평등하다(*MM*, 63쪽). 그러나 본질적으로 평등하다고 해서 전술한 것처럼 소유에서의 평등한 권리를 수반하는 것은 아니다. 국가의 신민은 법에 의해 평등한 자로 대우받을 자격이 있기 때문에 어느 누구도 특권을 갖거나 차별을 받지 않는다. 그러나 칸트는 물질적 소유만이 아니라 육체적·정신적 능력과 기술에 대한 소유에 대해서도 불평등을 옹호했다(Johnston 2011, 156~157쪽).

칸트는 현상적 인간으로서 가진 육체적 속성 때문에 어떤 사람이 다른 사람에 대해 우월적 입장을 차지하는 것이 적합하다고 인정하고 소유에서의 불평등을 인정했지만, 사적 권리 이론에 있어서 상호성이라는 개념은 그의 이론에서 중심적이다. 그의 이론에서 가장 근본적인 주제는 본성에 의해 평등한 모든 사람 사이의 정의로운 관계는 균형 잡힌 상호 대등성의 관계이며, 이 관계에서 적절하게 참조해야 하는 것은 현상적 인간이 아니라 본체적 인간이라는 것이다. 그래서 어느 누구도 타인에게 자신이 생각하는 복지에 대한 개념에 따라 행복하라고 강제할 수는 없다. 타인의 자유를 침해하지 않는 한, 각자는 자신의 행복을 자신이 적절하다고 생각하는 방식대로 추구할 수 있다. 상호 대등성을 강조하는 것은 정언 명령이나 올바름에 대한 보편적 원칙을 형성하는 데에도 나타난다. 바꾸어 말하면, 그렇기 때문에 상호 대등성이 강조된다(Johnston 2011, 157쪽).

공적 권리라는 이름으로 논하는, 처벌에 대한 그의 이론에서도 이 점이 보다 평이하게 나타난다. 여기에서도 그는 공리주의와 차이를 둔다. 법정에서의 처벌은 범법자나 시민 사회의 다른 어떤 선을 증진하는 수단으로만 처벌할 수 없다고 칸트는 밝힌다. 범죄를 저질렀다는 이유에서만 처벌해야 한다. 그리고 공리주의는 보다 많은 선을 위해 무고한 사람을 처벌할 수도 있다는 것을 칸트는 지적한다. 칸트는 공리주의자가 무고한 사람을 처벌하는 것을 일반적으로 옹호하지 않았다는 점에서 그저 가설적 가능성을 염두에 둔다. 다른 한편, 공리주의는 범법자에 대해 너무 가볍게 처벌할 수도 있다는 점을 칸트는 우려한다(*MM*, 141쪽). 칸트에 따르면, 정의라는 개념이 상호 대등성에 기반을 두어야 하는 이상, 처벌도 엄격한 상호 대등성에 근거를 두어야 한다. 처벌이 가해자의 잘못과 똑같은 종류로 가해져야 한다고 칸트가 주장하는 것은 아니지만 처벌에 대한 그의 이론은 '눈에는 눈, 이에는 이'라는 성경의 가르침과 거의 일치한다. 자유에 대한 능력을 가지고 권리를 담지하고 있는 본체적 인간으로서 인간은 서로 평등하다는 근거에서 처벌은 균형 잡힌 상호 대등성을 견지해야 한다(Johnston 2011, 159쪽).

사적인 관계에서 침해가 일어나면 처벌을 할 수 있지만, 공적인 단체만이 처벌을 정의롭게 내릴 수 있다. 그래서 정의는 사람들이 시민적 조건에 진입했을 때에만 유지될 수 있다. 그리고 사람들은 시민적 조건에 들어갈 절대적 의무가 있다. 이 조건은 정의에 너무나 중요하기 때문에 이 조건의 구성원이 되지 않으려는 이들을 강제로라도 되게 해야 한다. 그렇게 해야만 강제적 권력으로 타인의 권리를 존중하게 하고 권리를 강제할 수 있기 때문이다. 시민 사회가 정의를 관장하는 이상, 사적 권리의 침해로 야기될 수 있는 처벌도 공적 기관이 다루어야 한다. 이렇게 보면 사적 권리도 공적 권리에 기능적으로 의존한다(Johnston 2011, 160~161쪽).

칸트는 국가의 입법적 권위를 무시하는 저항은 어떤 상황에서도 정의에 절대적으로 반한다고 주장한다(*MM*, 130~131쪽). 정의의 문제로 국가의 신민은 주권자에게 절대적으로 복종해야 한다. 국가가 없는 상황에서는 정의도 없는 만큼 국가에 대한 반항이나 저항은 국가의 존속과 정의의 존속에 위협이 되기 때문이다. 칸트가 이러한 생각을 갖게 된 것은 프랑스 혁명으로 인한 소요가 진정되지 않아 정치 질서가 공적인 법과 정책에 대한 저항에 의해 강화되기보다는 위협받을 것이라고 생각했기 때문인 것 같다(Johnston 2011, 161쪽).

한편, 칸트가 자유와 인간의 절대적 값어치를 중시하면서 국가에 절대적으로 복종하라고 한 것은 이상하게 들린다. 칸트는 자신이 부여한 법 외에는 복종하지 않는 것이 자유라고 보았다. 그러나 타인에게 부정의를 저지르는 것이 아니라고 해서 무엇이든 원하는 대로 하는 것은 자유가 아니다(Johnston 2011, 162쪽).

칸트가 우리에게 요구하는 것은 국가의 구성원이 되기로 한 사람들이 시원적 계약에 합의해 생긴 것이 시민적 조건, 즉 국가라고 생각하라는 것이다. 이 계약은 본체적 인간이 개념인 것처럼 이성의 개념이지 역사적이거나 경험적인 사실은 아니다. 그렇기는 하지만 실제적인 의미는 크다. 시민적 조건이 서로에 대해 개인의 권리를 보호하는 것이 주목적이기는 하지만, 그 조건에 흐르는 계약은 보다 확대될 수 있기 때문이다. 칸트가 온정주의적 국가에 반대하는 것은 온정주의적 국가가 아무리 자애롭다고 하더라도 자신의 행복을 자신의 방식대로 추구할 권리를 인정하지 않기 때문이다. 또한 그는 소유에서의 평등을 달성하겠다는 목적에서 부를 재분배하는 것에 반대한 것처럼 보인다. 소유에서 불평등이 크다고 하더라도 국가의 법 아래에서 모든 사람이 평등하게 대우받지 못할 이유가 없기 때문이다. 그렇다고 해서 칸트가 최소 국가를 옹호했다고 단정할 필요는 없다(Johnston 2011, 162쪽).

칸트는 최소 국가보다 더 강건한 국가를 옹호했다. 그 근거를 시원적 계약에서 찾을 수 있다. 소유를 평등하게 하기 위해 부를 재분배하는 것은 정의롭지 못할 수도 있다. 그러나 그는 필요를 충족시킨다는 목적에서는 필요하다면 재분배가 정의의 문제로 허용되며, 나아가 요구된다고 보았다(MM, 136쪽). 국가는 부의 이전을 통해 스스로 생계를 유지할수 없는 이들을 정당하게 도울 의무가 있다(MM, 136쪽). 정의의 문제로서 국가는 강제적인 과세로 부를 이전해야 한다. 이것은 자발적인 기여로 빈자의 필요를 충족시키는 것을 배제하는 것이다. 이렇게 보면, 그는최소 국가가 아니라 모든 구성원의 필요를 충족시키는 국가가 정의롭다고 본 셈이다. 칸트가 그렇게 보는 이유는 무엇인가? 부자 자신들이 존속하고 부가 존속할 수 있는 것은 국가가 있기 때문이다. 이와 같이 혜택을받은 만큼 부자는 동료 시민들의 복지에 공헌할 의무를 지고 있다(MM, 136쪽). 빈자를 도와야 하는 의무도 결국 상호 대등성의 원칙에 근거를두고 있다(Johnston 2011, 163쪽).

이상과 같은 결론은 그의 시원적 계약에서 묵시적으로 나타난다. 공적 권리에 대한 그의 이론의 핵심은 시원적 계약은 모든 공적 권리 이전에 있는 원칙이라는 것이다. 가설적 계약을 통해 자신의 권리와 필요가확보되는 것을 보장받는 대신에 타인에 대한 의무를 진다고 간주된다(Johnston 2011, 163쪽).

정언 명령이 개인의 준칙이나 각각의 행동이 올바른지를 가리는 시금석인 것처럼 시원적 계약이라는 관념은 법과 정책이 정의로운지를 결정하는 수단이 된다. 구성원들이 시원적 계약에서 합의할 수 없었을 것이라고 생각되는 법은 정의롭지 않다. 반면에 합의할 수 있었을 것이라고생각되는 법은 논쟁의 여지는 있을 수 있지만 적어도 정의롭다고 볼 수있다. 어떤 사람들의 필요를 충족시키는 데 필요한 수단을 박탈하는 법이라면 그 사람들이 시원적 계약에서 동의하지 않았을 것이다. 그러므로 그러한 법은 정의롭지 않다. 보다 일반적으로는 시원적 계약에서 전체 구성원의 동의를 얻을 수 없었던 것으로 여겨지는 법이나 정책은 정의롭지 않다. 저항이 정의롭지 못한 법에 반대하는 것이라고 할지라도 지배자에 대한 저항이 정의로울 수 있다고는 칸트는 생각지 않았다. 그러나 그는 법이 때로는 정의롭지 않으며 시원적 계약이 정의 여부를 결정하는 시금석이 된다고 믿었다(Johnston 2011, 164쪽).

이제까지 살펴본 것처럼 칸트는 공리주의자와는 다르게 상호 대등성이라는 개념을 정의 이론의 중심에 두었다. 사적 권리는 사람들 사이의 개별적 관계를 다루는 것인데 이 영역에서 그는 평등한 자들 사이의 균형 잡힌 상호 대등성을 인정했다. 그리고 본체적 인간으로서 모든 사람은 평등하다고 생각했기 때문에 균형 잡힌 상호 대등성을 사적 인간 사이의 정의로운 관계의 기초로 보았다. 공적 권리의 영역에서는 칸트의 견해를 범주로 나누기가 더 어렵다. 상호 대등성이라는 개념이 여기에서도 커다란 역할을 하는 것이 분명하다. 시민적 조건이 가져다주는 혜택을 받은 이는 동료 시민에 대한 의무를——경우에 따라서는 타인의 필요를 충족시키기 위해 부를 포기하는 의무도—— 져야 하기 때문이다. 그러나 여기서 칸트가 전개하고 있는 상호 대등성이라는 개념을 정확하게 규정짓기가 어렵다. 잘 규정된 의미에서의 균형 잡힌 상호 대등성이라는 개념이 적용되지 않는 것 같기 때문이다(Johnston 2011, 164~165쪽).

그렇다면 칸트가 정의에 대한 사고에 역사적으로 기여한 바는 무엇인가? 스미스는 체계적 전체로서의 사회에 대한 비전을 제시했다. 여기에서 사회는 재산과 생산물을 가지는데 전체에서의 다른 부분으로서가 아니라 사회 전체로서 생산물과 재산이 가장 잘 설명된다. 이것이 노동 분업과 그 결과라는 개념의 진수다. 그러나 이러한 비전을 중심으로 해 스미스가 정의에 대한 뚜렷한 관념을 제시한 것은 아니다. 반면에 칸트는 이미 알려진 시원적 계약을 코먼웰스의 입법을 위한 시험으로 삼으면서 정의에 대한 새로운 영역을 개척했다. 칸트 자신이 사회 정의라는 말을 쓰지는 않았지만, 사회 정의의 본질적인 양상을 다룬 셈이다.

어쨌든 칸트는 정의로운 사회에 대해 공리주의와는 다른 비전을 후세에 남겨주었다. 그는《도덕 형이상학》에서 국가의 '안녕/복지well being' 가 시민들의 '복지welfare'로 이해되어서는 안 되며, 이는 아마 행복이 보다 쉽게 올 수 있으며 자연 상태에서나 전제적 정부에서도 올 수 있기 때문이라고 밝혔다. 그 대신에 국가의 안녕은 국가의 헌법이 올바름이라는 원칙에 가장 충분하게 부합되는 조건으로서 이해되어야 한다. 우리가 추구하려 하는 것을 이성이 정언 명령에 의해 우리로 하여금 추구하게 하는 것이 바로 행복의 조건이다(*MM*, 129쪽).

정의는 복지를 증진하는 것이 아니라 자유롭고 평등한 시민들 사이에 상호 존중과 상호 대등성을 유지시키는 것을 주요 목적으로 삼는다. 그런데 여기에 결함이 있다. 칸트는 인간을 본체적 인간으로 아주 추상적인 것으로 보면서 사람들 사이의 관계의 질이 그들의 상대적인 상황에 달려 있는 정도를 낮게 평가했다. 게다가 엄격하게 균형 잡힌 상호 대등성에 근거를 두는 그의 사적 권리에 대한 관념은 공적 권리에 대한 그의 관념과 어떤 긴장을 조성한다. 그의 공적 권리는 살펴본 것처럼 시원적 계약이라는 관념에 근거를 두며, 이 관념은 균형 잡힌 상호 대등성으로 환원될 수 없기 때문이다. 그러나 칸트는 사회 정의라는 용어를 쓰지는 않았지만, 그 경계를 정했다. 게다가 그는 계급 투쟁을 초월하는 비전으로써 경계를 정했다. 알다시피, 계급 투쟁은 그 후에 사회 정의의 영역을 투쟁의 장소로 만들었다(Johnston 2011, 166쪽).

그렇다면 존 스튜어트 밀과 칸트는 정의의 관념에서 어떠한 차이를 보이는가? 이것은 4부작을 관통하는 문제이며 정치 이론에 시사하는 바가 많은 문제이기 때문에, 이미 언급했지만 정리를 한다는 의미에서 보다 자세하게 다루어볼 필요가 있다.

올바름이 선(좋음)에 우선된다는 입장을 취하는 자유주의를 '의무론적 자유주의deontological liberalism'라고 부를 수 있다. 이 자유주의는 정의에 대한 이론인데, 도덕적이며 정치적인 이상 중에서 정의를 우선시한다. 이 이론의 핵심은 선에 대한 어떤 특정한 관념을 전제하지 않는 원칙에 의해 사회가 조직되어야 하며 그 원칙은 올바름이라는 개념에 부합되어야 한다는 것이다(Sandel 1982, 1쪽).

의무론에는 두 가지 의미가 있다. 첫째, 도덕적인 의미에서 '결과주의consequentialism'에 반대한다. 즉 다른 도덕적·실천적 관심에 대해 무조건 우선하는 의무와 금지가 있다고 본다. 둘째, 도덕적 법칙을 정당화한다는 기초적 의미에서 의무론은 목적론에 반대한다. 요컨대, 어떤 궁극적 인간의 목적이나 인간의 선에 대해 어떤 정해진 관념을 전제로 하지 않고 제1원칙이 도출된다(Sandel 1982, 3쪽). 그런데 이상과 같은 두 가닥의 의무론적 윤리가 반드시 결합되는 것은 아니다.

밀은 분리가 가능하다고 주장하는 데 반해 칸트는 결합해야 한다고 주장한다. 양자의 차이는 어디에 있는가? 밀에 의하면, 권리를 가진다는 것은 "내가 가지는 것을 사회가 보호해야만 하는 어떠한 것을 가지는 것이다"(*UT*, 459쪽). 그렇다면 왜 사회는 그러한 의무를 지는가? 일반적인 공리 외에는 없다는 것이 밀의 답이다(*UT*, 459쪽). 정의가 "모든 도덕 중에서 주요한 부분이며 비교할 수 없을 정도로 가장 성스럽고 구속하는 부분"이다(*UT*, 465쪽). 그러한 것은 추상적인 올바름 때문이 아니라 정의가 요구하는 바가 "사회적 유효성이라는 척도에서 보다 위에 있으며 그러므로 다른 어떠한 것보다 더 중요한 의무이기 때문이다"(*UT*, 465 · 469쪽). 그래서 밀은 공리와 무관한 것으로서 추상적인 올바름이라는 사상에 의존하지 않고 공리가 윤리적인 문제에 궁극적으로 해결책을 제시하기 때문에 호소력을 가진다는 점을 명확하게 한다(*OI*, 485쪽 ; *UT*, 402쪽). 그래서 허버트 스펜서는 밀과 시지윅이 일반적 행복을 궁극적인 도덕적 목적으로, 그리고 반면에 정의의 원칙을 부차적인 도덕적 원칙으로 삼는다고 파악한다(Miller 1976, 182쪽).

그러나 칸트에 의하면, 선과 악이라는 개념은 도덕적 법칙에 앞서서 규정되지 않는데, 그 개념은 도덕적 법칙에 대해 기초로서 나타난다. 말하자면, 오히려 선과 악이라는 개념은 그 법칙 이후에나 그 법칙의 수단에 의해 규정되어야 한다(Kant 1956, 65쪽). 요컨대, 도덕적 기초라는 입장에서 본다면, 정의의 우선성이라는 것은 도덕적 법칙이 가지는 덕성이 선하다고 여겨지는 어떠한 목표를 증진하는 데 있지 않고 그 자체가 목적이며, 모든 다른 목적에 앞서서 주어지며 그 목적들을 규제하는 역할을 한다(Sandel 1982, 2~3쪽).

칸트에게서는 의무론의 두 가지 의미가 밀접하게 연관되어 있다. 그의 관점에 따르면 첫째, 공리주의의 기초는 믿을 것이 못 된다(Kant 1956, 19~20쪽). 이 점에 대해서는 이제까지 살펴보았기 때문에 더 이상 설명이 필요하지 않다. 둘째, 믿을 만하지 않은 기초는 정의에 관한 한은 강제적일 수 있거나 공정하지 못할 수 있다.

밀은 이 점을 인정한다. 그렇지만 밀은 정의가 그렇게까지 특권적인 지위를 가져야 하는지에 대해 의문을 제기한다. 밀은 공리주의적 설명이 정의를 절대적으로 우선시하지 않는다는 것을 알고 있으며 정의라는 일반적 격률을 능가하는 사회적 의무가 전술한 것처럼 있을 수 있다고 주장한다(*UT*, 469쪽). 이에 대해 그러한 예외가 있을 수 있다고 하더라도 인간의 행복이라는 명분을 내건다는 예외도 거부되어야 한다고 칸트는 답한다. 그래서 칸트에 따르면, 하늘이 무너져도 정의는 바로 세워져야 한다. 그렇지만 극단적인 경우에도 과연 그럴 수 있는지를 우리는《평등, 자유, 권리》에서 문지방 이론까지 제시하면서 살펴보았다. 어쨌든 칸트의 입장에서는 행복에 대한 욕구가 도덕적 법칙에 대한 기초가 될 수 없다. 즉 도덕 법칙을 결정하는 근거로 다른 것에 의존할 수 없다. 그래서 행복에 대한 관념은 서로 다를 수 있으며 특정한 관념을 타인에게 부과하는 것은 자유를 부정하고 강제적이 될 수 있다. 칸트에게서는 올바름의 우선성은 자유라는 개념에서 전적으로 도출되며 인간이 본성에 의해 추구하는 목적과는 아무런 관계가 없다(Reiss 1970, 73~74쪽). 특정한 목적을 설정하지 않는다는 원칙에 의해 통제되는 경우에만 인간은 자유롭게 자신의 목적을 추구할 수 있기 때문이다. 이처럼 칸트에게서 정의에 대한 원칙은 독자적으로 도출되기 때문에 정의는 다른 가치 이상의 것이다. 정의는 선에 대해 어떤 특정한 관념을 전제하지 않기 때문에 정의는 선에 대해 특권적 입장을 가지며 선의 경계를 설정한다(Sandel 1982, 6쪽). 그렇게 주장할 수 있는 이유는 무엇인가? 의무론적 입장에서는 인간이 선택하게 되는 목적이 아니라 어떠한 목적을 선택할 수 있는 인간의 능력이 중요하다. 즉 인간이라는 주체에게 자유와 독립을 향유할 수 있는 자율성이 있다는 것이 보다 중요하다(Kant 1956, 89쪽). 이렇게 해서 칸트는 의무론의 두 가닥을 결합시켰다.

8. 사회 정의

이제까지 살펴본 것처럼 정의에 대한 관념은 크게 보아 최대의 행복이라는 원칙, 즉 유용성의 원칙으로 대변되는 공리주의적 관념과 의무론적 관념으로 대별된다. 후자의 관념에 따르면, 정의는 엄격한 의무의 문제이며 엄격한 의무는 다른 어떤 고려에 의해서도 유린될 수 없다. 요컨대, 어떠한 것은 선이든 아니든 이와는 관계없이 올바르다. 그래서 이 두 가지 관념은 경합해왔다(Johnston 2011, 1쪽). 비유해 말하면, 의무론자는 스님을 살해하는 것은 어떠한 이익을 가져다주든지 간에 그 자체가 올바르지 않다는 입장을 취한다.

그러나 정의에 대한 관념이 이렇게 두 가지로 대별된 것도 18세기 후반부터였다고 하겠다. 그렇다고 해서 정의에 대한 이 두 가지 관념이 인류가 가졌던 정의에 대한 모든 관념을 대변한다고 생각한다면 잘못이다(Johnston 2011, 2쪽).

원래 정의라는 관념은 인간 사이의 관계의 특징에 근거를 두고 있었다. 말하자면, 18세기 후반부터 확립된 공리주의적 관점이나 의무론적 관점에서 도출되지 않았다. 인간 사이의 관계에 특징을 부여하는 것은 오히려 상호 대등성이라는 개념이었다. 이 개념은 쉽게 받아들여졌기 때문에 수세기를 통해 정의에 대한 정교한 관념으로 다듬어졌다. 즉 이 개념은 정의에 대한 개념에 핵심적 의미를 가지고 있었기 때문에 모든 관념을 결집시킬 수 있었다(Johnston 2011, 2쪽). 요컨대 상호 대등성이라는 개념이 공리주의적 관념과 의무론적 관념보다 더 오랜 기간 정의라는 개념을 구성했다고 볼 수 있다(Johnston 2011, 3쪽).

그렇게 볼 수 있는 이유는 다음과 같다. 플라톤은 상호 대등성이라는 정의의 개념을 공격하고 이를 대신해 새로운 목적론적 관념을 제시하고자 했다. 그리하여 플라톤 이후로 정의를 상호 대등성에 기반을 두고 이해하는 것과 목적론적으로 이해하는 것 사이의 긴장이 지속되었으며 이긴장이 정의에 대한 사상의 역사에서 지속되어왔다(Johnston 2011, 3쪽).

그런데 정의에 대한 사상의 지형을 결정적으로 변화시킨 중대한 쇄신이 두 가지 있었다. 인간은 사회를 재구성해 자신이 의도에 부합시킬 수 있는 능력을 가졌다는 사상이 첫 번째 쇄신을 가져왔다. 이 사상은 기원전 5세기에 아테네의 소피스트들이 처음 제시했는데 근대에 와서 되살아났다. 그다음에 모든 인간은 값어치에 있어서 평등하다는 사상이 두번째 쇄신을 가져왔다. 이 사상은 스토아학파에서 시작되어서 주로 그리스도교에 의해 점진적으로 전파되었다. 이 사상도 근대에 와서 상승세를 타게 되었다(Johnston 2011, 3쪽).

그런데 근대에 와서 이 두 가지 사상이 다시 부각되었다. 이에 덧붙여 근대인들은 근대 사회의 사실상의 모든 부(富)는 단순히 개개로 여겨지는 개인들의 산물의 집합체가 아니라 사회적 산물이라는 것을 간파하게 되었다. 이렇게 간파하게 된 것은 전술한 것처럼 애덤 스미스의 이론과 밀접한 관계가 있다고 하겠다. 이렇게 해서 사회 정의라는 근대의 사상이 배태되었다. 사회 정의라는 용어가 1840년대부터 사용되기 시작해(Hayek 1993, 122쪽, 각주 9), 이후 두 세기 동안 사회 정의라는 사상이 도덕적 정당성을 가지면서 정의에 대한 사고에서 커다란 역할을 담당했다. 그리고 하이에크에 의하면, 존 스튜어트 밀에 의해 사회 정의와 배분적 정의가 동의어로 쓰이게 되었다(Hayek 1993, 119쪽).

기존의 경제적 그리고 사회적 제도가 윤리적으로 검증받게 되고 정치적으로 도전받게 되고 국가의 책임이 점점 확대되었다. 그렇다고 해서 사회 정의라는 용어를 채택해야 하는 특별한 계기가 있었던 것은 아니다. 이 용어는 19세기 후반의 정치경제학과 사회 윤리에서 다른 형태의 사유재산의 정당화나 경제 조직의 다른 형태가 가진 장점 등을 논하는 과정에서 아주 우연한 방식으로 도입되었다. 존 스튜어트 밀, 레슬리 스티븐, 시지윅 같은 이들이 가끔 사회 정의를 언급했다. 그러나 그들은 사회 정의를 배분적 정의와 구별하지는 않았다. 대륙에서는 진보적인 가톨릭이 사회 정의라는 개념을 19세기 말에 발전시키기 시작했으며 그 후 25년이 지나고 나서 이 개념을 교황의 회칙에서 공식적으로 인정하게 되었다(Miller 1999, 3쪽). 그리하여 19세기에 걸쳐서 스미스, 벤담, 칸트 등은 정의라는 이상적 기준을 사용한다는 것을 전체로서의 사회 제도를 철저하게 평가하는 근거로 삼았다. 사회의 혜택과 부담이 배분되고 사회 전체를 변모시키는 방식에 초점을 두는 근거로 삼았다. 이로써 정의라는 지형에 새로운 사고방식이 열렸다(Johnston 2011, 167쪽). 어쨌든 이러한 과정을 거치는 사이에 1870년대부터——즉 앨버트 벤 다이시가 '사회적 혹은 정치적 신념의 혁명'이라고 부른 시기부터——사회 정의라는 용어는 상류 계층이 빈자의 복지를 더욱 배려해야 한다고 호소한다는 의미로 널리 쓰여서 '사회적social'이라는 말이 '윤리적' 혹은 '좋은good'이라는 용어를 대신하게 되었다(Hayek 1993, 136쪽).

19세기 이전에 사회에 대한 비전을 제시한 이들이 없었던 것은 아니다. 플라톤은 아테네인들이 가졌던 기본적 가정과 관행에 근거를 두지 않은 철인·왕이라는 이상 사회를 제시했다. 그 자신도 이상 사회가 현실에 존재하기는 어렵다는 것을 인정했다(Johnston 2011, 167쪽). 16세기에 와서 토머스 모어가 이상 사회를 묘사했지만 그는 이것을 사회를 변모시킬 청사진으로 보지 않았다. 홉스는 당시의 정치 질서에 대해 급진적 변화를 제안했지만, 그 제안은 전적으로 정치적 영역에 한정된 것이었다. 스미스는 경제적인 일에 대해 주요한 변화를 제안했지만, 사회 전반에 걸친 개혁을 제안한 것은 아니었다. 벤담이야말로 공리주의에 입각해 사회 전반에 걸친 개혁을 제안했으며 실제로 많은 노력을 기울였다. 그렇지만 그는 점진적 개혁을 옹호했다. 홉스에서부터 벤담에 이르기까지 사상가들은 인간이 고안하기에 따라 사회를 만들 수 있다고 생각했지만, 그들은 정의에 대한 이상적 기준을 근거로 해 사회 제도의 전 영역을 철저히 평가하려 하지도 않았으며 전반적인 변모를 상상하지도 않았다(Johnston 2011, 168쪽).

인간이 사회를 변모시킬 수 있는 존재라는 인식이 생기게 됨에 따라 정의에 대한 새로운 사고방식이 생기게 되었다. 그리하여 19세기 초에 들어서서 정치체와 사회를 밑바닥에서부터 개조하는 것이 가능하다는 생각이 활발해졌다. 이러한 인식을 가져온 요인의 하나로 들 수 있는 것이 과학의 발전과 기술의 쇄신이다. 기술의 발전으로 인해 경제·사회생활의 양상은 많이 달라졌다. 그리고 인간은 자연을 이용하고 정복할 수 있다는 생각을 갖게 되었다. 이처럼 자연을 우리가 원하는 대로 이용할 수 있다면 사회도 그렇게 할 수 있을 것이라고 여겨지게 되었다(Johnston 2011, 169쪽).

사회를 변모시킬 수 있다는 전망에 결정적으로 영향을 미친 요인은 프랑스 대혁명이라고 하겠다. 미국 혁명과는 다르게 프랑스 대혁명은 과거와의 급격한 단절이자, 전혀 새로운 원칙에 의해 정치체와 사회를 재건하려는 전면적 파괴를 가져온 대사건으로 인식되었다. 요컨대 17세기와 18세기의 과학 기술 혁명이 사회적 변모에 대한 새로운 감각을 가지는 데 지적인 초석을 마련한데다가 프랑스 혁명이 새로운 감각으로의 변모를 완결시켰다. 게다가 구질서가 붕괴했기 때문에 새로운 질서를 만드는 것이 불가피했다.

사회를 급격하게 변모시킬 수 있는 전망을 어느 누구보다 갈망한 이가 마르크스였다. 마르크스에 의하면, 그때까지 인간은 인간의 행동이 가져오는 광범한 결과를 인식하지 못했다. 예를 들면, 사회의 생산 활동과 권력이 조직되는 방식이 사회에 어떤 의미를 가진다는 것을 의식하지 못한 채 인간은 사회적 협업을 하게 되었으며 지속시켜왔다. 그렇지만 앞으로 대중이 역사를 움직이는 근본적인 힘을 이해하게 되면, 인간은 자신의 운명을 결정하고 집단의 의지대로 미래를 만들 수 있을 것이라고 마르크스는 보았다. 그리고 이렇게 되면 인간의 역사는 전혀 새로운 국면에 접어들 것이라고 예측했다(Johnston 2011, 170~171쪽).

그는 자신이 역사의 전환점에 있다는 생각을 했는데, 그러한 관념을 형성하는 데 있어서 스미스와 그 후의 저술가의 정치경제학에 많이 의존했다. 전술한 것처럼 스미스는 분업이 근대 상업 사회의 특징이며 이 때문에 근대 사회의 생산력이 증대된 것이라고 주장했다. 그런데 어느 누가 의식적으로 분업을 고안하거나 의도하지는 않았다. 개인들이 사회의 생산성이나 부를 증대하기 위해서가 아니라 자신의 목전의 이익을 달성하기 위해서 생산을 하고 거래를 하다 보니 수세대에 걸쳐서 사회적 부가 생성된 것뿐이었다(Johnston 2011, 171쪽).

분업에 의해 사회적 부가 증가했다는 것과 정의는 무슨 관계가 있는가? 다음과 같이 가정해보자. 극단적인 예를 들어 100명의 사람들이——예를 들어 각자의 섬을 가진 100명의 로빈슨 크루소들이——서로 협조를 하지 않고 독자적으로 생산을 했는데, 그 결과로서 모두 100단위의 생산을 하게 되었다. 이 경우에는 전체 100단위를 생산했다는 것조차 고려할 필요가 없다. 각자 자신이 생산한 것을 자신이 가지는 것으로 족하다. 5단위밖에 생산하지 못한 사람이 15단위를 생산한 사람으로부터 5단위를 도둑질했을 때 정의라는 문제가 생긴다. 그래서 원래 정의는 개인 간의 응보 혹은 상호 대등성이라는 문제에서 출발했다. 그런데 100명이 노동 분업을 통해 협조해 그 결과로서 500단위의 생산을 했다고 가정하자. 그렇다면 400단위의 증산분(增産分), 즉 '협조 잉여물cooperative sur-plus'을 어떻게 배분할 것인가? 400단위를 더 증산하기 위해 개개인들이 기여한 바를 정확히 측정하기 어려운 상황에서 서로 자신이 기여한 바가 더 크다고 주장하는 경우에 배분을 어떻게 해야 공정하겠는가? 게다가 나중에 생긴 문제이지만, 자본과 토지를 제공하는 30명의 집단과 노동만을 제공하는 70명의 집단이 협업해 생긴 협조 잉여물에 대해서 어떻게 배분하는 것이 옳겠는가? 이렇게 해서 정의, 특히 배분적 정의가 개인의 차원을 벗어나—— 개인들 사이의 거래에서의 배분적 정의라는 문제가 사라졌다는 것이 아니라—— 사회 차원의 문제가 되었기 때문에 사회 정의를 논하게 되었다(Pogge 2007, 183쪽). 그러므로 사회 정의는 협업을 가능하게 하는 사회 제도가 있다는 것을 전제로 한다.[81]

이미 살펴본 것처럼 마르크스는 다음과 같이 생산의 결과인 재산의 사

---

81 바로 여기에서 하이에크는 견해를 달리한다. 그에 의하면, 노동 분업에 의해 생산성이 높아졌지만 그렇다고 해서 사회 정의를 주장할 수는 없다. 사회적으로 정의롭다는 것이 무엇인지를 알 수 없으며, 대규모 시장 사회에서는 개인행동이 미치는 영향을 산정할 수 없다는 실질적인 어려움이 있으며, 사회 정의가 무엇인지 알 수 있다고 하더라도 대면 사회를 벗어나면 사회 정의라는 개념에 깔려 있는 '도덕적 사회주의moral socialism'에 대한 의무를 사람들에게 적용하는 것이 어려워지기 때문이다. 그렇기 때문에 정의는 시장의 작동에 맡겨야 한다(Hayek 1993, 146~149쪽). 생산량이 증가했다고 그에 대해 평등한 몫을 주장할 권리는 없는 것이다(Hayek 1993, 153쪽).

회적 성격을 강조했다. 우리가 소유하는 능력을 가졌기 때문에 소유를 하게 되는데, 소유하는 능력은 타인의 행위에 의존하는 바가 아주 크다. 그렇다면 타인의 도움 없이 고립된 개인이 생산할 수 있는 것 이상의 재화는 공적인 재화로 봐야 한다. 그러므로 타인의 도움으로 소유하게 된 재화에 대해 소유자가 배타적으로 통제하려는 것은 잘못이라고 주장할 수 있다(Shapiro 1986, 270쪽). 그렇다면 재산 제도는 노동이 가지는 사회적 성격에 부합해야 한다(Reeve 1986, 122쪽). 그래서 분업에 따른 결과는 공적으로 통제되어야 한다. 재산이 생산 그 자체의 사회적 성격을 가지기 위해서는 사회적 재산 체제를 가져야 한다. 마르크스는 이상과 같이 주장한다.

그러므로 이제는 개인 간의 거래에서의 정의—— 이것은 '사적 정의private justice'라고 부를 수 있겠다—— 라는 문제보다는 사회 전체에 걸쳐서 혜택과 부담을 배분하는 문제에 관여하게 되어 사회 정의라는 개념이 중시되었다(Miller 1976, 22쪽). 이에 대한 정치적 원칙에는 두 가지가 있다고 볼 수 있다. '집합적/집적(集積)적 원칙aggregate political principle'과 '배분적 원칙distributive political principle'이다(Barry 1965, ch. III, 43~46쪽). 전자는 위의 100명의 사람들이 향유하게 된 선의 전체 양에만 관련되는 원칙이며 반면에 후자는 100명의 구성원 각자가 가지게 되는 선의 양과 관련되는 원칙이다. 100명 전체가 향유하게 되는 선의 양을 최대화해야 한다는 원칙이 집합적 원칙이며, 100명 각각이 평등한 양의 선을 향유해야 한다는 원칙은 배분적 원칙이다. 이렇게 해서 사회 정의라고 하면 배분적 정의를 의미하게 되었다. 그런데 평등하게 배분한다고 했을 때, 평등이 무엇을 의미하는가에 따라 평등한 배분의 실질적 내용이 달라진다.

마르크스는 정치경제학자들의 중심적 사상을 많이 받아들였다. 그러나 받아들이지 않은 것이 있다. 그것은 과거가 역사의 미래의 방향을 결정한다는 불가피한 법칙이다. 마르크스는 생각을 달리했다. 과거에는 인간의 활동이 가져오는 커다란 결과에 대해 의식하지 못했기 때문에 불가피한 법칙이 인간 사회를 지배했다. 그러나 미래는 어떠한 법칙을 의식하는 사람들에 의해 추동될 것이기 때문에 아주 달라질 것이다(Johnston 2011, 171쪽). 그렇다면 앞으로 인간이 자신의 행동을 자발적으로 통제하게 되면, 분업과 방향도 통합된 인간의 의지에 종속될 것이다. 요컨대, 인간은 자신의 사회적 삶을 통제하고, 통합된 의지를 통해 역사의 진행 방향을 집단적으로 결정할 수 있게 된다(Johnston 2011, 173쪽).

마르크스와 엥겔스가 인간의 사회 개조 잠재력을 지나치게 평가한 점은 있지만, 인간은 자연적 관계에 복속하는 데에서 벗어날 시점에 있다는 관점은 이념을 달리하는 사상가들도 수용했다. 존 스튜어트 밀은 여성의 예속을 자연적인 것으로 보는 경향에 반대하고 여성의 해방을 주장했다. 그렇기는 하지만 다른 한편으로 19세기의 많은 사상가들은 개혁에 대해 마르크스나 밀보다는 온건한 입장을 취했으며 에드먼드 버크 이후로 보수주의자들은 사회에서의 자연적인 것을 옹호했다(Johnston 2011, 173쪽). 어쨌든 과학 혁명, 산업 혁명, 프랑스 대혁명을 거치면서 사회에 대한 새로운 사고가 생겼으며 이것이 정의라는 지형을 새롭게 형성하게 되었다(Johnston 2011, 174쪽).

존 스튜어트 밀 이후 공리주의자인 시지윅은 인간이 사회를 밑바닥부터 개선할 수 있는 능력을 가지게 된 것을 돌이킬 수 없는 것으로 받아들였다. 그는 정의와 관련해 자연적인 것에 대한 개념을 논한 후에《윤리학의 방법》에서 권리와 특권, 부담과 고통을 정의롭게 분배할 어떤 원칙이 있는지 묻는다. 말하자면, 사회를 평가하고 사회를 변모시키는 데 어떤 원칙이 있을 수 있는지 묻는다. 이것이 바로 사회 정의에 대한 관념이다. 이 관념은 스미스와 칸트가 배태시킨 것이며 그 후에 개념과 용어가 만들어져서 이 관념에 형태를 부여했다.

사회 정의라는 용어가 평등한 배분을 강조하기 때문에 사회주의자들이 사회 정의를 강조했던 것으로 생각하기 쉽다. 그런데 그 용어가 확립되던 시기에는 자유주의자와 진보주의자가 사회주의자보다 더 기꺼이 그 용어를 받아들였다. 마르크스와 엥겔스는 사회 정의라는 용어를 인정하면 부르주아 이데올로기를 받아들이는 꼴이 되기 때문에 인정하기를 꺼렸다. 물론 그 후 사회주의 운동이 도래해 사회 정의라는 사상이 발전하는 데 결정적인 역할을 했다(Miller 1999, 3쪽).

그렇기는 하지만 사회 정의라는 개념이 사회주의적 이념에만 의존하는 것은 아니다. 1900년에 윌러비W. W. Willoughby가《사회 정의》라는 책자를 출판했는데, 거기서 그는 헨리 조지의 토지세, 노동자의 노동의 생산물 전체에 대해 노동자의 권리가 있다는 교의, 그리고 다양한 공산주의적 제안에 대해 비판을 가했다(Miller 1999).

(1) 생시몽

사회를 구성하는 일련의 원칙이 과연 무엇이어야 하는가라는 질문에 대해, 즉 사회 정의의 이상적 기준에 대해 두 가지 주요한 답이 제시되었다. 19세기 초에 생시몽은 산업 사회를 조직하는 원칙을 찾는 데 고심했다(Copleston 1960, vol. 9, 55~64쪽). 그는 생산에 직접적으로 기여하는 이들이야말로 사회에 긴요한 이들이며, 생산에 기여하지 않고 소비만 하고 기생하는 이들은 사회에 소용이 없을 뿐만 아니라 해롭기까지 하다고 주장했다. 그런데 사회적 약자들은 생산을 위해 근면하게 노력함으로써 자신들에게 기생하는 사회적 강자가 사치스럽게 살게 하면서도 자신들은 필수품조차 가질 수 없는 것이 현실이었다. 그렇다면 부자가 빈자를 희생시켜 부를 축적하는 것은 강도보다 나을 게 없다. 사회에 기여한 바 없이 소비만 하고 게다가 지배층을 이루는 부자는 아무런 기여도 하지 않으면서 부당하게 많은 보상을 가지는 셈이다. 사회에 공헌한 바에 근거해 어떠한 것을 받는 것이 마땅하다. 생시몽이 문제시한 것은 부자가 재산을 많이 가진 것이 아니라 그 재산을 가질 만했는가 하는 것이었다. 공헌한 바에 따라 보상받는 사회가 올바르고 정의로운 사회다. 요컨대 생시몽은 응분의 원칙이 적용되는 사회를 이상적 사회로 보았다.

생시몽이 제안한 정의의 원칙은 칸트의 사적 권리 이론의 기저에 흐르는 주제에 근접한다. 칸트에 의하면, 사람들 사이의 정의로운 관계는 균형 잡힌 상호 대등성이라는 관계다. 이 관계가 대체로 의미하는 것은 사람에게 주어지는 가치에 있어서 평등한 것을 받으면 정의가 실현된 것이라는 점이다. 칸트보다는 생시몽이 상호 대등성을 보다 평범하게 표현한 셈이다. 칸트에 의하면, 사람들 사이의 관계가 균형 잡힌 상호 대등성을 충족했는지를 확인하는 참조점은 현상적 인간이 아니라 본체적 인간, 즉 특별한 성향, 감정, 능력 그리고 다른 경험적 속성을 가진 인간보다는 완전한 자유 의지를 가졌다고 가정되는 인간이다. 이에 비해 생시몽은 형이상학적 사고를 제시하지는 않는다. 사람은 평범하고 육신을 가졌으며, 실제로 뿌린 것을 거두어들일 만하다고 그는 주장한다(Johnston 2011, 176~177쪽).

나중의 마르크스와 마찬가지로 생시몽은 응분의 원칙을 사회주의적 원칙으로 간주했다. 사람들이 받는 보상이 그 사람들이 사회에 공헌한 바에 비례하는지 확인하는 가장 좋은 방법은 편견 없는 권위체가 사회적 산물, 즉 사회의 모든 구성원들이 협동해 생산한 부를 분배하도록 하는 것이다. 사회주의자들만이 전적으로 응분의 원칙을 지지한 것은 아니었다. 적어도 시장이 완전해질 수 있는 한에서는 시장의 수요가 응분을 정확하게 측정하는 것이라고 볼 수 있다. 19세기에는 시장 체제가 완전할 것이라는 기대가 높았다. 그래서 생시몽과 같은 사회주의자들은 자유 시장과 자유방임을 지지하는 이들과 연합해 특권을 유지하는 체제, 즉 구체제라고 알려지게 된 것에 반대하고 경멸을 보냈다. 이들은 공헌이 응분의 원칙에 따라 보상받을 때에 사회 정의가 달성된다는 사상을 지지했다. 그런데 공헌이 의미하는 바가 무엇이며 사회 정의를 달성하는 제도가 어떠해야 하는가라는 문제를 두고 이들은 갈라서게 되었다(Johnston 2011, 177쪽). 생시몽은 자유 시장과는 분리되는 응분에 비례해 보상이 주어져야 한다고 생각했다. 그러나 자유 시장과 자유방임을 옹호하는 자들은 생각이 달랐다(Johnston 2011, 178쪽).[82]

(2) 허버트 스펜서―응분이라는 원칙

허버트 스펜서는 당시의 자유 시장 옹호론자가 어렴풋이 파악하고 있던 것을 명확하게 지적했다. 그에 의하면, 공동체가 살아남기 위해 필요하다면 공동체의 이익을 위해 개인의 이익은 희생되어야 한다(Spencer 2012, 134쪽). 따라서 정의는 사람들 사이에 있을 수 있는 행위의 범위를

---

82 정의를 직접적으로 논하지는 않지만 생시몽을 소개한 것으로 참조할 만하다. 신용하 2012, 38~47쪽.

규정하고 이로 인해 행위가 제한되는 바를 규정한다(Spencer 2012, 284~285쪽 ; Spencer 1910, xvi쪽). 그런데 정의라는 사상에는 두 가지 요소가 있다. 첫째는 평등의 요소다. 각자가 타인의 주장에 관심을 기울이지 않고 자신의 목적을 추구한다면, 그 결과로 갈등이 지속될 것이다. 이러한 사실을 알기 때문에 각자는 행동하는 자유에 한계를 설정하게 되며 모든 사람에게 똑같은 한계를 두게 된다. 그렇다면 모든 사람이 자격을 가지는 평등한 영역 내에서 행동의 자유에 대한 자격을 각자가 가진다는 것이 정의의 한 요소가 된다. 여기에 두 번째의 보다 근본적인 요소로 불평등이라는 요소가 덧붙는다. 이에 따르면, 각자는 자신의 본성에 따른 행동에 합당한 혜택과 악을 받게 된다(Spencer 2012, 146쪽). 이 요소는 응분의 원칙을 다르게 표현한 것이라고 볼 수 있다. 인간은 능력, 성향과 행위가 서로 다르기 때문에 혜택과 악을 서로 다르게 받게 되어 불평등한 결과를 향유하게 된다(Johnston 2011, 178~179쪽).

① 만약 구성원 각자가 타인과 더불어 같은 제한을 받는 영역에서 자유를 보장받게 되고, ② 구성원이 받는 선이나 악이 그들이 야기한 선하거나 악한 결과에 동등한 값어치를 가진다면, 그 사회는 정의롭다. 구성원들 사이의 상호 균형 속에서 이상의 두 요소를 포함하고 있으면, 정의에 대한 진정한 관념이 나타난다(Johnston 2011, 179쪽).

각자는 사회에서 타인과의 거래에 관계하거나 거래를 거절하게 되는 광범한 자유를 향유한다. 그러한 사회에서 균형이 잡힌, 상호적인 결과가 가장 잘 달성된다. 그런데 거래 당사자들이 부과하는 제한 외에 다른 제한은 적어야 한다. 말하자면, 시장 사회에서 응분이라는 원칙에 의해 규정되는 정의가 가장 잘 달성된다(Johnston 2011, 179쪽).

시장 사회에서 개인이 향유해야 하는 자유의 범역은 상당히 광범하다.

그러나 자유의 적절한 정도에 대한 애덤 스미스의 생각은 그의 시대에 그렇게 예외적인 것이 아니었다. 그가 주장하는 자연적 자유라는 교의가 당시에 받아들여졌다(Johnston 2011, 179쪽). 그에 따르면, 개인들 사이의 거래에 있어서는 자유에 제한을 가능한 한 두지 않아야 하며, 그렇게 하는 것이 공헌에 대한 보답의 정당한 할당이며 응분의 원칙에 근거를 두는 것이다.

사회적 관계는 개인이 바라는 것에 반할 수 있는 규칙과 관습에 의해 제약받기보다는 사적인 개인들의 의지의 산물이어야 한다는 개념이 생겼다. 이것이 새로운 관념의 이데올로기적인 핵심이 되었다. 마르크스와 마찬가지로 시장 사회의 지지자들은 외적인 힘의 제약을 없애려고 했다. 그런데 마르크스는 사회 구성원들의 집단적인 의지로써 외적인 힘을 극복할 수 있다고 보았다. 반면에 시장 사회의 지지자들은 개인들이 자신들의 특별한 의지에 따라 자유롭게 행동할 수 있을 때에 외적인 힘을 극복할 수 있다고 보았다. 그래서 자발적인 합의로 상대방에게 서로 의무를 부과하기로 동의했을 때에만 의무를 따를 부담을 지게 된다(Johnston 2011, 180쪽). 그런데 시장 사회 지지자들도 개인적인 사회적 관계가 정의로운 사회를 규정하지만 극도로 개인주의적인 사회적 관계로부터 배제되는 사회의 영역이 있다고 보았다. 스펜서 자신도 국가의 영역과 가족의 영역을 구별했다. 국가에서는 사회적 관계가 자유로운 개인들 사이의 자발적인 합의에 근거를 두어야 한다. 응분의 원칙에 근거를 두는 정의라는 사상은 이 영역에서만 적용된다. 그러나 가정에서는 다른 규범, 즉 개인의 필요에 수용한다는 규범이 더욱 값어치를 가진다. 이렇게 다른 원칙이 적용되다 보면, 가정에서는 평등한 결과를 위해 노력한다는 목적을 달성하기 위해 구성원을 불평등하게 다룰 수 있는 데 반해 국가에서는 그 구성원을 평등하게 대하지 않을 수 없다. 그런데 평등한 대우는 응분이 불평등하게 나타나기 때문에 불평등한 결과를 가져올 수밖에 없다(Johnston 2011, 180쪽).

물론 정의에 대한 스펜서의 주 관심사는 시장 사회 지지자들과 마찬가지로 가족이 아니라 가족 바깥에 있는 사회적 관계다. 과거에는 세대를 걸쳐서 전승되어온 관습에 근거를 두는 사회적 관계가 줄곧 지배했다. 관습에 대해 숙고하고 변경을 가하는 것이 쉽지 않았기 때문이다. 그런데 스펜서의 시대에 와서는 과거가 현재를 지배하는 것으로부터 벗어날 수 있게 되었다. 이렇게 하여 사회의 도덕적 기반이 결정적으로 변모했다. 개인의 의지에 부합하면서 개인들 사이의 합의에 의해 미래의 사회적 관계가 맺어질 수 있다고 믿게 된 것이다. 요컨대, '지위에서 계약으로from status to contract'라는 말이 표현하듯이 사회적 관계가 변하게 되었다.

스펜서에 따르면, 이렇게 달라진 사회에서는 각 개인이 자신의 본성과 당연히 따르는 행위의 혜택과 해악을 받아야만 하는 것이 정의의 근본적인 원칙이다(Spencer 1893, vol. ii, 17쪽). 그렇게 주장하는 데에는 인간의 이기심은——이기심과 이타심이 서로 의존적이기는 하지만——정당하며 본질적이라는 인식이 깔려 있다(Spencer 2012, chs. xi~xii). 그래서 그는 응분에 보답하는 것이 타당하다는 도덕적 직관에서 시작해 '응분merit or desert'에 따른 배분과 정의를 일치시킨다. 여기서 응분은 '노력effort'이 아니라 '성취한 것achievement'이다(Spencer 1882, 563~564쪽 ; Miller 1976, 186쪽 재인용). 그러므로 정의는 보답의 불평등을 의미한다. 불평등할 수밖에 없는 이유는 우수한 적자(適者)가 우수한 것으로 인해 혜택을 많이 가지며 열등(劣等)한 자는 부족한 것의 결과를 가지게 되기 때문이다. 이상과 같은 근본적인 정의의 원칙이 달성되기 위해서는

"각자는 다른 어떤 사람의 평등한 자유를 침해하지 않는다면, 자유롭게 자신이 하고자 하는 바를 한다"라는 부차적 원칙이 조건으로 부과되어야 한다(Miller 1976, 190쪽). 그렇게 해야만 평등한 자유를 가진 사회에서 응분에 따른 혜택의 배분이 달성될 것이다(Spencer 1893). 스펜서가 자유 시장을 옹호하는 이유는 바로 여기에 있다. 자유 시장에서는 응분에 대해 공정하게 측정할 수 있기 때문이다(Spencer 1882, vol, ii, 701쪽 ; Miller 1976, 192쪽 재인용).

완벽한 사회에서는 권리와 응분 사이에 갈등은 없다. 각자가 마땅하게 가지는 혜택에 대해 권리를 가지기 때문이다. 그러므로 권리를 존중하는 것과 응분이 보답을 갖는 것을 보장하는 것은 같은 것이 된다. 그래서 스펜서는 정의의 원칙으로서 권리를 다루지 않는다(Miller 1976, 193~194쪽). 그렇다면 필요의 원칙에 대한 스펜서의 입장은 무엇인가? 가족 사이에는 응분이 아니라 필요에 따라 자원이 배분되지만, 주식회사와 같이 여겨져야 하는 국가에서는——특히 자유 시장에서 우수한 자와 열등한 자의 응분이 정확히 측정될 수 있다고 그가 본다는 점을 감안한다면——필요에 따른 배분은 그의 기준에 의하면 정의롭지 않다(Miller 1976, 196쪽). 즉 스펜서는 필요에 따른 배분을 거부한다.

반면에 흄은 사회 질서를 확립하는 재산에 대한 규칙을 유지하는 것이 정의라고 보았다. 이러한 사회 질서의 부분으로서 각자에게는 출생이나 사회적 활동에 의해 얻어진 권리와 의무가 있다. 그러나 스펜서가 상정하는 산업 사회에서는 그런 종류의 사회 질서는 있을 수 없다. 개인의 선택과는 무관하게 권리와 의무가 있다든가, 권위적인 위계제 내에서 자신의 위치를 찾아야 한다는 생각은 스펜서의 산업 사회에서는 있을 수 없다. 개인들이 자유롭게 계약한 결과인 사회적 망(網)이 있을 뿐이다. 이

망은 변할 수 있으며, 강압적이 아니고 자발적이다. 이러한 사회에서 정의는 개인이 사적인 목적을 추구하는 데 제약이 되는 것이 아니다. 개인의 독립과 개체성을 표현하는 것이 정의다. 시장 사회에서 얻은 보답이 사회적으로 정의롭다. 그리하여 이러한 사회는 응분에 따른 배분으로서의 정의를 자연히 받아들이게 되어 있다(Miller 1976, 206쪽). 시장 사회에 기여한 바, 즉 공헌에 따라 응분의 몫을 가져가야 한다는 '공헌 원칙 contribution principle'은 아리스토텔레스의 배분적 정의와——아리스토텔레스가 금전적 배분에 초점을 둔 것은 아니지만——유사하다(Johnston 2011, 70~72쪽).

이상과 같이 보면 응분이라는 원칙은 사회주의적 원칙으로도, 자유주의적 원칙으로도 해석될 수 있다. 사회주의적 원칙에 따르면, 능력이 있고 편견이 없는 권위가 응분에 대해 집단적으로 정의된 어떤 관념에 따라 보상을 할당해야 한다. 반면에 자유주의 원칙에 따르면, 개인은 가능한 한 자유롭게 타인과 거래를 맺으며 타인이 기꺼이 부여하려 하는 보상을 거두어들일 수 있어야 한다. 어떻게 해석하든 간에 응분의 원칙은 아리스토텔레스, 칸트, 그리고 다른 이들이 밝힌 사상과 근접하는 바가 있음에도 불구하고 근대에 와서 응분이라는 원칙은 구체제의 관행, 그리고 과거에 알려진 모든 사회를 지배했던 관행으로부터의 급격한 단절을 의미한다(Johnston 2011, 181쪽).

19세기에 응분의 원칙의 대안이 될 수 있었던 것은 필요의 원칙이었다 (Johnston 2011, 181쪽). "능력에 따라 각자에게'로부터 '생산성에 따라 각자에게'로"라는 공식은 19세기에 루이 블랑이 제안했다. 그렇지만 18세기 중반에 이미 이 공식의 이면에 있는 중심 사상이 제시되었다. 부가 필요에 근거해 배분되어야 한다는 사상은 1790년대에 시작되었다. 바뵈프는 '평등한 자들의 공화국Republic of Equals'을 요구하는 선언서를 제시했다. 여기서 그는 특히 토지의 개인 소유를 철폐하고 모든 이들에게 같은 교육을 받게 하자고 주장했다. 그의 사상은 독창적인 것은 아니었다. 1790년대에 평등주의자와 공산주의자의 사상이 프랑스에 많이 유포되어 있었다. 그러나 바뵈프가 순교자처럼 죽음을 맞이함으로써 필요에 따른 사회 정의라는 사상은 널리 퍼지게 되었다(Johnston 2011, 182쪽).

바뵈프가 처형당할 무렵에 독일의 피히테도 바뵈프와 비슷한 결론에 도달했다. 칸트처럼 시원적 계약이라는 개념을 이용해 모든 사람이 자신의 노동으로 먹고살 수 있도록 국가가 보장할 것을 요구할 자격이 모든 사람에게 있다고 피히테는 주장했다. 만약 이를 보장하지 못한다면, 신민에게 절대적으로 자신의 것인 바가 주어지지 않는 것이며 신민과 관련된 계약은 완전히 취소되는 것이다(Johnston 2011, 182쪽). 그는 나중의 저술에서 자신의 입장을 더욱 강화해, 합리적인 국가는 모든 시민에게 선이 배분되도록 해서 각자가 살 만한 삶을 영위하도록 보장해야 하며 각자는 '권리에 의해by right' 선의 적절한 몫을 가질 자격이 있다고 주장했다(Johnston 2011, 183쪽).

이와 같이 18세기에 전개된 여러 사상을 통해서 필요의 원칙이 힘을 얻게 되었다. 이미 살펴본 것처럼 홉스, 흄, 스미스는 거의 모든 사람이 대체로 능력에서 평등하며 기술과 업적에서 차이가 나는 것은 타고난 재능보다는 교육과 사회화의 산물이라고 주장했다. 그렇다고 해서 홉스와 흄이 재능이 평등한 이상 모든 사람이 물질적 소유에서 평등해야 한다거나 필요가 평등하게 충족될 자격을 가져야 한다고 주장하지는 않았다. 스미스도 소유의 평등과 필요의 충족이 자연적 자유의 체제와 조화를 이룬다고 믿지 않았다. 그러나 19세기 사상가들에게 재능의 평등과 필요

충족을 위한 평등의 관계는 분명한 것으로 보였다. 어느 누구가 다른 이들보다 본성에 의해 더 재능이 있는 것이 아니라면, 사회의 혜택이 어떤 이들에게는 보다 큰 몫으로 돌아가야만 하는가? 이렇게 추론할 수도 있게 되었으며 필요의 원칙은 다른 원칙보다도 응분의 원칙과 양립할 수 있다고 때때로 여겨졌다(Johnston 2011, 183쪽).

여기서 말하는 다른 원칙이 의존하는 바는 모든 인간은 자연적 능력과 재능이 평등하든 불평등하든 관계없이 값어치에서 엄밀하게 평등하다는 가정이다. 이 가정은 살펴본 것처럼 정의에 대한 칸트의 이론에서 근본적이다. 필요를 평등하게 충족시킨다는 정의의 개념은 공적 권리에 대한 칸트의 이론에 근접하며, 칸트의 이론을 외양에서 직접적으로 따른 것이다. 그 이론의 주요한 요소는 시원적 계약이다. 칸트의 주장에 의하면, 시원적 계약에서 사람들이 동의하지 않았을 법이라면 그 법은 정의롭지 않다(Johnston 2011, 183쪽).

정의는 소유의 평등을 요구한다는 견해에 대해 칸트는 강력하게 반대했다. 그렇지만 필요를 충족시키는 데 필요한 수단을 박탈하는 국가는 정의롭지 못하다는 견해에는 강력하게 찬성했다. 수단을 박탈하는 국가를 만들기로 시원적 계약에서 사람들이 합의하지 않았을 것이기 때문이다. 시간이 흐르면서 인간에게는 평등한 값어치가 있다는 칸트의 견해가 재능이 평등하다는 흄과 스미스의 가정보다도 사회 정의에 대한 사상을 구성하는 데 있어서 보다 우월적인 지위를 얻게 되었다(Johnston 2011, 184쪽).

(3) 마르크스와 엥겔스—필요라는 원칙

다른 한편, 마르크스는 〈유대인 문제〉(1843)에서부터 〈고타 강령 비판〉(1875)에 이르기까지 정의가 잠재적으로 건설적인 개념이라는 사상 자체를 줄곧 반박했다. 마르크스는 권리라는 개념과 정의를 항상 결부시켰으며, 권리라는 개념은 부르주아 사회와 결부되어 있다고 보았다. 그리고 그에 의하면 부르주아 사회에서는 구성원들이 상대방을 전체에 상호 의존하는 존재라기보다는 고립된 단자(單子)로서 분리되고 독립적인 존재라고 보았다. 그래서 권리라는 개념은 사유재산과 밀접하게 결부되며, 본질적으로 불평등을 옹호하게 되어 있다고 주장했다. 사회 정의가 피히테가 생각한 것처럼 국가가 강제하는 자격을 통해 달성되는 것이라면, 마르크스는 그러한 사회 정의를 지지하지 않았다. 마르크스는 국가의 존재 자체가 커다란 사회적 문제의 하나라고 보았으며 사회를 혁명적으로 변모시킴으로써 그 문제를 해결하고자 했다(Johnston 2011, 184쪽).

이상과 같은 이유에서 엥겔스는 정의와 부정의 같은 개념은 추상적인 철학적 이상이라고 생각한다. 그가 보기에는 세상을 실제로 변화시키고 더 정의롭게 만드는 데 이들 개념은 소용이 없다. 정의와 부정의라는 용어를 전적으로 수용하는 부르주아 체제를 엥겔스와 마르크스는 반대했다. 게다가 자유주의적 체제에서 논의되는 '공적merit'이나 권리 같은 것에도 자신들의 새로운 철학에서 위치를 부여하지 않게 된다.

〈공산당 선언〉(1848)에서 밝힌 것처럼 마르크스와 엥겔스는 평등이라는 이상에 부합하는 사회를 만드는 데 가장 먼저 요구되는 것은 부르주아의 재산 제도와 가족 구조를 폐기하는 것이라고 주장했다(Tucker 1978, 484·487~488·490쪽). 나중에 〈고타 강령 비판〉에서 마르크스는 이 점을 보다 자신 있게 설명했다. 그는 여기서 두 단계의 사회주의를 논한다. 보다 낮은 단계와 보다 높은 단계다. 보다 낮은 단계에서는 노동 소득이 소득의 유일한 범주를 이루고 재산의 존재로 인한 불평등이 사라지지만, 행한 노동의 양과 종류에 따른 임금의 차이를 둘 필요가 있기 때문에 소득에서의 어떤 차이는 남아 있게 될 것이다(Tucker 1978, 530쪽). 보다 높은 단계에서 사회의 생산력이 충분히 발전하고 사회의 도덕적 기준이 충분히 향상되면 '능력에 따른 배분에서 필요에 따른 배분으로'라는 보다 완전한 사회적 평등을 달성하는 것이 가능할 것이다(Tucker 1978, 531쪽). 전자의 단계를 '사회주의', 후자의 단계를 '공산주의'라고 보통 부른다. 전자에서는 기회의 평등은 달성되지만 인간의 능력과 재능이 개인의 소득에 미치는 영향은 제거되지 않는다. 그런데 완전한 공산주의에서만 인간의 능력과 필요의 차이는 경제적으로 중요하지 않게 된다. 사회주의 단계에서는 사회적 재화는 적어도 처음에는 '각자의 능력에 따른 배분에서 각자의 공헌에 따른 배분으로'라는 원칙에 부합해야 한다고 그들은 주장했다. 그들은 자본주의 사회에서 공산주의 사회로의 전환이 일어날 것을 기대하면서 사회주의 사회는 자본주의 사회에서 배태되기 때문에 초기에는 개별 생산자가 사회에 기여한 만큼을 정확하게 돌려받는다고 보았다. 즉 그들은 착취당하지 않고 정확하게 돌려받는 것을 우선적인 목표로 삼았다. 마르크스는 응분이라는 원칙을 사회주의 원칙으로 여겼으며 사회주의는 공산주의로 가는 데 필요한 단계라고 생각했다. 마르크스에게 있어 사회주의는 이상 사회로 가는 단계에 불과했다(Johnston 2011, 185쪽).

그러나 공산주의 사회라는 최고 단계에 들어서면, '능력에 따른 배분에서 각자의 필요에 따른 배분each according to needs으로'라는 원칙에 부합하게 될 것이라고 마르크스는 주장했다(Sterba 2005, 1178쪽). 그래서 사회주의가 근거를 두는 배분의 원칙은 결점이 있다. 요컨대 부르주아의 정의에 대한 대안으로 마르크스는 두 가지를 제시하는데, 첫째는 '각자의 능력에 따라'라는 원칙이고 둘째는 '각자의 필요에 따라'라는 원칙이다.

첫째 원칙은 다음을 의미한다. 노동할 능력이 있는 모든 사람은 노동해야 하며, 우리 모두가 필요로 하는 재화와 용역을 생산하는 데 기여할 의무가 있다. 타인의 노동에 의존해 살아가는 유한계급이 있어서는 안 된다. 그러나 사람들이 똑같은 방식으로 기여할 필요는 없다. 배관공으로서 능력이 있는 자는 그 능력으로, 예술가로서의 능력이 있으면 그 능력으로 기여하면 된다. 같은 배관공으로 노동을 하더라도 체력 때문에 하루에 네 시간밖에 노동하지 못하면 그것으로 족하다. 자신의 능력만큼 기여하면 된다. 너무 어리거나 늙어 신체상 결함이 있어서 노동을 할 수 없으면, 노동할 의무가 없다. 그러나 부르주아의 관념에 의하면, 노동하지 않는 자는 무엇도 받을 권리가 없다. 자선으로 해결할 수는 있다. 그렇다고 해서 빈자가 자선을 받을 권리를 가지는 것은 아니다. 자선을 받지 못하는 것은 운이 나쁜 것일 수 있다. 그러나 부르주아 사회에서 실직해 굶주린다 해도 정의롭지 않은 것은 아니다. 굶주린 자의 권리 중에서 어떤 권리도 침해당하지 않았기 때문이다(Barcalow 2004, 239~240쪽).

두 번째 원칙에 대해서는 두 가지로 해석할 수 있다. 하나는 자신의 최대의 능력으로 생산에 기여하는지 여부와는 무관하게 모든 사람에게서 필요가 충족되어야 한다는 것이다. 다른 것은 누구나 자신의 최대의 능력으로 생산에 기여한다면 자신의 필요를 충족시킬 수 있어야 한다는 것이다. 그런데 어느 것을 의미하는지가 명확하지 않다(Barcalow 2004, 240쪽).

사회가 모든 사람의 필요를 충족할 능력이 있다면, 생산에의 기여 여부와는 무관하게 모든 사람의 필요가 충족되어야 한다. 마르크스가 주장하는 바는 바로 이것이다. 필요가 충족되어야 한다고 생각하는 이유는 인간은 공통적인 인간 본성을 공유한다는 점에서 기본적으로 평등하기 때문이다. 그런데 물론 무엇이 필요인가는 명확하지 않다(Gaus 2000, 140쪽). 그러나 적어도 의식주를 해결하고 병을 치료하는 것은 모두가 필요로 한다. 그 이상의 것은 사회에 따라, 시대에 따라 다를 것이며 사회가 결정할 것이라고 마르크스가 생각한다고 볼 수 있다.

《자본론》에서도 마르크스는 경제적·정치적 제도에 적용하는 도덕적 원칙에 대해 다룬다. 자본주의를 대신하게 될 '보다 높은 형태의 사회'에서는 "모든 개인들의 완전하고 자유로운 발전이 지배적인 원칙을 형성한다"(Marx 1976, 739쪽). 자본주의에서 자신을 완전하고 자유롭게 발전시킬 수 있는 이들은 몇몇 개인들, 즉 특권층에 지나지 않는다. 그들은 자신의 잠재력을 발휘할 자원을 가지고 있다. 다른 한편, 인민의 대다수는 그러한 자원을 가질 기회가 없다. 노동자들은 아무런 의미가 없는 일거리라도 생기면 살아남기 위해 그 일을 하지 않으면 안 된다. 그들은 영양 상태가 좋지 않고 건강하지 않고 고등 교육이나 훈련의 기회도 갖지 못한다. 그래서 그들은 잠재력을 드러낼 수가 없다. 사실 그들의 생활 조건은 육체적으로나 지적으로나 심리적으로나 모든 면에서 잠재력을 계발하지 못하게 한다.

마르크스 시대에 특권층에 속하는 이들은 잠재력을 실현할 기회를 가지는 데 비해 노동 계급은 고용이 되기도 하고 실직하기도 하면서 그러한 기회를 가지지 못했다. 오늘날에도 빈자가 상류 계층이나 중산층보다 그러한 기회를 적게 가진다고 봐야 한다(Barcalow 2004, 240쪽). 그런데 잠재력이라고 해서 전문가가 된다거나 인류에 역사적으로 기여하게 되는 특별한 잠재력일 필요는 없다. 범법자가 아니라 공동체에 대해 책임을 지는 구성원, 혹은 게으른 부모가 아니라 책임을 지는 부모가 되는 잠재력을 의미한다. 감정적으로도 성숙해져서 서로 사랑하고, 사랑을 받고, 남을 존중하고, 스스로를 존중하고, 자신의 값어치를 느끼고, 자기 통제와 연민 같은 덕성을 가지게 되는 것을 의미한다. 자본주의 사회는 많은 개인들의 잠재력을 사장시키기 때문에 보다 낮은 형태의 사회다. 보다 높은 형태의 사회는 잠재력을 사장시키지 않으며, 잠재력을 자유롭고 완전하게 발휘할 조건을 제공한다. 그러한 사회에서는 계급이 나누어지지 않아서 이익의 갈등이 없을 것이기 때문이다(Barcalow 2004, 241쪽).

(4) 응분의 원칙과 필요의 원칙

그런데 "'능력에 따라 각자에게'로부터 '생산성에 따라 각자에게'로"라는 공식에는 응분의 원칙처럼 두 가지 부분이 있다는 것에 유념해야 한다. 응분의 원칙은 사람들이 향유하는 혜택은 공헌한 바에 비례해야 한다는 것이다. 마찬가지로 필요의 원칙은 받아야 하는 혜택만이 아니라 해야 하는 공헌에 대한 처방을 제시한다. 그러나 필요의 원칙은 공헌과 혜택 사이의 연계를 끊어버린다는 점이 다르다(Johnston 2011, 186쪽).

그렇다면 필요의 원칙과 상호 대등성이라는 개념 사이에는 어떤 연계가 있는가? 필요를 평등하게 만족시키는 것이 정의라는 관념은 어떤 측면에서는 공적 권리에 대한 칸트의 이론을 계승한 것이라고 볼 수 있다. 칸트에 의하면 사람들은 시원적 계약을 했는데, 그 계약에 의하면 자신의 권리와 필요가 확보된다는 보장을 받는 대신에 동료 시민들에 대해 의무를 지게 된다. 이 원칙이 모든 공적 권리의 배후에 깔려 있다. 그러므로 적어도 얼핏 봐서는 필요의 원칙이 상호 대등성의 관계의 산물이라고 생각할 수도 있다(Johnston 2011, 186쪽).

그러나 이러한 추론을 하게 하는 합의는 가설적이기 때문에 그 조건은 다양하게 해석할 수 있다. 그런데 가설적 계약의 내용은 합의 그 자체라는 사상에 포함되지 않는 일련의 가정에 의존한다. 상호 대등성이 가설적이라면, 상호성이 함축하는 바는 불확실하다. 상호성이라는 개념과 필요라는 개념 사이에 관계가 있다면, 그 관계는 희박하다(Johnston 2011, 186쪽).

필요의 원칙은 상호성보다는 목적론적 원칙에 근거를 두는 것 같다. 필요의 원칙에서는 공헌과 혜택 사이에 연계가 없다. 필요의 원칙에서 각 부분은 그 자체의 '목적telos'을 제시하며, 일반적으로 공헌이 없으면 혜택도 없어야 하겠지만, 필요의 원칙에서는 어느 부분도 다른 부분을 지지하는 원칙에 영향을 미치지 않고도 변경될 수 있다. 예를 들면 "'능력에 따라 각자에게'에서 '협상력에 따라 각자에게'로"라는 원칙을 우리는 제시할 수도 있다. 이러한 구조적인 의미에서 본다면, 사회 정의의 원칙으로서의 필요의 원칙은 상호 대등성이라는 개념에 근거를 두는 어떤 정의의 관념보다 정의에 대한 플라톤적이거나 공리주의적인 관념, 즉 목적론적 원칙에 더 가깝다고 하겠다(Johnston 2011, 187쪽).

19세기에 응분의 원칙과 필요의 원칙이 사회 정의의 두 원칙으로 제시되었는데, 양자는 근본적으로 다르다. 거의 모든 인간이 능력에 있어서 대체로 평등하다고 하더라도 모든 인간이 동료 시민에게 대체로 평등한 공헌을 하는 것은 아니다. 게다가 필요한 것은 사람마다 같지가 않다. 또한 공헌을 가장 많이 한 사람이라고 해서 필요한 것이 가장 많은 것도 아니다. 이와 같이 생각해본다면, 응분의 원칙은 권리와 특권, 부담과 고통을 이상적으로 정의롭게 배분할 것을 주장하는 것이기 때문에 필요라는 원칙에 의한 배분과는 양립할 수 없다. 더군다나 응분이라는 원칙은 상호 대등성이라는 개념에 근거를 두지만, 필요라는 원칙은 그렇지 않다. 응분의 원칙은 구체제가 무너진 후에 대두한 중산층에게 호의적인 원칙이 되지 않을 수 없었다. 반면에 부모로부터 타고난 것이 별로 없거나, 재능이 모라자거나, 재능을 펼 기회가 없었던 이들은 필요의 원칙에 호의적일 수밖에 없었다. 그렇기 때문에 두 원칙은 구체제가 옹호했던 세습적 특권에는 같이 반대했지만 나중에는 서로 적대적이 되었다(Johnston 2011, 187~188쪽).

두 원칙은 서로 대치하는 입장에 서게 되었다. 응분의 원칙에서의 문제점을 지적해보자. 첫째, 상업 사회에서의 응분의 원칙은 좀 불투명하다. 전술한 것처럼 복잡한 노동 분업을 통해 상업 사회는 개인의 생산적인 재능을 이끌어냄으로써 의도하지는 않았지만 사회 전체의 생산성을 고양했다(Johnston 2011, 188쪽). 그렇다면 그 사회적 부는 독립적인 생산자들의 산물이기도 하지만, 본질적으로 사회적 산물이다. 어떤 개인이 능력을 발휘할 수 있는 것은 타인도 능력을 발휘했기 때문이다. 타인이 없다면 그 개인의 능력과 노력도 드러날 수 없다(Johnston 2011, 189쪽). 그렇다면 개인이 공헌한 바를 측정하기가 어려워진다.

둘째, 응분의 원칙은 일종의 순환론에 빠진다. 즉 응분의 원칙은 사회 제도 혹은 사회적 목표와 연관되며, 이로 인해 원칙이 인정되고 강화된다. 생산성 제고를 사회적 목표로 삼는다면, 그 사회는 생산성을 제고하는 데 보다 많이 공헌한 이에게 그렇지 못한 이보다 더 많은 혜택을 주어야 한다. 만약 사회가 우의를 달성하는 것을 목적으로 삼는다면, 우의에 공헌하는 바가 무엇인지에 대해 다른 견해가 있을 수 있다. 즉 우의에 대한 공헌은 생산성 제고에 대한 공헌과는 다른 기준을 가질 수도 있다 (Johnston 2011, 189쪽). 요컨대 사회가 상정하는 목표와 연관해 공헌하는 바의 내용이 정해진다. 사회가 협업을 통해 공동의 목표를 달성하려 하는 한에는 응분이라는 개념은 사회와는 무관한 자연적인 개념일 수 없다(Johnston 2011, 190쪽). 사회는 목표를 다르게 설정할 수 있으며, 같은 목표를 설정하더라도 사회적 조건이 다르면 개인이 능력을 발휘할 수 있는 방식이 달라진다. 그래서 말하자면 응분의 원칙은 그 자체로서는 사회 정의에 대해 독립적이며 이상적이며 충분한 기준이 될 수 없다(Johnston 2011, 190쪽). 그렇기 때문에 순환론적이라고 볼 수 있다.

이러한 반박이 있다고 하더라도 응분의 원칙이 사회 정의의 관념으로서 중요한 요소라는 것을 인정하지 않을 수 없다. 어떤 형태의 응분은 복잡한 노동 분업과 사회적 관습과는 상대적으로 무관할 수 있기 때문이다. 예를 들어 두 사람이 상대적으로 평등하고 그중 한 사람이 사회에 보다 많은 공헌을 했으면, 그 사람에게 더 많은 혜택이 돌아가게 하는 것이 당연하다. 그런데 응분의 원칙에 대한 세 번째 도전은 더 심각하다. 설사 부담과 혜택이 응분의 원칙에 따라 엄격하게 배분된다 하더라도, 공헌한 바가 거의 없거나 전혀 없는 사람들에게 돌아가는 혜택이 없으면 그 사람들은 어떻게 생존하겠는가? 응분의 원칙을 이렇게 엄격하게 적용하게 되면 당장에 살아남기 어려운 사람도 있을 것이다. 맬서스나 스펜서 같은 이들은 응분의 원칙이 비인간적이라 하더라도 정의에는 아무런 문제가 없다고 주장한다. 그러나 인간이 평등한 값어치를 갖지 않는다 하더라도 적어도 어떠한 값어치를 모두가 가지며, 정의라는 관념이 인간의 활동과 사회 제도를 평가하는 데 유용하려면, 응분의 원칙에 대한 이상과 같은 세 번째 도전은 심각한 것이다(Johnston 2011, 191쪽).

이상과 같은 이유에서 응분의 원칙이 사회 정의의 근본적 원칙으로서 적당하지 못하다고 여겨지면, 필요의 원칙도 반박을 받게 된다. 필요라는 개념이 사회 정의라는 원칙에서 한 부분만을 담당한다는 것이다. 필요를 어떻게 정의할 것인가? 필요한 것이 깨끗한 공기와 물, 영양분 정도인가? 건강하게 장수하는 데 필요한 것인가? 남에게 수치심을 느끼지 않거나 남부럽지 않은 삶을 사는 것인가? 설사 인간으로서의 존엄성과 자기 존중에 대한 감각을 가지고 살게 하는 것이 필요한 것이라고 하더라도 필요의 정도는 사회마다 다르며 생산력이 높은 사회에서는 사회적 산물의 일부만으로 필요를 충당할 수 있다. 그렇다면 그 나머지 산물에 대해서는 어떤 원칙을 적용해 배분할 것인가? 인간의 모든 부가 사회적 산물이라 하더라도 응분의 원칙을 배제할 수는 없다. 그렇기 때문에 필요라는 개념은 사회 정의라는 원칙의 부분밖에 되지 않는다(Johnston 2011, 192·224쪽).

그러므로 필요의 원칙을 보완할 수 있는 어떤 다른 기준을 생각해봐야 한다. 바뵈프에서 루이 블랑에 이어 마르크스에 이르기까지 필요의 원칙을 옹호한 이들이 제시한 기준은 평등이다. 앞에서 논한 필요를 모든 사람에게 충족시킨 이후 나머지 생산물도 평등한 몫으로 배분하는 것이다. 그렇게 되면 가장 많이 공헌한 이들은 공헌한 바에 대한 혜택의 몫이 적어지게 되어서 응분의 원칙에 따른 혜택의 배분에 비해 자신의 권리에 대해 스스로 포기해야 한다. 이와 같은 평등이라는 기준에 의한 필요의 원칙을 따르게 되면, 상호 대등성이라는 원칙이 포기된 것으로 여겨져서 많은 사람들이 정의롭지 않다고 생각하게 된다(Johnston 2011, 192쪽).

이상과 같이 필요의 원칙은 정의의 영역에서 상호 대등성이라는 개념을 배제시킬 뿐만 아니라 사회 정의와 시정적 정의 사이의 연관도 끊어 버린다. 시정적 정의에 의하면, 타인에게 해를 끼친 이는 그만큼 해를 받아야 한다. 이와 같이 보면, 응분의 원칙은 사회 정의라는 보다 커다란 원칙 내에서 시정적 정의에 대한 처방을 내리는 셈이다. 그런데 공헌과 혜택의 연관이 끊어지게 되면, 가한 해와 받은 해 사이의 연관도 끊어진다 (Johnston 2011, 193쪽). 요컨대 인간이 적어도 어떤 측면에서는 평등한 값어치를 가진다는 것을 필요의 원칙이 강조한다는 장점이 있지만, 이 원칙을 엄밀하게 그리고 전 분야에 적용하게 되면 오랜 기간 정의라는 관념에서 근간을 이루어온 균형 잡힌 상호 대등성이라는 개념은 배제된다(Johnston 2011, 194쪽).

상호 대등성이라는 개념이 개인들 사이의 거래에 적용되는 것인 데 반해 필요의 원칙은 모든 인간이 값어치를 가져야 한다는 것을 전제로 해 사회 전체에 적용된다. 응분의 원칙과 필요의 원칙이 상반되는 측면이 있는 한에서는 과연 하나의 원칙을 정의를 관통하는 원칙으로 삼을 수 있는가라는 문제가 제기된다.

사회주의자와 현대의 복지 국가 옹호자는 사회 정의 혹은 배분적 정의를 도덕이 근본적으로 요구하는 것으로 본다. 반면에 하이에크에 따르면, 사회 정의는 사회를 인격화해 개인들 간에 적용되는 정의라는 용어를 남용한 것이다. 사회 정의에 대해 이처럼 두 가지 경쟁적인 개념이 있다. 자유주의적 개념은 개인들 사이의 공정한 거래라는 사고에 의존하며 정의로운 보답은 공적이나 공헌을 반영해야 한다는 것을 강조한다. 이 견해를 가장 잘 반영하는 것이 공정한 시장 관계다. 공정한 거래에서 사람들은 다르게 보답을 받으며, 이것은 개인들의 공적과 그들이 만들어낸 산물을 반영한다. 이것은 교환적 정의라고 부를 수 있다. 그 모형은 자유롭고 공정한 계약이다. 이 계약에서 양측은 자신이 언질을 준 바를 존중하며 상대방에게 비례적인 봉사를 한다. 케팔로스와 아리스토텔레스가 제시한 정의라고 할 수 있겠다(Gaus 2000, 29~30쪽).

반면에 사회주의자 혹은 '집합주의자/집단주의자collectivist'는 정의는 자유로운 개인 사이의 공정한 거래에 관한 것이라기보다는——이것이 정의의 한 양상이기는 하지만——인간으로 하여금 최상의 삶을 살게 하기 위해 사회가 선을 배분하는 최상의 방법에 대한 것이다. 사회 정의는 개인들 사이의 거래에서의 공정이 아니라 사회에서의 선의 전반적인 배분에서의 정의나 공정에 대한 것이다. 정의에 대한 이 두 가지 사상은 갈등을 일으킬 수 있다. 공적주의적인 개인들이 서로의 이익을 위해 공정하고 자유로운 계약을 하고 정직하게 그 약속을 지켰다면 교환적 정의가 이루어진 것이다. 그러나 그렇더라도 그러한 조건에서 숙련되고 근면한 자들은 부를 축적할 것이며, 숙련되지 않고 근면하지 않은 이들은 뒤처지기 마련이다. 사회주의자는 결과로 나타나는 소득의 배분이 정의롭지 않다고 주장할 것이다. 그래서 교환적 정의에 초점을 두는 사회는 배분적/사회적 정의를 달성할 수 없을지도 모른다.

정의를 개인 사이의 문제로만 돌릴 수 없게 되었다. 인간의 행동에는 사회적 측면이 있다는 것과 사회에는 구조적 부정의가 있을 수 있다는 것을 인정하고 이를 시정하기 위해서는 인간의 집단적 행동이 필요하다(Hornsby-Smith 2006, 10 · 14~15쪽). 이러한 인식과 더불어 산업화로 인한 사회적 갈등이 나타난 시점에 교황 레오 13세는 노동 계급의 조건에 대한 〈새로운 사태Rerum Novarum〉(1891)라는 회칙을 공포했다(Hornsby-Smith 2006, 43쪽). 여기서는 각자는 자신의 마땅한 것을 가져야 한다는 배분적 정의에 대한 법칙이 표명되는데, 그 마땅한 것에는 '정

당한 임금'도 포함되어 있다(Hornsby-Smith 2006, 56쪽).[83]

어쨌든 이상과 같이 보면, 사회 정의라는 개념이 19세기에 대두함으로써 정의의 지형을 급격하게 바꾸었다고 볼 수 있다. 정의에 대한 관념의 역사에서 가장 의미 있는 쇄신은 사회 정의라는 사상의 대두였다고 할 수 있겠다(Johnston 2011, 223쪽). 그런데 20세기에 존 롤스는 정의에 대한 새로운 관념, 즉 공정으로서의 정의라는 관념에 접근하게 되었다. 응분의 원칙과 필요의 원칙 사이에 있을 수 있는 갈등을 롤스는 어떻게 해결하고자 하는가? 이에 대해서는 이 책 다음에 이어질 《사회 정의란 무엇인가》에서 자세히 논하고자 한다.

9. 헤겔

칸트가 공리주의를 거부하고 마르크스가 부르주아 사회의 개인주의를 반박한 것에 대해서는 헤겔도 생각을 같이한다. 헤겔은 《법철학》(1821)에서 영국의 철학자와는 다른 사회와 정의를 묘사한다. 그는 효용을 중시하는 것은 그저 천박한 것이며 개인주의를 중시하고 공동체를 무시하는 생각은 아주 비뚤어진 것이라고 보았다. 요컨대 헤겔은 사회와 유리된 개인들이 공동체를 무시하는 것을 받아들이지 않았다. 이 점을 헤겔은 다음과 같이 설명한다.

헤겔은 전(前)사회적 존재를 비유적으로 표현했는데 이것은 홉스, 로

---

83 회칙에는 "Wages ought not to be insufficient to support a frugal and well-behaved wage-earner"라고 표현되어 있다.

크와 대비된다. 헤겔은 사회적 배경 혹은 서로가 소속된다는 감각 없이도 두 가지 '자기의식self-consciousness'이 추상적이고 윤색되지 않은 단계에서 만나게 된다는 것을 묘사한다.《정신 현상학》의 주인과 노예를 다루는 부분에서 서술된 바와 같이, 이러한 추상적인 상황에서도 주인과 노예는 루소가 상정했던 것과는 다르게 서로에게 무심할 수 없으며, 만약 이들이 서로 만남으로써 곧 적개심을 갖게 되더라도 이는 홉스가 상정한 '상호 이기심mutual selfishness'으로 설명될 수 없다(Solomon et al. 2000, 63쪽). 상대방에 대해 적개심을 가지면 오히려 손해가 날 수 있다고 생각할 수 있기 때문이다. 그래서 그로티우스는 인간은 필요에 의해 사교적이 되지 않을 수 없다고 주장했다. 말하자면 헤겔은 홉스와는 다르게, 자연 상태에서의 인간은 전사회적인 것이 아니라 인정(認定)이라는 상호적 사슬에 서로 얽히게 되어 있다고 주장한다(Solomon et al. 2000, 63쪽). 사람들이 서로에게 원하고 요구하는 것은, 즉 서로로 하여금 참으로 자기의식을 갖게 하는 것은 '상호 인정mutual recognition', 즉 자신에 대한 공유된 어떤 감각이다. 그리고 주인과 노예라는 관념이 적절하지 않은 것으로 판명된다면, 개인의 자의식이라는 사상 그 자체가 적절하지 못하기 때문이다. 헤겔이 지적하는 바는 사회가 들어서기 전의 자연 상태에서의 자율적 개인들이라는 개념이 실재적인 의미가 없으며, 사회의 본질을 이해시킬 수 없다는 것이다(Solomon 2000, 60쪽).

자의식을 가진 두 사람의 일의적 관심사는 상호 인정, 즉 자신인 바를 자신의 눈과 서로의 눈으로 확립할 필요다. 그러나 그들의 존재, 즉 자아에 대한 감각을 자신의 내부에서가 아니라 각자로부터, 그리고 각자를 통해 얻었기 때문에 자율적이며 독립적인 두 존재라는 개념 자체는 이미 '침해(저해)된underminded' 것이다. 주인과 노예라는 헤겔의 우화가 지적하려는 바는 이것이다. 헤겔은 《정신 현상학》에서 사회라는 맥락과 유리된 개인에 대해 논하는 것이 의미가 있다는 사고를 반박한다. 우화에 의하면, 두 존재는 각자 상대방보다는 우위로 인정받기 위해 다투게 된다. 상호 인정을 위해 다투다가 하나가 져서 노예가 되며, 노예가 된 이는 주인인 상대방에게 의존한다. 그런데 여기서 그치지 않고 우화는 뒤틀려서 전개된다. 독립적이라고 여겨지는 주인은 노예가 자신이 존속하기 위한 수단이기 때문에 노예에게 의존하게 되며, 주인에게 의존한다고 여겨지는 노예는 주인이 더 이상 존재하지 않는 방식으로 삶을 통제할 수 있다는 것을 알게 된다. 바로 이 점에서 정의의 언어에서 인정받아야 마땅한 이는 노예다. 그러나 스파르타식의 노예와 주인 관계라는 틀이 청산되고 인간 공동체에 대한 보다 사교적이고 자연적인 관념이 생겨나야만 상호 인정이 가능하다(Solomon et al. 2000, 95쪽).

이처럼 사회와 유리된 개인이 있을 수 없으며 개인은 서로 인정받아야 한다고 주장하면서 헤겔은 개인이라는 관념보다 사회라는 관념이 우선적이라고 보았다. 개인이라는 것은 어떠한 사고방식의 산물인데, 이 사고방식은 직접적인 것이 아니라 사회에 의해 중개된다. 궁극적인 의지는 개인의 의지가 아니라 루소가 말하는 일반 의지 혹은 보편적 의지인데, 이 의지 안에 모든 특별한 개체성이 흡수되어 있다. 따라서 자유 의지란 개인의 형이상학적 양상이 아니라 사회와 사회의 역사와 분리될 수 없는 보다 큰 개념이다. 그리고 헤겔은 칸트가 말하는 '도덕morality'과 구분해 '인륜성Sittlichkeit/ethical life'이라는 용어를 쓴다.[84] 전자는 사회와 분리해

---

[84] 원래의 독일어 'sittliches Leben'이 영어의 'ethical life'로 번역되었다. 그렇다 보니 한글로 '윤리적 생활'이라고 번역하게 된다. 그런데 헤겔이 말하는 '인륜성Sittlichkeit'은 관습, 규칙, 국가의 법규 등으로 제도화된 공동체의 생활 양식을 총칭한다. 그러므로 일반적인 의미에서

생각할 수 있는 개인의 덕성이자 순전히 개인의 자율성에서 나타난 기능이며, 후자는 자신이 속하는 공동체의 구성원으로서만, 그리고 자신이 참여하는 공동체의 일에서만 가능한 올바름이다(Ilting 1971, 96쪽). 그래서 후자는 사회생활과 정의에 우선적인 자연적 단위다. 그런데 그는 '정의justice'라는 말을 쓰지 않고 '권리Rechts/rights'라는 말을 썼다(Solomon et al. 2000, 155쪽).

독일어에서 '권리'를 의미하는 'Recht'라는 말은 법과 법의 정신을 연결시킨다. 그래서 이 용어는 실정법과 의지, 관습 혹은 감정을 구별하지 않는다(Bosanquet 1951, 237쪽). 이 점은 헤겔에 따르면 국가의 단계에서 달성되는 것이라는 '인륜성Sittlichkeit'이라는 말에서도 나타난다. 'Sittlichkeit'에서 'Sitte'는 '관습custom'에 해당하는데, 전술한 것처럼 헤겔은 나중에 이것을 '도덕Moralität'에 반대되는 의미로 썼다. 이것은 도덕과 비교해 삶에서의 보다 충만하고 참된 단계를 의미한다. 이것은 칸트의 순수한 선의지라는 원칙에 반대하기 위해 쓴 것이다.[85] 이 용어가 헤겔의 정치적·윤리적 관점을 가장 간결하게 표현한 것이라고 볼 수 있다. 요컨대 인륜성이라는 말은 법, 관습, 감정이 아주 엄격하게 구별되지 않는 공동체의 삶에 가장 자연적으로 적용된다(Bosanquet 1951, 246쪽). 소크라테스나 소피스트가 사회의 문제에 대해 심각하게 고려하기 이전의 고대 그리스의 공동체에 인륜성이라는 용어가 적용될 수 있다. 나중에 헤겔은

의 윤리라는 개념과 부합하지 않는다. 그리고 칸트는 도덕/윤리의 영역에 정치나 법 등 국가 질서를 규정하는 모든 영역을 포함시켰다. 이와는 달리 헤겔은 도덕이나 윤리의 영역을 각 개인의 의식, 즉 내면적 영역에 머무르는 것으로 파악하면서 이는 가족을 포함한 시민 사회와 국가 등 영역의 질서를 규정하기에는 부족한 것으로 파악하고 따라서 인륜성이라는 보다 상위의 개념으로 포착하고자 했다.

85 칸트의 이론에 대한 헤겔의 비판을 양측이 논박한 것은 Sedgwick 2012 참고.

자유라는 근대의 사상에 부합하게 이 개념을 수정해 지적인 존재들이 완전하게 '친교communion'하는 데 필요한 개인의 선택, 창의, 그리고 재산에 대한 원칙을 주장하게 되었다. 헤겔은 정신의 완전한 본성을 드러내기/대변하기 위해 자성적 도덕 혹은 양심을 권리의 영역에 도입한다. 그런데 정신의 완전한 본성은 자신이 선택한 목적을 그 자체를 위해 추구하는 의식에서만 드러난다(Bosanquet 1951, 247쪽). 그러므로 거기에는 의지가 개재된다.

권리 혹은 법의 전체 영역은 사회와 국가에서 실제화된 정신인데, 헤겔은 이것을 세 가지 연관된 관점으로 나누어 분석한다(Bosanquet 1951, 241쪽). 첫째는 가족이라는 관점이고, 둘째는 그가 부르주아 사회라고 부르는 것의 관점이며, 셋째는 엄격한 의미에서 정치적 유기체, 즉 국가라는 관점이다. 이 세 가지 관점에서 헤겔은 사회적 전체 혹은 사회적 윤리 체제를 분석한다(Bosanquet 1951, 250쪽). 그런데 여기서 나누어 분석한다는 것은 《정신 현상학》에서의 논지대로 근대 국가를 헤겔이 객관적 정신으로 분석한다는 것을 의미한다(Bosanquet 1951, 237쪽).

그리고 세 가지 측면은 서로 반드시 연관되며 보완적이다. 외적으로는 이들 측면은 다른 사실의 집단, 즉 다른 제도들이며, 내적으로는 하나이며 나누어질 수 없는 인간 정신의 다른 기질들이다(Bosanquet 1951, 249~250쪽). 따라서 인륜성이란 세 가지 측면에서 인간이 자신의 의지로 자유를 향유하는 인륜적 존재가 되는 과정을 기술한 것이라고 볼 수 있다.

인륜은 가족에서 시작한다. 가족은 사랑이라는 형태의 자연적 감정을 구체화하면서 사회적 관계에서 자연적 기초라는 사실을 대변한다. 인간이 자신의 귀속감을 가족 구성원에 가짐으로써 삶을 시작하기 때문이다. 그렇기 때문에 가족은 제한되고 자연적 단위가 되며, 자연적 세계와 가장 가까운 인륜적 요소다. 그래서 목적과 의식의 영역에서 최소한의 단계를 취하는 요소가 가족이다. 가족은 근대의 문명화된 공동체에 속하면서도 사회와 국가에 필요한 것이기는 하지만 사회와 국가와는 뚜렷이 구별된다(Bosanquet 1951, 250쪽). 가족은 특히 사회의 자연적 기초를 마련하는 기능을 하지만 국가라는 합리적 전체의 한 요소다(Bosanquet 1951, 251쪽). 말하자면, 가족은 가정을 이끌어가는 부부의 영구적 이익과 관계를 구체화하는 제도이면서도 자식을 육체적으로나 정신적으로 훈육한다는 공적 의무를 받아들이는 조직이다. 그런데 일부일처제가 평등한 관계를 유지시키며 그러한 한에서 일부일처제적인 가족만이 인륜적 질서의 진정한 요소다(Bosanquet 1951, 252쪽).

인간이 성장해 가족을 떠나게 되면, 이익의 갈등이 일어나는 사회에서 얼핏 보아 고립된다. 즉 가족은 시민 사회라는 보다 더 큰 개념에 합치된다. 사회에서 인간은 생계를 꾸려나가야 하고 재산을 관리해야 한다. 원하는 것과 노동의 체제에 의해서만 그 체제에 필요한 초보적 기능, 예를 들면 경찰 기능과 정의의 적용으로 타인과 연관을 맺는다(Bosanquet 1951, 252쪽). 헤겔은 정치경제학의 영향을 받아서 국가와 사회를 구분하고 사회를 '부르주아 사회'라고 표현함으로써 사회생활의 이 단계와 이에 상응하는 기질을 지적한다.[86] 사회는 가족에서 구체화되는 삶과 정신과는 극단적으로 대비된다. 사회는 사람들이 할 일을 찾고 일을 하지 않으면 안 되는 산업과 상업의 체제다. 부르주아 사회에서는 한정되지만 개인의 구체적인 목적, 계산, 자기 이익이 나타난다(Bosanquet 1951, 254쪽).

---

86 부르주아 사회를 독일어로 'Bürgerliche Gesellschaft'라고 하는데, 'Gesellschaft(society)'는 'community'에 대응하며 결합이 느슨한 단계를 가리킨다.

그런데 사회는 국가 내에서만 있을 수 있으며 국가의 굳건한 권력에 의존해 부르주아 사회라는 세상이 나타난다고 생각해볼 수 있다(Bosanquet 1951, 256쪽). 그래서 부르주아 사회는 국가와 불가피하게 연관될 수밖에 없으며 이어지게 되어 있다. 경제 세계에서는 정의가 집행되어야 한다. 국가가 공동의 이익을 통제할 필요가 대두하기 때문이다(Bosanquet 1951, 257~258쪽).

헤겔이 보기에 부르주아 사회의 단위는 가정의 가장이며 사회는 외부에서 보면 가족의 집합이다. 그래서 시민 사회의 구성원들은 자족적 구성원들의 결사라고 여겨지며, 구성원들은 개인의 필요에 의해서만 시민 사회라는 결사로 결집되고 외적인 조직에 의해 보호받는다. 그러나 이것은 진정한 공동체가 아니다. 그러한 결사에서 개인이라는 개념 자체가 궁극적으로 결사 그 자체에 의존하고 있지만 구성원들이 그 자신을 공동체라고 인정하지 않기 때문이다. 영국인들은 국가가 자신의 이익을 보호하기 위해 개인들에 의해 창조된 외적인 힘이라고 본다. 헤겔은 이 견해를 비난하는 셈이다. 공동체를 공동체로서 명백하게 그리고 공식적으로 인정하는 것이 필요하다. 그리고 공동체를 국가로 만드는 것은 헌법의 기능이다. 헌법은 국가를 설립하지 않고, 오히려 기존하는 것의 정당성을 인정한다. 그리고 여기서 말하는 '국가the state'는 정부가 아니라 전체 공동체다.

헤겔은 재산의 본질과 사회에서의 재산의 기능에 대해 자세하게 다루는데, 재산에 대해 공리주의에 반대되는 입장을 취하며 개인의 권리라는 개념을 우선적으로 다루지 않는다. 제6장에서 살펴본 것처럼 헤겔이 볼 때 재산은 그저 자연에 자신의 노동을 섞는 것이 아니라 자연에 자아를 표현하는 문제와 연관된다. 그 차이가 별것 아닌 것 같지만 문화적으로, 역사적으로 대단한 차이다. 헤겔에게 재산은 권리가 아니라 재산으로써 오히려 자아 그 자체를 표현하는 것이기 때문에 자아가 개별적 자아일 필요는 없다. 로크는 개인의 권리라는 관점에서 재산에 주목했다. 이에 반해 헤겔은 자연과 정신의 상호 작용이라는 관점에서 재산을 논했다. 따라서 헤겔은 재산의 소외에 대해 논하게 되었다. 이 개념은 젊은 마르크스에게 와서 커다란 의미를 가지게 되었다. 그런데 재산의 소외라는 개념이 의미하는 바는 노동의 산물을 사람이 양도하고 팔며 사람들이 그렇게 함으로써 계약이라는 제도가 사유재산이라는 개념에 본질적이 된다는 사실이다. 노동의 산물을 양도하고 파는 동안에 그 노동의 근원, 즉 자아(개인의 재능 등)를 양도하거나 팔지는 않는다는 점을 헤겔은 밝히고 있다. 임금을 받는 대가로 타인을 위해 노동을 하지만, 그러나 자신의 모든 것을 소외시키게 되면, 자신은 타인의 재산이 되며 스스로를 더 이상 인격으로 여길 수 없게 된다. 마르크스에게는 이것이 문제다. 노동자의 필요를 무자비하게 착취하는 임금 제도는 노동자를 인간 이하의 존재가 되게 해 실제적인 노예로 만든다(Solomon et al. 2000, 156쪽).

그런데 국가는 인간을 인륜적 존재로 만든다. 국가에서의 기능을 구분하는 것은 국가를 합리적으로 조직하는 조건이다. 그러나 루소가 주장한 것처럼 분리된 기능을 독립적이라고 보거나 서로 견제하는 것으로 보는 것은 잘못이다. 국가의 기능들이 서로에 대해 궁극적으로 독립적이며 부정적이라면, 활기 있는 결합이 있을 수 없다. 기능의 차이란 노동을 합리적으로 분업한 것에 불과하다. 국가는 합리적 관념의 모상이다. 그래서 국가는 이성의 비밀 문자여야 한다(Bosanquet 1951, 262쪽).

그러므로 주권은 한 요소에 있는 것이 아니다. 주권은 헌법의 각 요소가 전체에 대해 가지는 관계다. 말하자면 주권은 조직된 전체로서 행동하는 조직된 전체에서만 존재한다. 인민의 주권이라고 말하면서 이것을 국가의 주권에 반하는 것처럼 말하면, 공동체의 의지를 표현하고 조정하는 조직된 수단을 넘어 그 위에 인민이라는 것이 있다는 것을 상정하는 것이다(Bosanquet 1951, 262쪽). 그런 것이 있다고 볼 수 없다. 법과 헌법은 한 국민의 정신을 표현한다(Bosanquet 1951, 263쪽).

한편으로 국가는 가족과 부르주아 사회의 권리와 목적을 유지하고 조장하는 외적인 힘이며 자율적인 기관이다. 다른 한편으로, 그리고 보다 본질적으로는 감정과 통찰력의 결합인데, 이는 연관된 구조의 부분들로서 개인들의 의식을 통해 작동하며, 개인들은 자신의 선이 포함된 공동선으로서 어떠한 형태의 생활을 의지로 결정하는 데에서 통합된다(Bosanquet 1951, 265쪽).

그래서 국가에서 가족과 부르주아 사회가 완결되고 안전해진다. 궁극적 권력으로서 국가는 한편으로는 사적인 생활, 가족, 경제적 세계라는 영역에 대해 외적인 필요를 제공한다. 공동선에 방해가 되는 것을 제거하기 위해 국가는 힘으로 개입할 수 있다. 본질상 국가는 삶에 있어서는 내재적이고 명백한 목적이며, 인간의 특별한 이익을 보편적 목적과 결합시키는 데 있어서는 강력하다. 요컨대 국가는 일반적 이익 혹은 실제적 이익을 체현한다. 국가는 가족의 인륜적 습관과 기질에 두루 미치는 근거를 가지고 있으며 이 기질은 기업의 명백한 의식과 목적에 결합되어 있다(Bosanquet 1951, 261쪽). 국가라는 유기체적 조직에서, 즉 우리가 시민으로서 느끼고 생각하는 한에서 감정은 정서적 충성이 되고 명백한 의식은 정치적 통찰력이 된다. 시민으로서 우리는 국가가 우리의 애정과 이익의 대상을 포함하고 확보하고 있다는 것을 느끼고 보게 된다. 이렇게 해서 나타나는 감정과 통찰력은 애국심의 진정한 본질이다(Bosanquet 1951, 256쪽). 그렇다면 국가는 어떻게 해서 공동선을 위할 수 있는 가? 국가를 국가로, 즉 인륜적 실체로 만드는 것은 힘이 아니라 의지다. 탐욕이나 야망이 아니라 공동선에 대한 사상이다(Bosanquet 1951, 274쪽). 공동선에 대한 사상을 사람들이 어떻게 해서 가지게 되며 실천하게 되는가? 이에 대해서는 《사회 정의란 무엇인가》의 제3부에서 다시 논하고자 한다.

10. 수정주의적 자유주의

개인의 부의 축적을 가능케 한 사회적 요소를 배제하고서, 각자가 사회에서 로빈슨 크루소처럼 살아왔으며 앞으로도 살아갈 수 있다고 여길 수는 없다(Hobhouse 1922, 162쪽). 기존 사회에서 협업했기 때문에 생산과 부의 축적이 가능했다. 즉 개인이 부를 축적할 수 있는 것은 공동체의 조직된 힘이 있고 법의 지배가 이루어졌기 때문이다(Hobhouse 1922, 26쪽).

게다가 모든 부를 개인의 생산성이나 사회적 생산성의 탓으로 직접적으로 돌릴 수는 없다(Hobhouse 1922, 190~191쪽). 바로 이러한 이유에서 예를 들면 한 개인이 사회 전체에 기여한 바에 대해 어떤 보답을 받는 것이 올바른가라는 기준을 세우기가 어렵다(Hobhouse 1922, 162쪽). 그렇기는 하지만 공동체는 공동체의 구성원이 생산한 부에 대해 그 몫을 주장할 근거가 있다(Hobhouse 1922, 190쪽). 이렇게 해서 수정주의적 자유주의자들은 사회 정의라는 관념을 수용하게 되었다.

그런데 앞에서 고전적 자유주의자들은 응분에 대해 양면성을 가지고 있다는 점을 지적했다. 반면에 응분에 대한 주장은 그린과 홉하우스 같은 수정주의적 자유주의에서 보다 큰 역할을 담당한다. 그들의 수정주의적 자유주의는 보다 강력한 관념론적 토대를 가지고 있으면서 응분이나 공헌에 따라 사람에게 보답하려 하는 배분적 정의에 대한 이론을 제시하는 데 선두에 섰다. 그들이 보기에는 생산을 하거나 적어도 생산을 하기 위해 많은 노력을 한 사람들이 응분의 몫을 가져야 하며, 시장에서의 경쟁이 이들에게 보답하는 한에서 경쟁적 시장은 정의로운 것으로 여겨졌다. 오늘날에 와서 복지 국가를 지지하는 많은 이들이 배분적 정의를 평등주의적 필요에 근거를 두는 배분과 연관시키고 있지만, 초기에 배분적 정의를 옹호한 이들은 필요를 평등하게 지급하는 것이 자신의 응분의 몫을 갖는 것과 어떻게 일치하는지 보여주려고 노력했다. 홉하우스는 평등한 필요를 평등하게 만족시키는 것을 배분적 정의라고 규정했으며, 그렇게 만족시키는 것이 각자로 하여금 사회에서 담당하는 기능을 적절하게 수행하게 하는 것이며 이로써 공동선이 달성된다고 주장했다(Hobhouse 1922, 125쪽).

홉하우스에 의하면, 각자가 타인을 합리적인 존재로 대해야 한다는 의무에 근거를 두었을 때에만 진정한 공동체가 수립될 수 있다(Hobhouse 1964, 66쪽). 그렇게 하자면, 타인과 평등한 조건에서 각자가 맺는 사회계약에 근거를 두는 사회가 되어야만 한다. 공동선에 호소해야만 모든 사람이 계약을 수용할 수 있다. 공동선만이 모든 사람들이 자신이 요구하는 바를 정당화할 수 있는 근거가 되기 때문이다. 게다가 인간은 사회적 존재이기 때문에, 사회에서 질서가 적절하게 유지되려면 이익의 조화가 이루어져야 한다. 그렇게 되자면 무엇보다 공동선이 앞서야 한다(Hobhouse 1964, 83쪽).

이상과 같이 홉하우스는 '도덕적 집단주의moral collectivism'를 표방하며 정의를 공동선과 연관시키고자 한다. 사람이 필요로 하는 것은 그 사람이 사회에서 담당하는 기능에 의존하며, 그래서 필요를 평등하게 충족시키는 것은 필요로 하는 사람이 사회에 효과적으로 공헌하기 위해서라도 이루어져야 한다. 이렇게 해서 정의는 어떤 사람이 당연히 가져야 하는 것이 아니라 사회에 공헌하기 위해 필요로 하는 것으로 초점을 옮기게 되었다. 그렇지만 홉하우스는 필요의 지급으로서의 사회 정의와 응분으로서의 사회 정의를 조화시키려고 했다. 그는 자원의 최소한의 수준, 즉 그가 말하는 '시민적 최소한civic minimum'을 옹호하면서 이것이 자선이 아니라 노동 계급이 공동선에 기여한 바에 대한 정의로운 보답이라고 주장한다(Hobhouse 1922, 115~119·162·204~205쪽). 요컨대 홉하우스는 평등한 필요를 평등하게 만족시키는 것을 배분적 정의라고 규정했으며, 그렇게 만족시키는 것이 각자로 하여금 사회에서 담당하는 기능을 적절하게 수행하게 하는 것이며 이로써 공동선이 달성된다고 주장한다(Hobhouse 1922, 156쪽). 그리고 이렇게 정의롭게 보답받게 되는 '공헌자contributor'를 '의존자/피부양자the dependent'와 구별한다. 무능력자, 장애자, 게으른 자 등은 공헌자와는 다르다. 공헌자는 응분에 근거해 품위 있는 삶을 영위할 수 있게 되기를 요구할 수 있다. 반면에 의존자는 공동체에 부담이 되며, 그의 필요를 충족시킨다는 특정한 목표를 달성하기 위해 '수당allowance'이 지급된다(Hobhouse 1922, 159쪽). 복지 국가로 발전하는 과정에서 이러한 주장은 결정적 논거가 되었다. 한 가지 예를 들면, '노령 연금old-age pension'과 '실업 보험unemployment insurance'은 이전에 공동선에 기여하는 바가 있다는 이유에서 옹호되었다. 말하자면 자선이 아니라 정당한 응분이다. 그리하여 예를 들어 2차 세계대전 후에,

전쟁 참여자들에게 교육과 주택에 대한 보조금을 지급하는 것은 파시즘을 물리쳤다는 공동선에 이미 기여한 이들에게 돌아가는 마땅한/응분의 보상이라고 여겨질 수 있게 되었다.

이렇게 해서 새로운 자유주의자들이 사회 정의라는 관념의 근거를 응분에 두게 되었는데, 여기에는 정부가 개인의 응분이 무엇인지를 정할 수 있다는 관념론적 가정이 깔려 있다. 그뿐만 아니라 가치 있는 것에 대한 '단원적monistic' 개념과 공동선이 있으며 공동선에 기여한 이들에게는 특히 응분이 주어져야 한다는 신념이 깔려 있다. 무엇을 한 것에 대해 어떤 사람에게 보답하는 것은 보답하는 것이 선하거나 가치 있는 것임을 전제로 한다. 응분이 사회 정의에 방향을 제시하는 원칙이 되기 위해서는 가치 있는 것이 무엇인지에 대해 사회적으로 인정되는 개념을 가져야 한다. 이러한 점에서 단원적이다. 그런데 어떤 사람들은 생산된 것은 가치가 있다고 여길 것이다. 그러나 모든 생산물이 가치가 있는 것은 아니다. 예를 들면, 음란물이 가치 있다고 여기지 않는 이들도 있다. 이러한 이유에서 하이에크는 응분에 보답하는 것이 사회 정의라는 관념을 받아들이지 않는다. 사회에 대한 가치라는 것은 있을 수 없다는 고전적 자유주의자의 '다원적pluralistic' 입장을 하이에크가 취한다. 그에 의하면, 봉사는 특정한 사람에게 가치를 가지며, 어떤 특정한 봉사는 같은 사회의 다른 구성원에게 다른 가치를 가진다(Hayek 1976, 75쪽). 사람들의 응분에 따라 체계적으로 보답하는 것이 사회 정의라는 개념을 택하려면, 가치가 있는 것에 대해 사회적으로 인정해야 한다. 고전적 자유주의인 개인주의에 대비해 새로운/수정주의적 자유주의는 전체로서의 사회적 유기체의 선 혹은 전체로서의 조직된 사회의 이익에 근거를 두고 정책을 펼친다(Gaus 2000, 196쪽).

(1) 발전, 자유, 복지

이처럼 새로운/수정주의적 자유주의자는 사회 정의에 대한 집단주의적 관념을 견지한다. 말하자면, 개인은 공동선에 기여하는 데 필요한 것을 받아야 하며, 공동선에 기여한 만큼 보답받아야 한다. 그렇다면 개인의 권리와 의무는 사회의 선에 전적으로 종속되어야 한다. 그런데 홉하우스의 집단주의는 공동선은 인간 본성의 자유로운 발전이라는 관념에 의해 완화된다. 그렇게 해야만 개인의 선은 사회의 선과 조화를 이루기 때문이다. 요컨대 타인도 자신의 개성을 발전시키는 사회에서 개인은 자신의 본성을 발전시킬 수 있다. 그래서 사회 정의에 대한 홉하우스의 관념에서는 개인의 선과 사회의 선이 단원적으로 조화를 이루며 자아 발전과 적극적 자유가 연관된다는 것이 핵심이다. 각자의 능력을 발전시키는 데 서로가 도움이 되려면, 발전시키는 데 필요한 조건이 제공되어야 한다. 이렇게 해서 사회 정의는 모든 시민을 위한 조건을 평등하게 지급하는 것과 연관되었다(Gaus 2000, 197쪽).

성장하는 데 첫 번째 조건은 기본적 자유에 대한 청구권이다. 그러나 자유만이 발전에 대한 유일한 조건이 아니다. 사회에서 협업하려고 해야 하며 개성을 발전시키는 데 서로 도와야 하기 때문이다. 그렇게 하자면 시민적 최소한이 제공되어야 한다. 그래서 예를 들면 병들고 무식한 채로 자신의 발전을 꾀할 수는 없기 때문에 사회는 '건강을 보살피고health care' 기본적인 교육을 제공해야 한다. 이처럼 강조하는 바가 다르게 됨으로써 고전적 자유주의에서는 비간섭에 대한 소극적 청구 권리가 핵심적 위치를 차지하지 못하게 되었다. 발전하게 하고 진정한 자유를 누리게 하기 위해서는 소극적 청구 권리와 적극적 청구 권리가 합쳐져야 하기 때문이다(Gaus 2000, 197쪽).

(2) 시민적 정의와 조장적 사회 정의

응분으로서의 정의는 '공적/업적merit'에 근거를 두는 보답으로서의 정의와 연관된다. 그러나 두 가지는 같은 개념이 아니다. 어떤 것을 당연히 가질 만하다고 주장하는 것은 과거에 달성한 바에 초점을 두는 것이 전형적이다. 말하자면 선한 명분에 많은 노력을 기울인 자는 어떠한 보상을 받을 만하다. 그러나 공적을 근거로 해 선택하는 것은 앞날을 생각하는 것이 전형적이다. 요컨대 미래에 가장 일을 잘할 사람을 선택하는 것이다. 철수가 농구 연습을 열심히 해 훌륭한 농구 선수가 되려는 준비를 했다면, 철수가 농구 선수가 될 기회를 가질 만하다고 말할 수 있다. 그러나 공적에 근거를 두고 선수를 뽑는다면, 농구를 할 수 있는 철수의 능력, 즉 철수가 농구 팀에서 앞으로 얼마나 농구를 잘할 것인지를 오직 고려하게 된다(Gaus 2000, 197쪽).

패스모어John Passmore에 의하면, 능력에 따른 선택은 '시민적 정의civil justice'의 핵심이다. 이에 따르면, 처벌이나 무능력의 결과가 아닌 한은, 참가할 기회에 대한 경쟁이 없는 것이 확실하면, 보다 능력 있는 사람이 능력이 보다 떨어지는 사람보다 선호되는 경우에는 어느 누구도 어떤 형태의 바람직한 활동에 참여하는 데 배제되어서는 안 된다(Passmore 1979, 26쪽 ; Gaus 2000, 208쪽 재인용). 이것은 정의에 대한 업적/공적주의적 관념을 강력하게 표현한 것이다. 이 관념은 사회를 서로가 경쟁하는 거대한 대중의 집합체로 본다. 거기에서 가장 유능한 자가 승자가 된다. 그러한 업적/공적주의적 이상은 고전적 자유주의와 가끔 연관된다.

그런데 이는 잘못인 것 같다. 고전적 자유주의자가 정부나 공적(公的) 지위를 두고 경쟁하는 것과 관련해 기회의 평등을 요구하는 것처럼 공적(功績)에 따라 선택하는 것을 옹호하는 것은 사실이다. 그러나 구체적인 목표를 가진 공적인 제도에는 공적에 따른 선택이 적용되지만, 전체로서의 사회에는 적용되지 않을 수 있다. 전체로서의 사회는 바람직한 활동이나 활동을 하는 데 수월성을 구성하는 것에 대해 개념을 공유하지 않기 때문이다. 게다가 정의에 대한 공적주의적 개념을 사회 전반에 적용하려 하다 보면, 시민의 재산과 자유에 지나치게 간섭하게 된다. 예를 들어 종교적 학교를 고려해보자. 가톨릭 학교는 침례교 신자가 더 훌륭한 수학 선생이 될 수 있다고 생각하더라도 가톨릭 신자인 사람을 수학 선생으로 고용하는 것이 정의롭다고 생각할 수 있다. 그러나 시민적 정의에 따르면, 가톨릭 신자를 수학 선생으로 고용하려면, 그 신자가 보다 유능하다는 것을 보여주어야 한다. 그러나 그 학교가 가톨릭교회의 재산이며 가톨릭교회가 그 학교에 재정 지원을 한다면, 가톨릭교회가 적합하다고 생각하는 바대로 돈을 쓰지 못할 이유가 없다고도 볼 수 있다(Gaus 2000, 198쪽).

패스모어가 내거는 시민적 정의라는 이상은 사회의 모든 것을 관료적 조직으로서 이해하는 한 합리주의와 연관되어 있다. 관료적 조직은 달성하려는 목표를 가지고 있으며 그 목표를 달성하는 능력에 의해 측정되는 능력에 대한 기준을 가지고 있다. 시민적 정의는 분명 평등주의적 사회 정의에 적대적인 것으로 보인다. 시민적 정의는 능력을 보다 많이 가진 자와 보다 적게 가진 자를 구별하고 공정한 경쟁에서 패자가 있게 되는 것이 정의롭다는 것을 인정한다. 이에 비해 평등주의적 사회 정의를 지지하는 이들은 사회의 패자 혹은 최소 수혜자를 도우려고 한다. 그러나 보다 면밀하게 관찰하면, 시민적 정의는 사회 정의에 대한 온건한 평등주의적 개념을 쉽게 인정한다는 것을 알 수 있다(Gaus 2000, 198쪽).

가장 온건한 형태에서 사회 정의를 옹호하는——이것을 '조장적(助長的)facilitatory' 사회 정의라고 부르자——자들은 시민적 정의가 제시하는 주도적인 가정을 공공연하게 거부하지 않는다. 그들은 어떤 형태의 정의를 특별히 바람직하다고 보지 않으며 선택 과정이 불가피한 경우에 능력이 적절한 기준이라는 것을 부정하지는 않는다. 그러나 사회가 바람직한 활동에 사회 구성원들이 보다 광범하게 참여하는 것과 경쟁적인 상황에서 잠재적으로 가장 능력 있는 사람을 선택하는 것을 조장하는 조치를 취할 것을 요구한다. 이렇게 함으로써 시민적 정의를 넘어선다. 그렇게 조장하는 것은 특정한 개인들을 불리하게 하는 사회경제적 상황을 더 이상 족쇄가 되지 않는 상황으로 수정한다(Passmore 1979, 36쪽 ; Gaus 2000, 198쪽 재인용).

시민적 정의가 어떻게 사회 정의를 조장할 수 있는가? 삶을 경주로 보는 일반적인 비유에 대해 생각해보자. 삶이 경주이거나 여러 번에 걸치는 경주라면, 시민적 정의는 승자가 최상의 경기 참가자, 즉 경주에 가장 능한 사람일 것을 요구한다. 그런데 어느 누가 너무 가난해 먹고살기 바빠서 경주에 대비해 훈련할 시간이 없거나 경주용 신발을 갖출 수 없다면, 그는 자신이 정말로 최선의 경주자로 선택될 것인지에 대해 의문을 가질 수 있다. 가장 적합한 사람은 적절한 훈련을 한 번도 받지 못했을 수도 있다. 그렇다면 훈련받을 기회를 가진 사람들 중에서 선택하게 되었다면, 최선의 사람을 선택했다고 말하기가 어렵다. 공정한 경쟁이 되려면, 평등하게 재능을 가진 사람들이 평등하게 준비를 하게 해야 한다. 이렇게 해서 공정한 기회라는 철저한 평등을 강조하는 사회 정의에 대한 개념이 대두되었다. 정부가 평등한 교육 기회를 부여하고, '보편적 보육 제공child care'을 하고, 그리고 '포괄적 보육 서비스 제공 프로그램head start program'을 제공하는 것은 공적에 따라 보답한다는 확대된 이상(理想)에 해당한다고 볼 수 있다(Gaus 2000, 199쪽).[87]

패스모어는 시민적 정의라는 이상이 확대되어 조장적 사회 정의를 포함하게 되고 공정한 기회의 평등이라는 이상을 수용해야 한다고 생각했지만, 할당을 통해 희소한 지위를 부여하는 데는 반대했다. 말하자면, 사회적 약자가 평등한 기회를 가지는 것에 대해서 거부하지는 않았지만, 사회적 집단이 그 숫자에 비례해 희소한 지위에 대표되어야 한다고 생각하지는 않았다(Passmore 1979, 46쪽 ; Gaus 2000, 199쪽 재인용). 사회의 여러 집단에 어떤 분야의 능력이 비례적으로 배분되어 있다고 간주할 수 없기 때문이다. 비례해 대표하도록 하는 조치를 취하게 되면, 어떤 분야에 능력 있는 자가 선택된다는 것을 보장할 수 없기 때문이다. 그렇지 않다면, 패스모어에 따르면 할당제는 시민적 정의를 침해하는 것으로 봐야한다.

(3) 다원적인 수정주의적 자유주의

이제까지 고전적 자유주의와 수정주의적 자유주의의 차이를 대비시켰다. 이제까지 논한 수정주의적 자유주의는 '단원적인 수정주의적 자유주

---

87 '포괄적 보육 서비스 제공 프로그램head start program'은 미국 정부에서 취학 전의 아동에게 언어, 보건, 정서 등 포괄적인 보육 서비스를 제공하는 프로그램이다. 대를 잇는 가난이라는 빈곤의 악순환을 해결하는 데 목적이 있다. 유럽에서도 1990년대 후반 이후 사회 투자 복지 국가라는 패러다임 속에 비슷한 정책 목적을 가지고 보육 관련 정책을 확대했다.

의monistic revisionist liberalism'라고 부를 수 있다. 여기서의 핵심은 인간의 선은 자신의 능력을 완전히 발전시키고 자신의 참다운 의지에 의해 인도되어야 하며 혹은 자신의 진정한 자아를 실현해야 한다는 것이다(Gaus 2000, 199쪽). 이러한 단원주의에 따르면 각자의 진정한 선은 다를 수 있으며, 선은 자신의 선택에 결정적으로 의존한다. 즉 나의 발전된 개성은 당신의 개성과 같지 않을 것이며 나의 선택을 반영한다. 그럼에도 불구하고 이러한 형태의 수정주의적 자유주의는, 인간에게 하나의 선한 삶이 있는데 이는 자유주의적 사회만이 달성할 수 있다는 것을 전제로 한다. 그래서 단원적/단원주의적이라고 부를 수 있다. 단원주의적 이상의 기초가 되는 것은 적극적 자유와 평등한 권리로서의 평등이 자유와 조화를 이룬다는 주장이다. 그리고 고전적 자유주의에 비해 단원주의적 자유주의는 도덕과 사회를 이해하는 데 있어서 보다 더 집단주의적인 경향이 있다. 그래서 그린은 정의에 대한 집단주의적 이론을 옹호했는데, 이에 따르면 권리는 공동선을 증진하려는 사회적 기획을 막을 수 있는 개인적 주장이 아니라 공동선에 기여하는 것으로 주장되고 인정되는 권력이다. 그렇기 때문에 그린에게서는 사회에 대항하는 권리는 불가능하다(Green 1884, ch. 4). 그린, 홉하우스, 보즌켓 등의 자유주의에서 핵심은 이와 같은 공동선이라는 이상이다. 살펴본 것처럼 이러한 형태의 수정주의적 자유주의는 공동선에 기여하는 데 필요한 것을, 그리고 공헌자가 마땅히 가지고 가질 만한 것으로 정의를 이해한다(Gaus 2000, 200쪽).

1970년대부터 다른 유형의 수정주의적 자유주의가 정치 이론에 영향을 미쳤다. 이는 롤스가 《정의론》에서 개진한 '다원적인/다원주의적인 pluralistic' 수정주의적 자유주의다. 이 수정주의적 자유주의는 고전적 교의와 보다 밀접한 연관을 가지며, 그린과 홉하우스가 제시한 것보다 더 개인주의적이고 더 다원주의적이다(Gaus 2000, 200쪽). 이것은 고전적 자유주의처럼 인간은 자유롭고 평등하다는 가정에서 출발한다. 우리 모두는 평등한 고려와 존경을 받아야 한다는 점에서 평등하다. 그리고 각자가 삶에서 목표를 선택할 수 있으며 목표를 달성하기 위해 계획을 세울 수 있다는 점에서 자유롭다. 각기 다른 삶의 목표를 설정하고 추구할 수 있다. 쾌락이나 고결함의 추구 등과 같은 단일한 목표를 모든 사람이 추구해야 하는 것은 아니다. 또한 롤스는 도덕적 개인주의를 지지한다. 각자가 삶을 살 만하게 값어치 있는 것으로 만드는 것에 대해 자신의 비전을 가지고 있다. 그뿐만 아니라 각자는 전체로서의 사회 복지조차 무시할 수 없는 정의에 기초를 두는 불가침성을 가지고 있다(*TJ*, 1쪽). 롤스가 볼 때 정의의 원칙은 개인의 권리를 규정한다. 그 권리는 너무나 중요하고 강력하기 때문에 사회 전체의 복지나 공동선을 증진한다고 해서 무시될 수 없다.

롤스의 정의 이론에 대해서는 앞으로 자세히 논하겠지만, 정치 이론이 복잡하다는 것을 여기서 깨달을 수 있다. 그린과 홉하우스는 새로운 자유주의를 통해 복지 국가를 수립하고자 했는데, 이는 고전적 자유주의자와는 현격하게 다른 기초에 근거를 두고 있으며 사회주의로부터 많은 것을 빌렸다. 홉하우스와 존 듀이는 자유주의를 사회주의에 근접시켰다. 그들은 빈자를 돕는 정책을 지지한 것만이 아니라 개인, 사회, 도덕을 이해하는 데 있어서도 사회주의에 근접시켰다. 이에 비해 롤스의 다원적 수정주의는 도덕적 개인주의에 언질을 준다는 점에서 자신의 이론을 고전적 자유주의에 더욱 근접시켰으면서도 다원주의에 근접시켰다. 롤스는 홉하우스와 듀이가 옹호한 노선에 따라 광범한 복지 국가를 달성할 수 있다는 것을 보여주려고 한다. 그린과 롤스는 개개인이 능력을 발전시키도록 국가가 도와야 한다고 주장하며, 자아 발전에 언질을 주는 것은 수정주의의 핵심이다. 자유주의가 자기 발전을 돕기 위해서는 자유주의 이론을 대대적으로 재건해야 한다고 그린과 홉하우스가 생각한 반면에 롤스는 이사야 벌린이나 하이에크 같은 고전적 자유주의자들이 공유하는 가정에서 시작한다.

11. 권리에 대한 호펠드의 분석

정의는 권리와 의무에 대한 것이기도 하다. 정의 일반에 대한 이론이 다양하듯이 권리에 대한 이론도 다양하다. 우리는 《평등, 자유, 권리》의 제5장에서 호펠드가 법적 권리를 분석하는 바를 이미 살펴보았다. 'P가 X에 대해 권리를 가지고 있다'고 말할 때, 호펠드에 의하면 여기서 나타나는 법적 관념의 네 가지 기본 요소는 '청구claims', '특권(허용 혹은 자유)privileges', '권능powers', '면제immunities'다. 그는 '법적으로 상응하는 것jural correlatives'과 '법적으로 상반되는 것jural opposites'을 보여주는 표에서 네 가지 '인시던트incident'를 배열해 아래의 표 1과 표 2로 표현한다. 이로써 그는 권리의 네 가지 법적 관계가 나타내는 여덟 가지 근본적 관념——권리(청구권)와 의무, 특권과 무권리, 권능과 책임, 면제와 무능——을 제시한다(Hohfeld 1978, 36~63쪽). 그리고 이것을 법의 최소공배수라고 부른다.

《평등, 자유, 권리》에서 네 가지 법적 관계에 대해 자세히 논했기 때문에 여기서 다시 기술하지 않겠다(이종은 2011, 598~603 · 635~663쪽). 여기서는 권리에 대한 호펠드의 분석이 어떤 의미를 가지는지를 다루고

자 한다. 권리를 분석함으로써 호펠드는 공리주의자인 벤담과는 다르게 정의에 대한 주요한 양상을 지적한다. 벤담은 법적 권리를 타인의 법적 의무로부터 혜택 받는 것으로 단순히 환원하고자 했다. 이에 반해 호펠드는 이렇게 단순화할 수만은 없다는 것을 지적한다. 다른 한편, 존 스튜어트 밀은 앞에서 본 것처럼 행동의 양식을 들면서 정의와 부정의에 대한 다섯 가지 명백한 경우를 보여주었다. 법적 권리이든 도덕적 권리이든 권리를 존중하는 것, 어떤 사람에게 당연한 것에 대한 권리 혹은 약속했던 것에 대한 권리 등을 포함해 정의라는 용어가 대부분 쓰인다는 것을 밀은 보여주었다. 이와 마찬가지로 호펠드도 다른 방식으로 접근했지만, 권리라는 용어 그 자체에는 네 가지 의미가 있다는 것을 밝혔다. 그렇다면 밀이나 호펠드는 권리나 정의라는 개념이 가지는 주요한 양상을 다른 방식으로 지적한 셈이다(Gaus 2000, 188쪽).

정의라는 관념의 역사에서 밀과 호펠드가 기여한 바는 무엇인가?《국가론》에서 플라톤은 소크라테스를 통해 모든 정의로운 것이 공유하는 공통적 요소를 찾고자 했다. 정의롭다고 말해질 수 있는 모든 것이 공유

표 1. 법적으로 상응하는 것(Hohfeld 1978, 36쪽)

권리(혹은 청구권)	특권(허용, 자유)	권능	면제
의무	무권리 (하지 않을 의무가 없음)	책임	무능

표 2. 법적으로 상반되는 것(Hohfeld 1978, 36쪽)

권리(혹은 청구권)	특권(허용, 자유)	권능	면제
무권리	의무	무능	책임

하는 요소가 있다고 보았기 때문이다(Gaus 2000, 7쪽). 그 후로 정의라는 모든 개념이 공유하는 하나의 정의(定義)나 핵심적 양상을 찾는 노력이 오랜 기간 지속되었다. 그런데 밀이 정의라는 특성을 드러내는 행동 양식을 나열한 것은 이들 양식이 공유하는 특성이 과연 있는지에 대해 조심성 있게 접근했다는 것을 의미한다(Gaus 2000, 182쪽). 마찬가지로 권리에 대한 호펠드의 분석도 정의에 대해 하나의 본질적 정의를 내릴 수 없다는 생각을 가지게 하는 셈이다.

　권리와 정의에 대한 개념에 주요한 양상들이 있다는 것을 받아들이게 된다면, 정의 이론을 어떻게 수립하는 것이 올바른가라는 문제가 생기게 된다. 권리나 정의에 대한 관념들이 가지고 있는 다양한 양상을 서로 연관시키고, 질서를 부여해 일관성 있는 개념 체계를 형성해야 한다(Gaus 2000, 188쪽). 이 점을 이해해야만 오늘날 정의에 대한 이론의 구축은 개념을 쌓아 올리는 데에서 시작된다는 것을 이해할 수 있다.

12. 고대의 정의와 근대의 정의

　이제까지 정의에 대한 관념이 변화해온 과정을 고찰해보았다. 정의에 대한 관념을 역사적으로 개괄해본 결과 우리는 그 관념이 시대에 따라 달랐다는 것을 알게 되었다. 솔로몬Robert C. Solomon이 지적한 바와 같이 오늘날 "우리가 정의라고 부르는 것은 호메로스의 그리스에서도, 그리고 400년 후의 플라톤과 아리스토텔레스의 아테네의 시대에도 인정되지 않았을 것이다. 우리가 정의라고 부르는 것은 봉건적인 프랑스, 피렌체의 르네상스, 혹은 제인 오스틴의 부르주아적인 런던 사회에 찾게 되는 정의의 감각과 아주 다르다. 일본이나 이란에서의 정의에 대한 감각과도 아주 다르다." 그렇다면 시대를 관통하는 정의에 대한 정의를 내리기가 어렵게 된다. 우리는 관념의 역사에서 사회 정의라는 관념이 대두하게 된 과정을 부각하는 데에도 초점을 두었다. 그렇게 해야만 오늘날 우리가 배분적 정의에 초점을 두게 된 이유를 알 수 있기 때문이다. 그런데 관념의 흐름 속에서 정의에 대한 고대의 관념과 근대의 관념이 다른 측면에서 크게 차이가 난다. 이 차이를 목적론적 사고와 존재론적 사고의 차이라고 이름 지을 수 있다.

아리스토텔레스에 의하면, 정의는 정치적 선이며 최고의 정치적 덕성이다. 법은 정치를 통제한다. 따라서 입법이라는 것은 정치에서 최고의 형태다. 사람들에게 근본적인 법을 제시하는 것이야말로 국정을 운영하는 기술에 대한 가장 커다란 시금석이다. 그러나 정의가 법을 판단한다. 인간이 법을 고안하지만, 법이 정의롭기를 바라며 정의롭지 않은 법은 바뀌어야 한다고 주장한다.

그런데 정의라는 용어에는 많은 의미가 담겨 있다. 그러나 고대 그리스, 그리스도교와 유대주의에서 유래한 정의에 대한 관념과 르네상스가 나타나고 상업적·산업적 문명이 대두함으로써 나타난 정의에 대한 관념이 다르다는 것을 고찰할 필요가 있다.

플라톤의 《국가론》에서 소크라테스는 미친 사람에게는 그의 칼을 돌려줘서는 안 된다는 것을——그 칼이 그 사람 것이라 하더라도 그에게 칼을 돌려주면 그가 그 칼로 다른 사람을 해칠 것이기에——가르친다. 어떻게 보면 그 칼이 미친 사람의 것인 이상 당연히 그에게 칼을 돌려주어야 한다. 그렇다면 정의가 어느 누구에게 당연한 것을 주는 것이라면, 인간에게 당연히 주어져야 할 것은 과연 무엇인가? 이러한 문제를 생각하지 않을 수 없다. 결국 이 문제는 인간의 본성이 무엇인가라는 문제로 귀결된다고 하겠다. 칼이든 재산이든 인간의 삶을 고양시키는 데 쓰여야 한다. 인간에게 당연한 것은 무엇이며, 우리가 타인에게 빚진 것은 무엇인가? 이러한 문제를 생각하게 되면, 결국 인간이란 무엇인가라는 문제를 천착하지 않을 수 없다. 이 문제에 어떻게 답하느냐에 따라 인간을 정의롭게 다룬다는 것이 무엇인가라는 문제가 결정된다고 하겠다.

고전적 이론은 '목적론적teleological'이라고 볼 수 있다. 존재와 생성을 통해 어떤 사물이 지향하는 바를 알아야만 그 사물의 본질을 파악할 수 있다. 목적론적 사고가 근대 자유주의와는 다르다는 점은 이 책의 제4장에서 목적론과 선을 논하며 이미 다루었다. 이미 다룬 것을 염두에 두고 정의에 대한 관념의 변천에 수반되는 것이 무엇인지를 살펴보자.

고전적인 이론에서는 도토리가 도토리나무가 되려는 목적을 달성해야만 도토리의 진정한 본질을 표현하게 되는 것처럼 그리스도교인들은 예수를 인간이 가져야 하는 진정한 모습으로 표현함으로써 인간의 본성을 헤아리고자 했다. 반면에 근대의 이론은 사물을 '존재론적ontological'으로 본다. 지금 존재하는 사물의 상태에서부터 사물이 이전에 존재했던 상태로 뒤돌아보는 것이다. 사물이 지향하는 바가 아니라 시작된 바에서 사물의 본질을 파악한다. 즉 성장한 도토리나무가 된 상태에서부터 도토리의 본질을 파악하려는 것이 아니라 도토리 그 자체가 어떻게 생성되었는지를 파악함으로써 도토리의 본질을 파악하려고 한다. 마찬가지로 고대인은 사회 내에서 인간의 수월성을 발휘했을 때의 인간의 모습에서 인간의 본질을 파악하려고 했다. 그러나 근대의 이론가들은 인간이라는 개체 자체가 어떻게 해서 생성되었는지를 평가하려고 했다. 그 노력이 바로 자연 상태를 상정하는 사회계약론으로 나타난 셈이다. 이렇게 보면,

근대의 이론가에 의하면, 시작할 때 나타나지 않았던 품성은 인간의 본질을 구성한다고 볼 수 없다.

예를 들어 아리스토텔레스는 사회에서 완결된 인간의 모습에서 인간의 본질을 파악하려고 했다. 반면에 홉스는 인간을 어떤 사회적 관계도 없는 자연 상태로 환원시켜 인간을 분해해서 인간의 본성을 파악하고 다시 재구성하는 '분해 결합법resolutive-compositive method'을 사용했다. 이 점에서 본다면, 고대인과 근대인이 인간의 본성을 파악하는 방법이 다르다. 근대의 이론가는 분석적이라고 하겠다. 반면에 고전적 이론가는 '총체적holistic' 혹은 '종합적synthetic'이라고 볼 수 있겠다. 결국 분석적 사고는 존재론적 사고의 결과로 나타난 것이라고 볼 수 있겠다.

그렇다면 다음과 같은 질문을 던질 수 있다. 인간을 포함하는 모든 사물이 다른 사물과 관계없이 존재할 수 있는가? 부분은 전체와의 맥락 속에서 존재하는 것이 아닌가? 전체의 부분으로서 인간을 파악하느냐 아니냐에 따라 인간의 본질과 이에 따른 정의(正義)에 대한 관념도 달라진다.

인간을 어느 상황에서 두고 보느냐에 따라 인간의 이성과 감성의 역할도 다르게 보게 되는 것이다. 아리스토텔레스가 인간의 이성을 중시한 데 비해 홉스는 감성을 중시한 것도 여기에서 연유한다고 볼 수 있겠다. 게다가 근대의 이론가는 인간은 자유롭게 태어났다고 주장하는 반면에 플라톤과 아리스토텔레스는 인간은 타인의 도움을 받아 살아가야 하는 의존적 존재이며 정치생활 자체가 인간의 삶을 완전하게 한다고 본다.

이러한 관점이 다르기 때문에 인간에게 당연하게 주어져야 하는 것이 무엇인가에 대한 관점도 달라진다. 이에 따라 개인에 대한 국가의 역할도 달라지며, 따라서 정의의 관념도 달라질 수밖에 없다. 정의가 결국 인간에게 당연한 것을 돌려주는 것이라면, 정의는 개개인이 타인에게 얼마나 빚을 졌으며 개개인이 당연히 가져야 하는 것은 무엇인가라는 문제로 귀결된다. 그런데 당연한 것이 무엇인가에 대한 관점은 고대인과 근대인에게서 다르다. 그래서 정의에 대한 관념이 다를 수밖에 없다.

요컨대 목적론적 사고에서 존재론적 사고로 전환되었기 때문에 정의에 대한 관념이 달라졌다고 볼 수 있겠다. 이렇게 전환되었다는 것은 결국 선에 대한 객관적 관점에서 주관적 관점으로, 그리고 권리에 대한 객관적 관점에서 주관적 관점으로 전환된 것, 다른 말로 하면 개인주의의 대두와 맥을 같이한다고 볼 수 있다. 이러한 전환에 유의하면서 정의에 대한 이론을 파악해야 한다.

13. 정의와 덕성

이제까지 정의라는 관념이 형성된 과정을 살펴보았으며 이로써 정의라는 개념의 윤곽과 아울러 정의에서 문제 될 수 있는 것이 무엇인지를 어느 정도 파악한 셈이다. 그런데 문제가 되는 것 중에서 빠트릴 수 없는 것 하나가 정의와 덕성 사이의 관계다. 두 개념 사이의 관계를 명확하게 해둘 필요가 있다. 그렇게 함으로써 정의라는 덕성이 인간 사회에서 중요하지 않을 수 없는 이유도 아울러 살펴보자.

그리스어의 'dikē'를 영어에서 '정의justice'로 번역해왔기 때문에 이 번역이 거의 고정되어버렸다. 그러나 이보다는 '올바름the right'이나 '올바른 것what is right'으로 번역하는 것이 더 적절하다. 고대 그리스 문명에서는 '올바른 것'이라는 규범적 사상은 'dikē'에서 연유한 'to dikaion'으로 표현되었다. 이 말은 포괄적인 의미에서 특히 행위에 관해 '되어 있어야만 하는 것으로 되어 있는 것what is as it ought to be'을 의미했다(Pattaro 2005, 269쪽).

여러 세기를 두고 철학자와 법률학자들은 자연법과 실정법을 구별했다. 자연(본성)에 의해 올바른 것과 법에 의해 올바른 것을 구별하는 것이 자연법과 실정법의 이원론을 표현하는 것이 된다고 생각하면, 'to dikaion'은 '정의로운 것'이라기보다는 '올바른 것'을 의미해야 한다. 해블록Eric A. Havelock에 의하면, 호메로스의 시대에 'dikē'라는 용어는 정의라기보다는 '타당/적절함', '품위 있음', '정확함propriety/seemliness/correctness', 즉 한마디로 말하면 '올바른 것'을 의미했다(Havelock 1978, 53쪽). 이것은 호메로스, 헤시오도스, 헤로도토스 시대를 거쳐서 플라톤 시대에까지 이어졌는데, 플라톤에 의해 'dikē'가 '형상(즉 이데아)eidos'의 지위, 즉 보편적으로 받아들여져야 하는 어떤 원칙으로 상승한 것이다(Havelock 1978, 54·182~183쪽 ; Pattaro 2005, 271~274쪽).[88]

라틴어 'jus'는 '올바른 것what is right'을 의미하면서 동시에 '법law'을 의미한다. 그래서 'dikē'와 마찬가지로 영어로 번역할 때 어려움이 따른다. 특히 두 가지 의미로 쓰이는 것을 영어로 번역하게 되면 애매해진다. 그 이유는 다음과 같다. 영어 'law'에 상응하는 프랑스어는 'droit', 독일어는 'Recht', 이탈리아어는 'diritto'다. 이 말들은 모두 '법'과 '권리'라는 뜻을 다 가지고 있다(Shapiro 1986, 41쪽).[89] 그런데 영어 'law'에는 권

---

88 플라톤에게 와서 원칙이 되었다는 것은 'dikē'가 그 이전, 즉 호메로스 시대에는 하나의 원칙으로서의 '정의justice'라는 관념이 'dikē'라는 말에 없었다는 것을 뜻한다. 플라톤에게 와서 'dikaiosune'라는 말이 하나의 원칙으로서의 정의라는 관념을 담게 되었다(Pattaro 2005, 285쪽).
89 'Recht', 'droit', 'jus'는 넓은 의미의 법이며, 반면에 'Gesetz', 'loi', 'lex', 'legge', 'ley' 등은 영어 'law'로 번역된다. 그러나 좁은 의미의 법률로 볼 수 있다. 법은 집단 명사이며, 법률은 개

리와 유사한 뜻이 없다. 이것은 고영어의 'laðu'에서 유래했는데, 그것은 '놓여 있는(설정된) 어떤 것something laid down'을 의미했다(Pattaro 2005, 5쪽).[90] 라틴어 'jus'는 인도유럽어의 'yous'에서 유래했는데, '올바른 것 what is right'과 '법law'이라는 의미가 있다(Docet 2005, 295쪽). 그래서 '의 례적 규칙에 의해 요구되는 규칙성이나 정상성의 상태the state of regularity or normality required by ritual rules'를 의미했다. 더군다나 'jus'는 '올바른 것' 이라는 뜻으로 쓰일 때도 두 가지 의미가 있었다. 객관적으로 올바른 것 과 주관적으로 올바른 것이다. 전자의 예로는 'jus naturale', 'jus civile', 'jus gentium'이 있으며, 후자의 예로는 'jus libertatis', 'jus civitatis', 'jus retinendi' 등이 있다(Docet 2005, 295쪽). 그렇기 때문에 'jus'를 번역할 때는 그리스어의 'dikē'처럼 혼동이 생긴다. 특히 올바른 것과, 'dikē'와 연관이 있는 'justice'를 구별하는 것이 어려워진다(Docet 2005, 296쪽).

올바른 것을 'dikē'와 연관이 있는 'justice'와 구별하는 것이 어려워 지기 때문에 의무론에서의 '올바름the right/what is right'은 목적론에서의 '정의the just/what is just'와는 다르다. 그렇기 때문에 어떤 행동을 두고 올 바르지만 정의롭지 않다거나 공정하지 않다고 말할 수 있으며, 그 반대 로도 말할 수 있다. 만약 어떠한 것이 규범이므로 구속력을 갖게 된다 는——칸트에서처럼 의무 그 자체를 위해—— 개념은 목적론적인 입장 에서 '정의로운 것what is just'이라는 개념과는 다르다(Docet 2005, 296쪽,

---

별화된 것이다(김철 2009b, 91 · 129쪽).

90 프랑스어 'loi', 독일어 'Gesetzt', 이탈리아어 'legge'는 영어의 'law'에 상응하는 말인데, 예컨 대 의회가 제정한 세법 혹은 불법 이민에 대한 법과 같은 경우에 쓰인다(Pattaro 2005, 5쪽, 각주 7). 그런데 한국어의 '법'은 오히려 제도와 규범이라는 의미가 강하다고 하겠다(김철 1992, 81쪽).

각주 4).

그런데 아리스토텔레스의 사상을 그리스도교에 접합시킨 아퀴나스에 의하면, '덕성virtue'에는 두 가지 의미가 있다. 넓은 의미로는 인과적인 힘에서 나오는 특성을 가리킨다. 예를 들면, 햇빛으로 물체를 따뜻하게 하는 '덕성virtue'을 해는 가지고 있다. 그리고 좁은 의미로는 '태도attitude'를 가리키는데, 라틴어로는 'habitus', 그리스어로는 'hexis'에 해당한다. 이는 절제, 강건, 정의와 같은 도덕적 덕성을 의미한다(Docet 2005, 296 ~297쪽, 각주 5).

아퀴나스는 아리스토텔레스의 《니코마코스 윤리학》에 나타나는 덕성을 아래와 같이 해석한다(Docet 2005, 297쪽). '덕성virtue/aretē'은 정착된 마음의 기질, 즉 '태도hexis'로써 행동과 '정동(情動)emotion'을 결정하는 데, 본질적으로 우리에게 상대적인 수단을 준수하는 것으로 이루어진다. 이것은 '신려 있는 사람phronimos'이 수단을 결정하듯이 원칙에 의해 결정된다(1106b~1107a).

따라서 정의는 어떤 종류의 평등을 수반하며, 어떤 것이 다른 것에 평등하게 되었을 때 '적절하게adequate/justari' 되었다고 이야기된다. 정의의 목적은 'justum'을 얻는 것인데, 이것은 'jus'를 얻는 것과 같다. 이 경우의 목적에 해당하는 'jus'는 타인과 관련해 '올바른 것what is right/quod est rectum'으로 이루어진다.[91]

---

91 아퀴나스는 'lex'(여기서는 법이 아니라 규범norm이라고 간주하는 것이 더 낫다)가 라틴어, 'ligare(to bind)'에서 연유하며 그렇게 된 이유는 어떠한 'lex'가 구속적이기 때문이라고 주장한다(*Summa Theologiae* (2), 1.2, q. 90, a.1). 그런데 사실 'lex'는 'ligare(to bind)'가 아니라 'legere(to say/to read)'에서 유래한 말이다. 아퀴나스가 잘못 알았지만 그의 논지 전개에는 상관이 없다(Pattaro 2005, 60쪽). 어쨌든 '인간의 규범lex humana'이 구속적이기 위해서는 '자연의 규범lex naturalis'에서 연유해야 한다. 그렇지 않으면 그것은 '규범lex'이 아니기

그렇다면 정의는 '각자에게 그의 올바름을 주는 것rendering to each one his right'이다. 왜냐하면 타인의 올바름을 존경하면 그 사람은 정의롭다고 이야기되기 때문이다. 따라서 정의는 그 사람에게 도덕적인 덕성의 하나가 된다(Docet 2005, 301~302쪽).

'각자에게 그의 올바름을 주는 것'이 '각자에게 그의 당연한 것(올바름) quod suum est'을 주는 것이라고 하겠다. 그렇게 하자면, '의지will/voluntas'가 있어야 한다. 그래서 아리스토텔레스의 사상을 그리스도교에 접합시킨《신학대전》에서 아퀴나스는 정의를 '일관성이 있으며 영속적 의지에 의해 각자에게 그의 당연한 것을 주는 태도a habit whereby a man renders to each one his due'라고 정의했다(Summa Theologiae, (b), 2.2, q. 58, a.1).

그렇다면 '정의justice/justitia'라는 도덕적 덕성에 관계될 때 '올바른 것'의 한 가지 의미가 드러난다. 정의의 주제는 자신의 행동이 타인에게 영향을 미치는 한에서 행동하는 사람의 자신에 대한 의지다. 요컨대, 올바름은 '이성reason/ratio'에 의해서만 결정되고 정의를 제외한 다른 도덕적 덕성은 행동하는 이들 자신에게만 관련되지만, 정의는 자신만이 아니라 관계되는 타인과 관련되어 올바름은 이성에 의해 결정된다. 정의를 제외한 다른 덕성은 예컨대 욕망과 노여움 같은 인간의 정념과 관련된 것으로, 스스로 갖추려고 노력해야 하는 것이다. 그렇기 때문에 정의는 행위자만이 아니라 행위에 관련된 이들과의 관계에서 특별한 '조정/시정 rectification'을 필요로 한다.

그리스인들은 정의가 덕성과 같다고 보았다. 그렇다고 해서 정의가 인

때문에 구속적인 것이 아니다. 객관적으로 올바른 것이 '규범lex'의 내용이다. 따라서 인간의 규범의 내용이 자연의 규범에서 연유한 것이면 올바르다. 그렇지 않으면 인간의 법은 규범이 아니다(Pattaro 2005, 59~60쪽).

간의 '덕성virtue' 중 유일한 것은 아니다. 덕성으로 들 수 있는 것 중에는 '연민compassion', 사랑, 동정심, 정직, 이타심, 용기, 성실, 책임, 이해 등이 있다. 윤리가 포괄적이려면, 이상의 것을 모두 다루어야 한다. 그러나 그 중에서 정의는 사회에 기반이 되는 덕성이다. 우리에게는 정의에 대한 권리가 있기 때문이다. 인간은 사랑이나 동정심으로 대접받거나 이해받기를 원할 수 있다. 그러나 그렇게 대접받을 권리를 반드시 갖는 것은 아니다. 그렇지만 정의에 대한 권리를 가지고 있다(Isbister 2001, 3쪽).

정의가 가장 우선적인 덕성이라는 것은 다음과 같이 이해될 수 있다. 프랑스 혁명의 구호였던 '자유, 평등, 우의' 중에서 자유와 평등이라는 가치를 어떠한 형식으로 달성하면 그 사회는 정의롭다고 부를 수 있다. 예를 들어 자유가 평등하게 보장되거나, 복지 정책이 시행되어 부자가 더 낸 세금으로 빈자에게 혜택이 돌아감으로써 경제적으로도 어느 정도 평등한 사회가 이루어졌다면, 그 사회는 나름대로 정의롭다고 하겠다. 그러나 부자가 그렇게 하면서도 빈자와 서로 대면하지 않는다면, 그 사회는 법에 의해 어느 정도 정의가 이루어진 정의로운 사회라고 말할 수는 있겠지만 사랑, 연민, 동정심이 있는 훈훈한 사회라고 말할 수는 없다. 부자가 복지비를 지불한 것은 법에 의해 어쩔 수 없이 한 것이지, 빈자에 대한 연민에서 한 것이 아닐 수 있기 때문이다. 가장 바람직한 사회는 정의가 행해지면서 훈훈한 정을 느낄 수 있는 사회라고 하겠다.

요컨대 '정의와 시민적 우애civic friendship'에 바탕을 둔 사회, 즉 '우애의 도시brotherly city'가 가장 바람직한 사회라고 할 수 있다(Maritain 1951, 47쪽). 말하자면, 법과 정의가 사회에 불가결한 요소이기는 하지만 이에 덧붙여 사회에 활력을 불어넣고 내적인 창조력을 공급하는 시민적 우애 또한 필요하다. 시민적 우애는 시민적 평화의 진정한 원천이며, 사회 공동체의 기원이 되는 '의지의 일치agreement of wills'를 가져온다. 마찬가지로 아리스토텔레스도 모든 사람이 친구라면 정의가 필요 없다고 주장했다(NE 1155a25~26). 우의가 깊어지면 분열에서 벗어나 만장일치에 근접할 수 있기 때문이다. 그래서 아리스토텔레스는 정의의 참다운 형태는 '우의가 있는 특질friendly quality'이라고 여겼다(NE, 1155a24~28).

아리스토텔레스처럼 볼 수도 있다. 그러나 그가 말하고자 한 의미를 다르게 해석할 수도 있다. 우의가 있는 사회는 정의가 필요 없다는 그의 주장은 우의 안에 정의가 벌써 용해되어 있다는 것을 의미할 수도 있다. 이 문제를 다음과 같이 풀어보자. 자유와 평등이 보장되는 정의로운 사회와 자유와 평등이 보장되지 않아서 정의롭지 않지만 우의가 있는 사회 중에서 어느 사회를 택하는 것이 옳겠는가? 즉, 정의롭지만 훈훈하지 않은 사회와 정의롭지 않지만 훈훈한 사회 중에서 어느 것을 택해야 하는가? 전자를 택해야 할 것이다. 사회에 최소한의 정의가 없으면 사회 자체가 유지되기 어렵기 때문에 정의가 우선적으로 중요하다. 정의는 사람들에게 마땅한 것을 주는 것이다. 마땅한 것이 주어지지 않을 때 사회는 쉽게 분열된다. 정의는 개인에게 하나의 덕성일 뿐만 아니라, 인간의 상호 관계를 통제해 사회에 질서를 부여할 수 있다. 그래서 정의가 없으면 개인과 사회는 행복을 기약할 수 없다. 정의가 있음으로써 사회가 행복해진다고 보면, 정의는 사회 질서에 의해 보장되는 행복인 셈이다(Kelsen 1960, 1~2쪽).

그리고 정의롭지는 않지만 우의로 맺어져 훈훈한 사회에서는 그 훈훈함마저 오래 지속되지 않을 것이다. 정의 없이는 훈훈해질 수 없기 때문이다. 그러므로 정의를 포함시킬 수 있을 정도의 돈독한 우의로 맺어질 수 없을 바에야 일단 정의로운 사회를 확립하고 우의를 기약하는 것이 옳을 것이다. 물론 정의롭지 않고 불평불만이 많은 세상보다는 정의로운 세상이 나은 세상임에 틀림없다. 그리고 정의롭고 불평불만이 없는 세상이 최상의 세상은 아니다. 다른 가치가 실현되면 세상이 더 좋아질 것이기 때문이다. 그런데 문제는 다른 가치라는 것이 사람마다 다르다는 데 있다(Steiner 1994, 1쪽).

그러나 인간이 정의롭기 위해서는 평등해야 하며, 평등은 우애의 기초와 근원에 자리를 잡고 있다(Maritain 1951, 37~38쪽). 다르게 표현하면, 인간을 자유롭고 평등하게 하는 것이 법이라면, 일단 정의를 확립하는 것이 인간 사이에 사랑이 움틀 수 있는 토양을 마련하는 것이다. 정의를 확립하는 것이 법의 목적이라고 하겠다(김철 1992, 140~142쪽). 정의를 확립하는 사회를 우선 택해야 한다. 그렇지 않으면 사회가 분열되기 쉽다. 그래서 일단 정의를 확립한 연후에 우의, 나아가 박애를 달성해야 한다. 이처럼 인간 사회에서는 평등을 기반으로 하는 정의가 기본적이기 때문에 '진리가 사상의 체계에서 제1덕성인 것처럼 정의는 사회 제도에서 제1덕성이다'(*TJ*, 3쪽).

그렇기 때문에 제우스는 도시 국가가 흩어지고 파멸하는 것을 막기 위해 헤르메스로 하여금 모든 인간에게 '존경과 정의reverence and justice'를 부여해 도시 국가를 우의와 화해로 결속하게 했다. 이러한 덕성을 모두에게 가져다준 것은 그것이 일부에게만 주어지면 도시가 존재하지 않을 것이기 때문이었다(*Protagoras*, 322).

제13장

정의의 세 가지 구성 요소

정의의 관념의 역사를 살펴본 이유는 그 관념들이 생겨난 역사적 배경을 감안해 정의 관념의 내용을 살펴봄으로써 정의와 연관된 개념들이나 관념들을 이해하자는 데 있다. 이를 바탕으로 정의 이론을 논할 수 있기 때문이다.

이제까지의 논의를 통해 짐작할 수 있겠지만, 일반적으로 사회 정의는 세 가지 요소로 이루어져 있으며 사회 정의에 대한 이론은 세 가지 원칙을 바탕으로 구성되어야 한다고 이야기된다. 구성 요소나 구성 원칙이라는 것도 역사적으로 생성된 것이라고 볼 수 있다. 세 가지 구성 요소는 자유, 평등, 효율이다. 인간은 평등한 존재로 대우받을 만하며, 자유로울 가치가 있으며, 그리고 제한된 자원으로부터 최선의 것을 얻을 만하다 (Isbister 2001, 4쪽). 인간을 이처럼 대우해야 한다는 사상이 역사적으로 생성되어 왔다.

정의를 구성하는 세 요소가 서로 갈등을 일으킨다는 데 문제가 있다. 예를 들어, 자유를 최대한 보장하다 보면 불평등이 야기될 수 있다. 반면 평등을 완벽하게 추구하다 보면 효율이 떨어진다. 구성 요소들 사이의 갈등을 어떻게 해결할 것인가? '풍랑 만난 배'라는 예에서 이 문제를 해결하는 단서를 찾을 수 있다. 도덕적 판단을 내려야 한다. 윌리엄 데이비드 로스가 언급한 것처럼 도덕적 의무에 대한 판단은 조건적, 즉 일견적 의무다(Ross 1930, 18~36쪽). 즉 어떠한 상황에서는 어떠한 원칙을 적용할 수 있지만, 다른 상황에서는 그 원칙을 그대로 적용할 수 없게 된다. 이처럼 정의의 원칙을 고려해야 하지만, 하나의 원칙을 맹목적으로 따라서는 안 된다. 그렇지만 도덕적 사고를 전개하는 과정에서 정의의 원칙을 기초로 삼아야 한다(Isbister 2001, 4쪽).

정의에 대한 관념들이 문화적으로 특수한 것이 분명하다면, 정의에 대한 독립적 기준이 있을 수 없다는 도덕적 상대주의를 제기할 수 있다. 어떤 문화에서 허용되지 않는 것이 다른 문화에서는 허용된다. 예를 들어 노예제는 고대에는 허용되었지만 현재에는 허용되지 않는다. 이러한 견해를 지지하는 이들이 볼 때 정의에 대한 탐구라는 과제는 철학자와 이론가가 아니라 역사가, 인류학자, 사회과학자의 몫이다. 도덕적 상대주의는 문화적 편견에 대한 경각심을 불러일으킨다는 점에서는 매력이 있다. 문화가 다르면 도덕성을 다르게 보는 것은 경험과 부합한다. 그렇다고 해서 이를 근거로 정의에 대한 독립적 기준이 있을 수 없다고 주장하기는 어렵다(Isbister 2001, 4~5쪽).

도덕적 상대주의는 정의를 추구하는 기초로서는 궁극적으로 불가능하다. 이것이 무어G. E. Moore가 말한 '자연적 오류naturalistic fallacy', 즉 존재에 대한 진술을 당위에 대한 진술로 바꾸는 것의 한 예다(Moore 1988, chs. 1~3).[92] 이를테면 벤담은 공리주의를 규범적 윤리로 제안했지만 사람들이 실제로 행동하는 바와 행동해야 할 바를 명확히 구분하지 않았다. 이렇게 보면, 벤담은 자연적 오류를 범한 셈이다(Smart 2006, 604~605쪽). 평등을 논하면서 살펴본 것처럼 미국의 백인들은 대부분 인종주의자였다. 인종주의자인 것을 수치스럽게 여기지도 않았다. 그들은 인종주의적 문화에서 살아왔다. 그렇지만 오늘날 대부분의 사람들은 그들이 윤리적으로 잘못되었다고 믿는다. 잘못되었다는 것은 이제 돌이켜보니 잘못되었다는 것만이 아니라 당대에도 잘못이었다는 것을 의미한다. 인종주의가 본질적으로 정의롭지 못하다고 여기고 이에 반대해 투쟁한 소수들이 당시에도 있었다. 오늘날 우리는 그들을 존경한다. 그들은 보편적이라고 여겨지는 원칙, 예컨대 인간을 도구로만 이용하지 말라는 원칙에 고무되어 투쟁했던 것이다. 이처럼 윤리적 상대주의에 의존하다 보면 지배적 규범에 저항할 근거가 없게 된다. 그렇기 때문에 정의를 추구하는 이들은 상대주의에만 의존하고 있을 수 없다(Isbister 2001, 5쪽).

---

92 자연을 서술하는 것에서 가치가 도출될 수 있는가? 자연이 인간에 대한 어떠한 규범을 설정할 수 있는가? 자연과 자연적인 것에 호소해 도덕적이며 미학적인 문제를 적절히 해결할 수 있는가? 자연주의적 윤리 이론과 자연주의적 오류에 대한 논쟁에서 이들 문제에 대한 여러 가지 답이 제시되었다. 자연이라는 것이 복잡하고, 자연에서 단순한 우주적 과정이 아니라 수없이 많고 다양한 과정이 전개되고, 이 과정들이 인간의 마음을 만들고, 이들 과정 자체가 지성에 의해 인도되지 않는다면, 자연적인 것으로부터 선한 것이나 해야 하는 것을 이끌어낸다고 말할 수 없다. 다른 한편, 자연이 전적으로 선하고 지혜롭고 전능한 신성에 의해 창조됐다고 여겨지면, 자연적인 것은 겉보기에 그러한 신성에 의해 창조될 만한 가치가 있다. 그러나 악이 존재하는 것이 어떻게 설명되든지 간에 그 맥락에서도 그렇게 추론하는 것을 믿지 못하게 만든다. 자연적인 인간은 이제 갱생한 사람과 대비될 수 있으며, 자연적이라는 것은 가치가 떨어진다는 의미를 가지게 된다. 그 대신에 죄가 많은 것은 자연적이지 못한 것, 말하자면 신적으로 정해진 자연의 진로를 왜곡시키는 것으로 간주될 수 있다(Hepburn 2006, 520쪽).

여러 가지 정의의 원칙들이 있을 수 있다. 인간으로서 우리는 개인의 경험을 초월하는 정의의 원칙을 찾기 마련이다. 그러나 원칙에 대해 합의할 수 없다고 해서 원칙을 찾는 일을 중단할 수는 없다. 여기서는 정의에 대한 세 가지 원칙을 개진하고자 한다. 이미 우리는 자유와 평등에 대해 논했다. 그러나 정의가 세 요소, 즉 평등·자유·효율로 구성된다면, 이에 대해 간략하게 재론하면서 세 가지 구성 요소 사이에 있을 수 있는 갈등을 적시하고 이에 대한 해결책을 강구해야 할 것이다. 해결책을 강구하는 원칙이 바로 정의의 원칙이기 때문이다.

1. 평등

아리스토텔레스에게서는 정의가 선, 평등과 연관된다. 그리고 정의에서는 특히 평등이 중심이라고 흔히 이야기된다. 인간이 평등하다고 여겨질 근거는 어디에 있는가? 인간이라는 점에서 평등하다는 이유로 모든 것을 평등하게 가져야 하는가? 즉 인간이 어떤 점에서 무엇에 대해 평등한지를 묻지 않을 수 없다.

기본적인 윤리적 공리(公理)로부터 평등을 도출하려는 철학자가 있다. 그 예로 존 롤스는 《정의론》에서 정의의 원칙을 개진하는데, 출발점을 원초적 입장에 둔다는 것을 들 수 있다. 반면에 다른 철학자들은 인간이 공유하는 특성으로부터 평등을 도출했다. 도덕적 판단을 내리거나, 느끼거나, 대화에 참여할 수 있는 능력 등이 그 특성이다(Wong 1984, ch. 13). 그런데 유아라든가 의식불명 상태에 있는 사람에게는 이러한 특성이 없기 때문에 그들에게서 평등을 도출하기 어렵다. 따라서 타고난 특성을 근거로 해 도덕적 입장을 확립하려고 하면, 인간은 평등한 것이 아니라 불평등해야 한다는 도덕적 입장을 취할 수도 있다.

평등은 더욱 기본적인 윤리적 공리로부터 도출할 수도 있을 것이다. 그러나 어떠한 공리로부터 도출하는 것이 옳은지를 알기 어려우며, 그 공리를 정당화할 근거를 찾는 것이 쉽지 않은 경우도 있다. 이러한 어려움이 있기 때문에 제퍼슨처럼 평등을 정의의 기초로 삼고 시작할 수 있다. 그는 독립 선언서에서 "모든 인간은 평등하게 태어났고, 창조주에 의해 어떤 불가양의 권리를 부여받았으며, 이들 중에는 생명, 자유와 행복의 추구가 있다는 것들을 우리는 자명한 진리로 본다"고 밝혔다(Isbister 2001, 6쪽).

역사를 아는 사람이라면 이 선언에 한계가 있다는 것을 잘 안다. 여기서 말하는 모든 인간에는 미국의 아프리카인과 인디언은 포함되지 않는다. 그러나 제퍼슨이 말하는 '인간들men'을 '사람들people'로 대체해 모두를 포괄한다고 보면, 그 선언은 이 지구상의 모든 사람은 똑같은 가치를 가지고 있다는 보편적 진리를 담는 것이 된다(Isbister 2001, 6 · 163쪽).

모든 사람이 똑같은 가치를 가진다는 것을 어떻게 알았는가? 제퍼슨은 어떤 경험이나 자료를 근거로 그러한 진술을 한 것이 아니다. 우리의 속성으로 보아 인간은 평등하지 않기 때문이다(Isbister 2001, 6쪽). 각자는 개개인의 특성을 가졌기 때문에 독특하며, 모든 사람이나 다른 어느 누구와도 같지 않다. 그러므로 텐브뢰크Jacobus TenBroek에 의하면, "모든 인간이 평등하게 창조되었다는 것은 선언적 진술이 아니라 불가피한 '명령imperative'이다. 이것은 진술이 아니라 권고하는 말이다. 단언이나 서술이 아니라 명령이다. 어떤 형태를 띠었든, 지시하는 기능을 가지고 있다"(TenBroek 1969, 19쪽 ; Isbister 2001, 7쪽 재인용). 개개인의 속성이 무엇이든, 그리고 그 속성이 얼마나 다양하든, 인간을 평등한 도덕적 입장, 평등한 값어치를 가진 것으로 다루도록 독립 선언서는 지시했다.

제퍼슨이 우리가 도덕적으로 평등하다는 가정에서 시작했듯이 "어떤 점에서 시민은 평등하게 다루어져야 한다는 가정에서부터 정의에 대한 모든 근대 이론이 시작된다"(Roemer 1996). 그러나 이 가정을 인정한다고 해서 문제가 자동적으로 해결되는 것은 아니다. 오히려 여기서부터 문제가 시작된다고 하겠다. 평등의 본질과 가치라는 주제로 이미 다루어 본 문제들이지만(이종은 2011, 제2장), 첫째, 어떤 점에서 인간이 평등한 존재로 다루어져야 하는가? 둘째, 평등해지는 것은 정확히 누구인가? 이러한 문제를 우선적으로 다루지 않을 수 없다.

인간이 도덕적으로 평등하다는 사실로부터 인간은 무엇을 할 자격을 얻게 되는가? 법 앞의 평등이 주장되기도 하고 소득, 부, 복지, 행복, 자원, 기회, 능력, 자유가 평등해야 한다고 주장되기도 한다. 평등하게 되어야 할 것을 선택하는 것이 문제가 된다. 아마르티아 센이 지적하듯이, 사람들은 다양하기 때문에 어떤 차원에서 평등을 주장하게 되면 다른 차원에서 불평등해지는 것이 불가피하기 때문이다(Sen 1992, 1쪽). 예를 들어, 어떤 사람은 다른 사람보다 부(富)에 의한 행복을 더 많이 향유한다. 그렇다면 부에서 평등하게 만들면, 행복에서는 불평등해지게 된다. 반대로 모든 사람이 행복에서 평등하게 되면, 부는 불평등해지게 된다(Isbister 2001, 7쪽).

(1) 기회의 평등과 결과의 평등

무엇이 '평등화equalization'되어야 하는가? 이 질문에 대한 답은 대체로 둘 중 하나다. 하나는 기회의 평등 또는 자원의 평등을 강조하는 것이고, 다른 하나는 결과의 평등 또는 복지의 평등을 강조하는 것이다(Hausman et al. 1996 : Putterman et al. 1998 ; Isbister 2001, 7쪽 재인용). 기회의 평등은 인생이라는 여정에서 우리 모두가 같은 출발점에서 시작해야 한다는 것을 의미한다. 자원을 평등하게 가지는 조건으로 인생을 출발해야 한다고 주장할 수도 있다. 반면에 결과의 평등은 삶에서 동등한 혜택을 받아야 한다는 것을 의미한다.

　그런데 개인적 특성이 각기 다르기 때문에 평등에 대한 두 개념은 동시에 충족될 수 없다. 설사 기회가 평등하더라도, 어떤 이는 다른 이보다 더 기술이 많거나 열성적이어서 더 나은 결과를 얻게 될 것이다(Isbister 2001, 8쪽). 기회의 평등만 강조하면 기회를 선용한 이가 노력의 결과를 모두 차지하게 된다. 반면에 결과의 평등만 강조하면, 사회적 협업에 참여하지 않고 고통을 분담하지 않은 이들까지 혜택을 받게 된다. 또한 결과의 평등을 지나치게 강조하면, 사회적 협업에서 고통을 분담하지 않으려는 사람들이 생겨나 사회 전체의 효율이 저하된다.

　이상의 것은 자본주의와 사회주의라는 양 체제를 겪으면서 드러났다. 시장 경제를 택한 자본주의에서는 사회에 공헌한 바에 따라 보상을 받는다는 원칙이 지켜져야 한다. 그렇게 되어야만 사람들이 동기나 자극을 갖게 되어 열심히 일하려고 할 것이다. 사기업은 이윤의 극대화를 목표로 삼게 되며, 이윤을 더 많이 가져다주는 효율을 강조하기 마련이다. 그래서 경제적 자유를 강조하는 자본주의에서는 경제적 불평등이 야기되기 마련이다. 반면에 사회주의에서처럼 소득과 부의 평등이라는, 결과에서의 평등을 강조하게 되면, 기회가 균등하게 부여됨에도 불구하고 사회적 협업에 참여하려는 동기나 자극이 저하되어 효율 제고가 어려워짐으로써 국민총생산량이 감소한다. 이상에서 보는 바와 같이 자유, 평등, 효율 사이에 균형을 유지하는 것이 쉽지 않으며 정의의 원칙은 개인만이 아니라 사회 제도에도 영향을 끼친다. 정의에 대한 어떠한 원칙도 이 세 가지 사이의 갈등을 해결할 수 있어야 한다.

그렇다면 어떻게 해야 하는가? 기회의 평등이 정의에 근본적이다. 여기에서 기회의 평등이 뜻하는 바가 무엇인지 자세히 살펴볼 필요가 있다.

① 적어도 공직은 그저 귀족이라는 신분을 가진 사람이 아니라 재능을 가진 사람 누구에게나 개방되어야 한다. '재능에 개방된 경력careers open to talents'이란 이것을 의미한다. 이는 프랑스 혁명 기간에 천명되었다. 이후 이 원칙은 '공적merit'에 의해서만 직업과 교육 장소가 개방되어야 한다는 것으로 확대되었다. 그렇게 천명되었지만, 실제에서는 사기업보다는 공공 분야의 직업에 강하게 적용되는 것으로 인식되었다. 그리하여 성별과 인종에 차별을 두지 말라는 법은 공적 분야에 적용되는 것으로 인식되었다(Baker 1987, 43~44쪽).

② '공정한 기회 평등fair equal opportunity'이라는 개념은 다양한 용어로 표현되었다. 재능에 개방된 경력이라는 의미의 기회 평등은 실제로는 가족적 배경이 좋은 이들에게 돌아갔다. 타고난 능력이 같다 하더라도 배경이 좋은 이가 능력을 발휘할 기회를 갖는 데 유리하기 때문이다. 그래서 같은 능력과 열망을 가진 이들로서는 출발점이 같아야 한다고 주장할 필요가 생겼다. 그렇게 출발점을 같게 한 연후에 공적에 따라 직업이나 교육을 부여하는 것이 공정하다고 생각되었기 때문에 공정한 기회 평등이라는 개념이 나타났다(Baker 1987, 44쪽).

③ '차별 시정을 위한 조처affirmative action'라는 원칙은 과거에 차별을 받은 집단의 구성원들, 특히 여성과 흑인에게 적극적 관심을 표명함으

로써 균형을 맞추자는 데 목적이 있다. 고용주들은 자격을 잘 갖춘 여성이나 흑인에게 널리 모집 광고를 하고, 그들을 위한 훈련 프로그램을 잘 고안하고, 그들을 차별하는 관행을 명백하게 거부함으로써 그들이 직업이나 교육에 지원하도록 권장해야 한다. 그렇다고 해서 여성이나 흑인이 어떠한 비율로 고용된다는 보장은 없다. 강제하지 않기 때문이다. 따라서 이 조처는 공적(功績)으로만 결정하는 것과 갈등을 빚지 않는다 (Baker 1987, 44쪽).

④ 앞의 ③이 여성과 흑인을 돕기 위한 것이라 하더라도 기본적으로 결정은 공적에 따라 이루어진다. 그래서 '역차별reverse discrimination' 또는 '적극적positive' 차별이나 '보상적compensatory' 차별이라는 정책은 한 걸음 더 나아가 소수자들을 적극적으로 선호하게 한다. 역차별의 논지는 차별 시정 조처의 논지와 별반 차이가 없지만, 과거의 부정의를 시정하는 데 필요한 시정책에 대해 더욱 광범한 견해를 취한다. 사회의 소수자는 초기 단계부터 필요한 자격을 갖는 데서 배제되었기 때문에 ③의 조처만으로는 부족하다고 보기 때문이다(Baker 1987, 46쪽).

⑤ '비례적인 평등한 기회proportional equal opportunity'는 ④가 소수자들이 얼마나 선호되어야 하는지 밝히지는 않기 때문에 소수자에 대한 '할당제quota system'를 도입하는 것이다(Baker 1987, 45쪽). 소수자 배려라는 차원에서 보면 ③에서 시작해 ④를 거쳐 ⑤에서 더욱 강화된 것이라고 볼 수 있겠다.

기회 평등을 보장하는 방법으로 이상의 다섯 가지를 들 수 있다. 이는, 사람들이 좋다고 여기는 기회가 있는데 이 기회를 누가 차지하는 것이 공정한지를 결정하는 문제와 관련돼 있다. 어떤 방식인가에 따라 혜택을 보는 이가 달라지기는 하지만, 어떤 방식으로든 결과적으로 생기는 불평등 자체를 변경시키는 것은 아니다. 즉 결국 사회에는 계층이 있기 마련이다. 그렇다면 평등한 기회의 원칙이란 결과적으로 생기는 불평등을 수용하게 만드는 역할을 한다고 볼 수 있다(Baker 1987, 46쪽). 결과에서까지 완전히 평등하게 할 수 없을 바에야 불평등이 어느 계층의 사람들에게 고착화되는 경향을 줄이는 대책을 강구하는 것이 현실적으로 더 바람직하다고 하겠다.

개개인의 타고난 특성이 다르기 때문에 기회의 평등이 달성되지 않았다 하더라도 적어도 이에 근접하도록 최선을 다해야 한다. 반면에, 생각하기 나름이지만, 결과의 평등은 정의에 근본적인 것이 아니다. 사실상 이것은 어떠한 정의의 규범을——특히 응분이나 상호 대등성이라는 개념을——어느 정도는 침해한다. 그렇기는 하지만, 결과의 불평등이 지속되면 기회의 불평등이 초래된다. 그렇게 되면, 완전한 기회의 평등을 이루었다는 점에서 완전한 사회 정의를 달성한 국가가 되었다 해도 그 국가는 불안정해진다. 시간이 흐르면 불평등한 기회를 옹호하는 국가로 쇠락할 것이기 때문이다. 그렇기 때문에 국가는 실생활에서는 결과에서의 평등을 더욱 증진함으로써 정의라는 명분을 진작하려고 할 것이다. 기회의 평등과 결과의 평등 사이에 갈등이 있다는 것은 아직 정의가 결정되지 않았다는 것을 의미하며, 그렇기 때문에 우리는 이에 대해 어떠한 도덕적 판단을 내려야 한다(Isbister 2001, 8쪽).

기회의 평등이 없다면 우리는 당연히 받아야 하는 것을 가질 수 없다. 그러므로 만약 사회적 협업에 참가할 기회조차 주어지지 않는다면 정의롭지 못하다고 주장할 수 있다. 참가했는데도 아무런 성과가 없었다면 그 결과는 전적으로 자신의 잘못에서 기인하며, 기회가 없었기 때문에 결과도 없게 되었다고 비방할 수 없게 된다. 제퍼슨이 염두에 둔 것은 바로 이 점인 것 같다. 즉 평등하게 창조된 인간은 행복의 달성이 아니라 '행복의 추구the Pursuit of Happiness'에 대한 권리를 평등하게 가진다는 점이다(Isbister 2001, 8쪽).

그런데 공정한 기회의 평등에 의하면, 인생이라는 여정을 시작할 때 자원의 평등, 예컨대 평등한 교육, 평등한 기술, 공동체의 평등한 지지 등과 같은 목표를 달성하는 데 필요한 자원은 무엇이든 모든 사람에게 평등하게 분배되어야 한다. 자원이 평등하게 분배되지 않으면 기회는 실질적으로 평등해질 수 없다. 말하자면 기회도 평등하게 주어져야 하지만, 같은 기회에 임하는 모든 이에게 평등한 조건이 부여되어야 한다.

그러나 실제로는 조건의 평등을 달성하기가 어렵다. 각자 다르게 물려받은 지력과 육체적 능력 때문만이 아니라 각자가 다르게 경험한 육아 관행 때문에도 부분적으로는 조건의 불평등이 야기된다. 이러한 불평등은 제거할 수 없다. 그러므로 출발 시점에서조차 완전한 평등은 불가능하다는 것을 처음부터 인정하면서 기회의 평등만이 아니라 실질적인 기회의 평등을 보장하기 위해 모든 가능한 조처를 취해야 한다(Isbister 2001, 9쪽).

기회의 평등을 완벽하게 달성할 수 없다는 이유로 기회의 평등이라는 목표를 아예 포기하고 결과의 평등에 의존하려 할 수도 있다. 우리 모두가 도덕적으로 평등한 입장이기 때문에 사회 체제로부터 혜택을 평등하게 받는 것이 당연하다고 주장하는 사람도 있다. 그러나 이 주장은 잘못이다. 전술한 것처럼, 정의를 달성하는 데 결과의 평등이 근본적인 것이 아닐 수 있기 때문이다(Isbister 2001, 9쪽). 그리고 결과의 평등을 지나치게 강조하면 다른 역효과가 나타난다.

평등한 결과를 정의의 기준으로 삼는 데서 한 가지 문제는 평등한 결과가 무엇인지를 밝히기가 거의 불가능하다는 것이다. 다양한 목적에 대한 공통의 측정 규준으로 흔히 소득과 부를 든다. 그러나 모든 사람이 평등하게 부를 축적했다고 해서 삶의 결과에서 평등하다고 말할 수 없다. 어떤 이들은 다른 이들보다 부에 더 가치를 부여하기 때문이다. 그러나 어떤 이들은 부를 축적하는 데 전력투구하겠지만, 다른 이들은 예컨대 여가, 또는 권력, 또는 타인에게 선하게 대하는 것 등 다른 목표를 세울 수 있다. 그렇기 때문에 모든 사람이 평등하게 부라는 목표를 달성하려고 하지 않는 한은 모든 사람이 평등하게 부를 갖도록 하는 것이 정의라고 생각할 수 없다(Isbister 2001, 9~10쪽).

경제학자와 철학자는 이 문제를 다룬다(Roemer 1996). 하나의 해결책은 결과를 재는 척도가 부가 아니라 행복, 공리, 복지 또는 '선호preference'라고 보는 것이다. 우리 모두가 평등하게 행복하거나 목표를——그 목표가 무엇이든——달성하는 데 평등한 세상이 정의로운 세상이라고 말할 수 있다. 기업체의 중역이 되려 하는 이도 있을 것이며, 지혜를 얻는 것을 최상의 목표로 삼는 이도 있을 것이다. 이런 방식으로 평등을 생각하는 것은 장점이 있지만, 문제도 명백하게 있다. 어떤 이는 다른 이보다 행복을 받아들이는 능력이 많다. 즉 남이 보기에 작은 것을 이루고도 행복하다고 느낄 수 있다. 그런 사람은 더욱 행복한 것이 당연한가? 그렇지 않으면 목표에 근접하지 않았기 때문에 덜 행복한 것으로 봐야 하는가? 이 점이 명확하지 않다.

이것은 심각한 문제를 야기한다. 그렇지만 결과의 평등을 정의의 척도로 삼는 데서 나타나는 것과 같은 심각한 문제는 아니다. 이 문제를 없애려면 어떻게 해야 하는가? 모든 사람이 같은 선호를 가지고 있으며, 그 선호를 공통의 척도로 측정할 수 있다고 일단 가정해보자. 이렇게 가정하면, 결과의 평등을 정의의 척도로 삼는 데에는 중요한 문제가 부각된다. 평등한 기회가 주어졌는데도 성취가 달랐다면 보상이 달라야 한다. 그렇게 되면, 평등한 결과라는 기준은 정의가 아니라 오히려 부정의를 가져오기 쉽다. 기회가 부여되었는데도 기회를 선용해 결과를 얻으려고 노력하지 않은 이에게는 결과의 몫이 전혀 없어야 한다고 주장하기는 어렵겠지만, 그에게는 열심히 노력해 좋은 결과를 낸 이보다는 적은 몫이 돌아가야 하기 때문이다(Isbister 2001, 10쪽).

적어도 이상과 같이 생각할 수 있다. 그렇지만 이 생각은 논쟁의 여지가 있다. 이 논쟁을 이해하는 것이 배분적 정의를 논하는 데 관건이다. 롤스는 어떤 목표를 성공적으로 달성했다고 해서 그 사람에게 보상을 주어서는 안 된다고 생각한다. 재능을 타고나거나 복 받은 가정에서 태어남으로써 인생의 출발점에서 남보다 유리한 위치를 누리는 것은 부당하다. 롤스에 의하면, 어떠한 탁월한 특질(예를 들어 근면함)을 타고나서 그 특질로 인해 자신의 능력을 계발하는 노력을 기울일 수 있었다면 그 특질로 인해 이룬 업적에 대해 보답을 받는 것은 당연하지 않다. 어떠한 특질을 타고난 것은 자신이 이룬 것이 아니라 부모에게서 받은 것이기 때문에 이로 인한 응분을 인정하는 것은 부당하다(*TJ*, 104쪽).[93] 그러나 롤스의 이 주장을 현실에 적용하면, 타고난 특질이 게으른 사람도 근면한 사람과 똑같은 몫을 가지게 된다. 이와 같이 결과에서 평등한 몫을 가져야 한다는 엄격한 평등을 주장하는 것은 잘못되었다고 생각된다(Isbister 2001, 11쪽).

---

93 책임과 보상의 관계에 대해서는 다음을 참고. Dworkin 1981 ; Scanlon 1986 ; Arneson 1990, 159~194쪽 ; Cohen 1995 ; Roemer 1996.

롤스가 강조하는 것은 행동에 대한 책임이라는 문제다. 이 문제는 종교적 논쟁에서는 자유 의지에 대한 문제와 연관된다. 만약 신이 인간을 창조했다면 우리는 전적으로 신의 꼭두각시인가? 그렇지 않으면, 인간은 독립적인 능력이 있어서 그 능력으로 신의 주권을 인정하거나 부정할 수 있는가? 세속적인 용어로는 이것은 우리의 삶에 영향을 미치는 환경적이거나 유전적인 요인에 대한 문제다. 인간은 본성과 훈육 사이의 복잡한 상호 작용에 의해 형성된다. 그렇다면 이것은 인간에게 독자적인 기능이 없다는 것을 의미하는가? 즉 우리의 행위가 우리의 삶에 영향을 미치는 것에 의해 완전히 결정된다는 것을 의미하는가? 그렇지 않으면, 우리가 독자적인 선택을 할 수 있는 최소한의 능력을 가지고 있다는 것을 의미하는가? 만약 전자라면, 행동을 다르게 한 것 때문에 보상을 다르게 하는 것을 가리켜 정의라고 할 수 없다. 행동을 다르게 한 것도 개인이 자율적으로 그렇게 한 것이 아니라 다른 것에 의해 이미 결정된 것이기 때문이다(Isbister 2001, 11쪽).

이 논쟁은 경험적 사실의 문제로써 해결하기는 어렵다. 인간이 '자기 존중sel-respect'을 받아들이게 되면, 인간은 삶의 어떤 것에 대해서는 자신이 책임이 있다고 주장해야 한다. 책임이 없다면 인간은 도덕적인 존재가 아니다. 그리고 책임이 없다고 여겨지는 존재에 대해서는 정사(正邪)와 호오(好惡)에 관한 문제는 아무 관련이 없다. 그러나 책임이라는 문제가 인간에게 제기될 수 없다고 하면, 인간성에 가장 핵심적인 것을 부정하는 것이다. 인간은 유전적 재능과 육아 관행의 영향을 받는다. 이것은 의심의 여지가 없다. 그러나《평등, 자유, 권리》의 "자유와 책임"이라는 항에서 이미 논했듯이, 영향을 받았다고 해서 인간의 자신의 삶에 대한 책임이 전적으로 없어지는 것은 아니다(Isbister 2001, 11쪽).

개인적 '속성(특성)attribute'과 '의지력will power'을 구별해보자. 속성에 대해서는 책임질 게 없다. 요컨대 지적인 능력, 부모가 자식에게 미친 영향, 타고난 재능, 인종과 성별, 기본적 인성 등에 대해서는 스스로 책임을 질 수 없다. 이러한 것은 자신의 노력으로 얻은 것이 아니다. 좋은 속성을 갖게 된 이는 이를 선용해 인생이라는 경주에서 쉽게 승리할 것이며, 그렇지 않으면 속성에 압도되거나 이를 극복하려고 노력할 수 있다. 그러나 삶에서 운으로 얻게 된 이러한 속성을 벗어나면, 우리는 독자적인 의지력을 행사하여 속성을 선택해 사용하게 된다. 그렇기 때문에 속성은 중요한 것이지만 인간의 행동을 좌우하는 전부는 아니다(Isbister 2001, 11쪽).

속성과 의지력을 구분하는 것은 지나치게 경직된 이분법적 사고다. 우리의 행동에 영향을 미치는 다른 요소를 파악하는 실제적인 방법은 없다(Levine 1999 ; Roberts 1984). 속성과 의지가 지속적으로, 그리고 복잡하게 상호 작용함으로써 인생의 결과가 나타난다. 양자를 구별하는 것을 경험적으로 이해하지 못한다 하더라도 정의를 이해하는 데 양자의 구별은 이론적으로는 중요하다. 속성을 근거로 하여 보답이 주어져서는 안 된다는 롤스의 주장에 동의할 수는 있다. 그러나 의지를 사용한 것에 대해서는 보답을 받게 해야 한다. 도덕적인 고심 끝에 한 행동에 대해서는 더 큰 공을 인정하는 경향이 있다. 그저 선하기 때문만이 아니라 그 행동을 하는 것이 어려웠기 때문에 그 행동을 도덕적으로 칭찬한다. 어떤 일을 하는 데 극복해야 하는 도덕적 장애가 크면 클수록, 그 행동은 더욱 행위자의 업적, 그가 선택한 결과로 보인다. 그래서 그 행동은 그의 것이라는 것이 두드러진다(Roberts 1984, 227~247쪽 ; Isbister 2001, 12쪽 재인용).

속성이 완전히 지배하는 경우도 있다. 예를 들어, 자신이 통제할 수 없는 속성에 대해 처벌받는 것은 부당하기 때문에 정신병 환자에게는 감옥

보다는 병원이 알맞다. 성인(聖人)의 자질을 갖춘 어떤 사람은 태어날 때부터 성인의 자질을 보여주게끔 태어났을 수도 있다. 그 사람이 열심히 노력해 성인다운 덕성을 이룬 것은 아니라고도 볼 수 있다. 따라서 덕성이 있는 그의 행동에 대해 별나게 칭찬할 이유가 없다. 그렇지만 평범한 사람들은 도덕성을 달성하는 데 장애가 되는 성향과 이를 벗어나야겠다는 의지 사이의 긴장에서 매일매일 고투한다(Isbister 2001, 12쪽).

이상이 인간의 행위에 대한 도덕적 책임을 정확히 설명한 것이라면, '보상rewards'은 어떻게 해야 하는가? 전적으로 우리의 행동을 근거로 보답과 처벌을 받게 된다면, 당연하지 않은 보답과 처벌을 받게 되는 수도 있다. 행위의 어떤 부분은 속성에 의해 통제를 받기 때문이다. 그렇다고 해서 보답이 행위와 무관한 것으로 보면, 인간의 의지력이 부당하게 무시되는 셈이다. 그렇기 때문에 어떤 보답은 행동과 무관하게 주어져야 하며, 어떤 보답은 행동과 관련해 주어져야 한다. 그렇다고 해서 속성과 의지를 구분해 보답 체계를 고안할 방도는 없다(Isbister 2001, 12쪽). 그러므로 당연히 보답받아야 될 것을 보답받도록 하는 것은 어렵다. 그러나 실제 행위와 그에 대한 보답은 고려해야 한다. 어떤 행위에는 의지가 개입되었다는 것이 명백하기 때문이다. 엄격한 결과의 평등은 정의롭지 않다. 그래서 기회의 평등에는 찬성하지만 결과의 평등에는 반대하는 것이 일반적이다.[94]

지속되는 기간에 평등한 기회를 달성하는 것은 불가능할 수도 있다. 예를 들어보자. 일반적으로 고등 교육을 받은 이들이 소득도 높은 경우

---

94 예를 들면, 평등한 복지를 목표로 삼는 것과 복지에 대한 평등한 기회를 목표로 삼는 것은 다르다. 전자를 목표로 삼게 되면 사회의 자원을 비현실적인 목표를 달성하는 데 할당해야 한다(Arneson 1996, 209~230쪽).

가 많다. 그래서 교육 여건이 좋은 특정 지역에 거주하면서 좋은 대학에 입학할 수 있는 기회를 가졌던 이들은 고등 교육을 받게 되며, 사회에 진출해 소득이 높은 직장을 구할 수 있다. 다음 세대에도 그들의 자식들은 마찬가지로 특정 지역에 거주할 기회를 얻을 확률이 높아서 결국 사회에서 고소득자가 될 수 있다. 반대로 첫 세대에서 특정 지역에 거주할 수 없던 이들은 사회에 진출해도 고소득자가 되기 힘들 것이며, 그 자식도 그렇게 될 확률이 높을 것이다. 그 자식들은 고등 교육을 받지 못했기 때문에 소득이 많이 돌아오는 사회적 협업에 참가할 수 없기 때문이다. 그렇기 때문에 첫 세대에 특정 지역에 거주할 수 있는 기회를 갖지 못한 것이 원인이 되어 세대를 거치는 과정에서 불평등이 고착될 수 있다.

그런데 고소득을 보장하는 사회적 협업에 참가할 수 없었던 것은 자신의 잘못이 아니다. 부모에게서 물려받은 가난 때문이다. 그렇다면 특히 두 번째 세대에서의 불평등한 배분은 정의롭지 못하다. 각자가 도덕적으로 평등한데도 자신이 어찌할 수 없는 가난 때문에 평등한 기회의 원칙이 침해당했기 때문이다. 이상과 같이 보면, 기회의 평등과 결과의 평등은 정의에 대한 문제를 논하는 데서 실제로는 분리될 수 없다.

이상과 같이 생각해보면, 기회의 평등이 결과의 평등을 요구하는 것이 가능하다는 것을 알 수 있다. 개인도 수십 년을 살며, 세대는 겹치며, 사회는 지속되기 때문에 가능하다. 기회는 대체로 부모와 사회가 부여한 경제적·교육적·기술적·도덕적 자원에 의해 결정되는데, 각자에게 자신의 능력을 개발할 수 있는 평등한 기회가 부여되어야 한다. 그렇지 않으면 출발점에서 평등하다고 말할 수 없다(Isbister 2001, 14쪽).

그렇기는 하지만, 정의로운 사회를 만들려고 노력해야 한다. 그렇게 하려면 기회와 결과의 관계를 고려하지 않을 수 없다. 정의는 결과의 평등이 아니라 우선적으로 기회의 평등을 요구한다. 그러나 두 가지 이유에서 기회의 평등은 달성되기가 어렵다. 첫째, 설사 외적 제약들이 평등해진다고 하더라도 건강, 개성 등과 같은 다양한 내적 제약에 직면하게된다. 둘째, 시간이 지나면 어떤 시점에서는 기회의 평등이 달성될 수 있겠지만, 그 시점을 지나면 안정적일 수 없다. 한 시점에서 평등한 기회 내에 파괴 요인이 있을 수 있기 때문이다. 그래서 불평등한 결과를 가져오고, 불평등한 결과가 다음 세대에 평등한 기회를 보장할 수 없게 된다. 그러므로 불평등한 결과는 부정의를 표시하는 것이다. 부정의라는 것은 사람들이 자신의 행위에 대해 다른 보상을 받기 때문에 잘못이라는 것이아니라 불평등한 결과가 시간이 지나면 불평등한 기회를 가져다주기 때문이다(Isbister 2001, 15쪽).

그렇기 때문에 정의를 달성하기 위해서는 결과에서의 불평등을 축소시켜야 한다. 그런데 그렇게 하는 것이 위에서 논한 것처럼 때로는 정당한 보상을 받지 못하게 하는 수가 있다. 이러한 것들이 우리가 사회 정의라는 문제에서 흔히 맞닥뜨리는 갈등이며, 여기에는 도덕적 판단이 개재된다(Isbister 2001, 15쪽).

(2) 배분적 평등과 사회적 평등

이제까지 기회의 평등과 결과의 평등의 차이와 관계를 주로 살펴보았다. 그러나 평등을 배분적 평등과 사회적 평등으로 구분해보는 것도 역사적·현실적 맥락에서 중요하다.

평등은 정의와 어떤 관계가 있는가? 이에 대한 견해는 양분된다. 두 개념이 엄격하게 구분되어야 한다고 보는 사람들이 있다. 정의는 순전히 형식적인 의미를 제외하고는 평등과 관계가 없다. 예를 들어 어떠한 규칙이 모든 사람에게 적용된다면, 모든 사람에게 평등하게 적용되어야 한다. 그래서 같은 범죄에는 같은 처벌이 따라야 한다. 이렇게 주장하는 이들은 정의가 본질적으로 가치가 있는 곳에서는 평등은 그 자체로서 가치가 없다고 본다. 그들을 반(反)평등주의자라고 부를 수 있다(Miller 1999, 230쪽).

반면에 정의와 평등이라는 두 가치가 같은 것이라고 보며, 적어도 배분적 정의에서는 그렇게 생각하는 이들이 있다. 이러한 평등주의적 정의를 드워킨, 아마르티아 센 등이 주장했다. 그들은 평등한 자로 대우받으려면 자원, 복지, 복지에 대한 기회 등에서 가능한 한 평등해져야 한다고 주장한다. 그래서 그들은 우리가 찾고자 하는 원칙은 평등의 원칙이면서 정의의 원칙이라고 본다(Miller 1999, 230~231쪽).

이와는 다른 세 번째 견해가 있을 수 있다. 평등에는 두 종류가 있는데, 하나는 정의와 연관이 있고 다른 하나는 정의와 연관이 없다는 견해다. 첫 번째 종류의 평등은 그 본질에서 배분적이다. 예를 들면 권리와 같은 어떤 종류의 혜택은 평등하게 배분되어야 한다. 두 번째 종류의 평등은 이러한 의미에서 배분적이 아니다. 권리나 자원의 배분과 직접적으로 관련돼 있지 않다. 그 대신 '사회적 이상social ideal'이 무엇인지와 관련 있다. 말하자면 사람들이 서로를 평등한 자로 간주하고 다루는 사회, 즉 계급과 같은 위계적 서열을 두지 않는 사회라는 이상과 닿아 있다. 이런 종류의 평등을 '지위의 평등equality of status' 또는 '사회적 평등social equality'이라고 부를 수 있다(Miller 1999, 231~232쪽).

두 종류의 평등은 전혀 다르다. 소득의 불평등을 줄이는 과제에서도 다르다. 배분적 평등을 주장하는 사람들은 소득이 더 낮은 사람들이 소득이 더 높은 사람들에게 정의로운 요구를 할 수 있으며, 정의는 더 평등한 것, 극단적으로는 완전히 평등한 것을 원한다고 본다. 그래서 어떠한 수준 이하의 소득을 가진 자가 그 이상의 소득을 받아야 한다고 요구하는 것은 공정하다고 본다. 이것이 배분적 평등을 강조하는 이들의 논지다. 반면에 사회적 평등을 주장하는 사람들은 소득의 격차는 사회적 분열을 가져오며, 수준 이하의 소득을 가진 이들은 소외를 느끼고 사회생활에서 배제된다고 본다. 불평등함으로써 저소득층 사람들 개개인이 부담을 더 느끼게 되는 것은 분명하지만, 사람들이 불평등해서 생기는 사회적 관계로 맺어져서는 안 된다는 것이 중요하다(Miller 1999, 232쪽).

첫 번째 입장에서 특정한 개인이 공정하게 주장할 바가 있다는 것을 부각한다면, 두 번째 입장에서는 잘못된 불평등이 사회 전체에 영향을 미친다는 것을 강조한다. 그래서 첫 번째를 '개체주의적individualistic'이라고, 두 번째를 '총체주의적holistic'이라고 표현할 수 있다. 총체주의적이라고 해서 첫 번째 입장이 저소득층이 굴욕과 소외를 느끼는 것을 부정하는 것은 아니다. 오히려 그렇게 됨으로써 사회 전체에 미치는 영향을 더욱 강조한다. 그렇다면 평등이라는 가치는 어디에 있는가? 결국은 두 입장에서 그 가치를 구현해야 한다(Miller 1999, 232~233쪽).

때로 정의는 권리와 자원을 평등하게 배분하는 것을 요구한다. 같은 시티즌십을 가진 이들에게 적어도 정치적 권리에서는 평등을 보장해야 한다. 그런데 사회적 협업의 결과물을 배분하는 데서 어떻게 하는 것이 평등을 달성하는 것인가라는 문제에 대해서도 서로의 주장이 다를 수 있다. 지구상의 모든 자원을 평등하게 배분할 수는 없다. 설사 그렇게 배분했다 하더라도 시간이 지나면 인간은 불평등해질 것이다. 배분하는 데 응분의 원칙을 택할 것인지, 필요의 원칙을 택할 것인지, 나아가 응분에 자연적 재능을 포함시킬 것인지, 그리고 어느 정도의 필요가 합당한 것인지를 둘러싸고 논란이 많을 수 있다. 요컨대 무엇을 평등의 기준으로 삼아야 하는지에 대한 합의가 필요하다.

사회적 평등이라는 의미에서도 정의로운 사회는 평등해야 한다. 사회적 평등은 사람들이 서로를 어떻게 보며 사회적 관계를 어떻게 맺는가에 달려 있다. 사회적 평등이라는 이상은 권력, 위광, 부, 지력, 체력 등에서의 평등을 요구하지 않는다. 문제는 차이가 어떻게 여겨져야 하며 그 차이가 사회적 위계제를 구성하는 데 기여하는가 하는 것이다. 차이가 있다 하더라도 각 구성원이 평등한 지위를 가진다는 것, 즉 중요한 의미에서 서로가 서로를 평등하게 대우한다는 것을 느끼게 되면 사회적 평등은 달성된 것이다. 그렇게 함으로써 사람들은 자신들이 존엄성이나 존중을 인정받았다고 느낄 것이다(Miller 1999, 239~240쪽).

사회적 평등은 그 자체로서 배분적 이상은 아니지만 배분적 의미를 가지고 있다. 첫째, 평등을 기초로 하여 사회 내에서의 결사가 만들어져야 한다. 예를 들면 특히 시민으로서의 정치적 권리가 평등하게 보장되어야만 시민은 사회적으로도 평등해진다. 둘째, 사회적으로 평등해지면 그 자체가 내적으로 평등하지 않은 배분적 정의의 관행도 위계적이 아니라 더욱 평등해질 것이다. 따지고 보면 자유주의 전통에서 배분적 평등이 연유하고, 사회민주주의와 사회주의 전통에서 사회적 평등이 연유한다고 하겠다. 양자는 구분되지만 상호 작용을 한다고 볼 수 있다(Miller 1999, 241~242쪽).

(3) 인간의 평등한 존엄성

사회적으로 평등함으로써 인간은 자기를 존중할 수 있게 된다. 평등에 대한 모든 논의는 어떤 점에서 자신을 존중할 수 있는 사회를 만드는 것으로 수렴된다고 해도 과언이 아니다. 그렇게 해야 인간은 존엄한 존재가 될 수 있기 때문이다. 여기서는 존중이라는 것이 어떤 의미를 갖는지 살펴보자.

인간은 기본적으로 존엄성을 가진다는 것을 인정하고 인간의 자존심을 상하게 해서는 안 된다. 지나치게 빈곤하고, 사회적으로 힘이 없고, 박해를 받는 것은 그 자체로서 자존심을 상하게 하며, 다른 측면에서도 자존심을 상하게 한다. 그러므로 인간의 품위를 떨어뜨리는 대우를 받게 되는 상황을 벗어나야만 인간은 평등할 수 있다(Baker 1987, 24쪽).

모든 사람은 존중받고 싶어 하며 존중에 대한 자격/권리가 있다. 이 사실을 도덕적 원칙으로 삼을 수 있다. 그렇게 하자면 모든 사람이 타인에게 '공정하게 대하고 싶은 마음fair-mindedness'을 기본적으로 가지고 있어야 한다. 그렇지 않아야 한다면, 그 이유를 제시해야 한다. 예를 들어 백인이 흑인을 차별하는 이유를 그 나름대로 제시할 수 있을 것이다. 그런데 흑인이 그 부당성을 지적할 수 있으려면 흑인에게 백인과 어느 정도 평등한 힘이 있어야 한다(Baker 1987, 24쪽).

힘에서 차이가 있다고 해서 고용주가 피고용인을 착취해서는 안 된다. 착취가 있으면 피고용인은 긴급한 필요도 만족시키지 못하게 되고, 고용주는 인간을 수단으로 삼게 된다. 힘/권력에서 불평등이 있으면 강요를 통한 착취가 일어나게 된다(Baker 1987, 25~26쪽). 그래서 칸트는 인간에 대한 존중이 도덕의 중요한 부분일 뿐만 아니라 모든 도덕적 사고의 궁극적 근원이라고 주장했다. 사람들은 평등한 자유와 안녕, 평등한 권리, 힘, 소득 등을 보장받지 않고서는 존중받기 어렵다(Baker 1987, 26~27쪽).

사람들은 실제로는 우월한 자와 열등한 자로 나뉘기 때문에 사회적으로 평등하지 않다. 그래서 사회마다 '쪼는 질서pecking order'가 있기 마련이다. 그런데 위계제에서의 상위자가 자신이 높은 지위에 있다는 사실 그 자체만으로 우쭐댈 이유가 없다. 역으로 말하면, 돈이나 지위가 부족하다고 해서 타인에게 멸시를 받을 이유가 없다. 인간은 인간으로서의 품성이 결여되어 인간으로서의 값어치를 발휘하지 못할 때에만 멸시를 받을 만하다. 모든 사람이 공정하게 대하고 싶은 마음을 품고, 착취하지 않고, 어느 누구도 근거 없이 우월감을 느끼지 않아야 사회적으로 평등하다고 할 수 있다(Baker 1987, 27~29쪽).

2. 자유

자유는 사회 정의의 두 번째 구성 요소다. 평등에서처럼 다른 어떤 것으로부터 자유가 도출되기보다는 자유는 직관에서 시작한다. 자유가 정의에서 중심적이라는 것은 어느 누구도 부정할 수 없다. 자유롭지 않다는 것은 다른 어떤 사람의 통제 아래 놓이는 것이다. 통제하는 사람은 더 많은 권력으로 타인의 운명을 결정한다. 그렇게 되면, 타인에 의해 운명이 결정되는 이는 결코 도덕적인 존재가 될 수 없다. 정의를 위한 위대한 투쟁, 즉 국가의 권리, 민권, 인권을 위한 혁명이나 운동은 모두 자유를 달성하는 데 초점을 두었다. 제퍼슨이 보기에는 인간이 창조주에 의해 자유에 대한 권리를 부여받은 것은 자명한 진리였다(Isbister 2001, 15쪽).

자유지상주의자에게 자유는 유일한 사회적 덕성이다. 밀턴 프리드먼은 다른 어느 것보다 자유라는 가치를 위우에 두고 19세기의 의미로 '자유적liberal'이라는 용어를 쓰면서《자본주의와 자유》에서 "자유주의자로서 우리는 사회 제도를 판단하는 데 개인 혹은 가족의 자유를 궁극적인 목표로 삼는다"고 주장한다(Friedman 1982, 12쪽). 프리드먼과 다른 자유지상주의자들은 자유는 사회적 덕성으로서, 평등이나 다른 어떤 것보다 중요하다고 보았다. 게다가 그들은 자유가 평등과 갈등을 일으킨다고 보았다. 평등을 위하는 것은 자유에 반하는 것이다. 평등을 위한다는 것은 어떤 사람이 정당하게 얻은 자산을 빼앗는 것일 수도 있기 때문이다(Isbister 2001, 15쪽).

그러나 자유가 중요하기는 하지만, 평등 없이는 자유도 그 중요성을 최대한 발휘할 수 없을 것이다. 자유가 평등하게 보장되어야만 자유가 이상적인 상황에 이르렀다고 할 것이다. 이렇게 보면, "각자는 모든 사람에게 유사한 자유의 체계와 양립할 수 있는, 평등한 기본적 자유로 이루어진 가장 광범한 전체 체계에 대해 평등한 권리를 가져야 한다"는 롤스의 주장은 지극히 당연하다(*TJ*, 250·302쪽). 평등하지 않으면서 자유롭다는 것은 어떤 점에서 자유롭지 못한 것이다. 자유로운 사람들만 특권을 가진 것과 같기 때문이다. 더군다나 진정한 자유는 결과의 평등에 어느 정도 근접해야 가능하다(Isbister 2001, 16쪽).

이미 살펴본 것처럼 자유에는 소극적 자유와 적극적 자유가 있다. 자유주의 국가는 애초에 국가의 불필요한 간섭을 배제하는 것을 목표로 삼았다. 그러다가 자신에게 유리한 법을 만드는 국가를 형성하는 데 적극적으로 참여하는 자유도 보장하게 함으로써 결국 자유주의 국가는 자유민주주의적 국가로 변모했다. 소극적 자유를 보장하는 것에서 적극적 자유도 보장하는 쪽으로 발전했지만, 자유주의 국가에서는 소극적 자유와 소극적 자유로써 보장받고자 하는 시민적·정치적 권리가 어디까지나 기본적이다. 반면에 사회적·경제적·문화적 권리는 실질적 평등을 달성하는 데 긴요하기 때문에 자유주의 국가 내에서 빈곤층이 이 권리를 강조했으며, 자유주의 국가보다는 사회주의 국가가 이를 강조했다. 이렇게 권리와 연관시켜 보면 두 가지 관념의 자유가 갈등했다는 것을 알 수 있다.

20세기의 주요한 정치적 갈등이었던 두 가지 관념의 자유 사이의 갈등은 다른 측면에서도 볼 수 있다. 무엇을 할 자유라는 의미에서의 적극적 자유는 신앙, 언론, 출판, 청원 등을 할 수 있는 자유다. 반면에 기아, 가난, 문맹, 질병, 무주택 같은 역경으로부터의 자유는 무엇으로부터 벗어날 자유라고 볼 수 있다. 이렇게 보면 자본주의 국가는 무엇을 할 자유를, 반면에 사회주의 국가는 무엇으로부터 벗어날 자유를 강조했다고 볼 수 있다. 이 자유가 인간을 실질적으로 평등하게 하는 지름길이라고 보았기 때문이다. 사회주의자에게 무엇을 할 자유는 퇴폐적인 자유, 즉 부르주아적이며 실질적인 자유에 방해가 된다. 무엇을 할 자유를 너무 강조하는 국가는 개인에게 너무나 많은 권력을 부여한다. 이 권력 때문에 다수가 무엇으로부터 벗어나 자신의 목표를 달성하지 못한다. 그래서 두 자유 사이의 갈등은 20세기에 주요한 정치적 갈등이 되었다.

그러나 갈등에만 초점을 두면 양자가 서로 보완하는 것을 간과하게 된다. 제한적인 법이 무엇을 하는 것을 막는 것처럼, 자원이 없으면 하고 싶은 것을 할 수 없다. 비유컨대, 자신의 견해를 공표하려면 출판의 자유도 있어야 하지만 인쇄기라는 자원이 있어야 한다. 그렇기 때문에 자유를 완전히 향유하기 위해서는 무엇을 할 자유(즉 출판할 자유)와 무엇으로부터의 자유(즉 출판기의 결여로부터 벗어날 자유) 모두 필수적이다 (Isbister 2001, 16쪽).

한편, 자유는 개인들 간에 갈등을 일으킨다. 언론의 자유가 있어야 하지만, 복잡한 극장에서 이유 없이 '불이야'라고 외칠 자유는 없다. 타인의 안전을 침해하기 때문이다. 이 점은 밀이《자유론》에서 위해의 원칙으로 이미 밝혔다. 자유에 대한 유일한 제한은 법적이거나 형식적인 제한이 라고 생각하는 사람도 있다. 그러한 사람들의 시각에서는 철수의 자유가 갑돌의 자유를 침해하지 않는 한에서 철수의 자유가 최대화될 수 있는 조건은 국가로 하여금 사람들에게 최소한의 제한만을 가하게 하는 것이 다. 반면 적절한 자원에 접근하지 못함으로써 참다운 자유가 제한될 수 있다고 생각하는 사람도 있다. 그러한 사람은 사람들의 자유 사이의 갈 등은 아주 격렬하며, 국가는 더욱 광범하게 간섭할 수 있다고 본다. 전체 의 자원은 제한되어 있다. 철수가 자신이 원하는 바를 더 많이 하기 위해 자원을 많이 차지하면 갑돌은 자원을 적게 가지게 되고 양자는 갈등 관 계에 놓이게 된다(Isbister 2001, 17쪽).

실제에서 자유의 최적 상태를 찾기는 어려우며, 아마 불가능할 것이 다. 이것은 평등한 결과를 찾는 것만큼이나 어려운 일이다. 원하는 바가 서로 다르고, 원하는 것을 하는 데 직면하게 되는 장애가 많기 때문에 우 리가 직면하는 제약을 측정하고 비교할 실제적인 방법이 없다. 그러나 소득과 부에 접근하는 것이 각자의 목표를 달성하는 데 도움이 된다고 가정할 수 있다. 따라서 다른 것이 동일하다면, 소득과 부를 좀 더 평등하 게 배분할 때 평등한 자유를 최대한 달성할 수 있을 것이다(Isbister 2001, 17쪽).

이제까지의 논의에서 결과의 평등에 대해 어떤 주장을 하게 되었는지 다시 고려해보자. 자유주의자들은 정의가 요구하는 것은 결과의 평등이 아니라 기회의 평등이라는 입장을 취하게 되었다. 그러나 불평등한 결과 가 장기간 지속되면 기회의 평등, 나아가 정의를 위협하게 된다. 한편, 다양한 역경으로부터 벗어나는 것이 자유라고 정의하는 것이 자유에 대한 가장 좋은 정의는 아니다. 그렇지만 사람들이 가난이나 다른 어려움에서 벗어나지 않으면, 인생의 목적을 달성하기 위해 자유를 행사하는 데 어려움을 겪게 된다. 그렇다면 사회 정의는 소득과 재산의 불평등을 제거하지는 않는다 하더라도 축소함으로써 증진된다(Isbister 2001, 17쪽).

　이상과 같은 논지에 이르렀다고 해서 자유와 평등이 같은 것이라거나 양자가 갈등을 일으키지 않는다는 것은 아니다. 자유지상주의자는 재산을 정당하게 얻은 이들로부터 그들의 뜻에 반해 국가가 아주 작은 재산이라도 앗아가는 것은 허용될 수 없다고 주장한다. 이것은 자유를 지나치게 해석한 것이며, 자원의 불평등이 사람들에게 미치는 영향을 무시한 것이라고 볼 수 있다(Isbister 2001, 18쪽).

　지나치게 해석하지 않는다면, 이상의 해석은 그런대로 일면의 진리를 담고 있다. 국가는 우리가 소유한 것을 안전하게 지켜주고 몰수하지 않아야 한다는 것을 암시한다. 물론 사유재산이 자본주의 체제의 핵심이다. 그렇지만 그 이상이다. 어떠한 체제에서든 적어도 제한된 범위에서는 재산의 안전이 자유에 본질적이다. 소득과 재산에 국가가 과세를 하는 것은 몇 가지 이유에서 정당화된다. 그러나 우리가 소유한 것을 완전히 몰수하는 것은 자유를 침해하는 것이다. 만약 그렇게 몰수하는 것이 평등을 가져오는 데 필요하다고 주장한다면, 정의의 구성 요소 중 두 가지, 즉 자유와 평등이 갈등에 놓이게 된다(Isbister 2001, 18쪽).

　자본주의 사회에서 자유와 평등이 갈등 관계에 놓이게 되는 상황을 고찰해보자. 프리드먼은 평등이 아니라 자유가 사회의 유일한 목표라고 보았다. 그가 주장하는 바의 근거는 아래와 같다. ① 자본주의는 경제적 영역에서 개인의 자유를 보장한다. ② 이것은 민주주의에 충분한 조건은 아니더라도 필요한 조건은 된다. ③ 자본주의는 사회주의와는 달리 경제적 힘을 집중시키지 않는다. ④ 그렇기 때문에 자본주의 아래에서 개인은 자신의 목표를 더욱 자유롭게 추구할 수 있다. ⑤ 그 이유의 하나를 들자면, 국가가 자원을 통제하는 사회에서는 적대적인 정치 집단에 자원을 제공하지 않을 수 있지만 자본주의에서는 모든 자원을 국가가 통제하지 않기 때문에 다양한 정치 집단이 자유롭게 자원을 확보할 수 있기 때문이다. ⑥ 게다가 자유 시장에서 교환은 자발적이기 때문에 시장에 들어가고 시장에서 나오는 것 자체가 자유롭다(Friedman 1982). 따라서 프리드먼은 자본주의가 정치적 자유에 필요한 조건이라고 보았다. 그래서 자유를 증진하는 데는 사회주의보다 자본주의가 유리하다. 구소련 체제가 붕괴한 것도 사람들이 자유를 얻고자 했기 때문이라고 볼 수 있다.

그렇기는 하지만, 자유를 완전한 의미에서의 자유, 요컨대 자신의 목표를 추구할 각자의 평등한 자유로 보면, 프리드먼이 주장하는 자유는 이에 미치지 못한다. 프리드먼이 주장하는 대로 특정한 거래에 참여하는 것은 자발적이겠지만, 시장 체제에 참여하는 것은 자발적이지 않다. 예를 들어 옥수수 재배업자가 어느 시점에 어느 누구에게 옥수수를 팔 것인지는 자신이 결정할 수 있지만, 언젠가는 시장에 내놓고 팔아야 한다. 요컨대 시장 체제에 참여하지 않을 자유는 실제로는 없다. 마찬가지로 노동자도 자본주의 시장에서 자신의 노동력을 팔지 않을 수 없다. 즉 자본주의 시장에 참여하는 것은 자발적이지 않다. 그렇기 때문에 시장이 선택의 자유를 증대한다고 볼 수 없다(Isbister 2001, 42쪽).

다른 한편 프리드먼은 평등을 자유의 적으로 간주한다(Friedman 1982, ch. I). 그래서 자본주의가 불평등을 가져왔다고 해서 자본주의에 반대할 이유가 없다. 그러나 자유를 좀 더 광범한 의미에서 보면, 참다운 자유는 제약의 부재만이 아니라 목표를 추구하는 데 필요한 자원까지 요구하므로, 자본주의로 인해 생긴 불평등이 자신의 목표를 추구하는 자유에서도 많은 차이를 가져온다고 볼 수 있다. 자본주의가 참다운 자유, 또는 두 가지 의미의 자유를 평등하게 보장하지는 않는 셈이다(Isbister 2001, 42쪽).

이처럼 자본주의가 자유를 보장하지도 않고 사람들을 평등하게 대우하지도 않는다면, 나아가 착취를 하고 소외를 가져온다면, 자본주의는 대체되어야 하지 않겠는가? 그렇게는 할 수 없다. 첫째, 자본주의가 아닌 체제를 실험해봤지만 그 체제가 자본주의보다 정의로웠다고 말하기 어렵다(Isbister 2001, 43쪽). 둘째, 현재 인류가 택하고 있는 것은 모두 자본주의 체제이며 이로부터 벗어날 방도를 찾기가 어렵다. 그리고 인류의 긴 역사에서 본다면, 자본주의 때문에 많은 인구가 이 지구상에서 생존 가능하게 되었다고 하겠다. 자본주의가 성취한 힘은 앞으로도 확대될 전망이다(Isbister 2001, 50쪽). 요컨대 자본주의는 어떤 체제보다 효율성이 많다는 것이 증명되었다. 인간이 사회를 이루어 사는 이유 중 하나는 혼자 사는 것보다 효율이 높다는 데 있다. 그러므로 효율의 증진이 정의의 한 요소임을 부인할 수 없다.

3. 효율

효율은 가용 자원으로부터 최대를 얻는 것이다. 자원이 한정돼 있거나 자원에 대한 수요가 충족될 수 없을 때, 즉 자원이 희소한 경우에 효율을 높이는 것이 덕성이다. 경제학자는 경제적 결과를 비교할 때 효율이라는 기준을 자주 쓴다. 늘 자원이 희소하기 때문에 경제학자들은 항상 효율을 하나의 덕성으로 간주한다(Isbister 2001, 18쪽).

효율을 추구하는 데서는 심각한 문제가 드러난다. 효율을 추구하다 보면, 사회 내에서 개인에게 돌아가는 자원과 소득을 배분하는 것이 우리가 원하지 않는 방향으로 진행될 수 있다. 예를 들어 고기술 산업에 중점을 두면 전반적 생산성은 높일 수 있지만, 미숙련 노동자들이 불리한 상황에 놓이게 되며 그들의 소득이 낮아질 것이다. 이 문제를 해결하기 위해 두 가지 기준이 제시되었다. 그런데 두 기준은 서로 갈등을 일으킨다. '파레토의 효율Pareto efficiency'과 '차등 원칙difference principle'이 그것인데, 어느 원칙도 만족스럽지 않다고 볼 수 있다(Isbister 2001, 19쪽).

파레토의 효율이라는 기준은, 어떤 사람이 더 많이 가지게 되는 유일한 방법이 다른 사람이 적게 가지도록 하는 것이라면, 그 상황은 완전히 효율적이며 그보다 더 이상 효율적일 수 없다. 파레토의 법칙에서는 최소한 한 사람 이상이 혜택을 누리고 어느 누구도 손해를 보지 않는다. 다른 한편, 만약 한 사람이 다른 사람에게 돌아가는 양을 줄이지 않고 더 많이 얻을 수 있다면, 어떤 상황은 더 효율적이 될 수 있다. 효율은 증진되어야 한다. 파레토의 의미에서 어떠한 상황이 일단 효율적이면, 효율이라는 근거에서는 이 이상의 변화를 권할 수 없다. 그렇지만 공정이라는 근거에서는 변화를 요구할 수 있다(Isbister 2001, 19쪽).

파레토의 효율에서는 현상 유지에 대해 호의적이라는 점이 문제다. 한 사람의 노예주가 있고, 그 밑에서 백만 명의 노예가 기아에 허덕인다고 가정해보자. 노예가 해방되어 자신의 이익을 추구할 수 있게 되면, 노예들이 국가의 생산고를 높일 수 있을 것이고 몇 배나 높은 생활 수준을 누릴 수 있을 것이다. 그러나 이전 노예주의 재산은 줄어들 수도 있다. 파레토의 기준에서는 노예를 해방시킨 데 따른 생산 증가가 효율의 증가로 받아들여지지 않을 것이다. 한 사람, 현상 유지에서 가장 혜택을 받은 사람인 노예주의 재산 상실 때문이다. 이것은 효율에 도움이 되는 개념이 아니다. 물론 노예제가 없는 사회가 있는 사회보다 효율적이라고 생각하는 것이 올바르다(Isbister 2001, 19~20쪽).

롤스는 '사회적인 일의적 선primary social goods'은 평등하게 배분되어야 한다고 주장한다. 그런데 차등 원칙이 이 주장에 제약을 가한다. 사회적인 일의적 선을 소유하는 데서의 차이는, 그 차이가 최소 수혜자의 가용 재화의 양을 증진하는 효과가 있다면 정당화되어야 한다. 이것을 게임 이론에서는 최소 최대화의 원칙이라고 부른다. 무슨 일을 하든지 모든 사람이 같은 소득을 받게 된다고 가정해보자. 이러한 경우에는 일하는 것이 가치가 없다고 여겨질 것이다. 그래서 극단적인 경우 생산되는 것이 없을 수도 있을 것이며, 결국 아무런 소득이 없다는 점에서 평등해진다. 이에 반해 자신이 벌어들인 것의 어떤 부분을 갖게 하면 그 결과는 소득의 불평등으로 나타나겠지만, 일하는 것에 대한 동기 부여가 이루어지게 되고 생산된 것의 일부가 최소 수혜자에게 돌아갈 수 있다. 이처럼 최소 수혜자가 더 나아지기 때문에 불평등은 정당화된다. 이 한도 내에서 효율은 사회 정의에서 역할을 담당하게 한다. 문제가 되는 것은 사회에서의 총생산이나 평균 생산이나 전형적인 사람의 복지가 아니라 오로지 최소 수혜자의 안녕이라는 점이다(Isbister 2001, 20쪽).

앞으로《사회 정의란 무엇인가》에서 논하겠지만, 이와 같은 차등 원칙은 나름대로 장점이 있다. 그러나 이 원칙은 희소한 자원을 가장 잘 이용하는 데는 적절한 관심을 두지 않는다. 경우에 따라서는 사회적·기술적 변화로 인해 최소 수혜자의 복지가 나아지지 않을 수 있지만, 그렇더라도 수백만 사람들의 안녕이 증진될 수 있을 것이다. 그러나 차등 원칙에 따르면 그러한 변화는 정의롭지 않다. 변화로 인해 소득 배분이 더 불평등해지더라도 변화가 효율을 증진한다면, 타당하다고 생각할 수 있다. 효율을 증진하면 정의가 증진되며, 반면에 불평등을 증진하면 사회는 더욱 불평등해질 것이다. 요컨대, 효율을 증진하다 보면 불평등해질 수 있으며, 평등을 강조하다 보면 효율이 저하된다. 이처럼 파레토의 원칙과 차등 원칙이라는 두 가지 기준이 갈등을 일으키기 때문에 변화가 정의에 미치는 전반적인 영향을 평가해야 한다. 그렇다고 해서 차등 원칙이 그러는 것처럼 변화가 정의롭지 않다고 단정하는 것도 곤란하다(Isbister 2001, 20쪽).

그렇다면 효율을 일반 사람, 또는 다수의 사람 또는 전형적인 사람의 복지를 증진하는 것으로 이해할 수도 있다. 효율은 정의의 세 요소 중 하나이며, 다른 요소와 갈등을 일으킨다.[95] 그러나 갈등을 일으킨다고 해서 효율이 정의와 무관하다고 주장하는 것은 잘못이다. 오늘날 논의되는 배분적 정의는 사회적 협업으로 생긴 사회적 산물을 전제로 하여 배분을 논하는 것이기 때문이다. 게다가 자원이 희소한 세상에서는 제한된 자원으로부터 최선의 것을 얻을 수 있도록, 즉 효율을 증진할 수 있도록 사회를 조직해야 한다(Isbister 2001, 21쪽).

이런 식으로 사회를 조직할 때는 다음을 감안해야 한다. 자본주의적 경제 체제가 비판받은 이유 중 하나는 자기 이익에 기반을 두고 사회적 윤리감도 없이 이윤을 추구한다는 데 있다. 그런데 사회주의는 사회적

---

95 때로 '법에 대한 경제적 분석'이라고 알려진, 정의에 대한 영향력 있는 이론이 있다. 이 이론은 효율만이 정의의 유일한 기준이며 다른 기준과 갈등을 일으키지 않는다고 주장한다. 받아들이기 어려워 보이는 이론이다. 인간은 평등한 대우와 자유를 원한다는 타당한 직관을 무시하기 때문이다(Posner 1981).

동기 부여를 증대시킬 것이라고 기대되었다. 그러나 사회주의 경제 체제에서도 생산성을 높이기 위해 동기를 자극해야만 했으며, 자본주의의 악이라고 불렀던 횡령, 투기, 도둑질이 줄어들고 효율이 증진되었다는 증거가 나타나지 않았다. 오히려 자본주의 국가의 대중들이 경제 성장으로 더 혜택을 보았으며, 보다 나은 기술과 교육 덕분에 생산성이 더 증대되었다는 통계가 제시되었다. 요컨대 자본주의적 산업화의 초기에 비해 후기에 와서는 불평등이 점차 줄어들게 되었다(Hoover 1968, 300~301쪽). 바로 여기에서 어떠한 정치경제 체제가 불평등을 줄이면서 성장을 가져오는 데 적합한가라는 문제가 생긴다.

4. 평등, 자유, 효율, 그리고 정의

정의는 '유효성(공리)utility'과 묘한 관계가 있다. 정의를 행해야만 다른 무엇보다도 인간의 복지에 이롭다. 흔히 정의를 'honeste vivre, neminem laedere, suum cuique tribuere'라는 말로 요약한다. 즉 '정직하게 하고, 위해를 막고, 각자에게 그의 것'을 보장해주는 규칙이 유용하다는 것은 말할 필요도 없다. 이 규칙이 지켜져야만 각자가 안전하게 생존할 수 있기 때문이다(Ryan 1993, 4~5쪽). 흄과 밀이 이러한 관점에서 정의를 고려했던 셈이다.

그러나 정의는 유효성과 갈등을 일으키며, 나아가 특정한 사람의 복지만이 아니라 일반적 복지와도 갈등을 일으킨다. 공리주의적 입장에서는 사회의 효용을 위해 경우에 따라서는 같은 범죄에 대해 처벌의 양을 달리할 수도 있고, 일반적(아홉 명의) 복지를 위해 한 사람(스님)의 복지를 무시할 수도 있다. 공리주의적 관점에서는 이것이 복지의 총량을 증대시켰다는 점에서 좋은 생각일 수 있다. 그러나 이렇게 하는 것이 정의로운가? 정의는 유효성만으로 설명될 수 있는가?

공리주의는 근대 경제학과 윤리학에서 하나의 기초가 되었다. 공리주의는 경제학에서는 부분적으로 인간의 동기에 대한 적극적인 이론이다. 즉 인간은 자신의 효용을 최대화하거나 자신의 선호를 만족시키도록 행동할 것으로 여겨진다. 그러나 규범적 이론으로서 공리주의는 정의와 관련된다(Isbister 2001, 21쪽).

규범적이거나 윤리적인 이론으로서 공리주의는 최선의 행동은 행복이나 공리를 최대한으로 창조하는 것이라고 주장한다. 공리주의의 본질과 결점에 대해서는 《정치와 윤리》에서 이미 논했다. 공리주의가 초점을 두는 것은 전체 행복의 양이지 행복의 배분이 아니다. 그렇다면 공리주의는 단지 전체의 효율에 대한 이론이다. 자유나 평등은 개인의 선호에서 부분이 되는 한에서만 공리주의적 계산의 부분이 된다. 이렇게 보면, 공리주의는 정의의 구성 요소에서 한 부분만을 차지하며, 그렇기 때문에 윤리나 정의에 대한 더 협소한 이론이라고 하겠다(Isbister 2001, 22쪽).

그러나 공리주의는 효율에 대해 사고하는 데 좋은 근거가 된다. 공리주의자에 의하면, 최대화되어야 하는 것은 소득, 부 또는 어떤 특정한 물질적인 것이 아니라 오히려 공리다. 공리는 때로는 행복으로, 그러나 좀더 일반적으로는 선호로 정의된다. 가장 효율적인 결과는 우리가 원하는 것을 최대로 가져다주는 것이다. 부, 고독, 지식, 흥분, 사랑, 생산적인 것 등이 우리가 원하는 것일 수 있다. 원하는 것이 무엇이든지 간에 공리주의적 기준은 집단으로서 우리 모두가 우리의 선호를 달성하는 것을 최대화해야 한다는 것이다. 제한된 자원에서 우리가 최선의 것, 즉 가장 가치가 있다고 생각하는 것으로서 최선을 얻는 것이 효율이다(Isbister 2001, 22쪽).

앞에서 한계효용이라는 공리주의적 이유에서 복지권의 근거를 찾을 수 있다는 것을 이미 지적했다. 그러나 여기에서 다음과 같은 문제점을 지적할 수 있다. 어떤 상황에서 공리주의자는 평등을 선호할 수 있다. 그러나 부자인 철수와 가난한 갑돌의 예에서 볼 수 있는 바와 같이, 평등을 선호하는 데에는 한계가 있다. 이 경우에는 철수와 갑돌의 효용이 같다는 것을 전제로 하고 있다. 그러나 실생활에서는 그렇지 않다. 사람들이 행복을 받아들이는 능력은 아주 다르기 때문이다. 그렇기 때문에 행복을 수용할 수 있는 능력이 더 많은 사람에게 그렇지 못한 사람보다 더 적게 배분하려고도 할 수 있다. 더 적게 배분하는 것이 현실적으로 받아들여지지 않을 것이다. 이렇게 보면 공리주의는 결과적으로 효율을 옹호한다고 하겠지만, 평등을 옹호하지는 않는다. 요컨대, 효율은 정의의 한 요소이며 공리주의는 효율을 이해하는 좋은 방법의 하나다. 그렇지만 효율은 정의의 한 요소에 불과하며, 다른 것과 갈등을 일으킨다(Isbister 2001, 23쪽).

각자의 능력이나 사회에 기여한 바를 고려하지 않고 모든 사람의 소득을 평등하게 하는 사회를 가정해보자. 그러한 사회에서는 효율이 떨어질 것이 분명하다. 그렇다면 소득의 상한선을 정하는 것은 어떠한가? 예를 들어 루소가 상정한 것처럼 최고 소득자의 소득이 최소 소득자의 소득의 네 배 이상을 넘지 못하게 한다면 어떻겠는가? 소득을 상당히 평등하게 해 모든 사람이 자신이 원하는 것을 할 수 있게 하는 것이 자유라고 볼 수 있다. 이렇게 보면 가진 자의 자산을 없는 자에게 주는 것도 자유의 보장이라는 명분으로 정당화될 수 있다. 가진 자가 가질 수 있었던 것도 동료 덕분이라고 보면 그렇게 할 수도 있다. 그러나 가질 수 있는 것에 대해 어떠한 상한선을 두고 이를 엄격하게 적용하는 것은 자유를 침해하는 것이된다. 게다가 이는 효율을 저하시킬 우려가 있다. 예를 들어 빌 게이츠 같은 이에게 최소 소득자의 소득의 네 배 이상 되는 소득을 갖지 못하게 규정한다면, 그는 창의력을 발휘해 노력하겠다는 동기를 잃어버리게 될 것이다. 생산성이 저하되면 인류는 진보에서 멀어진다(Isbister 2001, 69쪽).

이와 같이 효율 없이는 사회가 바람직하게 움직이지 않는다고 보면, 평등도 중요하지만 효율도 무시할 수 없다. 이렇게 보면, 효율은 평등과 갈등을 일으킨다. 양자 사이의 어디에선가 타협을 해야 한다. 그렇다면 사회가 필요로 하는 효율을 가져오기 위해 최소한 어느 정도의 불평등이 인정되어야 하는가? 전술한 바와 같이 인간이 자신의 의지를 행사함으로써 나타난 결과의 불평등은 전부는 아니더라도 어느 정도는 인정해야 한다.

평등의 원칙에도 여러 가지가 있다는 것을 살펴보았다. 무엇에 대해 어떤 원칙을 어떻게 적용할 것이며, 어떤 점에서 어느 정도 불평등을 허용할 것인지는 결국 구성원이 정해야 하며, 이를 정하는 데 정의의 원칙이 기반이 되어야 한다.

끝으로 살펴봐야 할 것이 사회 정의와 —— 정의가 아니라 —— 개인의 자유의 관계다. '풍랑 만난 배'에서처럼 전체의 공리 증진이 정의라고 생각하고 스님의 자유를 희생시키는 것이 정당하다고 보면, 정의와 자유는 갈등 관계에 있는 것이 분명하다. 자유지상주의를 강력하게 주장하는 이들은 개인이 정당하게 획득한 자원을 정당하게 사용할 자유를 보장한다면, 사회 정의를 위한 정책을 실현할 여지는 없다고 주장한다(ASU). 이렇게 지나친 견해와는 다르게 자유와 사회 정의가 서로 다른 요구를 하는 것을 공공 정책이 상쇄해야 한다는 견해가 좀 더 보편적이다. 그렇다면 사회 정의에 대한 관념이 자유에 대해 이해하는 바에 어떠한 영향을 미치는가?

첫째, 어떤 정의 이론이든 시민들의 기본적 권리를 언급하기 마련인데, 이 권리는 다양하고 구체적인 자유에 대한 권리를 포함한다. 정의 이론에서 시민이 무엇이냐에 따라 권리의 내용과 범위가 결정되겠지만, 일반적으로는 사회 정의가 광범한 기본적 자유를 보장하려 한다고 봐야 한다. 둘째, 개인들이 자원이 없어서 자유를 향유할 수 없는 것이 아닌가 하는 점이 자유에 대한 논의에서 중요했다. 사회 정의가 실현되면 자유를 실질적으로 향유할 수 있게 된다는 측면이 있다. 타인의 복지를 위해 세금을 더 내게 된 사람은 자유가 축소되었다고도 볼 수 있다. 이처럼 자유와 사회 정의 사이에는 갈등의 여지가 있다. 그렇기는 하지만 세금을 더 냄으로써 모든 구성원의 자유가 증진된 측면도 있다(Miller 1999, 13~14쪽). 그리고 오늘 세금을 더 낸 사람은 나중에 세금을 적게 내게 되는 입장에 놓일 수도 있다.

대체로 민주주의 국가는 시장 경제를 채택한다. 시장 경제는 민주주의로 하여금 대가를 지불하게 한다. 시장 경제가 경제적 불평등을 가져오는 데 반해 민주주의는 정치적 평등을 달성해야 하기 때문이다. 경제적 불평등이 심화되면 정치적 평등을 달성하기가 어려워지기 때문이다(Dahl 1998, ch. 14, 59쪽). 현실적으로는 시장 자본주의의 장점을 살리면서 시장 자본주의의 정치적 평등에 대한 대가를 줄여서 민주주의에서 어떻게 평등, 자유, 효율의 균형을 이루는가가 중요한 문제다(Dahl 1998, 182쪽).

제14장

정의의 세 가지 원칙

 이제까지 사회 정의를 구성하는 세 가지 요소를 살펴보았다. 지금부터는 사회 정의를 실현하는 데 어떤 원칙이 적용될 수 있는지를 생각해보자. 사회적 협업에서 생기는 '부담과 혜택burden and benefit'을 배분하는 방식이 사회 정의의 주제가 된다. 그렇다면 어떤 원칙을 배분의 원칙으로 삼을 것인가? 배리Brian M. Barry는 두 가지 정치적 원칙이 있다고 주장한다. 집합적 원칙과 배분적 원칙이다(Barry 1965, ch. III). 특정한 집단이 향유하는 전체적인 선의 양을 따지는 원칙이 '집합적/집적적aggrega-tive' 원칙이다. 반면에 '배분적distributive' 원칙은 집단의 구성원이 각기 가지게 되는 선의 몫과 관련된 원칙이다. 집합적 원칙에 의하면, 집단의 구성원들이 향유하는 행복의 총량이 최대화되어야 한다. 반면에 배분적 원칙에 의하면, 각 구성원이 평등한 양의 행복을 가져야 한다.

 배분적 원칙은 다양한 방식으로 이루어질 수 있다. 배분되는 선(善)은 가치 있다고 여겨지는 개인의 선, 예를 들면 행복, 만족 등일 수도 있고, 개인에게 외재적인 자원, 즉 부와 교육 등일 수도 있다. 배분적 원칙은 그저 선이 어떻게 나누어져야 한다는 것을 규정할 수도 있고, 선의 몫을 결정하는 개인의 특성이 무엇인지를 규정할 수도 있다. 끝으로, 모든 가용 자원을 완전하게 배분하는 방식을 규정할 수도 있으며, 자원을 나누어 다른 방식으로 배분하도록 규정할 수도 있다(Miller 1976, 19~20쪽).

정의의 원칙(혹은 기준)은 배분적 원칙이다. '각자에게 그의 당연한 몫'이라는 말이 이를 대변하는 셈이다. 문제는 무엇을 어떤 근거에서 각자의 당연한 몫으로 정해야 하는가이다. 개인의 어떤 특성이나 상황이 그 근거가 될 수 있다(Miller 1976, 20쪽).

각자에게 당연한 몫을 배분하는 것이 정의라고 하면, 두 가지를 추론할 수 있다. 첫째, 어떤 점에서 두 사람이 같다면 그들은 같은 방식으로 대우받아야 한다. 같은 것은 같게 다루어야 한다는 원칙은 정의의 일반적 특성을 나타낸다고 하겠다. 그러나 이 원칙은 마치 평등만이 정의의 원칙인 것처럼 오도할 수도 있다. 정의는 반드시 평등주의적일 필요가 없으며, 강한 의미에서의 평등은 정의를 해석하는 하나의 방식에 불과하기 때문이다. 그러므로 '같은 것은 같게 대우한다'는 원칙은 보다 근본적인 원칙, 즉 '각자에게 그의 당연한 몫'이라는 원칙으로부터의 추론으로 봐야 한다. 둘째, '각자에게 그의 당연한 몫'이라는 원칙으로부터 비례의 원칙이 도출된다. 부담과 혜택의 양은 각자가 가진 속성의 양에 비례해야 한다(Miller 1976, 21쪽). 이 점에 대해서는 이미 아리스토텔레스의 비례적 평등에서 살펴보았다.

그렇다면 당연한 몫은 어떤 방식으로 결정되어야 하는가? 즉 정의는 어떤 원칙에 의해 다루어져야 하는가? 이에 대해 두 가지 견해가 있다.

정의에 대해 같은 기준을 적용할 수 있다고 생각하는 이도 있으며, 정의는 다양한 개념이므로 다양한 기준을 적용해야 한다고 생각하는 이도 있다. 전자는 각자에게 그에게 당연한 것을 주는 것이 정의라고 생각하고 이 원칙을 규정하는 어떤 조건, 예를 들어 평등 혹은 응분을 광범한 의미로 쓴다. 반면에 후자는 당연한 몫을 구성하는 것이 여러 가지일 수 있다고 생각해, 예컨대 권리, 응분, 필요일 수 있다고 생각해 다른 방식으로 정의에 접근한다(Miller 1976, 24~26쪽).

각자에게 그에게 마땅한 것을 주는 것이 정의라고 한다면, 마땅한 것이라고 여겨지는 것이 각기 다를 수 있다. 여기에는 일반적으로 세 가지 원칙이 있다. ① 각자에게 그의 권리에 따라 배분한다는 원칙, ② 각자에게 그의 응분에 따라 배분한다는 원칙, ③ 각자에게 그의 필요에 따라 배분한다는 원칙이다. 이 세 원칙은 마땅한 것을 각기 다르게 보며, 각기 정의의 원칙이라고 주장할 수 있다. 그런데 권리 보호로서의 정의와 응분으로서의 정의는 갈등을 일으키기 마련이다. 개인의 권리가 응분에 해당한다는 보장이 없기 때문이다. 예를 들어 권리로서 상속권이 인정된다. 그러나 상속받게 된 재산에 대해 상속인이 기여한 바가 없다면, 그 재산을 응분으로 보기 어렵다. 도덕적 덕성이나 생산력, 능력 등이 응분의 근거가 될 수 있다. 즉 무엇을 응분의 근거로 삼아야 하는가라는 문제가 생긴다. 그런데다가 응분이라는 기준이 유일한 기준이라고 볼 수 없다. 예를 들어 기아에 처한 사람은 음식을 먹어야 하는데, 그가 음식을 만드는 데 기여한 바 없다는 이유로 그 음식이 그 사람의 응분의 몫이 아니라고 생각하고 그에게 음식을 주지 않음으로써 그를 죽게 내버려둘 수 있는가? 여기서 필요를 고려해야 한다. 그렇다면 어디까지를 필요로 규정할 것인가라는 문제가 생긴다. 어쨌든 응분이라는 원칙과 필요라는 원칙은 갈등을 일으킨다. 자신에게 당연한 것에 대해 권리를 가지는 것과 자신에게 필요한 것에 대해 권리를 가지는 것은 다르기 때문이다(Miller 1976, 27~28쪽). 그래서 권리, 응분, 필요라는 원칙은 각각 갈등을 일으키기 마련이다. 앞으로 권리만이 아니라 응분을, 응분만이 아니라 필요까지를 충분히 충족시킬 수 있게 되면 인류의 삶은 점점 더 나아지리라고 볼 수 있다. 그렇지만 현 시점에서는 그렇게 할 수 없다는 점에서 세 가지 원칙을 어떤 근거로 어떻게 적용해야 하는가라는 문제에 직면하게 된다.

세 가지 원칙에 대한 논의는 주로 데이비드 밀러David Miller의 논지에 의존하게 되는데, 밀러는 현대의 정의 이론에서 커다란 몫을 차지하고 있다. 우선 그에 대한 간단한 소개를 하고자 한다. 정의에 대한 관념을 논한다고는 하지만 우리는 근대적이며 산업화된 시장 사회에 초점을 둔다. 이러한 사회, 즉 서구 사회에는 긴 역사가 있고 진보에 대한 감각도 있으며 공동체와 인간 사이의 관계라는 문제에 대한 감각도 있다. 그러한 맥락에서 정의에 대한 우리의 관념은 개인의 권리라는 개념과 공적 공리에 대한 관심 사이를, 사유재산에 대한 관심과 보다 커다란 사회적 고려 사이를 오간다. 이러한 맥락에서 또한 시장의 자유와 국가의 권위가 갈등의 양상을 띠고, 성공한 자의 권리와 응분은 빈자의 필요와 마찰을 일으킨다. 만약 정의가 사회에서 이상과 같은 여러 가지 면모를 띤다면, 정의라는 개념을 서구 사회와는 다른 사회까지 확장해보면, 그 사회에서는 정의는 어떠한 면모를 띠겠는가? 예를 들어 한국에서 정의의 개념은 무엇인가? 서구의 개념을 그대로 따를 수 있을 것인가? 문화와 역사가 다르기 때문에 공적(功績)과 권리에 대한 서구인들의 관심이 한국 사회에 그대로 적용되기 어려울지도 모른다. 역사적으로 보아 한국에서는 공적이나 권리를 중시하게 했던 사회 구조가 서구에 비해 허약했기 때문일 것이다. 그러나 플라톤 이후 서구의 철학자들은 자신들의 언어에서 표현되는 정의라는 관념이 마치 보편적인 개념인 것처럼 논해왔다. 밀러는 이러한 인상을 지우기 위해《사회 정의Social Justice》(1976)에서 보다 넓은 시각으로 정의에 접근한다. 그의 주장에 의하면 정의라는 개념은 세 가지 다른 종류의 맥락에서 전개되며, 다른 맥락에서는 정의의 개념이 다르다. 예를 들어 자유권에 대한 서구인의 개념은 다른 사회에는 없을 수도 있다. 그리고 서구에서는 내가 실제로 사용하지도 않지만, 타인이 절실하게 필요로 하는 어떤 재화를 내가 소유한다고 말할 수 있다. 그렇지만 이와 같은 소유의 관념은 다른 문화권에는 없을 수도 있다. 이 점을 감안해 정의의 세 가지 원칙을 살펴보자.

1. 권리

오늘날에는 정의의 세 가지 원칙에 권리가 포함되는 것이 당연하게 여겨진다. 그 정도로 오늘날 정의는 권리에 대한 존중과 밀접하게 연관되어 있다.

(1) 정의, 권리, 법

그리스 시대와 로마 시대에는 정의에 대한 정교한 사상이 전개되었지만, 정의에 대한 논의가 개인의 권리에 대한 관념을 포함하지는 않았다. 이것은 오늘날 우리의 직관에 어긋나는 것 같다. 어떤 사람이 재산의 소유자라는 것을 인정하면서도 어떻게 그의 권리를 승인하지 않을 수 있었는가? 그리고 합법적인 왕은 권위를 행사할 권리가 있으며 반면에 폭군은 그 권위가 없다고 말해야 할 것인데, 그렇게 말하지 않고서 어떻게 정당한 왕정과 부당한 폭군정을 구별했는가?(Ryan 1993a, 2쪽).

재산과 권위는 개인의 권리라는 개념이 아니라 법에 의해 규정되었기 때문이다(Ryan 1993a, 2쪽). 어떤 사람이 재산을 소유한다는 것은 법에 의해 특권과 면책을 부여받은 사람이 되는 것이다. 정당한 지배자란 법이 지배하도록 지정한 사람이 되는 것이다. 사유재산에 대한 근대의 법에 비해 고대의 법 개념은 일반적으로 개인보다 가족과 다른 집단에게 재산에 대한 보다 많은 권력을 부여했다. 로마법에서조차 소유권은 절대적이고 주권적인 성격을 띠었는데, 거기서 재산은 근대적 방식으로 이해되지 않았다. 법이 어떤 사람에게 그의 'ius'를 줄 것을 명령한다면, 이것은 법이 요구하는 대로 그 사람이 대우받아야 한다는 것을 우선적으로 의미했다. 권리 소지자가 그의 권리에 의거해 권리를 가진다는 인식, 즉 권리에 대한 주관적 인식은 로마 시대에는 없었다(Ryan 1993a, 3쪽).

플라톤과 아리스토텔레스는 정의를 개인적 권리의 문제로 보지 않았다. 보호자에게 권리를 부여하는 것이 철학자만이 다스릴 자격을 가진다거나 다스릴 권리를 가진다는 것을 의미하는 것처럼 보일 수 있다. 그러나 플라톤이 주장하는 바는 이것이 아니다. 그의 주 관심사는 합리적 원칙에 의거해 국가를 수립하는 것이며, 그는 권리를 주장하는 개인의 관점이 아니라 인간이라는 재료를 국가의 적절한 위치에 배치한다는 관점에 의거해 수립하고자 했다. 국가는 선한 지배자를 필요로 하는데, 보호자가 그러한 사람이다. 아리스토텔레스는 자유와 정의가 이루어지는 국가에 대해 논하는데, 권리의 문제로 국가를 다루지 않는다(Ryan 1993a,

3쪽). 반면에 근대의 로크에 이르러 국가는 권리 소지자들 사이의 계약의 결과로 나타난다. 그렇지만 아리스토텔레스는 합리적이며 도덕적으로 수용할 수 있는 틀에 따라 권위를 계층과 개인에게 할당하는 것이지 개인의 권리를 보호하고 인정하기 위해 할당하는 것이 아니다(Politics, 1282b15~1284b34). 따라서 정의란 사회적 협업에서의 부담과 혜택의 배분에 관한 문제라고 말한다면, 플라톤이나 아리스토텔레스에게는 생소하게 들릴 것이다. 그렇다고 해서 그들의 관점이 완전히 잘못된 것이라고 볼 수는 없다. 플라톤과 아리스토텔레스에게 정의는 사람들로 하여금 그들이 담당해야 하는 사회적 역할을 담당하게 한다는 근본적 과제를 할당하는 문제이며, 그래서 정의는 사회생활의 조건에 대한 문제이기 때문이다(Ryan 1993a, 4쪽).

공리주의자인 흄과 존 스튜어트 밀은 정의와 권리를 같이 다룬다. 정의가 권리에 대해 논리적으로 혹은 도덕적으로 선행하는지를 다루지는 않는다. 그들은 자연주의자처럼 기술하면서, 인간의 복지를 증진하기 위해 수용되는 행위에 대한 규칙 체계가 도덕이라고 설명한다. 공리주의에 반대하는 롤스와 노직 같은 반(反)자연주의자들은 권리나 정의라는 주제에 중점을 둔다. 롤스에게 정의의 원칙은 근본적이며 권리는 정의가 명령하는 바다. 노직에게는 정의가 인간이 타고나거나 습득한 '자격 부여entitlement'로 시작되는 것이며, 사람들이 자격을 가지게 된 바를 가지는 것이 정의다. 기본적인 자격 부여를 이해하는 것이 다른 모든 것의 기초다. 이상에서 본 바와 같이 권리가 정의의 원칙으로 부각되기 시작한 것은 근대에 들어와서다.

이제부터는 권리가 어떤 근거에서 정의, 특히 사회 정의의 원칙/기준이 되는지를 살펴보고자 한다. 이를 위해, 권리를 가진다는 것이 사람에게 무슨 의미를 가지게 됨으로써 권리라는 개념이 무엇을 의미하게 되며, 실정적 권리와 이상적 권리의 차이는 무엇인지를 고찰하고자 한다. 끝으로, 실제로는 필요에 근거를 두면서도 권리라는 용어로 포장되는 권리는 실정권에 근거를 둔 권리와 갈등을 일으킨다는 점을 지적하고자 한다.

(2) 법적 권리와 도덕적 권리

인간은 법적 권리와 도덕적 권리를 가지고 있다. 실정법 체제 내에서 개인이 차지하는 지위에서 연유하는 권리가 법적 권리이며, 다른 방식으로, 예컨대 법적 지위가 없는 약속이나 합의에서 연유하는 권리가 도덕적 권리다. 그렇다고 해서 법적 권리가 아닌 것은 모두 도덕적 권리라고 볼 수는 없다. 도덕적 권리는 도덕적 규칙에서, 법적 권리는 법적 규칙에서 연유한다고 봐야 하기 때문이다. 그리고 이 두 가지 사이에 '제도적 권리institutional rights'가 있다고 볼 수도 있다. 정치 이론가는 법적 권리와 도덕적 권리의 본질과 양자의 관계에 관심을 둔다.

법적 권리는 실정법의 규칙에서 연유한다. 그 내용이 상당히 명확하고 고정되어 있는 일련의 규칙이 법이다. 어떤 경우에 규칙은 개인에게 권리를 만들어준다. 그러나 법적 규칙은 일반적으로 생각하는 것만큼 정확하지 않으며, 구체적인 경우에는 새롭게 해석할 필요가 있다. 그러므로 법적 권리를 확립하는 것은 그저 관련된 규칙을 찾는 것만이 아니라 그 규칙에 대한 해석을 정당화하는 것이다. 그렇게 하는 데에는 도덕적 고려가 필요하다(Miller 1976, 53쪽). 그렇다고 해서 도덕적 고려라는 것이 법이 부적절한 것을 수정하기 위해 법 밖에서 근거를 찾는 것은 아니다. 도덕적 고려는 법 자체 내에서 '법적 원칙legal principles'에 포함되어 있다고 볼 수도 있기 때문이다(Dworkin 1968 ; Miller 1976, 53~54쪽 재인용). 그렇게 볼 수 있는 것은, 법이 도덕적 근거를 가져야 하는 측면이 있기 때문이다. 그래서 법적 권리와 도덕적 권리를 구분하는 것이 중요한 문제로 등장하게 된다. 그렇다고 해서 법적 권리를 주장할 때는 관련되는 실정법을 참조하면 되는 것이지 권리의 도덕적 근거를 따져야 한다는 것은 아니다. 그렇기는 하지만 실정법이 도덕적 근거를 두는 경우가 많다. 그것이 법의 안정성을 기하는 데 도움이 되는 경우가 많기 때문이다.

그렇다면 도덕적 권리는 무엇인가? 도덕적 권리라는 개념과 그 권리가 정의에 대해 갖는 관계를 논하기 전에 먼저 다루어봐야 할 것이 있다. 이미 살펴본 것처럼 벤담은 자연권이 아니라 법적 권리만이 권리로 인정된다고 주장했다(이종은 2010, 326쪽). 그에 의하면 도덕적 권리 혹은 자연권에 대한 주장을 하는 것은 어떠한 법적 권리가 있어야만 한다. 그의 주장은 두 가지 점에서 잘못되었다. 첫째, 도덕적 권리에 대해 주장하는 것은 그 권리에 상응하는 법적 권리가 만들어져야 한다는 것을 주장하는 것이 아니다. 예를 들어 약속을 하게 되면 도덕적 권리와 의무가 생긴다. 둘째, 벤담의 설명은 일관성이 없다. 권리를 가지는 것은 의무로 혜택을 받는 것인데, 그 의무를 다하지 않을 경우에는 제재를 받을 수 있다는 것이 벤담의 설명이다. 그런데 도덕적 의무를 다하지 않을 경우에도 사회적 불승인이나 사회적 따돌림 등과 같은 제재를 받게 된다(Miller 1976, 55쪽). 벤담이나 그 후에 러몬트W. D. Lamont가 이상과 같이 생각하게 된 것은 사람들이 일상적으로 도덕적 권리라는 말을 제한된 경우에 사용하지 않고 도덕 일반, 즉 올바름을 표현하는 일반적인 경우에도 사용하기 때문이라고 생각된다(Miller 1976, 57쪽). 권리가 정의를 주장하는 데 쓰이는 한 가지 유형의 근거라고 생각하면, 정의와 권리를 구별하지 않고 혼동해 사용해서는 안 된다. 혼동해 사용하는 것은 존 스튜어트 밀에게서도 나타난다. 그는 "정의는 하는 것이 옳을 뿐만 아니라 하지 않는 것이 잘못인 어떤 것을 암시하는데, 그러나 그것은 개개의 사람이 그의 도덕적 권리로서 우리로부터 요구할 수 있는 어떤 것이다"(UT, 455쪽). 밀은 모든 정의에 대한 요구가 권리에 대한 요구로 표현될 수 있을 정도로 정의라는 개념을 확대했다. 요컨대, 권리는 정의를 요구하는 하나의 근거임에도 불구하고 모든 정의에 대한 요구를 권리에 대한 요구로 밀은 표현했다. 이것은 잘못이다. 왜 그러한가? 부정의가 일어나면, 강도를 당하든가, 약속이 지켜지지 않든가, 마땅하지 않은 잘못된 대우를 받든가, 어떤 잘못을 당하는 사람이 있게 된다. 그래서 부정의에는 행해진 잘못과 잘못을 당한 사람이 수반되기 마련이다. 잘못을 당한 사람은 자신의 도덕적 권리가 침해되었다고 묵시적으로 가정한다. 그런데 묵시적으로 그렇게 가정하는 것이 잘못이다. 게다가 응분이나 필요에 근거를 두고 권리를 요구하는 것임에도 불구하고 권리에 근거를 둔 것처럼 흔히 표현한다. 이 점은 다음에 좀 더 자세히 지적하겠다.

(3) 권리를 가진다는 것

권리가 무엇인지에 대해서는 《평등, 자유, 권리》에서 이미 다루었다. 여기에서는 권리가 있는 사회와 없는 사회를 가상적으로 대비시켜봄으로써 차이가 무엇인지 알아보고 이를 통해 권리가 무엇인지를 다시 생각해보자. 권리가 정의의 원칙이 되기 때문이다. 다음과 같이 생각해보자. 어느 누구도 권리를 가지고 있지 않지만 사는 모습은 우리와 아주 비슷해, 사람들이 타인에 대해 동정심을 가지고 서로 도우며 각자가 덕성을 가지고 살아가는 어떤 곳을 가정해보자. 이러한 가상적 사회를 하무향(何無鄕)nowheresville이라고 불러보자. 그렇다면 하무향에서는 권리가 없다는 것이 무슨 의미가 있으며, 이것이 무슨 차이가 있는가?(Feinberg 1980, 143쪽).

칸트가 보기에 이러한 사회에서는 사람들이 자비심(慈悲心)에서 연유하는 행동을 하는 것이 악의에서 하는 행동보다 선을 가져올 수는 있다. 그렇지만 그 행동은 최고의 가치가 있는 행동, 즉 '도덕적 값어치'를 가지는 행동은 아니다. 그 행동이 의무가 요구하는 바에서 연유하지 않았기 때문이다. 칸트가 말하는 의무에서 나온 행동이란 무엇인가? 이미《정치와 윤리》에서 살펴본 바를 다시 생각해보자. 예를 들어, 텔레비전에서 굶주리는 북한 어린이들의 실상을 보여주면서 구호금을 모금한다고 가정해보자. 철수는 세금 공제가 필요하기 때문에 기부했고, 영희는 불쌍한 어린이들에 대한 동정심에 못 이겨 눈물을 흘리면서 기부했으며, 갑돌은 필요에 대해 냉담한 감정을 보이면서, 자신이 할 수 있다면 도와야 할 이성적 의무가 있다는 것을 인정했지만 기부는 아직 하지 않았다. 결과론자를 포함한 대부분의 사람들은 인간이 가진 성향의 한 가지인 동정심에서 행동한 영희의 결정이 도덕적 가치가 있다고 말할 것이다. 그러나 칸트의 생각은 다르다. 의무론적 관점에서는 갑돌의 동기만이 도덕적 가치가 있다. 그의 동기는 도덕적 원칙에 충실히 복종하는 데 이성적으로 헌신했기 때문이다. 영희는 도덕적 가치가 부족하다. 영희의 행동은 자율적으로 선택한 의지가 아니라 우연적이고 행위적인 자연의 법칙에 근거를 두기 때문이다. 말하자면 영희는 쉽게 동정하는 '성향inclination'을 가졌을 수도 있고, 자신이 북한 어린이보다 더 어려운 처지에 있다면 눈물도 흘리지 않고 기부도 하지 않았을 수도 있다. 이렇게 보면, 영희처럼 동정을 잘하는 성격은 사회적으로는 유용하겠지만 영희의 행위에 대한 칭찬이나 비난과는 관계가 없다. 영희는 그러한 성격을 자연적으로 타고 났으며 동정할 만한 상황에 우연히 처했기 때문에 동정하고 기부한 것으로 간주되기 때문이다(*GMM*, 65~67쪽 ; Hallgarth 1998, 616쪽).

하무향에서 인간은 의무에서 연유하는 행동을 하지 않게 되어 인간으로서의 도덕적 값어치를 상실하게 된다. 그렇다면 이제부터는 하무향에 의무라는 개념이 있는 것으로 간주해보자. 그렇게 되면, 의무의 감각에서 사람들은 자비롭거나 존경받을 만한 행동을 할 것이다. 하무향에 의무의 감각이 있게 되면, 이와 더불어 권리가 슬며시 끼어들지 않겠는가?

그런데 이미 살펴본 바와 같이 '권리와 의무의 논리적 상응성logical correlativity of rights and duties'이라는 교의가 있다. 이 교의에 의하면 ① 모든 의무는 타인의 권리를 수반하며, ② 모든 권리는 타인의 의무를 수반한다. 여기서 ①을 살펴보자. 이것은 정확한가? 어원적으로 '의무duty'라는 말은 어떤 사람에게 '마땅한due' 행동과 연관이 있다. 예를 들면 채권자에게 부채를 갚거나, 약속을 지키거나, 모임의 회비를 내거나, 관세를 내는 등의 행동은 마땅히 해야 하는 행동이다. 의무가 가지는 원래의 의미에서는 모든 의무는 의무를 빚지게 된 상대방의 권리와 상관있다. 그런데 다른 한편 법적이거나 법적이 아닌 경우를 막론하고 타인의 권리와 논리적으로 상응하지 않는 의무의 종류가 많다. 그렇게 된 것은 의무라는 말이 '요구되는required' 것으로 이해되는 어떤 행동에 쓰이게 되었기 때문인 것 같다. 의무는 타인의 권리, 법, 보다 상위의 권위체, 양식 등에 의해 요구될 수 있다. 요구라는 개념에 초점을 두게 되면 '마땅한due'이라는 개념은 밀리게 된다(Feinberg 1980, 143쪽). 해야 한다고 여겨지는 어떤 행동에도 의무라는 말을 쓸 수 있게 되었다. 그래서 '마땅한 것due'

이라는 의미에서는 의무가 권리와 상응하지만, '요구하는 바requirement'라는 의미에서는 상응하지 않을 수 있다. 그러므로 여기서는 권리와 의무의 상응성이라는 교의가 어떤 의미에서는 맞지만 어떤 의미에서는 맞지 않는다(Feinberg 1980, 144쪽).

도덕적으로 강제된다, 즉 요구된다는 의미에서의 의무라는 개념만이 하무향에서 통용된다고 가정해보자. 그렇게 되면 하무향에서는 실정법에서 부과하는 종류의 의무가 있을 수 있다. 법적 의무는 단순히 하도록 권유받는 것이 아니라 법이 혹은 법 아래 있는 권위가 우리가 원하든 원하지 않든 처벌할 수도 있다는 조건으로 우리로 하여금 하게 하는 바다. 권리와 의무가 같이 있는 곳에서는 빨간 신호등이 켜져 있는데도 불구하고 운전자가 이를 무시하고 달리려 한다면, 이를 지켜본 보행자나 다른 운전자는 어느 누구라도 정지하라고 말할 수 있다. 운전자는 불특정한 사람들에 대해 정지해야 하는 빚을 지고 있다. 이는 채무자가 채권자에게 빚을 지는 것과 같다. 그런데 이처럼 권리에 상응하는 의무가 하무향 사람들 사이에 없다면, 운전자는 법에 대해 의무를 지지만 타인에 대해서는 의무를 지지 않는다. 자동차가 충돌하면 잘못이 누구에게 있든 어느 누구도 다른 사람에게 책임을 추궁당하지 않는다. 어느 누구도 타당한 불평을 하거나 불평할 권리를 갖지 않는다. 운전자는 법에 대해서만 빚을 진다(Feinberg 1980, 144쪽). 의무만 있고 권리가 없는 사회는 이러한 차이가 있다.

다음과 같이 보면, 권리가 없다는 것의 의미가 더욱 분명하게 드러날 것이다. 옛날에는 흉년이 들면 끼니를 잇기가 힘들었다. 그러면 가난한 농민은 아침 일찍 부농의 집 마당을 빗자루로 쓸었고, 그에게 끼닛거리가 없음을 눈치 챈 부농은 양식을 나누어 주었다. 그리고 흉년이 심하면,

나라가 구휼미를 풀어 기근을 넘길 수 있게 했다. 구휼미를 받은 백성은 임금의 덕을 칭송하며 선정이라고 일컬었다. 서양에서도 귀족들이 어려운 사람을 도와줄 의무가 있다고 여겨졌다. 이것을 '귀족의 의무'(노블레스 오블리주)라고 불렀다. 부농은 자선을 베풀어 곡식을 나누어 준 것이지 빈농을 도와야 한다는 법적 의무에서 그렇게 한 것이 아니다. 빈농이 자선을 요구할 수는 없다. 채무자가 채권자에게 빚을 갚을 의무가 있는 것처럼 부농이 반드시 자선을 베풀어야 하는 의무는 없다. 물론 자선을 베풀 의무는 있을 수 있다. 빈농이 요구할 수는 없다 하더라도 부농은 자신의 양식(良識)이 요구하는 바를 해야 한다고 생각한다고 생각할 수 있다(Feinberg 1980, 144쪽). 정확하게 말하면 부농은 측은지심, 즉 자연적 의무에 가깝다고 할 만한 의무에서 행동한 것뿐이다. 마찬가지로 국가도 개인이 권리를 가졌기 때문에 법적 국가의 의무에 근거해 어찌할 수 없이 구휼미를 내린 것이 아닐 수도 있다. 가엾은 백성을 위해 국가가 알아서 그렇게 한 것뿐이다. 빈농의 입장에서는 이러한 선처를 자비로 알고 그 자선에 그저 감사할 뿐이다.[96] 임금이 백성을 돌봐주고 잘 보살핀다 하더라도 그것이 권리로 인정되지 않으면 백성은 권리로서 그렇게 해달라고 청구할 수 없게 된다. 그러한 나라에서는 아무리 물질적으로 잘살게 된다 하더라도 사람들은 자기 존중을 할 수가 없다. 페인버그Joel Feinberg가 지적하듯이 권리로서 청구할 수 있어야만 자신을 존중할 수 있는 계기가 생기기 때문이다.

경우에 따라서는 자발적 자선이 실제 사회에서보다 더 많이 일어날 수

---

96 '자선'을 뜻하는 히브리어 '체카타'에는 정의(正義)라는 뜻도 있다. '자선'이라는 뜻의 영어 단어 'charity'가 라틴어의 '베풀다'라는 말에서 나온 것과 달리 유대인에게 '체카타', 즉 자선은 곧 정의 그 자체다.

있다(Feinberg 1980, 144쪽). 그런데 요구하는 바를 해야 한다는 의미에서의 의무라는 감각이 하무향에 도입되었다면, 칸트는 그것조차 없는 것보다는 그 사회가 개선된 것이라고 볼 것이다(Feinberg 1980, 145쪽). 의무라는 감각에다가 '개인적 응분personal desert'과 '권리의 주권적 독점sovereign monopoly of rights'이라는 도덕적 관행이 덧붙여진 사회를 상정해보자.

어떤 사람이 어떤 선을 우리로부터 '가질 가치가 있다/가지는 것이 적합/마땅하다deserve'고 말하는 것은 그 사람이 사람이기 때문에 혹은 그가 행한 구체적인 어떤 것 때문에 그에게 선한 것을 주는 것이 '적당하다는 것propriety'을 의미한다. 여기서 적당하다는 것은 그 사람에게 선한 것을 주기로 약속했다거나 잘 알려진 공적 규칙이라는 조건을 그 사람이 충족시켰기 때문에 받을 자격을 가지는 데에서 연유하는 적당한 것에 비해서는 훨씬 약하다. 공적 규칙을 충족시켜서 당연히 받는 것이 적당하다고 말하게 되면, 그는 선한 것을 받을 만할 뿐만 아니라 그것에 대해 권리를 가진다. 말하자면 그것을 당연한 것으로 요구할 수 있다. 그러나 그저 응분이라는 의미에서 적당하다는 것은 어느 한쪽의 특성이나 행동과 다른 쪽의 호의적 반응 사이에 있을 수 있는 '적합한 것fittingness'에 지나지 않는다(Feinberg 1980, 145쪽).

적합한 것이란 무엇을 의미하는가? 연주를 잘하는 피아노 연주자에게 청중이 박수를 보내는 것과 같다. 박수를 치지 않아도 그만이다. 다만 청중은 박수를 치는 것이 적합하다고 자연적으로 느껴서 박수를 치게 되는 것뿐이다. 박수를 치는 것이 적합하고 적당한 것은 분명하지만 전적으로 '반드시 해야 하는' 일은 아니다. 즉 '의무 이상의supererogatory' 일이다. 청중이 박수를 치면 연주자는 감사하게 받아들일 뿐이다. 박수를 치지 않는다고 연주자가 공개적으로 불평할 수는 없다. 그는 박수 받을 권리를 가진 것이 아니라, 그저 박수를 받을 만할 뿐이다.

그런데 응분이라는 개념은 점차 변모하게 되었다. 오늘날에는 국가가 최저임금법을 정하거나 고용주와 피고용인 사이에 임금 계약이 있었다면, 최저 임금이 지급되지 않거나 고용주가 계약을 이행하지 않을 경우에 피고용인은 법적 요구를 할 수 있다. 그런데 피고용인이 계약 이상으로 일을 아주 잘한다면, 고용주는 이에 대해 더 많은 보상을 할 수도 있다. 그러나 계약에서 미리 이 점을 명시하지 않은 이상 고용주가 더 많은 보상을 할 의무는 없다. 다만 고용주가 알아서 더 많은 보상을 할 수 있으며, 피고용인으로서는 더 많은 보상을 받게 되면 그저 감사할 뿐이다 (Feinberg 1980, 145쪽). 그런데 노동이 조직된 현대에 와서는 보너스조차 권리의 문제로 협상의 대상이 되며 때로는 요구된다.[97] 이리하여 적절하다거나 적합하다는 약한 의미에서의 응분이 이제는 권리 주장의 근거로서 강한 의미를 갖게 되었다(Feinberg 1980, 145~146쪽).

어쨌든, 약한 의미의 응분이라는 개념밖에 없는 하무향에서는 응분에 대해 보상받게 되면 감사할 뿐이지——피아노 연주자가 갈채를 받으면 감사하게 여기듯이——응분에 대한 권리를 주장하지는 않는다. 요컨대 자신이 생각하는 응분에 대해 보상을 받게 되면 감사할 뿐이지 보상을 받지 못했을 경우에 불평을 할 수 없으며 보상을 권리로서 요구하지 않는다.

---

97 대한민국 대법원은 2013년 12월 18일 "정기적·일률적·고정적으로 지급되는 정기 상여금은 통상임금에 해당한다"는 판결을 내렸다(〈大法, 정기 상여금도 통상임금〉, 《조선일보》, 2013년 12월 19일, A1면). 이 판결을 통해 알 수 있는 것은 응분에 속하는 것이 시대의 변천에 따라 권리가 될 수 있다는 점이다.

그렇다면 이제는 하무향에 권리라는 개념을 부여해보자. 권리와 의무를 부여하는 규칙이 있어야만 우리는 결혼을 하고 동업자를 구하고 재산을 소유하고 계약 등을 할 수 있다. 그런데 여기서 주권자가 권리를 독점한다고 일단 생각해보자. 알다시피 홉스의 《리바이어던》에서 주권자는 신민을 보살펴야 한다는 의무를 충실하게 이행하지만 신민이 주권자에게 대항할 권리는 없다. 주권자는 신에 대해 의무를 질 뿐이다(Feinberg 1980, 146쪽). 마치 성경에서 다윗이 우리아를 죽게 하고는 신에게만 죄를 지었다고 고백하는 것처럼, 주권자가 신민에게 잘못을 저질렀다고 하더라도 그 잘못에 대해 신민에게 문책당하지는 않는다(〈사무엘〉 11장 ; Leviathan, pt. II, ch. 21). 이러한 상황을 두고 '주권자가 권리를 독점하는 sovereign right-monopoly/sovereign monopoly of rights' 상황이라고 부를 수 있다(Feinberg 1980, 147쪽).

그러나 이러한 《리바이어던》에서조차 평상의 사람들은 서로에 대해 권리를 가지고 있다. 요컨대 주권적 권리를 독점하는 곳에서도 사람들은 모든 일을 할 수 있다. 그래서 서로에 대해 참다운 의무가 야기된다. 그러나 의무는 약속, 채권자, 부모 등에 직접적으로 지는 것이 아니라 엘리트를 구성하는 사람들이나 신(神) 아래 있는 하나의 주권자에게 지는 것이다. 그래서 거래에서 유래하는 의무에 상응하는 권리는 거래 당사자들이 가지는 것이 아니라 모두 외부의 권위체가 가진다(Feinberg 1980, 147쪽). 이처럼 주권적 권리를 독점하는 곳에서는 권리와 의무가 상응하지 않는다.

빈민이 국가의 도움을 받는 것이 권리로 인정되기까지는 많은 시간이 걸렸다(Marshall 1981, 83~103쪽). 그렇기는 하지만 오늘날처럼 예를 들어 국가가 빈민을 돕는 것을 법으로 정해 실시하게 되면 사정은 달라진다. 국가가 빈민을 규정하는 기준을 명확히 하고 소정의 절차를 밟아 빈민을 구제하는 것을 법으로 제도화하면, 이제 빈민에 해당되는 사람은 국가로부터 도움 받을 '권리rights'를 갖게 된다. 즉 빈민은 국가의 도움을 요구할 '자격/권리entitlement'를 갖게 된다. 만약 자격이 있는 빈민이 권리로서 국가에 도움을 청했는데도 국가가 정당한 이유 없이 거부했다면, 빈민은 당연히 국가가 의무를 게을리했다고 따질 수 있다. 그렇기 때문에 자선에 기대어 혜택을 받는 것과 권리로서 당연히 혜택을 받는 것에는 차이가 있다. 다른 사람이 권리를 주장함으로써 생기는 의무는 자선이나 자비에서 생긴 의무와 이러한 차이가 있다. 권리를 주장하는 측이 있으면, 반드시 그 권리를 보호할 의무를 가진 측이 있다. 이를 권리와 의무의 상응성이라고 칭한다(Feinberg 1973, 62쪽). 상응성이라는 개념이 확립되기까지는 많은 시간이 걸렸다.

법적 관계에서 권리의 주체와 의무의 주체가 명확하지 않은 경우도 있는데, 이것이 명확하려면 우선적으로 권리가 주관적일 필요가 있다. 그래야만 권리와 의무가 상응할 개연성이 높아지기 때문이다. 여기서 응분과 권리의 차이를 이해하기 위해 응분에 대해 간략하게나마 살펴보자. 'deserve'라는 동사는 '무엇을 할 가치가 있다', '어떤 보상이나 보복을 받을 가치가 있거나 적합하다'라는 의미를 갖고 있다. 그래서 'effort deserves success', 혹은 'wrongdoing deserves punishment', 'virtue deserves happiness'라고 말한다. 그래서 가질 만한 것을 가지는 것은 정의로운 데 반해 그렇지 못한 것은 정의롭지 않다고 이야기된다. 나쁜 짓을 한 사람이 처벌받으면, 그 사람은 그 벌을 받을 만하다고 이야기된다. 그래서 그 사람의 '응분(당연히 받아야 할 몫)'에 따라 그 사람을 대우하는 것은 올바르다고 이야기된다.

예를 들어 철수가 철학 과목에서 시험을 잘 치르고 창의력 있는 과제물을 제출해 A학점을 받았다면, 시험을 잘 치르고 좋은 과제물을 제출한 것은 '공적/업적'에 해당하며, A학점은 그 공적을 근거로 한 철수의 '응분의 몫/당연히 받게 된 몫'에 해당한다. 다른 말로 하면, 철수가 A학점을 받게 된 근거는 그러한 공적에 있다. 도덕철학에서 제기되는 문제는 어떠한 응분에는 어떠한 공적이 근거가 되어야 하는가이다. 이 맥락에서 논하면, 대학 입학 지원자에게 문제가 되는 공적은 예를 들면 대학 교육을 받을 능력의 소유다(Williams 1997, 97쪽). 그러한 공적이 있는 이는 대학에 입학할 응분을 가지는 것이다. 말하자면 공적은 모든 종류의 가치 있는 특질이나 성과이며 등급이 매겨질 수 있다. 도덕적 행위나 기질뿐만이 아니라 성실성, 관대함, 용기, 재기, 우아한 매너, 기술 등도 공적에 포함된다(Vlastos 1997, 124쪽).

그런데 타고난 재능 때문에 남다른 공적을 가진 사람은 그것을 근거로 어떤 응분을 가질 수 있는가라는 것이 문제가 된다. 롤스는 전술한 것처럼 자연적 운에 의한 응분을 거부했으며, 심지어 타고난 천성이 부지런해서 공적을 더 가지게 된 것을 근거로 응분을 요구할 수 없다는 주장까지 한다. 자연적 운에 의한 응분에 대해서는 거부할 만한 근거가 있을 수 있다. 자신이 의도하지 않은 행동으로 나타난 결과에 대해서는 그 사람에게 '공적이나 비(非)공적'을 적용할 수 없다(Burton 1995, 38쪽). 말하자면, 어쩔 수 없이 가지게 된 공적으로 인해 어떤 응분을 받게 되는 것은 어쩔 수 없는 일이므로 운으로 돌리는 것이 일반적인데, 롤스는 이것을 거부한다.

이와 연관시켜서 말하면, 의도한 결과인가 아닌가라는 문제는 자유 의지에 관한 문제이기도 하다. 자유 의지에 의한 행동의 결과가 아니면 공적과 비공적을 가릴 수 없으며, 이것을 가리지 않으면 윤리가 붕괴된다 (Russell 1970, 16쪽). 롤스가 천성이 부지런해 공적을 더 가지게 된 것을 인정할 수 없다고 한 것은, 부지런한 천성은 자유 의지에 의해 나타나는 것이 아니기 때문에 그러한 천성에 의한 결과를 전적으로 응분으로 볼 수는 없다고 주장한 것이다. 이 주장에 내포된 것은 무엇을 공적 혹은 응분으로 봐야 하는가의 문제라고 할 수 있다.

또한 덕성과 법 사이에 다른 결정적 연관이 있다. 정의에 대한 덕성을 가진 자만이 법을 어떻게 적용하는지 알 수 있기 때문이다. 정의롭다는 것은 각자에게 각자가 '당연히 가져야 하는' 것을 주는 것이다. 그리고 정의에 대한 덕성이 번성한다는 것을 사회적으로 전제하는 것은 두 가지가 있다. 하나는 응분에 대한 합리적 기준이며, 다른 하나는 그 기준이 무엇인지에 대해 사회적으로 확립된 합의다. 응분에 따라서 선과 처벌을 부과하는 것은 상당 부분이 규칙에 의해 통제된다. 공직을 배분하고 범죄 행위에 따라 보복을 하는 것은 도시 국가의 법에 의해 규정된다. 그러나 부분적으로는 법이 일반적이기 때문에 어떻게 법을 적용해야 하며 어떤 정의가 요구되는지가 명료하지 않은 특별한 경우가 항상 있을 수 있다. 그래서 어떤 공식이 쓰일지를 미리 알 수 없는 경우가 있다. 그러한 경우에는 '올바른 이성right reason'에 따라 행동해야 한다. 전술한 것처럼 '올바른 이성에 따라 행동하는kata ton orthon logon' 것은 악덕을 피하고 '중간의 길mean'을 택함으로써 인간으로서 덕성을 갖는 것이다. 그리고 상황에 따라 무엇이 덕성을 가져다주는지를 판단해야만 인간은 행복해질 수 있다. 따라서 그저 법을 준수하거나 규칙을 지킨다고 해서 인간이 행복해지는 것이 아니다.

(4) 권리라는 개념

우선적으로 법적 권리를 가진다는 것이 무슨 의미를 가지는지에 초점을 두고자 한다. 여기서 중요한 것은 법적 권리가 무엇인가라는 점이다. 권리라는 개념은 네 가지 다른 종류의 법적 관계를 지칭하는데, 명확히 하기 위해 네 가지 다른 용어를 쓸 수 있다. 호펠드가 제시한 바 있는 '청구claims', '특권(허용/자유)privileges', '권능powers', '면제immunities'다. 이 구분에 대해서는 이미 자세히 살펴보았다(이종은 2011, 596~603쪽). 그렇다면 호펠드의 네 가지 구분이 도덕적 권리에도 적용되는가? 도덕철학자들은 논쟁의 여지는 있을 수 있지만 법적 권리와 도덕적 권리가 근본적으로 논리적 상호 연관성을 갖고 있음을 호펠드가 밝혔다고 본다. ① 도덕적 청구 권리는 ② 특권(허용/자유), ③ 권능, ④ 면제와는 구별된다(Edmundson 2004, 94쪽). ① 갑돌이 철수에게 책을 빌려주기로 약속했다면, 철수는 책을 빌릴 도덕적 청구 권리가 있으며 이에 상응해 갑돌은 철수에게 책을 빌려줄 도덕적 의무가 있다. ② 갑돌이 자유롭게 말할 권리는 법적 자유이면서 도덕적 자유다. 갑돌이 자유롭게 말할 권리가 있다는 것은 자유롭게 말하지 않을 도덕적 의무가 없다는 것을 의미한다. ③ 갑돌은 자신의 소유물을 철수에게 선물할 수 있다. 이로 인해 철수의 도덕적 권리와 의무가 변경된다. 그러므로 법적 권리에서와 마찬가지로 세 가지 구분, 즉 청구, 자유, 권능이 도덕적 권리에도 적용된다(Miller 1976, 59~60쪽).

그런데 ④ 보다 문제가 되는 것은 도덕적 면책이다. 도덕적 권리로 여겨지는 언론의 자유를 재론해보자. 전통적 자연권 이론에서처럼 이 권리가 불가양이라고 여겨진다면, 갑돌은 자유롭게 말할 자유가 있을 뿐만 아니라(즉 자유롭게 말하지 않을 의무가 없을 뿐만 아니라) 자유롭게 말하지 않는 것이 결코 그의 의무가 될 수 없다. 이 점에서는 모든 다른 도덕적 행위자로부터 갑돌은 면제된다. 이상과 같이 보면, 불가양의 도덕적 권리가 있다면 이 권리는 면책, 청구 권리 혹은 자유로 이루어진다. 따라서 도덕적 면책이라는 개념은 실제로는 그러한 권리가 존재하든 존재하지 않든 의미를 가진다(Miller 1976, 60쪽).

이상에서 네 가지 형태의 도덕적 그리고 법적 권리를 구별해보았다. 그중에서 사회 정의에 중요한 권리는 청구 권리다. 청구 권리의 대상이 되는 것에 대한 권리를 언급하게 되면, 그 권리에 상응하는 의무를 상정하기 마련이다. 자유는 주로 개인적 자유라는 이상과 연관 있으며 권능과 면제는 엄밀하게 법적 맥락을 벗어나서는 별로 고려되지 않는다. 그러므로 권리와 의무가 상응하는 청구 권리와 사회 정의의 관계에 초점을 두어야 한다.

우선 권리와 의무의 상응성이라는 문제를 좀 더 자세히 논해보자. 우리는 '청구/요구claiming'를, 즉 요구한다는 행동을 할 수 있다. 개인의 권리와 요구하는 것은 개념적으로 연관되어 있다. 무엇에 대해 개인이 권리를 가진다고 생각하기 때문에 그것을 청구/요구하고 가져간다. 그래서 호펠드에게서 살펴본 것처럼 '청구 권리claim-rights'는 자유/허용, 면제나 권능과는 구별된다. 일반적으로 청구 권리에는 의무가 상응한다(Feinberg 1980, 148~149쪽).

그러나 상응하는 것만 중시하다 보면 간과하는 것이 있게 된다. 청구 권리는 그 권리가 반드시 상응하는 의무에 우선한다거나 의무보다 더 기본적이라는 것을 간과하게 된다. 갑돌이 예전에 철수에게 돈을 빌렸기 때문에 철수는 갑돌에게 청구 권리가 있다고 볼 수 있다. 예전의 거래로 인해 갑돌이 철수에게 의무가 있기 때문이다. 갑돌로부터의 어떠한 것이 철수에게 '마땅하기' 때문에 갑돌이 해야 하는 어떠한 것이 있다. 더군다나 여기에는 다른 관계가 있는데, 갑돌은 돈을 갚아야 하지만 철수는 청구할 수도 있고 청구하지 않을 수도 있다는 점에서, 즉 어느 쪽으로든 허용된다는 점에서 철수는 자유롭다는 점이다. 요컨대 철수는 요구할 권리가 있을 뿐만 아니라 요구 권리의 행사 여부를 선택할 수 있다. 철수에게는 이처럼 자유가 허용되지만, 경우에 따라서는 철수가 권리를 요구하지 않는다 하더라도 갑돌이 의무를 지게 되는 수가 있다(Feinberg 1980, 148~149쪽).

'권리rights'를 '청구/자격claim, a just claims or title'과 일치시키는 이들이 많다. 이들은 그러고는 '청구claims'를 '권리의 주장/권리의 효력에 의해 혹은 권리의 효력으로서 요구하는 것assertions of right/to demand by or as by virtue of a right'이라고 정의하곤 한다. 이처럼 두 용어는 순환되어 서로를 규정한다. 그렇다면 청구와 권리는 어떤 관계가 있는가?(Feinberg 1980, 149쪽).

권리는 일종의 청구/요구이며, 청구는 권리에 대한 주장이다. 공식적 정의에 구애받을 필요 없이, 권리라는 개념을 비공식적으로 명료하게 하는 데에서 '청구(요구)한다는claiming' 개념이 어떻게 쓰이는지를 살펴보는 것이 낫겠다. 그런데 이 개념은 규칙이 지배하는 활동 중에서도 정교한 활동이라는 점을 감안해 접근해야 한다. 권리에 대한 어떤 사실은 청구, 그리고 청구하는 언어에서 표현될 수 있으며 바로 이 점이 권리가 무엇이며 권리가 왜 중요한지를 이해하는 데 결정적이기 때문이다(Feinberg 1980, 149쪽).

일상적 용례에서 '청구claim'라는 용어가 쓰이는 바를 구별할 필요가 있다. ① '무엇에 대한 권리(소유권)를 주장한다/무엇에 대한 주장을 한다/무엇의 자격이 있다고 주장한다make/lay claim to'라는 표현이 있으며, ② '무엇이라는 것을/무엇이 사실이라는 것을 주장한다claim that ……'라는 표현이 있으며, ③ '요구/청구할 바를 가진다have a claim'이라는 표현이 있다(Feinberg 1980, 149쪽).

우리가 요구/청구를 하는 경우에 하게 되는 일의 하나는 ①의 표현처럼 무엇에 대한 권리/소유권을 주장하는 것이다. 이것은 "있다고 가정되는 권리 때문에 청원하거나 얻으려고 하는 것(Feinberg 1980, 149쪽), 즉 당연한 것으로 요구하는 것"이다. 때로는 인정된 권리 소지자가 현 시점에 타인의 소유로 되어 있는 것에 대한 '자격(권리/권리의 근거/주장하려는 자격)title'을 요구하는 것이기도 하며 때로는 자격이나 권리를 어떠한 것에 적용시키려는 것일 수도 있다. 전자의 예는 빌려준 책을 돌려달라고 요구하는 경우에, 후자의 예는 발명가가 특허권을 요구하는 경우에 해당된다고 하겠다. 전자는 빌려준 책에 대한 '자격/권리title'를 제시함으로써 이미 가지고 있는 권리를 행사하는 것이다. 후자의 경우에는 특허권의 소유에 대한 규칙에 규정된 조건을 특허권 소유자가 충족했으며 자신의 당연한 것으로 그 권리를 특허청에 요구할 수 있다는 것을 증명함으로써 특허권에 대한 자격 그 자체에 적용시켜서 요구하는 것이다(Feinberg 1980, 150쪽).

일반적으로 말하면, '자격/권리title'를 가진 사람이나 혹은 이러한 사람을 대변하는 사람은 권리의 문제로 어떤 것에 대해 권리를 주장할 수 있다. 권리를 가진 자만이 권리를 주장할 수 있다는 점이 중요하다. 어느 누구라도 책이 갑돌의 것이라는 사실을 주장할 수는 있다. 그러나 갑돌이나 갑돌의 대변인만이 책에 대한 권리를 주장할 수 있다. 영희가 철수에게 만 원을 빚졌다면, 어느 누구라도 영희가 철수에게 만 원을 빚졌다고 주장할 수는 있다. 그러나 철수만이 만 원에 대한 권리를 영희에게 주장할 수 있다. 만 원에 대해 '법적 권리를 주장하는 것to make legal claim'은 직접적인 법적 결과를 가져오는 어떠한 일을 '법적으로 수행하는 것legal performance'이다. 반면에 만 원이 철수에게 속한다거나 영희가 철수에게 만 원을 빚졌다고 주장하는 것은 그저 사실을 기술하는 것이며 법적인 힘은 없다. 법적으로 말하면, 무엇에 대해 '권리를 주장하는 것to make claim to'은 어떠한 일이 일어나게 할 수 있다. 이러한 의미에서 권리를 주장하는 것은 '수행(遂行)적 의미performative sense'라고 할 수 있다. 자신의 권리나 자신이 권리를 가진 것에 대해 수행적으로 주장하는 법적 '힘force'은 권리라는 개념에 본질적이다. 권리를 주장할 수 없는 것에 대한 권리는 아주 '불완전한imperfect' 권리다(Feinberg 1980, 150쪽).

어떤 사람이 권리를 가졌다고 주장하는 것, 즉 수행적으로 권리를 주장하는 것이 아니라 ②의 용례대로 명제(命題)적으로 주장하는 것은 법적 결과를 수반하지 않는다. 예를 들면, 누가 권리를 가졌다든가, 전직 대통령이 재임 시에는 어떠한 권리를 가졌다든가, 어떠한 주장이 진실이라는 것 등을 주장할 수는 있다. 그러나 권리가 수행적 효과를 가지려면, 적절한 상황에서 적절한 사람이 적절한 사람이나 물건에 대해 도덕적 의미를 가지는 권리를 주장해야 한다(Feinberg 1980, 151쪽).

③의 용례에서 'claim'이 '요구할 바를 가진다have a claim'라고 쓰인 것처럼 'claim'은 명사로도 쓰인다. '요구할 바를 가진다'는 것은 무엇이며 권리와 어떻게 연관되는가? '요구할 바를 가진다'는 것은 '요구하는', 즉 '요구하거나make claim to' '무엇이라는 것을 주장claim that ……'할 '입장에 있는 것being in a position to claim'을 의미한다고 볼 수 있겠다. 이것이

옳다면, 명사의 형태에 비해 동사의 형태가 우위에 있다는 것을 알 수 있다. 이것은 '요구claim'를 어떠한 활동에 연관시키며, 요구를 사물, 예컨대 동전이나 연필처럼 뒷주머니에 넣고 다니는 물건과 연관시키지 않게 한다. 어떠한 '자격(권리)title'을 제시함으로써 요구하는 경우가 많은데 자격은 영수증, 표, 증명서 그리고 어떤 종류의 서류라는 형태를 띤다. 그러나 '자격title'은 '요구claim'와 같지는 않다. 오히려 자격은 주장이 타당하다는 것을 확인시키는 증거다. 이렇게 분석하면, 어떠한 것에 대해 자격을 가지는 것을 주장하지도 않고 그리고 주장한다는 것을 알지도 못하면서 어떠한 요구를 할 수도 있다. 요구를 할 수 있는 입장에 있다는 것을 모를 수도 있기 때문이다. 혹은 그런 입장에 있는 것을 이용하는 것을 꺼릴 수도 있다. 요구를 할 타당성이 있음에도 불구하고 요구를 해보아도 법 제도가 부패해 들어주지 않을 것 같아서 요구하지 않을 수도 있다(Feinberg 1980, 151쪽).

요구를 하는 것과 권리를 가지는 것 사이에 어떤 밀접한 관계가 있다는 것은 거의 모든 저술가들이 주장한다. 어떤 이들은 권리와 요구를 무조건 일치시키고 어떤 이들은 권리를 정당화되거나 정당화될 수 있는 요구로 규정하며, 또 어떤 이들은 권리를 인정된 요구로 보고 어떤 이들은 권리를 타당한 요구로 보기도 한다(Feinberg 1980, 151~152쪽).

어쨌든 사회 정의에서 다루어야 하는 중심적 권리는 청구 권리다. 그런데 문제의 핵심은 어떤 대상에 대해 어떤 근거로 청구 권리를 인정하는가이다. 말하자면, 어떤 경우에 권리가 상응하는 의무를 요구할 수 있는가이다. 앞에서 권리를 가지는 것이 무슨 의미인가를 논하면서 권리 일반만이 아니라 최소한의 생활 수준을 보장받을 권리가 권리로서 인정되게 되었다는 것이 무슨 의미가 있는지를 살펴보았다. 비단 사회적 · 경제적 권리만이 아니라 시민적·정치적 권리도 오늘날 법적 권리로 인정받게 되었기 때문에 그 권리를 내세워 특정한 타인이나 불특정한 타인에게, 혹은 국가에, 그 권리에 상응하는 의무를 다할 것을 청구할 수 있다.

(5) 실정적 권리와 이상적 권리

권리는 사회적으로 인정받아야만 '실정적 권리positive rights'가 된다. 예를 들어 복지권이라는 실정권의 경우, 이를 인정하는 국가에서 어떤 개인이 자신이 복지의 대상이 된다는 것을 증명하게 되면 복지 혜택을 청구할 법적 실정권을 행사할 수 있다. 인정을 받아야 한다는 점에서는 도덕적 영역도 마찬가지다. 약속을 했으면 이행해야 한다는 것을 사회가 인정하기 때문에 약속 행위로 인한 도덕적 권리와 의무가 생긴다. 그러나 도덕적 실정권의 내용은 정해진 바가 없다. 약속하기 나름으로——물론 풍랑 만난 배의 상황을 예로 들면, 사람들이 하선(下船)이라는 제비를 뽑게 될 경우에는 수장되는 것을 감수하기로 약속할 수 있는가라는 문제가 있지만——도덕적 실정권의 내용이 정해지기 때문이다. 반면에 '이상적 권리ideal rights'는 그 내용에 의해 이루어진다. 사회가 인정하든 않든, 권리를 가진 대상이기 때문에 사람들이 가지는 권리가 이상적 권리다(Miller 1976, 65~66쪽). 자연권이 가장 친근한 예다. 자유롭게 말할 수 있는 인간의 권리는 권리다. 그 권리를 사회가 인정하기 때문이 아니라, 자유롭게 말할 수 있는 것에 도덕적 가치가 부여되어 있기 때문이다. 이상적 권리를 사회가 일반적으로 인정하게 되면 그것은 실정권이 된다. 어떤 이상적 권리가 있다고 주장하는 데에는 그 권리가 실정권이 되어야 한다는 의도가 실제로 포함되어 있다. 특정한 사람들이 존재한다고 믿는 이상적 권리는 사회에서 인정될 수 있지만, 모든 실정권이 어느 누구의 기준에서나 이상적인 것은 아니다(Miller 1976, 66쪽).

(6) 실정권과 정의

실정법의 존재 여부는 어느 정도 경험적으로 알 수 있다. 그러나 이상적 권리가 존재한다는 것을 증명하는 데에는 도덕적 논지가 ── 그렇다고 해서 모든 실정법이 올바르다는 것은 아니지만 ── 필요하다. 모든 법적 권리는 실정적 권리라고 하겠다. 권리가 도덕적으로 가치 있다고 봐야 하는 이유는 무엇인가? 안전과 자유를 보장하기 때문이다. 안전과 자유라는 가치 중에서 어느 가치가 더 중요한지는 경우에 따라 다르겠지만, 청구 권리는 특히 '안전/확보security'라는 가치와 연관되어 있다. 권리를 가진 자는 어떤 방해나 해로부터 벗어나 앞으로 자신의 권리를 보호받으리라는 것, 혹은 권리로 인해 어떤 혜택을 받게 되리라는 것을 알기 때문이다. 알게 됨으로써 권리가 인정되는 곳에서는 그 권리가 미래에 무엇을 가져다줄 수 있는지에 대해 '합당한 기대reasonable expectation'를 할 수 있게 한다(Miller 1976, 71쪽).

권리가 안전을 보장해준다면, 권리로써 주장하게 되는 가치는 공리주의적인 것으로 이해될 수도 있다고 생각할 수 있다. 존 스튜어트 밀이 이처럼 주장했는데, 그러나 이것은 여러 가지 이유에서 잘못이라고도 볼 수 있다. 첫째, 특정한 권리는 실정적 유효성이 전혀 없을 수 있다. 권리를 행사하는 것이 권리 소지자나 타인에게 해로울 수 있기 때문이다. 둘째, 권리 소지자는 안전이라는 혜택을 받을 수 있지만, 그렇다고 해서 사회에 일반적으로 이로운 것은 아니다. 다른 정의의 원칙처럼 권리라는 원칙은 그 형태가 배분적이다. 즉 권리는 어떤 개인에게 대우가 당연한 지를 규정한다. 그래서 일반 행복과 같은 '집합적aggregate' 이상에 융합 될 수 없다. 셋째, 권리가 부여하는 혜택은 특별한 종류의 혜택이다. 미래 에 대해 기대할 수 있는 바를 안전하게 하는 것이 권리다. 그런데 권리에 대한 공리주의적 이론은 이 점을 명확히 하지 않기 쉽다. 풍랑 만난 배의 예에서 볼 수 있는 것처럼 행복에 본질적인 것은 무엇이든——살인하는 것도——권리라고 공리주의자는 생각할 수 있기 때문이다. 즉 공리주의 적 관점에서는 일반 행복을 희생시키면서 개인의 권리를 보호해야 하는 이유를 설명할 수 없다(Miller 1976, 72·76쪽).

공리주의적 근거에서 개인에게 권리를 부여할 수는 없다. 권리는 개인 의 법적 지위와 과거의 역사(예를 들면 약속을 했다는 사실)에 의존한다. 권리는 기대를 안전하게 보장할 뿐만 아니라 인간의 자유를 증진한다. 특권과 면제의 경우에 이 점이 뚜렷하게 부각되지만, 청구 권리도 선택 의 자유를 부여한다. 권리를 가진 자가 청구 권리를 행사하거나 행사하 지 않을 여지가 있기 때문이다. 권리를 부여한다는 것은 이러한 의미가 있다. 그래서 권리는 다른 도덕적 판단에서 연유하는 권리와는 다르다. 이처럼 권리를 가지게 되면 다르게 행동할 자유가 주어지며, 그러한 자 유를 선용하든 악용하든 이와는 무관하게 미래의 상황을 통제할 수 있다 고 믿기 때문에 권리를 부여하며 의무를 부과한다(Miller 1976, 73쪽). 권 리를 인정함으로써 사회 전체의 선과는 무관하게 개인에게 자유의 가치 와 개성의 가치를 인정한다. 사회 전체의 선과는 무관하게 권리를 인정 한다고 말하는 것은 권리를 가진다는 것이 공리주의적인 것으로 이해될 수 없다는 의미는 아니다. 다만 일반적인 행복을 희생하고라도 개인의 권리를 보호해야 한다는 주장을 공리주의는 설명할 수 없다는 점을 공리주의 비판자는 부각하는 것이다. 어쨌든 사회 전체가 요구하는 바에 대항해 개인이 자신의 권리를 내세울 수가 있다고 드워킨이 주장하듯이 개인은 으뜸 패로서 권리를 내세우고 그 권리를 주장할 수 있다. 이렇게 해서 개인을 보호할 수 있다(Miller 1976, 76쪽).

그렇다면 권리라는 개념은 정의라는 개념과 어떤 연관이 있는가? 개체라고 여겨지는 각자에게 당연한 것을 부여하는 것이 정의라면, 실정적 권리를 가진 것은 각자에게 당연한 것을 보장하는 것이다. 그렇다면 어떤 사람의 권리를 존중하는 행동은 정의롭고 그렇지 못한 행동은 부정의롭다고 여겨진다. 그러므로 실정권을 존중하는 것이 사회 정의를 이루는 것이다(Miller 1976, 76~77쪽). 그런데 여기서 갈등이 일어날 수 있다. ① 갑돌의 권리를 보장하려다 보면 철수의 권리를 침해할 수도 있다. ② 정의에 대해 보수적 입장을 취하는 이들은 기존의 실정권을 인정하려 할 것이며, 반면에 보완적 입장을 취하는 이들은 정의에 대한 이상적 기준을 제시할 것이다. 말하자면 갑돌의 권리는 영희의 응분이나 길동의 필요와 갈등을 일으킬 수 있다. 보완적 입장을 제시하는 이들은 기존의 권리와 사회 정의에 대한 원칙/기준을 단절시키려고 한다. 어떤 개인의 권리 중에는 사회 정의 때문에 희생되어서는 안 되는 권리가 있다. 그러나 이러한 갈등이 일어나는 경우에 어떤 원칙으로 우선순위를 정해야 하는지가 문제가 된다.

정의에 대해 보완적 입장을 취하는 사람들은 '이상적인 도덕적 권리 ideal moral rights', 즉 사람들을 위해 주장되지만 실제로는 사회에서 반드시 인정되지는 않는 권리를 제안하는 경우가 많다. 이러한 권리 중에서 특히 자연권 혹은 인권은 아주 중요한 도덕적 요구를 대변하며, 정의와 밀접한 관계가 있다(Miller 1976, 78쪽).

이미 살펴본 것처럼 역사적으로 시민·정치적 권리와 사회·경제적 권리 사이에 갈등이 있었다. 자유와 관련시켜서 보면 대체로 전자는 소극적 자유와, 그리고 후자는 적극적 자유와 대비된다. 그런데 어떤 사회에서는 전자만이 인정된다면, 그 사회에서는 전자는 실정적 권리이지만 후자는 이상적 권리로 남아 있게 된다. 그 사회를 주도하는 이들은 전자의 권리를 고수해 보수적 정의를 달성하려 할 것이며, 이에 반대하는 이들은 후자의 권리도 포함시켜서 이상적 정의를 실현하고자 할 것이다. 오늘날에는 양자 모두를 실정권으로 인정하고 있다.

　그런데 봉건 시대에는 전자의 권리를 주장하는 것도 이상적이었을 것이다. 이러한 권리는 봉건 사회와 절대 왕정을 타파하기 위해 고안된 자연권에 연원을 두고 있다. 당시에는 자연권은 이상적 권리에 해당했다. 그리고 자연권론자는 자연권이야말로 하늘이 주었거나 타고나는 것으로 주장할 수 있을 만큼 도덕적 근거를 가지는 것이라고 주장한다. 그래서 풍랑 만난 배의 예에서 스님이 자신의 생을 영위할 권리는 생명에 대한 자연권에서 연유하는 것이라고 볼 수 있다. 스님에게 생명에 대한 권리가 있으며, 그 권리를 보장하는 것이 옳은 일이다. 이러한 자연권이야말로 당연히 보장받아야 하는 것이라고 생각하면, 오히려 이러한 자연권이 경제적·사회적·문화적 권리보다 도덕적 정당성을 더 가질 수 있다. 그리고 이 권리를 보장하는 것이 정의를 달성하는 첩경이라고 볼 수 있다. 문제는 사회 변화에 의해 시민적·정치적 권리는 보수적 권리가 되어 버렸으며, 경제적·사회적·문화적 권리가 이상적 권리로 대두했다가 실정법에서 법적 권리로 인정받게 되었다는 것이다. 현대에 와서는 두 가지 권리 사이의 조화가 중요하게 되었다. 그렇다고 해서 전통적 권리, 즉 시민·정치적 권리가 정의와 무관하다는 것은 아니다.

(7) 권리로 포장된 필요와 응분

그런데 자연권이나 인권의 목록을 보면 권리를 두 가지 범주로 나눌수 있다. 로크와 생명, 자유, 재산을 내세운 프랑스 혁명가들의 전통적 자연권이 있는데 이는 대체로 전자의 권리에 해당한다. 다른 한편, 노동할권리와 생존에 대한 권리처럼 후자의 권리에 해당하는 것이 있다. 전자의 권리는 무엇을 하도록 허용된 권리, 아울러 타인이 이 권리를 방해하지 않을 의무에 대한 것이다. 후자의 권리는 어떠한 것이 주어질 권리, 아울러 이를 타인이 제공할 의무에 대한 것이다(Raphael 1967). 두 범주의권리가 의무와 상응한다는 점에서는 같다. 그러나 차이가 있다. 예를 들어, 전자의 재산권은 재산을 획득할 자유와 얻은 재산에 타인이 간섭해서는 안 된다는 것을 의미한다. 즉 재산이 주어질 권리를 의미하지 않았다. 그러나 후자에서는 '노동할 권리right to work'가 일자리를 찾을 권리를의미하는 것이 아니라 일자리를 제공받을 권리를 의미한다. 이러한 차이를 보면, 전통적 자연권에 해당하는 시민·정치적 권리는 자유라는 이상과 더 관련이 있으며, 후자의 권리는 평등, 나아가 사회 정의와 더 관련이있다(Miller 1976, 79쪽). 이 차이는 다음의 예로 알 수 있다. 언론의 자유를 제한하는 것은 자유를 침해하는 것이 분명할 것이다. 그러나 이것이항상 사회 부정의라고 여겨지지는 않는다. 반대로 생존에 대한 권리를제한하면 사회 정의를 침해한다고 볼 수는 있겠지만, 자유가 침해되었다고 보기는 어려울 것이다.

이상과 같은 이유에서 사회 정의라는 관점에서 보면, 중요한 인권은사회·경제적 요구다. 〈유엔 인권 선언〉은 '기본적 필요basic needs'를 근거로 해 최소한의 생활 수준을 보장하는 것을 목적으로 삼는다. 인간의 기본적 필요와 이를 충족시키는 수단을 나열했다. 이러한 유의 인권이 사회 정의와 관계되는 것은, 필요에 근거를 두어 권리를 주장했기 때문이다.

그럼에도 불구하고 왜 〈유엔 인권 선언〉은 인권이라는 권리의 이름을 사용했는가? 실제적 권리인 것처럼 선언해야만 모든 국가가 인정하지 않을 수 없는 권리라는 신념을 표현할 수 있기 때문이다(Feinberg 1970a, 255쪽). 말하자면, 이런 종류의 인권이 사회 정의에 근거를 두는 바는 사실상 필요임에도 불구하고 권리로 표현한 것이다. 이런 경우만이 아니라 엄밀히 말한다면 응분에 근거를 두는 것도 권리라고 가식해서 표현하는 경우도 있다. 이처럼 권리보다 응분이나 필요에 근거를 두는 도덕적 권리가 이상적 권리인 경우가 많다(Miller 1976, 82쪽). 이것은 이상적 기준, 즉 응분이나 필요의 원칙으로써 기존의 권리를 수정하고자 하는 것이다. 그렇지만 이를 분명히 구별해 권리, 응분, 필요에 의한 근거에 대한 우선순위를 정해야만 갈등을 해소할 수 있다.

2. 응분

'각자에게 그에게 당연한 것을 주는 것'이 정의라고 정의한다면, '응분/당연히 주어져야 하는 몫'은 정의를 달성하는 데 도덕적 근거가 된다.

그런데 일상용어에서는 전술한 것처럼 응분과 권리라는 용어가 명확하게 구별되어 쓰이지 않는다. 예를 들어, ① '인수봉의 바위 타기를 한 사람에게 10만 원을 주기로 했으며, 철수가 바위 타기를 했기 때문에 철수는 10만 원을 받을 만하다deserve'라고 표현할 수 있다. 이 대신에 '철수는 10만 원을 받을 자격이 있다entitled'라든가, 혹은 '10만 원을 받을 권리right가 있다'라고 표현할 수도 있다. 그리고 다른 예로 ② '가장 배고픈 아이가 떡의 마지막 조각을 더 가질 만하다deserve'라고 표현할 수도 있고, 이 대신에 '떡을 더 가질 필요need가 있다'라고 표현할 수도 있다. 이처럼 응분이라는 개념을 느슨하게 쓰면 이상과 같은 혼동이 생긴다. 게다가 크랜스턴Maurice Cranston과 래피얼D. D. Raphael은 앞에서 본 것처럼 필요와 응분이 권리라는 용어로 포장된 역사가 있음을 지적한다. 그러나 혼동해 쓰는 것은 잘못이다. 응분과 필요, 그리고 자격/권리의 상호 관계를 앞으로 논하게 되겠지만, 여기서 알 수 있는 것은 데이비드 밀러가 지적한 것처럼 필요나 자격/권리는 응분의 근거가 아니라는 것이다(Miller 1976, 84쪽).

(1) 권리, 응분, 필요

그렇다면 왜 권리와 필요가 응분의 근거가 될 수 없는가? 응분은 개인의 어떤 특별한 특질과 행동에 적합한 대우라는 형태를 취한다. 특히 좋은 응분이란 일반적으로 높이 평가되는 특질이나 행동에 대하여 바람직한 형태에 적합한 대우를 하는 것이다. 반면에 권리를 적용하는 경우에는 관계 당사자가 가진 어떤 특별한 특질을 언급하지 않는다. 앞의 예에서처럼 10만 원을 받기 위해서는 어느 누구든 인수봉에서 바위 타기라는 특별한 일/행동을 해야 한다. 요컨대 권리는 개인적 특질과는 무관한 데 비해 응분은 개인적 특질과 관계가 있다(Miller 1976, 84~85쪽).

그리고 응분은 규칙과 무관하다는 점에서도 권리와는 다르다. 예를 들어 갑돌이 7급 공무원이며, 7급 공무원은 연봉 4,000만 원을 받게 되어 있다면, 갑돌은 연봉 4,000만 원을 받을 권리가 있다. 이 경우에 갑돌이 연봉 4,000만 원을 받을 만하다고 표현하지는 않는다(Miller 1976, 91쪽). 그렇기 때문에 권리는 응분의 근거가 될 수 없다. 이처럼 응분은 규칙이나 제도와는 무관하다는 점에서 권리와 연관되는 보수적 정의가 아니며, 기존의 권리의 배분을 수정한다는 점에서 미래 지향적 정의를 달성하려는 경향이 있다.

응분은 필요와 어떤 관계가 있는가? '어느 누구든 먹을 것은 충분히 가질 만하다' 혹은 '홍수 피해자는 타인의 도움을 받을 만하다'라는 말을 흔히 한다. 사람은 음식이 필요하고 홍수 피해자는 도움이 필요하기 때문에 음식과 도움을 가질 만하다는 의미다. 사람은 값어치가 있기 때문에, 필요로 하는 것을 가질 만하다. 이 경우에는 필요를 만족시키는 것을 정당화하기 위해 공적(功績) 응분을 든 것이다. 홍수 피해자는 자신이 책임을 질 수 없는 일인 홍수로 어쩔 수 없이 피해를 보았기 때문에 도움을 받을 만하다. 이 경우에는 보상 응분의 예라고 하겠다. 이처럼 특별한 형태의 응분과 필요가 연결될 수는 있다(Baker 1987, 56쪽). 필요의 원칙은 특별한 특질을 가진 사람에게 이익을 부여하기도 한다. 이익은 어떤 사람의 필요의 범위와 내용에 따라 주어져야 한다.

그렇다고 해서 필요가 응분의 근거가 될 수는 없다. 필요하다는 것이 가질 만하게 하는 것은 아니기 때문이다. 왜 그러한가? 앞에서 살펴본 바처럼 '좋은 응분 혹은 혜택에 대한 응분good desert or desert of benefit'은 일반적으로 높이 평가되는 특질과 행동에 바람직한 형태의 대우를 하는 것이다. '가장 배고픈 아이가 떡의 마지막 조각을 더 가질 만하다'라고 표현했을 때, 다른 어린이들은 떡을 먹고 모두 배부르다고 느껴서 더 먹으려 하지 않기 때문에 배가 더 고픈 어린이에게 마지막 조각을 주게 되는 것일 뿐이다. 게다가 배고프다는 것은 그렇게 높이 평가되는 특질도 아니고, 그렇기 때문에 응분, 특히 좋은 응분의 근거는 더더욱 될 수 없다. 그러므로 권리, 응분, 필요라는 개념들은 서로 구별되어야 한다(Miller 1976, 86~87쪽).

(2) 응분의 근거

어느 피고용인이 이제까지 받은 것보다 높은 임금을 받을 만하다고 표현한다면, 그것은 그가 기술이 있거나 책임감이 강하거나 혹은 노력을 많이 했기 때문이다. 그렇기 때문에 사회 정의와 연관되는 종류의 응분은 도덕적 응분이 아니다. '철수는 보다 높은 임금을 받을 만하다'고 말한다면, '왜 철수가 보다 높은 임금을 받을 만한가?'라는 질문이 있을 수 있다. 이에 대해 '철수는 어느 누구보다 열심히 노력했다'라고 답할 수 있다. 높은 임금은 응분에 해당하며, 노력은 그의 응분에 대한 근거/이유가 된다. 노력과 같은 것들을 '응분의 근거desert basis'라고 부를 수 있다.

행위자가 가치 있는 활동을 자발적으로 선택하고 그 결과로 응분의(마땅한) 혜택이 생기는데 그 혜택을 향유하는 것이 그가 한 바에 따라 도덕적으로 '적합한fitting' 것이 된다. 이것이 응분이라는 개념에 핵심적이다(Miller 1999, 149쪽). 말하자면, 철수가 어떤 혜택을 향유하는 것은 철수가 어떤 일을 한 것으로써 철수에게 마땅한 것이 되는 것이다(Miller 1999, 151쪽). 그런데 일반적으로 자원의 배분에 대한 정의를 평가할 때 응분에 중요성을 많이 둔다(Miller 1999, 131쪽). 사회적으로 유용한 일에 대해 금전적 보상과 다른 보상을 받게 되는 응분을 경제적 응분이라고 부를 수 있다. 경제적 응분을 결정하는 것으로 세 가지, 즉 공헌, 노력,

보상을 들 수 있다. 사회 복지에 기여한 공헌의 가치에 따라 보답할 수도 있고, 노력에 따라 보답할 수도 있다. 또한 들어간 비용에 따라 보답하는 것은 보상이 될 것이다(Miller 1976, 103쪽).

응분이라는 개념은 두 영역에서 특별히 중요한 역할을 담당한다. 전술한 '공적 응분merit desert'과 '보상 응분compensation desert'이다(Baker 1987, 53쪽). ① '김 교수는 연구 업적이 많기 때문에 정교수로 승진할 만하다'라는 식의 말을 흔히 한다. 이러한 예는 공적(功績) 응분에 해당한다. 김 교수는 연구 업적을 많이 냈다는 어떤 좋은 일을 했기 때문에 그대가로 어떤 좋은 것, 즉 정교수로의 승진을 받을 만하다고 여겨진다. 여기서 공적 응분에 대한 판단은 항상 이전의 가치 판단, 즉 많은 업적에서 시작된다. 이러한 가치 판단을 근거로 김 교수가 정교수가 되는 것이 정당화된다. 달리 말해, 정당한 응분 근거가 있기 때문에 응분이 정당화된다. ② 공적 응분에는 좋은 것에 대해 보답하는 공적 응분도 있지만, 나쁜 것에 대해 처벌하는 공적 응분도 있다. 예를 들면, '태만이는 결석도 많이 하고 시험도 못 쳤기 때문에 F학점을 받을 만하다'고 말할 수 있다(Baker 1987, 54·57쪽). 이러한 공적 응분이 있는 반면에 보상(報償) 응분도 있다. 예를 들어 철수가 야구공을 잘못 던져서 영희네 유리창을 깨트렸다면, '영희는 철수에게 유리 값을 보상받을 만하다'고 말할 수 있다. 이 경우는 보상 응분에 해당한다고 하겠다.

어떤 사람에게 응분을 돌리는 것은 어떤 행동이나 노력 때문에 그가 어떤 것을 받는 것이 좋다고 말하는 것이다(Barry 1990, 106쪽). 그렇다면 일반적으로 응분의 근거가 될 수 있다고 여겨지는 노력과 공헌은 응분의 근거로서 어떤 차이가 있는가? 노력과 공헌은 어떻게 다른가? 어떤 사람이 능력과 기술을 발휘해 공헌한 것에 대해 보상을 해 격려하면,

그 후에도 그는 더 나은 공헌을 하게 되어 사회에 유용한 결과를 가져올 것이다. 이러한 이유에서 노력보다는 공헌에 근거해 보상하는 것은 공리주의적이라고 볼 수 있다. 그런데 공헌에 비례해 보답하는 경우에 공헌을 정확히 측정하기 어려운 측면이 있다. 공헌을 측정하기 어려우면, 노력을 기준으로 삼는 것이 간편하다고 여길 수도 있다. 그렇지만 같은 시간 동안 같은 노동 강도로 같은 노력을 기울여도 사람마다 생산성이 다를 수 있다. 말하자면, 같은 강도로 똑같이 열 시간 노력하고도 다른 사람의 반밖에 업적을 못 내는 사람도 있을 것이다. 이처럼 같은 노력을 했지만 기술이나 능력이 달라서 결과, 즉 생산성이 다른 경우에는 보답을 다르게 해야 하는가? 아니면, 공헌한 바를 정확하게 계산할 수 없기 때문에 같은 노력을 기울인 것을 근거로 같은 양의 보상을 해야 하는가?(Miller 1976, 104~108쪽). 이처럼 경제적 응분의 경우, 응분을 계산하기 어려울 때는 자유 시장에 경제적 응분을 맡기는 것도 하나의 방법이다.

노동하는 과정에서 발생한 비용에 따라 보답하는 것이 보상(補償)이다. 하기 싫거나, 힘들거나, 위험한 일은 희생이 클 수 있다. 생각하기에 따라서는 같은 업적을 냈지만 희생이 더 들어간 일에는 더 많은 보답을 해야 한다고 주장할 수도 있다. 그렇다면 이 주장은 탁월한 능력에 대해서는 경제적 보답이 당연하다는 견해와는 상충하는가? 양자를 똑같이 평등주의적 원칙으로 볼 수 있는가? 일반적으로 높이 평가되는 개인적 속성이 응분의 근거라고 간주된다. 그렇다면 위험한 일 등을 하다가 겪게 된 고통은 응분의 근거가 되기 어렵다고 하겠다. 보답을 계산할 때 고려되어야 하는 추가적 요소가 될 수 있을 뿐이다(Miller 1976, 111~112쪽).

(3) 권리, 응분, 정의

그렇다면 응분과 정의는 어떻게 연관되는가? 말하자면, 어떠한 보상을 가질 만하다고 하는 것은 그 보상을 가지는 것이 정의라는 것을 의미하는가? 응분과 정의 사이의 관계는 권리와 정의 사이의 관계보다 약하다고 하겠다. 철수가 무엇(X)에 대해 권리를 가졌다면, 그것은 철수에게 X를 주는 것이 옳다고 여기게 하는 '일견상의prima facie' 이유가 항상 된다. 그러나 철수가 무엇(X)을 가질 만하다는 경우에는 항상 일견상의 이유가 되는 것은 아니다(Miller 1976, 114쪽). 확립된 관행이나 규칙 혹은 법에 의해 권리가 부여되기 때문이다. 반면에 무엇을 당연히 가질 만하지만 당연한 것을 부여하는 주체가 명확하지 않은 상황에서는 정의에 대한 주장을 하게 되지는 않는다(Miller 1976, 117쪽).

그렇다면 응분은 정의, 나아가 다른 개념과는 어떤 관계가 있는가? 이를 파악하기 위해 응분이라는 개념을 보다 자세하게 고찰할 필요가 있다. '노력은 성공하는 것이 마땅하다effort deserves success', 혹은 '잘못은 벌을 받는 것이 마땅하다wrongdoing deserves punishment' 등의 말을 흔히 한다. 앞에서 본 것처럼 우리는 당연한 것을 가지는 것은 정의롭고just 좋고good 올바르며right, 반면에 그렇지 못하면 정의롭지 않고 나쁘고 잘못되었다고 생각한다.

이상과 같은 응분이라는 개념을 파악하기 위해 ① 응분을 구성하는 요소가 무엇인지, ② 어떤 사물이 응분의 대상이 되는지, ③ 응분의 기초 혹은 근거가 무엇인지, ④ 응분의 기초가 어떻게 사물을 당연한 것으로 만드는지, ⑤ 응분은 정의나 선 같은 규범적인 도덕적 개념과 연관이 있는지 등을 고려해봐야 한다. 이러한 것을 고려하기 전에 응분이라는 관념의 역사에 대해 살펴보는 것이 도움이 될 것 같다. 앞에서 응분이라는 개념에 대해 개략적으로 설명했지만, 개념을 형성하게 된 관념의 역사를 살펴보면 응분과 관련된 논의를 이해하는 데 도움이 될 듯하기 때문이다.

(4) 응분이라는 관념의 역사

응분은 정의 혹은 평등과 밀접한 연관이 있는 개념이다. 그러므로 응분에 대한 관념은 정의와 평등에 대한 관념을 논한 부분과 연관시켜서 고찰하는 것이 좋을 것 같다.

호메로스 시대

호메로스 시대(기원전 900~800)에는 왕이 성공하면 왕은 왕으로 대우받았고 왕이 사는 방식이 덕성 있다고 이야기되었다. 그러나 왕 자신의 과실 때문이든 아니든, 혹은 왕이 의도했든 아니든, 왕이 실패하면 그것은 왕의 수치로 여겨졌고 왕은 노예로 전락하기도 했다. 특히 왕의 가치는 왕의 군사적 성공으로써 판단되었다. 그리고 왕은 행위의 결과와 더불어 좋은 가문에 속하는 것으로도 대우를 받았다. 이처럼 왕에게는 '응분/공적merit'이 엄격하게 적용되었다.[98] 이에 상응해 책임도 엄격하게 적용되었다. 그런데 책임은 행위자의 의도와 관계없이 행위의 결과에만 의존해 보답(報答)과 처벌이 내려졌다. 그리고 왕은 실질적 행위보다는 가문에 의해 보답을 받았다. 그래서 도덕적 응분이라는 개념은 호메로스

---

98 관념의 역사에서 나타나는 것처럼 'merit'이라는 말에는 응분이라는 개념과 공적이라는 개념이 상당히 오랜 기간 섞여 있었다.

시대에는 없었다. 소포클레스 시대에 이르러 개인의 책임과 의도가 차츰 인정받게 되었다(Pojman 1999, 2쪽).

소크라테스

'덕성은 지식virtue is knowledge'이라고 소크라테스는 가르쳤다. 선한 사람은 악을 행할 수 없으며(*Apology*, 40c), 지혜가 우리에게 선한 것이 선이라는 것을 가르치기 때문에 아는 자는 어느 누구도 자발적으로 악을 행하지 않는다. 그래서 덕성 있는 자는 행복해질 만하다(Pojman 1999, 3쪽). 이렇게 해서 도덕적으로 선하면 행복으로 보답받고 도덕적으로 악하면 불행으로 보답받는다고 생각하게 되었다. 이렇게 인간의 행위에 대해 도덕적 선을 논하게 되었다. 이렇게 된 것은 호메로스 시대에 비해 커다란 변화였다.

《국가론》에서 플라톤은 소크라테스의 입을 빌려, 개인의 영혼이나 국가의 각 부분이 각각 역할을 담당하고 각 부분에서 각기 자신의 응분을 하거나 받으면 정의가 달성된다고 주장했다. '각자에게 그에게 마땅한 것을 주는 것'이 정의라는 시모니데스의 주장을 빌린 폴레마르코스의 정의(定義)를 논하면서 플라톤이 반박한다(*Republic*, bk. I). 그러나 결국 플라톤은 나중에 이와 비슷하게 결론을 내린다. '자신의 일에 신경 쓰는 것minding one's own business' 혹은 '자신의 것과 자신에게 속하는 것을 가지거나 하는 것이 정의the having and doing of ones's own and what belongs to oneself'라고 규정한 것이다(*Republic*, bk. iv). 각자에게 마땅한 것을 주는 것이 정의라는 관념은 로마 시대와 중세에 걸쳐서 정의에 대한 공식적 정의(定義)가 되었다. 근대에까지 지속되었다고 하겠다. 플라톤은 이를 기초적인 것으로 삼아서 응분/공적주의적 기준을 제시한 셈이다. 플라톤은 사람들은 다 다르고 각기 다른 재능을 가졌기 때문에 위계적 명령의 사슬 내에서 사람들이 각기 다른 역할을 담당하는 것이 정의라고 보았다. 사회적 조화로서의 정의에 필요한 조건은 철인이 왕이 되는 것이다(Pojman 1999, 10쪽).

아리스토텔레스

아리스토텔레스는 정의를 일종의 평등으로 규정했다. 정의로운 것은 공정한 것이며, 그리스어의 'isos'는 평등도 의미한다. 그러나 그가 말하는 평등은 앞에서 살펴본 것처럼 오늘날 우리가 사회 정의에서의 배분적 평등을 논할 때의 평등과는 다르다(Pojman 1999, 15쪽).

아리스토텔레스가 비례에 따라 배분되어야 한다고 한 것은 비례에 따라 받는 것이 당연하다는 것을 의미한다. 그에 의하면, 모든 사람은 정의라는 덕성이 공적/응분에 비례한다는 것에 합의했다. 그리스어에서 '응분desert'이나 '공적/업적merit'에 해당하는 말은 'axia'인데 이것은 어떤 사람의 값어치 혹은 가치를 의미한다. 이 말은 광범한 의미를 내포한다. 경제적 관계에 기원을 두는데, 시장에서의 저울을 지칭하면서 얼마만큼 잰다는 것을 의미한다. 그래서 정의를 저울에 비유하기도 한다(Pojman 1999, 15쪽). 그런데 오늘날 응분이라는 말은 어떤 개인이 야기한 결과에 대해 그 사람이 책임지는 경우에 대해 특히 구체적으로 쓰인다. 이러한 의미에서의 응분과 일치하는 그리스어는 없다(Miller 1999, 125쪽). 그래서 '응분desert'과 '공적merit'은 오랜 기간 혼용되었다.

스토아학파와 기독교

스토아학파는 소크라테스의 가르침을 이어받았다. 기독교는 "사람들은 눈에 들어오는 대로 보지만, 주님은 마음을 본다. 인간은 외양을 보며, 신은 마음을 보며"(〈1사무엘〉16장 7절) "기꺼이 주려고 하는 마음이 있다면, 어떠한 사람이 가지지 않은 바가 아니라 가진 바에 의해 받을 만하다"(〈2코린〉8장 12절)라고 일깨웠다. 그리고 기독교는 자신이 타인을 대우한 만큼 대우를 받는다는 것을 가르쳤다(〈오바드야〉1장 15절). 소크라테스와 기독교의 가르침은 결국 인간의 의도를 중시한 것이다(Pojman 1999, 3쪽). 이것은 선의지만이 본질적으로 선한 것이라는 칸트의 주장과 연결된다. 그리고 성경에는 '노력effort'을 '공적merit'의 결정적 기준으로 보는 경향이 나타난다(〈갈라〉6장 7절). 성경은 천국과 지옥을 대비시킴으로써 악인은 벌을 받고 선인은 축복을 받는다는 것을 가르친다. 이러한 것은 업보(業報)라는 불교 용어에도 나타난다(Pojman 1999, 4쪽).

고대 로마의 법률가 울피아누스는 각자에게 그에게 당연한 것을 주는 것이 정의라는 주장을 받아들인다. 응분으로서의 정의라는 정의에 대한 고대의 관념은 '눈에는 눈'이라는 상호 대등성의 격률에서 나타나듯이 처벌이 범죄에 비례적이어야 한다는 응보(應報)의 관념의 근저에 있다(Pojman 1999, 4쪽).

홉스 — 시장 가치로서 가질 만한 것

근대에 이르러 홉스는《리바이어던》10장에서, 인간은 이기주의자로서 항상 권력을 추구하며 모든 인간의 가치는 여러 종류의 '힘/권력power'으로 환원될 수 있다고 주장한다.[99] 인간의 힘은 미래에 어떤 분명한 선을

---

99 'power'는 '어떤 것을 해낼 수 있는 심신의 능력'으로서의 힘을 의미하고 'force'는 실제로 사용된, 즉 겉으로 나타난 힘을 의미한다. 양자 모두 '힘'으로 번역할 수 있으며, 'power'가 사회적 의미를 지닐 때는 '권력' 또는 '권한'으로 번역한다(진석용 2008, 122쪽, 각주 1).

얻을 수 있게 하는 현재의 수단이다. 어떤 사람의 '가질 만한 것merit'이나 '값어치worth'는 그 사람의 힘/권력의 하나인 시장 가치다. 시장 가치가 시장의 수요와 공급에 의해——특히 수요에 의해——그 가격에 의해 결정되는 것처럼 인간의 값어치는 다른 모든 것의 값어치처럼 절대적인 것이 아니라 타인의 평가에 좌우되는 것이다(*Leviathan*, ch. 10).

홉스는 '값어치worth'를 '적격(適格)worthiness'과 구분한다.[100] 홉스에 의하면, 적격은 인간의 값어치나 가치, 그리고 공적이나 응분과도 다르다. 적격은 어떤 일을 할 값어치가 있다고 여겨지는 특별한 힘이나 능력에 의해 결정된다. 이 특별한 능력을 보통 '적합성fitness' 혹은 '적성apti-tude'이라고 일컫는다(*Leviathan*, ch. 10).

힘/권력 중에서 가장 큰 힘은 동의에 의해 결합된 대다수의 인간이 한 사람의 자연인 혹은 사회적 인격에 합쳐진 힘이다. 즉 코먼웰스의 공통 권력이다. 코먼웰스가 성립되기 전에는 "해적이나 산적이 되는 것을 조금도 불명예스럽게 생각하지 않았다"(*Leviathan*, ch. 10). 말하자면 도덕과 권리는 어떤 규칙이 정해진 이후에 생성된다. 그러므로 '가질 만하게 되는 것merit'도 계약이라는 맥락 내에서 자리매김할 수 있다. 지배자가 정한 제도 내에서 무엇을 가질 만하게 된다. 그래서 그 조건을 충족하는 자가 상이나 보답을 가질 만하게 된다. 계약의 경우에 먼저 수행한 자가 받게 되는 것은 타인이 행한 것에 의해 가질 만한 것이며, 받을 만한 것은 '그에게 당연한 것his due'이다.

---

100 'value'는 가치로, 'worth'는 값어치로, 'price'는 가격이나 시가로 번역한다. 'value'는 실제의 유용성이나 중요성의 측면에서, 'worth'는 지적·도덕적·정신적 측면에서 본 것이라고 하겠다(진석용 2008, 123쪽, 각주 2).

자연권

제도적 권리에 대비해 응분은 자연권과 밀접하게 연관되어 있다. 응분은 행한 바에 근거를 두며 자연권은 우리가 요구하는 것을 의미한다(Pojman 1999, 4쪽). 일반적으로 살해당하지 않을 자연권을 가지고 있다고 말하지 살해당하지 않을 만하다고 말하지는 않는다. 로크의 재산권은 '응분에 의한 요구desert claim'에 근접하는 것 같다. 그래서 우리는 자신의 신체에 대해 자연권을 가지고 있으며 자연에 노동을 가해 생긴 것에 대해서는 재산권을 행사한다(Pojman 1999, 5쪽).

애덤 스미스

애덤 스미스에 의하면 "우리 조상들이 게을렀던 것은 근면하도록 충분히 장려되지 못했기 때문이다. 속담에 따르면, 받는 것 없이 일하기보다는 받는 것 없이 노는 게 낫다고 했다"(Smith 1976, bk. I, ch. iii, 356쪽). 이것이 의미하는 바는 정당한 대가를 받아야만 노동자가 열심히 일을 하기 때문에 노동자를 궁핍하게 만들어서 일을 하게 해서는 안 된다는 것이다. 다른 말로 하면, 이전의 사회와는 다르게 앞으로는 응분이 통용되는 사회가 되어야만 정의를 이룰 수 있다. 후술하겠지만 이것은 스미스가 응분의 원칙을 받아들이는 것을 보다 진보된 것으로 보고 필요의 원칙은 수용하지 않았음을 의미한다.

그런데 그에 의하면, 마땅한 보상과 처벌에는 다른 면이 감안되어야 한다. 타인이 처한 입장에서 정념을 공유할 때 도덕은 이성이 아니라 '동감/공감sympathy'에서 연유한다. 이 점에서 스미스는 흄과 견해를 같이한다. 이러한 '도덕 감정/정조론moral sentiment theory'으로부터 추론할 수 있는 것은, '가질 만하게 되는 것merit/좋은(선한) 응분good desert'과 '나쁜 응분demerit/ill desert'은 감사와 분개라는 감정에서 연유한다는 점이다. 어떤 사람이 우리나 타인을 이롭게 하려고 행동하면, 우리는 직접적으로 혹은 대리로 감사를 느끼며 그 사람에게 보답하거나 그 사람이 보답받는 것을 보고자 한다. 즉 인간은 선에는 선으로 보답하고자 하기 때문에 선을 행한 사람은 보답받을 만하다. 반면에 어떤 사람이 우리나 타인을 해치려고 행동하면, 우리는 분개를 느끼고 그 악인이 처벌받는 것을 보고자 한다. 즉 인간은 악에는 악으로 보답하고자 하기 때문에 그 사람은 처벌받을 만하다(Smith 2009, pt. II, sec. I).

어떤 사람이 하는 행위가 나 자신에게 직접 영향을 미치지 않더라도 인간은 모두가 '불편부당한 관찰자impartial spectator'가 될 수 있으며, 그 사람의 행동에 대한 정념을 간접적으로나마 공유할 수 있다(Smith 2009, pt. II, sec. 1, ch. II). 나중에 시지윅도 보상과 처벌은 감사와 분개에 대한 보편화된 감정이라는 것을 받아들였다.

칸트—유일하게 행복해질 만한 응분으로서의 도덕적 값어치

이제까지 논했다시피 칸트는 윤리에서 의무론적 이론을 제시했다. 그는 허치슨, 흄, 스미스로 이어지는 도덕적 감정에 대한 이론을 거부한다. 윤리의 기반을 도덕적 감정에 두는 것은 인간의 본성에서 특히 느낌이나 감정에 근거를 둔다는 점에서 불확실하고 우연적이다. 만약 인간들이 서로 다르게 태어났다면 각자 다른 본성을 가질 것이며, 그래서 도덕적 의무도 다를 것이다. 이와 같이 보면, 도덕 감정론에 의존하는 윤리는 가설적 명령이며, 가설적 명령은 무엇을 달성하고자 하는 우리의 욕구에 의존한다(GMM, 61~62쪽). 가설적 명령에 의존하게 되면, 예를 들어 법에 복종하는 것은 질서와 평화를 위해서이고, 평화를 추구하는 것도 인간의 행복에 필요하기 때문이라고 보게 된다. 이러한 자연적 윤리학자는 전형적으로 공리주의자인데 그들은 인간의 행복을 최대화하고자 한다(Pojman 1999, 31쪽). 칸트가 보기에 에피쿠로스학파의 덕성은 자신의 준칙을 행복으로 이끄는 것으로 인식하는 것이다. 여기에서는 신려가 도덕에 해당된다(Kant 1956, 115쪽).

그런데 윤리는 우연한 것이 아니라 절대적인 것이다. 인간의 의무는 가설적/조건적이 아니라 정언적/보편적이다. 윤리는 감정이 아니라 이성에 근거를 두어야 한다. 인간이 값어치가 있고 언제나 모든 사람을 구속하는 도덕적 법칙을 발견할 수 있는 것은 인간이 이성적이기 때문이다. 그렇기 때문에 도덕적 의무는 감정이 아니라 이성에 의존한다. 의무는 인간이 가지고 있는 성향이 드러낼 수 있는 결과와는 무관하게 무조건적이며, 보편적으로 타당하며, 필요하다. 그래서 인간이 행동하는 전체 원칙을 시정하는 원칙, 즉 무조건적으로 선한 행동을 하는 것을 가능하는 정언 명령이 필요하다(GMM, 62~71쪽). 그래서 이미 살펴본 것처럼 칸트는 정언 명령을 제시했다.

인간에게는 본질적 '값어치/가질 만한 것worth/merit/verdienst/meritarum'이 있다. 내적 값어치가 적은 사람일수록 존경받을 값어치가 적으며, 내적 값어치를 더 많이 가지면 존경을 받을 만하다(Kant 1930, 49쪽). 그러나 선한 의지 없이 자신의 의무를 단순히 수행하는 사람은 —— 예를 들어 선한 의지 없이 정찰제라는 규정대로 판매해 어린이를 속이지 않고 물건을 파는 상인은 —— '가질 만한 것merit/verdienst meritarum'에 대해 그저 중립적이다(GMM, 65~66쪽). '가질 만하다는 것merit'은 법이 요구하는 바 이상으로 의무를 행하는 것이다.[101] 즉 선의지에 의한 행동을 하는 것이다. 반면에 '가질 만하지 않은 것demerit'은 자신의 최소한의 의무를 하지 않는 것이다. 그래서 도덕적 영웅인 자만이 보답을 받을 만하다. 그런데 '가질 만하다는 것merit'은 자신의 약한 성품, 즉 자신의 의무를 다하는 데 있어서의 장애를 극복하는 의지에서 나타나는 특질이기도 하다. 극복해야 하는 장애가 크면 클수록 그의 행동이 어떤 것을 가질 만해지는 정도가 더 커진다. 예를 들자면, 견딜 수 없는 어려움 때문에 자살하고 싶은 마음이 생겨도 이를 극복하고 살아가는 자는 도덕적 값어치를 가지는 것이다(GMM, 65쪽). 도덕적 값어치를 가진 인간은 행복해진다. 스토아학파처럼 칸트는 인간이 자신의 덕성을 의식하는 것이 행복이라고 보는 셈이다(Kant 1956, 115쪽). 말하자면 행복은 이성적 존재의 도덕과 정확하게 비례한다. 따라서 도덕과 비례하는 행복만이 최고선이 된다(Kant 1965a, 635~644쪽). 칸트에 의하면, '최고선highest good'이라는 용어에서 최고는 'supreme' 혹은 'perfect'를 의미한다. 전자는 무조건적 조건으로, 다른 어떤 것에도 복속되지 않는 조건이다. 후자는 같은 종류의 보다 커다란 조건의 부분이 아닌 전체를 의미한다. 예를 들면, 행복해질 값어치가 있는 덕성은 우리에게 바람직한 것으로 여겨지는 것의 최상의 조건이다(Kant 1956, 114쪽).

선한 행위에 대해서는 보상이 따르는데, 그것은 앞으로도 선한 행위를 할 것을 격려하기 위한 것이 아니라 선한 행위 그 자체가 선하기 때문이다. 그러므로 선한 행동을 하는 것이 보답을 받기 위한 것이 아니어야 한다(Kant 1930, 56쪽). 인간의 행동이 값어치를 가지는 것은 그 행동이 혜택을 가져오기 때문이 아니라 도덕적 법칙을 이행하기 때문이다. 행동의 결과보다는 행동하는 이의 의도가 값어치를 결정하는 기준이 되었다. 그

---

101 여기서도 'merit'이 'desert'와 혼용된다는 것을 알 수 있다.

래서 인간의 순수하고 선한 의지가 중요시된다(*GMM*, 65~67쪽). 선의지만이 그 자체로 빛나는 보석처럼 선하다. 당연히 해야 하는 의무를 이행하기 위해 행동하는 것이 선한 행동이다. 그렇게 하는 사람은 존경받을 값어치가 있다.

죄를 범한 사람을 처벌하는 것도 벌을 받으면 앞으로 선을 행할 것이라는 이유에서가 아니라 죄를 범했다는 이유에서다. 범죄를 저지르는 것은 인간으로서 자신의 값어치를 스스로 떨어뜨리는 것이기 때문에 이에 대해 처벌을 받게 된다. 처벌의 정도는 범죄와 처벌 사이의 평등/대등성이라는 원칙에 의거해야 한다. 예를 들어, 타인을 살해한 이에게는 사형이라는 벌이 합당하다는 응보의 법칙을 따라야 한다(*MM*, 140~145쪽). 이상과 같이 칸트는 보상과 처벌로써 '응보retribution'에 대한 '응분desert' 이론을 제시한다.

그런데 인간은 자신이 통제할 수 없는 일에 대해서는 책임을 지지 않게 된다. 이렇게 해서 칸트는 도덕적 응분에 대해 두터운 개념을 제시함과 더불어 자신의 행동에 대한 개인의 책임에 대해서도 두터운 개념을 제시했다. 자유 의지가 없으면 행동에 대해 도덕적 책임이 없으며, 따라서 보상과 처벌을 받을 만하다고 생각하지 않는다. 이것을 '응분에 근거를 둔 체제desert-based system'라고 부를 수 있는데 여기에서는 자연적이거나 '제도 이전의pre-institutional' 응분이 도덕적 값어치를 규정한다. 이상에서 보면, 칸트는 공통적인 인간 본성과 자연적인 도덕적 법칙을 가정하는데 이 가정은 문화적 차이를 초월한다(Pojman 1999, 3쪽).

존 스튜어트 밀

정의에 대한 존 스튜어트 밀의 관념은 이미 자세히 논했다. 정의는 덕성, 응분과 관계있다는 것을 밀은 인정한다. 여기에서는 응분에 대한 밀의 관념을 다루어보겠다. 그는 정의는 공리의 하녀이며 응분이 정의의 핵심이라고 주장한다.

① 밀은 "편리함이 불평등을 요구한다고 생각하는 경우를 제외하고는 평등이 명령하는 바가 정의라고 각자는 주장한다"라고 밝혔다(*UT*, 451쪽). 밀이 평등을 자신의 제1원칙으로 삼은 것은 아니지만, 이것으로도 그가 평등주의적 전통을 밟았다고 볼 수 있다. 그러나 이어서 밀은 "불편부당하고 평등한 것이 가지는 일반적 공리는 불편부당함과 평등이라는 관념이 공리라는 바로 그 의미, 즉 최대 다수의 최대 행복을 포함하고 있다는 사실에 의해 입증된다"라고 주장한다(*UT*, V). 그래서 전술한 것처럼 불편부당과 평등이라는 개념은 정의라는 관념과 정의 실천의 구성 요소라고 간주된다.

② 인간은 쾌락과 고통이 없는 것을 욕구하는 것 못지않게 덕성과 악이 없는 것을 욕구한다. 그런데 덕성을 욕구하는 것은 행복을 욕구하는 만큼 보편적이 아니라 믿을 만한 사실이다(*UT*, 439쪽). 덕성 외에도 다른 바람직한 특질들이 있으며, 올바른 행동이 반드시 덕성 있는 품성을 드러내는 것도 아니다(*UT*, 421쪽). 행동과 '품성disposition'은 덕성 외에 다른 목적을 증진하기 때문에 덕성을 가질 뿐이다. 즉 덕성은 궁극적 목적, 예를 들면 일반적 행복의 수단이 된다(*UT*, 439·442쪽). 말하자면, 덕성도 하나의 선이기는 하지만 덕성에 대한 원래의 욕구나 동기가 있는 것이 아니라 쾌락이나 고통의 부재에 이롭기 때문에 있는 것이다(*UT*, 441쪽).

시지윅

공리주의자 시지윅은《윤리의 방법》에서 법으로서의 정의, 평등으로서의 정의, 자유로서의 정의를 분석했다. 이어서 그는 애덤 스미스의 사상을 발전시키면서 응분이 '감사와 분개gratitude and resent'라는 근본적 감정에 기초를 둔다고 보았다. 감사라는 이상(理想)은 혜택에 보답하려는 자연적 충동이며, 그 반대는 해악에 보답하려는 충동이다. '선한 응분(보상)good desert'은 보편화된 감사이며 '나쁜 응분(처벌)ill desert'은 보편화된 분개다. 감사와 분개라는 근본적 본능은 너무나 기본적이기 때문에 이를 무시하는 것은 인간의 본성에서 근본적인 가정을 무시하는 것이며, 이 가정 위에서 응분으로서의 정의 이론이 확립되어야 한다. 이것은 너무나 근본적이므로 이를 무시해서는 안 된다는 입장은 결정론에 대한 논의에서 중요하다. 인간의 자유와 책임에 대한 논의에서 결정론이 진실이라면, 인간의 책임은 없어지며 이와 더불어 응분이라는 개념도 없어진다. 이 점을 시지윅은 칸트를 포함한 어느 누구보다도 명확하게 지적했다. 만일 결정론을 진실로 받아들인다면, 노력이나 공헌보다는 기대되는 결과를 근거로 해 보답해야 하기 때문에 모두가 공리주의자가 되어야 한다. 그리고 개인에게 당연한 것을 정교하게 분석하기가 어렵기 때문에 응분이라는 개념, 특히 선한 응분이라는 개념은 실제 사회에서는 아주 제한된 범위에서만 유용하다(Sidgwick 1981, 283~290쪽).

아직 응분에 대한 관념의 역사에 대한 기술이 끝나지 않았지만, 여기서 응분이라는 개념이 쇠퇴하고 다시 회복하게 되었다는 점을 언급하고자 한다. 이것은 모든 정치 이론에서, 특히 롤스의 정의 이론에서 중요한 의미를 가지기 때문이다.

응분은 자유주의 사회에서 번성했다. 응분의 전성기는 영국의 빅토리아 시대였다(Barry 1990, lx쪽). 그 시대에는 사람들은 합리적인 독립적 원자들로서 계약에 의해 사회를 만들며 사회에서 혜택을 받는다고 간주된다. 각자의 응분/값어치는 정확하게 확인될 수 있다. 그것은 그 사람의 '순수 한계 생산net marginal product'이며, 어떤 상정된 조건에서 시장의 가격이 생산의 각각의 요소에 그 순수 한계 생산을 부여한다(Barry 1990, 112~113쪽).

그런데 1930년대와 1970년대 사이에 응분에 대한 평판은 나빠졌다. 그 후로는 조금 회복되었다. 그래서 1980년대에 와서는 응분이라는 개념이 되살아나 정의에서 중심적 양상이 되었다는 주장이 제기되었다(Barry 1990, lvi · lx쪽).

그렇다면 응분이라는 개념은 왜 쇠퇴했는가? 첫째, 결정론에 대한 믿음 때문이라고 볼 수 있다(Barry 1990, lx쪽). 응분은 자발적 행동에 의존하는데, 결정론이 진실이라면 자발적 행동은 없는 것이 되기 때문이다(Barry 1990, lxi쪽). 둘째, 초기의 자유주의 사회가 커다란 변모를 맞아서 개개인의 응분을 계산하기가 어렵게 되었기 때문이다. 전술한 것처럼 처음에는 합리적인 독립적 원자라고 여겨지는 개개인의 응분/값어치를 정확하게 확인할 수 있다고 여겨졌다. 그러나 생산이 집단적으로 이루어지는 거대한 조직에서는 개개인의 응분을 측정하기가 어렵게 되었다(Miller 1976, 308쪽). 역으로 말하면, 1930년대의 대공황과 2차 대전 후 모든 사람이 어려움을 겪게 되었는데 이것이 사회의 어느 누구의 책임이라고 단정적으로 규정할 수 없게 되었다(Barry 1990, lxii~lxiii쪽). 이렇게 보면, 응분이라는 개념이 쇠퇴기를 맞은 것은 사회 정의라는 개념의 대두와 연관이 있다고 볼 수 있다.

마르크스

노동을 가해 만들어진 것에 대해 소유를 주장할 수 있다는 사고가 로크에서 애덤 스미스로 이어졌는데, 마르크스는 노동에 근거를 두는 응분 이론을 주장한 셈이다. 그렇게 볼 수 있는 이유는 다음과 같다. "'각자에게 능력에 따라'에서 '각자에게 공헌한 바에 따라'로"라는 원칙이 적용되는 공산주의의 첫째 단계에서는 노동자는 일한 만큼 받게 된다. 이것은 노동가치설에 의존한다는 것을 의미한다. 그러나 보다 높은 단계에서는 "'각자에게 능력에 따라'에서 '각자에게 필요에 따라'로"라는 원칙이 적용된다. 그래서 로크와 마르크스는 응분에 근거를 두는 자연적 재산권을 지지한다(Pojman 1999, 5쪽).

오늘날 복지 국가는 필요라는 정의의 한 원칙이 권리라는 원칙으로 인정받게 되면서 대두했다. 이것은 이제까지는 응분이 당연하지 않았던 빈자를 특별히 배려함으로써 가능하게 되었다(Barry 1990, 113쪽).

로스

윌리엄 데이비드 로스는 선한 응분은 행복해질 만하며 나쁜 응분은 불행해지는 것이 마땅한데, 이는 덕성과 악의 정도에 직접적으로 비례한다고 주장한다. 응분에 대한 로스의 개념은 칸트와 비슷하지만 그는 윤리적 직관주의자다(Pojman 1999, 8쪽). 그래서 그에 의하면, 도덕적 원칙은 숙고하면 자명하게 드러난다. 약속을 지키거나 받은 혜택에 대해 감사를 표하는 것은 도덕적으로 옳다는 것을 인간은 직관적으로 알고 있다. 로스에 의하면, 쾌락과 덕성, 덕성이 있는 자와 악한 자에게 쾌락과 고통을 할당하는 것, 그리고 지식은 본질적으로 선하다. 그는 쾌락과 덕성이라는 가치를 조직해 덕성을 가진 자가 적절한 쾌락을 받도록 하는 것이 직관적으로 옳다고 생각한다. 그래서 그는 덕성이 있는 자에게는 쾌락을, 그리고 악한 자에게는 고통을 할당한다는 세 번째 가치를 다룬다(Pojman 1999, 56쪽).

그는 사고 실험을 제의한다. W1과 W2라는 두 세상이 있는데 이들 세상에는 같은 양의 쾌락이 있다고 가정해보자. W1은 올바른 동기에서 행동하는 덕성을 가진 사람으로 구성되어 있다. 반면에 W2는 악한 사람으로 구성되어 있다. 설사 두 세상의 쾌락의 양이 똑같다고 하더라도 W1을 선호해야 하지 않는가? 사람들은 선하면서 쾌락(행복)이 있는 W1이 악하면서(선하지 않으면서) 행복한 W2보다 낫다고 보게 된다(Ross 1930, 72쪽). W1을 선호하게 되거나 선호해야 하는 것은 덕성이 본질적 가치가 있기 때문이다(Ross 1930, 35·134쪽). 그러나 쾌락주의자는 두 세상의 쾌락이 같다고 가정할 수 없다고 주장할 것이다. 덕성은 가장 많은 쾌락을 가져다주는 행동을 하는 기질이기 때문에 W1이 W2보다 더 많은 쾌락을 가지고 있을 것이기 때문이다(Ross 1930, 38·132쪽).

이에 대해 로스는 모든 쾌락이 덕성을 가진 사람들의 행동에서 연유하는 것이 아니고 모든 고통이 악한 행동에서 연유하는 것이 아니며, 쾌락과 고통은 인간 본성의 법칙의 작동에서 연유한다고 답한다(Ross 1930, 134·152쪽). 그러므로 W1이 W2보다 인간의 행동에서 연유하는 쾌락이 더 많고 고통이 더 적더라도, W1에서 덕성이 만들어낸 여분의 쾌락은 보다 더 큰 악폐로 상쇄되기 때문에 같은 양의 쾌락을 가지게 될 것이다. 그럼에도 불구하고 W1이 W2보다 더 낫다고 로스는 주장한다(Ross 1930, 134·138쪽). 그렇다고 해서 W2가 W1과 같이 선한가? 로스가 말하고자 하는 바는 선은 결과와는 무관하다는 것이다(Ross 1930, 135쪽). 물론 이에 대해 쾌락주의자는 다음과 같이 반박할 것이다. 덕성을 가진 사람들이 악폐나 고통을 고치더라도 더 잘 고칠 것이기 때문에 장기적으로는 W1이 더 낫다고 봐야 한다(Ross 1930, 135쪽).

그러나 이상에서 오간 논박들에서 로스가 주장하고자 하는 바는 쾌락을 증진해야 한다는 것은 많은 일견상의 의무 중 하나라는 점이다. 그러면서 로스는 최대한의 선, 이 경우에는 쾌락을 가져다주는 것으로 올바른 행동을 가늠할 수 없다고 본다. 이것은 로스가 쾌락의 양이 같은 W1과 W2를 가정해 비교하려는 이유에서도 찾을 수 있다. 이상적 공리주의는, 어떤 행동이 적어도 다른 행동과 똑같은 양의 본질적 가치를 가져다주면 그 행동은 올바르다고 주장하기 때문이다. 이를 반박해 로스는 W1이 W2와 같은 양의 쾌락을 가져다준다고 하더라도 우리는 직관적으로 W1이 더 낫다는 것을 알 것이라고 주장한다. W1이 W2보다 덕성을 더 많이 가지고 있는 한 덕성은 행복으로써 보상받을 만하기 때문이다(Ross 1930, 58·135·138쪽). 응분과 연관해 결론적으로 말하면, 로스는 도덕적 품성에 기초를 두는 자연적 응분 혹은 제도 이전의 응분이 있다는 것을 보여준다.

이상에서 응분이라는 관념의 역사를 살펴본 것은, 응분이 무엇이며 이와 연관된 개념들과 어떻게 연관되는지를 생각해볼 수 있기 때문이다. 무엇이 응분이 되는지에 대해서는 의견이 다양하다. 그러나 '각자에게 각자의 당연한 것을 주는 것'이 정의라는 공식을 거의 모든 철학자들이 지지한다. 플라톤과 아리스토텔레스는 그 공식에 보다 탁월한 형태로써 공적주의적 기준을 제시한다. 반면에 아퀴나스, 스미스, 칸트, 시지윅, 로스는 독특한 도덕적 기준을 제시한다. 모두가 응분은 그저 '관습nomos'적인 것이 아니라 사물의 본질에 내재한다고 주장한다. 그런데 응분이 무시되는 현대에는——롤스를 논하면서 살펴보겠지만——모든 응분은 제도적인 것이 되었다. 응분이 제도적이라는 것은 응분에 대한 홉스의 견해에 근접한다. 이것이 과연 타당한가라는 문제는 별도로 다루어야 한다.

그런데 그리스 문화의 특징이었던 응분/공헌이라는 개념, 그리고 칸트에게서 응분에 근거를 두는 체제였던 자연적 응분이나 제도 이전의 응분은 롤스에게 와서는 사라져버렸다(Pojman 1999, 6쪽). 롤스는 이제 정의를 타당한 사람들이 원초적 입장에서 합의하게 된 것으로 규정한다. 그리스의 시모니데스에서부터 칸트에 이르기까지 각자에게 응당한 것을 주는 것이 정의라는 것이 정의에 대한 고전적 개념이었다. 그런데 오늘날에 와서 일의적 선을 평등하게 배분하는 경향으로서의 정의가 고전적 개념을 대체했다. 롤스에게서 응분은 보상과 처벌을 기대할 수 있게 되는 제도적 배열, 자격, 그리고 제재로 변모했다. 그 결과 응분으로서의 정의는 거부되었다(Pojman 1999, 6쪽). 이러한 변모는 개인의 자유 의지와 책임에 대한 회의적 시각을 반영하는 것이다.

대부분의 현대 정치철학자들은 응분이라는 개념을 거부하거나 손상시켰다. 롤스와 같은 자유주의자 외에도 스마트J. J. C. Smart와 같은 공리주의자는 공리의 최대화를 강조하지 응분이나 응분이 의존하는 책임을 강조하지 않는다. 스마트는 "(결과에 대한) 책임이라는 개념은 형이상적 난센스의 한 조각"이라고 일갈한다(Smart 1973, 54쪽). 노직과 같은 자유지상주의자는 이 개념을 무시한다. 공동체주의자와 사회주의자는 응분과 공적이 지나치게 개인주의적 견해를 반영한다는 이유에서 응분과 공적을 거부한다. 배리에 의하면, 사회 계약에 의해 결집된 사회에서 사람들이 합리적이고 독립적인 원자라고 여겨지고 각자의 값어치가 정확하게 확인되는 경우에 응분과 공적이라는 개념이 번성한다(Barry 1965, 112쪽 이하).

(5) 응분의 구성 요소

이상에서 우리는 응분의 관념이 역사적으로 어떻게 전개되었는지를 살펴보았다. 그렇다면 응분이라는 개념은 어떤 요소로 구성되는가? '학문적으로 기여한 바 크기 때문에 김 교수는 정교수로 승진하는 것이 당연하다'라는 문장을 보면, 응분을 주장하는 데에는 '응분의 주체'(김 교수), '응분의 대상'(승진), '응분의 근거'(학문적 공헌, 즉 공적)가 관련된다는 것을 알 수 있다. 응분은 3자 간의 관계로 나타난다. 그런데 '학문적으로 기여한 바 크기 때문에 김 교수는 대학(당국)으로부터 정교수로 승진하는 것이 당연하다'라고 보다 명확하게 표현하면, 김 교수가 어디로부터의 승진을 당연하다고 인정받게 되는 것인지가 명확히 드러난다. 이것을 '응분의 근원desert source'이라고 부를 수 있다. 그렇다면 응분을 구성하는 요소는 네 가지라고 볼 수 있다(Kleining 1999).

응분의 주체

우리는 인간이 응분의 주체라는 것은 당연히 받아들인다. 인간은 처벌, 보상, 사과, 보답, 존경, 멸시, 봉급, 학점, 상 등을 응분으로 받을 수 있는 주체다. 그렇다면 동물은 어떠한가?

예를 들어 '그 개는 대우받을 만하다the dog deserves a treat'라고 말한다면 이에 대한 보수적인 견해는 다음과 같다. 첫째, 개에게는 당연하거나 당연하지 않은 것이 없기 때문에 개에게는 응분이라는 개념이 적용될 수 없다. 따라서 이 주장은 사리에 맞지 않다. 둘째, 개에게는 글자 그대로 응분으로 가져야 할 것이 없기 때문에 개가 대우받을 일이 없다고 보면, 이 주장은 사리에는 맞지만 거짓이다. 셋째, 이 말을 '너는 개를 대우한다는 만족을 가질 만하다you deserve the satisfaction of giving your dog a treat'라는 말로 바꾼다면 조리에 맞고 진실일 수 있다.

일상에서는 '그 제안은 우리의 지지를 받을 만하다the proposal deserves our support'라든가 '국가는 우리의 충성을 받을 만하다the nation deserves our loyalty'라는 표현을 쓴다. 사람만이 응분의 주체가 될 수 있다는 것은 사람의 형태를 갖추었기 때문이 아니라 사고하고 고락을 느낄 수 있기 때문이다. 이렇게 보면, 개가 사고하고 고락을 느낀다면 개도 응분의 주체가 되어야 한다. 그렇다면 감각이 없는 죽은 자는 응분의 대우를 받을 수 없는가? 죽은 사람도 품위에 맞는 장례를 받을 만하다. 게다가 말없는 자연조차 보존받을 만하다. 응분의 주체에 대해 이상과 같은 논쟁이 있을 수 있다.

응분의 근거

앞에서 본 것처럼 김 교수가 승진이라는 응분을 받을 만한 근거는 학문적 공헌이다. 철수가 열심히 노력했기 때문에 선생님에게 칭찬받을 만하다면, 철수의 노력이——노력과 공헌 중에서 어느 것을 응분으로 해야 하는지는 앞에서 논했다——응분의 근거다. 능력, 기술, 노력 등이 응분의 근거가 된다(Miller 1976, 292쪽). 어쨌든 철수의 경우에는 응분의 근거가 명확하지만, '필요needs'가 의료 혜택을 받을 만한 데에 있어서 응분의 근거가 되는지, '도덕적 값어치moral worth'가 행복에 대한 응분의 근거가 되는지는 확실하지 않다.

학문적 공헌을 한 김 교수나 노력을 기울인 철수는 응분의 주체이며, 양자가 그러한 응분을 받게 된 것은 응분 주체의 탓, 즉 '책임responsibility'으로 돌릴 수 있다. 이처럼 응분과 책임은 관련이 있다. 그런데 김 교수가 그렇게 많은 학문적 업적을 낼 수 있었던 것이 좋은 두뇌 덕분이고, 좋은 두뇌는 부모에게 물려받은 것이라면, 응분을 김 교수의 탓으로 돌릴 수 없다. 마찬가지로, 철수가 노력을 할 수 있었던 것이 근면함 덕분이고 근면함이 타고난 것이라면 철수의 노력은 스스로 이룬 것이 아니다. 그렇다면 김 교수가 승진할 만한 것도 아니고 철수가 칭찬받을 만한 것도 아니라고 볼 수 있다. 앞에서 언급했듯이 롤스가 인간의 타고난 어떤 특질은 그 자신의 책임이 아니기 때문에 이로 인한 응분은 부당하다고 주장한 것은 바로 이 점을 지적하는 것이다(TJ, 104쪽). 이렇게 보면, 어느 누구도 어떤 것을 받을 만하다고 말할 수 없게 된다. 이상과 같이 응분의 주체가 책임질 수 있는 일과 관련해서만 그가 어떤 것을 받을 만하다고 주장할 수 있다. 노동자가 응분으로 받는 임금은 어디에 달려 있는가? 임금은 노력 때문에 받게 되거나 생산성 때문에 받게 된다고 주장할 수 있다. 어느 것이 더 옳은가? 실제의 생산성과는 관계없는 노동자의 노력인가, 아니면 노력과는 관계없는 생산성인가?

책임과 응분이 연관 있다는 것은 직관적으로 그리고 널리 받아들여지지만, 이에 대한 비판이 없지는 않다. 갑돌이 죄 없이 폭력을 당했다면, 그 폭력의 행사는 갑돌의 속성도 아니고 갑돌의 탓도 아니지만 이에 대해 갑돌은 어떤 보상을 받을 만하다. 갑돌이 전염병에 걸렸다면, 응분의 주체인 갑돌에게 책임을 물을 수는 없다. 그렇지만 갑돌은 치료를 받을 만하다. 이와 같이 보면, 응분의 주체와 주체의 책임을 단순히 연관시키는 것은 어렵다.

응분의 근거를 어떤 감정이나 태도에 연관시켜서 응분의 근거에 조건을 제시하는 수도 있다(Miller 1976, 87~95쪽). 사람들의 특질이나 행동때문에 우리는 사람들에게 어떠한 태도를 취한다. 예컨대 경탄, 감사, 혐오 등의 태도를 취한다. 이러한 것들을 평가하는 태도라고 부를 수 있다. 그래서 '어떤 것이 평가하는 태도의 근거라면, 그것은 응분의 기초x is a desert base if and only if x is the basis of an appraising attitude'라고 말할 수 있다. 필요가 응분, 예를 들면 의료 수혜의 근거라고 가끔 말해진다. 그런데 필요를 평가하는 태도로 보기는 어려운 것 같다. 어떤 사람에게 어떤 필요가 있다고 해서 그 사람을 존경하거나 그 사람에게 분개하지는 않는다. 태도를 응분의 근거로 보는 것이 사실이라면, 필요는 응분의 근거가 아니다. 반면에 노력을 하는 것은 어떤 사람을 존경하게 되는 근거가 된다.

그러나 평가하는 태도를 응분의 근거로 보는 데에는 문제가 있을 수 있다. 실제로 존경을 받거나 분개를 받는 것과 적당히 존경을 받거나 분개를 받는 것을 구별해보자. 히틀러를 혐오하는 것이 적절함에도 불구하고 많은 이들이 그를 존경했다. 그리고 마틴 루서 킹을 존경하는 것이 적절함에도 불구하고 많은 이들이 그에 대해 분개했다. 그렇다면 다음과 같은 질문을 할 수 있다. 어떤 것이 평가하는 태도의 대상이 되었을 때에만 어떤 것이 응분의 근거가 되는가? 아니면, 어떤 것이 평가하는 태도의 적절한 근거일 경우에만 어떤 것이 응분의 근거인가? 만약 전자라면, 응분의 근거는 기껏해야 응분 근거에 대한 상대주의적 입장에서 부적절한 형태가 되어버리고 만다. 만약 후자라면, 응분의 근거가 공허해질 위험이 있다. 어떤 것을 가진 자가 그 태도의 목적이 되는 것이 마땅하다는 사실을 제외하고는 무엇이 어떤 것을 평가하는 태도에 대한 적절한 근거가 되겠는가?

응분의 근거를 결정하는 또 다른 방법은 두 단계로 전개된다(Feinberg 1970). 첫째, 응분이 될 수 있는 대우의 종류를 나열한다. 상, 보상, 처벌, 학점 등이다. 둘째, 대우에 대한 각각의 형태에서 마땅한 응분의 근거를 규정한다. 그런데 이렇게 접근하면 두 가지 문제가 생길 수 있다. 첫째, 응분의 근거에 대한 목록을 만들기 어려운 것처럼 '당연한 대우/응분의 대우deserved treatment'의 형태에 대한 목록을 만들기도 어렵다. 둘째, 이렇게 하다 보면 모든 종류의 응분의 대우에 대해 이에 독특한 응분의 근거가 있다는 가정이 강화된다(McLeod 1999a). 이 가정은 정확할 수 있지만, 그러나 응분의 근거에 대한 단일한 세트가 있으며, 어떤 응분의 근거나 모든 응분의 근거를 가지는 것은 어떤 사람이 특정한 형태의 응분의 대우에 마땅한 정도에 영향을 미친다고 보는 견해가 있다. 페인버그가 이러한 견해를 제시한 셈이다. 응분의 근거와 응분의 대우 사이의 관계에 대한 이 견해가 정확하다면, 응분의 대우를 그 대우의 근거에 연결시키려는 시도는 응분의 근거를 결정하는 데 가장 좋은 방식이 아닐 수도 있다.

그러나 응분에 대한 '제도적 이론institutional theory'으로부터 직접적으로 응분의 근거를 결정하는 다른 방법이 도출되었다(Cumniskey 1987 ; Arnold 1987). 그런 종류의 이론에서는 응분의 근거는 사회 제도의 규칙이나 목적에 의해 결정되었다. 예를 들어 올림픽 체조 경기라는 제도의 목적이 심판관으로부터 최고 점수를 받은 체조 선수에게 금메달을 수여하는 것이라면, 최고의 점수를 받은 체조 선수는 금메달을 받는 것이 마땅하다. 만약 이런 종류의 이론이 옳다면, 응분의 근거를 찾는 것은 사회 제도의 규칙이나 목적을 찾는 것만큼 어렵거나 쉬울 것이다. 그러나 이러한 견해를 취하는 데 있어서 문제가 생길 수 있다. 응분의 근원이나 응분의 근거가 제도의 규칙이나 목적에 의해 전적으로 결정되는 것 같지는 않기 때문이다.

예를 들면, 인종 차별이나 성차별 같은 도덕적으로 거슬리는 규칙은 인종이나 성별의 차이가 어떤 혜택을 상실하는 것을 당연하게 하는 데 정당한 근거가 될 수 없다. 그래서 응분의 근거가 '제도 이전pre-institu-tional'의 사실에 있다는 주장이 나오게 되었다(Feinberg 1970 ; McLeod 1999a). 응분에 대한 주장이 제도적 관습에서 힘을 얻는가, 아니면 제도 이전에 혹은 제도와는 무관하게 힘을 얻는가라는 문제가 생긴다. 여기서 제도는 인간 활동의 어떤 정형화된 양태를 뜻하는데, 제도에 의해 사람들은 활동을 하게 되며 어떠한 방식으로 행동하도록 고무되며 권리와 의무를 부여받는다. 응분이라는 사상은 적어도 두 가지 이유에서 제도에 의존한다. 첫째, 당연하다고 말해지는 혜택 중에서 많은 것은 적절한 제도 없이는 있을 수 없기 때문이다. 상을 주는 제도가 없으면 상을 받을 만하다고 말할 수 없다. 둘째, 많은 경우에 응분의 근거를 이루는 행동/일은 적절한 제도가 있어야만 적합하게 되기 때문이다. 즉 제도가 있음으로써 어떠한 일이 응분의 근거가 될 수 있다(Miller 1999, 138~139쪽).

응분의 근거가 작동하는 방법

응분의 근거를 가지는 것이 어떤 것을 어떻게 가질 만하게 만드는가? 어떤 사람이 무엇을 달성하기 위해 많은 노력을 했다고 가정해보자. 노력은 응분의 근거가 된다고 널리 알려져 있으며, 그렇다고 일단 인정하자. 그렇다면 지금 노력을 하고 있는 사람은 그 목적을 달성할 만한 것인가? 만약 그 목적이라는 것이 독도를 폭파하는 것이라면 어떤가? 아무리 열심히 노력한다 해도 그러한 목적이 달성될 만하다고 말하지는 않을 것이다.

그렇다면 도덕적으로 비난할 수 없는 목적을 달성하기 위해 노력하는 것이 그 목적 자체를 얻을 만한 데 충분한가? 목적 그 자체는 합당하다

하더라도 다른 요소가 있을 수 있다. 어떤 학생이 리포트를 작성하는 데 많은 노력을 했다 하더라도 결과물인 리포트의 내용이 시원치 않으면 그 학생은 A학점을 받을 만하지 않다.

노력을 열심히 한 것으로는 A학점을 받을 만하다고 하겠지만, 결과물이 좋지 않아서 A학점을 받을 만하지 않게 되었다. 이런 유의 현상을 철학적 윤리에서 다루기 마련이다. 즉 응분의 근거를 고려하기 마련이다. 다음과 같이 생각해보자. 친구와 만나기로 약속했다면 그 약속을 지켜야 한다. 그런데 갑작스러운 사고로 다른 친구(혹은 아버지)가 병원에서 고통 받고 있고 내가 찾아가 봐야 하는 상황이라면 어떻게 할 것인가? 인간은 '충실fidelity'해야 한다는 의무가 있기 때문에 약속을 지키는 것이 올바르지만, 갑작스러운 사고로 다른 친구가 고통을 받게 되었다면 이 상황까지 고려하게 되면 친구와의 약속은 뒷전으로 밀리게 된다. 모든 것을 고려했을 때 최종적으로는 병원으로 가는 것이 실제의(혹은 적절한) 의무, 즉 도덕적 의무가 되며 이 경우에 이 의무를 따르는 것은 상식에 부합된다.

실제의 상황에서 모든 것을 고려하여 해야 할 것, 하지 말아야 할 것, 혹은 우선적으로 해야 할 것이 정해진다. 말하자면, 해야 하는 것은 올바른 것으로서 정해진다. 그러므로 어떤 하나의 도덕적 원칙에서 '올바른right' 것을 결정할 수 없다. 이 경우에 약속을 지키는 의무는 많은 '일견적 의무prima facie obligation' 중 하나이면서 그 의무를 다하는 것은 일견적으로 올바르다. 그리고 타인의 고통을 덜어주는 것도 일견상의 의무다(Ross 1930, 18~36 · 132쪽). 이 상황에서 두 가지 일견상의 의무를 교량(較量)해 어느 하나의 의무를 실제의 의무로 삼아야 한다. 병원으로 가는 의무를 따르는 것이 올바르다. 이것을 '모든 것을 고려한 도덕적 올바름 혹은 의무all-things-considered moral rightness or obligation'라고 한다(Ross 1930, 18~36·61~64쪽). 그런데 약속을 지켜야 한다는 의무는 불의의 사고가 발생하지 않았다면 지켜야 하는 '조건적conditional' 의무다(Ross 1930, 19쪽).

이렇게 보면, 약속은 항상 지켜야 한다는 칸트의 주장은 절대적 의무가 될 수 없다(Ross 1930, 18·31~33쪽). 로스가 지적하는 바는 일반적 원칙을 특정한 상황에 항상 적용할 수는 없다는 것이다. 물론 공리주의적 계산으로써도 약속을 지켜야 한다는 일견적 의무를 무시한 것을 정당화할 수 있다. 친구와의 약속을 지킴으로써 그 친구에게 가져다줄 수 있는 선보다 다친 친구의 고통을 덜어줌으로써 나타나는 선이 더 크다면 후자를 우선할 수 있다(Ross 1930, 34~35·38쪽). 그러나 유용(편리)하다든가 공리를 더 가져다주는 행동이 반드시 올바른 것은 아니다(Ross 1930, 37~39쪽). 올바른 행동은 구체적 상황과 관계되는 모든 일견적 행동들의 올바름을 교량한 후에 결정된다(Ross 1930, 40~41쪽).

응분의 근거에 대한 가중치나 중요성을 결정하는 방법은 미묘하다. 전술한 것처럼 임금을 정하는 경우에는 노력과 생산성을, 의료 수혜 등과 관련해 필요와 도덕적 값어치를, 처벌과 관련해서는 인간성과 범죄 행위 등을 가늠해야 한다.

(6) 다른 개념과의 관계

응분이라는 개념이 연관된 다른 개념과 어떤 관계가 있는지 알아야만 응분이라는 개념을 정확히 이해할 수 있다.

정의

정의에 대한 이론은 다양하다. 평등주의적 이론은 어떤 종류의 평등이 정의에서 가장 중심적이라고 주장한다. 반면에 자유지상주의적 이론은 자유를 가장 중요하게 생각한다. 고대의 관념은 또 달랐다. 정의는 당연한 것을 갖는 것이었다. 이것이 불평등한 결과를 가져오기도 했고, 자유를 상실하게 하기도 했다. 예전의 관점에 따르면, 도덕적으로 덕성이 있는 정도에 따라 사람은 정의를 얻게 되며, 도덕적으로 사악한 이는 고통을 받게 된다. 행복이 이러한 방식으로 도덕적 선에 따라 배분된다면 사람들은 행복에 있어서 불평등할 것이다. 덕성이 보다 많은 사람은 덕성이 보다 적은 사람보다 더 행복할 것이기 때문이다. 그리고 도덕적으로 사악한 이는 자신을 이성적으로 통제하지 못했다는 이유에서 자유의 상실을 겪게 될 것이다. 그리고 사악한 이는 처벌을 받거나 고통을 받게 될 것이다. 불평등과 자유의 상실이 있다고 해서 정의가 손상되지는 않는다. 이렇게 보면, 정의가 결과적으로 요구하는 것은 오히려 불평등과 자유의 손실일 수도 있다.

일반적으로 정의는 응분과 연관이 있다고 여겨진다. 이 견해를 극단적으로 표현하면, 사물은 그 사물이 마땅한 것을 정확하게 가지는 범위에서만 정의가 달성된다. 즉 어떤 이들에게는 정의는 전적으로 당연한 것을 얻는 문제에 대한 것이다. 반면에 현대의 이론에서는 전술한 것처럼 정의가 응분과 관계가 없다고 극단적으로 주장된다(Feldman 1992 ; McLeod 1999b, 65쪽 ; Miller 1999, 132쪽). 그 이유는 다음과 같다. ① 응분이라는 개념이 의미가 전혀 없기 때문이다. ② 응분이라는 개념이 의미는 있지만 사람들이 마땅히 가져야 할 것을 우리가 주는 것이 도덕적으로 요구되지 않기 때문이거나, 응분이라는 개념이 의미도 있고 도덕적 힘도 있지만 그 개념이 부과하는 것은 정의라는 의무가 아니기 때문이다 (Miller 1999, 133쪽). 보다 온건한 입장을 취하는 이들은 당연한 것을 가지는 것은 정의의 한 부분에 불과하다고 본다(Slote 1999). 그렇기 때문에 응분은 필요라는 다른 기준과 갈등을 일으킬 수 있다. 다른 한편, 혹자는 '공정fairness'이 정의를 구성하는 또 다른 요소라고 본다. 공정은 어떤 사람이 다른 사람과 비교해 대우를 받는 방식에 관한 것이다. 예를 들어, 어떤 강의에서 모든 학생들이 C학점을 받는 것이 당연한데 한 학생은 A학점을 받고 나머지 학생들은 모두 C학점을 받았다고 가정해보자. C학점을 받은 학생들은 당연히 받을 학점을 받은 것이지만, 자신들이 불공정하게 대우받았기 때문에 정의롭지 않게 대우받았다고 주장할 것이다. 이 주장이 옳다면, 정의는 단순히 당연한 것을 얻게 하는 것이 아니다. 오히려 공정과 같은 다른 요소들도 정의에 적절할 것이다(Feinberg 1974). 다른 요소로는 '동의consent'를 들 수 있다. 예를 들어, 어떤 사람이 돈을 벌기 위해 열심히 일을 해 응분의 것을 가지게 되었다고 가정하자. 그런데도 그가 그 돈을 타인에게 주기로 자유롭게 동의했다면, 이것을 정의롭지 않다고 말할 수는 없다(Slote 1999).

어떤 이론가는 응분은 정의와 무관하다고 주장하기까지 한다. 이 견해는 상식적 도덕에 어긋나지만, 논지는 영향력이 있다. 응분이라는 개념은 정의에 대한 설명을 하기보다는 정의라는 개념에 사실상 개념적으로 기생한다는 논지다. 이런 방식으로 보면, 어떤 것을 가질 만하다는 것은 정의로운 규칙에 따라 그것을 가질 자격이 있다는 것이다. 이 규칙에 대한 정의는 당연한 분배를 이 규칙들이 어떻게 규칙적으로 혹은 잘 가져왔는가라는 것으로 설명하지 않고, 오히려 응분과는 관계가 없는 어떤 기준(예를 들면, 규칙에 대해 합리적인 당사자에 의한 합의)으로 설명한다.

이러한 견해의 동기는 응분에 대한 보다 더 건전한 개념은 자유나 책임 같은 형이상학적 신비를 포함해야 한다는 것이다. 그렇지 않으면, 개인의 응분에 따라 선과 악을 배분하게 된 체제는 비현실적이라는 실용적인 동기가 있었다고 하겠다. 개인의 도덕적 값어치, 노력의 수준, 생산성 등을 어떻게 정해 혜택과 부담을 이에 따라 분배할 것인가라는 문제는 실제로는 어렵기 때문이다.

응분은 정의와 무관하다든가, 보다 정확히 말하면 응분에 따른 배분은 실제에서는 정의롭지 않다든가 하는 논지도 있다. 이 논지는 수혜자가 어찌할 수 없는 요인을 기초로 해 배분받는 것은 정의롭지 않다는 직관에 의존한다. 예컨대 인종이나 성별에 따라 정치적·경제적 혜택을 배분하는 것은 정의롭지 않은 것과 같다. 성별이나 인종은 개인이 어찌할 수 없는 것이기 때문이다. 그런데 일반적으로 응분의 근거라고 생각되는 노력, 도덕적 값어치, 생산성, 그리고 인간이라는 것 등이 개인의 통제를 넘어서는 것이거나 유전이나 초기의 훈련 같은 요인에 의한 것이라면, 이를 근거로 한 응분에 의한 배분도 정의롭지 않다.

본질적 가치

앞에서 사람은 어느 누구나 먹을 것은 충분히 가질 만하다는 주장이 있을 수 있으며 이것은 공적 응분에 해당된다는 것을 살펴보았다. 아울러 개는 사람과 다르기 때문에 응분의 주체가 될 수 없다는 주장이 있을 수 있다는 것도 고찰해보았다. 이 주장의 핵심은 인간에게는 본질적 값어치/가질 만한 것이 있으며 응분은 사물의 본질적 가치에 상응해야 한다는 데 있다. 나도 인간인 이상에는 상대방도 인간이라는 사실이 내게 어떤 혜택을 주는 것이 아님에도 불구하고 인간으로서 가진 본질적 가치에 상응하는 응분을 내가 고려해야 한다고 주장하는 셈이다. 어떤 사물의 본질적 가치란 사물이 실제에 있는 것 그 자체에 의해 그저 가지고 있는 가치다. 그 사물이 다른 것을 가져다주기 때문에 가지는 가치가 아니다. 철학적 윤리학에서는 본질적 가치라는 문제가 지극히 중요하다. 본질적 가치에 관여하는 윤리의 한 분파를 '가치론axiology'이라고 한다. 본질적 가치는 어떤 것에 의해 가져지는 것이 아니라 상황이나 명제에 의해 가져진다는 것이 가치론의 가정 중 하나다. 가치론에서 중요한 문제의 하나는 어떤 상황의 본질적 가치에 기여하는 요소가 무엇인가 하는 것이다.

혹자는 그러한 요소의 하나가 응분이라고 주장한다(Feldman 1992). 왜 그런가? 두 가지 상황을 고려해보자. ① 철수는 행복하다. ② 갑돌은 불행하다. 이들 상황에서 본질적 가치는 무엇인가? 행복은 본질적으로 선한 상황을 구성하는 것 같기 때문에 ①은 본질적으로 선하며, 불행은 본질적으로 나쁜 상황을 구성하는 것 같기 때문에 ②는 본질적으로 악하다. 여기까지는 그렇다 치자. 그런데 행복과 불행이 상황의 본질적 가치에 기여하는 유일한 요소는 아닐 것이다. 실제로 얻은 행복과 불행을 한쪽으로 하고 당연히 얻어야 하는 행복과 불행을 다른 한쪽으로 했을 때, 그 사이의 '적합한 것the fit'이 또 다른 요소일 수 있다. 철수와 갑돌은 도덕적으로 야비한 사람이며 그렇기 때문에 그들의 행복은 마땅한 것이 아니라고 가정해보자. 이러한 경우에 ①이 본질적으로 선하고 ②가 본질적으로 나쁘다고 말하는 것은 잘못인 것 같다. 오히려 ①이 본질적으로 나쁘고 ②가 본질적으로 선하다고 하는 것이 그럴듯한 견해다. 불행해야 마땅한 사람이 행복한 상황은 본질적으로 나쁘며, 불행해야 마땅한 사람이 불행한 것은 본질적으로 나쁜 것이 아니라 오히려 본질적으로 선하다는 것이 직관적으로 호소력이 있다. 이것이 옳다면, 어떤 상황에서 응분과 수혜가 적합한 것이 적어도 본질적 가치를 결정하는 것이라고 하겠다.

응분과 수혜 사이의 적합성의 질이 본질적 가치를 결정하는 유일한 것은 아니라고 말할 수 있다(Persson 1996). 있을 수 있는 두 종류의 세상을 비교해보자. 한 세상에는 죄를 지은 사람이 백만 명 있는데, 모두가 그들에게 마땅한 벌을 받고 있다. 반면에 다른 세상에는 백만 명의 성자가 있는데, 모두가 그들에게 마땅한 축복을 받고 있다. 서로 다른 세상이다. 그렇지만 어떤 점에서는 같다. 범죄자의 세계에서 응분과 수혜 사이의 적합한 것은 성자의 세계에서의 적합한 것과 똑같기 때문이다. 각각의 세계에서의 적합한 것이 완전하며 인구도 똑같다. 그러나 두 세상이 똑같은 본질적 가치를 가지고 있다고 말하기는 곤란하다. 오히려 범죄자의 세상이 성자의 세상보다 본질적으로 더 나쁜 것 같다. 그렇다면 적합성이 본질적 가치를 모두 말하는 것은 아니다.

다른 예를 들어보자. 철수는 나쁘게 행동해왔고 갑돌은 선하게 행동해왔다. 그런데 불운이 철수나 갑돌에게 떨어지게 되어 있다고 가정해보자. 우리는 철수에게 불운이 떨어지는 것이 낫겠다고 직관적으로 생각한다. 이 직관은 철수가 고통을 겪게 된다는 것에 근거를 두고 있지 않다. 갑돌에게 불운이 떨어지면 갑돌은 똑같이 고통을 겪게 된다. 우리는 이렇게 생각할 수 있다. 철수가 갑돌보다 더 불운을 당할 만하기 때문에 철수가 고통을 받는 것은 갑돌이 고통을 받는 것만큼 본질적으로 나쁜 것이 아니다. 우리의 직관은 철수에게 불운이 떨어지면 철수가 고통을 겪게 된다는 점이 아니라 바로 이 점에 근거를 두는 것 같다. 평소에 철수가 나쁜 일을 많이 했기 때문에 그가 불운을 겪는 것은 본질적으로 선할 것이다(McLeod 1999b, 66쪽).

이상의 예들은 응분과 본질적 가치는 다음과 같이 연관된다는 것을 시사한다. 어떤 것(X)이 본질적으로 선하다면, X를 당연히 가지는 것은 그것을 가지는 것의 본질적 선을 증대시킨다. 마찬가지로 X가 본질적으로 나쁘다면, X를 당연히 가지는 것은 X를 가짐으로써 겪는 고통의 본질적인 악을 완화해준다. 여기서 유념할 것은, 이 연관을 어떤 사람이 느끼는 쾌락이나 고통은 그 사람의 응분에 비례한다는 명백하게 잘못된 주장과 혼동해서는 안 된다는 것이다(McLeod 1999b, 66쪽).

평등

평등은 정의에 중요하다고 여겨지며 이 점에서는 응분도 마찬가지다. 그래서 응분이 평등과 어떤 관계가 있는가라는 문제가 제기된다. 한 견해에 따르면, 응분과 평등은 갈등을 일으키기 마련이다. 사람들마다 다른 응분을 가지고 있으며, 다른 응분에 따라 사람들을 대우하다 보면 불평등의 종류와 정도가 다르게 나타난다. 예를 들어 공적 응분을 따르게 되면 결과적으로 불평등해지기 마련이다(Baker 1987, 54쪽). 그런데 이에 반하는 견해에 따르면, 응분과 평등은 갈등을 일으킬 수 없다. 우리가 마땅히 가져야 하는 것은 대우나 복지 등에서의 평등이기 때문이다(McLeod 1999b, 66쪽).

평등과 응분이 갈등을 일으킨다고 가정해보자. 이 경우에 어느 것이 더 중요한가? 응분이 평등에 대해 으뜸 패가 되는가? 아니면 평등이 항상 응분보다 더 중요한가?(McLeod 1999b, 66쪽). 예를 들어 철수가 깨트린 영희의 유리창에 대해 영희가 보상을 받는 경우에는 원상회복을 하는 것이기 때문에 평등과 응분이•양립할 수 있다. 그러나 공적 응분은 그 결과로 불평등해진다. 그래서 평등주의자들은 공적 응분에 대해서는 다음과 같은 전략을 쓸 수 있겠다. ① 공적 응분이라는 모든 개념을 거부할 수도 있고, ② 응분이 소득, 지위, 부의 차이를 정당화한다는 것을 부인함으로써 응분의 효과를 제한할 수도 있다(Baker 1987, 54쪽).

극단적인 견해는 평등이 항상 응분보다 중요하다는 것이다. 무엇이 평등을 구성하는지 결정하는 것보다는 무엇이 당연한 것인지를 결정하는 것이 더 어렵다고 주장할 수 있다. 이렇게 주장함으로써 이 견해에 대한 논박을 시작할 수 있다. 그래서 정책의 문제로서 우리는 평등 측에 서서 항상 평등에 관대하게 된다(McLeod 1999b, 66쪽).

또 다른 극단적인 견해는 응분이 평등에 대해 으뜸 패의 역할을 한다는 것이다. 앞에서 성자의 세계와 범죄자의 세계 사이의 행운을 비교해 본 것에서 그렇게 말할 수 있을 것 같다. 범죄자도 성자와 같은 양의 행복을 향유한다. 이 점에서는 평등하다. 그러나 범죄자는 당연한 것보다 더 많은 행복을 가지게 되고 성자는 당연한 것보다 더 적은 행복을 가지게 된다. 만약 평등이 응분보다 중요하다면, 이 상황에서 도덕적으로 반대해야 할 것은 없다. 그러나 그 상황은 바로 그 평등 때문에 도덕적으로 반대를 받을 만하다. 그러므로 설사 불평등하게 된다고 하더라도 모든 사람이 자신에게 당연한 것을 가지는 것이 더 낫다(McLeod 1999b, 67쪽).

그런데 두 가지 극단적인 견해 사이에 중립적인 견해가 있다. 어떤 경우에는 응분이 평등보다 중요하고 어떤 경우에는 그렇지 않다는 견해다. 이 견해에 따르면, 응분은 결정하기 어렵고 평등은 달성하기 쉽다면 평등이 응분보다 중요하며, 응분을 충족시키는 것이 명확하고 상대적으로 쉽다면 응분은 평등보다 중요하다(McLeod 1999b, 67쪽).

자격

휴가, 학점, 유산(遺産) 혹은 사과(謝過) 등 '어떤 것에 대해 자격entitled to'이 있다고 이야기되곤 한다. 무엇에 '자격entitlement'이 있다는 것은 그 것에 대해 정당한 요구나 권리를 가지는 것이다(McLeod 1999b, 67쪽). 그런데 이상의 것들에 대해 응분이 있다고 말해도 되는 경우는 많다. 그래서 '자격이 있다'는 말과 '응분이 있다'는 말은 서로 교환되어 사용될 수 있다. 그렇다면 응분과 자격의 관계는 무엇인가? 둘의 개념은 같은 것인가, 다른 것인가? 둘이 다른 개념이라면 서로 무슨 연관이 있는가?

우선, 자격이란 무엇인가? 1년을 근무한 후에는 2주간의 유급 휴가를 쓸 수 있다는 회사 규칙이 있고 어떤 피고용인이 1년을 근무했다면, 이 피고용인은 2주간의 유급 휴가에 대한 자격이 있다. 어떤 게임에서 파란 구슬을 건드리게 되면 게임에서 한 번 빠지게 된다는 규칙이 있고 어떤 플레이어가 파란 구슬을 건드렸다면, 그는 한 번 빠져야 한다. 마지막으로 저녁 식사 초대에 대해서 초대받은 손님은 참석 여부에 대해 답신을 해야 한다는 에티켓으로서의 규칙이 있다면, 초대한 이는 초대받는 이들로부터 답신을 받을 자격이 있다. 이상의 예에는 공통적인 것이 있다. 첫째, 어떤 '자격 근거entitlement base'를 가졌기 때문에 어떤 대우를 받게 된다는 것을 규정하는 관습적 규칙이 있다. 둘째, 어떤 사람이 그 규칙에 적합하면 자격 근거를 가지게 된다. 셋째, 그리하여 그 사람은 해당하는 대우를 받을 자격을 갖게 된다. 이것이 자격에 대한 전형적인 경우다.

이러한 것이 자격이라면, 자격은 응분과 구조적으로 비슷하다. 자격은 응분처럼 3자 간의 관계다. 자격을 가진 주체, 자격의 근거, 그리고 자격의 대상을 고려할 수 있기 때문이다. 그리고 자격의 대상이 되는 것, 예를 들면 휴가, 처벌, 초대에 대한 답신 등은 응분의 목적이기도 하다. 더군다나 자격에 따라 대우하지 않는 것은 응분에 따라 대우하지 않는 것처럼 정의 롭지 않을 수 있다. 이렇게 보면 자격과 응분은 아주 깊은 관계가 있다.

이미 언급한 응분에 대한 제도적 이론은 바로 응분을 어떤 종류의 자격과 일치시키는 이론이다. 즉 응분은 자격의 특별한 종류라고 볼 수 있다. 이 이론에 의하면 응분은 자격을 부여하는데, 그 자격은 특별한 도덕적 규칙에 의해 부여되는 '도덕적 권리moral right'다(Feinberg 1999, 82쪽). 그런데 도덕적 권리가 응분과 연관되는 것은 아니다. 예를 들어 간섭받는 것에서 벗어날 도덕적 권리가 있다면, 이것을 가리켜 우리가 마땅히 가져야 하는 것이라고 말하지는 않는다. 다른 예를 들면, 어떤 그림이 상을 받을 만해 실제로 상을 받았다고 가정해보자. 그런데 그 그림이 상을 받을 자격/권리를 가지게 된 것은 심판관이 최우수작이라고 판정을 내렸기 때문이다. 응분의 근거는 그 그림을 잘 그렸다는 데 있는 것이고, 상을 받을 자격의 근거는 심판관이 판정을 내린 데 있다(Kleining 1999, 88 ~89쪽).[102] 그래서 응분을 자격과 일치시키는 것이 지나친 경우도 있다. 어떤 것에 자격은 있지만 어떤 것을 가지는 것을 응분으로 볼 수 없는 경우가 있거나 그 반대가 있을 수 있기 때문이다. 예컨대 복권을 관리하는 규칙은——즉 제도는——당첨 복권을 가진 자에게 1억 원을 받을 자격을 부여하지만, 그 사람이 당연히 그런 돈을 가질 만하기 때문에 1억 원을 가질 자격을 주는 것은 아니다. 다른 예를 들면, 어느 누구라도 기본적

---

102 철수의 평소의 노력이나 평소의 성과를 고려해 그가 상을 받기도 전에 '철수가 상을 받을 만하다'고 말하는 것은 철수의 평소의 노력과 성과를 아는 사람들이 그저 '상이 철수에게 돌아가는 것이 올바르거나 적합하다'고 말하는 것이다. 철수가 실제로 행한 바를 근거로 하는 응분에 의한 판단이 아니다. 그래서 이것은 응분이라는 용어를 잘못 씀으로써 나타난 '허위의 응분sham desert' 판단이라고 볼 수 있다(Miller 1999, 137~138쪽). 참다운 응분에 대한 판단은 '가져야 하는should have' 것에 대한 근거를 제시해야 한다.

건강을 보살피는 데 무료로 혹은 지불 가능한 범위 내에서 접근할 만하다는 의미에서 응분은 있을 수 있겠지만, 이에 자격을 부여하는 규칙은 없을 수 있다. 이러한 예로 미루어 응분과 자격은 반드시 일치하지는 않는다(Kleining 1999, 88쪽).

비록 자격이 응분과 일치하지는 않지만, 응분의 근거는 된다는 주장이 제기되기도 한다(Feldman 1992 ; McLeod 1999b). 그러한 관점에서는 어떤 것에 자격이 있다는 것은 그것을 당연히 가질 만한 근거가 된다. 왜 그러한가? 전술한 것처럼 정의는 당연한 것을 얻는 것이라는 신념이 있으며, 자격에 따라 대우하지 못하는 것은 정의롭지 않다는 것은 사실이기 때문이다. 그래서 자격이 응분과 일치한다는 입장이 나왔다. 이것이 옳다면, 어떤 것에 자격이 있다는 것은 어떤 것을 당연히 가져야 하는 근거가 되는 셈이다. 그러나 이 견해에는 문제가 있다. 첫째, 악이나 도덕적으로 거슬리는 규칙이 응분을 가져올 수도 있다는 것을 함축하고 있기 때문이다. 예를 들어, 나치의 법은 돌격대 장교들에게 유대인으로부터 압수한 재산을 가질 수 있는 자격을 부여했다. 둘째, 응분의 근거는 응분의 대상에 대한 사실이어야 한다는 요건에 맞지 않기 때문이다. 도덕적으로 덕성이 있다든가 게으르다든가 하는 인간의 속성과는 다르게 규칙에 의해 어떤 사람에게 자격이 주어졌다는 속성은 개인에게는 아주 외부적인 속성이므로 응분의 근거로 간주하기 어렵다.

응분과 자격의 관계에 대한 세 번째 견해가 있다(Cupit 1996). 다음과 같이 가정해보자. 앞에서 든 예와 비슷하게 오케스트라가 드보르자크의 교향곡 9번을 아주 잘 연주했다. 연주자들은 청중의 찬사를 받을 만하며, 청중이 찬사를 어떻게 표현하는지에 대한 규칙이 있다. 대단한 연주이면 청중은 기립 박수를 보낸다는 규칙이 있는 것이다. 다른 말로 하면, 연주자들에게 기립 박수를 받을 자격을 부여하는 규칙이 있다. 만약 연주자가 기립 박수를 못 받았다면, 기립 박수를 받을 만하지 않다는 메시지가 전해진 것이다. 환언하면, 청중이 연주자에게 자격이 부여된 것을 주지 않았다면, 청중은 연주자가 당연히 가져야 하는 것을 주지 않은 것이다. 이러한 방식으로 응분과 자격 사이에 연계가 생긴다. 자격을 가져다주는 규칙은 그 규칙에 해당하는 행동의 의미를 생성하는 데 도움을 준다. 그러한 행동은 수혜자가 당연히 가져야 하는 것을 표현하려고 한다. 그러므로 자격에 따라 대우하지 않는 것은 응분에 따라 대우하지 않는 것이다.

이상에서 살펴본 것처럼 법이 자격/권리를 허용했기 때문에 나치 장교는 압수한 재산을 가질 만하다. 그러나 아무리 자격이 부여되었어도 나치 장교가 그 법에 따라 압수한 재산을 당연히 가지게 되는 것은 옳지 않다. 이 맥락에서 법에 의한 자격/권리와 응분의 관계를 고찰해보자. 나치 장교에게는 그 악법에 의해 그 재산을 가질 권리가 있겠지만, 악법이 아니라 하더라도 권리에는 한 가지 권리만 있는 것이 아니다. 어떤 권리는 그저 관습적이다. 그러나 관습에 의존하지 않는 권리도 있다. 이것이 자연권이다. 생명, 재산, 행복 추구에 대해 자연권이 있다. 자연권이 있다고 인정한다면, 이 권리들은 관습적 권리와 무관하다(McLeod 1999b, 67쪽).

그렇다면 응분은 자연권이라는 개념과 연관이 있는가? 첫째, 자연권이 있다면, 자연권은 인간이 자연적으로 마땅히 가져야 하는 것에 근거를 둔다. 예를 들면, 인간은 자신의 삶을 영위할 만하기 때문에 각자 생명에 대한 자연권을 가진다. 요컨대 응분이 있기 때문에 자연권을 가진다. 즉 권리가 있기 때문에 응분이 생기는 것은 아니다. 둘째, 예를 들어 우리가 재산을 얻기 위해 노동했다면 우리는 재산을 가질 만하다. 우리에게는 얻기 위해 노력한 것에 대한 자연권이 있기 때문이다. 따라서 이 관념에서는 자연권이 응분의 근거가 된다. 셋째, 정의로운 어떤 것을 가질 만하다는 것은 그것에 대한 자연권을 가지는 것이다. 응분은 자연권의 근거가 되지 않는다. 응분과 권리는 같은 것이다. 넷째, 어떤 응분은 자연권에 근거를 두고 어떤 자연권은 응분에 근거를 둘 수도 있다(McLeod 1999b, 67쪽).

모든 사람이 자연법을 신봉하지는 않지만 관습적 권리나 자격은 모든 사람이 신봉한다. 그렇다면 응분은 관습적 자격과 무슨 관계가 있는가? 어떤 것에 대해 자격이 있다면, 즉 관습적 법에 의해 자격이 있다면, 이것은 그것에 대해 응분의 근거가 된다. 올림픽 마라톤에서 일등을 한 사람은 금메달을 가질 권리가 있다면, 일등을 한 사람은 그 자격을 가지게 됨으로써 금메달을 받을 만하게 된다.

자격이 응분의 근거가 된다는 것을 왜 모든 사람이 받아들이는가? 전술한 것처럼 응분이 제도적인 것인가 제도 이전의 것인가에 대한 견해에 따라 응분 이론가는 구분된다. 양측은 의견의 불일치를 드러낸다. 그러나 양측이 타협할 수도 있다. 말하자면, 적어도 어떤 응분은 제도적이라는 것을 인정하고 그러면서도 인간이라는 점, 노력했다는 점, 그리고 도덕적으로 선한 행동을 했다는 점 등에 근거를 두는 응분도 인정할 수 있다.

책임

이미 논한 바와 같이 책임이라는 개념과 응분은 어떤 관계가 있다. 어떤 이들은 응분이 항상 책임을 전제로 한다고 주장한다. 그들의 견해에 의하면, 자신이 책임을 지지 않는 행동이나 속성 때문에 어떤 것을 당연히 가지게 되는 것은 아니다. 반면에 이 주장에 반대하는 이들은 응분의 근거는 되지만 책임을 전제로 하지 않는 속성이 있다는 것을 내세운다

(Cupit 1996). 죄 없이 고통 받는 것, 인간이라는 것, 아름답다는 것, 희귀 종에 속한다는 것 등은 보상, 존경, 경탄, 보호 등을 하는 데 응분의 근거가 될 수 있지만 응분의 근거가 된 것은 그들의 책임이 아니다. 이로 미루어 응분과 책임 사이에는 어떤 관계가 있지만 그 관계가 생각만큼 단순하지는 않다.

앞에서 살펴본 것처럼 공적 응분에는 책임을 물을 수 있겠지만, 보상 (報償) 응분에는 책임을 묻기가 어렵다(Baker 1987, 59쪽). 응분에는 항상 책임이 있다고 주장하는 이들은 다음과 같은 논지로 대응한다. 하나의 방식은 응분을 도덕적 응분과 비도덕적 응분으로 구별하는 것이다. 도덕적 응분은 책임을 전제로 하지만 비도덕적 응분은 그렇지 않다는 것이다. 그러나 이렇게 구분하는 것은 일상적인 것이 아니라 특별한 것이다. 따라서 그럴듯하지 않다. 이러한 구별은 응분과 책임이 관계있다는 주장을 명확히 하기 위한 것이라는 점에서 특별하다. 그리고 자신이 저지른 죄가 없음에도 불구하고 고통을 당한 이들에게 보상(報償)을 해주는 것은 비도덕적이라고 말하기 어렵다. 그러므로 응분과 책임을 구분하는 것이 그럴듯하다고 말할 수 없다. 응분을 공적의 한 종류로 다루려고 하는 이들도 있다. 이에 대해서도 비슷한 반대가 제기된다. 한 종류로 다루려는 견해에서는 공적은 공적의 주체가 어떤 속성에 책임이 있든 없든 간에 대우를 하는 데 적절한 근거가 되는 그 속성을 공적의 주체가 가졌다는 것을 근거로 한다. 그런데 일반적으로는 응분은 공적의 근거에 책임을 요구하는, 일종의 공적이다. 따라서 이것도 특별하다. 일상용어에서는 공적과 응분을 날카롭게 대비시키지 않기 때문이다. 응분의 주체가 응분의 근거에 대해 책임이 없는 경우에도 일상용어에서는 흔히 응분이라고 말한다.

그렇다고 해서 응분이 책임과 연관되어 있지 않다고 볼 수는 없다. 사실상 공적(功績) 응분에서, 그리고 나아가 처벌에서 가장 명확하게 드러나는 것처럼 응분은 책임을 요한다. 응분이 자유 의지와 연관된다고 볼 수 있기 때문이다. 그래서 응분과 책임의 연관을 단순하게 보는 데에서 벗어나 응분 이론가들은 양자가 연관되는 경우와 그렇지 않은 경우를 구별해 차이를 설명하는 이론을 명확히 해야 한다.

앞에서 예로 든 것처럼 '김 교수는 학문적 업적이 많기 때문에 교수로 승진할 만하다'고 말하는 경우에, 김 교수가 학문에 매진한 것은 유전적으로 그렇게 되어 있기 때문이고, 학문에 관심을 가지게 된 것은 가족적 배경 탓이고, 학문적 업적을 많이 낼 만큼 머리가 좋은 것은 부모의 덕이고, 노력을 할 수 있었던 것은 부모에게 근면함을 물려받았기 때문이라면, 김 교수가 응분의 근거로 내세우는 공적은 그 자신의 의지의 결과가 아니라고도 볼 수 있다. 그렇다면 공적 응분의 한계가 어디인가를 되물을 수 있다. 나아가 인간에게 자유 의지와 책임의 관계가 무엇인지를 다시 생각하게 된다(Baker 1987, 59~60쪽).

공적

이미 논한 바와 같이 '공적/업적merit'이라는 명사는 당연한 보상이나 처벌 혹은 '응분(혹은 당연한 몫)'의 기초가 되는 특질이나 행동, 혹은 칭찬받을 만한 특질이나 덕성, 업적, 혹은 올바른 행동을 함으로써 얻게 된 정신적 신망을 의미한다. 동사로서 'merit'은 무엇을 받을 가치가 있거나 자격이 있다는 의미다. 'deserve'라는 동사는 '무엇을 할 가치가 있다', '어떤 보상이나 보복을 받을 가치가 있거나 적합하다'라는 의미를 갖고 있다(이종은 2011, 123쪽). 그러므로 응분에 대한 관념의 역사에서 살

퍼본 것처럼 두 용어는 서로 교환되어 쓰였다. 그러나 구별하는 것이 가능하다. 공적(功績)은 어떤 사람의 개인적 자질을, 그리고 응분은 개인이 한 행동을 지칭하는 것으로 구분되어 쓰이기도 한다(Miller 1999, 137쪽).

첫째, 공적은 응분의 특별한 종류라는 견해가 있다. X가 어떤 지위인 경우에 A라는 사람은 X라는 지위를 '가질 만하며merit', A는 X라는 지위를 탁월하게 수행할 것이다. 공적을 근거로 해 어떤 지위가 부여되어야 한다며 '공적/업적주의meritocracy'를 들먹일 때 쓰이는 개념이라고 하겠다. 이 관점에 의하면, 어떤 경우에서나 공적의 모든 경우는 응분의 모든 경우가 되지만 응분의 모든 경우가 공적의 모든 경우가 되지는 않는다(McLeod 1999b, 67쪽).

둘째, 응분은 공적의 한 종(種)이라는 견해가 있다. 이 견해에 따르면, 공적은 혜택이나 부담을 배분하는 데 적절한 근거가 되는 어떤 특질에 근거를 두는 반면에 응분은 이러한 속성의 부분 집합에 근거를 둔다. 이렇게 보는 데에 있어서는 '응분desert'은 일차적으로 자발적 행동에 근거를 두며 반면에 '공적merit'은 비자발적으로 얻거나 수행된 속성이나 행동에 근거를 둘 수 있기 때문이다. 예를 들면, 자연적으로 좋은 외모를 가졌기 때문에――후천적·자발적으로 가꾼 것이 아니라――미녀 대회에서 상을 '받을 만하게 되는merit' 것이 가능하다. 그러나 좋은 외모 때문에 상이 '마땅한deserved' 것은 아니다. 그녀의 좋은 외모는 타고난 것이어서 그 외모를 갖는 데 그녀가 한 바가 없기 때문이다. 이 관점에 따르면, 응분의 모든 경우는 공적이 되지만 공적의 모든 경우가 응분이 되는 것은 아니다(McLeod 1999b, 67쪽).

응분과 정의

아무런 한 일이 없음에도 불구하고 단순히 귀족이라는 이유만으로 어떤 혜택을 받게 된다면, 이에 대해 다른 사람들은 불만을 가질 수 있다. 그 혜택이 사회적 지위와 연관된 것이지 그 귀족이 한 일과는 아무런 관계가 없기 때문이다. 역사적으로 응분이라는 개념은 이러한 배경에서 대두했다고 볼 수 있다. 그래서 군주정이나 귀족정에서는 응분이라는 것은 전복(顚覆)적인 원칙이었다(Walzer 1983, 266쪽). 따라서 응분은 정의를 논하는 데 빠트릴 수 없다.

그런데 앞에서 살펴본 것처럼 정의와 응분의 관계는 정의와 권리의 관계보다 약하다. 철수가 어떤 것(X)에 대해 권리가 있다면, 이것은 철수에게 X가 주어지는 것이 정의롭다고 여기는 데 항상 일견적 이유가 된다. 그러나 철수가 X에 대해 응분이 있다(X를 가지는 것이 마땅하다)는 것이 항상 일견적 이유가 되는 것은 아니다. 이 점을 이해하기 위해 응분이 평가되는 몇 가지 다른 상황을 고려해보자(Miller 1976, 114쪽).

① 경쟁적 상황이다. 철수가 훈련을 열심히 했고 가장 빠른 주자였다는 이유에서 달리기 경주에서 일등상을 받을 만하다고는 말할 수 있다. 그렇다고 해서 그에게 일등상을 주어야 할 이유가 없다. 그리고 그가 일등상을 받는 것이 정의롭다고 여겨져야 할 이유가 없다. 철수가 아니라 갑돌의 가슴이 결승점의 테이프에 먼저 닿으면 갑돌이 상을 받을 자격을 갖게 되며 갑돌만이 상을 받는 것이 정의롭다. 어떻게 해서 갑돌에게 일등상이 주어지는가? 철수의 응분과 갑돌의 자격을 저울질해 갑돌의 자격이 일등상에 대한 정의의 요구가 더 강하다고 판단되기 때문에 갑돌에게 상을 주게 되는 것은 아니다. 승자를 규정하는 규칙이 일단 정해지면, 상을 받을 만한 경쟁자, 즉 갑돌에게 상을 주는 것이 정의다(Barry 1990,

89쪽 ; Miller 1976, 114~115쪽).

② 응분을 보상하는 관행이다. 예를 들어, 국가의 복지에 기여한 바가 많다고 여겨지는 사람에게 명예를 수여해왔다고 가정해보자. 어떤 사람이 이 점에서 마땅한 바가 있다면, 그가 그 명예를 갖는 것이 정의다. 첫째로는 명예를 수여하는 관행이 있고, 둘째로는 응분에 비례해 명예를 받는 것이 마땅한 사람이 있다는 조건에서, 그 사람에게 명예를 수여하는 것은 정의롭다. 명예에 대한 정의로운 주장을 하려면 이 두 조건이 갖춰져야 한다.

그런데 명예를 수여하는 관행이 있으며 자신이 명예를 받을 만한 응분의 일을 했다고 생각하는 사람들은 자신이 명예를 받을 것이라고 기대할 수도 있고, 심지어 자신이 명예를 받는 것이 권리라고 생각할 수도 있다. 그러나 명예를 정기적으로 수여하는 관행이 있었다고 하더라도 수여받을 만한 사람이 수여받는 것이 권리라고 생각할 수는 없을 것이다(Miller 1976, 116쪽).

③ '지당한proper' 보답이다. 로빈슨 크루소가 프라이데이의 생명을 구하는 혜택을 프라이데이에게 베풀었기 때문에 크루소는 그 이후 보답받을 만하다. 그가 보답을 받는 것은 정의의 문제다. 그런데 프라이데이가 감사의 표시를 적절하게 하지 않으면 프라이데이가 크루소를 정의롭게 대하지 않는 것이다. 응분을 보답하는 관행이 있는 경우, 즉 ②와는 다르게 프라이데이가 보답하는 것을 습관으로 하든 하지 않든 간에 응분과 정의의 관계는 성립한다. 만약 어느 누구도 타인에게 보답해본 적 없는 사회가 있다면, 보답하지 않았다고 특정인을 나무라는 것은 적절하지 못하다. 그렇지만 그 사회가 정의롭지 않다고 봐야 한다(Miller 1976, 116쪽). 고드윈William Godwin 같은 이는 이 점에 대해 의문을 제기했다(Godwin 1976, 71쪽). 그러나 이는 공통적인 도덕적 양식에 어긋난다. 결초보은이나 배은망덕이라는 말이 있듯이, 관행이 있든 없든, 혜택을 받은 것에 대해 보답할 의무는 일반적으로 인정된다.

이상의 세 가지 예를 보면, 응분과 정의라는 관계는 복잡하다. 첫째, 철수가 일등상을 받을 만하다고 해서 그에게 일등상을 주는 것이 정의로운 것은 아니다. 둘째, 철수와 같은 조건에 있는 갑돌 역시 명예를 받았을 때 철수가 명예를 받는 것이 정의롭다고 여겨진다. 셋째, 크루소가 보답을 받을 만하기 때문에 프라이데이로부터 보답을 받는 것은 정의롭다고 여겨진다. 응분의 대상 그리고 응분의 수여자가 명확하지 않고 그저 응분이 있다는 것으로만 정의에 대한 주장을 할 수는 없다. 특별한 상황에서만 정의롭게 혹은 정의롭지 않게 대우받았다고 말할 수 있는 근거를 응분에 돌릴 수 있다(Miller 1976, 117쪽).

사회 정의라고 하면 부, 주택, 교육과 같은 재화를 배분하는 것을 염두에 두게 된다. 그 기준의 한 가지가 응분이다. 그렇지만 어떤 종류의 응분인가? 그것은 재화에 따라 다르다. 예를 들면, 소득을 배분하는 데 학업 성취도를 근거로 삼지 않는다. 소득의 경우 응분의 근거가 무엇인지가 불명확하다. 시지윅에 따르면, 감사를 표하고자 하는 충동이 보편화됨으로써 사회적으로 가치 있는 일에 대해 보상하고자 하는 욕구가 생긴다(Sidgwick 1981, 278~283쪽). 프라이데이가 크루소에게 보답하고 싶은 것처럼 사회도 구성원들의 활동으로 혜택 받은 바에 대해 사회가 보답하기를 바란다. 이렇게 유추하는 것이 타당하다면, 이 유추는 경제적 응분을 해석하는 데 가장 옹호할 만하다. 응분의 근거는 사회의 공동 재산에 개인이 기여한 가치다. 보다 엄밀하게 말하면, 자신의 노력, 기술, 능력에서 기인하는 가치가 사회에서 차지하는 몫이다. 이렇게 되면 공헌의 원칙으로 되돌아간다. 이것은 사적으로 보답하는 것에 유추해 사회가 개인에게 부여하는 보답으로써 정당화된다(Miller 1976, 118~119쪽).

그런데 이렇게 결론 내리는 것이 문제가 없는 것은 아니다. 직업을 갖게 된 동기와 관련된 문제다. 이 동기를 다음의 예에 비추어서 고려해보자. 강에 빠진 사람을 아무런 이익도 생각하지 않고 건져줄 수 있다. 그렇게 해도 보답을 받을 만하다. 반면에 강에 빠진 사람을 구하면 보답받을 것이라는 이기적인 계산에 따라 그를 구했다면, 이타적 동기에서 구한 것보다 덜 마땅하기는 하지만 그래도 보답을 받을 만하다. 그릇된 동기에서 비롯된 것이 응분을 줄일 수는 있지만 소멸시키지는 않을 것이다. 요컨대 올바른 동기를 가진다는 것이 응분의 필요조건은 아니다(Miller 1976, 119쪽).

사회에 공헌한 바를 평가하는 것도 어렵다. 공헌한 바가 개인의 특질에서 연유하는지, 외적 환경에서 연유하는지를 평가하기가 어렵다. 재화와 용역의 가치를 측정하는 방법을 찾기도 어렵다. 사람마다 필요와 이익이 다르기 때문에 특정한 재화에 대한 가치도 다르다. 그래서 공헌 원칙이 추상적으로는 정의로워 보이지만 이를 실제에 적용하는 것은 쉽지가 않다(Miller 1976, 119~120쪽).

사회적 보답에 대한 응분과 정의의 관계는 얼마나 강한가? 사회 정의의 기준을 권리나 필요에만 두거나 응분은 제외하고 이 두 가지에만 두는 이가 있을 수 있다. 더군다나 일상적으로는 사회 정의란 사회에 대한 상대적 공헌에 따라서 보답하는 것이라고 생각하는 사람들도 많다. 여기서 응분과 정의의 연관은 명예와 정의의 경우보다 더 강한 것이 확실하다. 공헌에 따라 보답하는 관행이 있든 없든 간에 사회에 대한 봉사를 더 많이 한 것에 대해 더 많은 보답이 있어야 한다. 게다가 보답은 사적으로 감사하는 마음에서 연유하기 때문에 대부분의 사람들은 개인적 보답보다는 사회적 보답을 더 쉽게 포기한다. 그렇다면 소득에 대한 응분과 정의의 연관은 명예에 대한 보답과 정의의 연관보다 강하고 사적 보답에 대한 응분과 정의의 연관보다 약하다(Miller 1976, 120쪽).

사회에 봉사한 것에 대한 보답으로 소득이 주어져야 한다는 데에는 이의가 없다고 하더라도 전술한 것처럼 이를 실행하는 데에는 어려움이 많다. 응분에 정의의 근거를 두는 이들은 인간이 의도적으로 개입해 응분을 측정할 필요 없이 응분을 자유 시장 경제에 맡기는 것이 효율적이라고 생각할 수도 있다(Miller 1976, 120쪽). 이에 반대해 필요에 정의의 근거를 두는 이들은 응분을 측정하는 것이 어렵기 때문에 응분을 정의의 기준으로 삼지 말자고 주장할 것이다(Miller 1976, 121쪽).

평상적 의미에서 특히 경제적 재화의 배분에 대한 정의를 논할 때 응분에 무게를 둔다. 그런데 전술한 것처럼 정치철학자는 평상적 의미에서의 응분이라는 사상에 대해 회의를 갖는다. 강력한 평등주의자만이 아니라 하이에크 같은 우파적 자유주의자와 롤스 같은 좌파적 자유주의자도 그러하다. 요컨대 실제에서 정의의 원칙 중 어느 원칙에 어떤 근거에서 우선순위를 둬야 하는지 결정하는 것은 쉽지 않다. 이 문제는《사회 정의란 무엇인가》에서 다시 논하겠다.

3. 필요

사회 정의의 다른 한 기준으로서 '필요needs'를 고려해보자. 19세기에 필요의 원칙이 제기되었는데, 이 원칙은 응분의 원칙과는 다르게 상호 대등성을 전제로 하지 않는다는 것을 이미 고찰했다. 응분의 원칙은 시민 사회의 중산층에게 환영받게 되었다. 그런데 '공적/업적merit'에 따른 '응분desert'이라는 원칙으로 배분을 하다 보면 평등이 저해될 수 있다 (Miller 1999, 201쪽). 이에 인간은 적어도 어떤 측면에서는 평등한 값어치를 가진다는 것을 강조하기 위해 필요의 원칙이 제기되어 사회 정의의 한 기준이 되었다고 볼 수 있다.

필요라는 개념이 의미하는 바는 무엇인가? 필요와 '욕구desire'의 차이는 무엇인가? 태양이 작열하는 사막에서 살아남기 위해서는 물이 꼭 필요하다. 물이 없으면 살 수 없기 때문에 물은 아주 '필요하다necessary'. 이 경우에 물 한 잔은 시간과 장소와 문화를 초월해 '인간의 기본적 요구 basic human requirement'가 된다. 그래서 물은 필요 혹은 필요의 대상이다. 그런데 사람에게는 의식주만이 아니라 공중위생, 개인적 안전, 존엄성, 타인과의 유대도 필요하다(Baker 1987, 14쪽). 이렇게 보면 필요란 사람들이 무엇을 원하든 간에 필요로 하는 것이라고 볼 수 있다(Gaus 2000, 148쪽). 반면에 생존을 위한 물이 충족된 상황에서 갑돌이 오미자차를 마시고 싶어 하거나 오바마가 커피를 마시고 싶어 한다면, 오미자차나 커피는 욕구의 대상이다. 살아남기 위해 반드시 오미자차나 커피를 마셔야 할 이유는 없다. 말하자면, 없어도 육체적 생존이나 사회생활이 불가능하지 않지만 충족시키려는 대상이 되는 것은 욕구의 대상이라고 볼 수 있다.

무엇을 하고 싶다는 것을 일반적으로 '원한다/욕구한다want/wish/desire'는 용어로 표현하기도 한다. 절박한 상황에서 물을 한 잔 먹어야만 하는 경우에 필요라는 단어를 쓰기 마련이다. 반면에 여유로운 시간에 커피나 오미자차를 마시고 싶을 때, 즉 필요의 대상이 아니라 욕구의 대상을 갖게 되었을 때는 'want'나 'wish' 혹은 'desire'를 사용해 표현하는 것이 상례다. 요컨대 무엇을 '원하는want' 것은 필요한 것이거나 욕구하는 것이다. 반면에 필요한 것은 원하는 것이며 욕구하는 것이기도 하다. 그런데 같은 물이라도 어떤 사람이 물이 필요하다고 말하면 이는 물이 없으면 그 사람이 생명체로서 존속할 수 없을 정도로 절박하게 물이 필요하다는 것을 의미하고, 물을 원한다/욕구한다고 말하게 되면 이는 물을 마시고 싶은 마음의 상태를 기술하는 것이다(Benn et al. 1980, 143쪽).

그렇다면 필요의 대상이 되는 것에는 어떤 것이 있는가? 오랜 시간을 두고 봤을 때 객관적으로 보아 죽음을 재앙으로 생각하는 인간들에게는 물, 음식, 공기, 그리고 '해, 비, 바람을 피하게 해주는 집shelter' 등이 필요하다. 이러한 것들은 인간들이 육체적으로 존속하기 위해 근본적으로 필요한 것이다. 그래서 이상의 것을 ① '생물적 필요biological needs'라고 부를 수 있다. 생물적 필요는 다른 어떤 필요보다 구체적이며 쉽게 감지할 수 있다. 그러나 인간은 생물적으로 존속하기 위해서만 살아가지는 않는다. 그저 생존하는 것이 아니라 보다 풍요롭거나 선한 생활을 영위하고자 한다(Benn et al. 1980, 144쪽).

어떤 방식으로 살아야 인간이 선한 생활을 영위할 수 있는가? 바로 이와 연관되는 것이 오늘날 흔히 말하는 ② '기본적 필요basic needs'다. 그 예의 하나가 사랑에 대한 필요다. 인간은 사랑 없이도 살아갈 수 있다. 그러나 어릴 때 사랑을 받지 못하고 자란 성인들은 정상적인 사회 구성원이 되기 어렵다(Benn et al. 1980, 144쪽). 그렇기 때문에 사랑도 필요한 것이라고 볼 수 있다. 그리고 어떤 방식으로 살아가는 것은 품위 있는 삶을 영위하는 데 최소한으로 필요한 것과 연관이 있다. 품위 있는 삶은 시대와 장소 혹은 준거 집단의 생활 수준 등 여러 가지 문화적 요인들에 따라 다를 것이다. 바로 이 점에서 기본적 필요가 무엇인가라는 문제는 문화가 제시하는 규범과 연관된다. 인간의 욕구와 필요를 사회가 충족시키기도 하지만 어떤 욕구나 필요를 가지게 하는 것도 사회다(Barry 1990, xxii쪽). 어떤 사회의 최소한의 수준에 미치지 못하는 삶을 영위하는 이들을 '곤궁한 이들the needy'이라고 부른다. 다수가 향유하는 것을 향유하지 못하기 때문이다. 사회가 곤궁한 이들에게 보다 많은 자원을 배분해 그들의 생활 수준을 일정한 수준으로 향상시켜야 한다. 그렇게 하자면 어느 누구에게나 해당되는 최소한의 필요가 무엇인지를 정해야 하며 이에 대해 사회적으로 인정된 규범이 있어야 한다(Benn et al. 1980, 146~147쪽).

다음으로 어떤 사람이 특정한 직업을 영위하는 데 필요한 것이 있을 수 있다. 외과 의사는 수술용 칼이 있어야 하고, 목수는 톱이 있어야 한다. 칼이나 톱은 ③ '기능적 필요functional needs'라고 부를 수 있다. 사회는 기능적 필요를 고려해야 한다. 어쨌든 ①은 지구상의 모든 인간이 필요로 하는 것이며 ②는 어떤 사회에서 최소한으로 필요하다고 여겨질 수 있는 것으로서 시대와 장소에 따라 다를 수 있다. 반면에 ③은 인간이 다른 인간과 다른 삶을 영위하는 데 필요한 것이라고 볼 수 있을 것이다. 그렇다면 상식적으로 보아 우리가 논해야 하는 필요는 주로 ①과 ②에 해당한다고 볼 수 있다.

그런데 반드시 그렇지 않을 수도 있다는 주장 또한 있다. 아리스토텔레스는 다음과 같이 언급했다. 숨을 쉬지 않고, 그리고 영양을 섭취하지 않고는 사람이 살아갈 수 없다. 음식처럼 그것 없이는 살아갈 수 없는 어떤 것이라면 그것은 '필요한necessary' 것이다(*Metaphysics*, 1015a20~26). 즉 필요한 것은 생명이나 존재에 요구되는 것이다(*Politics*, 1253a23

~35). 이것은 첫 번째 의미에서의 필요라고 부를 수 있다. 아리스토텔레스는 그 이상의 것을 필요한 것으로 본다. 약을 먹는 것은 앓지 않기 위해 필요하며, 외국에 가서 돈을 벌기 위해서는 항해하는 것이 필요하다. 이처럼 그것 없이는 악이 없어질 수 없거나 선이 존재하는 것이 불가능한 어떤 것, 말하자면 악을 피하거나 선을 달성하기 위해 요구되는 필요한 어떤 것이 있다. 이러한 것은 두 번째 의미에서의 필요다(*Metaphysics*, 1015a15~b20). 그런데 도시 국가가 완전하게 존속하려면 필요한 것이 충족되어야 한다. 아리스토텔레스는 도시 국가의 '부분parts'인 것과 도시 국가의 '필요한 조건necessary conditions'을 구분한다. 전자는 그것 없이는 도시 국가가 나타날 수 없는 어떤 것이며, 후자에는 음식, 기술, 무기, 부와 더불어 어떤 사람들의 집단, 예를 들면 농부와 장인 등이 포함된다.

아리스토텔레스는 국가에 '필요한 것necessity'을 다루면서 그들 중 어떤 것만 국가에 적절한 필요라고 주장한다. 건축가는 집을 짓는 데 필요하지만 집의 부분은 아니다. 이와 마찬가지로 재산이 국가에 필요하지만 국가의 부분은 아니다(*Politics*, 1328a30~35). 그렇다면 국가에 적절한 부분을 이루는 데 필요한 것은 무엇인가? 국가 전체에서 최고의 특성을 가지는 기능을 수행하고 자급자족하게 하는 것이다. 식량, 기술, 무기, 조세, 전함, 종교에 대한 배려, 공적인 이익에 속하는 것과 인간이 서로 거래하는 데 정의로운 것을 결정하는 권력 등이 국가에 필요한 것이다(*Politics*, 1328b6~14). 그중에서 전쟁을 하고, 정치에 참여하고, 사제의 직을 맡는 것이 국가의 적절한 부분이다(*Politics*, 1329a34~39). 반면에 농사일, 예술과 기예, 교역과 노동은 국가의 적절한 기능이 아니다. 예를 들어 농사의 결과인 식량이 있어야만 인간이 존속할 수 있기 때문에 식량이 절대적인 것에 근접하지만, 농사는 국가의 적절한 부분이 아니다(*Politics*,

1328a30~35). 오늘날 우리가 보기에는 식량이 생물적 필요에 해당함에 도 불구하고 왜 아리스토텔레스는 농사가 국가의 적절한 부분이 아니라 고 보았는가? 국가는 단순히 사람들의 집합이 아니므로, 개체가 생존하 는 데 필요한 것이 국가의 적절한 부분이라고 볼 수 없기 때문이다. 국가 라는 정치 공동체는 다른 공동체와 다르게 최고의 선을 지향해야 한다. 그래서 정치 공동체에서 인간이 덕성, 즉 수월성을 발휘하고 정치적 활동 을 하기 위해서는 여가가 필요하다. 인간이 수월성을 발휘하고 번영한다 는 것은 개개 인간의 생존에 기본적으로 필요한 것은 이미 충족되었다는 것을 전제로 해야 한다(*Politics*, 1328b~1329a39). 이러한 기본적 필요는 동물과 공유하는 것이며, 이를 충족시키기에 급급한 이는 인간에게 특이 한 이성적 활동을 할 수 없고 그로 인해 수월성을 발휘할 수 없다. 그러므 로 그러한 인간은 인간 이하의 존재다(Rowe 2005, 101쪽).

생존 자체를 위해 시간을 소비하게 되면, 선 그 자체를 달성하는 데, 즉 덕성을 함양하는 데 필요한 시간을 할애할 수 없다. 덕성을 가지고 정치 적 활동을 하고 또한 명상하는 삶을 영위해야만 인간으로서 선한 삶을 영위하는 것인데, 그렇게 하자면 여가가 있어야 한다. 국가의 적절한 부 분이 아닌 그저 필요한 것에 불과한 것은 노예, 여자, 농부, 노동자 등에 게 맡겨두어야 한다. 그들이 하는 일은 국가의 적절한 부분에 해당하는 기능이 아니기 때문이다. 말하자면 아리스토텔레스는 국가 생활, 즉 공 적 생활에서의 필요를 논했다.

이상과 같이 보면, 첫 번째 의미의 필요보다 두 번째 의미의 필요가 아 리스토텔레스에게는 더 근본적인 것이자 우선적으로 충족시켜야 하는 것인 듯이 보인다. 그러나 오늘날 우리는 첫 번째 의미의 필요를 우선적 으로 충족되어야 하는 '기본적 필요basic needs'라고 본다. 첫 번째 의미의 필요가 충족되어야만 두 번째 의미의 인간의 필요가 그 기능을 발휘한다고 생각하면, 첫 번째 의미의 필요를 충족시키는 것도 그 자체로서 바람직하다고 하겠다(Reader 2005b, 128~135쪽). 그리고 어쨌든 국가는 이상의 모든 부분에서 연유하는 모든 기능을 담당함으로써, 인간이 선을 추구하는 데 필요한 여건을 마련한다(Politics, 1252b12~30). 이 여건을 마련하는 것이 적절한 부분이든 아니든 간에 모두 필요하다. 선한 인간이 되기 위해 필요한 것이 모든 인간에게 필요한 것이라고 본다면, 이상에서 첫 번째 필요와 두 번째 필요를 모두 충족시키는 것은 현실적으로 어렵다.

오늘날에는 현실적으로 아리스토텔레스가 말하는 첫 번째 의미의 필요를 먼저 충족시켜야 하는가? 아니면 두 번째 의미의 필요를 먼저 충족시켜야 하는가? 그래서 필요의 한계를 어디에 정해야 하는가라는 문제가 제기된다. 오늘날 두 번째 필요는 국가가 보장하는 권리를 통해 자신이 선이라고 생각하는 것을 자신이 추구하면 어느 정도 충족시킬 수 있다. 그러나 전술한 바와 같이 사람이 타인에게 사랑을 받는 것이 인간으로서의 삶에 기본적이라고 인정된다 하더라도 이를 국가가 보장할 수는 없다. 사회 속에서 인간들이 서로 노력해 사랑에 대한 필요를——사랑의 의미를 확실하게 할 필요는 있지만 타인으로 하여금 사랑이라는 감정을 가지게 할 수는 없다——충족시키는 수밖에 없다.

오늘날 기본적 필요의 충족에 관심을 두어야 하는 이유는 ① 필요의 원칙은 사회주의와 평등주의 사상에서 중심적이었으며 자유주의적 복지 국가의 발전과 정당화에 쓰인 원칙이기 때문이다. ② 필요의 원칙이 힘을 갖는 것은 정의의 원칙이면서 공동체 혹은 사회적 연대의 원칙이기도 하기 때문이다. 정의의 원칙은 시장 거래에서 생기는 불평등한 분배를 시정하는 것으로 제시되었으며 시장 질서의 추론으로 여겨지는 소유 지향적 개인주의에 대한 시정책으로 제시되었다(O'Neill 2005, 73쪽).

①에 대한 논의는 사회가 필요를 고려할 필요가 있는가 없는가라는 문제와 연관된다. 이 문제를 고려하는 데는 다음과 같은 역사적 과정을 살펴볼 필요가 있다. 애덤 스미스는 경제생활에서의 필요에 호소하는 것을 반대한다. 스미스의 논지는 자급자족과 독립이라는 스토아학파의 가치에 의존하는데, 타인에게 의존하고 자신의 필요를 충족하기 위해 타인의 자비심에 의존하는 것은 창피스러운 일이다(O'Neill 2005, 77·82쪽). 게다가 더욱 나쁜 것은, 그렇게 의존하게 되면 인간은 자율성과 독립을 상실하고, 국가가 필요에 대해 전제(專制)를 실시하게 되면 인간의 안녕에 대한 객관주의에 언질을 주게 되어서 인간의 마음이 부패하고 나약해지고 저하된다는 것이다(O'Neill 2005, 77·79쪽). 그러나 어느 누구나 필요에 처하게 되고 상호 의존하게 되는 것은 어떤 사회에서도 피할 수 없는 일이다. 그래서 자급자족과 사회적 독립이라는 가치를 앙양하기 위해 스미스는 해결책으로서 시장을 제시했다. 시장에서 교환함으로써 타인의 자비심에 의존하지 않고 개인들은 각자가 필요로 하는 것을 충족시킬 수 있다(O'Neill 2005, 78·81쪽). 요컨대 노동력을 사는 사람의 자비심에 의존하지 않고 노동력을 살 수밖에 없는 이들의 자기 이익에 호소하게 되기 때문이다. 그렇게 함으로써 노동자는 독립과 존엄을 유지할 수 있다(O'Neill 2005, 9쪽).

그러나 그렇게 할 수 있는 것도 내게는 타인으로 하여금 내게 대가를 지불하게 할 수 있는 어떤 것, 즉 노동력이 있기 때문이다. 우리가 오늘날 필요에 대해 논하는 것은, 그러한 노동력이 없는 이들에게도 필요로 하는 것이 있고 그 필요가 충족되지 않으면 그들이 인간으로서의 삶을 영위할 수 없기 때문이다. 바로 이러한 이유에서 마르크스는 상업 사회를 비판하고, 필요에 직접적으로 호소하는 것을 바탕으로 하는 공동체를 옹호했다. 이상과 같이 보면, 스미스는 시장의 교환에서 독립이 보장된다고 본 반면에 마르크스는 자본주의 사회에서는 독립이 보장되지 않는다고 보았다(O'Neill 2005, 84쪽).

②와 관련해서도, 필요의 원칙은 정의의 원칙이면서 연대, 즉 공동체의 원칙이기도 하다는 점에 대해 설명이 필요하다. 오닐John O'Neil에 의하면, 필요를 충족하다 보면 수혜자에게 창피를 준다. 그는 정의의 원칙으로서의 필요와 공동체 혹은 연대의 원칙으로서의 필요를 구분했다. 정의의 문제로서 사람들은 자신이 필요로 하는 것을 가져야 한다는 것이 전자다. 반면에 필요를 충족시키면 사회 내에서의 배려의 관계가 이루어진다는 것이 후자의 원칙이다(Reader 2005a, 8~9쪽). 자유주의자들이 공동체의 원칙으로서 필요에 대해 염려하는데, 그러한 염려를 하게 되는 것은 필요의 충족을 사회적 관계의 중심으로 만드는 것은 개인의 자율성과 독립을 인정하는 것과 양립될 수 없다고 생각하기 때문이다. 따라서 필요에 근거를 두어 시장을 비판하는 것은 시장이 독립과 자율을 신장시키는 방식을 인정하지 않을 수 있다.

어떻게 하면 수혜자가 자율성을 견지할 수 있을까? 가진 자의 자비에 호소하는 것은 도덕적으로 요청된다. 이 경우에는 가진 자가 힘을 가진다. 권리나 자격을 요구한다는 것은 가진 자의 자비가 아니라 가진 자에게 요구하는 것이다. 필요를 요구하는 것에서 '권리를 요구rights-claim'하는 것으로의 전환이 개인들 사이의 자율성을 상실하지 않게 한다(O'Neill 2005, 87쪽).

권리와 의무의 상응성에 관해 논한 바와 같이 복지 국가는 곤궁한 사람들이 필요로 하는 것을 요구할 권리나 자격으로 변모시키고, 즉 필요를 요구하는 것을 권리에 대한 요구로 바꾸고, 비인격적 관료제를 통해 익명으로 필요한 것을 제공하고 가지게 함으로써 개인의 독립을 유지시킨다. 이러한 장점은 있지만 복지 국가는 타인의 필요에 직접적으로 반응하는 것, 즉 '연대solidarity'를 저해한다(O'Neill 2005, 85~86쪽). 그렇기 때문에 필요에 대한 요구를 국가가 권리로서 인정하는 경우에 필요가 정의의 원칙이 되면서 연대의 원칙도 될 수 있도록 해야 한다. 필요에 대한 요구가 복지 국가에서 법적 권리가 되어 그 권리를 마지못해 법대로 실시하게 된다면, 가진 자들은 '냉정한 덕성cold virtue'을 가질 뿐이며 가진 자와 갖지 못한 자들 사이의 연대감은 상실된다. 자유와 평등의 조정을 통한 정의의 달성만으로는 우의를 갖춘 사회가 될 수 없게 되기 때문이다.

(1) 필요라는 개념

'누가(A) 무엇(X)이 필요하다'라는 말은 보다 완벽하게 표현하면 '누가(A) 무엇(Y)을 하기 위해 무엇(X)이 필요하다'라고 할 수 있다. 요컨대 Y가 무엇이라는 것, 즉 무엇(Y) 때문에 X가 '필요하다need'는 것을 밝혀주어야만 필요하다는 것을 정당화할 수 있다. 음식이 필요하다고 하더라도 왜 음식이 필요한지를 밝혀주어야 한다(Barry 1965, ch. III, sec. 5A). 다른 예를 들면, 휘발유가 필요하다면, 남대문을 방화하는 데 필요한 것인지 자동차 운전에 필요한 것인지가 밝혀져야 정당화된다. 즉 Y가 X를 정당화한다.

이상의 주장은 과연 옳은가? 필요에 관한 진술을 세 유형으로 나누어 보자.

① '갑돌은 열쇠가 필요하다.' 이 경우에 열쇠는 '도구적instrumental' 필요라고 하겠다.

② '외과 의사는 좋은 수술 솜씨가 필요하다.' 이 경우에는 필요가 수술을 잘하기 위해 필요한 기능을 의미하므로 전술한 것처럼 '기능적functional' 필요라고 부를 수 있다.

③ '인간은 음식이 필요하다.' 인간이 인간으로 살아남으려면 음식이 불가결하기 때문에 이 경우에는 '본질적intrinsic' 필요라고 부를 수 있다.[103]

①의 경우에는 배리가 지적한 것처럼 Y를 하기 위해서는, 즉 집 안에 들어가기 위해서는 X, 즉 열쇠가 필요하므로, 그가 주장하는 바와 일치한다. 어떤 목적을 달성하기 위해서는 무엇이 필요하다는 것을 명시해야 한다. 그러나 ②와 ③은 ①과는 다르다. ②와 ③의 경우에는 Y를 밝힐 필요가 없기 때문이다. 구태여 Y를 밝히기 위해 ②-a '외과 의사는 외과 의사가 되기 위해서는(Y) 좋은 수술 솜씨(X)가 필요하다'라고 할 수 있겠다. ②-a에 Y를 넣을 수는 있지만, Y가 들어간다고 해서 새로운 정보를 전해주는 것은 아니다. 외과 의사라면 당연히 수술은 할 수 있어야 한다. 그러니 이것은 외과 의사가 무엇을 하는 사람인지 모르는 이에게 설명해주는 것밖에 되지 않는다.

③의 경우에도 마찬가지다. 구태여 Y를 밝히기 위해 ③-a '인간은 살아남기 위해서는(Y) 음식(X)이 필요하다'라고 말할 수 있다. 그러나 인간이라는 것이 어떤 존재인지 안다면 구태여 Y를 넣을 필요가 없다. 집 안에 들어간 후에는 열쇠를 버려도 되지만, 음식은 한번 먹고 그만둘 것

---

103 'intrinsic'을 'essential', 'vital', 'absolute', 'basic' 등으로 표현할 수 있다(Reader 2005a, 3쪽).

이 아니다. 음식물을 섭취하는 것은 인간을 인간으로 만드는 본질적인 것이기 때문에 Y를 구태여 밝힐 필요가 없다. 사회 정의에 관한 한은, 앞에서 아리스토텔레스가 필요의 의미를 구분한 것을 살펴봤지만, ③의 유형이 가장 중요하다. 그렇지만 ③의 경우에는 구태여 Y를 밝힐 필요가 없다(Miller 1976, 127~128쪽).

사회 정의를 논하는 데 가장 긴요한 것으로 여겨지는 기본적 혹은 본질적 필요에 관한 진술이 참으로 뜻하는 바는 무엇인가? '욕구한다/원한다want'(욕구를 느끼다, 바라다, 모자라다, 필요로 하다/욕구, 욕망, 결핍, 가난, 필요)라는 보다 단순한 개념으로써 이 진술을 설명해보자.

'A는 X가 필요하다'는 것은 'A는 X를 원한다/욕구한다want'는 것과 같은가? 같다고 볼 수 없다. 여기서 원하는 것이 욕구하는 것이라고 보고 논의를 전개하자. 첫째, 필요하지 않은 것을 원하는/욕구하는 경우가 있다. 둘째, 당사자가 원하지 않는데도 어떤 사람에게 어떤 것이 필요하다고 이야기되기도 한다. 예를 들어 우리는 어린이에게 건강식품이 필요하다고 생각하지만, 건강식품을 먹는 것을 어린이가 원하지 않는 경우가 있을 수 있다. '원하는/욕구하는 것wanting'은 심리적인 상태다. 반면에 '필요로 하는 것needing'은 심리적인 상태가 아니라 필요의 주체가 되는 이에게 객관적으로 속하는 조건이다. 그렇기 때문에 필요와 원하는 것/욕구는 직접적으로 연계되지는 않는다(Miller 1976, 129쪽).

그렇다면 간접적으로 연계되지는 않는가? 'A는 X가 필요하다'는 것이 '어떤 좋은 조건에서는 A는 X를 원한다/욕구한다'는 것과 일치되는지를 생각해보자. 인간은 자신이 필요로 하는 것을 원해야/욕구해야 하는 것이 정상이다. 그러나 객관적으로 보아 필요하지 않은 것을 원한다/욕구한다고 주장하면서 이를 관철하려고 노력하는 경우가 있다. 이를 두고 인간이 진정한 자기 이익을 모른다고 비난하기도 한다. 이러한 맥락에서 마르쿠제는 '거짓된 필요false need'와 '참다운 필요true need'를 구별한다. 인간이 세뇌와 조작으로 인해 자율적 존재가 되지 못하면, 인간은 거짓된 필요를 자신의 필요라고 주장하게 된다(Marcuse 1968, 21~23쪽).

만약 '거짓된 필요'를 '참다운 의미'에서의 필요가 아니지만 '실제로 원하는 것'으로, 그리고 '참다운 필요'를 '필요'로 본다면, 마르쿠제가 주장하는 바는 자유라는 조건이 주어지면 개인의 선호는 필요를 규정하는 것으로 볼 수 있다는 것이다. 이상과 같이 분석해보면, 'A는 X가 필요하다'는 것이 'A는 X를 원한다/욕구한다'는 것에 곧바로 반대가 되지는 않는다. 그러나 이러한 경우에는 두 가지 어려움에 직면하게 된다.

① 순환의 위험성이 있다. 인간이 원하는/욕구하는 바가 실제로 무엇일 것이라는 것을 조건들 중에서 규정하지 않고도 인간이 원하는/욕구하는 것이 필요에 대한 믿을 만한 지침이 되는 좋은 조건을 찾을 수 있는가? 예를 들면, 마르쿠제의 경우에 인간이 그러한 조건에서 실제로 무슨 선택을 할 것이라는 것을 규정하지 않고도 자유의 조건을 확인할 수 있는가? 세뇌와 조작으로부터 벗어난 것처럼 보이는 상황에서 사람들이 많은 양의 소비재를 원한다고 가정하자. 이것은 마르쿠제에 의하면 거짓된 필요에 해당한다. 그렇다면 이렇게 원하는/욕구하는 것을 실제로 참다운 필요라고 인정할 것인가, 아니면 왜곡된 형태이기는 하지만 세뇌되었다고 오히려 주장할 것인가?(Miller 1976, 130쪽).

② '갑돌은 X가 필요한데, 그는 그것을 원하는/욕구하는 상황에 놓이지 않게 될 것이다'라고 말할 수 있다. 요컨대 '갑돌이 원하는/욕구하는 상황에 놓여 있지 않더라도 갑돌은 그것이 필요하다'고 객관적 입장에서 말할 수는 있다. 그런데 욕구하지는 않더라도 갑돌이 필요로 하는 것

이 그에게 주어지지 않음으로 해서 갑돌이 겪게 될 피해를 우리는 생각한다. 그렇기 때문에 다음과 같이 말할 수 있다. '갑돌은 X가 필요하다'라는 것은 '갑돌은 X가 없음으로써 피해를 겪게 될 것이다'라는 것과 같다. 이것은 앞에서 든 본질적인 필요 진술, 즉 '인간은 음식이 필요하다'는 것과 의미가 통한다. '음식을 먹지 않으면 그는 피해를 입을 것이다'라는 것과 같기 때문이다(Miller 1976, 130쪽). 이렇게 보는 것은 유용하지만, '위해harm'라는 개념을 설명해야 완전해진다. 위해는 여러 형태, 즉 육체적·감정적·지적 형태로 나타날 수 있으며, 각각의 형태의 위해로써 이에 상응하는 형태의 필요를 설명할 필요가 있다. 그런데 육체적 위해는 보다 쉽게 나타나지만, 다른 위해는 그렇지 않다(Miller 1976, 131쪽).

위해를 이해하려면 두 가지 부정확하고 극단적인 입장을 피해야 한다.

① 당사자의 열망과 이상을 언급하지 않고 일반적인 경험적 기준을 기초로 해 위해라는 개념이 적용될 수 있다는 견해는 피해야 한다. 어떤 사람이 입은 손상은 타인에게는 손상이 아닐 수도 있기 때문이다(Miller 1976, 131쪽). 예를 들어, 베토벤이 청각을 잃은 것은 손상이겠지만 오히려 그 손상으로 인해 작곡을 더 잘할 수 있다면 손상이 아니라고 볼 수 있다.

② 인간의 본성에 대한 강력한 이론이라는 관점으로만 위해라는 개념이 적용될 수 있다고 가정하는 것도 잘못이다. '강력한strong' 이론이란 인간은 어떻게 살아야 하며 어떤 만족을 가져야 한다고 단정적으로 설명하는 것을 의미한다. 그렇게 되면 어떤 이상 혹은 기준으로부터 멀어지는 것으로써 위해를 평가하게 된다. 그렇다면 어떠한 것을 이상적인 것으로 보아 인간의 필요가 무엇이라는 것을 규정하는 위험이 생긴다. 예를 들어보자. 마르크스는《경제철학 수고》에서 자본주의 사회에서 겪게 되는

인간의 소외가 인간을 불행하게 한다고 주장했다. 즉 인간의 본성이 필요로 하는 것이 여러 가지 있는데 거기에는 인간이 소외되지 않아야 한다는 것도 포함된다. 그런데 자본주의에서 인간이 소외되게 된 것이 인간에게 위해로 나타난다는 주장이다. 반면에 어떤 금욕주의자가 있는데 그는 자신에게 필요한 것은 의식주를 소박하게 해결하고 신과 소통하는 것뿐이라고 생각한다. 금욕주의자 자신이 이렇게 생각하는데도 마르크스는 이러한 금욕주의자에게 그의 참다운 필요는 인간의 본성에 의한 이론에서 밝혀졌으며 그 필요를 느끼지 못하고 충족하지 못한 금욕주의자는 불행하다고 주장하는 셈이다. 여기서 금욕주의자가 느끼는 필요와 마르크스가 그에게 부과하는 필요가 다르게 되는 것이 문제다(Miller 1976, 132쪽).

그렇기 때문에 특정한 사람에게 무엇이 위해인지를 결정하기 위해서는 그 사람의 삶에서 중요한 목적과 활동을 밝혀야 한다. 이러한 목적과 활동을 '삶의 계획/생활 계획plan of life'이라고 부를 수 있다. 삶의 계획은 사람마다 다를 수 있으며, 전통적 사회에서는 삶의 계획이 미리 정해져 있어 사람들이 성찰하지 않고 이를 받아들이겠지만 특히 다원적인 민주주의 사회에서는 각 개인이 성찰을 통해 삶의 계획을 설정하고 추진할 수 있다. 일단 삶의 계획을 설정하게 되면, 이를 추진하기 위해 하는 활동은 두 가지로 나눌 수 있다. 본질적 활동과 비본질적 활동이다. 본질적 활동은 삶의 계획을 구성하는 활동이며 비본질적 활동은 본질적 활동을 지탱시키는 활동이다(Miller 1976, 133쪽).

위해란 삶의 계획에 본질적인 활동을 직접적으로나 간접적으로 방해하는 것이며, 따라서 필요는 본질적 활동을 수행하는 데 필요한 것이라고 하겠다. 그렇다면 어떤 사람의 필요가—— 예를 들면 농부가 필요로 하는 것과 교수가 필요로 하는 것은 기능적 필요가 다르듯이 다를 수밖에 없다——무엇인지 알기 위해 삶의 계획이 무엇인지 확인하고, 그 계획에 본질적인 활동이 무엇인지 정하고, 이 활동을 가능하게 하는 조건을 밝혀야 한다. 그렇게 해야만 여러 사람들은 다양한 것을 필요로 한다는 것을 알게 되며, 필요한 바가 무엇인지를 밝혀야만 욕구하는 것과 필요로 하는 것을 구별하는 것이 의미를 가지게 된다. 무엇을 욕구하지만 그것이 필요 없는 것이라고 말할 수 있으려면, 삶의 계획에 비추어보아야 한다. 그렇게 함으로써 욕구하는 것과 필요한 것의 구별이 가능해진다. 그리고 인간이 자신이 필요로 하는 것을 모른다고 말하는 것은 삶의 계획을 달성하는 조건이 무엇인지 모른다는 것을 의미할 수도 있다 (Miller 1976, 134쪽).

① 삶의 계획을 실천하는 데 어떤 조건이 실제로 필요한가? ② 삶의 계획의 정확한 내용이 무엇인가? ③ 어떤 이의 삶의 계획을 이해할 수 있는가, 이해할 수 없는가? 이상의 것들에 대해 필요와 연관해 논쟁이 있을 수 있다. ①과 ②에 대한 논쟁은 경험적으로 판단할 수 있다. 그렇지만 ③에는 평가적 요소가 개입되어 있다. 어떤 사람이 남대문을 방화하는 것을 삶의 계획으로 설정했다면, 그에게 필요한 것은 휘발유가 아니라 정신병원이다. 방화하는 것은 가치 있는 삶의 계획이 아니라는 것을 인간이라면 일반적으로 평가할 수 있기 때문이다. 요컨대 필요에 대한 논의에는 경험적 요소만이 아니라 평가적 요소가 개재된다. 그렇다고 해서 교수로서의 삶의 계획이 더 낫기 때문에 교수가 필요로 하는 것을 우선적으로 충족시키고 농부가 필요로 하는 것을 도외시해도 좋다는 의미는 아니다. 다만 방화범의 삶의 계획은 어느 누구라도 합당하다고 평가하지 않는다.

(2) 필요, 정의, 평등

필요는 최소한의 품위 있는 생활을 영위하게 하는 조건이라고 볼 수 있겠다(Miller 1999, 210쪽). 그런데 시간이 지남에 따라 인간이 필요로 하는 것의 본질과 내용이 변해왔다. 마르크스와 엥겔스가《독일 이데올로기》(1845~1846)에서 주장한 것처럼 의식주와 같은 필요가 충족되면, 인간은 새로운 목적을 달성하기 위한 수단을 얻고 만족시키려 한다. 즉 새로운 필요가 생긴다(Tucker 1978, 146~299쪽). 인간은 기본적인 물질적 필요를 위한 수단을 변화시킴으로써 살아왔다. 그리고 일단 기본적 필요가 충족된 후에는 창조적 생산을 하려 하고, 자율적이며 사회적으로 통합된 개인으로 발전하려는 필요를 갖게 되고 충족시키려 하게 된다(Buchanan 1982, 28~29쪽). 그래서 필요의 본질과 내용이 변함에 따라 헤겔이 말하는 '필요의 체계system of needs'를 만족시키는 수단도 변했다(Fukuyama 1992, 91쪽). 기술이 발전하면서 사람들의 생활 계획도 변하게 되었으며, 이에 따라 필요의 본질과 범위도 변해왔다. 그렇다면 필요의 범위는 제한되는가? 아니면 무제한으로 확장되는가? 자원이 충분해 모든 사람의 필요를 충족시킬 수 있는가? 아니면 충족시키기에 모자라게 되는가? 모자라게 된다면, '필요에 따라 각자에게each according to his needs'라는 원칙을 어떻게 적용할 것인가? 이 원칙을 고려하게 되는 이유는, 사회의 자원을 능력과 공헌에 바탕을 두는 응분에 따라 배분하게 된다면, 노인이나 불구자들처럼 응분의 몫을 가질 만큼 기여하지 못하는 사람들은 인간으로서 기본적으로 필요한 것조차 얻을 수 없을 것이기 때문이다. 즉 응분이 유일한 기준이 되지 못하기 때문에 필요라는 기준에 따라 할당할 필요가 생기게 되었다. 오늘날에는 부자가 필요로 하는 것이 빈자가 원하는 것이기도 하고 필요로 하는 것이기도 한데, 부자는 빈자가 필요로 하는 것에 대해 부자가 지불할 필요가 없다고 생각하며 도외시할 수 없게 되었다. 자유주의자와 자본주의자들은 필요를 충족시키는 정책은 혜택을 받는 이들에게 부적절할 정도로 온정적이어서 그들로 하여금 타인에게 의존하게 하며 그래서 자율성을 상실하게 한다고 본다(Reader 2005a, 7쪽). 그런데 이제는 필요를 충족시키는 것이 수혜자에게 해를 가져다주고, 수혜자로 하여금 의존하게 하고, 수혜자의 요구를 지나치게 조장함으로써 공여자에게 해를 가져온다는 주장은 더 이상 받아들여지지 않게 되었다. 필요라는 개념이 중요한 것은 필요한 것은 인간이 살아가는 데 있어서 불가결한 것이기 때문이다(Reader 2005a, 2·4쪽). 그렇다면, 바로 여기에서 어느 누구에게나 필요한 것을 가지게 하는 것이 '당연한 것', 즉 '마땅한 것due'인가라는 문제가 제기된다. 그리고 필요한 것을 마땅히 받아야 하는 것으로 보는 것이 도덕적으로, 근본적으로 중요한가라는 문제가 이어서 제기된다.

다음과 같은 문제를 다루어야 한다. 필요라는 것이 근본적으로 중요한 것이라면, 예를 들어 상대방이 음식이 필요함에도 불구하고 가지고 있지 않은데 내가 음식을 가지고 있고 줄 수 있는 입장에 있다면, 나는 어떻게 해야 하는가? 아주 강한 의미에서 상대방에게 나의 음식을 주어야 하는가? 주어야 한다면, 어느 정도 강한 의미에서 주어야 하는가? 절대적으로 강한 의미에서 내가 주어야 한다면, 나는 강제당하는 것이 아닌가? 강제당하게 되는 것이라면, 선한 행동은 강제가 되어서는 안 된다는 신념에 어긋나는 것이 아닌가? 인간 생활에서 필요가 차지하는 적절한 위치는 어디여야 하는가?(Reader 2005a, 23쪽).

사실 이 문제는 제10장에서 그로티우스, 푸펜도르프, 그리고 특히 칸트를 중심으로 복지권의 근거와 한계를 논하면서 상당 부분 다루었다. 오늘날 필요의 원칙이 정의의 원칙이나 연대의 원칙으로 인정받게 된 마당에 다시 논해볼 필요가 있을 것 같다. 생존 수단이 결핍되어 필요로 하는 이들에게 '생존권subsistence rights'을 보장하는 체제가 바로 복지 국가다. 필요한 것이 있다는 것은 '배려/보살핌care'이 요구된다는 것을 의미한다(Miller 2005, 142쪽). 그러므로 복지권이란 생존권을 필요로 하는 이들에 대한 보살핌/배려가 있어야 한다는 사고에서 연유했다. 필요를 권리로 인정함으로써 타인이 어려우면 내가 도와주고 내가 어려우면 타인이 도와주게 되면, 기본적 필요를 충족시킬 권리는 타인에게 기여하는 것이면서도 자신이 혜택을 받는 것이다. 그러므로 모든 사람의 필요를 만족시키는 것에 대한 집단적 책임을 공유할 수 있다(Baker 1987, 18쪽). 그렇다면, 요컨대 필요가 주요한 권리와 의무를 확립한다는 것을 인정하게 되면, 이러한 의무를 어떻게 구성해 실천하게 할 것인가? 즉 필요와 관계되는 책임은 의무의 문제인가 권리의 문제인가?

세라 클라크 밀러Sarah Clark Miller는 곤궁한 자들은 배려를 받을 필요가 있으며 배려를 하는 것은 배려하는 자에게 선을 가져다준다고 본다. 보통 배려하는 자는 능동적이며 배려를 받는 자는 수동적이라고 여겨졌다. 그렇게 보기보다는 좋은 배려는 양자 사이에 상호 작용한다고 봐야 한다(Miller 2005, 143쪽). 배려의 윤리학자들에 의하면, 필요를 인정하고 곤궁한 자의 존엄을 존중하고 필요를 충족시키는 바가 가지는 가치를 인정하는 것은 아주 중요한 일이다. 그렇기는 하지만 이것은 배려하는 이의 덕성을 강조할 뿐이지 모든 이의 배려할 의무가 구속력이 있다는 것을 주장하는 것은 아니다(Miller 2005, 144~145쪽).

이미 살펴본 것처럼 칸트는 '자선beneficence'의 의무를 확립했다. 그러나 자선에 대한 칸트의 의무는 광범하고 불완전한 의무이기 때문에 보완이 필요하다(Miller 2005, 146~147쪽). 보완은 칸트의 철학과 배려의 윤리에서 찾을 수 있다. 칸트는 정확한 행동을 열거하고 범위와 희생의 한계를 정했으며, 배려의 상호성을 밝혔고, 행위자의 자신의 목적을 추구하기 위한 행위를 증진해야 한다고 주장했다. 반면에 '배려의 윤리ethics of care'에서 곤궁한 자들을 동정해야 하며, 필요에 대해 도덕적으로 지각해야 하며, 배려할 때 곤궁한 자의 존엄을 돌볼 필요가 있다는 것을 찾을 수 있다(Miller 2005, 151~154쪽). 어떤 형태의 도덕적 의무에 대한 두 가지 요소는 도덕적으로 지각하고 도덕적 판단을 내리는 것이다. 두 요소는 동정적이고 지각력이 있으면서 판단을 잘 내리며 상대의 존엄을 감안해 배려하는 것을 내용으로 삼는다. 양자를 보완함으로써 배려를 실천할 수 있게 된다(Miller 2005, 155~603쪽). 요약건대, 세라 클라크 밀러는 칸트에 의존해 보편적인 불완전한 의무를 주장하기도 하는데 이 의무는 배려하는 것이 무엇인지를 완전히 이해하는 데 필요한 필요를 충족하기 위한 것이다.

이 생각을 발전시켜서 린지Bill Wringe는 '집합적/집단적collective' 권리가 있다는 것을 주장했는데, 이것은 곤궁한 자들이 자신의 필요를 충족시켜야 하는 적극적인 실체적 권리에 근거를 둔다(Wringe 2005, 189쪽). 그런데 오닐은 필요를 충족시키기 위한 보편적인 불완전한 권리를 논하는 것은 의미가 있지만 곤궁한 자들이 필요를 충족시키기 위한 어떤 적극적인 권리를 논하는 것은 의미가 없다고 주장했다(O'Neill 1998 ; Wringe 2005, 189쪽).

그녀에 의하면, 생존권은 공허한 선언적 권리다(O'Neill 1998, 12쪽). 권리가 이치가 닿으려면 두 범주 중 하나에 속해야 한다. 즉 보편적 권리이거나 특별 권리여야 한다. 살해당하지 않을 권리와 같은 보편적 권리는 모든 사람에게 부여되는 권리이며 모두가 일관성 있게 존중해야 한다. 빚을 돌려받을 권리와 같은 특별 권리는 특정한 개인에게만 의무가 부과된다. 그녀에 의하면 생존권은 어느 범주에도 속하지 않는다(Wringe 2005, 189쪽). 그래서 그녀는 곤궁한 자들의 권리보다는 곤궁한 자들에게 도움을 주어야 한다는 '의무 혹은 책무duty or obligation'에 초점을 둔다(Reader 2005a, 18쪽). 린지는 권리가 보편적이거나 특별해야 한다는 오닐의 주장에 반대한다. 린지는 생존권은 의무를 야기한다고 보는데, 이것은 그가 '집합적 의무collective obligations'라고 부르는 세 번째 범주에 속한다. 집합적 의무는 한 명 이상으로 구성되는 집단이 협조적이며 동등하게 행동함으로써 이행될 수 있는 의무다(Reader 2005a, 18쪽).

린지는 권리에 대해 논하고 오닐은 의무에 대해 논한다는 점에서 양자는 수사적으로 차이가 있다고 주장할 수도 있다. 그러나 그 차이는, 앞의 하무항에서 논해본 것처럼, 이것보다는 철학적이며 윤리적이라고 하겠다. 철학적으로 보면, 오닐은 생존권이 이치에 닿는다는 것을 부인한다. 윤리적으로는 곤궁한 자나 집단의 필요가 충족되어야 한다고 주장하는 것이 이치에 닿지 않기 때문에 무시되는 것이 정당화된다. 더군다나 오닐은 필요를 충족시키는 의무에 대해 칸트적으로 설명하는데 이것은 세라 클라크 밀러의 설명처럼 자신의 재능을 발전시키는 의무 등과 같은 다른 불완전한 의무와 같은 것이 되어버린다(Reader 2005a, 18쪽). 그렇게 되면 자신의 재능을 계발하는 것보다 생존권을 충족하는 것이 직관적으로 더 중요하다는 것을 설명할 수 없다(Reader 2005a, 19쪽).

린지는 본질적 필요가 권리를 형성한다고 주장한다. 반면에 브록Gillian Brock은 첫 번째로 필요가 보다 근본적이기 때문에 필요가 권리를 대체할 수 있거나 대체해야 한다고 주장한다. 그에 의하면, "인권에 대한 분별력 있는 목록을 작성하기 위해 기본적 필요에 대한 감각이 있어야 한다"(Brock 2005, 65쪽). 두 번째로 필요에 대한 담화는 보다 더 보편적으로 인식되고 가치가 부여되어야 한다. 그에 의하면 "인권에 대한 담화가 어떤 문화에서 특히 서양에서 널리 보급되어 있는 반면에 다른 문화에서는 좋은 반향을 얻지 못한다"(Brock 2005, 66쪽). 그렇지만 필요에 대한 담화가 권리나 의무에 대한 담화로 합쳐지거나 그것을 대신해야 하는지에 대해서는 논쟁의 여지가 있다(Reader 2005a, 19쪽).

필요에 대한 담화와 권리와 의무에 대한 담화 사이의 논의에서 고려해야 할 것은 어느 담화가 제시하는 개념적 틀이 도덕적 힘을 더 가지느냐라는 점이다. 브록은 권리에 대한 담화와 필요에 대한 담화 사이의 상대적 장점을 논하면서 필요가 보다 더 광범한 도덕적 힘을 갖는다고 주장한다. 반면에 의무에 대한 담화는 필요를 배려의 윤리라는 담화에 본질적으로 보충하는 것이라고 세라 클라크 밀러는 주장한다. 린지는 오닐에 반대해 생존권에 대한 논의는 잘 구성되어 있으며 정치적으로 중요하다고 주장한다. 밀러가 주장한 것처럼 배려해야 하는 칸트적 의무가 의무에 완전한 도덕적 힘을 부여하는 데 필요한 것처럼, 린지는 권리에 대한 언어가 필요에 대한 힘을 부여한다고 주장한다(Reader 2005a, 19쪽). 이상과 같이 하여 필요가 필요에 대한 오늘날의 권리 언어에 힘을 실어주게 되었다.

여기서 응분과 필요의 차이에 대한 논의를 지속시켜보자. 응분을 가지려면 어떤 규칙에 부합해야 한다. 반면에 어떤 필요──모든 필요가 그런 것은 아니고──, 즉 공기, 물, 집 같은 것이 필요한 것이라는 것은 경험으로 어느 정도 알 수 있다는 점에서 경험적인 문제다(Benn et al.

1980, 141~142쪽). 반면에 어떤 사회에서 품위 있는 생활을 할 필요와 같은 것은 경험으로, 직각(直覺)적으로 파악될 수 있는 것은 아니다. 이에 대해서는 논쟁의 여지가 많다고 하겠다. 바로 이 점에서는 필요에 따른 배분도 응분에 따른 배분처럼 경험만이 아니라 규범을 전제로 한다.

예를 들어, 모든 사람이 물을 필요로 하는 것처럼 필요, 특히 기본적 필요는 인간에게 같을 수 있지만, 욕구의 대상은 갑돌이 오미자차를 마시고 싶어 하고 오바마가 커피를 마시고 싶어 하는 것처럼 서로 다르다. 그리고 같은 것이라도 경우에 따라서는 필요가 되기도 하고 욕구가 되기도 한다. 20세기 초에 노동자들은 노동 시간 단축이 긴요했지만, 후반에는 여가 시간을 더 가지는 것도 필요하다고 생각하게 되었다. 이렇게 됨으로써 예전에 필요였던 것이 지금은 욕구의 대상이 되었다. 다른 예를 들면, 보릿고개를 넘기기 어려웠을 때 보리밥 한 그릇은 필요의 대상이었겠지만 오늘날 체중을 조절하기 위해 일부러 보리밥을 먹는다면, 이제 보리밥 한 그릇은 필요가 아니라 욕구의 대상이다. 그리고 물이 없는 사막에서 커피 한 잔이 남아 있다면 그 커피는 욕구의 대상이 아니라 필요의 대상이 된다. 이처럼 필요와 욕구는 명확하게 구분되지 않고 애매모호한 영역이 있다고 하겠다.

그렇기는 하지만, 대부분의 사람들에게서 생활 계획의 핵심은 변하지 않았다. 예를 들면 안정된 직업을 가지거나 가족의 생계를 이어나갈 충분한 소득을 확보하는 것이 그 핵심이다. 말하자면, 품위 있는 삶을——그러한 삶이 어떤 것인지는 시대와 준거 집단에 따라 다르겠지만—— 영위하는 것이 인간에게 기본적 필요가 된다. 이렇게 보면 필요는 그렇게 변하지 않았다고 말할 수 있겠다(Miller 1976, 138~139쪽).

그런데 필요, 특히 기본적 필요는 사회에서 대체로 제한이 되는 편이며, 반면에 욕구는 제한이 없다고 하겠다. 게다가 사람마다 욕구하는 바의 목록이 다를 수 있다. 모든 사람의 욕구를 모두 충족시켜야 하는가 혹은 충족시킬 수 있는가라는 문제가 생긴다. 어느 것이 타당한 욕구인가라는 문제에 봉착하게 될 수도 있는데 이 경우에 오바마가 커피를 마시고 싶어 하는 데 비해 갑돌은 왜 오미자차를 마시고 싶어 하는가라는 문제도 고려하게 된다. 오바마가 커피를 마시고 싶어 하게 되는 것과 갑돌이 오미자차를 마시고 싶어 하게 되는 것은 사회적 영향에 의한 것이라고 볼 수 있겠다. 즉 욕구에 관한 목록의 내용은 사회에 의해 결정되는 바가 많다고 하겠다.

응분이라는 원칙으로만 배분할 수 없는 것과 마찬가지로 필요라는 원칙으로만 배분할 수도 없다. 바로 이러한 이유에서 정의의 한 원칙으로서 필요라는 원칙이 대두하게 되었다. 필요의 원칙으로 배분하더라도 이 원칙은 기본적 필요라는 좁은 분야에 혹은 기능적 필요라는 한정된 범위에만 적용될 수 있다. 사회는 기본적 필요와 기능적 필요를 충족하고도 잉여가 있다고 가정할 수 있다. 바로 여기에서부터 필요를 충족하는 것과 욕구를 충족하는 것 사이에 차이가 나타나며 충족하는 방식 내지 원칙을 고려하지 않을 수 없다(Benn et al. 1980, 147쪽).

만약 모든 필요가 충족되고도 그 사회에 잉여가 있다면, 그 잉여를 어떻게 할 것인가? 잉여가 생기는 상황이 발생하면, ① 필요만이 정의의 기준이라고 고집한다면, 오히려 생산량을 줄여서 모든 이의 필요만 충족시키도록 하는 정책을 펼 수도 있다. 그러나 이러한 정책은 너무 금욕적이며 정의는 전체 생산량이 아니라 부의 배분에 관한 것이라는 견해를 받아들인다면, 그러한 정책은 정의에 대한 해결책이 될 수 없다(Miller 1976, 143쪽). 만약 필요를 평등하게 만족시키는 것이 정의라고 해석한다면, 타인의 필요도 만족시키는 한에서 자신의 필요를 충족시켜야 한다. 이것은 타인의 자유를 침해하지 않는 한에서 자신의 자유를 향유해야 하는 것과 같다(Miller 1976, 141쪽). 그러나 생산량을 줄여가면서 평등하게 해야 할 이유는 없다.

② 잉여분을 평등하게 배분할 수도 있다. 이렇게 배분하는 것은 필요에 따른 배분이 아니며 필요 외에 다른 어떤 기준에 의한 배분을 거부하는 것이다. 어쨌든 필요에 의한 배분을 한 이후 잉여분을 평등하게 배분하게 되면, 열심히 일할 의욕을 모든 사람이 상실하게 되기 때문에 사회 전체의 생산량이 줄어든다(Benn et al. 1980, 147~148쪽).

③ 일단 필요가 충족된 후에는 잉여 생산물을 응분의 원칙으로 배분할 수 있다. 이렇게 하는 것은 '금강산도 식후경'이라는 일상적 생각에도 부합한다. 먹고사는 일에 대해서는, 즉 기본적 필요에 대해서는 필요의 원칙으로 만족시키고 누가 금강산 유람을 해야 하는지 선별하는 일을 결정하는 데에는 응분의 원칙을 적용할 수 있다(Miller 1976, 143쪽). 그런데 예를 들어 필요에 따라 자원을 충족시킨 후에 잉여분을 추첨으로 당첨된 소수에게 할당한다고 가정해보자. 이런 사회는 정의롭지 않은 사회인가? 이에 대해 논쟁의 여지가 있다(Miller 1976, 148쪽).

④ 응분의 원칙을 적용하는 과정에서 잉여 생산물을 원하는 것을 비례적으로 만족시킴으로써 평등한 수준의 안녕을 달성하게끔 배분하게 할 수도 있다(Miller 1976, 143쪽). 말하자면, 일단 각자의 필요를 충족시킨 후에 자원이 허용하는 한 각자가 가진 욕구를 가능한 한 많이 충족시키는 것이다. 그러나 충족시키는 데에는 응분의 원칙을 적용해 결과적으로는 잉여분이 불평등하게 배분되게 할 수 있다. 여기서는 모든 사람이 원하는/욕구하는 바를 모두 충족시키기에는 자원이 충분하지 않다는 것을

전제로 한다(Miller 1976, 144쪽).

그렇다면 각자의 욕구에 대해 평등한 몫을 만족시킨다는 것은 어떤 의미인가? 갑돌의 욕구에서 3분의 1을 충족시키고, 철수의 욕구에서 3분의 1을 충족시킨다는 것은 어떤 의미인가? 개인마다 다른 '안녕/복지의 등급scale of well-being'이 있으며, 갑돌과 철수에게 자신들에게 잉여 자원이 어떻게 할당되는 것이 가장 좋을지 물어봤다고 가정하자. 그러면 그들은 어떻게 할당되는 것이 자신에게 가장 많은 만족을 주고 가장 적은 만족을 주게 되는지를 밝힐 것이다. 최대 만족과 최소 만족 사이에 다른 할당도 표시할 것이다. 갑돌과 철수가 등급을 이렇게 정하면, 갑돌과 철수가 각기 등급에서 높은 점을 향유할 수 있게 해야 한다. 이것은 평등한 복지를 달성하기 위한 원칙이라고 하겠다(Miller 1976, 144쪽).

그러나 이 원칙은 평등에 대한 완전한 개념이라고는 할 수 없다. 이 원칙은 등급을 만드는 데 영향을 미치며, 평등주의자들이 고려하기를 원하는 요소를 무시한다. 갑돌과 철수에게 등급을 여기서 지금 정하라고 하면, 그 결과는 기존의 부의 불평등을 반영할 것이다. 가난한 갑돌은 부자인 철수보다 더 적은 양의 자원에도 만족할 것이다. 그럼에도 불구하고 이 원칙은 평등주의자가 직면하고 있는 중요한 문제에 답을 제시한다. 사람들의 기호도 다양하고 원하는 것도 다양하다면, 자원을 어떻게 배분하는 것이 평등하게 배분하는 것인가? 이것은 중요한 문제다. 평등한 복지라는 원칙이 이에 답한다. 물론 이 원칙은 기호와 바라는 바를 통제하는 다른 원칙에 의해 보완될 필요는 있다(Miller 1976, 144~145쪽).

이상과 같이 해석되는 평등한 복지라는 원칙은 실행되기에는 어려움이 있다. 갑돌과 철수는 각기 자신을 만족시키는 데 필요한 자원의 양을 과대평가하려 하기 때문이다. 만약 등급이 정해지지 않았다면, 일단 필요가 충족된 이후의 잉여물은 상기 ②의 방법처럼 평등하게 배분되는 것이 평등한 복지를 달성하는 데 쉬운 방법이라고 평등주의자들은 생각한다. 그래서 평등의 원칙을 달성하기 위해 그들은 수입의 평등한 배분을 흔히 택한다. 예를 들어 갑돌은 하모니카를 불고 싶어 하고 철수는 피아노를 치고 싶어 한다면, 만족을 평등하게 한다는 의미에서의 평등한 복지라는 원칙 하에서는 철수가 원하는 바를 충족시키는 데 비용이 더 많이 들어간다. 그렇게까지 하기가 어렵기 때문에 흔히 수입의 평등을 보장하게 된다. 그렇지만 수입의 평등만을 보장하게 되면, 철수는 오랜 기간 저축해 피아노를 구입해야 한다. 그래서 수입의 평등한 배분은 평등한 복지라는 측면에서는 완전한 평등을 달성한 것이 아니라고 볼 수도 있다. 그러나 수입의 평등이든 복지의 평등이든, 그 취지는 모든 사람이 같은 수준의 복지를 가능한 한 향유하게 하자는 데 있다(Miller 1976, 145~146쪽).

그렇다면 평등에 대한 이상의 원칙은 필요라는 원칙과 어떤 관계가 있는가? 평등의 원칙이 필요의 원칙을 암시해야 한다는 것은 명확하다. 그렇지만 역으로 필요의 원칙이 평등의 원칙을 암시해야 하는지는 명확하지 않다. 그렇기 때문에 이 관계는 일방적인 셈이다. 평등한 수준의 복지를 향유하게 하는 것이 목적이라면, 우선은 모든 사람의 본질적 필요를 충족시켜야 한다. 다음과 같은 예를 들어보자. 어느 정도의 건강한 생활을 유지하는 것이 기본적 필요를 충족시키는 것인데, 철수는 건강한 편이고 갑돌은 신부전증을 앓고 있다면, 갑돌에게 신장 투석 비용을 국가가 지급해야만 철수와 갑돌이 기본적 필요를 충족했다고 말할 수 있다. 요컨대 필요를 평등하게 충족시키는 것도 그렇게 쉬운 문제가 아니다. 사람마다 자신에게 기본적 필요라고 여기는 것이 다르기 때문이다. 이렇게 보면 필요를 충족시키는 것은 정의의 문제, 혹은 인류애의 문제로 여겨질 수 있다. 인류애의 문제로 본다면 다른 필요의 원칙이 나올 수 있다. 예를 들면, 갑돌이 고통 받는 것을 덜어줘야 하는 것처럼 고통 받는 것은 피해야 한다는 것을 전제할 수 있다. 그런데 정의의 문제로 본다면 다른 전제가 제시된다. 이 전제는 명확하게 말하기는 어렵지만, 필요의 원칙이라는 것도 앞으로의 쾌락을 증진시키는 것보다 당면한 고통을 우선적으로 덜어줌으로써 쾌락을 증진시켜야 한다는 소극적인 측면을 앞세울 수가 있다. 그러나 이것도 각자는 다른 사람만큼 '존경받을 값어치worth of respect'가 있다는 것을 일단 전제로 한다. 도덕적 덕성, 공적, 개인적 성공, 사회에서의 유용성 등에서는 차이가 나지만, 인간은 자신의 목적, 이상, 세계관을 가지고 있는 독특한 개인이며, 따라서 존경받을 값어치를 가진 존재로서 대우받아야 한다는 사실에서 평등하다. 각자가 존경받을 값어치가 있기 때문에 인간은 자신의 생활 계획을 수행하고, 이에 연관된 필요가 충족돼야 한다는 평등한 주장을 할 수 있다. 이 전제가 인정되지 않으면, 어떤 사람의 필요는 충족시키면서 다른 사람의 필요는 충족시키지 않는 것이 왜 부정의인지를 설명할 수 없다. 그러나 같은 전제를 하고 있기 때문에 우리는 본질적 필요를 충족하는 것 이상을 하게 한다. 그래서 진정한 의미에서 필요하지 않은 혜택에 대해서도 각자가 평등한 주장을 할 수 있다. 비본질적 욕구는 필요를 충족시키는 것만큼 개성에 긴요한 것은 아니지만 생활 계획에 부분이 되지 않는 유쾌하고 창조적인 활동에서 표현되기 때문이다(Miller 1976, 147쪽).

그래서 필요의 원칙을 연장하면, 모든 이의 기본적 필요가 충족되었다는 점에서는 평등의 원칙이 확립된 것이다. 여기서 평등의 원칙이 정의의 원칙으로 간주되어야 하는가는 별개의 문제다. 즉 필요에 따른 배분으로서 정의라는 개념이 평등의 원칙에서 보다 완벽하게 표현되는가는 별개의 문제다(Miller 1976, 147쪽). 확대하자면, 필요라는 원칙을 보완하기 위해 새로운 배분적 원칙을 찾는 것이 필요하다. 자신이 원하는/욕구하는 바를 응분이라는 원칙에 따라 각자에게 배분할 수 있다. 이것이 정의의 원칙인가? 욕구하는 바에 따라 배분하는 것이 정의의 근거가 되기에는 충분치 못하다고 주장할 수도 있다. 원하는 바가 평등하게 충족되는 것은 바람직하지만, 모든 필요가 완전하게 만족된다면 이것은 정의의 문제가 아닐 수도 있다.

　모든 사람이 같은 수준의 복지를 누리는 사회가 평등의 원칙과 정의라는 개념을 만족시킨다고 하더라도 두 개념, 즉 평등의 원칙과 정의라는 개념은 구별되어야 한다. 이 둘은 같은 상황의 다른 측면을 지적한다고 하겠다. 평등이라는 개념은 '최종 결과end result'를 우선적으로 일컫는 것이며, 반면에 정의는 각자가 예를 들면 자신의 특별한 필요나 욕구에 따라 대우받는 방식을 일컫는다. 이것은 '각자에게 각자의 것suum cuique'으로서의 정의라는 일반적 개념에 해당한다. '정의로운 대우'는 '개인에게 적합한 대우'를 의미하기 때문이다. 그래서 실제에서는 개인마다 다른 대우를 의미한다(Miller 1976, 148쪽). 반면에 평등은 그렇게 다르게 대우한 결과로 나타난 복지의 동일한 수준을 지칭한다(Miller 1976, 149쪽).

　정의에 대한 필요라는 개념과 평등이라는 개념은 아주 밀접한 관계가 있지만, 같다고는 볼 수 없다. 첫째, 필요를 평등하게 만족시키는 것은 완전한 평등을 가져오는 데 가장 중요한 요소라는 점에서 밀접한 관계가 있다. 둘째, 필요에 따른 배분의 기초가 되는 전제는 보다 넓은 의미에서의 평등에 기초가 된다는 점에서 밀접한 관계가 있다. 필요라는 원칙은 평등이라는 원칙에서 가장 긴요한 부분을 대변한다고 말할 수 있다. 긴요하다고 보기 때문에 필요를 만족시키는 것이 정의의 문제라고 보는 것이다. 따라서 필요의 원칙과 평등의 원칙 사이를 멀어지게 하려는 것은 잘못이다. 멀어지게 하려는 이들은 필요의 원칙이 불평등의 원칙이라는 이유에서 그렇게 하려고 한다. 사람들이 필요로 하는 것은 다양해서 각기 다르게 대우받게 되기 때문에 불평등의 원칙이라고 볼 수 있다. 그러나 이것은 잘못이다. 같은 수준의 복지를 달성하려 하다 보면 개인에 따라 자원 배분의 양이 달라질 수도 있기 때문이다(Miller 1976, 149쪽). 정의는 필요에 따라 자원을 배분하는 것이며, 이것이 평등이라는 개념에서 가장 중요한 부분이라고 평등주의자는 가정한다.

이렇게 주장하게 된 역사적 맥락을 생각할 필요가 있다. 프랑스 혁명의 구호가 '자유, 평등, 우의'다. 이 맥락에서는 마르크스가 말한 '각자의 필요에 따라서'라는 원칙은 우의에 해당하는, 즉 인도주의적 원칙이라고 볼 수 있겠다(Miller 1999, 222쪽). 그런데 자유에 대한 권리 혹은 평등에 대한 권리라는 말은 흔히 들어볼 수 있지만, 우의에 대한 권리라는 말은 좀처럼 쓰이지 않는다. 그 이유는 무엇인가? 우의라는 말은 모든 인류에 대한 우의, 즉 애정을 의미하고, 모든 사람이 서로에게 차별 없는 우의를 베풀 의무가 있으며 우의를 받을 권리가 있다는 것을 의미할 수 있다. 그렇다면, 우의에 포함될 수 있는 권리와 의무의 내용에 따라 다르겠지만, 그 내용을 무제한으로 확대한다면 인간은 참으로 평등해질 것이다. 예를 들면, 우의에 대한 권리와 의무를 엄밀하게 적용할 경우, 한 명의 북한 어린이가 굶주리고 있다는 사실을 알고 있는 한은 지구상의 어느 누구도 이를 해결하지 않고는 배불리 먹을 수 없다.

우의에 대한 권리라는 말은 좀처럼 쓰이지 않지만, 경제적·사회적·문화적 권리 혹은 복지권이라는 말이 이에 준하는 것이라고 하겠다. 역사적으로 빈자에게 자비를 베풀 의무와 그 근거에 대한 논의가 전술한 것처럼 많이 있었고, 게다가 경제적 권리와 그 근거에 대한 논의가 많이 있었으며, 아직까지도 이 논의는 평등이라는 문제를 중심으로, 그리고 적극적 자유의 보장을 위한 수단으로서 계속되고 있다. 우의에 대한 권리라는 개념은 평등에 대한 권리에 근접한다고 볼 수 있다. 그러므로 정의라는 것이 권리를 초석으로 해 세워지는 집이라면, 우의에 대한 권리라는 말은 없지만 이에 준하는 복지권을 어떻게 확립해야 할지를 결정해야 한다. 이에 대한 논의가 지속된다는 것은 아직까지 프랑스 혁명의 이념이 완결되지 않았다는 것을 의미한다고 하겠다.

그렇다면 권리, 응분, 필요를 정의를 구성하는 세 원칙으로 보게 된 이유는 무엇인가? 제7장에서 오늘날의 국민 국가는 역사적으로 보면 공동체와 결사체가 결합한 것이며, 필요의 원칙은 공동체에 적합한 원칙인데 반해 공적 내지 공적에 따른 응분의 원칙은 결사체에 적합한 원칙이라는 것을 살펴보았다. 그런데 평등한 시티즌십을 가진 시민들은 권리와 의무의 주체다. 그러므로 시민들이 국가에 대해 자신의 권리의 보장을 요구할 수 있으며 국가는 이에 응하는 것이 정의다. 그래서 권리, 응분, 필요가 사회 정의 내지 배분적 정의에서 세 가지 원칙이 된다.

그런데 여기서 적어도 두 가지 문제가 생긴다고 볼 수 있다. 첫째, 도덕적으로 인정되는 응분이 권리로서 어떤 근거에서 어느 정도로 인정되어야 하는가? 둘째, 공동체의 구성원으로서 필요의 원칙에 따라 인정되는 바와 평등한 시민으로서 인정되는 법적 권리는 일치되는가, 일치되어야 하는가, 혹은 어느 정도 일치되어야 하는가? 이 두 가지 문제는 결국 공동체 구성원들이 도덕적 근거에서 서로에게 요구하고 인정할 수 있는 것이 국가라는 법적 결사체에 권리로서 어느 정도 반영되어야 하는가라는 문제다. 이제까지 논한 것이 결국 이 문제로 귀결된다. 말하자면 정의 이론은 공동체의 구성원으로서, 그리고 시민으로서 자신과 타자에 대해 가지고 있는 관념을 반영해야 한다(Miller 1999, 40~41쪽).

이상의 논의를 다음과 같이 정리할 수 있다. 사회 정의라는 개념은 권리, 응분, 필요라는 원칙 혹은 기준으로 나눌 수 있다. 각 원칙은 각기 다른 도덕적 요구를 제시한다. 그리고 정의에 대한 각기 다른 주장을 하나의 원칙으로 종합할 수 있는 이론은 없다. 정의에 대한 이론으로서 공리주의는 집합적 원칙과 배분적 원칙으로 대비된다. 공리와 같은 집합적 원칙은 사회 정의의 배분적 원칙을 수용할 수 없다. 공리의 원칙은 사회 구성원들이 향유하는 행복의 전체 양에 관한 것인데 많은 경우에 이것은 정치적 고려에서 중요하며 최우선적이다. 그렇지만 각자를 별개로 보아 정의롭게 대우하는 것이 중요하며 경우에 따라서는 전체 행복에 손실이 있더라도 각자를 정의롭게 대우해야 한다. 정의에 대한 세 가지 원칙은 개인에 대한 이러한 관심을 보여준다. 권리라는 원칙은 기대와 선택의 자유에서의 안전을 보장하며, 응분은 각 개인의 행동과 질에서의 다른 가치를 인정하며, 필요의 원칙은 개인의 생활 계획에 불가결한 것을 제공함으로써 개인을 정의롭게 대우하려고 한다(Miller 1976, 151쪽). 물론 세 가지 원칙은 서로 갈등을 일으키지만, 무엇보다 중요한 것은 사회적 공리가 요구하는 바에 같이 반대한다는 것이다(Miller 1976, 152쪽).

세 가지 기준 중에서 권리라는 개념이 아마도 가장 명료하다. 권리를 만들어내는 조건을 규정할 수 있고 어떤 사람이 그 조건에 맞으면 그는 권리가 있다고 말할 수 있기 때문이다. 필요라는 개념이 그다음으로 명료하다. 어떤 사람이 어떤 필요가 있는지를 정하는 데 어려움이 없는 것은 아니지만 경험적으로 결정할 수 있다. 보기에 따라서는 응분이 가장 정확하지 않은 개념이다. 어떤 특정한 선을 할당하는 데 어떤 응분의 근거를 택해야 하는지 결정하기가 참으로 어렵다. 물론 당연한 소득의 할당에는 기여한 바라는 기준을 적용하려고 시도할 수 있다.

권리, 응분, 필요에 대해 다음과 같은 결론을 내릴 수 있다. 첫째, 각각은 서로 다른 원칙이며, 특정한 유형의 도덕적 주장을 구체화한다. 둘째, 각각은 이론적으로 규정하기가 어려우며, 따라서 사회 정의의 실제적 개념으로 실행하기가 어렵다. 셋째, 세 가지 원칙의 관계는 고정된 것이 아니다. 그중 권리가 가장 확실한 원칙이라고 볼 수 있겠다. 그러나 권리가 모든 사람에게 보장된 것은 근대 시민 사회에서의 일이다. 즉 권리를 보장하는 것이 정의라는 사고가 생긴 것도 인류 역사상 근자의 일이다. 게다가 권리의 내용도 토머스 험프리 마셜이 주장하듯이 시민적 권리에서 시작해 정치적 권리가 인정되고 끝으로 사회적 권리도 인정되었다. 그런데 이미 살펴본 것처럼 권리 중에서도 시민적·정치적 권리와 경제적·사회적·문화적 권리 사이에 갈등이 있었다. 어쨌든 오늘날에는 마셜의 사회적 권리 혹은 경제적·사회적·문화적 권리가 인정받게 되었다. 그런데 그 과정에서 필요의 원칙이었던 것이 권리로 인정되고 확립되었다고 볼 수 있다. 그리고 현재 응분에 해당하는 것이 앞으로 권리로 바뀔 수 — 롤스처럼 응분 자체를 인정하지 않으려는 이도 있겠지만 — 있다. 그러므로 권리, 응분, 필요라는 정의의 세 원칙은 그 관계가 고정된 것이 아니라고 봐야 한다. 그렇다면 정의라는 관념의 변천사는 이 관계의 변천사라고 봐도 된다.

이상과 같이 정의가 다른 원칙으로 달성될 수 있고 다양한 해석이 가능하다면, 사회적 협업에서 생긴 부담과 혜택을 어떻게 배분해야 각자에게 각자의 당연한 몫을 주는 것이 되는가? 사안에 따라 각기 다른 원칙을 적용하면서 갈등이 일어나는 경우에 지침이 되는 원칙을 찾아야 한다. 이 조건을 만족시키는 이론에는 현재 두 가지가 있다. 공리주의와 계약론이다. 그러나 어떤 이론이든 인간이 일반적으로 정의롭다고 생각하는 바와 어긋나서는 곤란하다.

참고문헌

강정인, 〈알렉시스 드 토크빌〉, 강정인 외 엮음, 《서양근대정치사상사》(책세상, 2007), 630~669쪽.

강정인·김용민·황태연 엮음, 《서양근대정치사상사》(책세상, 2007).

권혁철, 〈부유세/질투와 인기영합의 합작품〉, 《稅金 폭탄》(《월간조선》 2007년 1월호 별책부록), 48~53쪽.

김경희, 《공화주의》(책세상, 2009).

김병규, 《퇴계사상과 정의》(박영사, 1986).

김병준, 《99%를 위한 대통령은 없다》(개마고원, 2012).

김비환, 《포스트모던시대의 정치와 문화》(박영사, 2005).

김세균, 〈라스키의 정치이론〉, 《소드 閔丙台 선생의 정치학》(인간사랑, 2008), 195~227쪽.

김영진, 《시장자유주의를 넘어서 : 칼 폴라니의 사회경제론》(한울, 2005).

김용민, 《루소의 정치철학》(인간사랑, 2004).

김일영, 〈서론 : 한국헌법과 '국가-사회'의 관계〉, 한국외교사학회 엮음, 《한국정치와 헌정사》(2001), 13~44쪽.

김재한, 《정치마케팅의 전략》(한림대학교 출판부, 2012).

김종봉, 〈종부세 폭탄 그 이후/江南 집값 잡히나?〉, 《稅金 폭탄》(《월간조선》 2007년 1
월호 별책부록), 36~43쪽.

김철, 《종교와 제도 : 문명과 역사적 법이론》(민영사, 1992).

_____, 《경제위기 때의 법학》(한국학술정보, 2009a).

_____, 《한국법학의 반성》(한국학술정보, 2009b).

김철수, 《법과 사회 정의》(서울대학교 출판부, 1983).

김학준, 《래스키 : 현대국가에 있어서의 자유》(서울대학교 출판부, 2007).

김희강, 〈미국 독립선언문의 사상적 기원과 제퍼슨 공화주의〉, 《국제정치논총》 제46
집 2호(2006), 121~144쪽.

맨더빌, 버나드, 《꿀벌의 우화》, 최윤재 옮김(문예출판사, 2010).

밀, 존 스튜어트, 《정치경제학 원리》, 박동천 옮김(나남출판, 2010).

박상섭, 《근대국가와 전쟁》(나남출판, 1996).

박은구, 《한 사학도의 역사산책》(숭실대학교 출판부, 2011).

박종현, 〈새로운 축적체제의 출현과 지속가능한 성장의 필요조건들〉, 《신진보 리포
트》 창간호(신진보 리포트 편집부, 2005), 25~35쪽.

샌들, 마이클, 《정의란 무엇인가》, 이창신 옮김(김영사, 2010).

서로위키, 제임스, 《대중의 지혜》, 홍대운 · 이창근 옮김(랜덤하우스 중앙, 2004).

소병희, 《한국경제와 한국정치 : 공공선택론적 분석》(국민대학교 출판부, 2006).

스위프트, 애덤, 《정치의 생각》, 김비환 옮김(개마고원, 2012).

스피노자, 베네딕트 데, 《신학정치론 : 정치학논고》, 최형익 옮김(비르투, 2011).

신기남, 〈세계화시대의 복지국가〉, 《신진보 리포트》 창간호(신진보 리포트 편집부,
2005), 353~366쪽.

신용하, 《社會學의 成立과 歷史社會學 : 오귀스트 꽁트의 사회학 창설》(지식산업사,
2012).

안순철, 《선거체제 비교》(법문사, 1998).

양승태, 《앎과 잘남 : 희랍 지성사와 교육과 정치의 변증법》(책세상, 2006).

_____, 《소크라테스의 앎과 잘남 : 대화, 아이러니, 시민적 사람, 그리고 정치철학의
태동》(이화여자대학교 출판부, 2013).

오병헌, 《한국의 좌파》(기파랑, 2011).

와타나베 히로시, 〈중용과 행복 : 주자학자의 모색〉, 최상용 외, 《민족주의, 평화, 중
용》(까치, 2007), 257~283쪽.

유홍림,《현대 정치사상 연구》(인간사랑, 2003).

윤건영, 〈또 다른 세금폭탄/양도소득세〉,《稅金 폭탄》(《월간조선》 2007년 1월호 별
　　　책부록), 54~59쪽.

윤도현, 〈한국의 사회갈등과 민주주의적 과제〉,《신진보 리포트》(신진보 리포트 편
　　　집부, 2005), 216~222쪽.

윤종훈, 〈보수주의자들의 착각, 정부여당의 실수, 진보진영의 아마추어 지름〉,《신진
　　　보 리포트》창간호(신진보 리포트 편집부, 2005), 10~24쪽.

이강국, 〈한국경제, 구조적 저성장과 양극화를 넘어서서〉,《신진보 리포트》창간호
　　　(신진보 리포트 편집부, 2005), 10~24쪽.

이규황,《토지공개념과 신도시 : 구상에서 실천까지》(삼성경제연구소, 1999).

이상익,《유교전통과 자유민주주의》(심산출판사, 2004).

이상학, 〈국회의원 선거구 획정과 정치적 지니계수〉,《제도와 경제》 제5권 제1호
　　　(2011), 103~118쪽.

이샤이, 미셸린,《세계인권사상사》, 조효제 옮김(길, 2005).

이연선, 〈종합부동산세의 윤곽/과세대상·부담액 급증〉,《稅金 폭탄》(《월간조선》
　　　2007년 1월호 별책부록), 24~29쪽.

이영훈,《대한민국 역사 : 나라 만들기 발자취 1945~1987》(기파랑, 2013).

이원덕, 〈복지사회의 미래와 정책과제〉,《최종현, 그가 꿈꾼 일등국가로 가는 길》
　　　(FKI미디어, 2008), 337~388쪽.

이재교, 〈아침논단 ― 헌재는 해결사가 아니다〉,《조선일보》(2008년 11월 15일).

이전오, 〈法理검토/종부세의 문제점〉,《稅金 폭탄》(《월간조선》 2007년 1월호 별책부
　　　록), 44~47쪽.

이종은,《정치와 윤리》(책세상, 2010).

_____,《평등, 자유, 권리》(책세상, 2011).

장의관, 〈아리스토텔레스의 좋은 삶과 정치공동체의 가능성 및 한계〉,《동서고금
　　　의 좋은 삶과 정치》(한국정치사상학회 2009년 11월 기획 학술회의 논문집,
　　　2009), 27~46쪽.

조승래,《공화국을 위하여》(길, 2010).

조정래,《태백산맥》(두레, 2006).

조지, 헨리,《진보와 빈곤》, 김윤상 옮김(비봉, 1997).

최상용,《평화의 정치사상》(나남출판, 1997).

최상용 외,《민족주의, 평화, 중용》(까치, 2007).

최연혁,《우리가 만나야 할 미래》(샘앤파커스, 2012).

프루동, 피에르 조제프,《소유란 무엇인가》, 이용재 옮김(아카넷, 2003).

하세가와 마사야스,《일본의 헌법》, 최은봉 옮김(소화, 2000).

헤시오도스,《신통기, 노동과 나날》, 김원익 옮김(민음사, 2003).

홉스, 토머스,《리바이어던》, 진석용 옮김(나남, 2008).

홍태영,〈몽테스키외의《법의 정신》에 대한 독해〉,《한국정치학회보》제41집 2호(한국정치학회, 2007년 여름), 141~160쪽.

荒木勝,《アリストテレス政治哲學の 重層性》(東京：創文社, 2011).

Charles Hartshorne,《中庸の 知慧：中道の 哲學(Wisdom as Moderation：A Philosophy of the Middle Way)》, 大塚稔 옮김(京都：行路社, 1992).

森末伸行,《正義論槪說》(東京：中央大學校出版部, 1999).

藤原保信,《自由主義の 再檢討》(東京：岩波書店, 1999).

諸橋轍次,《大漢和辭典》全13卷(昭和 四十三年), 縮寫版 第二刷(東京：大修館書店, 1968).

安能務,《權力とは何か》(東京：文藝春秋, 1999).

長谷川正安,《日本の 憲法》(東京：岩波書店, 1994).

Allen, Robert C., *The British Industrial Revolution in Global Perspective*(Cambridge：Cambridge University Press, 2009).

Altmeyer, A. J., "Social Insurance", *The Encyclopedia Americana International Edition*, vol. 25(New York：Americana Corporation, 1970), 162~165쪽.

Arendt, Hannnah, *On Revolution*(New York：The Viking Press, 1965).

Aristotle, *The Basic Works of Aristotle*, Richard Mckeon (ed.)(New York：Random House, 1941).

Arneson, Richard J., "Liberalism, Distributive Subjectivism, and Equal Opportunity for Welfare", *Philosophy and Public Affairs* 19(1990), 159~194쪽.

_____, "What Do Socialists Want?", Erik Olin Wright (ed.), *Equal Shares：Making Market Socialism Work*(London · New York：Verso, 1996).

_____, "Equality and Egalitarianism", Ruth Chadwick (ed.), *The Encyclopedia of*

Applied Ethics, vol. 2(San Diego : Academic Press, 1998), 115~125쪽.

Arnold, N. Scott, "Why Profits are Deserved", *Ethics* 97(1987년 1월), 387~402쪽.

Baker, John, *Arguing for Equality*(London : Verso, 1987).

Baldwin, Peter, "Promotion of Welfare", Seymour Martin Lipset, *The Encyclo-pedia of Democracy*, vol. IV(Washington DC : Congressional Quarterly Inc., 1995), 1372~1376쪽.

Barcalow, Emmett, *Justice, Equality, and Rights : An Introduction to Social and Political Philosophy*(London : Wadsworth, 2004).

Barnes, Harry Elmer, "Social Reform Program and Movements", *The Encyclope-dia Americana International Edition*, vol. 25(New York : Americana Cor-poration, 1970), 167~185쪽.

Barro, Robert J., "Determinants of Democracy", *Journal of Political Economy*, vol. 107, no. 6(1997년 12월), 158~183쪽.

Barry, Brian M., *Political Argument*(London : Routledge and Kegan Paul, 1965).

_____, *Political Argument : A Reissue with A New Introduction*(Berkeley : Uni-versity of California Press, 1990).

Becker, Lawrence E., *Ethical Investigations : A Routledge Series of Article Collec-tions*(New York : Routledge, 2003).

Bedau, Hugo A. (ed.), *Justice and Equality*(Englewood Cliffs, New Jersey : Pren-tice-Hall Inc., 1971).

_____, "Introduction", Hugo A. Bedau (ed.), *Justice and Equality*(Englewood Cliffs, New Jersey : Prentice-Hall Inc., 1971a), 1~12쪽.

Bell, Daniel, *Communitarianism and Its Critics*(Oxford · New York : Oxford Uni-versity Press, 1993).

Benn, Stanley I. · R. S. Peters, *Social Principles and the Democratic State*(London : George Allen & Unwin, 1980).

_____, "Property", Donald M. Borchert (ed.), *The Encyclopedia of Philosophy*, vol. 8(Farmington Hills, Michigan : Thomson Gale, 2006), 68~72쪽.

Blau, Mark (ed.), *Henry George*(Hants : Edward Elga Publishing Ltd., 1992).

Blocker, H. Gene · Elizabeth H. Smith, *John Rawls' Theory of Social Justice : An Introduction*(Athens : Ohio State University Press, 1980).

Borchert, Donald M. (ed.), *The Encyclopedia of Philosophy*, 10 vols.(Farmington Hills, Michigan : Thomson Gale, 2006).

Bosanquet, Bernard, *The Philosophical Theory of The State*(London : Macmillan and Co. Ltd., 1951).

Boulding, Kenneth E., *Conflict and Defence : A General Theory*(New York : Harper and Brothers, 1962).

Bowie, Norman, *Towards A New Theory of Distributive Justice*(Amherst : University of Massachusetts Press, 1971).

Brandt, Richard, *Social Justice*(Englewood Cliffs, New Jersey : Prentice-Hall, 1962).

Brock, Gillian, "Needs and Justice", Soran Reader (ed.), *The Philosophy of Need* (Cambridge : Cambridge University Press, 2005), 51~72쪽.

Brody, Baruch (ed.), *Moral Rules and Particular Circumstances*(Englewood Cliffs, New Jersey : Prentice-Hall, Inc., 1970).

Buchanan, Allen E., "A Critical Introduction to Rawls' Theory of Justice", H. Gene Blocker · Elizabeth H. Smith, *John Rawls' Theory of Social Justice : An Introduction*(Athens : Ohio State University Press, 1980), 5~41쪽.

_____, *Marx and Justice : The Radical Critique of Liberalism*(Totowa, New Jersey : Rowman & Allanheld, 1982).

Burton, John Hill, "Introduction to the Study of the Works of Jeremy Bentham", John Bowring (ed.), *The Works of Jeremy Bentham*, vol. 1(Bristol, England : Thoemmes Press, 1995), 3~83쪽.

Carr, E. H., *The New Society*(Boston : Beacon Press, 1962).

Chadwick, Ruth (ed.), *The Encyclopedia of Applied Ethics*(San Diego : Academic Press, 1998).

Chappell, Timothy, "Theories of Ethics, Overview", Ruth Chadwick (ed.), *The Encyclopedia of Applied Ethics*, vol. 4(San Diego : Academic Press, 1998), 323~334쪽.

Chappell, V. C., "Introduction", David Hume, *The Philosophy of David Hume* (New York : Random House, 1963), vii~lxvii쪽.

Clayton, Matthew · Andrew Williams (eds.), *Social Justice*(Oxford : Blackwell,

2004).

_____, "Introduction", Matthew Clayton · Andrew Williams (eds.), *Social Just-ice*(Oxford : Blackwell, 2004a), 1～18쪽.

Cohen, G. A., *History, Labour and Freedom*(Oxford : Oxford University Press, 1988).

_____, *Self-Ownership, Freedom, and Equality*(Cambridge : Cambridge University Press, 1995).

Coleman, Janet, *A History of Political Thought : From Ancient Greece to Early Christianity*(Oxford : Blackwell Publishers Ltd., 2000).

Copleston, S. J. Frederick, *A History of Philosophy*, 9 vols.(London : Search Press, 1960).

Cornford, F. M., *From Religion to Philosophy : A Study in the Origins of Western Speculation*(London : Arnold, 1912).

Cumniskey, David, "Desert and Entitlement : A Rawlsian Consequentialist Account", *Analysis* 47(1987), 15～19쪽.

Cupit, Geoffrey, *Justice as Fittingness*(Oxford : Clarendon Press, 1996).

Dahl, Robert, *On Democracy*(New Haven : Yale University Press, 1998).

D'Entrèves, A. P., *Natural Law*(New York : Harper & Row, 1965).

de Roover, Raymond, "I. Ancient and Medieval Thought", David L. Sills (ed.), *International Encyclopedia of the Social Sciences*, vol. 4(New York : The Macmillan Co. & The Free Press, 1968), 430～435쪽.

Dobb, Maurice, "IV. Socialist Thought", David L. Sills (ed.), *International Encyclopedia of the Social Sciences*, vol. 4(New York : The Macmillan Co. & The Free Press, 1968), 446～454쪽.

Docet, Sanctus Thoma, "Chapter 13. What Is Right, What Is Just, Ratio as Type", Enrico Pattaro (ed.), *A Treatise of Legal Philosophy and General Juris-prudence*(Berlin · Heidelberg · New York : Springer Dordrecht, 2005), 295～331쪽.

Dunn, John, *Democracy : A History*(New York : Atlantic Monthly Press, 2004a).

_____, *Setting the People Free : The Story of Democracy*(London : Atlantic Books, 2004b).

Dworkin, Ronald, "Is Law a System of Rules?", Robert S. Summers (ed.), *Essays in Legal Philosophy*(Oxford : Oxford University Press, 1968).

_____, "What Is Equality? Part 1 : Equality of Welfare", *Philosophy and Public Affairs* 10 : 3(1981), 185~246쪽.

Edmundson, William A., *An Introduction to Rights*(Cambridge : Cambridge University Press, 2004).

Edwards, Jeffrey · Michael Hughes, "Moral Philosophy : Modern", Maryanne Cline Horowitz (ed.), *New Dictionary of the History of Ideas*, vol. 4(New York : Charles Scribner's Sons, 2005), 1792 ~1795쪽.

Epicurus, "Letter to Menoecleus", Louis P. Pojman, *Classics of Philosophy*(Oxford : Oxford University Press, 2003a), 358~360쪽.

_____, "Principal Doctrine", Louis P. Pojman, *Classics of Philosophy*(Oxford : Oxford University Press, 2003b), 360~362쪽.

Etzioni, Amitai, *The Spirit of Community : The Reinvention of American Society*(New York : Simon and Schuster, 1993).

Fagelson, David, "Protection of Property Rights", Seymour Martin Lipset, *The Encyclopedia of Democracy*, vol. III(Washington DC : Congressional Quarterly Inc., 1995), 1007~1010쪽.

Faundez, Julio (ed.), *Law and Development*(London : Routledge, 2012).

Feinberg, Joel, *Doing and Deserving : Essays in the Theory of Responsibility*(Princeton : Princeton University Press, 1970).

_____, "The Nature and Value of Rights", *Journal of Value Enquiry*, vol. IV, issue IV(1970a), 243~260쪽.

_____, *Social Philosophy*(Englewood Cliffs, New Jersey : Prentice-Hall, 1973).

_____, *Rights, Justice, and the Bounds of Liberty : Essays in Social Philosophy*(Princeton, New Jersey : Princeton University Press, 1980).

_____, "Justice and Personal Desert", Louis Pojman · Owen Mcleod (eds.), *What Do We Deserve? A Reader on Justice and Desert*(Oxford : Oxford University Press, 1999), 70~83쪽.

Feldman, Fred, *Confrontations With the Reaper*(Oxford : Oxford University Press, 1992).

Finer, S. E., *The History of Government From the Earliest Times*, 3 vols.(Oxford : Oxford University Press, 1997).

Fishkin, James S., *The Voice of the People : Public Opinion and Democracy*(New Haven : Yale University Press, 1997).

Flathman, Richard E., *Concepts in Social and Political Philosophy*(New York : Macmillan Publishing Inc./London : Collier Macmillan Publisher, 1973).

_____, *Toward A Liberalism*(Ithaca · London : Cornell University Press, 1989).

Fontana, Biancamaria, "Democracy", Maryanne Cline Horowitz (ed.), *New Dictionary of the History of Ideas*, vol. 2(New York : Charles Scribner's Sons, 2005), 551~556쪽.

Forkosch, Morris D., "Justice", Phillip P. Wiener (ed.), *Dictionary of the History of Ideas*, vol. II(New York : Charles Scribner's Son, 1978), 652~659쪽.

Freeman, Samuel (ed.), *The Cambridge Companion to Rawls*(Cambridge, Massachusetts : Cambridge University Press, 2003).

_____, "Congruence and the Good of Justice", Samuel Freeman (ed.), *The Cambridge Companion to Rawls*(Cambridge, Massachusetts : Cambridge University Press, 2003a), 277~315쪽.

Friedman, Milton, *Capitalism and Freedom*(Chicago · London : University of Chicago Press, 1982).

Fukuyama, Francis, *The End of History and the Last Man*(New York : Perennial, 1992).

_____, *The Origins of Political Order : From Prehuman Times to the French Revolution*(New York : Farrar, Straus and Giroux, 2011).

Gaus, Gerald F., *Political Concepts and Political Theories*(Boulder, Colorado : Westview Press, 2000).

Gauthier, David, *Morals by Agreement*(Oxford : Clarendon, 1986).

Girvetz, Harry K., *From Wealth to Welfare : The Evolution of Liberalism*(Stanford, California : Stanford University Press, 1950).

Godwin, William, *Enquiry Concerning Political Justice*, Isaac Kranmick (ed.) (Harmondsworth, UK : Penguin Books, 1976).

Gough, Ian, *The Political Economy of the Welfare State*(London : Macmillan

Press Ltd., 1979).

Gould, Carol, *Rethinking Democracy : Freedom and Social Cooperation in Politics, Economy, and Society*(Cambridge : Cambridge University Press, 1988).

Green, T. H., *Prolegomena to Ethics*(Oxford : Clarendon Press, 1884).

_____, *Lectures on the Principles of Political Obligation*(Kitchener, Ontario : Batoche Books, 1999).

Grotius, Hugo, *On the Law of War and Peace*, Stephen C. Neff (ed.)(Cambridge : Cambridge University Press, 2012).

Hallgarth, Matthew W., "Consequentialism ad Deontology", Ruth Chadwick (ed.), *The Encyclopedia of Applied Ethics*, vol. 1(San Diego : Academic Press, 1998), 609~621쪽.

Harrington, J., *The Commonwealth of Oceana and A System of Politics*(Cambridge : Cambridge University Press, 1992).

Hausman, Daniel M. · Michael S. McPherson, *Economic Analysis and Moral Philosophy*(New York : Cambridge University Press, 1996).

Havelock, Eric A., *The Greek Concept of Justice : From Its Shadow in Homer to Its Substance in Plato*(Cambridge : Harvard University Press, 1978).

Hayek, F. von, *Law, Legislation, and Liberty, vol. II : The Mirage of Social Justice*(Chicago : University of Chicago Press, 1976).

_____, *Law, Legislation, and Liberty*, vol. II : The Mirage of Social Justice(London : Routledge, 1982).

_____ , "Social or Distributive Justice"(originally from Hayek 1982), F. von Hayek, *Law, Legislation, and Liberty*(London : Routledge and Kegan Paul Ltd., 1993), 117~158쪽.

Hegel, G. W., *Hegel's Philosophy of Right*, T. M. Knox (trans.)(Oxford : Clarendon Press, 1958)

Heichelheim, Cedric Yeo · Allen Ward, *A History of the Roman People*(Englewood Cliffs, New Jersey : Prentice-Hall, 1984).

Hepburn, Ronald W., "Philosophical Ideas of Nature", Donald M. Borchert (ed.), *The Encyclopedia of Philosophy*, vol. 6(Farmington Hills, Michigan :

Thomson Gale, 2006), 517~522쪽.

Herodotus, *Histories*(Middlesex : Penguin Books, 1986).

Heyman, Josiah McC., "Work", Maryanne Cline Horowitz (ed.), *New Dictionary of the History of Ideas*, vol. 6(New York : Charles Scribner's Sons, 2005), 2497~2503쪽.

Hicks, Alexander M., "State growth and intervention", Seymour Martin Lipset, *The Encyclopedia of Democracy*, vol. IV(Washington DC : Congressional Quarterly Inc., 1995), 1185~1189쪽.

Hobbes, Thomas, *Leviathan*, Richard Tuck (ed.)(Cambridge : Cambridge University Press, 1991).

_____, *On the Citizen*, Richard Tucker (ed.), Michael Silverthorne (trans.)(Cambridge : Cambridge University Press, 1998).

Hobhouse, L. T., *The Elements of Social Justice*(New York : Henry Holt and Co., 1922).

_____, *The Metaphysical Theory of the State : A Criticism*(London : George Allen and Unwin, 1951).

_____, *Liberalism*(New York : Oxford University Press, 1964).

Hohfeld, Wesley Newcomb, *Fundamental Legal Conceptions as Applied in Judicial Reasoning*, Walter Wheeler Cook (ed.)(Westport, Connecticut : Greenwood Press, 1978).

Honohan, Iseult, *Civic Republicanism*(London · New York : Routledge, 2002).

Honore, A. M., "Ownership", Lawrence Becker · Kenneth Kipnis (eds.), *Property : Cases, Concepts, Critiques*(Englewood Cliffs, New Jersey : Prentice-Hall, 1984).

Hoover, Calvin B., "Capitalism", David L. Sills (ed.), *International Encyclopedia of the Social Sciences*, vol. 2(New York : The Macmillan Co. & The Free Press, 1968), 294~302쪽.

Hornsby-Smith, Michael P., *An Introduction to Catholic Social Thought*(Cambridge : Cambridge University Press, 2006).

Horowitz, Maryanne Cline (ed.), *New Dictionary of the History of Ideas*, 6 vols. (New York : Charles Scribner's Sons, 2005).

Hume, David, "A Treatise of Human Nature", David Hume, *The Philosophy of David Hume*(New York : Random House, 1963), 25~311쪽.

_____, "Of the Original Contract", David Hume, *Hume's Ethical Writings*, Alasdair MacIntyre (ed.)(Notre Dame, London : University of Notre Dame Press, 1965), 255~274쪽.

_____, *A Treatise on Human Nature*, L. A. Selby-Bigges · P. H. Nidditch (eds.) (Oxford : Clarendon Press, 1981).

_____, "Of Passive Obedience", *Essays : Moral, Political and Literary*, Eugene F. Miller (ed.)(Indianapolis : Liberty Classic, 1987), 488~492쪽.

_____, *Enquiry Concerning Human Understanding and Concerning the Principles of Morals*(Oxford : Clarendon Press, 1992).

_____, "An Enquiry Concerning the Principle of Morals", David Hume, *Enquiry Concerning Human Understanding and Concerning the Principles of Morals*(Oxford : Clarendon Press, 1992a), 167~323쪽.

Ilting, K.-H., "The Structure of Hegel's Philosophy of Right", Z. A. Pelczynski (ed.), *Hegel's Political Philosophy : Problem & Perspective*(Cambridge : Cambridge University Press, 1971), 90~110쪽.

Imbach, Ruedi, "Justice", Andre Vauchez et al. (eds.), *Encyclopedia of the Middle Ages*, vol. 1(Cambridges : James Clarke & Co., 2000), 794~795쪽.

Isbister, John, *Capitalism and Justice : Envisioning Social and Economic Fairness*(Bloomfield, Connecticut : Kumarian Press Inc., 2001).

Ivison, Duncan, *Rights*(Stockfield : Acumen Publishing Limited, 2008).

Johnston, David, *A Brief History of Justice*(UK : Wiley-Blackwell, 2011).

Kamenka, Eugene · Alice Erh-Soon Tay (eds.), *Justice*(London : Edward Arnold, 1979).

Kant, Immanuel, *Lectures on Ethics*, Lewis Infield (trans.)(London : Methuen, 1930).

_____, *Critique of Practical Reason*, L. W. Beck (trans.)(Indianapolis : Library of Liberal Arts, 1956).

_____, *Groundwork of the Metaphysics of Morals*, H. J. Paton (trans.)(New York : Harper & Torchbooks, 1964). *GMM*으로 약칭.

＿＿＿, *Critique of Pure Reason*, Norman Kemp Smith (trans.)(New York : St. Martin's Press, 1965a).

＿＿＿, *The Metaphysical Elements of Justice*, J. Ladd (trans.)(Indianapolis : Bobbs-Merrill, 1965b).

＿＿＿, "On the common saying : 'this may be true in theory, but it does not apply in practice'", Hans S. Reiss (ed.), *Kant's Political Writings*, H. B. Nisbet (trans.)(Cambridge : Cambridge University Press, 1970), 61~92쪽.

＿＿＿, *The Metaphysics of Morals*, Mary Gregor (trans.)(New York : Harper & Torchbooks, 1991). *MM*으로 약칭.

Keirstead B. S., "Profit", David L. Sills (ed.), *International Encyclopedia of the Social Sciences*, vol. 12(New York : The Macmillan Co. & The Free Press, 1968), 547~552쪽.

Kelsen, Hans, *What is Justice*(Berkeley · Los Angeles : University of California Press, 1960).

Kenny, Anthony, *Thomas More*(Oxford · New York : Oxford University Press, 1990).

Kernig, C. D. (ed.), *Western Society and Marxism, Communism : A Comparative Encyclopedia*, 8 vols.(New York : Herder and Herder, 1972).

Kersting, Wolfgang, "Politics, freedom, and order : Kant's political philosophy", Paul Guyer (ed.), *The Cambridge Companion to Kant*(Cambridge : Cambridge University Press, 1992), 342~366쪽.

Kleining, John, "The Concept of Desert", Louis Pojman · Owen Mcleod (eds.), *What Do We Deserve? A Reader on Justice and Desert*(Oxford : Oxford University Press, 1999), 84~92쪽.

Klosko, George (ed.), *The Oxford Handbook of The History of Political Philosophy*(Oxford : Oxford University Press, 2011).

Kogl, Alexandra · David K. Moore, "Equality", Maryanne Cline Horowitz (ed.), *New Dictionary of the History of Ideas*, vol. 2(New York : Charles Scribner's Sons, 2005), 694~701쪽.

Kolokowski, Leszek, *Main Currents of Marxism*(New York : Norton & Co., 2005).

Kymlicka, Will, *Contemporary Political Philosophy : An Introduction*(Oxford :

Oxford University Press, 1990).

Levine, Andrew, "Rewarding Effort", *Journal of Political Philosophy* 7(1999), 404
～418쪽.

Lipset, Seymour Martin (ed.), *The Encyclopedia of Democracy*, vol. IV(Washing-
ton DC : Congressional Quarterly Inc., 1995), 1185～1189쪽.

Lively, Jack · John Rees (eds.), *Utilitarian Logic and Politics*(Oxford : Clarendon
Press, 1978).

Locke, John, *Second Treatise of Government*, C. B. Macpherson (ed.)(Cambridge :
Cambridge University Press, 1980). *ST*로 약칭.

Machan, Tibor R., *Libertarianism Defended*(Burlington, Vermont : Ashgate Pub-
lishing Limited, 2006).

MacIntyre, Alasdair, *After Virtue : A Study in Moral Theory*(Notre Dame, London :
University of Notre Dame Press, 1981).

Macpherson, C. B., *Democratic Theory : Essays in Retrieval*(London : Oxford
University Press, 1973).

_____, *The Life and Times of Liberal Democracy*(Oxford : Oxford University
Press, 1977).

Marcuse, Herbert, *One Dimensional Man*(Boston : Beacon Press, 1968).

Maritain, Jacques, *Man and the State*(Chicago : University of Chicago Press,
1951).

Marshall, T. H., *The Right of Welfare and Other Essays*(London : Heinemann,
1981).

Marx, Karl, *The Economic and Philosophic Manuscripts of 1844*, Martin Milligan
(trans.)(New York : International Publishers, 1964).

_____, *Capital*, vol. 1, Ben Fowkes (trans.)(Harmondsworth, England : Penguin
Books, 1976).

McGreal, Ian Phillip, *Problems of Ethics*(Scranton, Pennsylvania : Chandler Pub-
lishing Co., 1971).

McLeod, Owen, "Introduction : Five Questions about Desert", Louis Pojman ·
Owen Mcleod (eds.), *What Do We Deserve? A Reader on Justice and Des-
ert*(Oxford : Oxford University Press, 1999), 61～69쪽.

_____, "Desert and Wages", Louis Pojman · Owen Mcleod (eds.), *What Do We Deserve? A Reader on Justice and Desert*(Oxford : Oxford University Press, 1999a), 271~282쪽.

_____, "Introduction : Contemporary Interpretation of Desert", Louis Pojman · Owen Mcleod (eds.), *What Do We Deserve? A Reader on Justice and Desert*(Oxford : Oxford University Press, 1999b), 61~69쪽.

Mill, James, "Essay on Government", Jack Lively · John Rees (eds.), *Utilitarian Logic and Politics*(Oxford : Clarendon Press, 1978), 5~95쪽.

Mill, John Stuart, "Utilitarianism", Jeremy Bentham · John Stuart Mill, *The Utilitarians*(Garden City, New York : Dolphin Books, Doubleday & Co., 1961), 399~472쪽. *UT*로 약칭.

Miller, David, *Social Justice*(Oxford : Oxford University Press, 1976).

_____, *Principles of Social Justice*(Cambridge, Massachusetts : Harvard University Press, 1999).

Miller, Sarah Clark, "Need, Care and Obligation", Soran Reader (ed.), *The Philosophy of Need*(Cambridge : Cambridge University Press, 2005), 137~160쪽.

Moon, Donald, "The Idea of the Welfare State", George Klosko (ed.), *The Oxford Handbook of The History of Political Philosophy*(Oxford : Oxford University Press, 2011), 660~672쪽.

Moore, G. E., *Principia Ethica*(New York : Prometheus Books, 1988).

More, Thomas, *Utopia*, Paul Turner (trans.)(London : Penguin Books, 1965).

Murphy, Walter F., "Constitutions, constitutionalism, and democracy", Julio Faundez (ed.), *Law and Development*(London : Routledge, 2012), 323~348쪽.

Neumann, Franz, "The Concept of Political Freedom", Richard E. Flathman, *Concepts in Social and Political Philosophy*(New York : Macmillan Publishing Inc./London : Collier Macmillan Publisher, 1973), 266~294쪽.

Nozick, Robert, *Anarchy, State and Utopia*(New York : Basic/Oxford : Blackwell, 1974). *ASU*로 약칭.

Okun, Arthur M., *Equality and Efficiency : The Big Tradeoff*(Washington DC : The Brookings Institution, 1975).

Olson, Mancur, Jr., "The Relationship between Economics and the Other Social

Sciences : The Providence of a 'Social Report'", Seymour Martin Lipset
(ed.), *Politics and the Social Sciences*(New York : Oxford University
Press, 1969).

O'Neill, John, "Rights, Obligations and Needs", G. Brock (ed.), *Necessary Goods*
(Lanham : Rowman and Littlefield, 1998), 95~112쪽.

_____, "Need, Humiliation and Independence", Soran Reader (ed.), *The Phil-
osophy of Need*(Cambridge : Cambridge University Press, 2005), 73~
97쪽.

Paley, William, *The Principles of Moral and Political Philosophy*, vol. 1(London : J.
Faulder et al, 1786).

Passmore, J. A., "Civil Justice and Its Rivals", Eugene Kamenka · Alice Erh-Soon
Tay (eds.), *Justice*(London : Edward Arnold, 1979).

Pattaro, Enrico, "The Law and the Right", Enrico Pattaro (ed.), *A Treatise of Legal
Philosophy and General Jurisprudence*, vol. 1(Berlin · Heidelberg · New
York : Springer Dordrecht, 2005).

Pechman, Joseph A., "Personal income taxes", David L. Sills (ed.), *International
Encyclopedia of the Social Sciences*, vol. 15(New York : The Macmillan
Co. & The Free Press, 1968), 529~537쪽.

Pennock, J. Roland, *Democratic Political Theory*(Princeton : Princeton University
Press, 1979).

Persson, Ingmar, "Feldman's Justicized Act Utilitarianism", *Ratio*(1996년 4월 9일),
39~46쪽.

Piettre, Andre, "Property from the Juridical Standpoint", C. D. Kernig (ed.), *West-
ern Society and Marxism, Communism : A Comparative Encyclopedia*,
vol. 7(New York : Herder and Herder, 1972), 75~85쪽.

_____, *John Rawls : His Life and Theory of Justice*, Michelle Kosch (trans.)(Ox-
ford : Oxford University Press, 2007).

Pogge, Thomas, *John Rawls : His Life and Theory of Justice*, Michelle Kosch
(trans.)(Oxford : Oxford University Press, 2007).

Pojman, Louis P., "Introduction : Historical Interpretations of Desert", Louis Poj-
man · Owen Mcleod (eds.), *What Do We Deserve? A Reader on Justice*

and Desert (Oxford : Oxford University Press, 1999), 1~60쪽.

_____, *Classics of Philosophy* (Oxford : Oxford University Press, 2003).

Pojman, Louis P. · Owen Mcleod (eds.), *What Do We Deserve? A Reader on Justice and Desert* (Oxford : Oxford University Press, 1999).

Pojman, Louis P. · Robert Westmoreland (eds.), *Equality : Selected Reading* (Oxford : Oxford University Press, 1997).

Polybius, *The Rise of the Roman Empire*, Ian Scott-Kilvert (trans.) (New York : Penguin Books, 1979).

Posner, Richard A., *The Economics of Justice* (Cambridge, Massachusetts : Harvard University Press, 1981).

Proudhon, Pierre, *What is Property?*, Donald R. Kelley · Bonnie G. Smith (ed. · trans.) (New York : Cambridge University Press, 1994).

Przeworski, Adam et al., *Democracy and Development : Political Institutions and Material Well-Being in the World, 1950~1990* (Cambridge : Cambridge University Press, 2000).

Puddington, Arch, *Freedom in the World 2009 : Setbacks and Resilience* (Arlington, Virginia : Freedom House, 2009).

Pufendorf, Samuel, *On the Duty of Man and Citizen*, James Tully (ed.), Michael Silverthorne (trans.) (Cambridge : Cambridge University Press, 1991).

Putterman, Louis · John E. Roemer · Joaquim Silvestre, "Does Egalitarianism Have a Future?", *Journal of Economic Literature* 31 (1998), 861~902쪽.

Raphael, D. D., *Political Theory and the Rights of Man* (London : Macmillan Press, 1967).

Rauch, Leo, "Hegel, spirit, and politics", Robert C. Solomon · Kathleen M. Higgins (eds.), *The Age of German Idealism* (London · New York : Routledge, 2003), 254~289쪽.

Rawls, John, *A Theory of Justice* (Cambridge, Massachusetts : The Belknap Press of Harvard University Press/Oxford : Oxford University Press, 1971). *TJ* 로 약칭.

Reader, Soran (ed.), *The Philosophy of Need* (Cambridge : Cambridge University Press, 2005).

_____, "Introduction", Soran Reader (ed.), *The Philosophy of Need*(Cambridge : Cambridge University Press, 2005a), 1~24쪽.

_____, "Aristotle on Necessities and Needs", Soran Reader (ed.), *The Philosophy of Need*(Cambridge : Cambridge University Press, 2005b), 113~135쪽.

Reeve, Andrew, *Property. Issues in Political Theory*(London : Macmillan Education Ltd., 1986).

_____, *Modern Political Theory from Hobbes to Marx*(London · Los Angeles : Sage, 1987).

Reiss, Hans S. (ed.), *Kant's Political Writings*, H. B. Nisbet (trans.)(Cambridge : Cambridge University Press, 1970).

Roberts, Robert C., "Will Power and the Virtues", *Philosophical Review* 93(1984), 227~247쪽.

Roemer, John E., *Theories of Distributive Justice*(Cambridge, Massachusetts : Harvard University Press, 1996).

Rolph, Earl R., "Taxation", David L. Sills (ed.), *International Encyclopedia of the Social Sciences*, vol. 15(New York : The Macmillan Co. & The Free Press, 1968), 521~529쪽.

Rosenblum, Nancy L., "Liberalism", Seymour Martin Lipset, *The Encyclopedia of Democracy*, vol. III(Washington DC : Congressional Quarterly Inc., 1995), 756~761쪽.

Ross, W. D., *The Rights and the Good*(Oxford : Oxford University Press, 1930).

Rottleuthner, Hubert, "Foundations of Law", Enrico Pattaro (ed.), *A Treatise of Legal Philosophy and General Jurisprudence*, vol. 2(Berlin · Heidelberg · New York : Springer Dordrecht, 2005).

Rousseau, Jean-Jacques, *Emile or On Education*, Allan Bloom (trans.)(New York : Penguin Books, 1970).

_____, *The Social Contract and Discourses*, G. D. H. Cole (trans.)(London : J. M. Dent & Sons Ltd., 1973).

_____, "A Discourse on the Origin of Inequality", Jean-Jacques Rousseau, *The Social Contract and Discourses*, G. D. H. Cole (trans.)(London : J. M. Dent & Sons Ltd., 1973), 31~126쪽. *OI*로 약칭.

Rowe, Christopher, "Needs and Ethics in Ancient Philosophy", Soran Reader (ed.), *The Philosophy of Need*(Cambridge : Cambridge University Press, 2005), 99~112쪽.

Rowley, C. K.·F. Schneider (eds.), *The Encyclopedia of Public Choice*, vol. 1 (Dordrecht · Boston · London : Kluwer Academic Publishers, 2004).

Ruggiero, Guido de, *The History of European Liberalism*, R. G. Collingwood (trans.) (Boston : Beacon Press, 1959).

Russell, Bertrand, "The Elements of Ethics", Wilfrid Sellars · John Hospers (eds.), *Readings in Ethical Theory*(New York : Appleton-Century-Croft, 1970), 3~28쪽.

_____, *The History of Western Philosophy*(New York · London : Simon & Schuster, 1972).

Ryan, Alan, *Property and Political Theory*(Oxford : Oxford University Press, 1984).

_____, "Freedom", David Miller (ed.), *The Blackwell Encyclopaedia of Political Thought*(Oxford : Basil Blackwell, 1987), 163~166쪽.

_____ (ed.), *Justice*(Oxford : Oxford University Press, 1993).

_____, "Introduction", Alan Ryan, *Justice*(Oxford : Oxford University Press, 1993a), 1~17쪽.

Sabine, George H., "The Two Democratic Traditions", *The Philosophical Review*, vol. 61(1952년 10월), 451~474쪽.

_____, *A History of Political Theory*(New York : Rinehart and Winston, 1961).

Sachs, Jeffrey, *The End of Poverty : Economic Possibilities for Our Time*(New York : Penguin Books, 2005).

Sandel, Michael, *Liberalism and the Limits of Justice*(Cambridge : Cambridge University Press, 1982).

Scanlon, Thomas M., "Nozick on Rights, Liberty and Property", *Philosophy and Public Affairs* 6(1976), 3~25쪽.

_____, "Equality of Resources and Equality of Welfare : A Forced Marriage?", *Ethics* 97(1986), 111~118쪽.

Schmidtz, David, "Property", George Klosko (ed.), *The Oxford Handbook of The*

History of Political Philosophy(Oxford : Oxford University Press, 2011), 599~610쪽.

Schoeck, Helmut, *Envy : A Theory of Social Behavior*, Michael Glenny · Betty Ross (trans.)(London : Secker and Warburg, 1969).

Schott, Ruediger, "Part I. Property from the ethnological standpoint", C. D. Kernig (ed.), *Western Society and Marxism, Communism : A Comparative Encyclopedia*, vol. 7(New York : Herder and Herder, 1972), 68~75쪽.

Scruton, Roger, *Kant : A Very Short Introduction*(Oxford : Oxford University Press, 2001).

Sedgwick, Sally, *Hegel's Critique of Kant : From Dichotomy to Identity*(Oxford : Oxford University Press, 2012).

Sen, Amartya, *Inequality Reexamined*(Cambridge, Massachusetts : Harvard University Press, 1992).

_____, "Introduction", Adam Smith, *The Theory of Moral Sentiments*(New York : Penguin Books, 2009), vii~xxvi쪽.

Shapiro, Ian, *The Evolution of Rights in Liberal Theory*(Cambridge : Cambridge University Press, 1986).

Shogimen, Takashi, "Constitutionalism", Maryanne Cline Horowitz (ed.), *New Dictionary of the History of Ideas*, vol. 2(New York : Charles Scribner's Sons, 2005), 458~461쪽.

Sidgwick, Henry, "Utilitarian Morality", Baruch Brody (ed.), *Moral Rules and Particular Circumstances*(Englewood Cliffs, New Jersey : Prentice-Hall, Inc., 1970), 37~61쪽.

_____, *The Methods of Ethics*(Indianapolis · Cambridge : Hackett Publishing Company, 1981).

Sills, David L. (ed.), *International Encyclopedia of the Social Sciences*(New York : The Macmillan Co. & The Free Press, 1968).

Slote, Michael A., "Desert, Consent, and Justice", *Philosophy & Public Affairs*, vol. 2, no. 4(1973년 여름), 338~339쪽.

_____, "Desert, Consent and Justice", Louis Pojman · Owen Mcleod (eds.), *What Do We Deserve? A Reader on Justice and Desert*(Oxford : Oxford University Press, 1999), 210~223쪽.

Smart, J. J. C., "An Outline of a System of Utilitarian Ethics", J. J. C. Smart · Bernard
　　　Williams, *Utilitarianism : For and Against*(Cambridge : Cambridge Uni-
　　　versity Press, 1973).

_____, "Utilitarianism", Donald M. Borchert (ed.), *The Encyclopedia of Philoso-
　　　phy*, vol. 9(Farmington Hills, Michigan : Thomson Gale, 2006), 603~611쪽.

Smart, J. J. C. · Bernard Williams, *Utilitarianism : For and Against*(Cambridge :
　　　Cambridge University Press, 1973).

Smith, Adam, *An Inquiry into the Nature and Causes of The Wealth of Nations*,
　　　Edwin Cannan (ed.)(Chicago : University of Chicago Press, 1976).

_____, *The Theory of Moral Sentiments*(New York : Penguin Books, 2009).

Smith, David G., "Liberalism", David L. Sills (ed.), *International Encyclopedia of
　　　the Social Sciences*, vol. 9(New York : The Macmillan Co. & The Free
　　　Press, 1968), 276~282쪽.

Solomon, Robert C. · Kathleen M. Higgins (eds.), *The Age of German Idealism*
　　　(London · New York : Routledge, 2003).

Solomon, Robert C. · Mark C. Murphy (eds.), *What is Justice? Classic and Con-
　　　temporary Readings*(New York · Oxford : Oxford University Press, 2000).

Spencer, Herbert, *The Principles of Sociology*, 3 vols.(London : Williams and
　　　Norgate, 1882).

_____, *The Principles of Ethics*, 2 vols.(New York : D. Appleton, 1893).

_____, *First Principles*, vol. I(London : Williams & Norgate, 1910).

_____, *The Data of Ethics*(Cambridge : Cambridge University Press, 2012).

Steiner, Hillel, *An Essay on Rights*(Oxford : Blackwell, 1994).

Sterba, James P., "Good", Maryanne Cline Horowitz (ed.), *New Dictionary of the
　　　History of Ideas*, vol. 3(New York : Charles Scribner's Sons, 2005), 1176
　　　~1181쪽.

_____, "Social and Political Philosophy", Donald M. Borchert (ed.), *The Encyclo-
　　　pedia of Philosophy*, vol. 9(Farmington Hills, Michigan : Thomson Gale,
　　　2006), 72~76쪽.

TenBroek, Jacobus, *Equal under the Law*(New York : Collier, 1969).

Thucydides, *The History of the Peloponnesian War*(London : J. M. Dent & Sons Ltd., 1952).

Tilly, Charles, *Coercion, Capital, and European States, AD 990～1990*(Cambridge, Massachusetts : Blackwell, 1990).

Tucker, Robert C. (ed.), *The Marx–Engels Reader*(New York : W. W. Norton, 1978).

van der Veen, Robert · Phillippe van der Parijs, "A Capitalist Road to Communism", *Theory & Society*, vol. 15, issue 5(1986), 635～655쪽.

Vincent, Andrew (ed.), *The Philosophy of T. H. Green*(Hants, England : Gower Publishing Co., 1986).

_____, "Introduction", Andrew Vincent (ed.), *The Philosophy of T. H. Green* (Hants, England : Gower Publishing Co., 1986a), 1～20쪽.

Vlastos, Gregory, "Justice and Equality", Richard Brandt, *Social Justice*(Englewood Cliffs, New Jersey : Prentice–Hall, 1962).

_____, "Justice and Equality", Louis P. Pojman · Robert Westmoreland (eds.), *Equality : Selected Reading*(Oxford : Oxford University Press, 1997), 120 ～136쪽.

Volkova, T. · F. Volkov, *What is Surplus Value?*(Moscow : Progress Publisher, 1987).

Waldron, Jeremy (ed.), *Theories of Rights*(Oxford : Oxford University Press, 1984).

_____, *The Right to Private Property*(Oxford : Oxford University Press, 1988).

Walzer, Michael, *Spheres of Justice : A Defense of Pluralism and Equality*(New York : Basic Books Inc., 1983).

Warren, Mark, "Democracy", George Klosko (ed.), *The Oxford Handbook of The History of Political Philosophy*(Oxford : Oxford University Press, 2011), 517～529쪽.

Wenar, Leif, "Property", Maryanne Cline Horowitz (ed.), *New Dictionary of the History of Ideas*, vol. 4(New York : Charles Scribner's Sons, 2005), 1923 ～1929쪽.

Wiener, Phillip P. (ed.), *Dictionary of the History of Ideas*, 5 vols.(New York : Charles Scribner's Son, 1978).

Williams, Bernard A. O., "The Idea of Equality", Louis P. Pojman · Robert West-
moreland (eds.), *Equality : Selected Readings* (Oxford : Oxford University
Press, 1997), 91~101쪽.

Williams, Glanville, "The Concept of a Legal Liberty", Robert S. Summers (ed.),
Essays in Legal Philosophy (Oxford : Blackwell, 1968), 121~124쪽.

Williams, Raymond, *Culture and Society, 1780~1950* (Harmondsworth, Mid-
dlesex : Penguin Books, Ltd., 1982).

Wolff, Jonathan, "Equality", George Klosko (ed.), *The Oxford Handbook of The
History of Political Philosophy* (Oxford : Oxford University Press, 2011),
611~623쪽.

Wong, David B., *Moral Relativity* (Berkeley : University of California Press, 1984).

Wringe, Bill, "Needs, Rights, and Collective Obligation", Soran Reader (ed.), *The
Philosophy of Need* (Cambridge : Cambridge University Press, 2005), 187
~208쪽.

Young, Charles M., "Moral Philosophy : Medieval and Renaissance", Maryanne
Cline Horowitz (ed.), *New Dictionary of the History of Ideas*, vol. 4 (New
York : Charles Scribner's Sons, 2005), 1788~1790쪽.

Zeller, Eduard, *Outlines of the History of Greek Philosophy* (London : Routledge
and Kegan Paul Ltd., 1980).

정의에 대하여

국가와 사회를 어떻게 조직할 것인가

펴낸날 초판 1쇄   2014년 3월 31일
       초판 2쇄   2015년 8월 31일

지은이 이종은
펴낸이 김직승

펴낸곳 책세상
주소   서울시 종로구 경희궁길 33 내자빌딩 3층(03176)
전화   02-704-1251(영업부), 02-3273-1333(편집부)
팩스   02-719-1258
이메일 bkworld11@gmail.com
홈페이지 www.bkworld.co.kr
등록   1975. 5. 21. 제1-517호

ISBN   978-89-7013-867-1 93340

이 도서의 국립중앙도서관 출판시도서목록(CIP)은 서지정보유통지원시스템 홈페이지
(http://seoji.nl.go.kr)와 국가자료공동목록시스템(http://www.nl.go.kr/kolisnet)에서
이용하실 수 있습니다.(CIP제어번호: CIP2014009815)